U0444326

国家社科基金后期资助项目

清至民国婺源县村落契约文书辑录

Contracts and Other Documents in Wuyuan County: Qing Dynasty and Beyond

拾捌

大鄣山乡(三)

江村(2)·车田村

黄志繁 邵 鸿 彭志军 编

2014年·北京

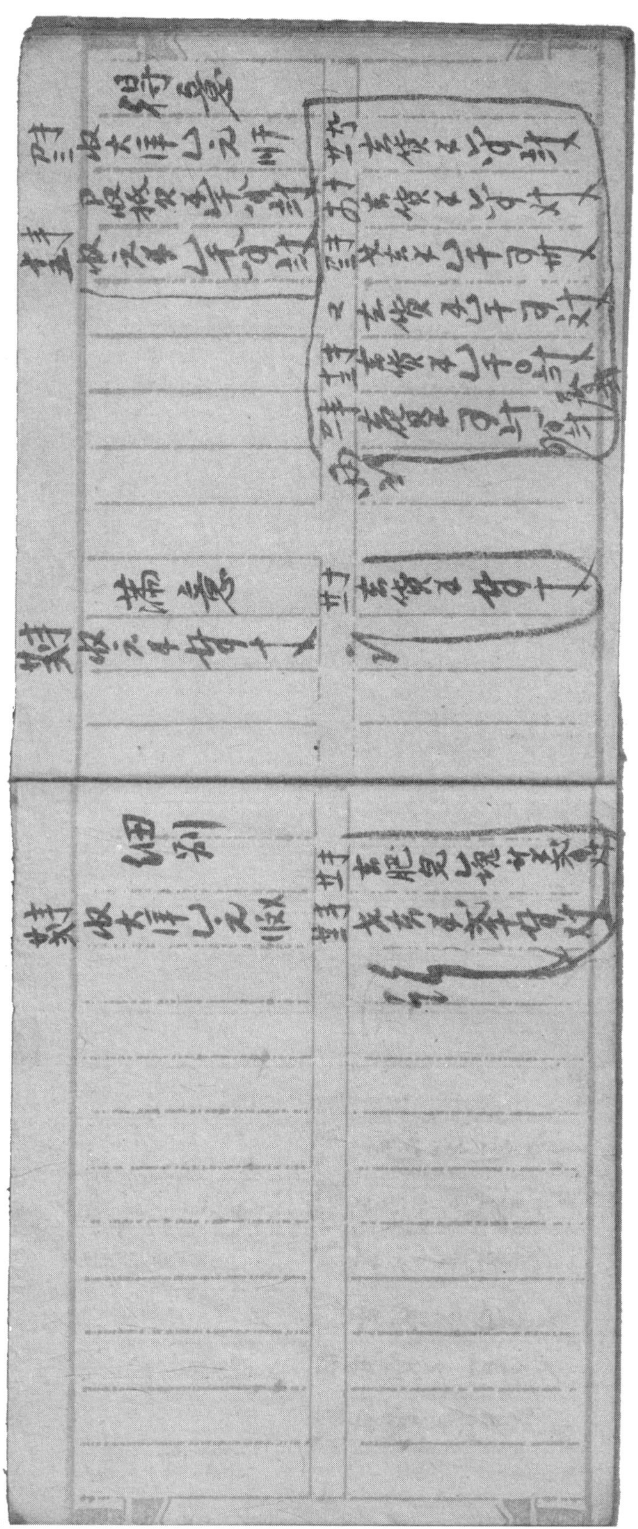

大鄣山乡江村 20-4・民国二十一年・腾清流水账本・豫丰和记

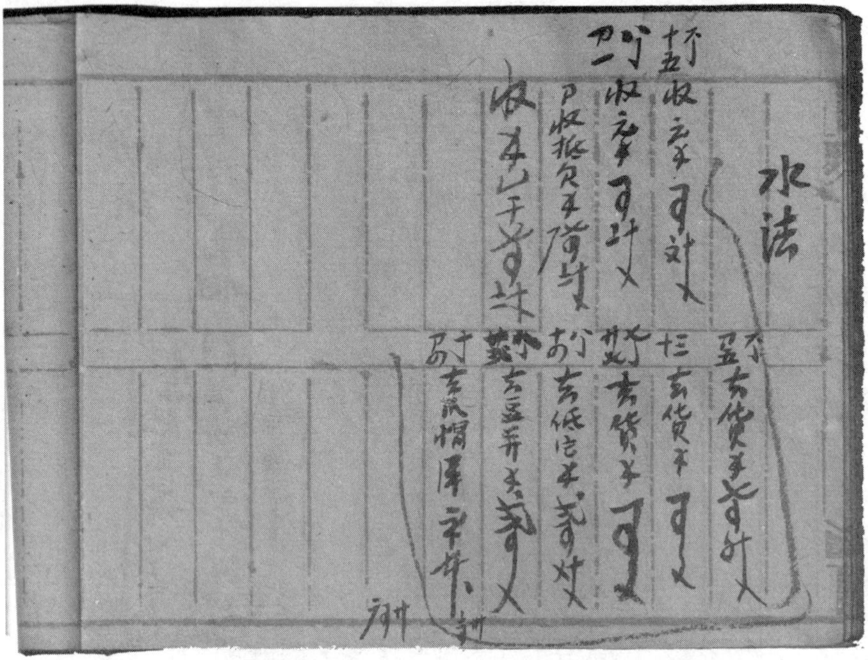

大鄣山乡江村 20-5 · 民国二十一年 · 腾清流水账本 · 豫丰和记

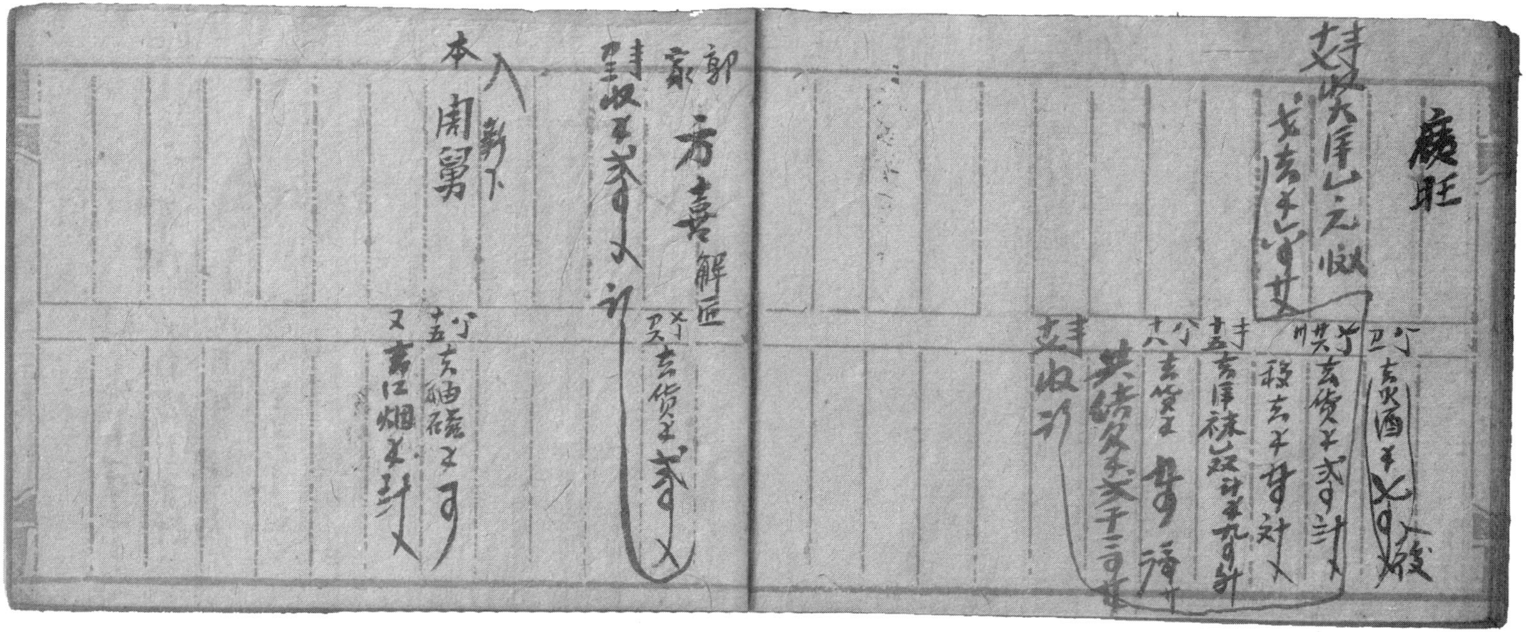

大鄣山乡江村 20-6 · 民国二十一年 · 腾清流水账本 · 豫丰和记

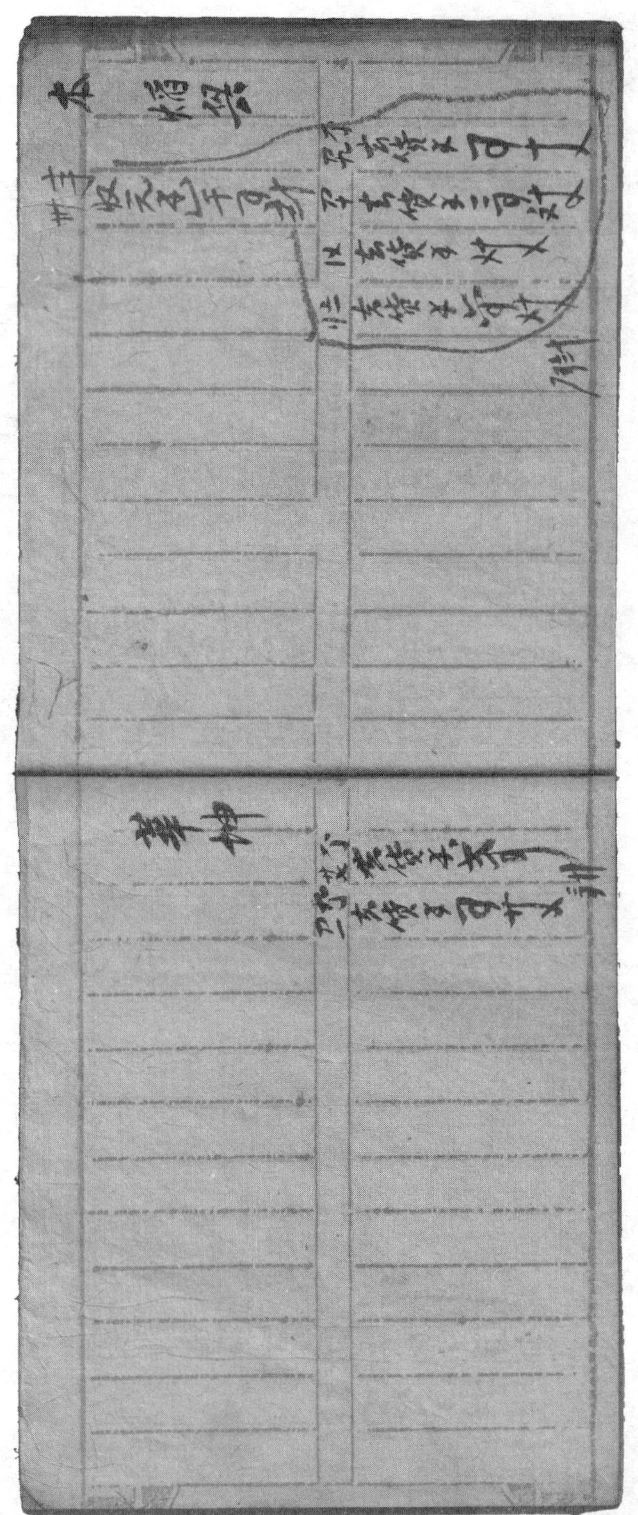

大部山乡江村 20-7・民国二十一年・腾清流水账本・豫丰和记

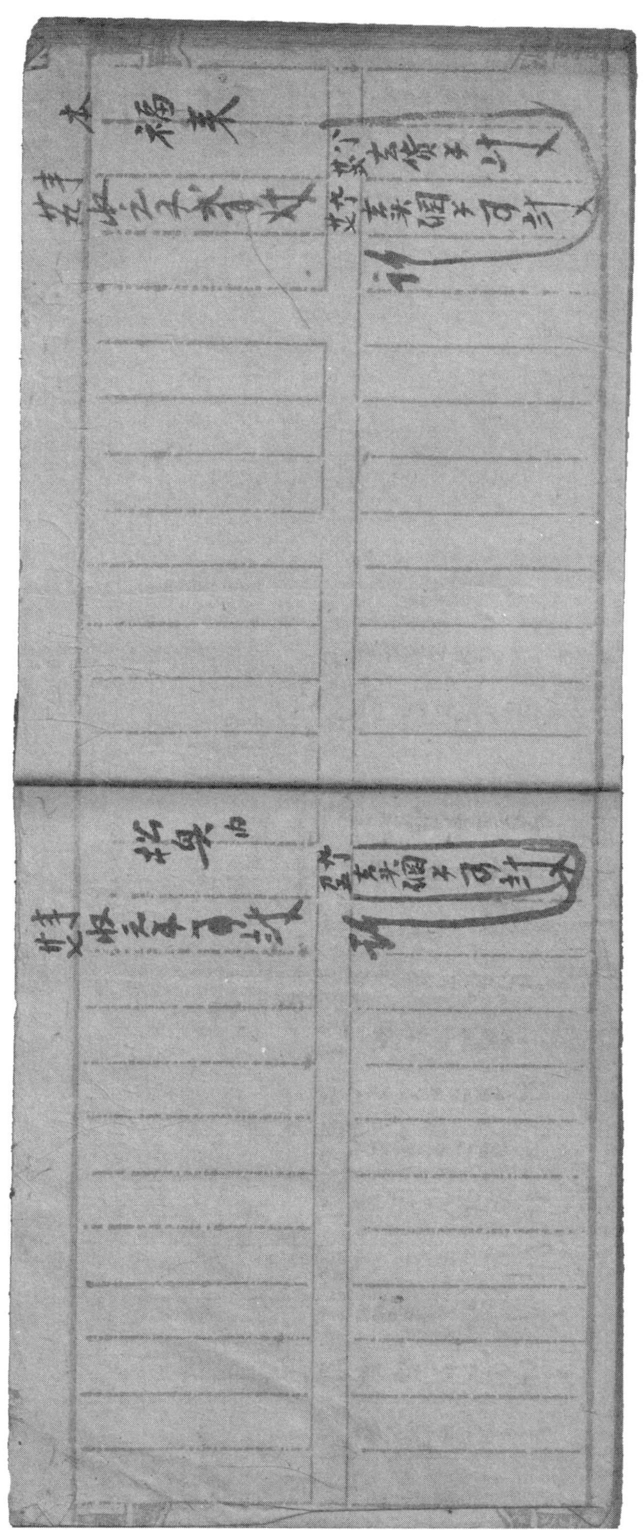

大鄣山乡江村 20-8 · 民国二十一年 · 腾清流水账本 · 豫丰和记

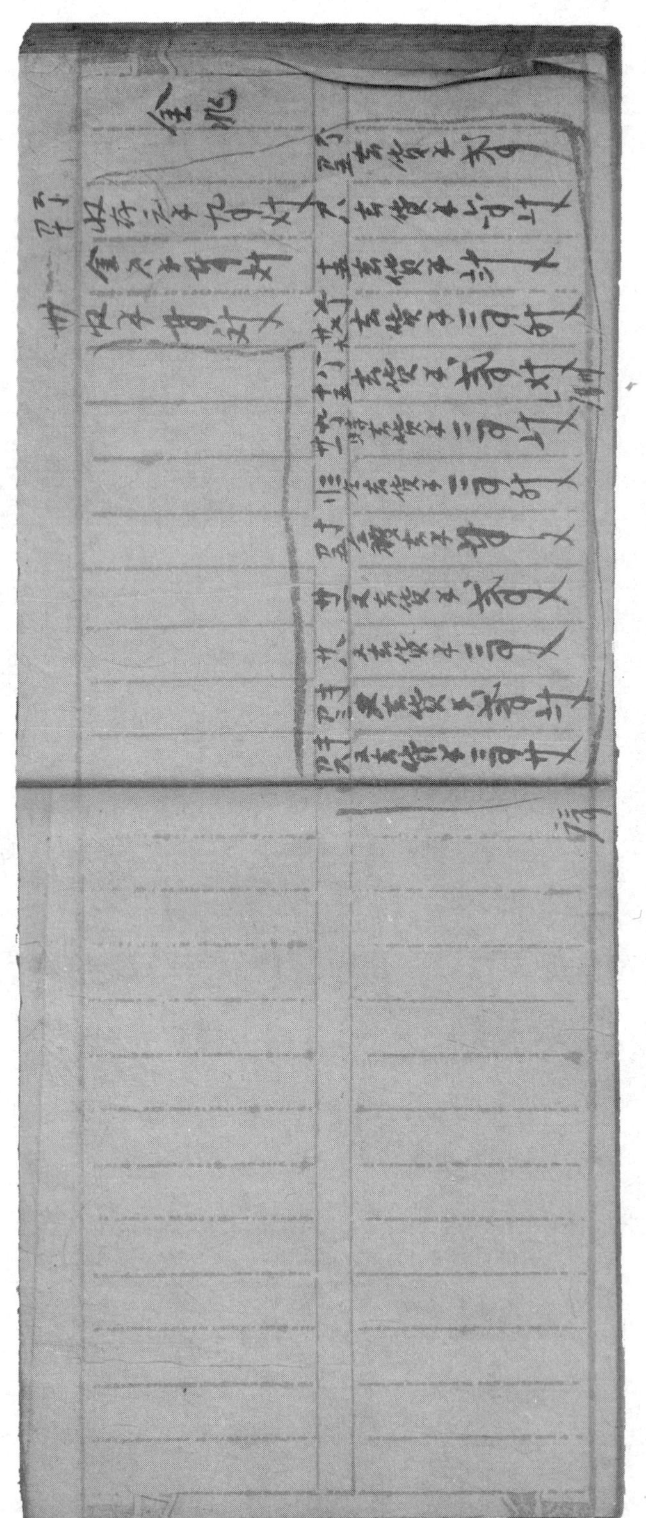

大鄣山乡江村 20-9 · 民国二十一年 · 腾清流水账本 · 豫丰和记

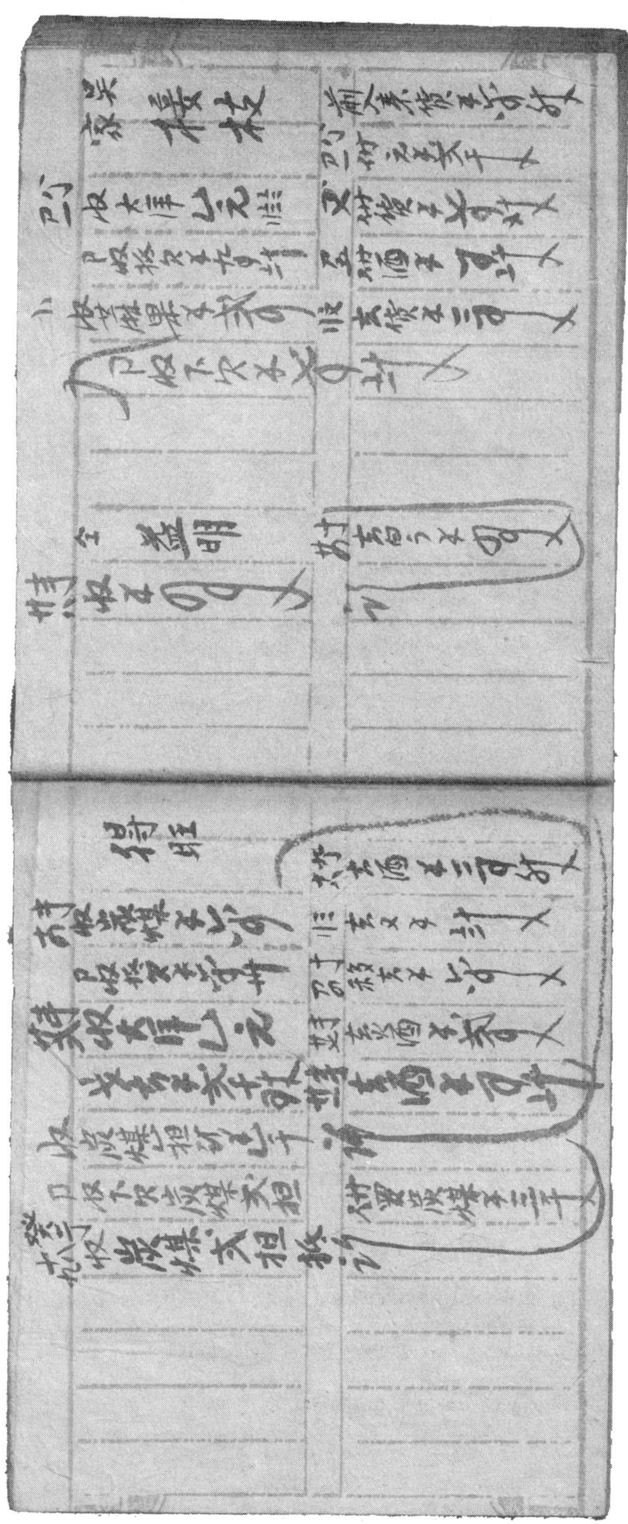

大鄣山乡江村 20-10 · 民国二十一年 · 腾清流水账本 · 豫丰和记

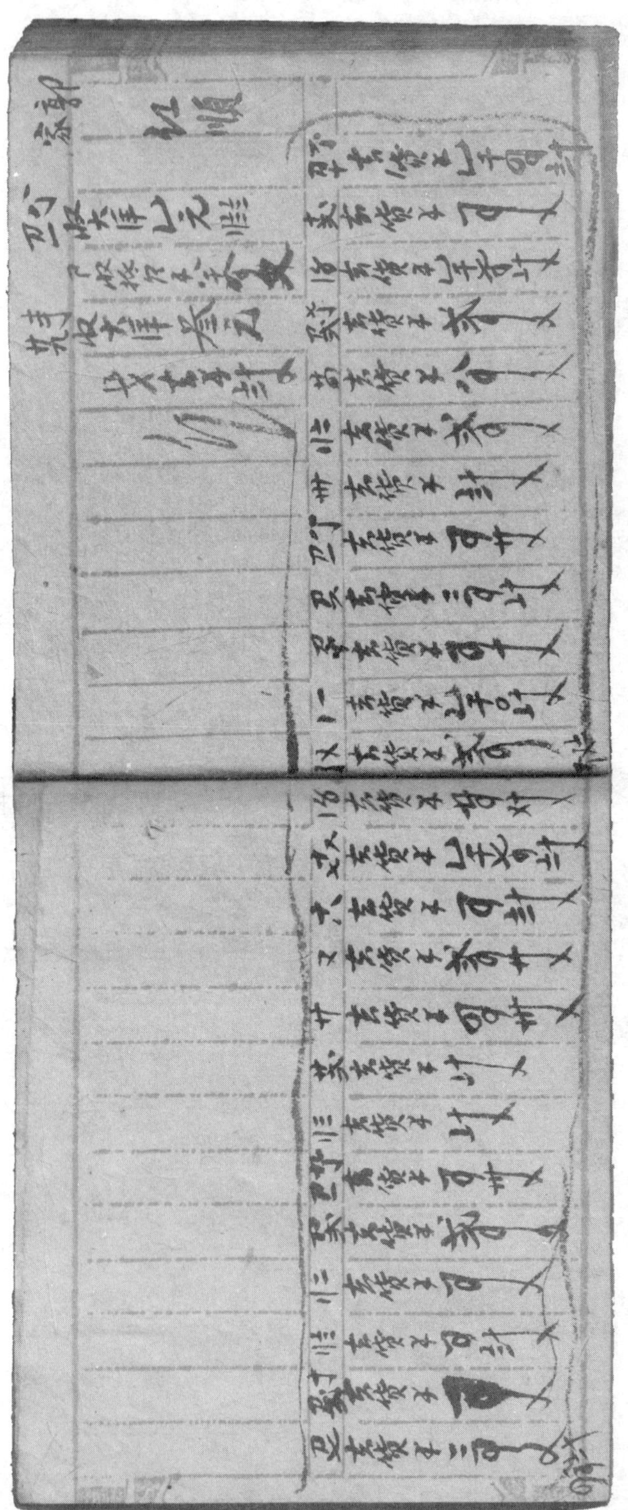

大鄣山乡江村 20-11 · 民国二十一年 · 腾清流水账本 · 豫丰和记

大鄣山乡江村 20-12 · 民国二十一年 · 腾清流水账本 · 豫丰和记

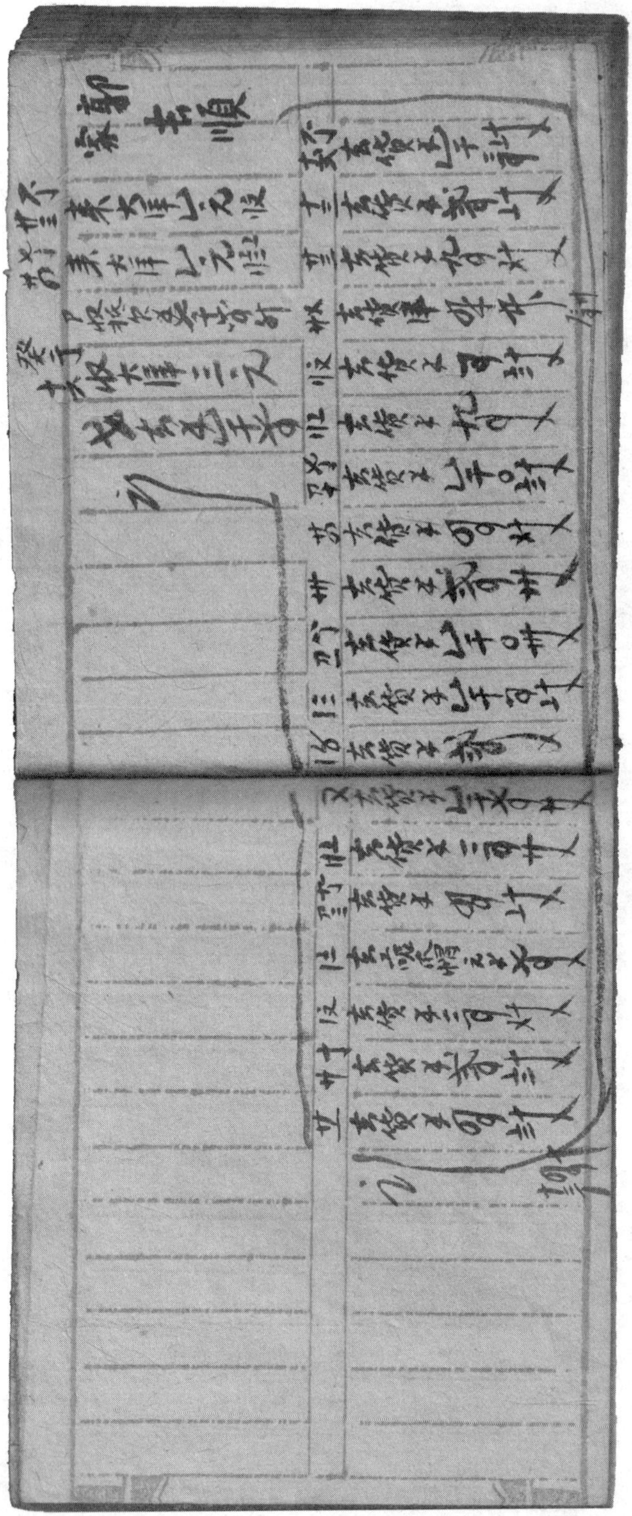

大鄣山乡江村 20-13 · 民国二十一年 · 腾清流水账本 · 豫丰和记

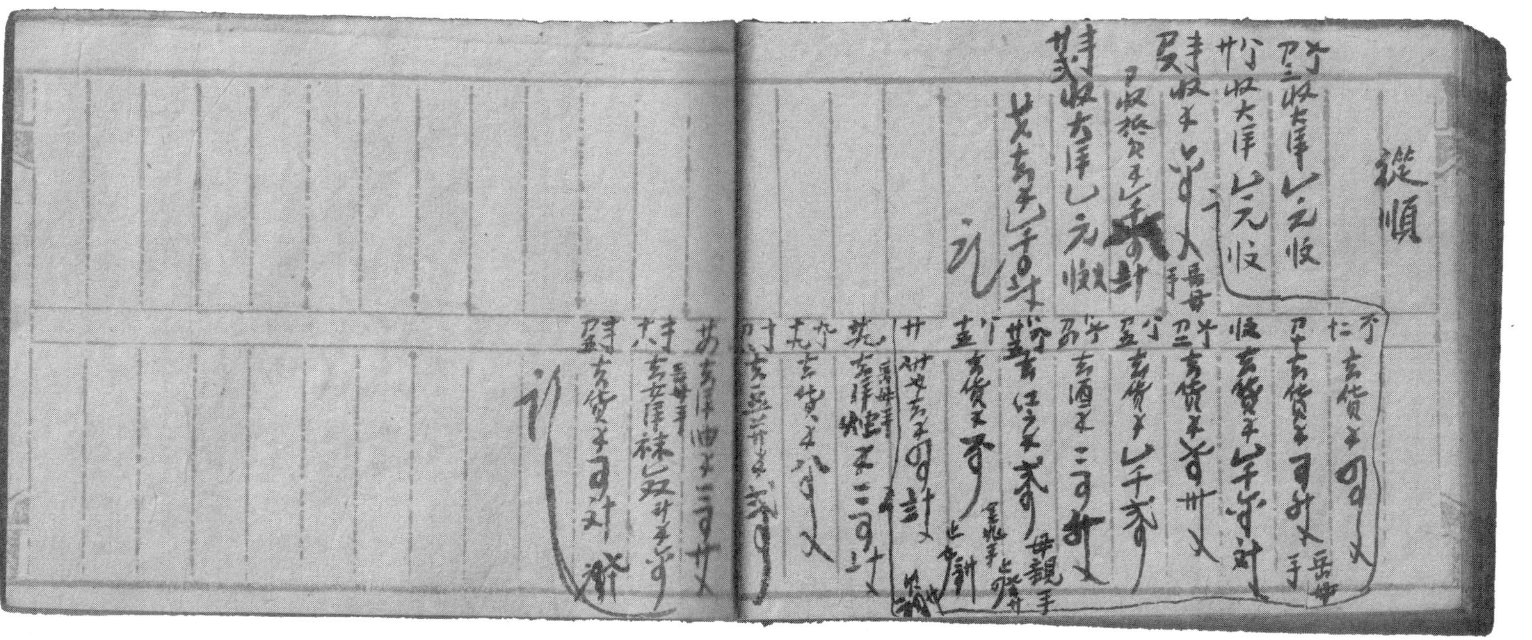

大鄣山乡江村 20-14 · 民国二十一年 · 腾清流水账本 · 豫丰和记

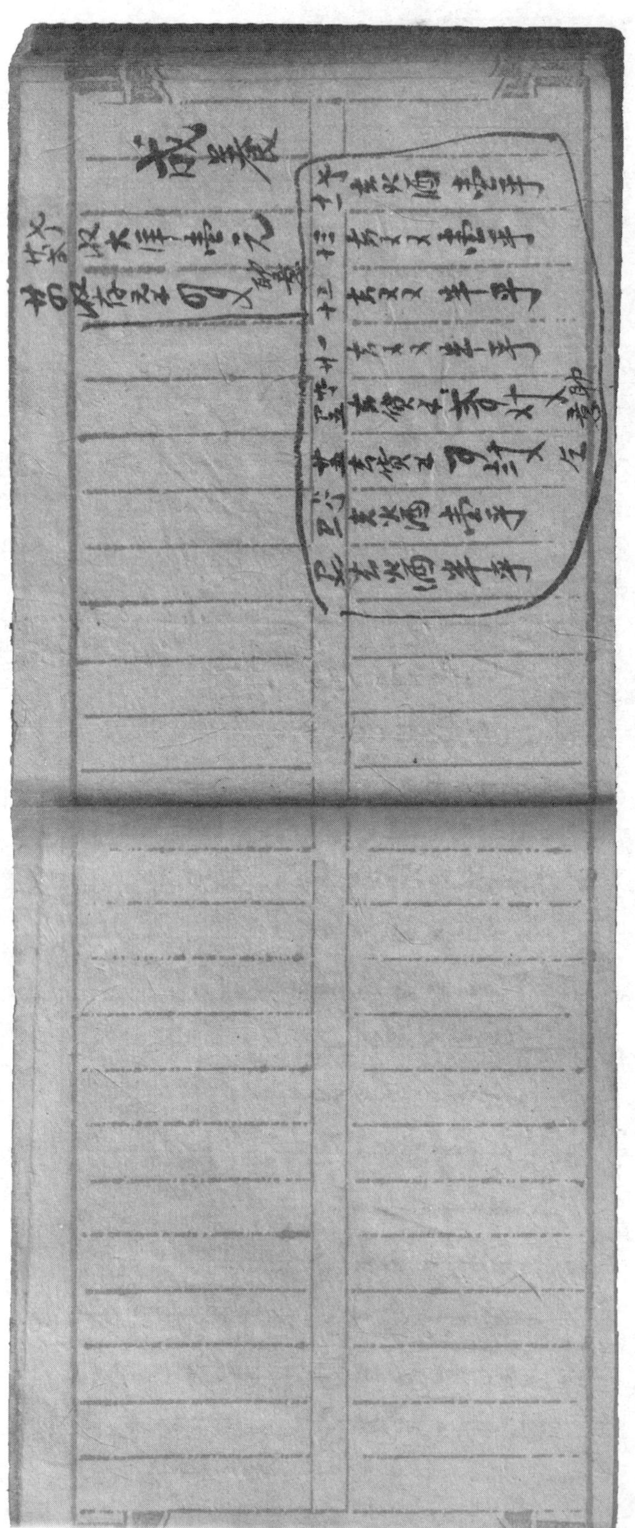

大部山乡江村 20-15 · 民国二十一年 · 腾清流水账本 · 豫丰和记

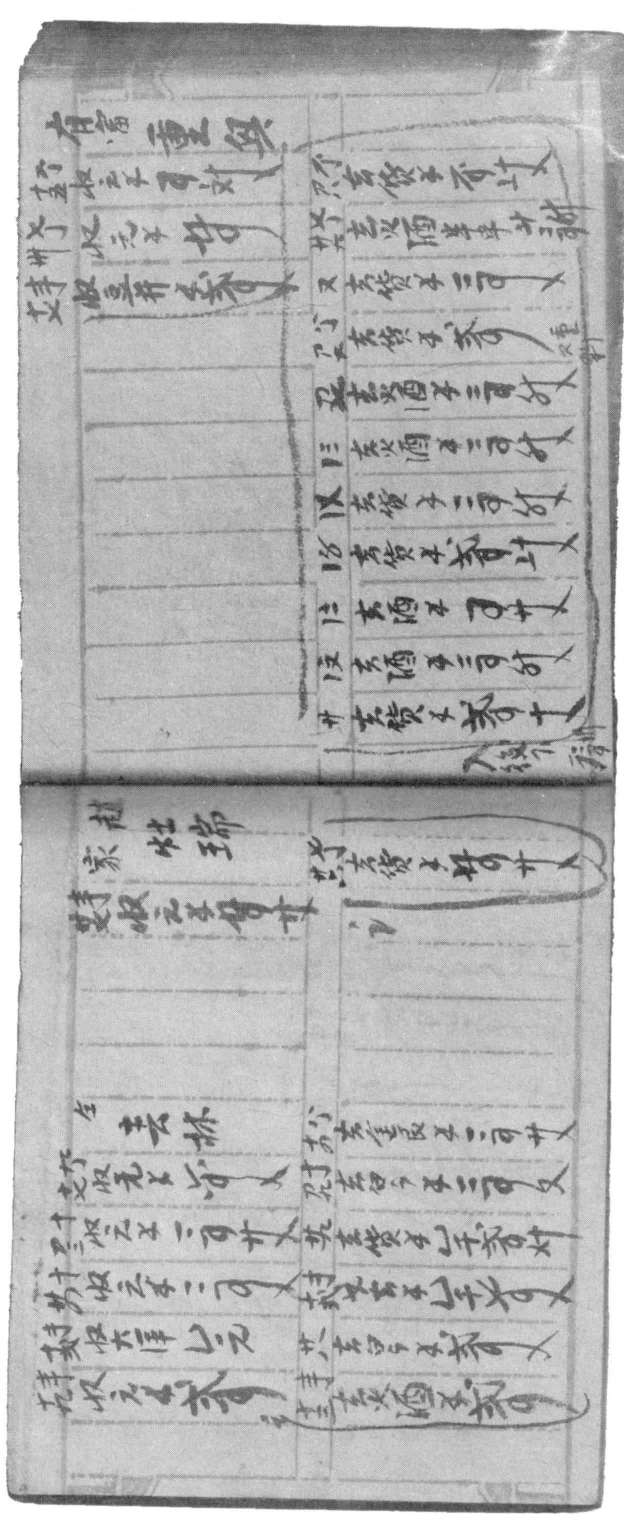

大鄣山乡江村 20-16 · 民国二十一年 · 腾清流水账本 · 豫丰和记

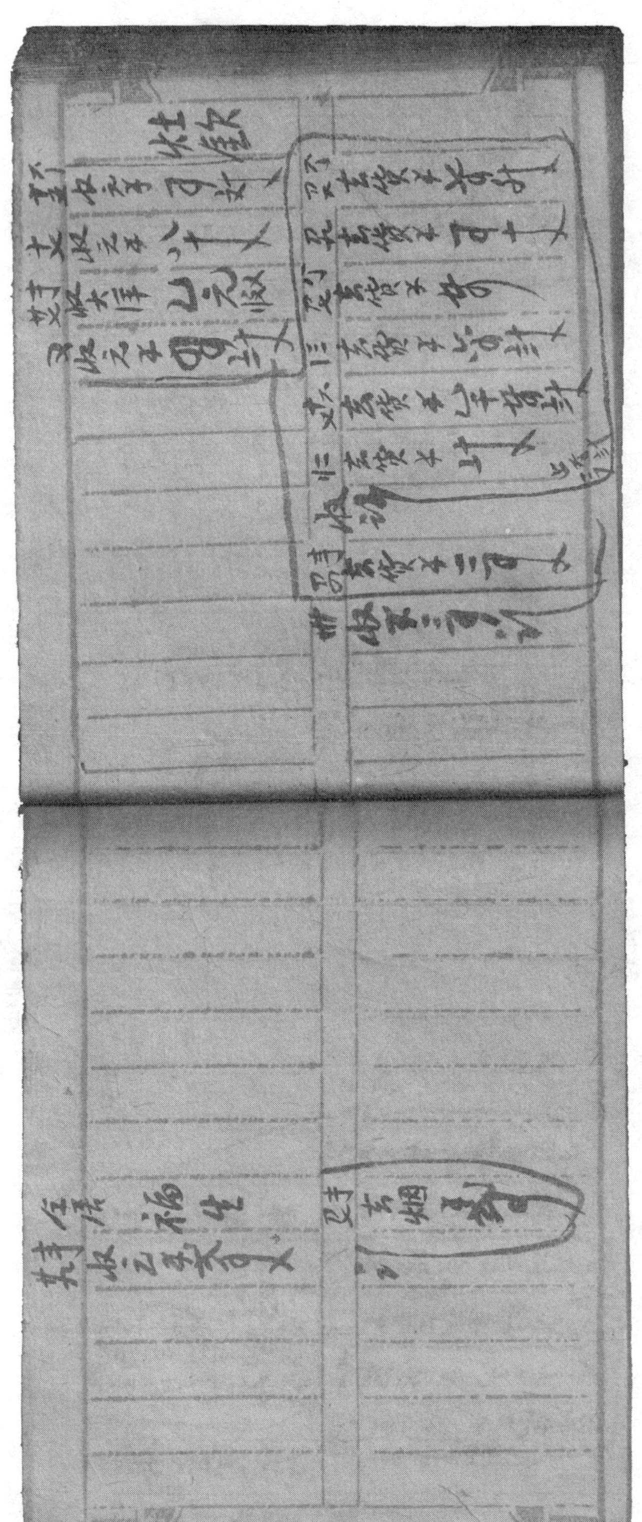

大鄣山乡江村 20-17 · 民国二十一年 · 腾清流水账本 · 豫丰和记

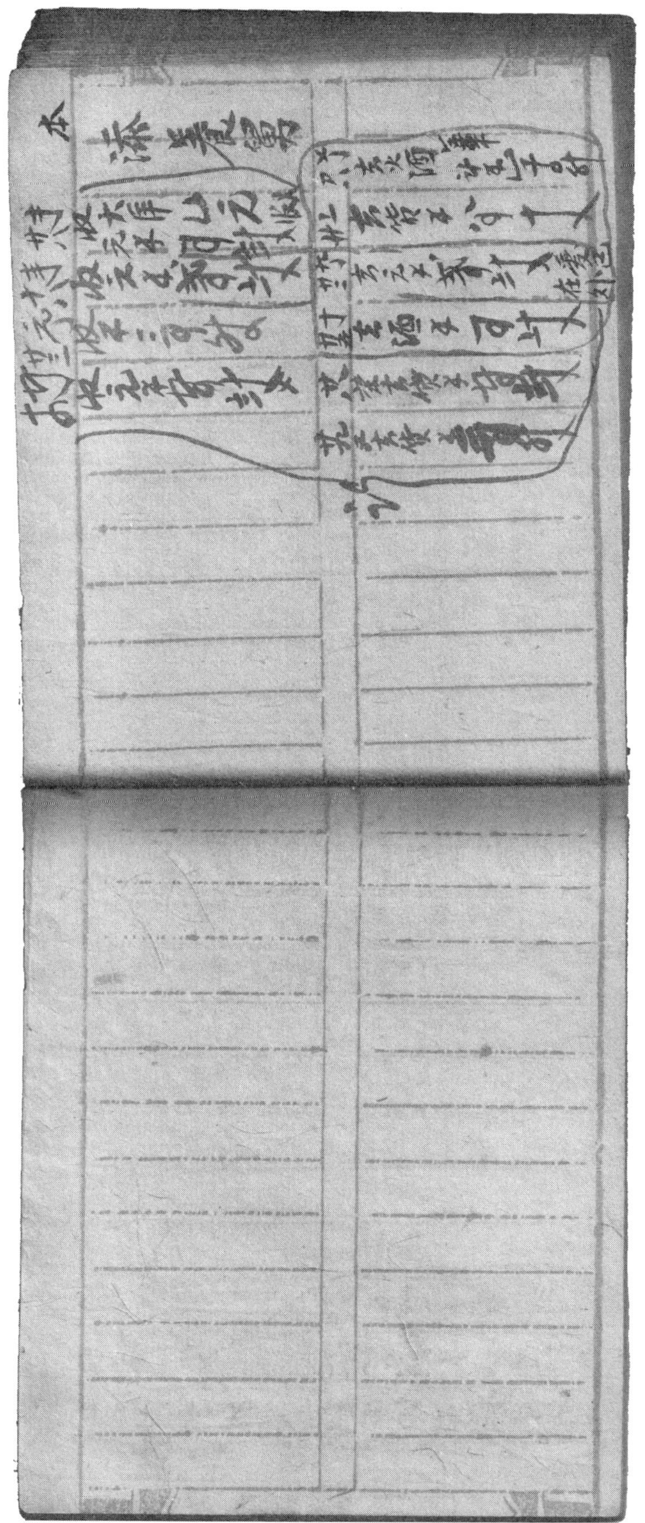

大部山乡江村 20-18・民国二十一年・腾清流水账本・豫丰和记

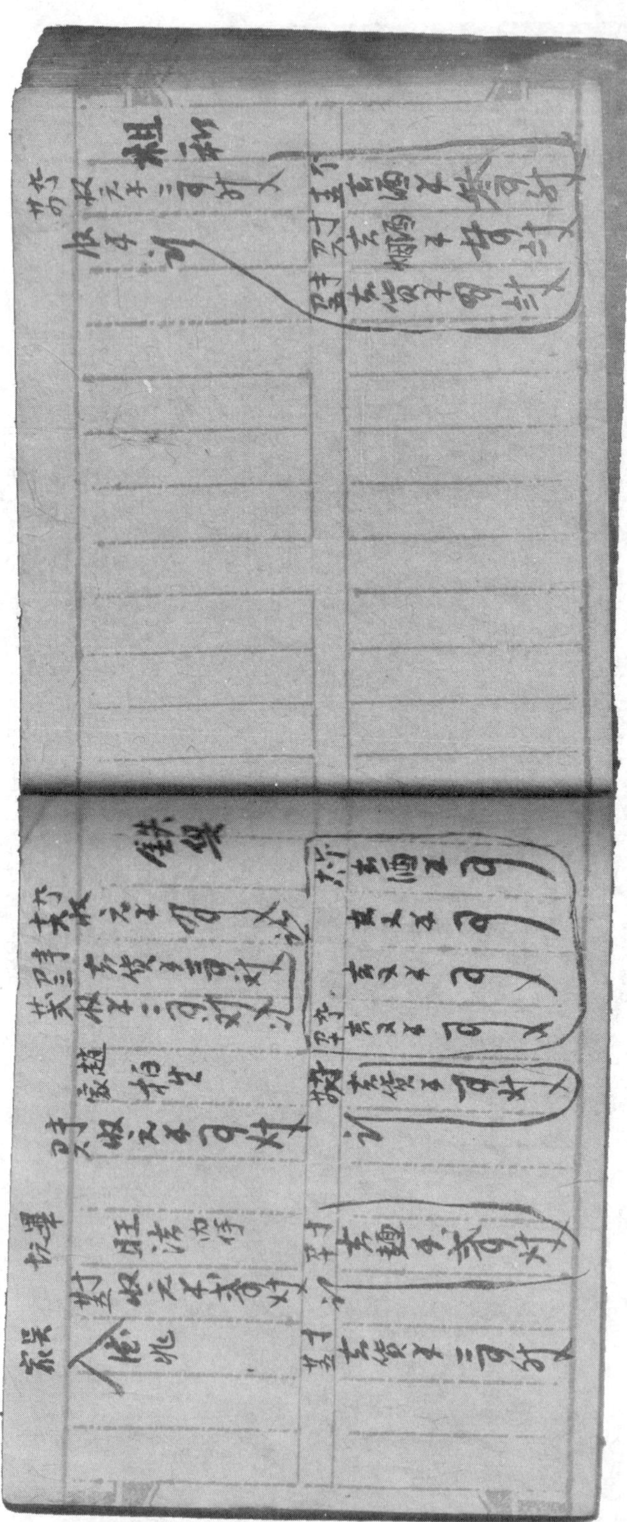

大鄣山乡江村 20-19 · 民国二十一年 · 腾清流水账本 · 豫丰和记

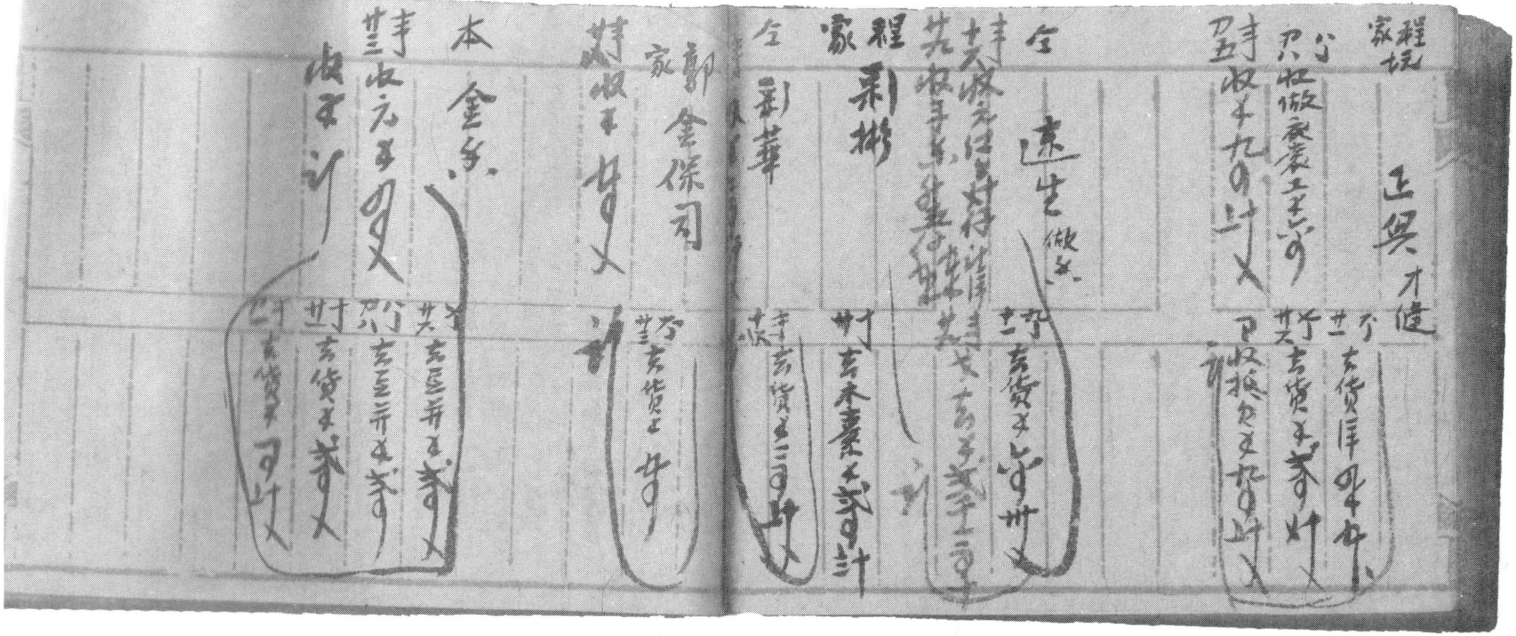

大鄣山乡江村 20-20 · 民国二十一年 · 腾清流水账本 · 豫丰和记

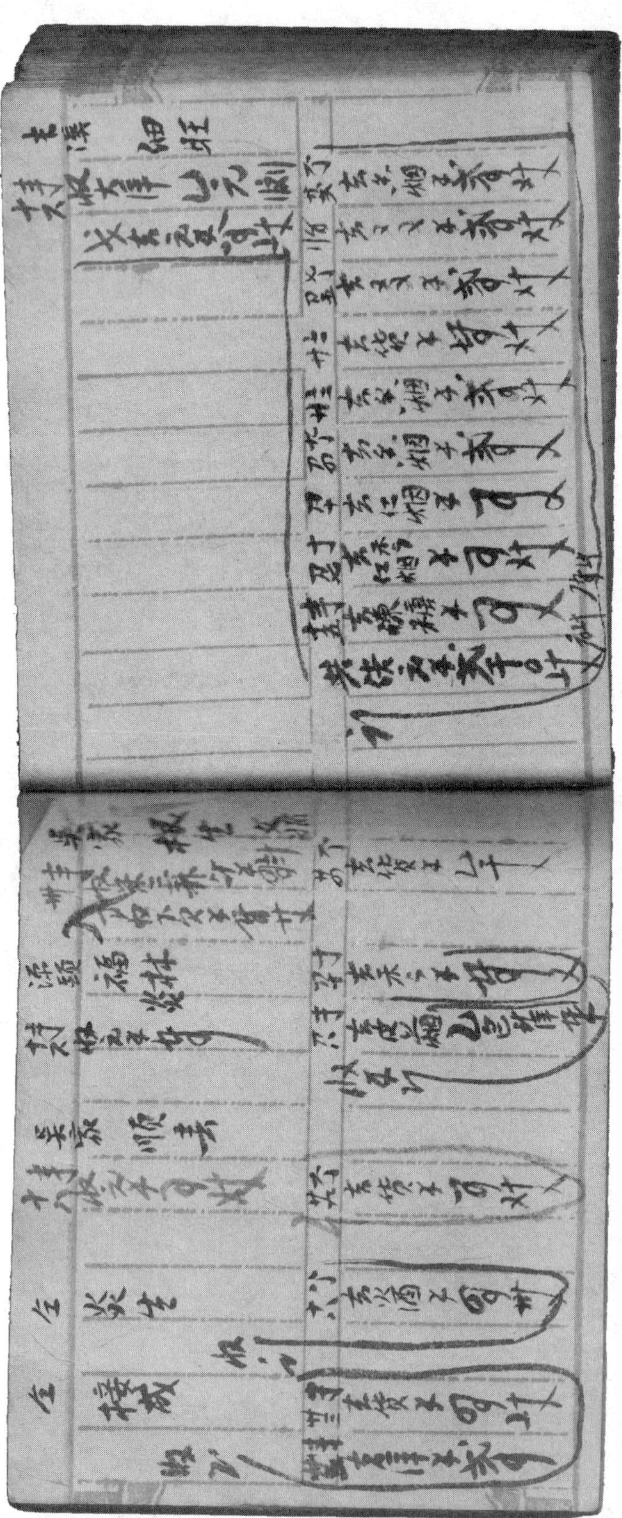

大鄣山乡江村 20-21 · 民国二十一年 · 腾清流水账本 · 豫丰和记

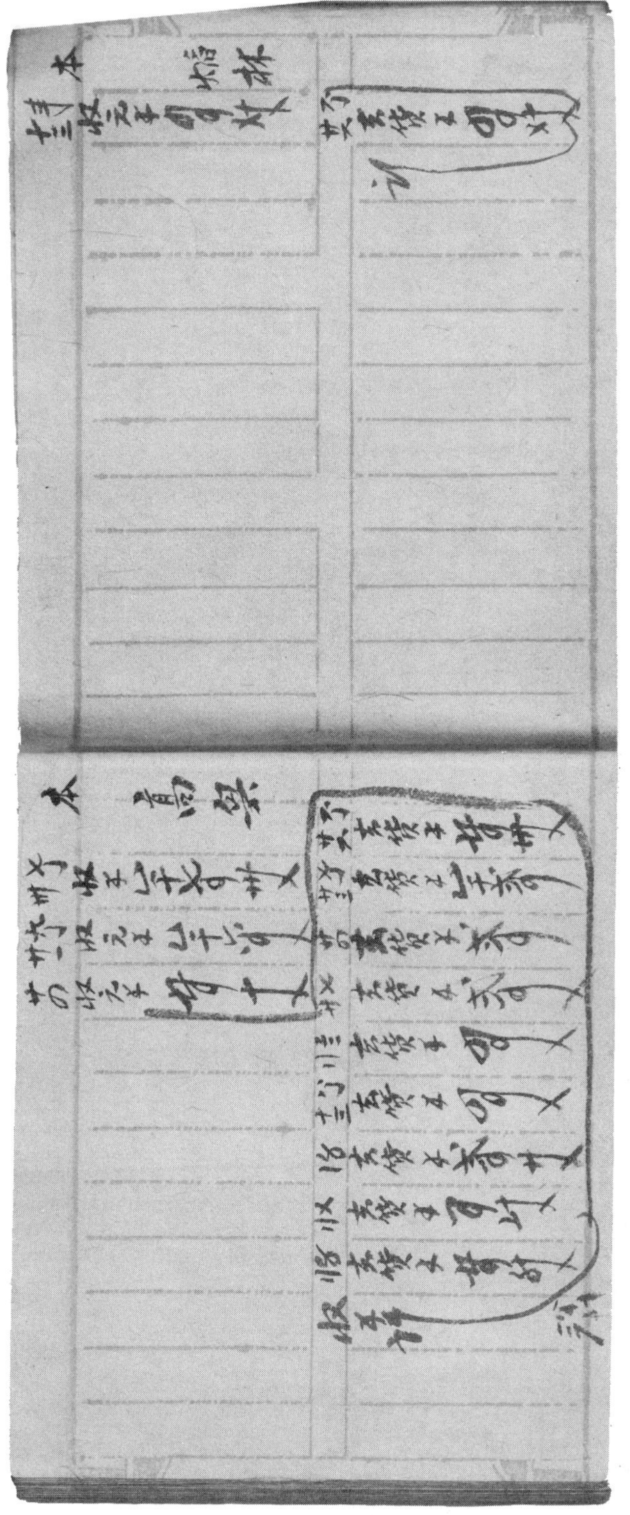

大部山乡江村 20-22 · 民国二十一年 · 腾清流水账本 · 豫丰和记

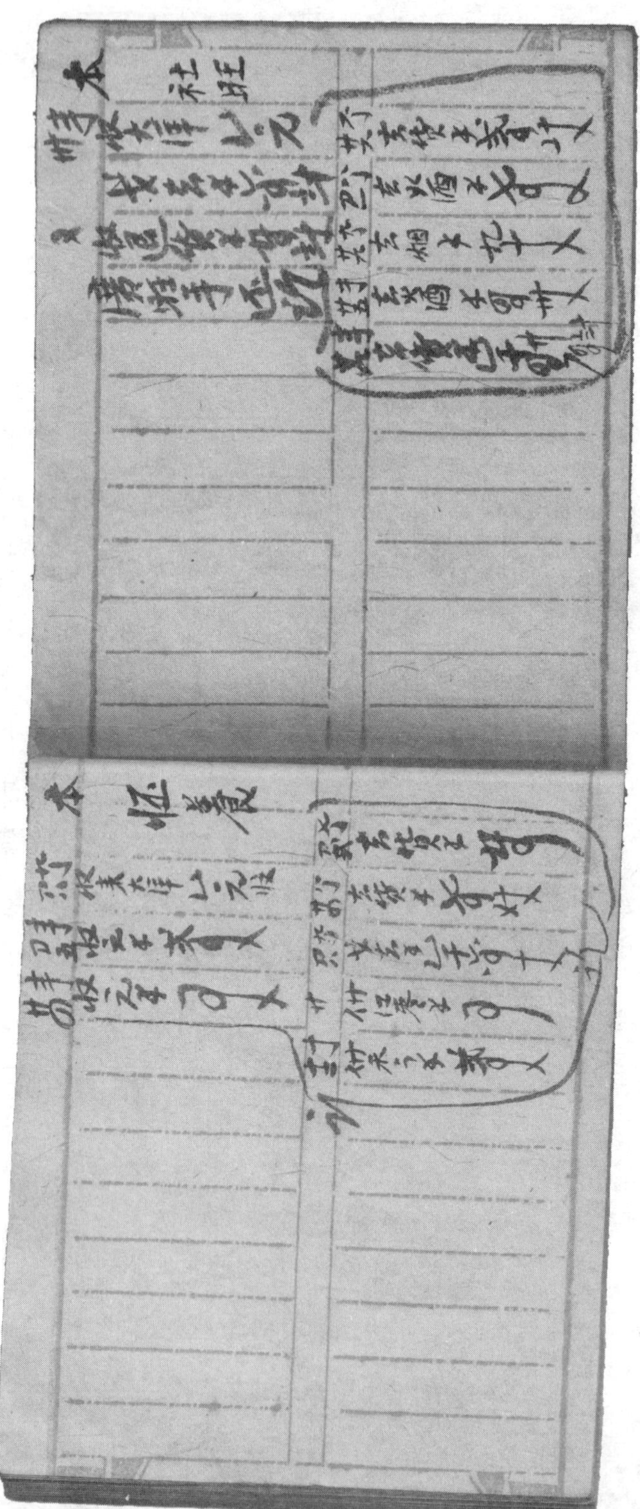

大鄣山乡江村 20-23 · 民国二十一年 · 腾清流水账本 · 豫丰和记

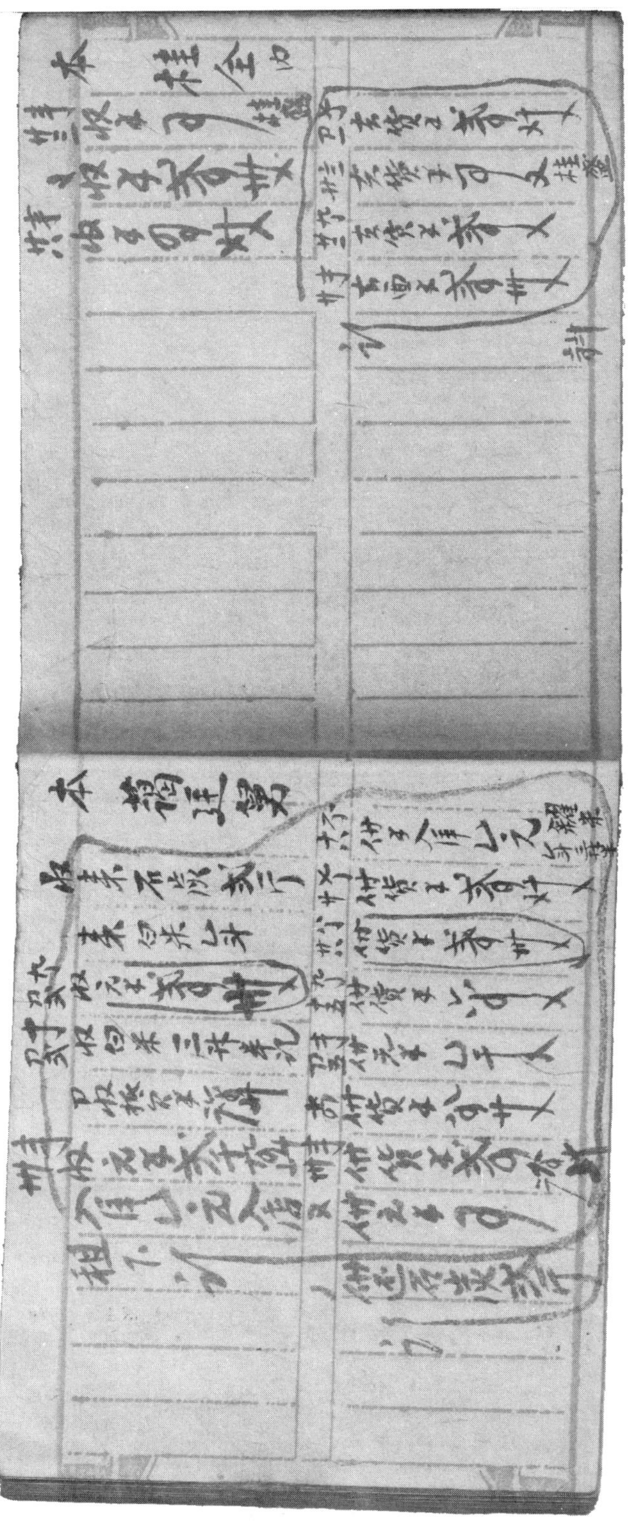

大鄣山乡江村 20-24 · 民国二十一年 · 腾清流水账本 · 豫丰和记

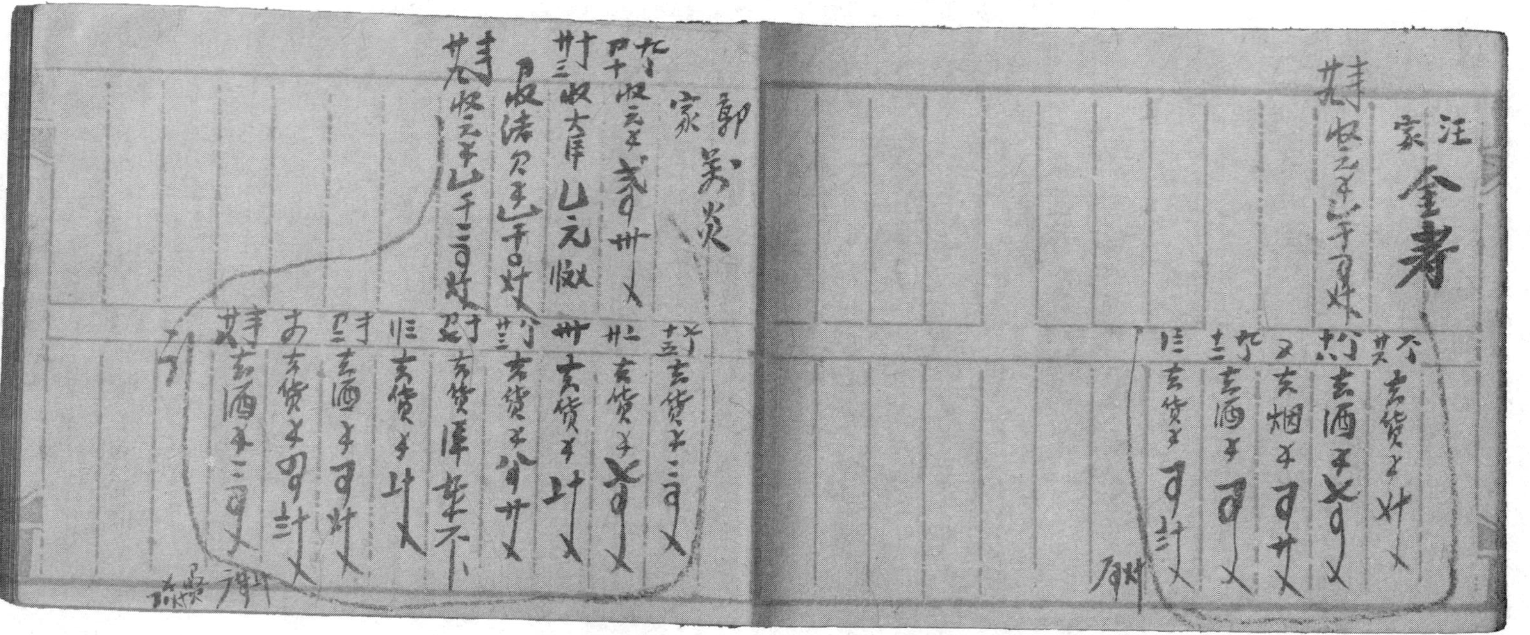

大鄣山乡江村 20-25 · 民国二十一年 · 腾清流水账本 · 豫丰和记

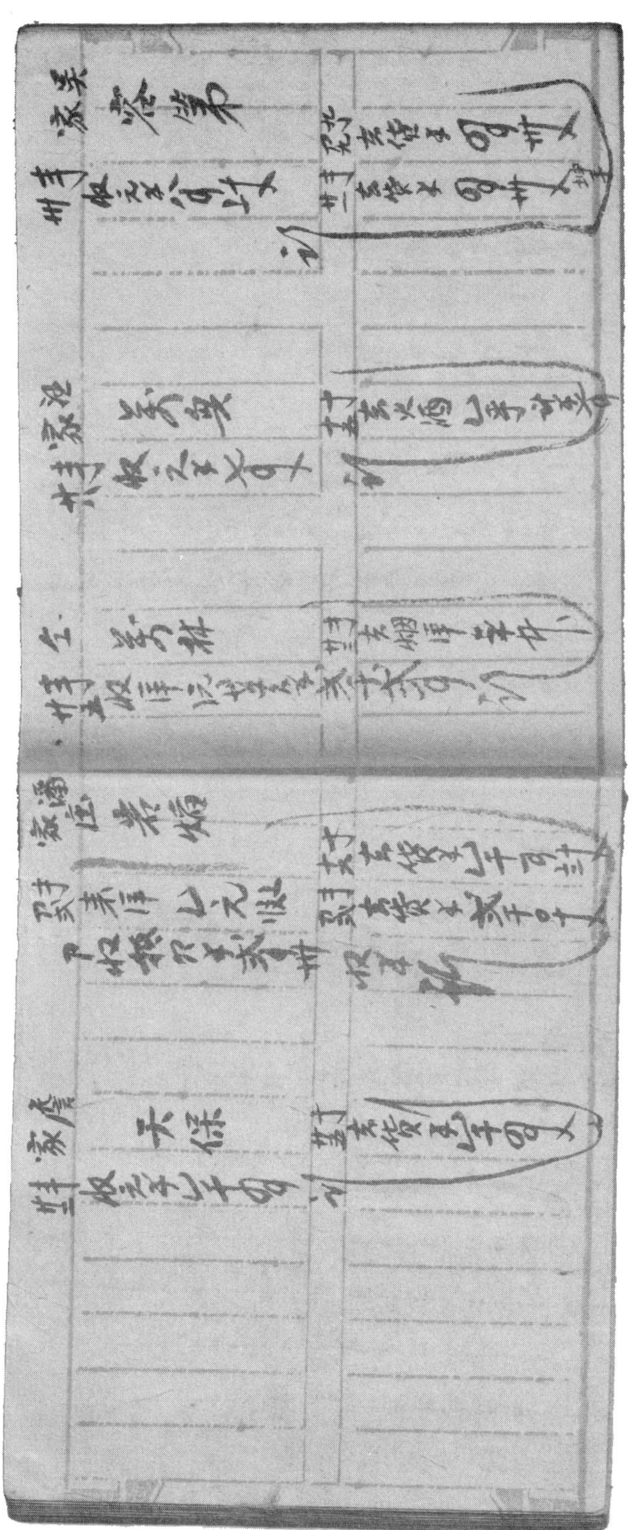

大鄣山乡江村 20-26 · 民国二十一年 · 腾清流水账本 · 豫丰和记

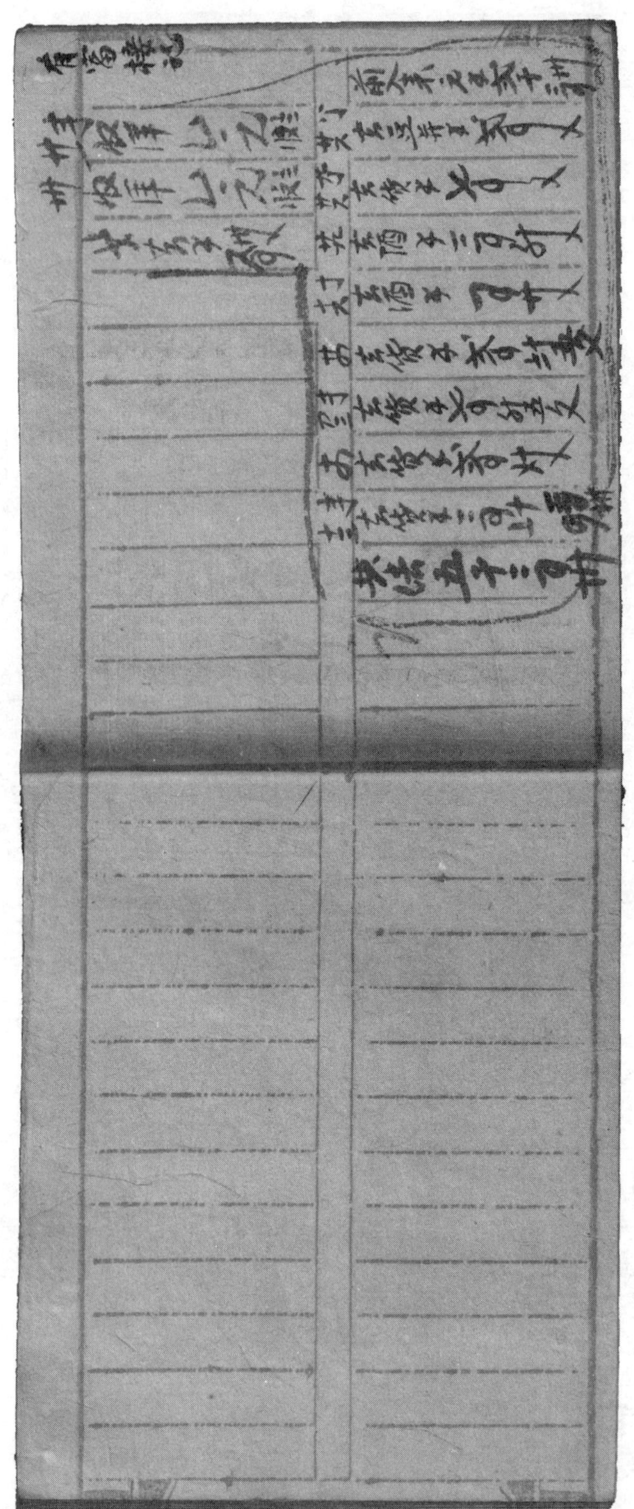

大鄣山乡江村 20-27 · 民国二十一年 · 腾清流水账本 · 豫丰和记

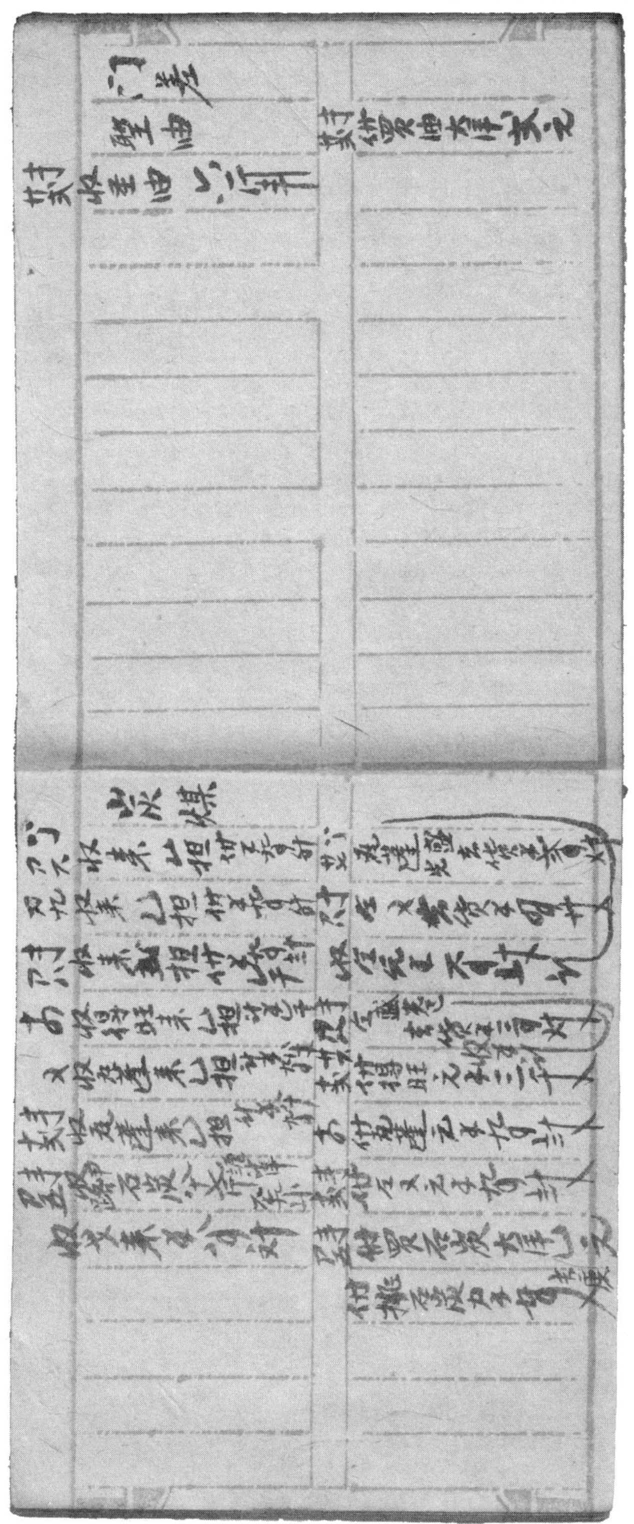

大鄣山乡江村 20-28 · 民国二十一年 · 腾清流水账本 · 豫丰和记

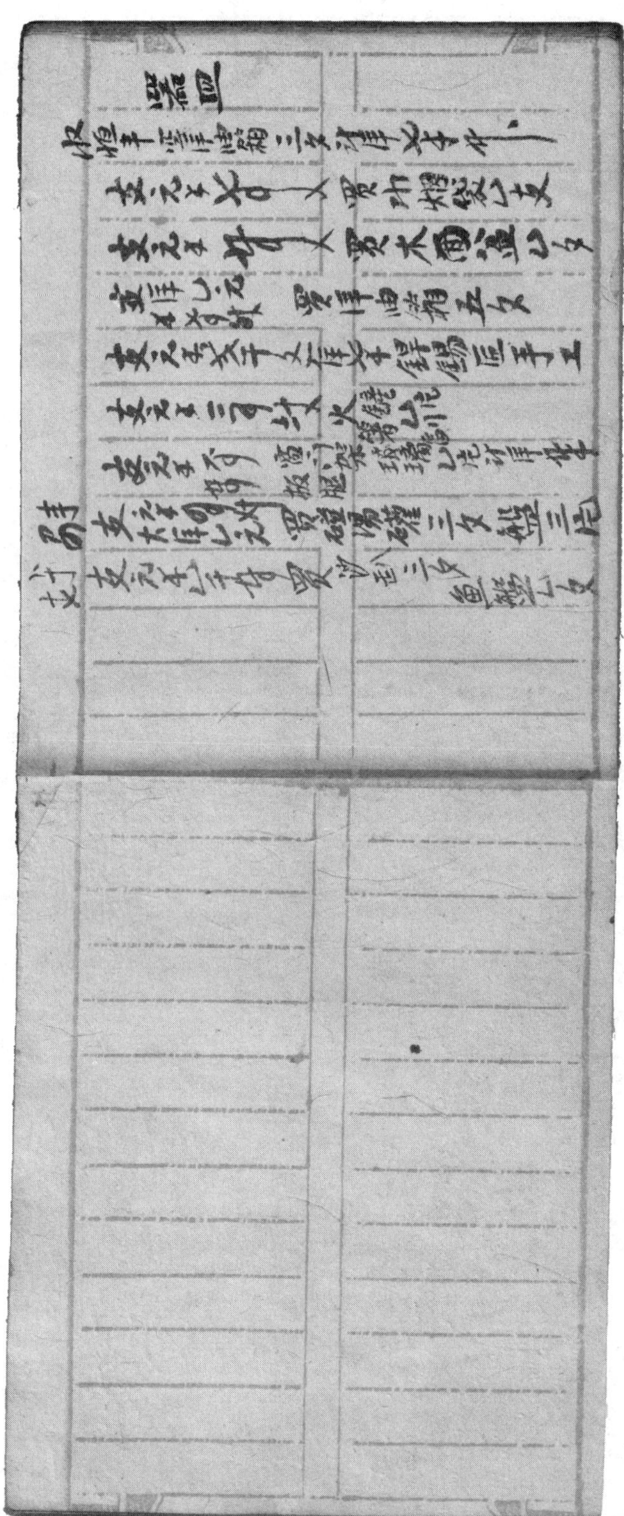

大鄣山乡江村 20-29 · 民国二十一年 · 腾清流水账本 · 豫丰和记

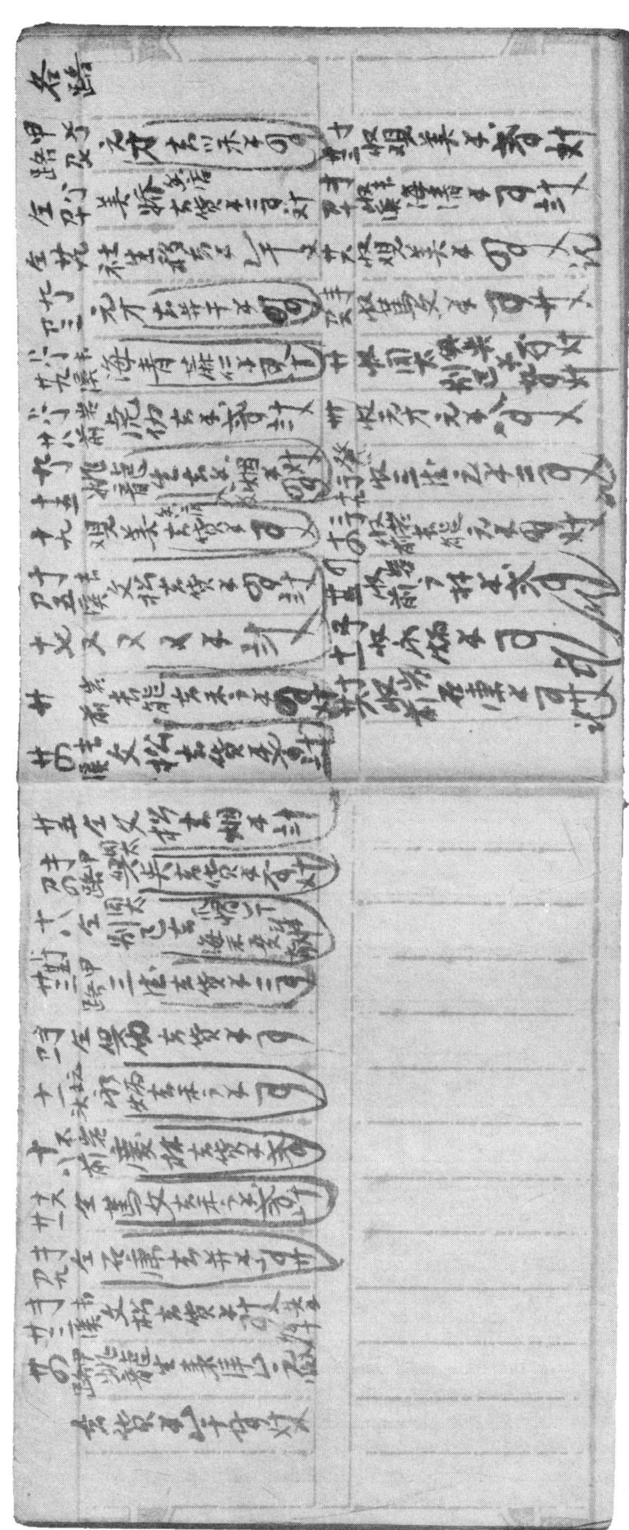

大鄣山乡江村 20-30 · 民国二十一年 · 腾清流水账本 · 豫丰和记

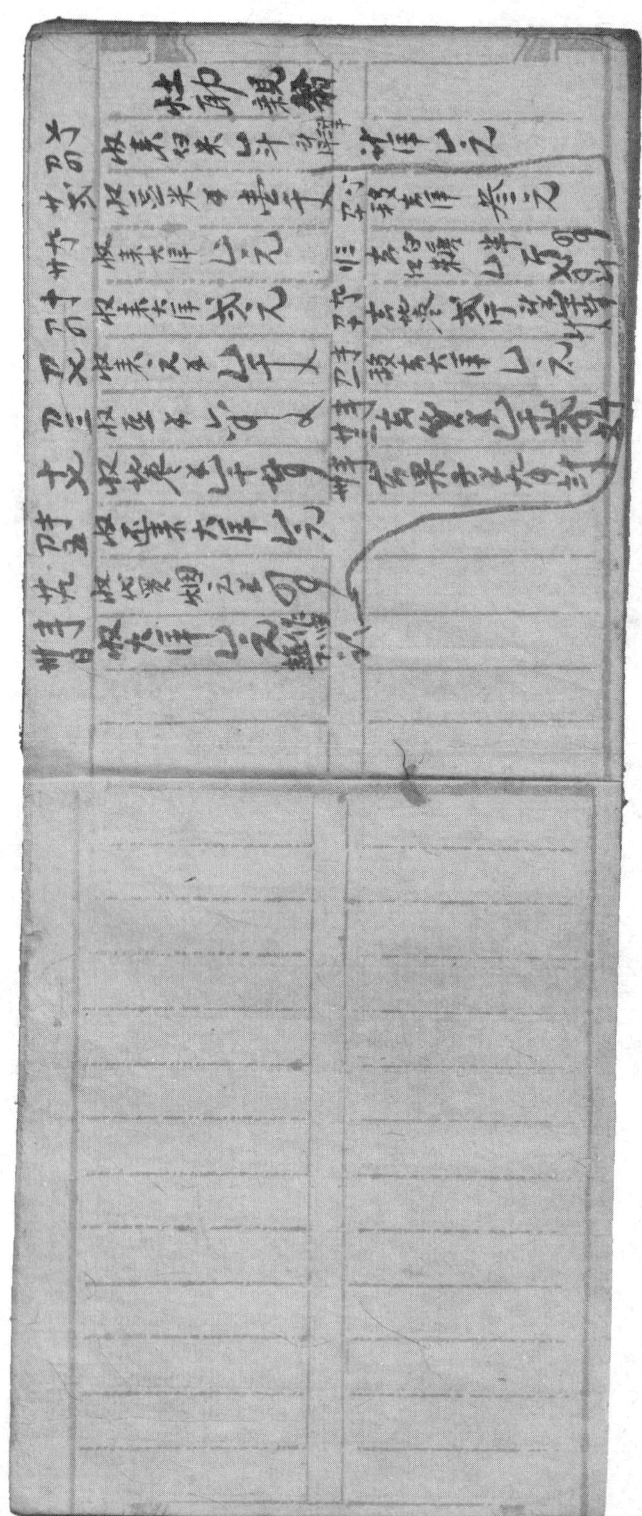

大鄣山乡江村 20-31 · 民国二十一年 · 腾清流水账本 · 豫丰和记

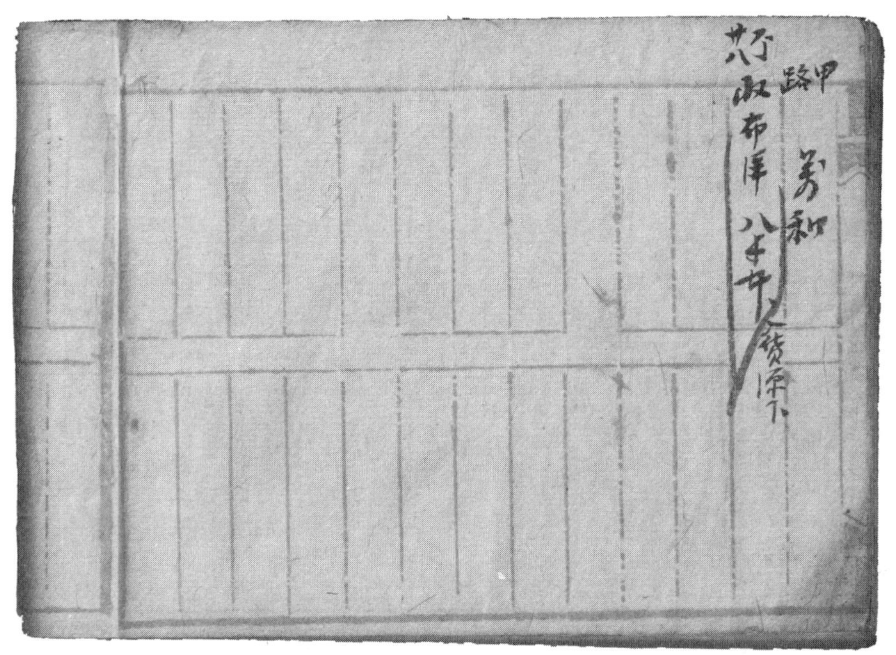

大鄣山乡江村 20-32 · 民国二十一年 · 腾清流水账本 · 豫丰和记

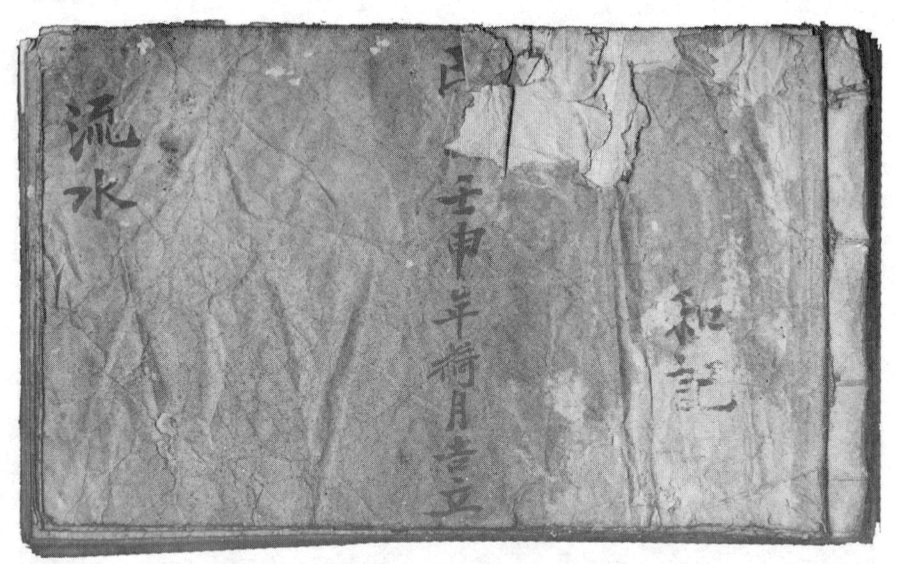

大鄣山乡江村 37-1 · 民国二十一年 · 流水账 · 和记

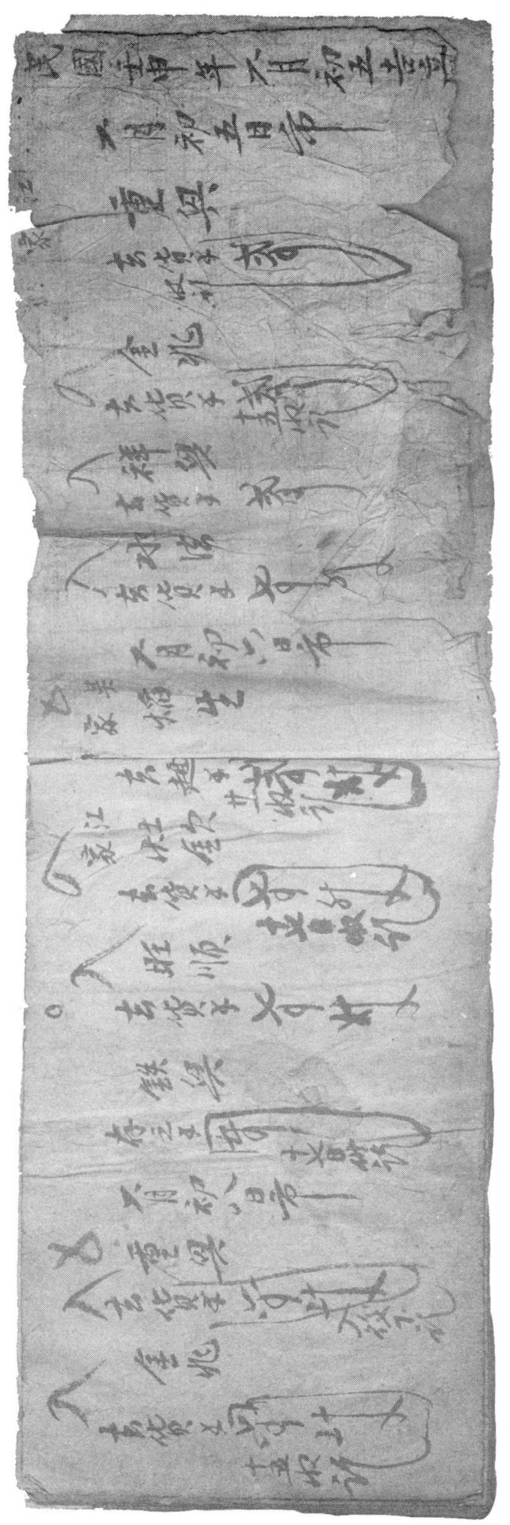

大鄣山乡江村 37-2・民国二十一年・流水账・和记

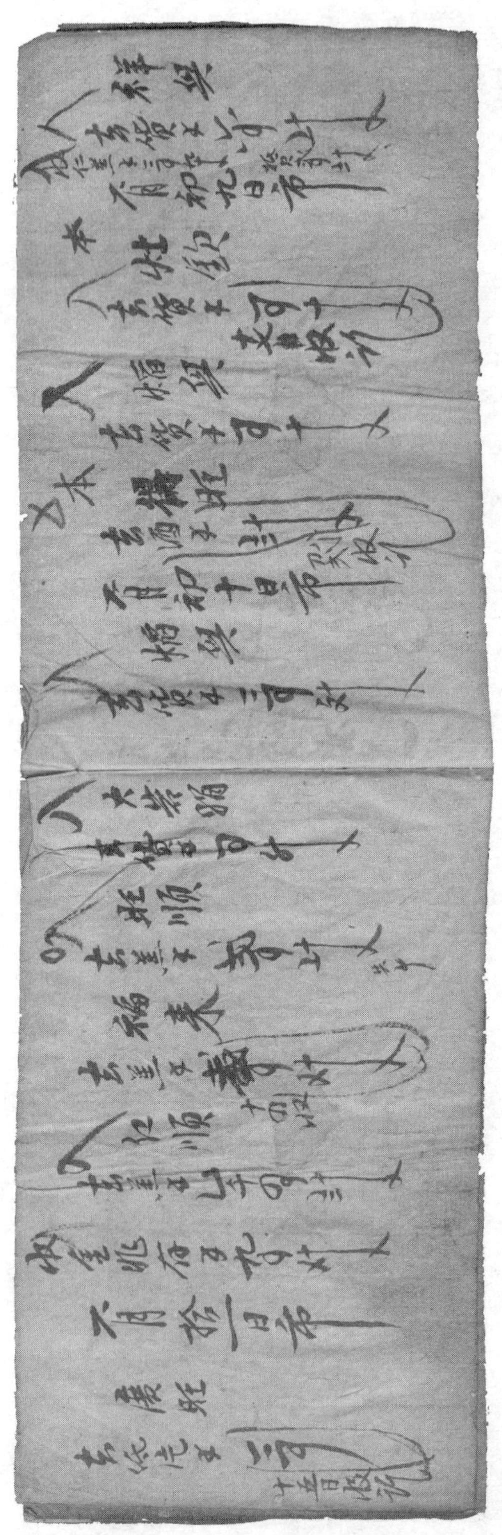

大鄣山乡江村 37-3 · 民国二十一年 · 流水账 · 和记

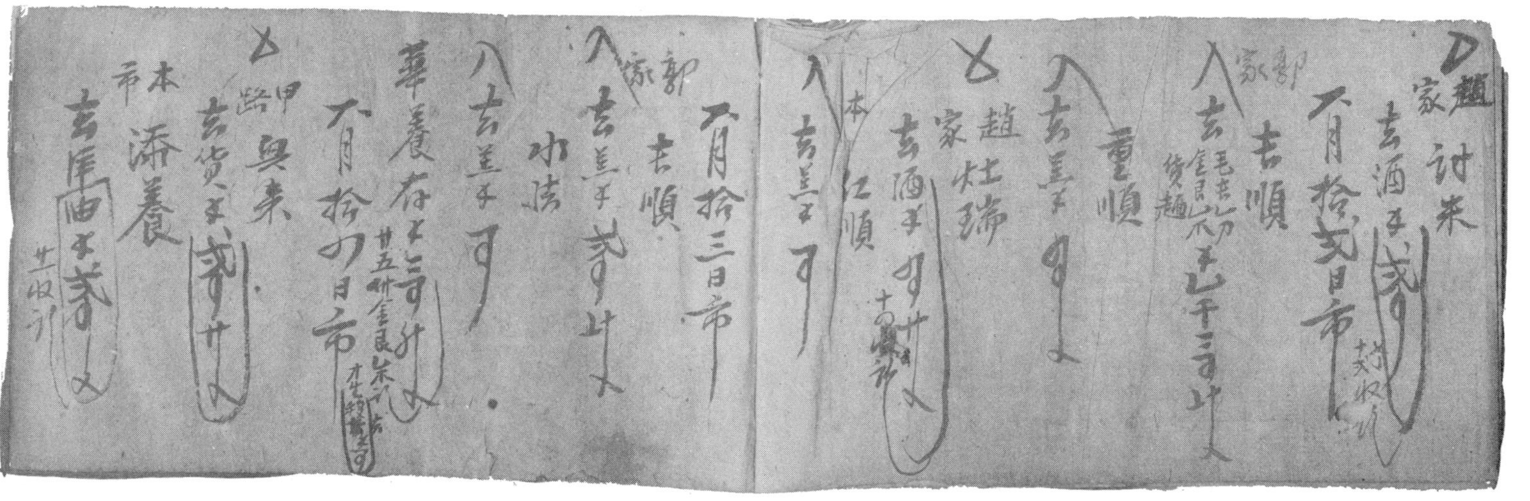

大鄣山乡江村 37-4 · 民国二十一年 · 流水账 · 和记

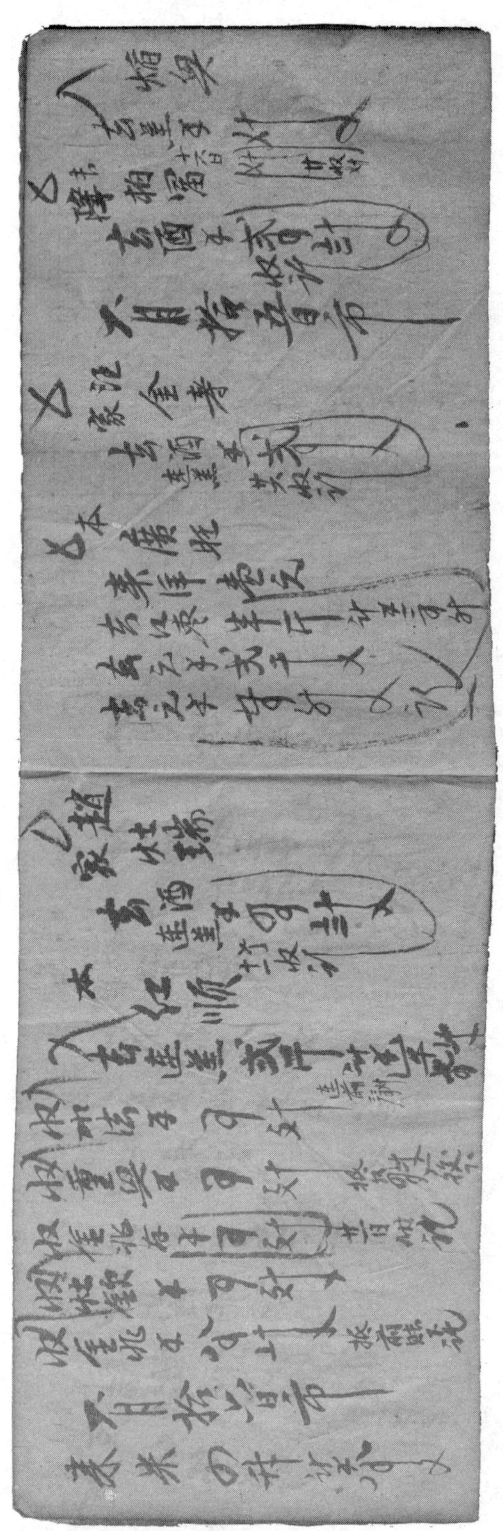

大鄣山乡江村 37-5 · 民国二十一年 · 流水账 · 和记

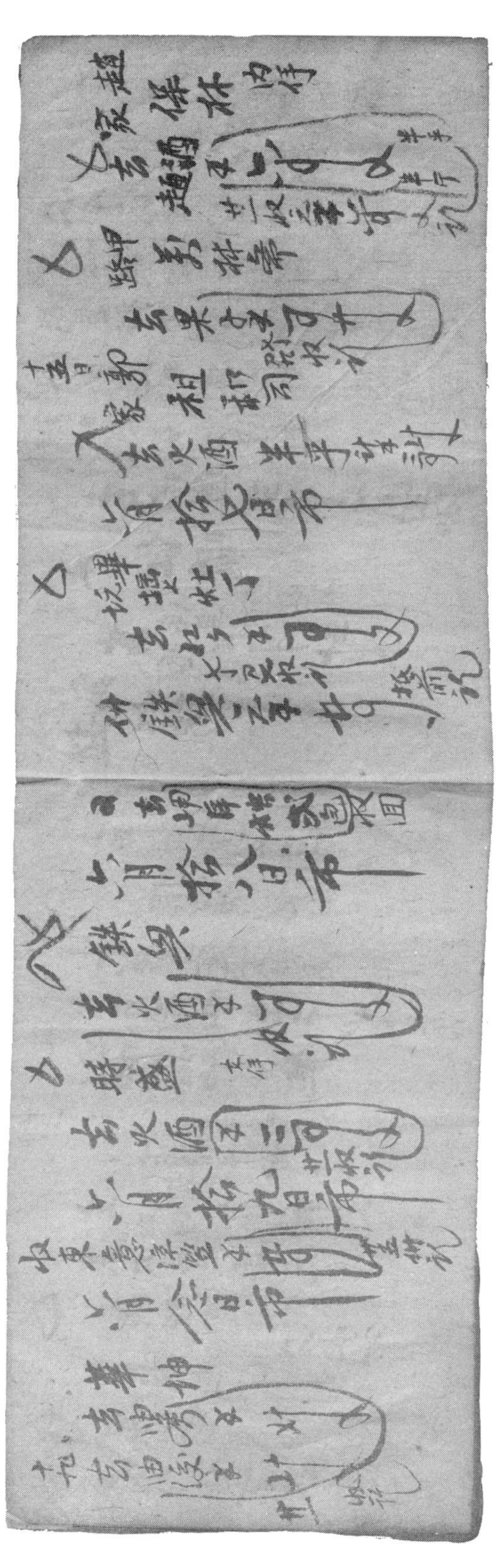

大鄣山乡江村 37-6 · 民国二十一年 · 流水账 · 和记

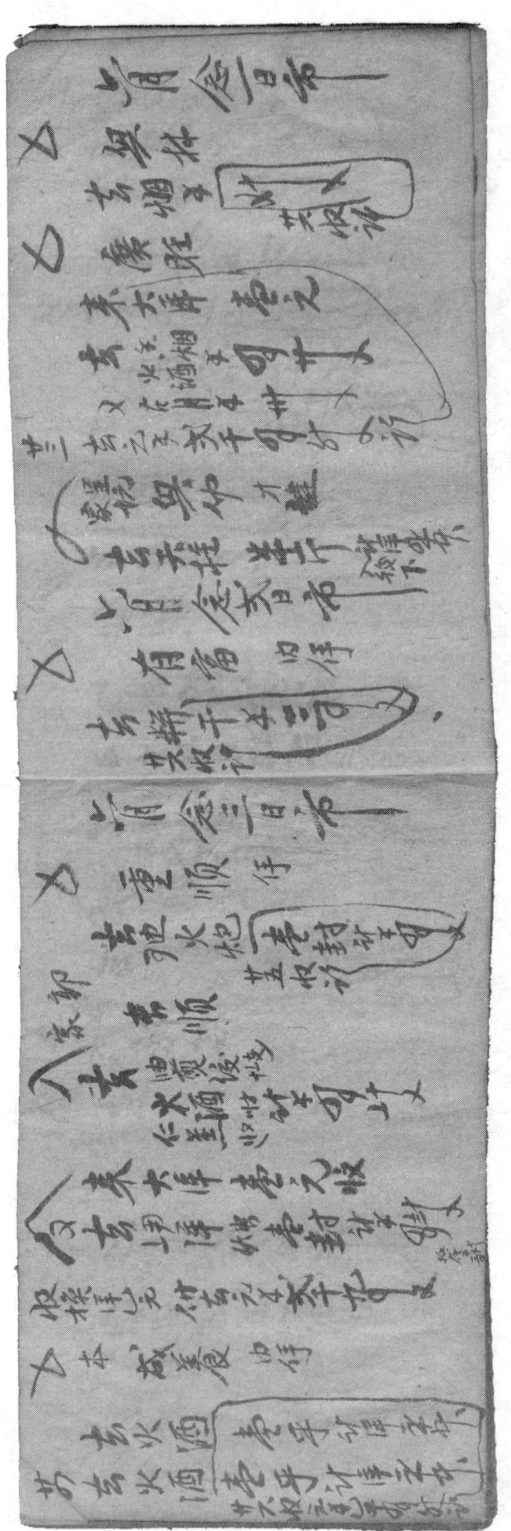

大鄣山乡江村 37-7 · 民国二十一年 · 流水账 · 和记

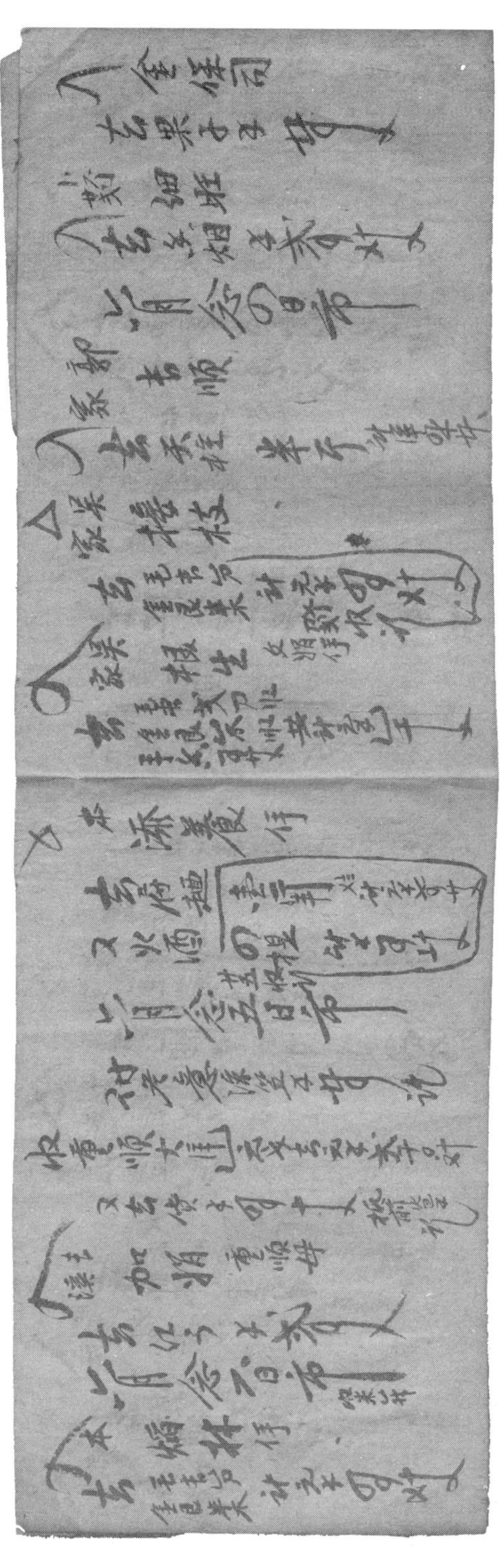

大鄣山乡江村 37-8 · 民国二十一年 · 流水账 · 和记

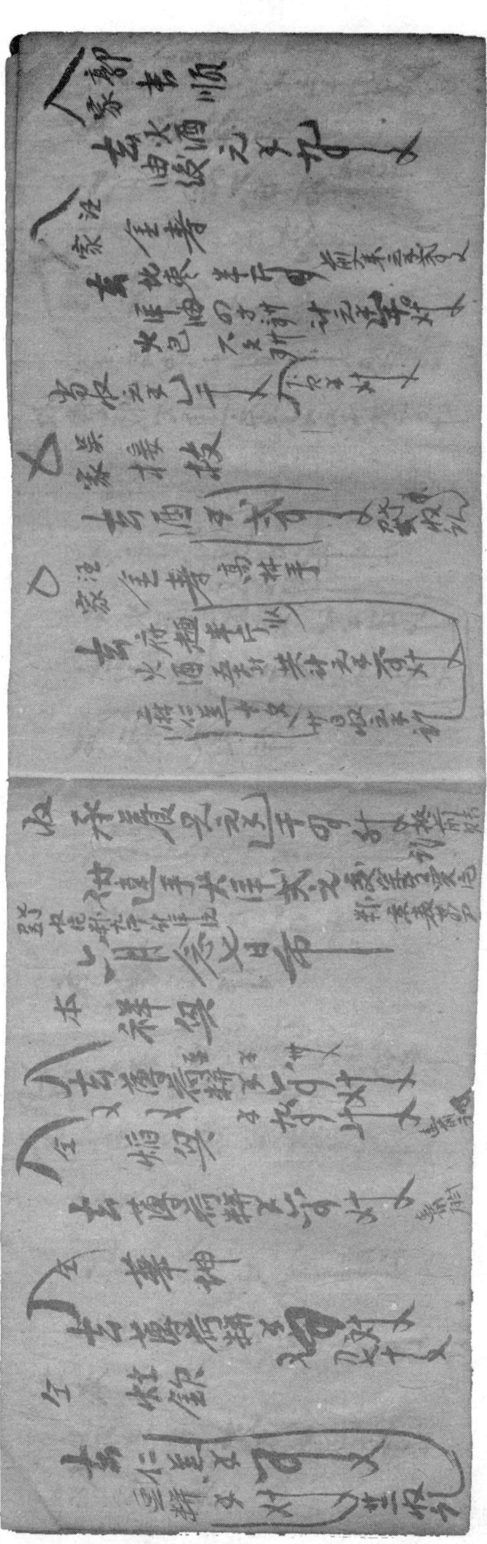

大鄣山乡江村 37-9 · 民国二十一年 · 流水账 · 和记

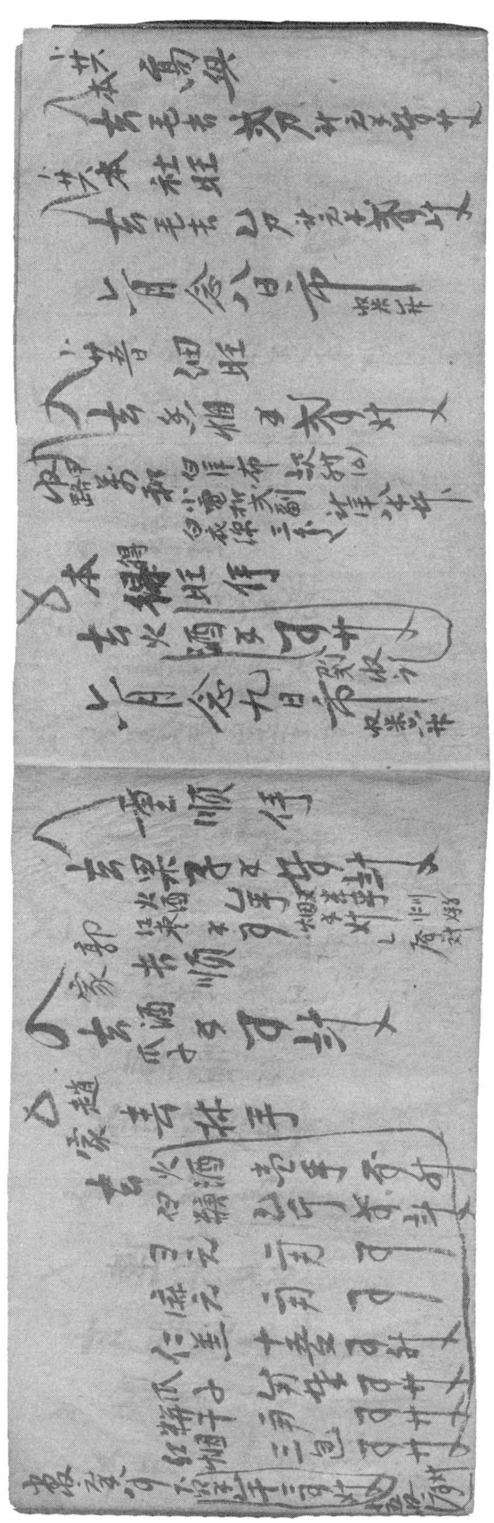

大鄣山乡江村 37-10 · 民国二十一年 · 流水账 · 和记

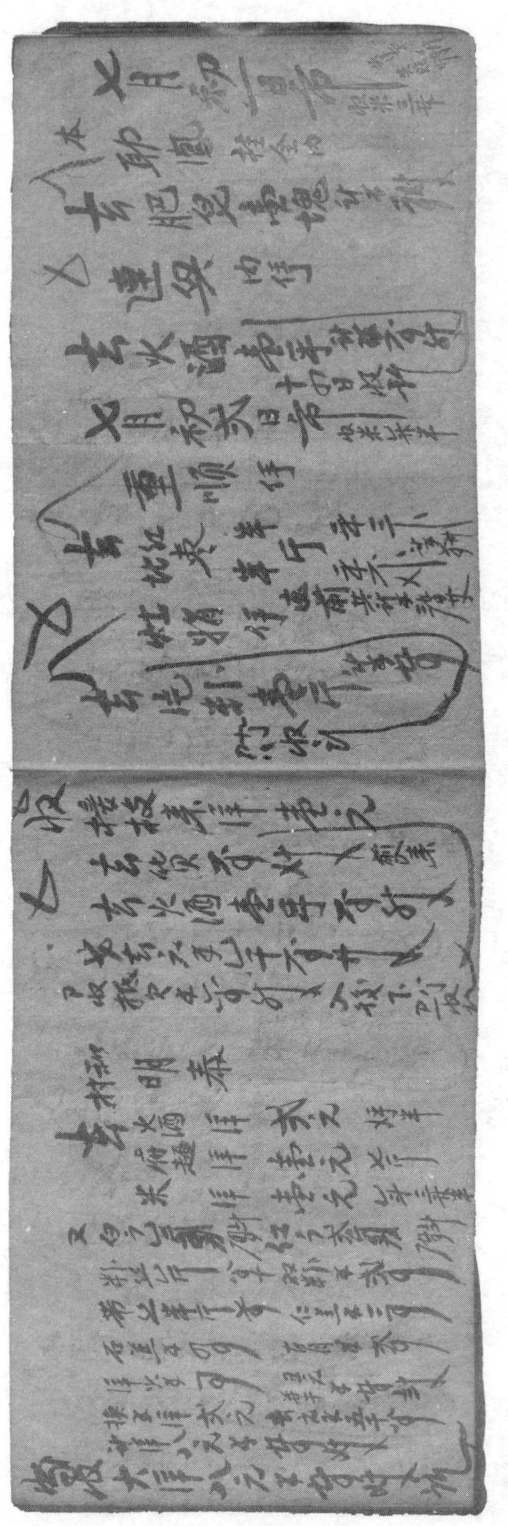

大鄣山乡江村 37-11・民国二十一年・流水账・和记

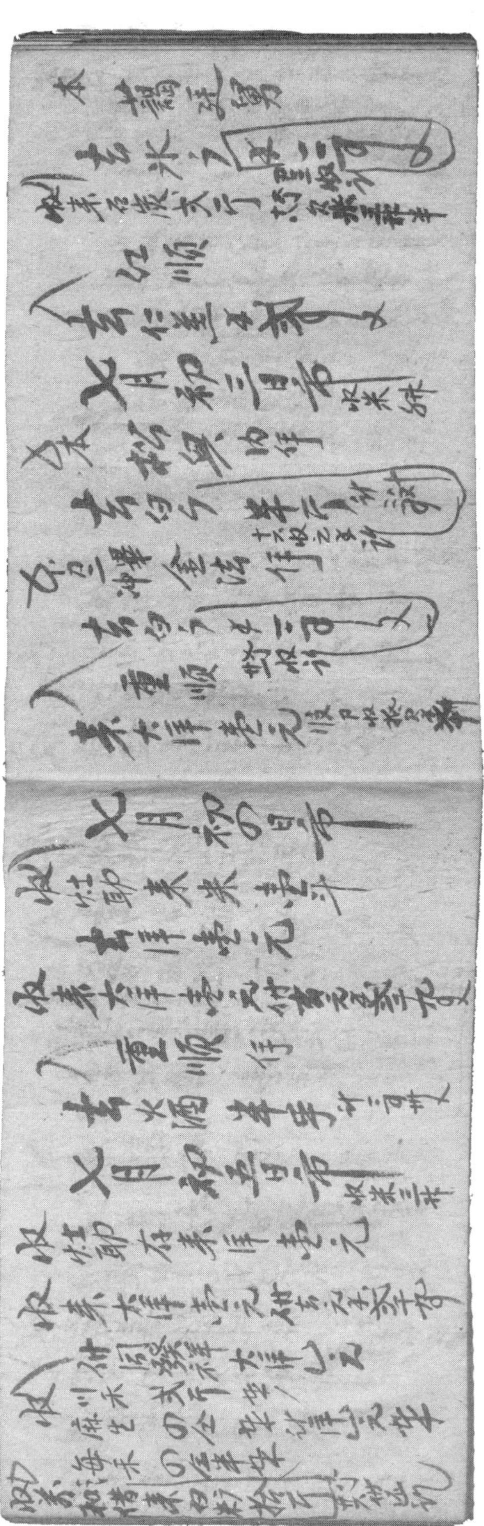

大鄣山乡江村 37-12 · 民国二十一年 · 流水账 · 和记

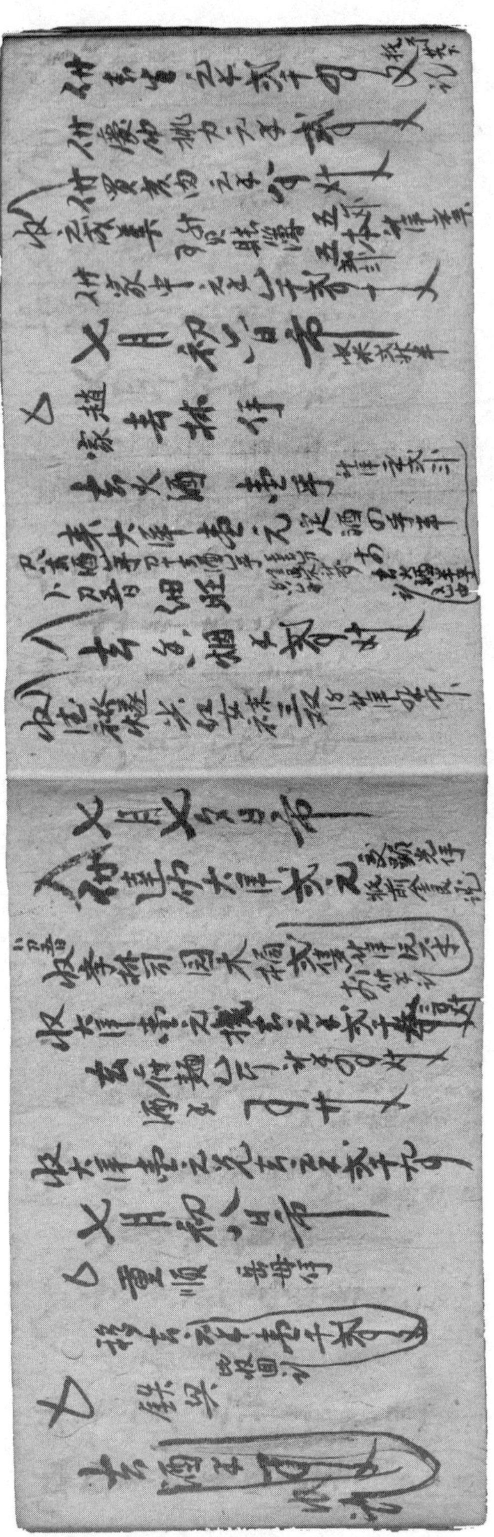

大鄣山乡江村 37-13 · 民国二十一年 · 流水账 · 和记

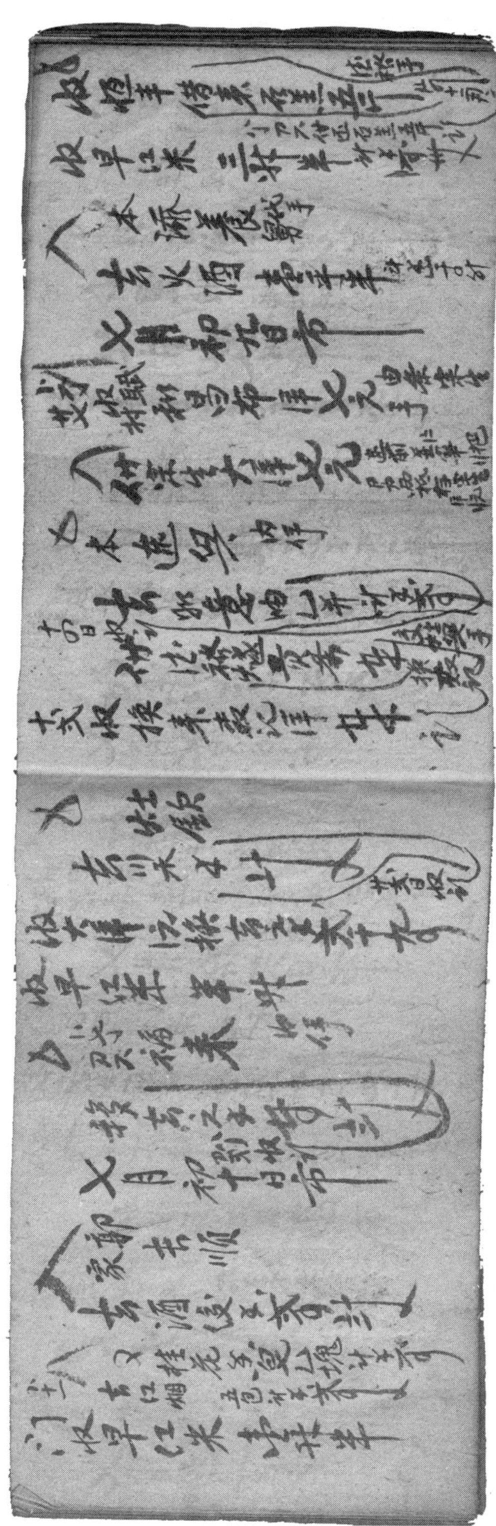

大鄣山乡江村 37-14 · 民国二十一年 · 流水账 · 和记

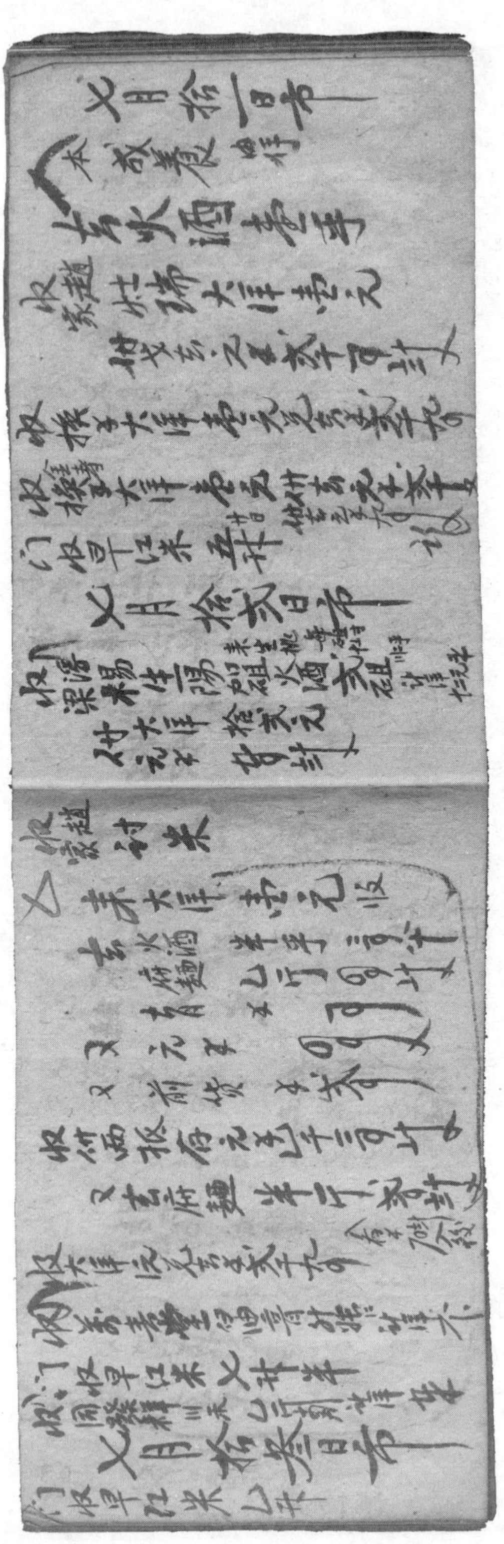

大鄣山乡江村 37-15 · 民国二十一年 · 流水账 · 和记

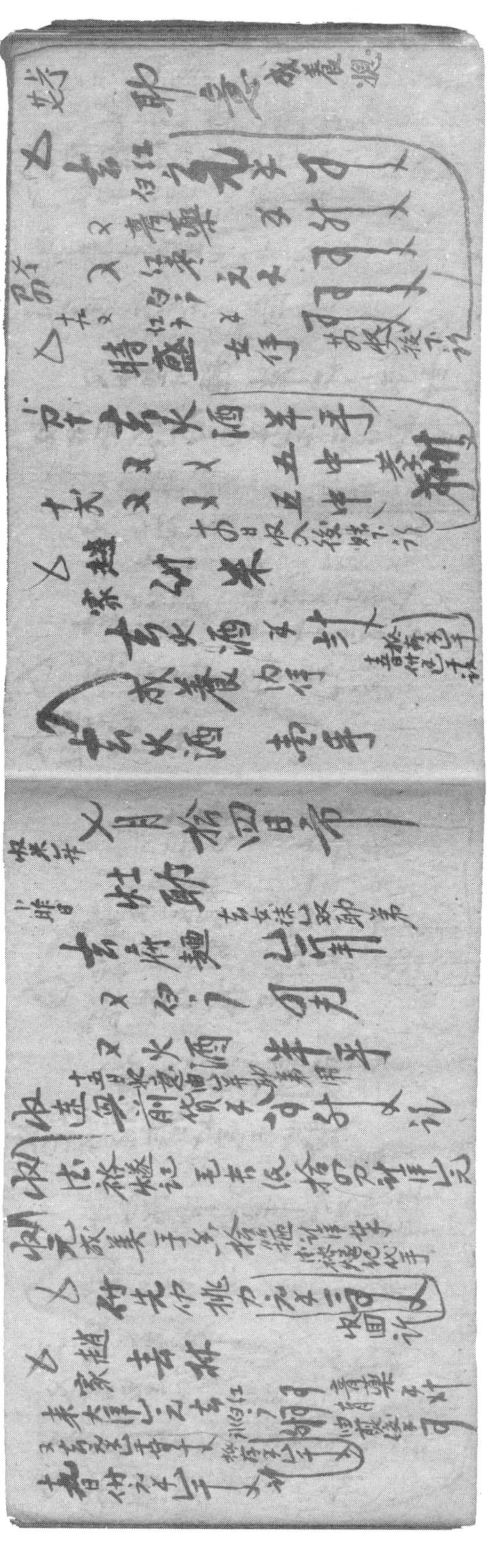

大鄣山乡江村 37-16 · 民国二十一年 · 流水账 · 和记

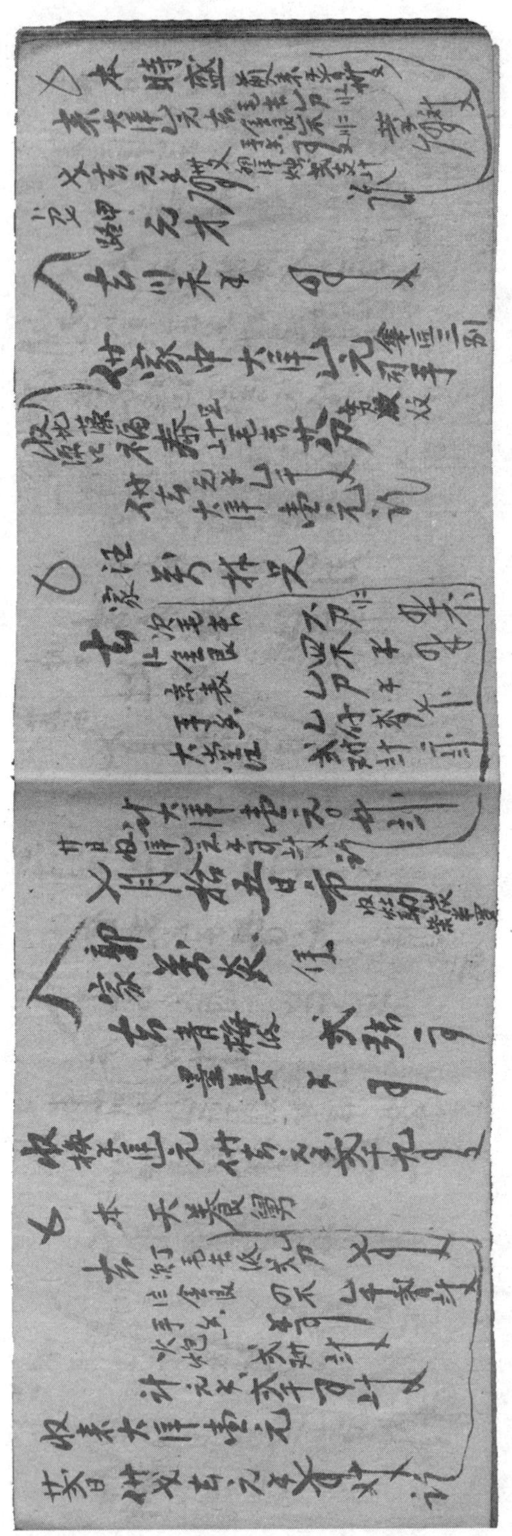

大鄣山乡江村 37-17 · 民国二十一年 · 流水账 · 和记

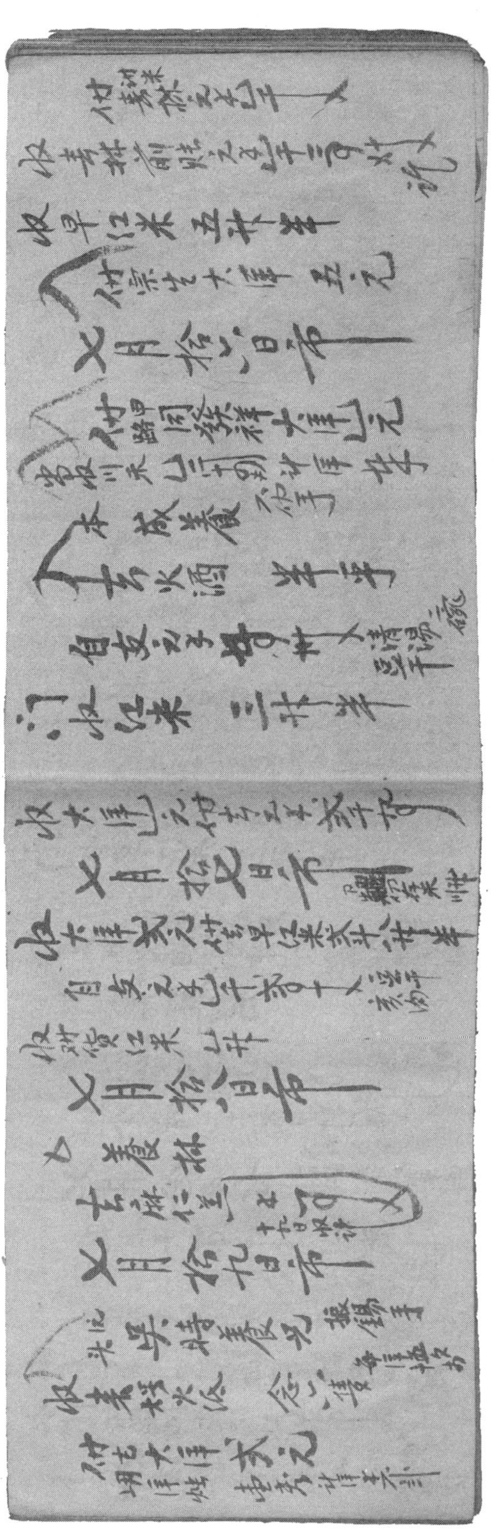

大部山乡江村 37-18 · 民国二十一年 · 流水账 · 和记

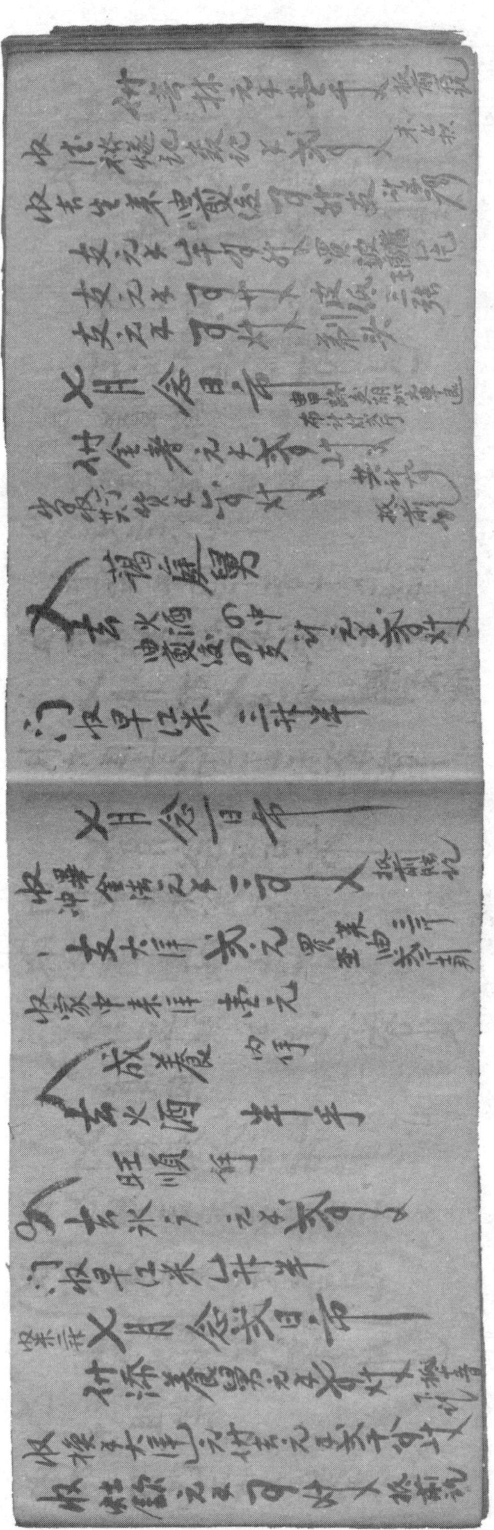

大鄣山乡江村 37-19 · 民国二十一年 · 流水账 · 和记

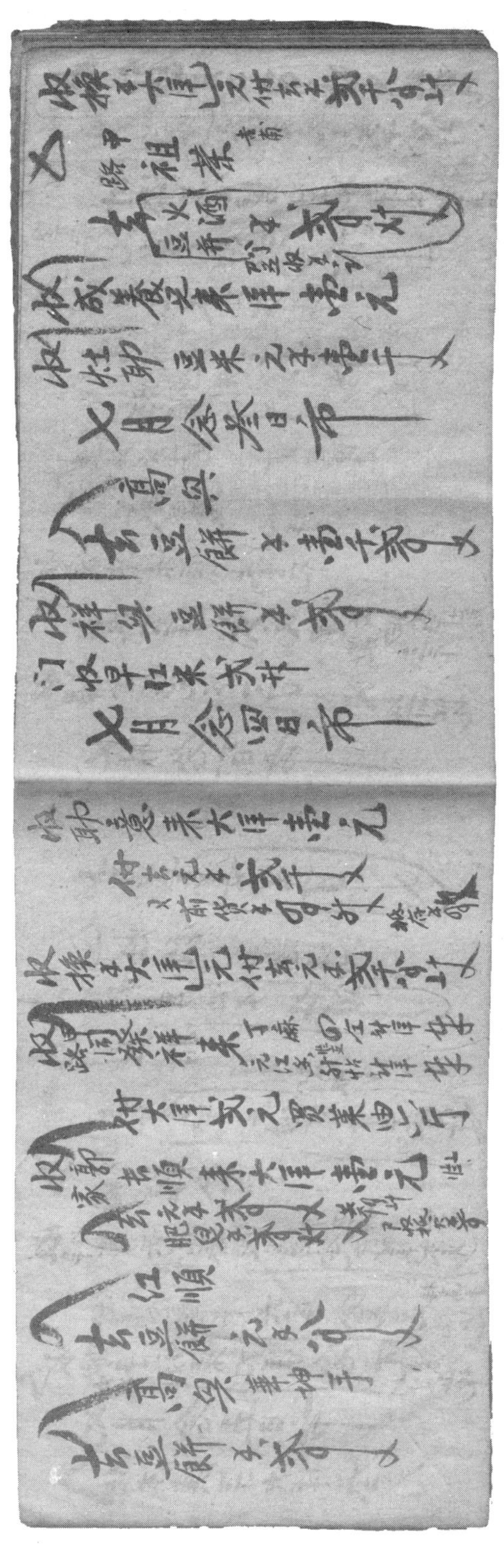

大鄣山乡江村 37-20 · 民国二十一年 · 流水账 · 和记

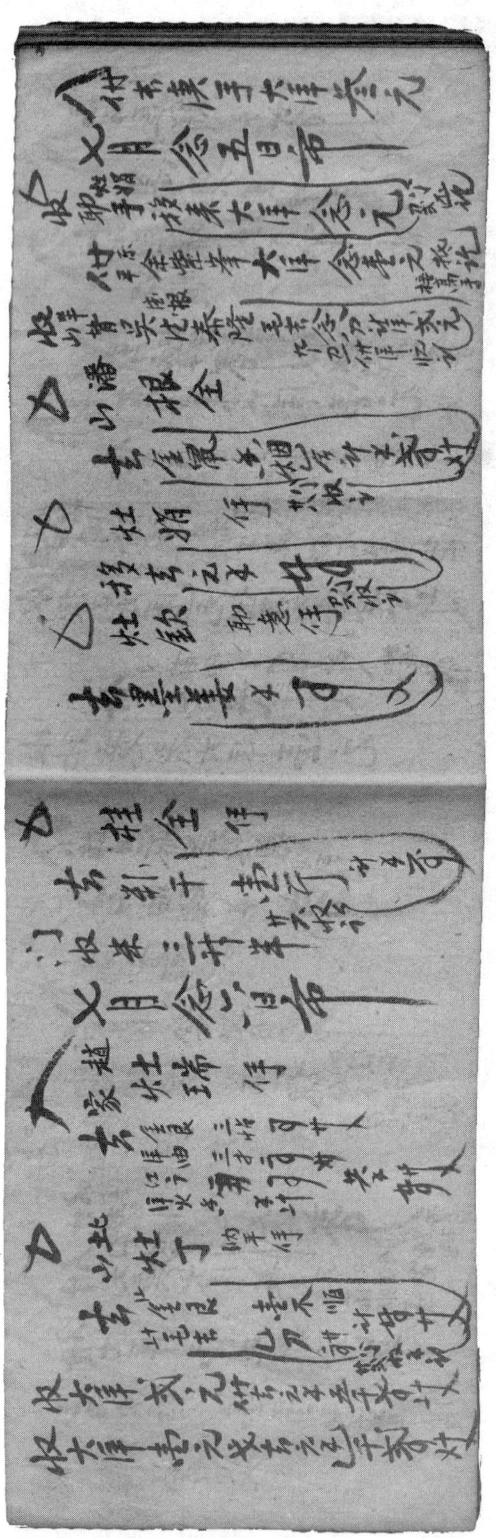

大鄣山乡江村 37-21 · 民国二十一年 · 流水账 · 和记

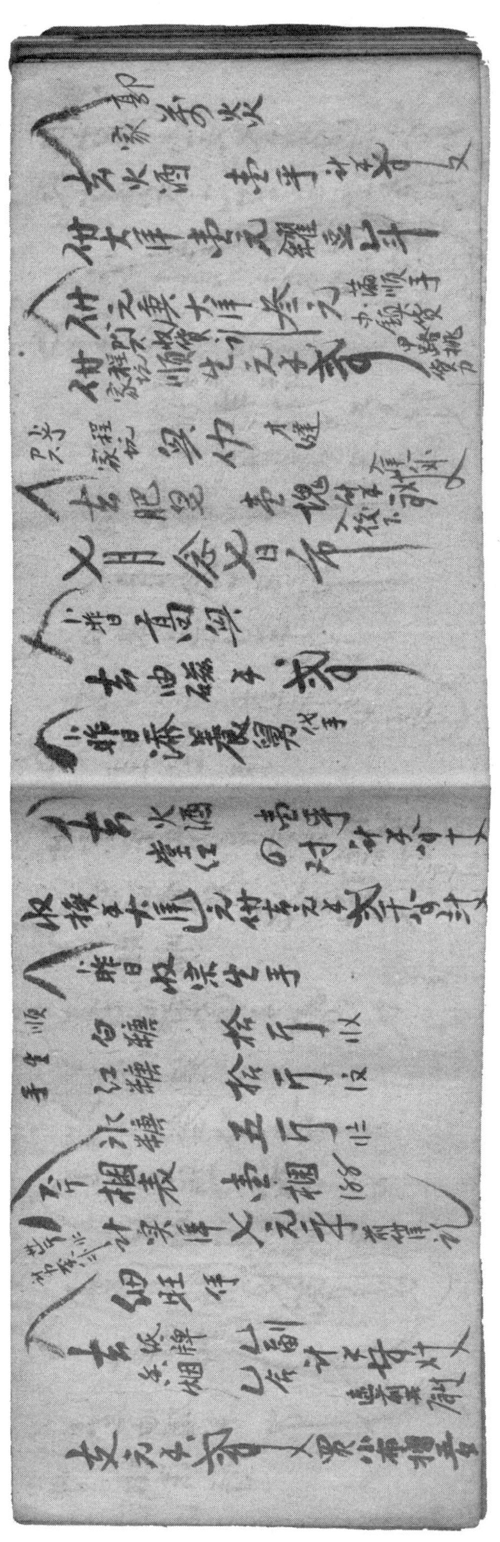

大鄣山乡江村 37-22 · 民国二十一年 · 流水账 · 和记

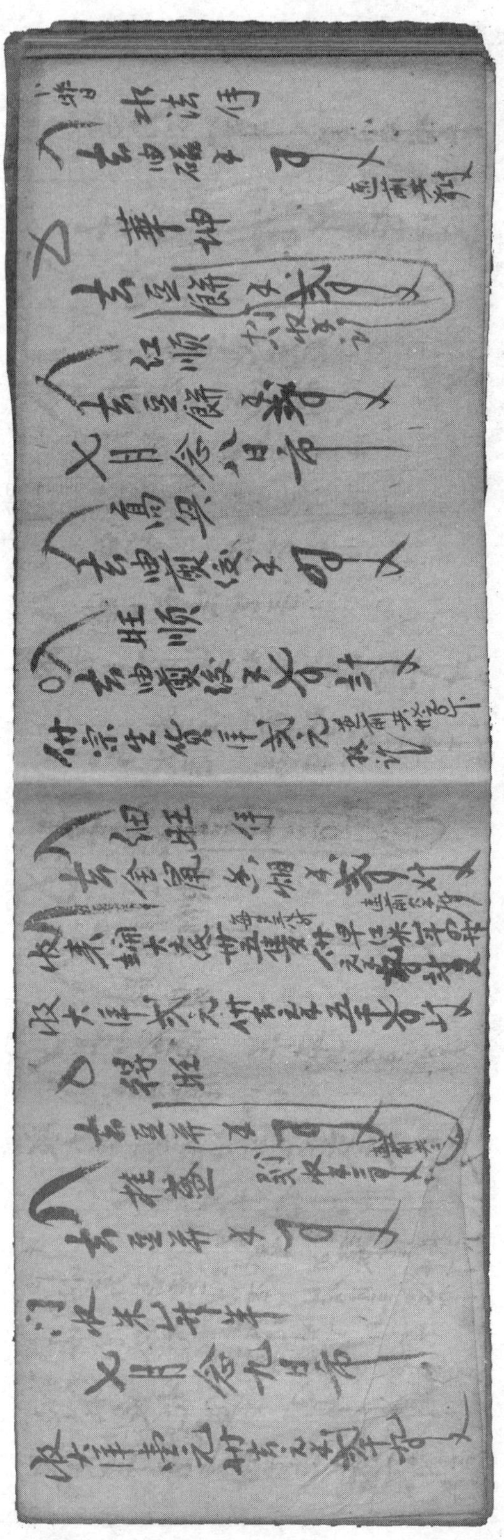

大鄣山乡江村 37-23 · 民国二十一年 · 流水账 · 和记

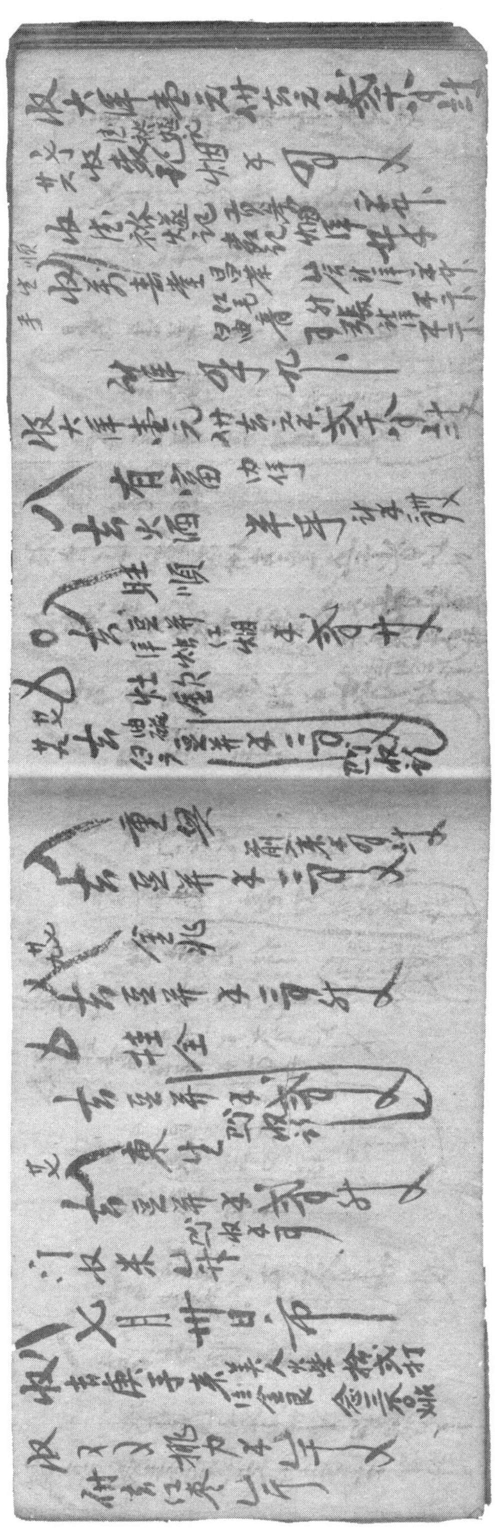

大鄣山乡江村 37-24 · 民国二十一年 · 流水账 · 和记

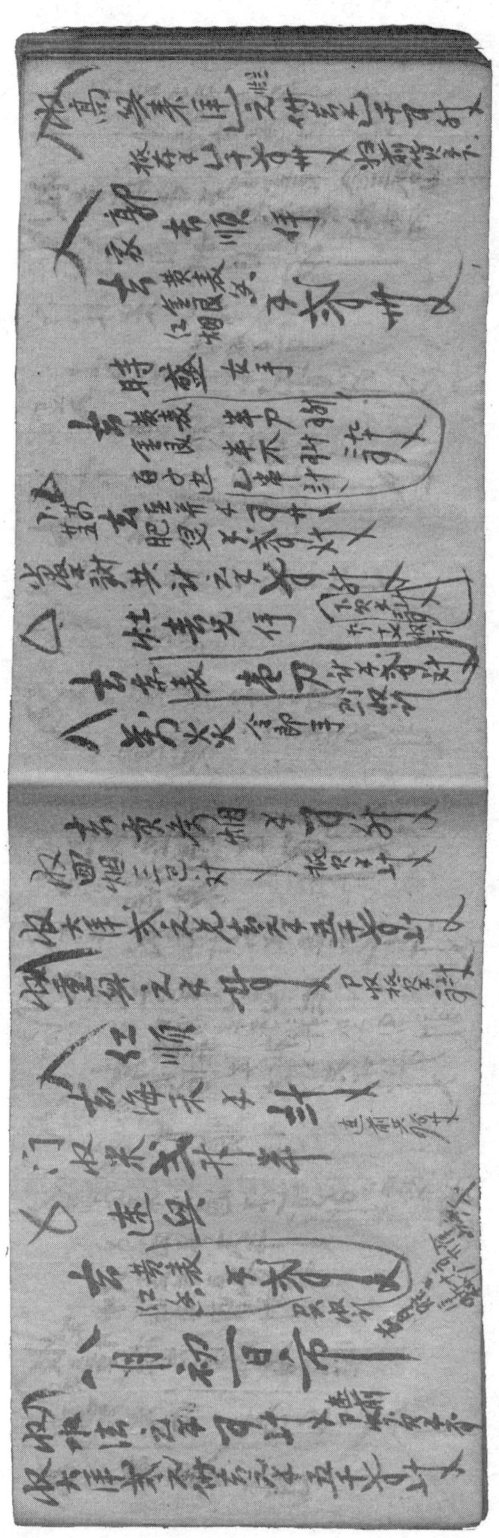

大鄣山乡江村 37-25 · 民国二十一年 · 流水账 · 和记

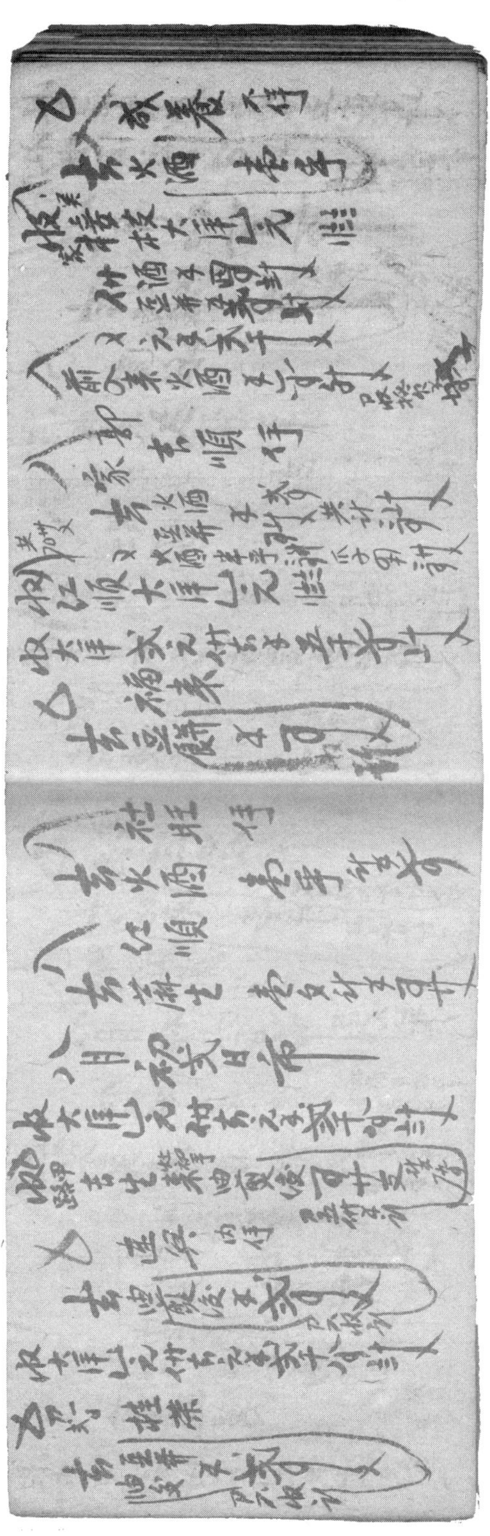

大鄣山乡江村 37-26 · 民国二十一年 · 流水账 · 和记

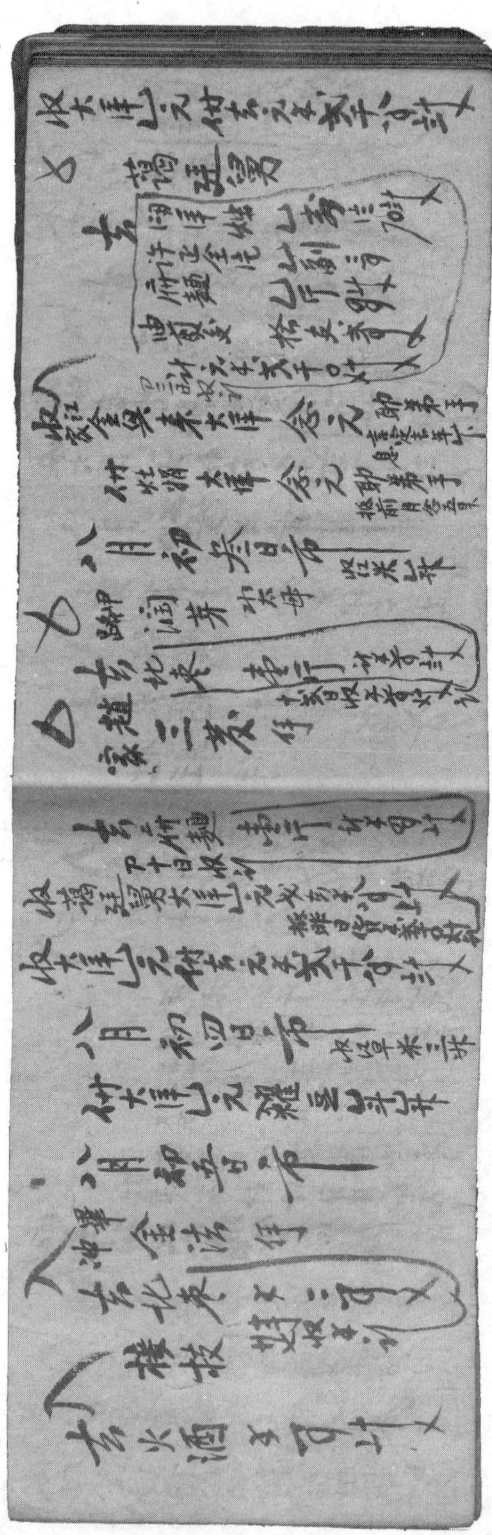

大鄣山乡江村 37-27 · 民国二十一年 · 流水账 · 和记

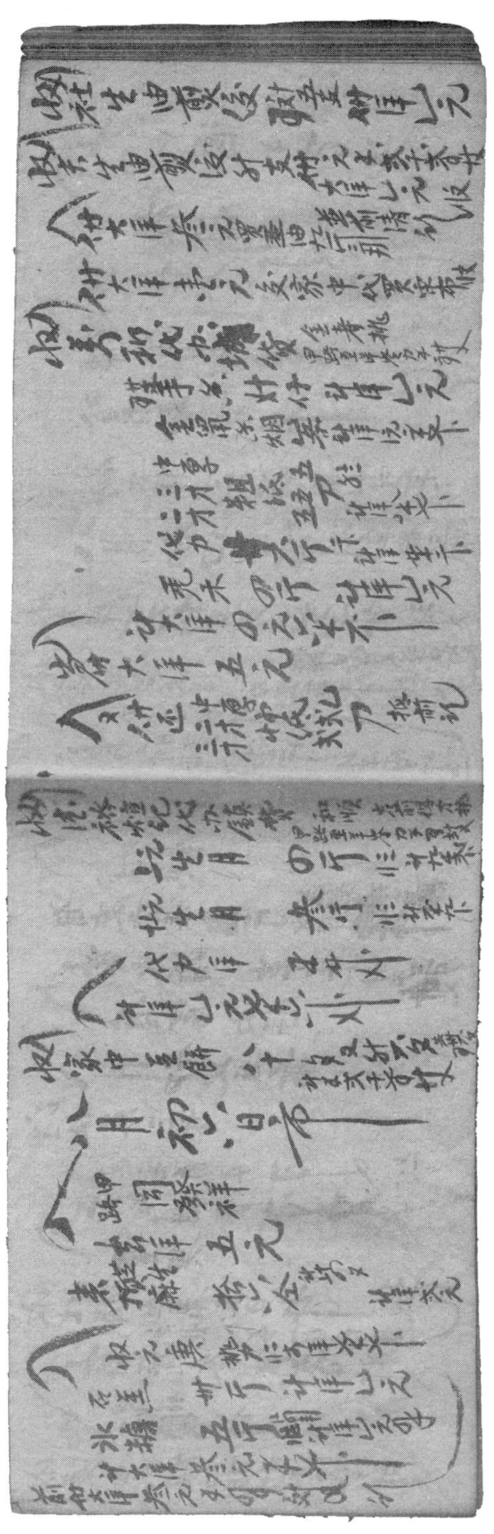

大鄣山乡江村 37-28 · 民国二十一年 · 流水账 · 和记

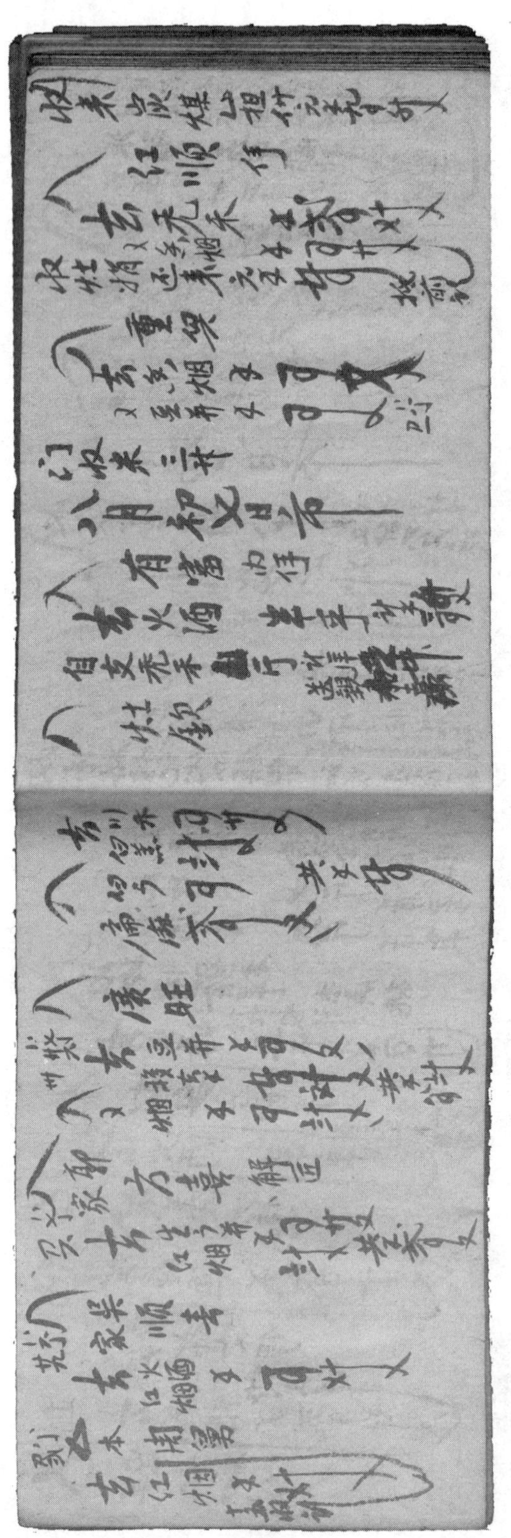

大鄣山乡江村 37-29 · 民国二十一年 · 流水账 · 和记

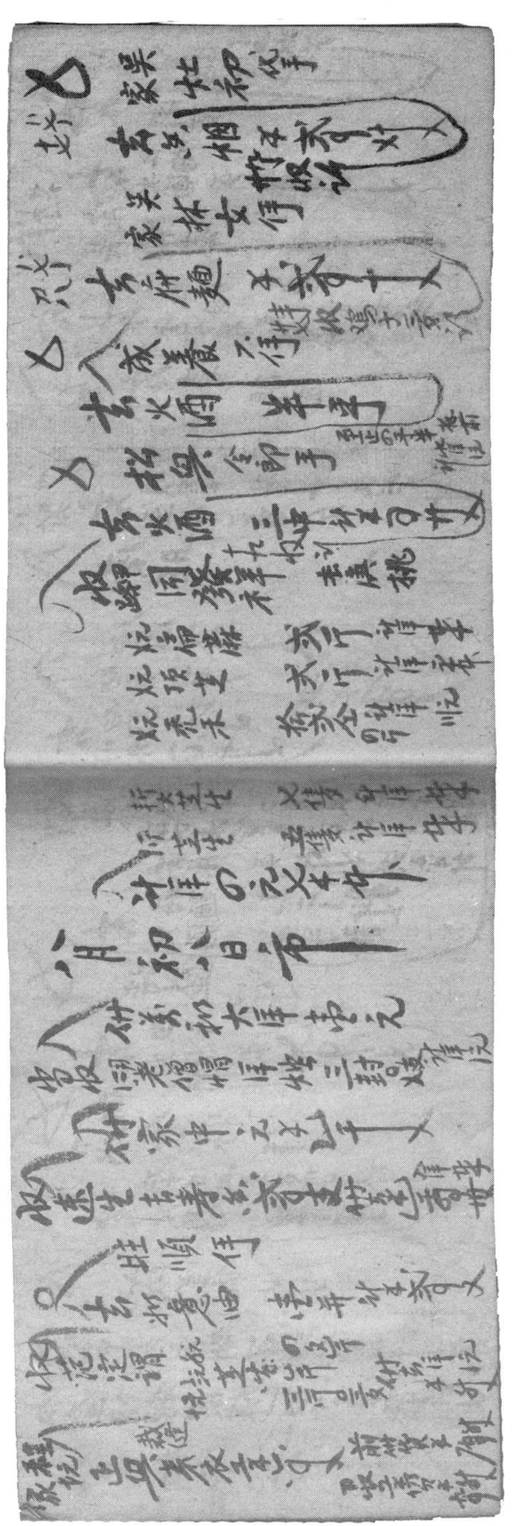

大郭山乡江村 37-30 · 民国二十一年 · 流水账 · 和记

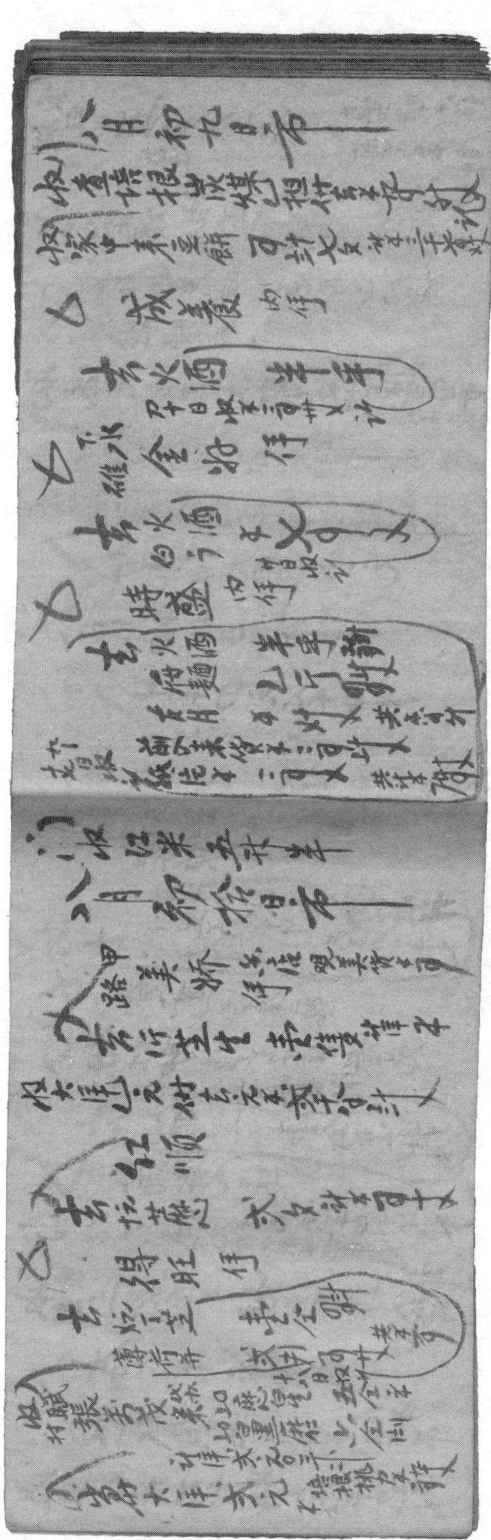

大鄣山乡江村 37-31 · 民国二十一年 · 流水账 · 和记

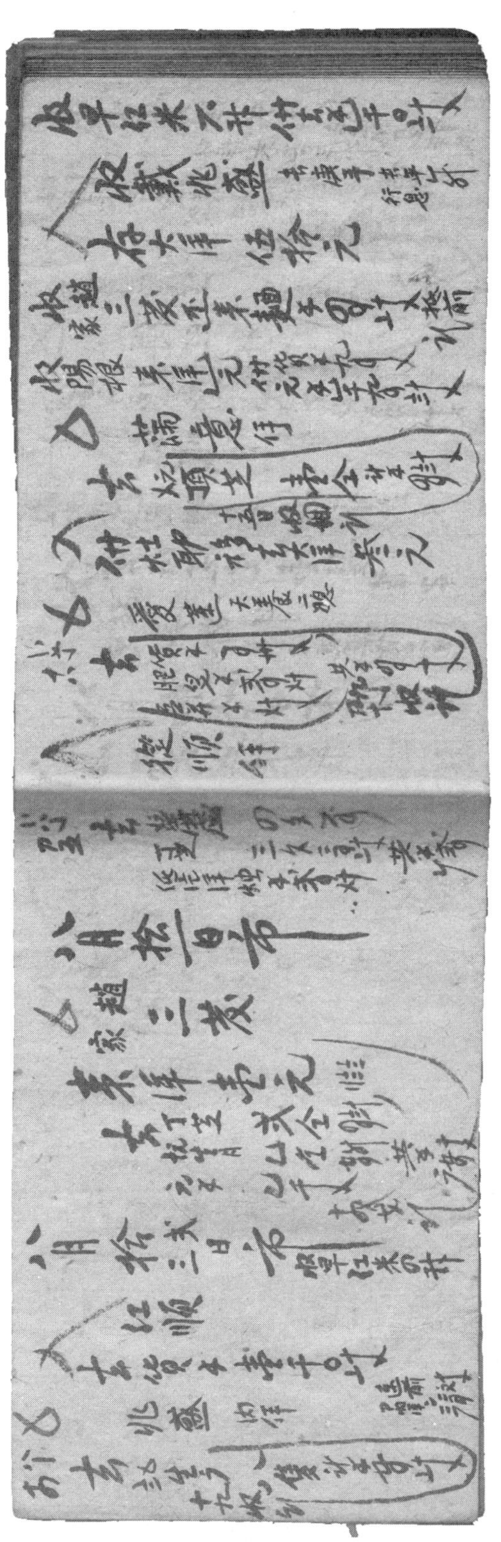

大鄣山乡江村 37-32 · 民国二十一年 · 流水账 · 和记

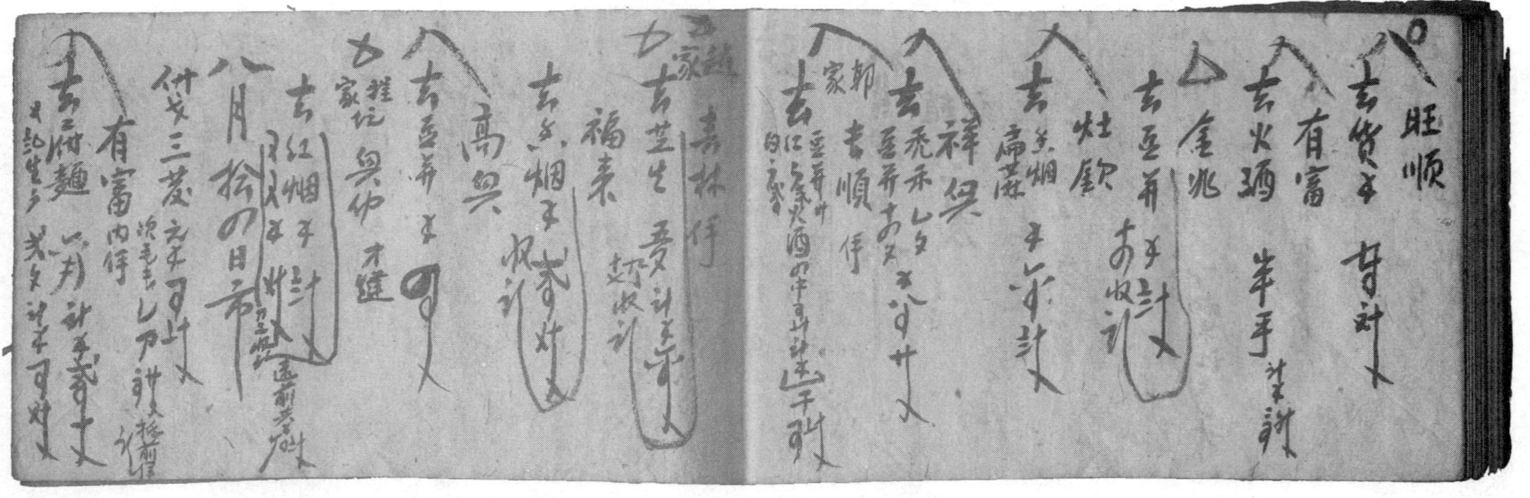

大鄣山乡江村 37-33 · 民国二十一年 · 流水账 · 和记

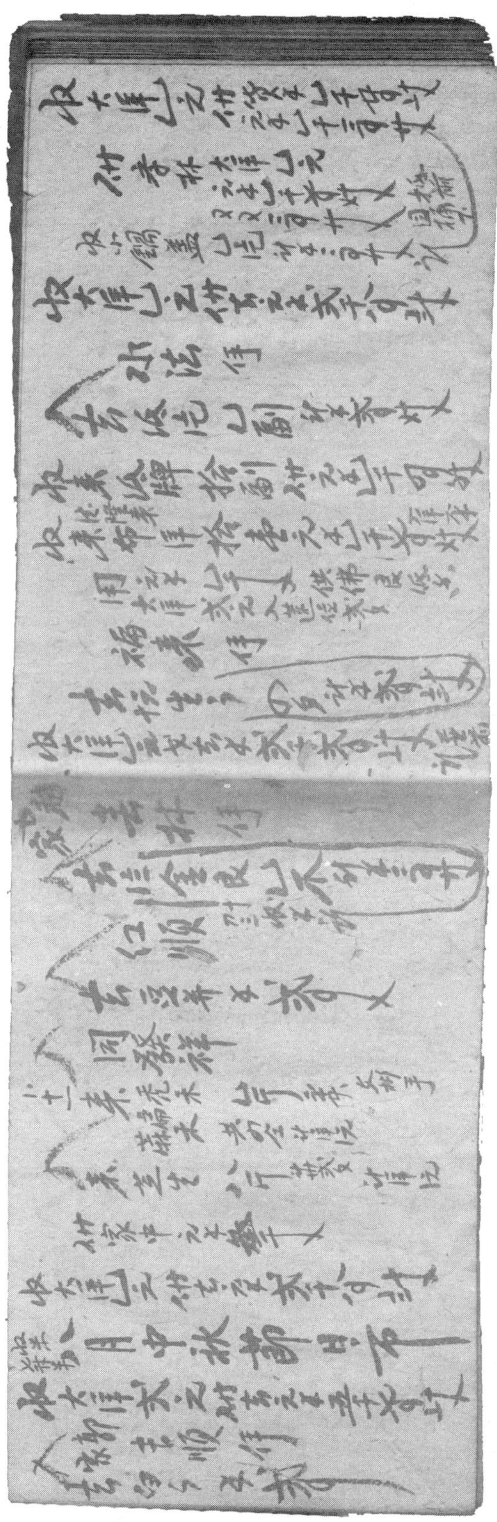

大鄣山乡江村 37-34 · 民国二十一年 · 流水账 · 和记

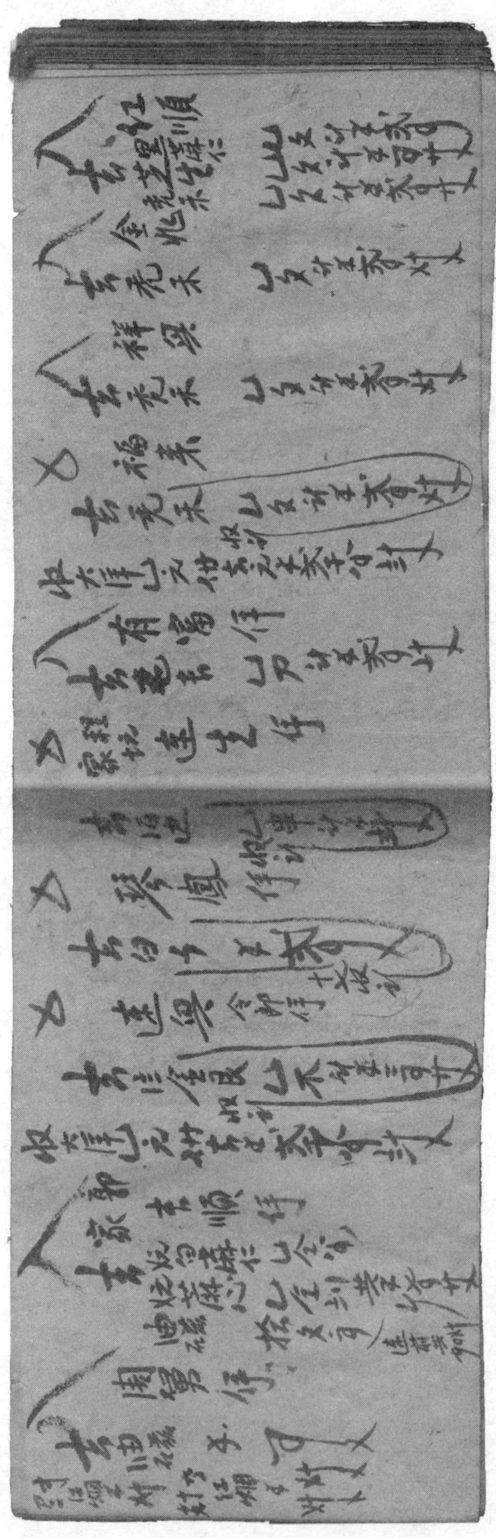

大鄣山乡江村 37-35 · 民国二十一年 · 流水账 · 和记

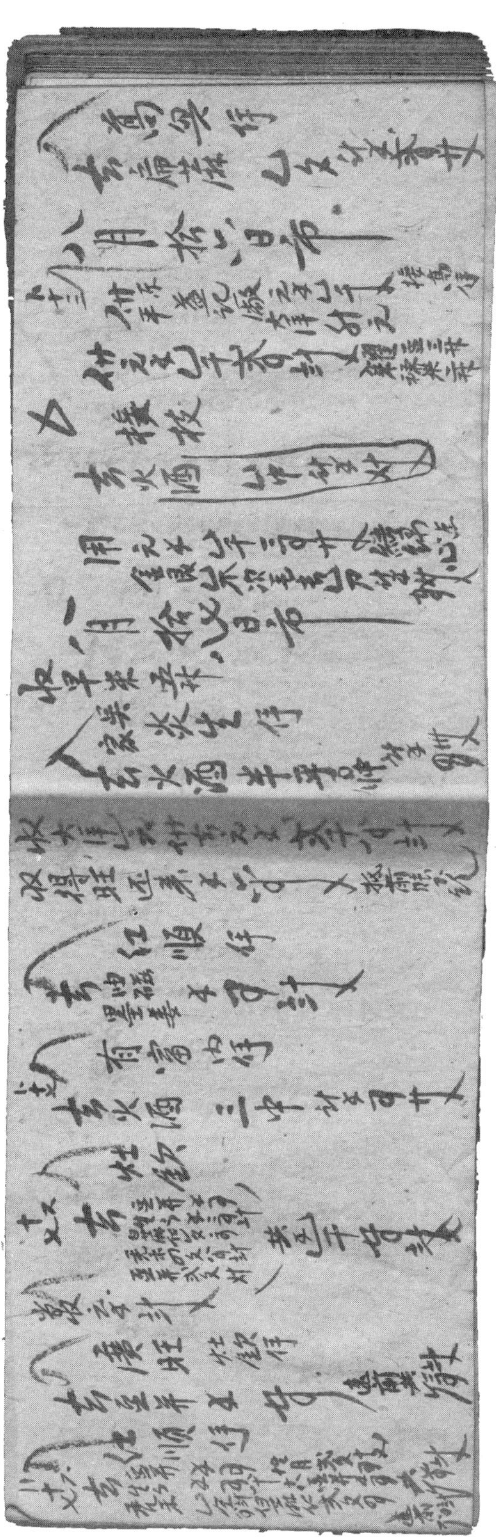

大鄣山乡江村 37-36 · 民国二十一年 · 流水账 · 和记

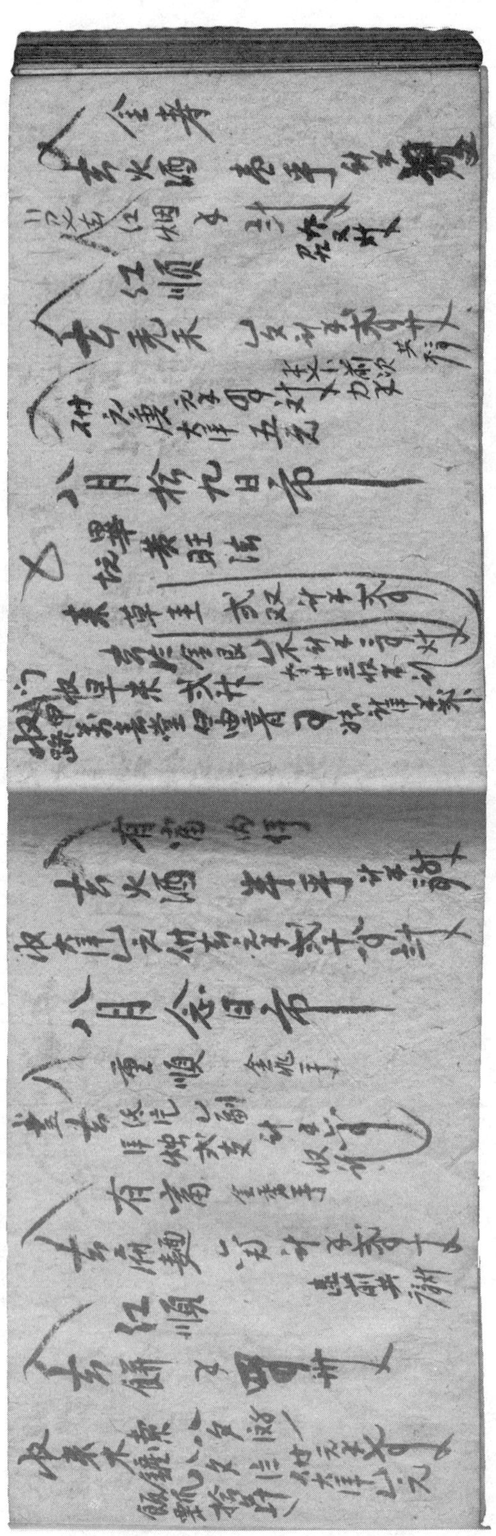

大鄣山乡江村 37-37 · 民国二十一年 · 流水账 · 和记

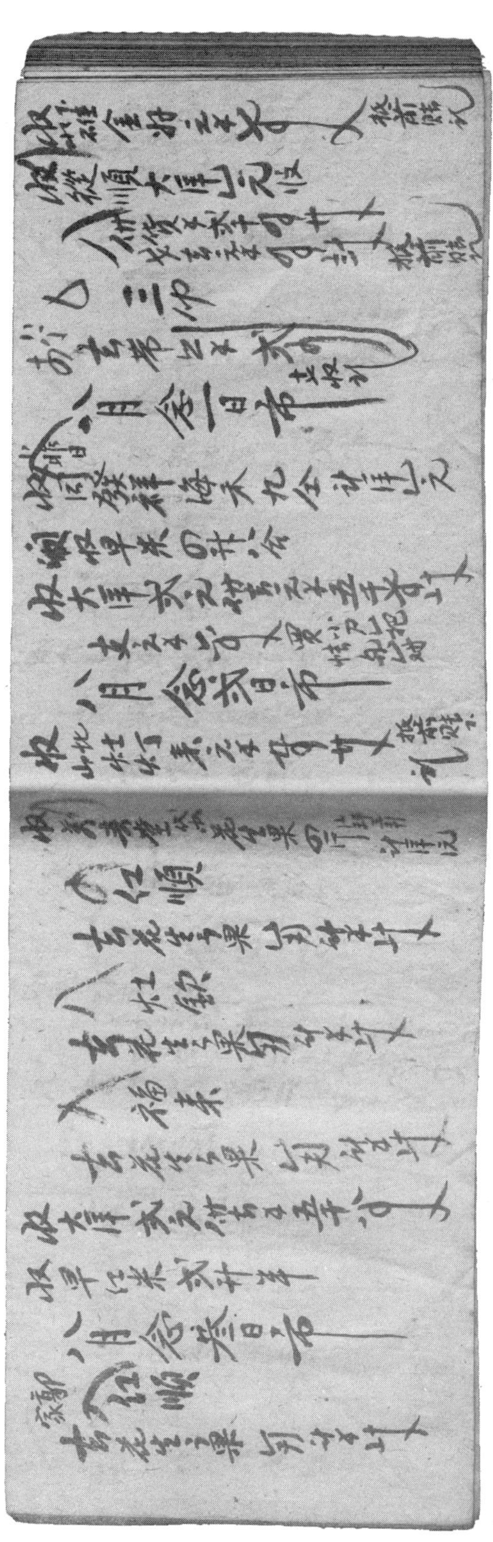

大鄣山乡江村 37-38 · 民国二十一年 · 流水账 · 和记

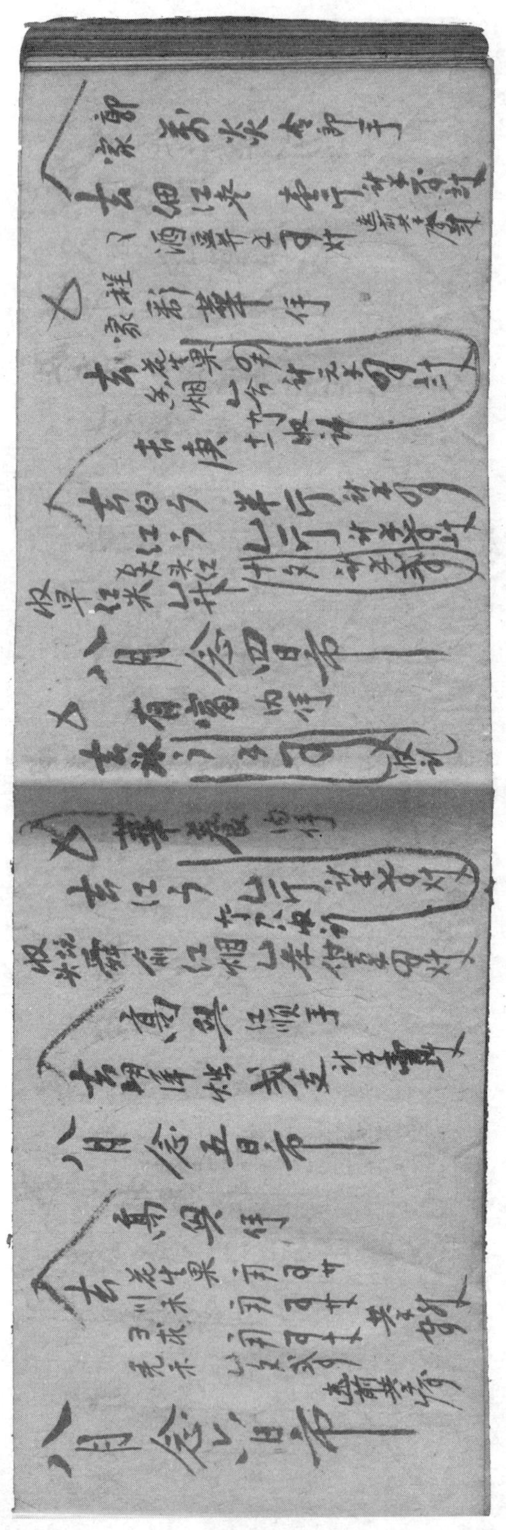

大鄣山乡江村 37-39 · 民国二十一年 · 流水账 · 和记

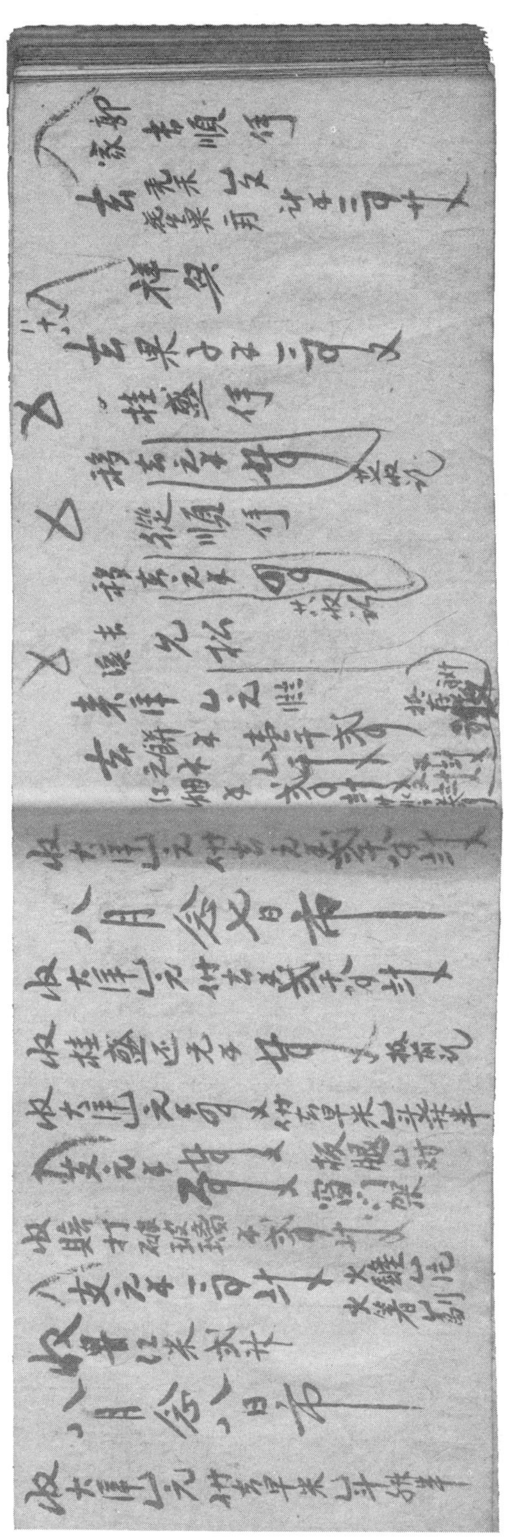

大鄣山乡江村 37-40 · 民国二十一年 · 流水账 · 和记

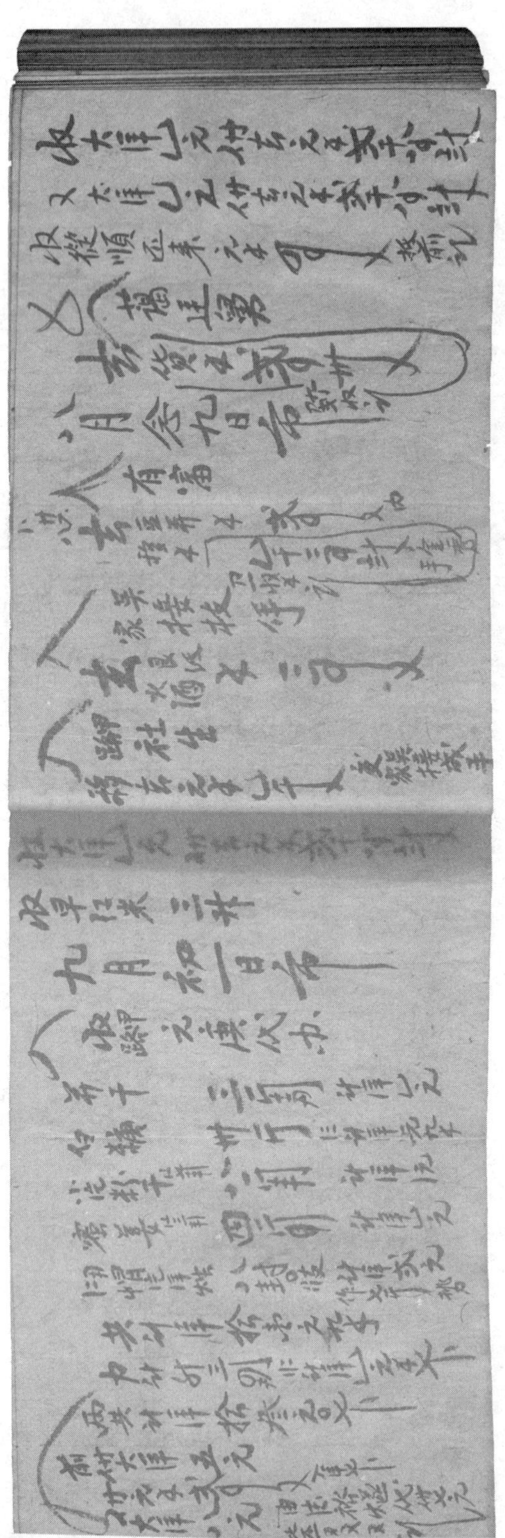

大鄣山乡江村 37-41 · 民国二十一年 · 流水账 · 和记

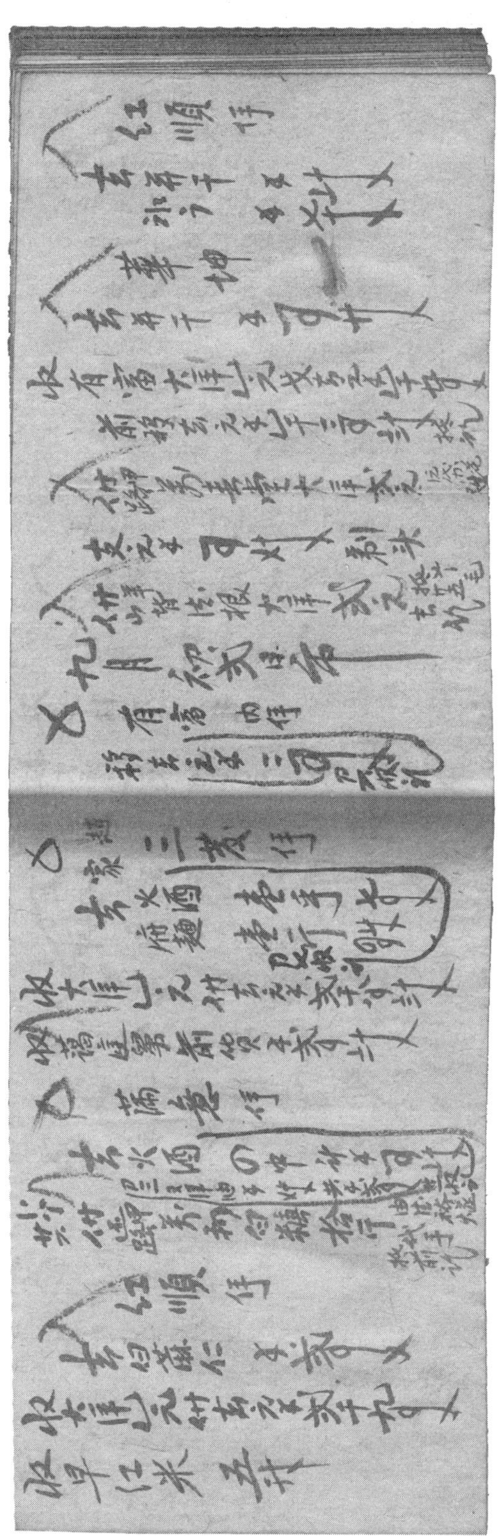

大鄣山乡江村 37-42 · 民国二十一年 · 流水账 · 和记

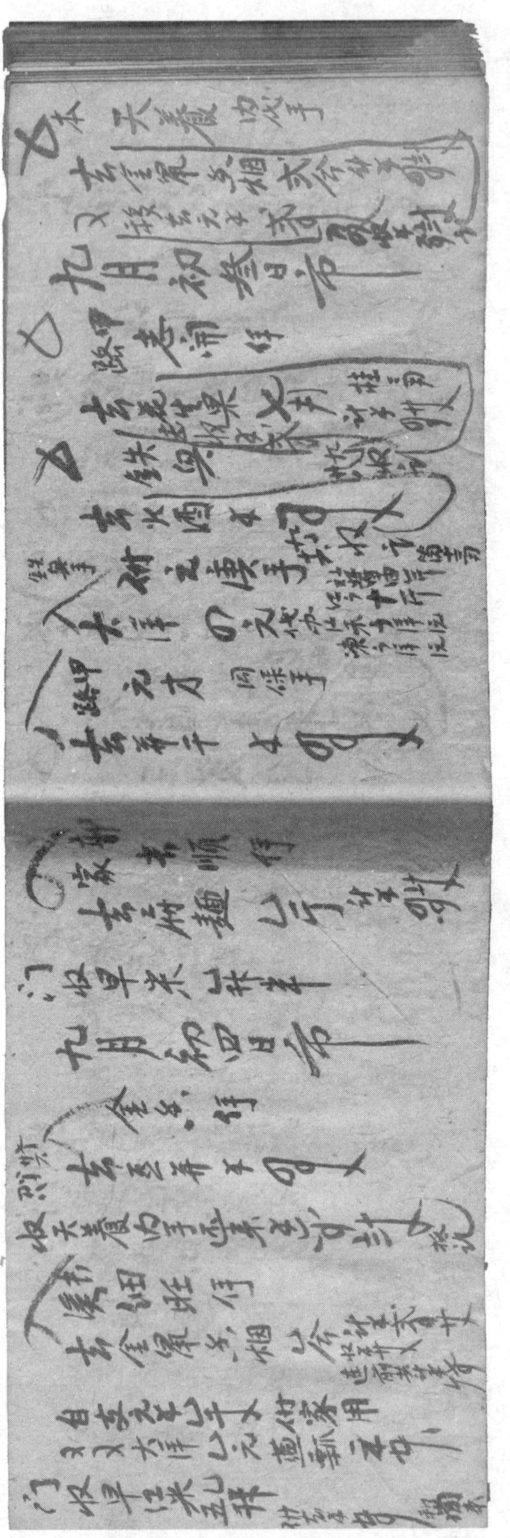

大鄣山乡江村 37-43 · 民国二十一年 · 流水账 · 和记

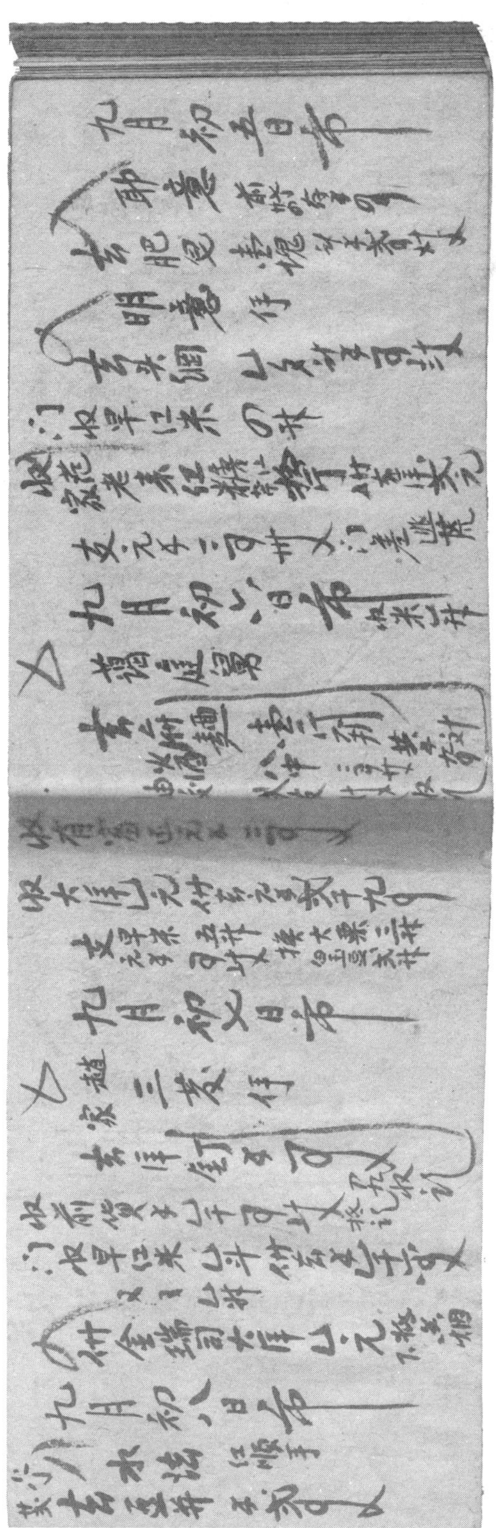

大郭山乡江村 37-44 · 民国二十一年 · 流水账 · 和记

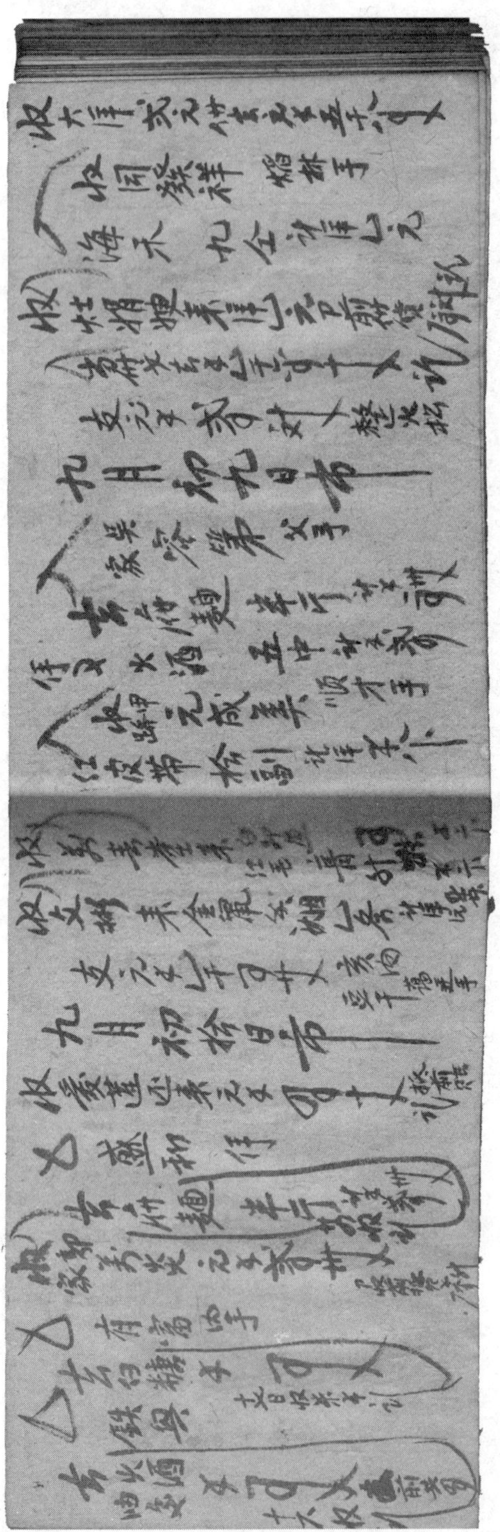

大鄣山乡江村 37-45 · 民国二十一年 · 流水账 · 和记

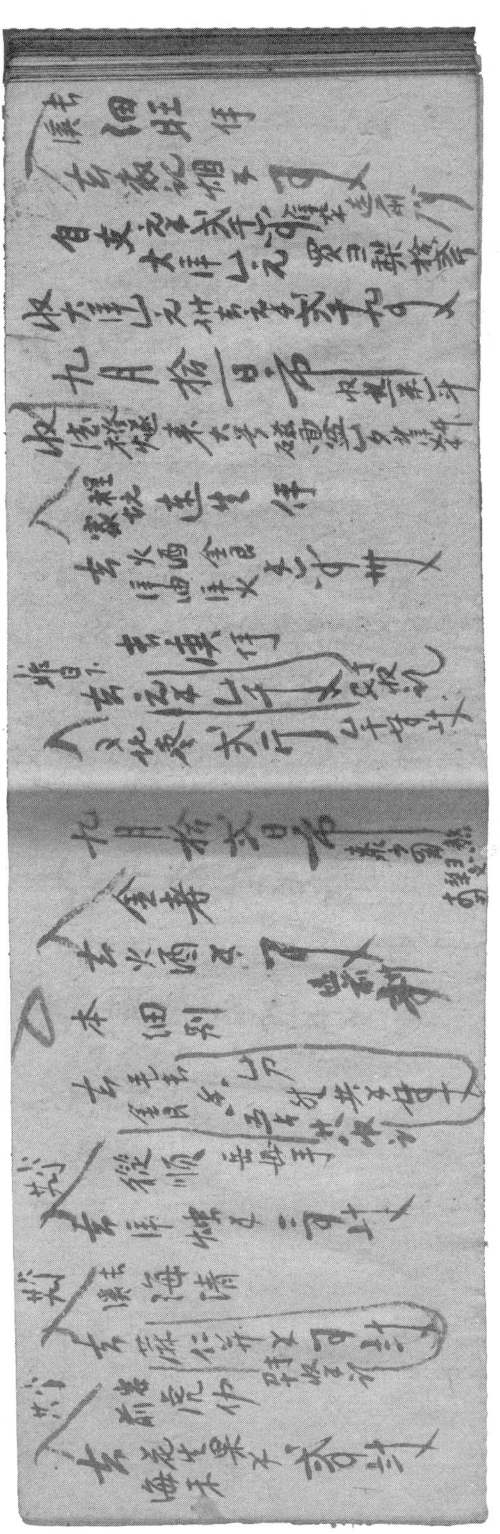

大鄣山乡江村 37-46 · 民国二十一年 · 流水账 · 和记

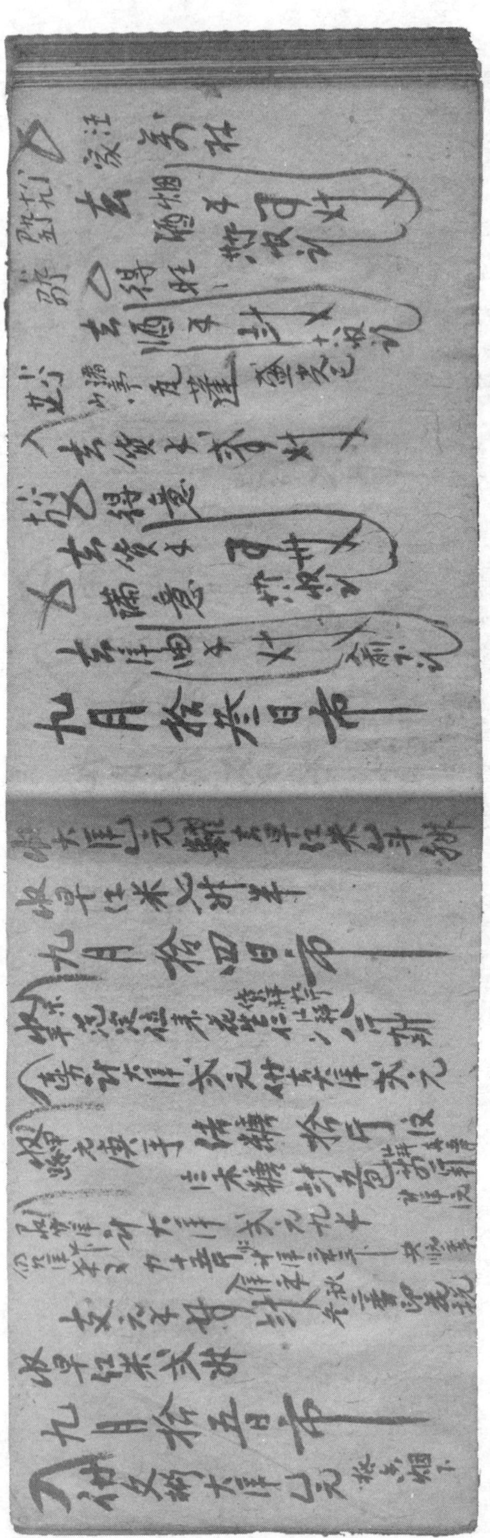

大鄣山乡江村 37-47 · 民国二十一年 · 流水账 · 和记

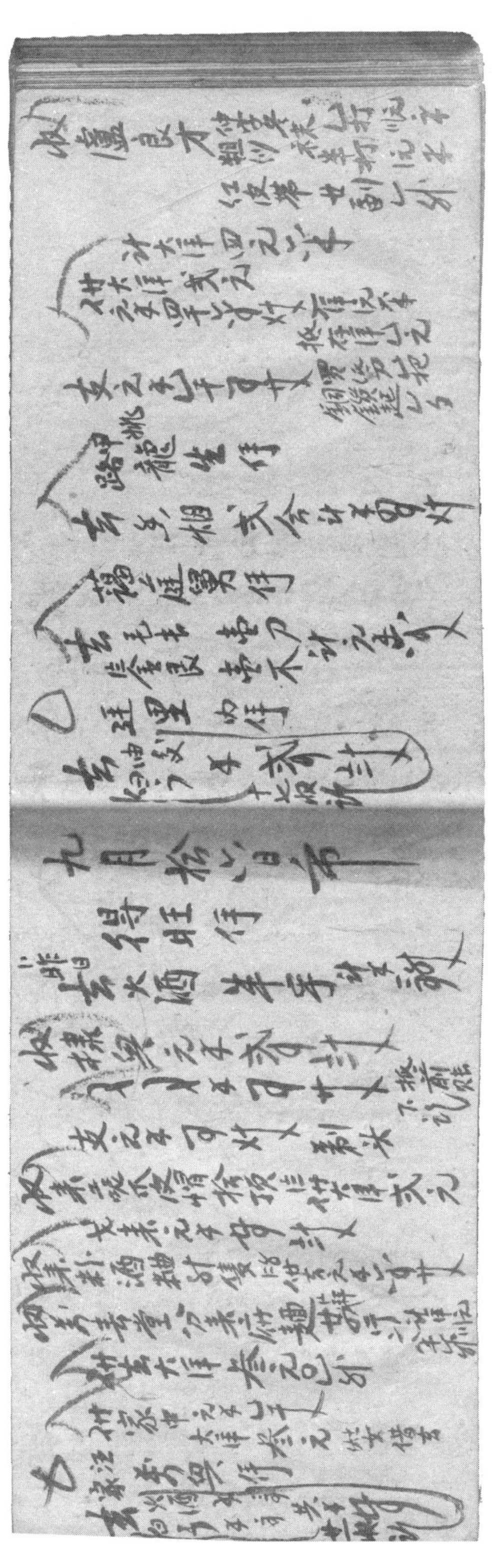

大鄣山乡江村 37-48 · 民国二十一年 · 流水账 · 和记

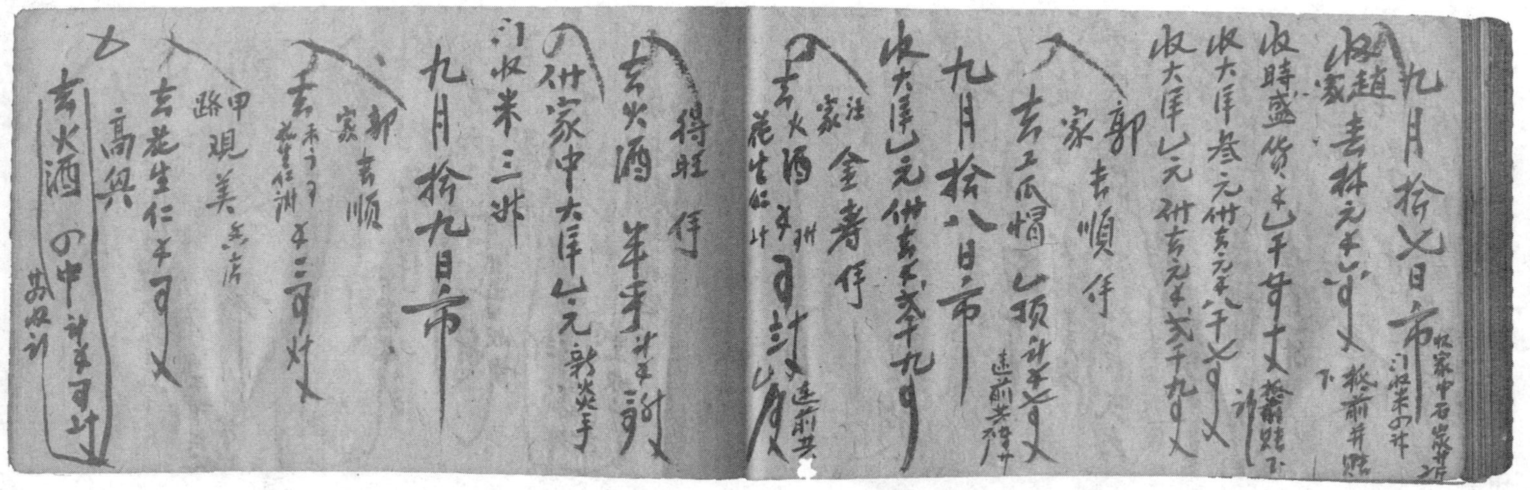

大鄣山乡江村 37-49 · 民国二十一年 · 流水账 · 和记

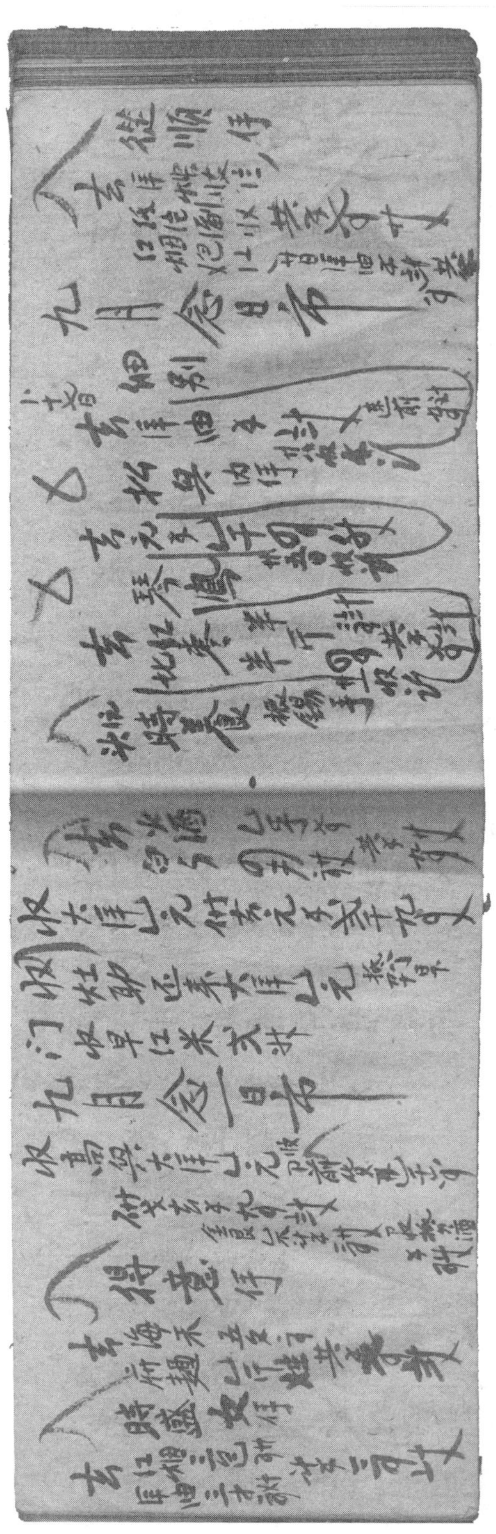

大鄣山乡江村 37-50 · 民国二十一年 · 流水账 · 和记

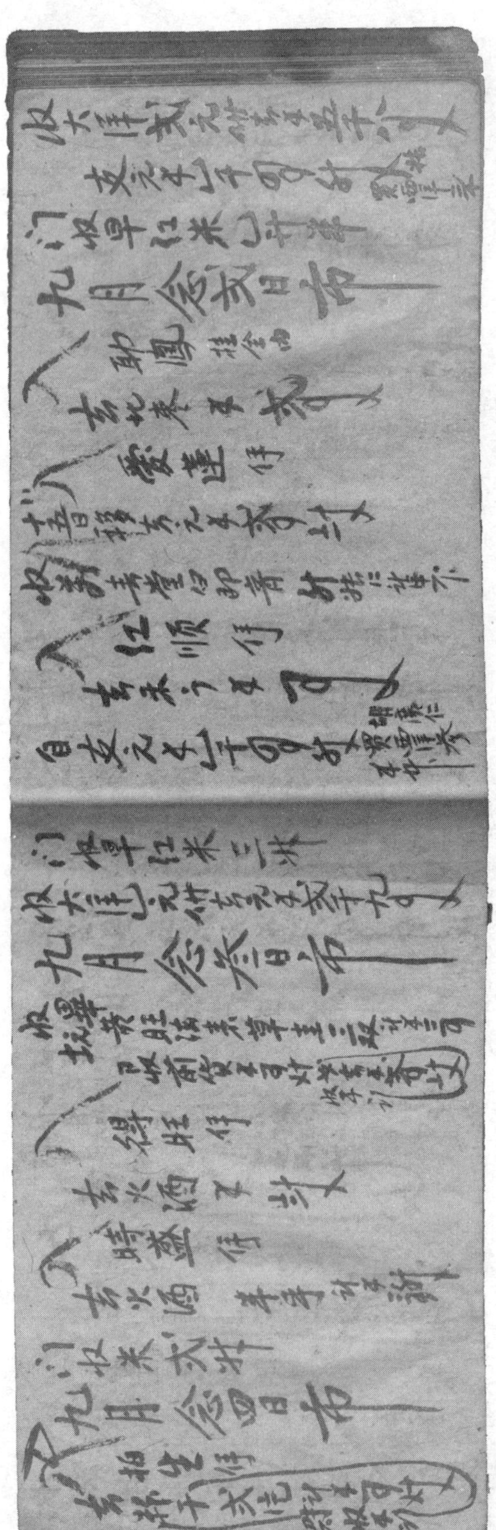

大鄣山乡江村 37-51 · 民国二十一年 · 流水账 · 和记

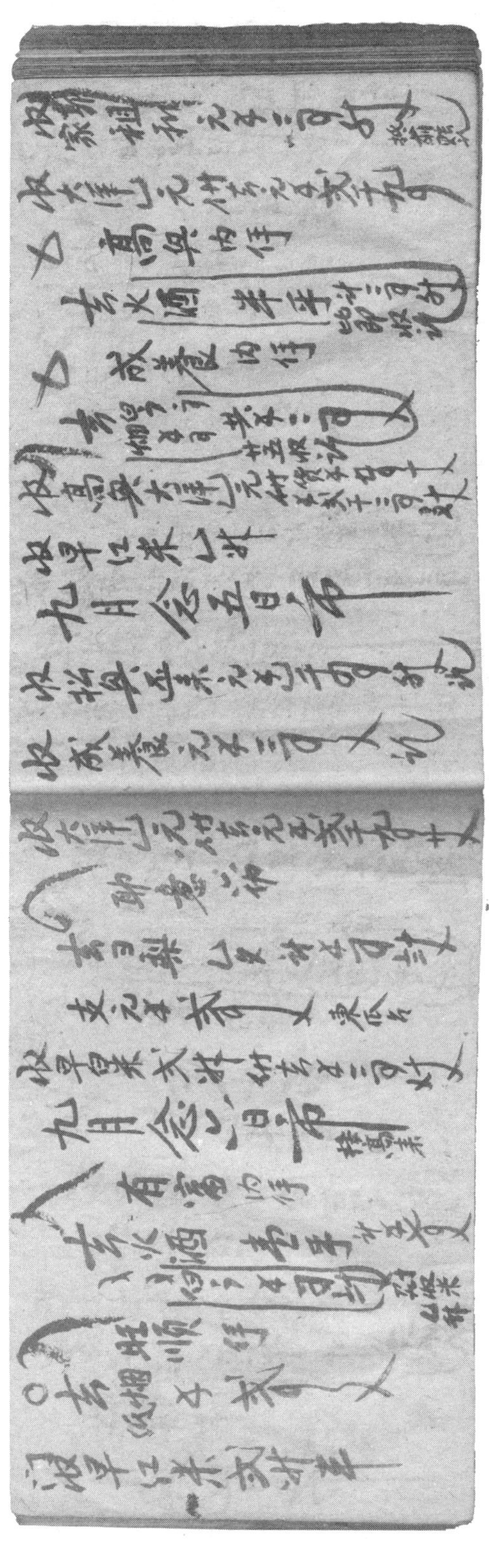

大鄣山乡江村 37-52 · 民国二十一年 · 流水账 · 和记

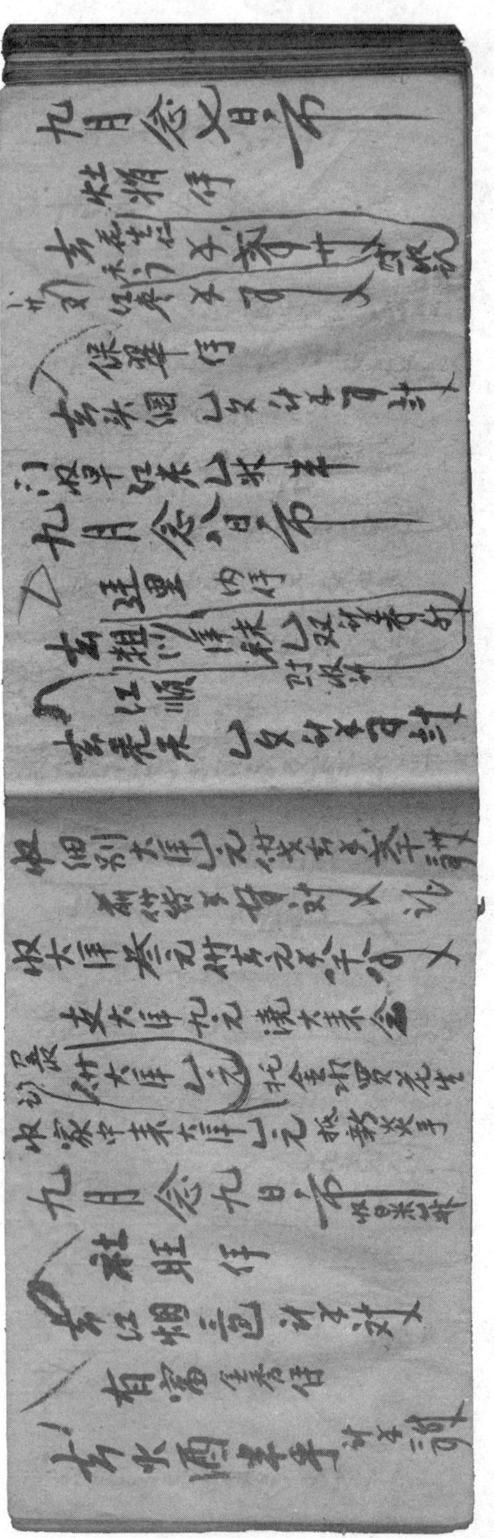

大鄣山乡江村 37-53 · 民国二十一年 · 流水账 · 和记

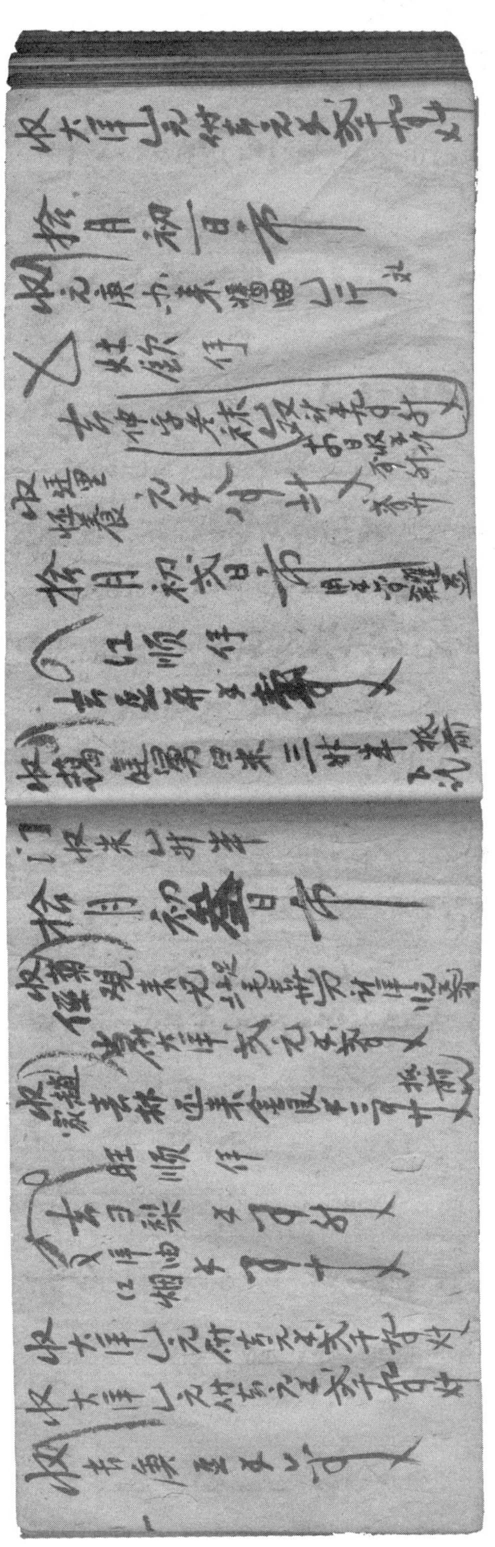

大鄣山乡江村 37-54 · 民国二十一年 · 流水账 · 和记

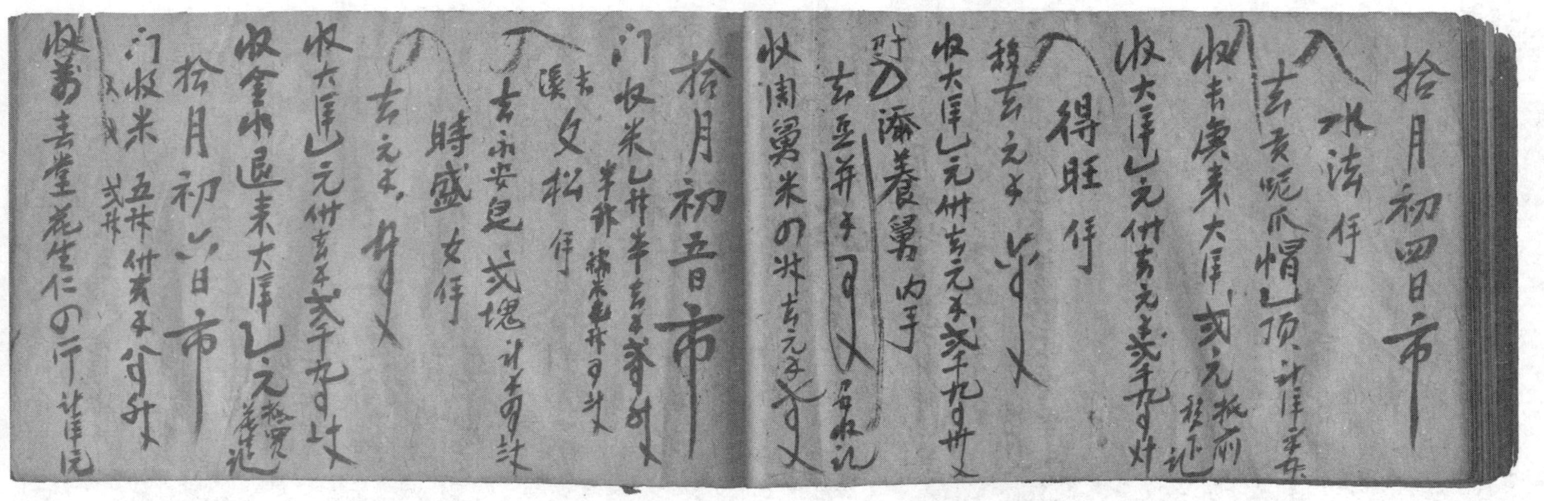

大鄣山乡江村 37-55 · 民国二十一年 · 流水账 · 和记

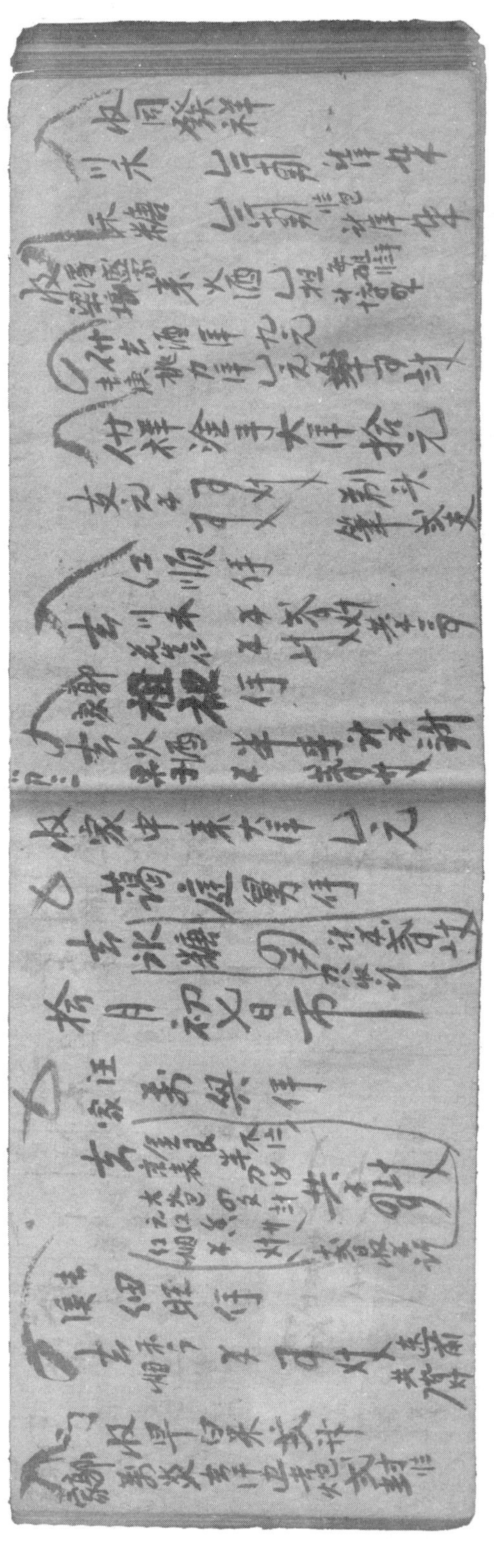

大鄣山乡江村 37-56 · 民国二十一年 · 流水账 · 和记

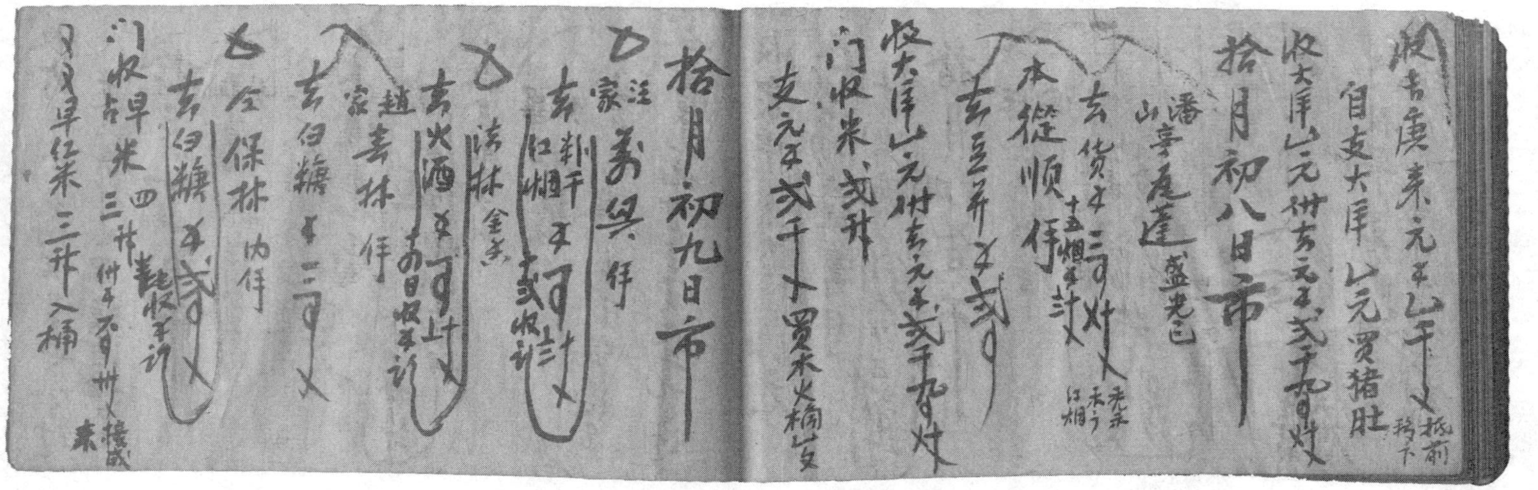

大鄣山乡江村 37-57 · 民国二十一年 · 流水账 · 和记

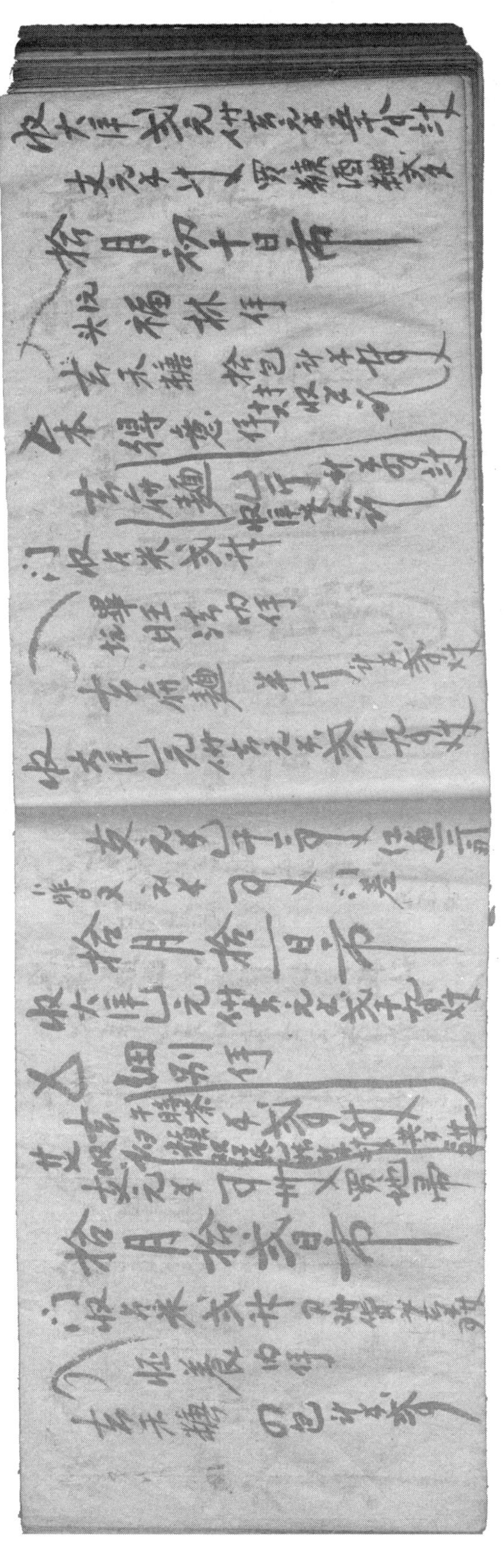

大鄣山乡江村 37-58 · 民国二十一年 · 流水账 · 和记

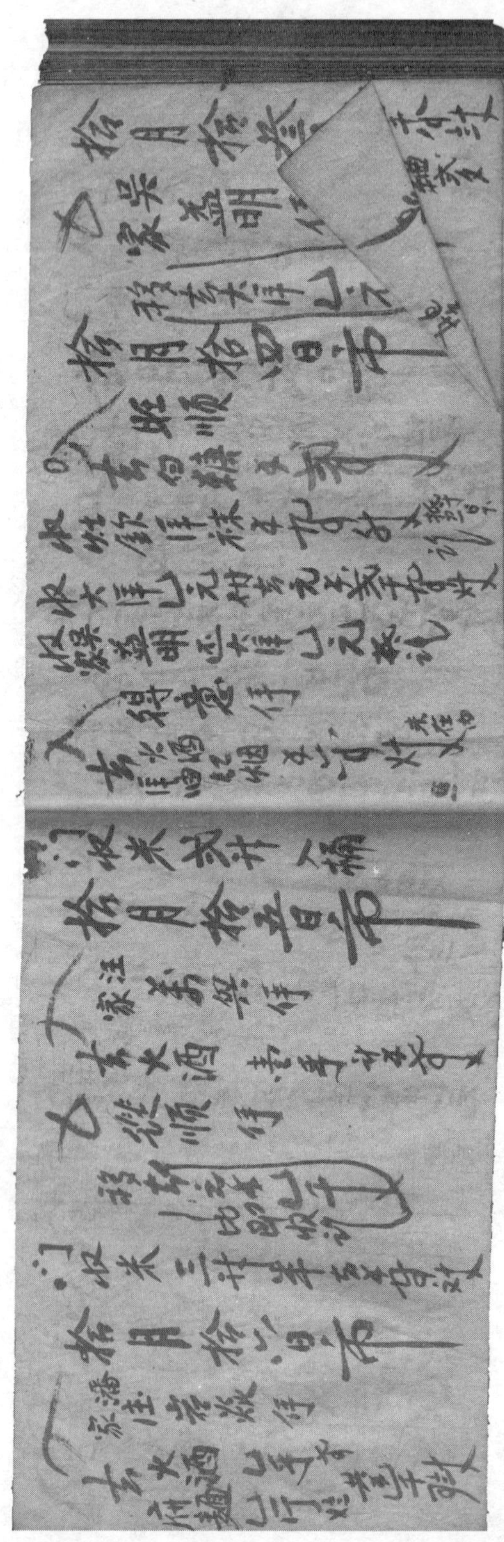

大鄣山乡江村 37-59 · 民国二十一年 · 流水账 · 和记

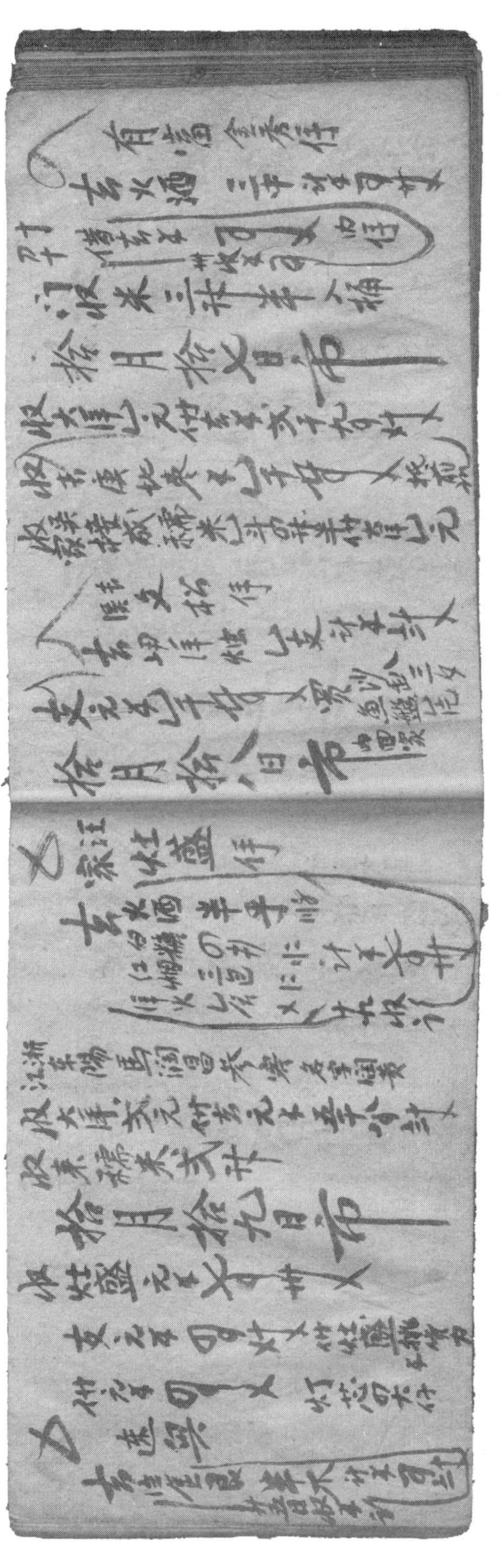

大鄣山乡江村 37-60 · 民国二十一年 · 流水账 · 和记

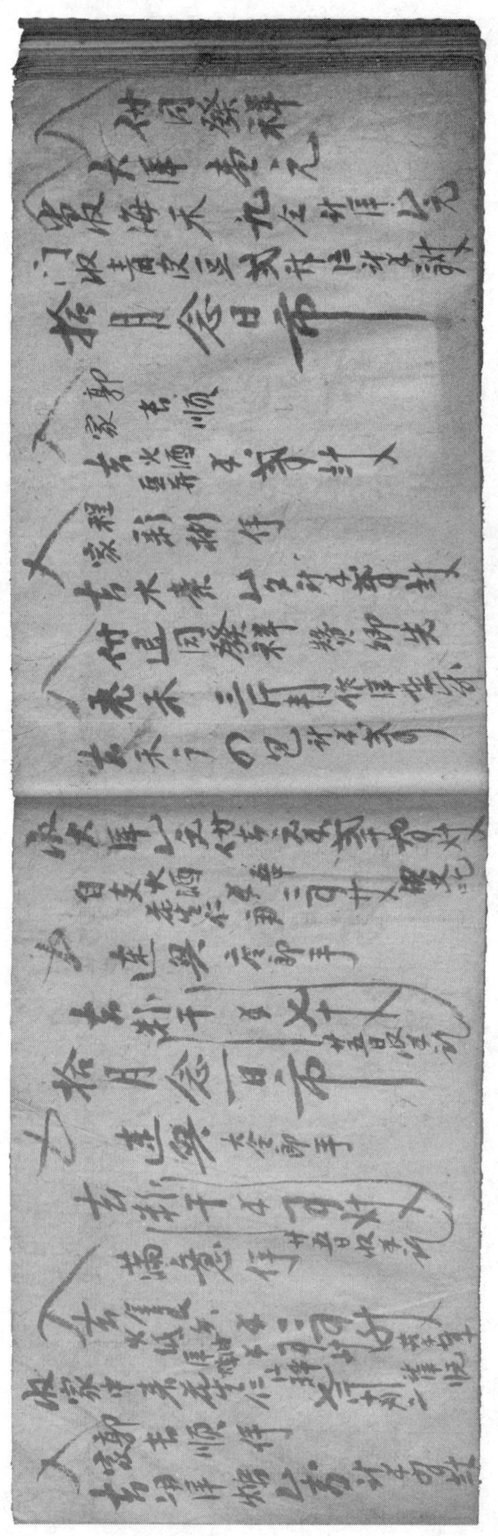

大鄣山乡江村 37-61 · 民国二十一年 · 流水账 · 和记

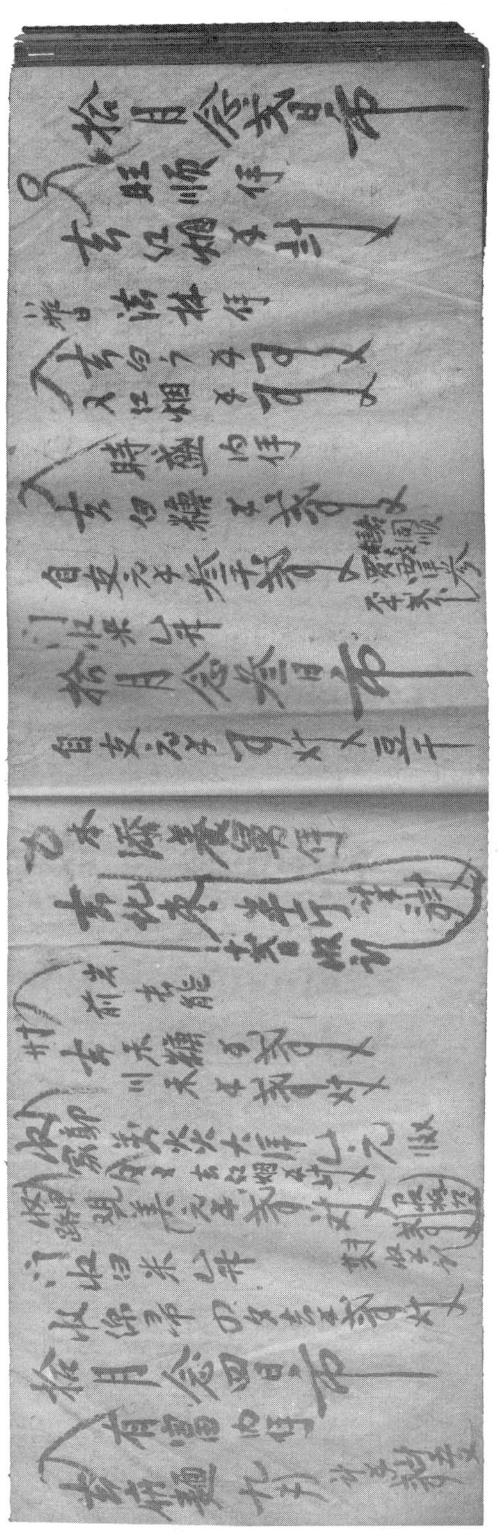

大鄣山乡江村 37-62 · 民国二十一年 · 流水账 · 和记

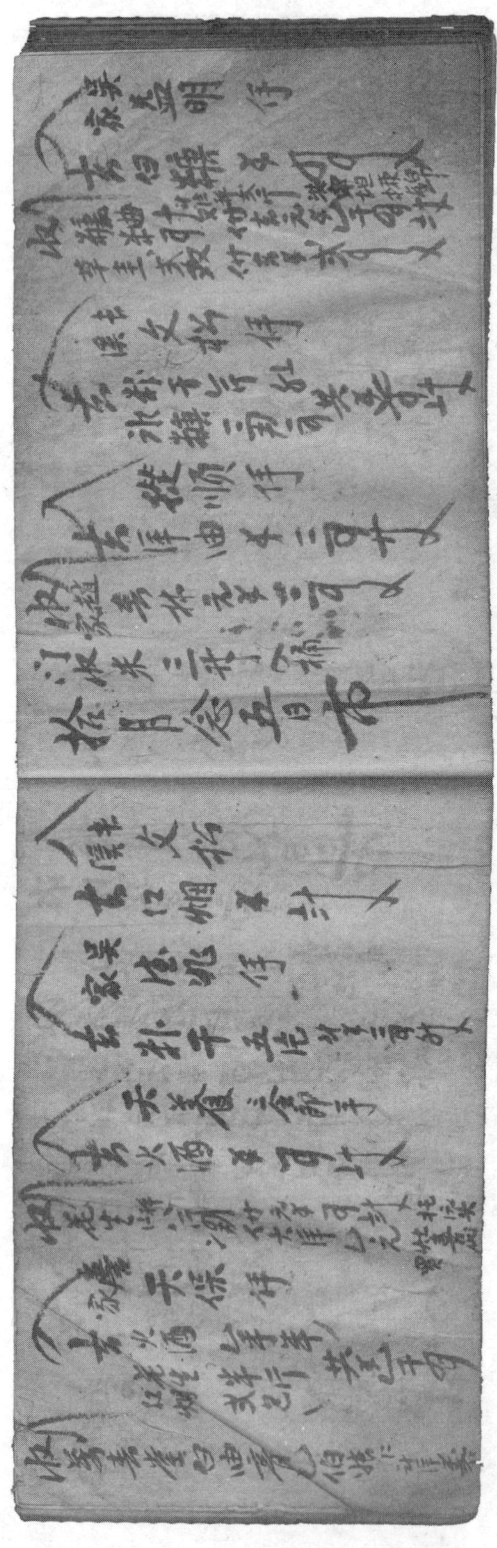

大鄣山乡江村 37-63 · 民国二十一年 · 流水账 · 和记

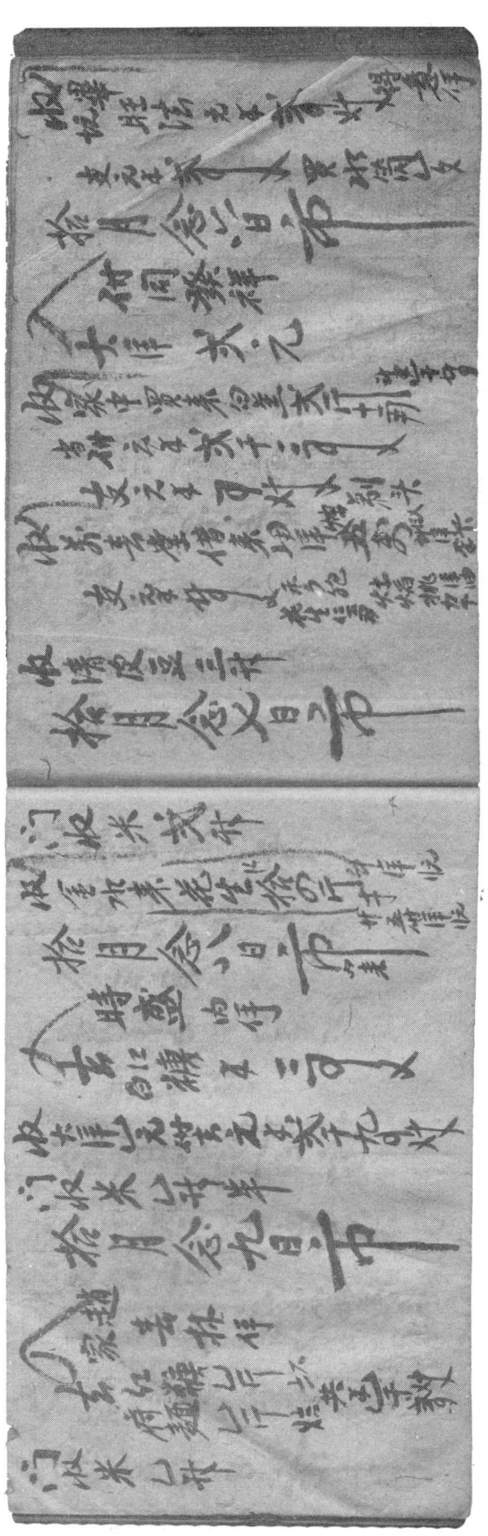

大鄣山乡江村 37-64 · 民国二十一年 · 流水账 · 和记

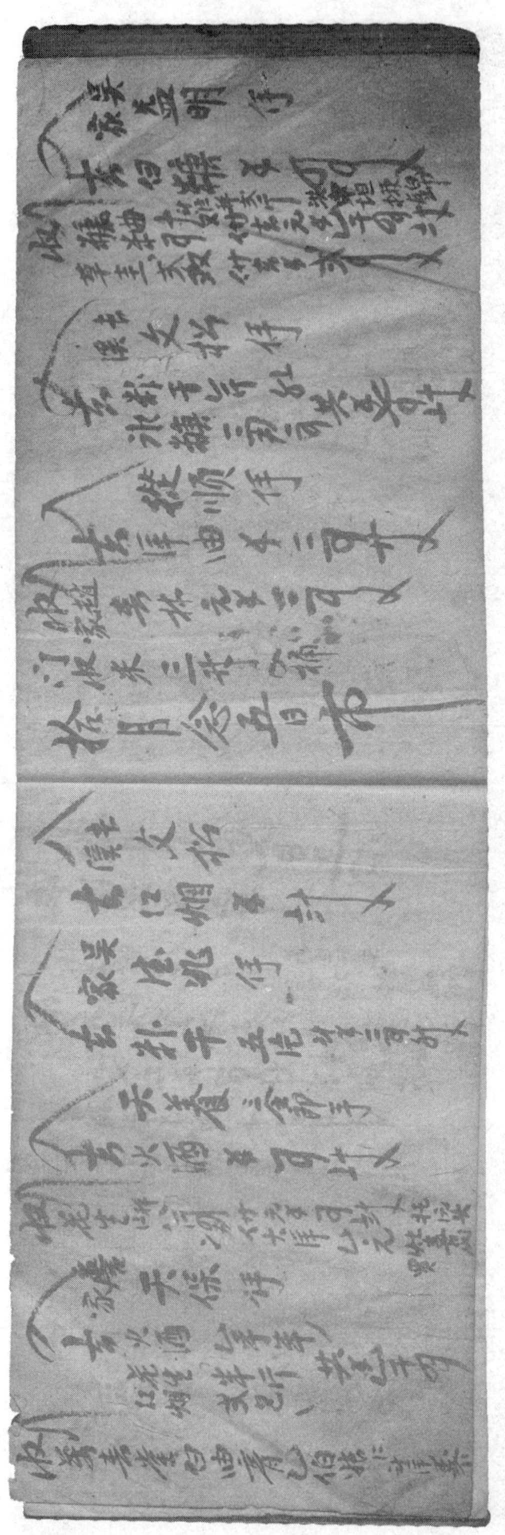

大鄣山乡江村 37-65 · 民国二十一年 · 流水账 · 和记

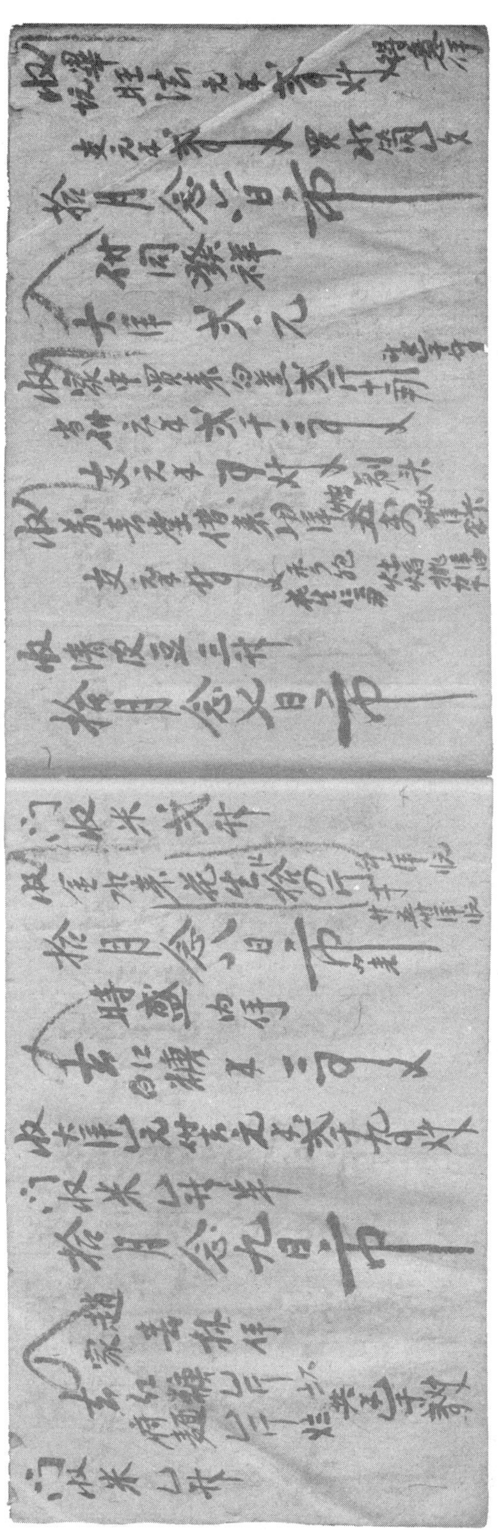

大鄣山乡江村 37-66 · 民国二十一年 · 流水账 · 和记

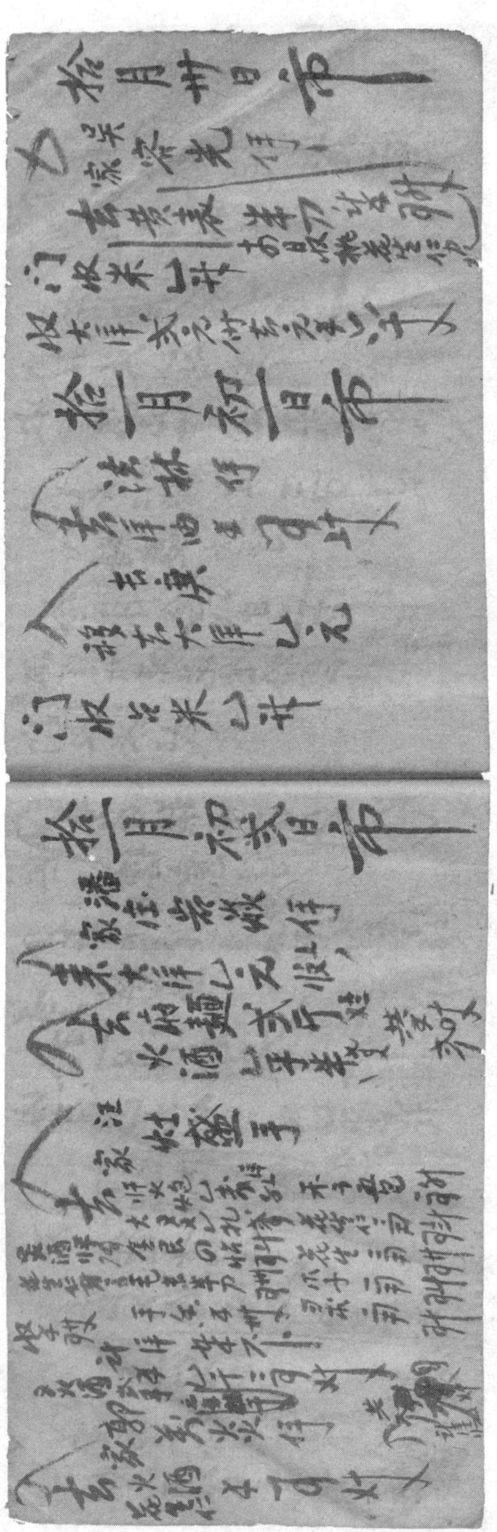

大鄣山乡江村 37-67・民国二十一年・流水账・和记

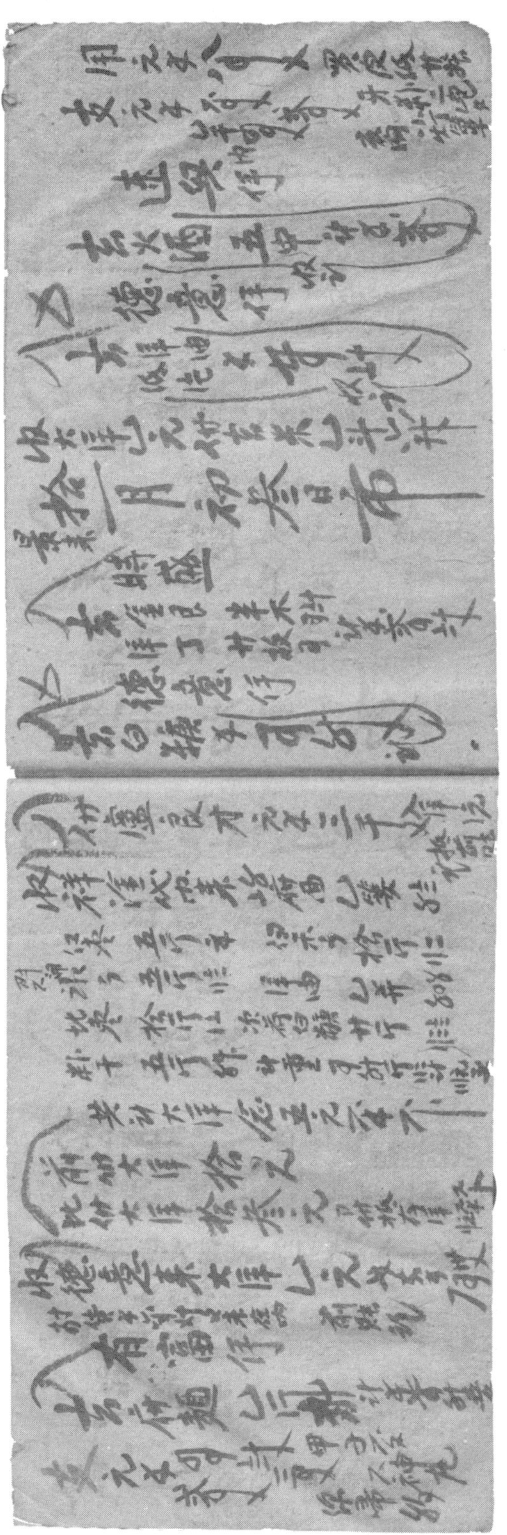

大鄣山乡江村 37-68 · 民国二十一年 · 流水账 · 和记

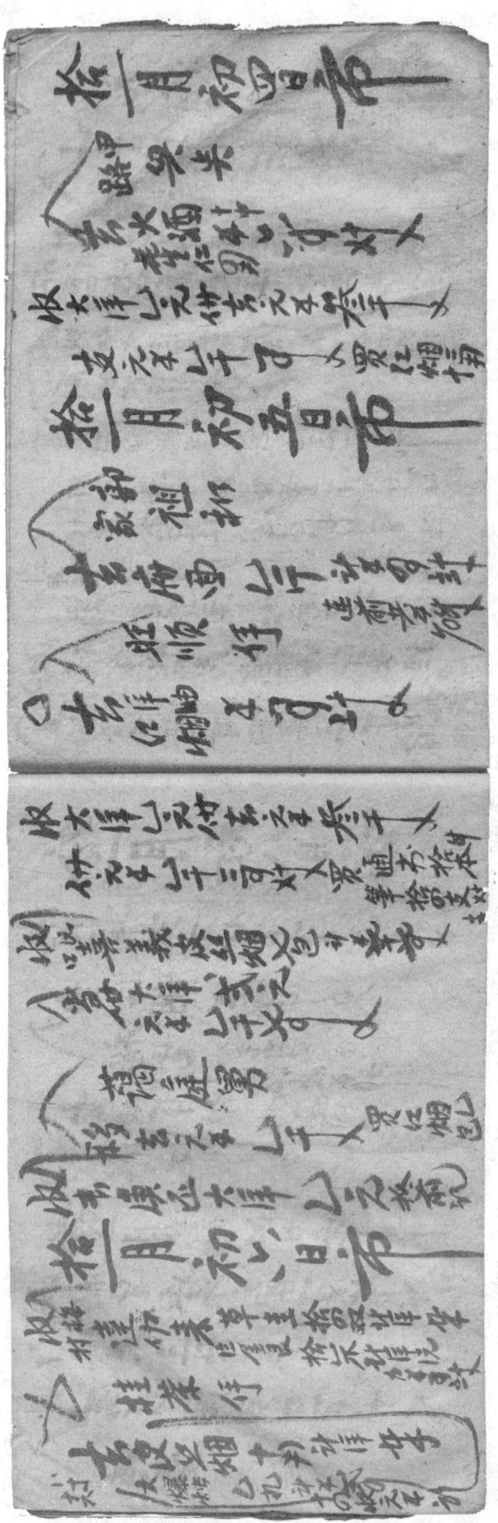

大鄣山乡江村 37-69 · 民国二十一年 · 流水账 · 和记

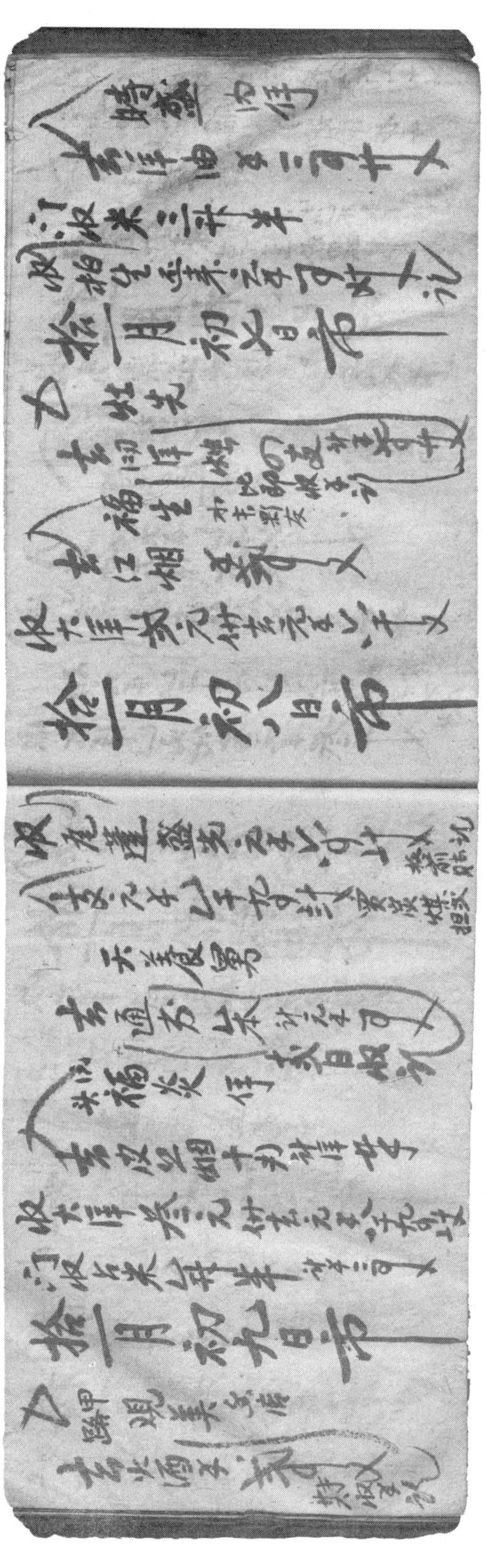

大鄣山乡江村 37-70 · 民国二十一年 · 流水账 · 和记

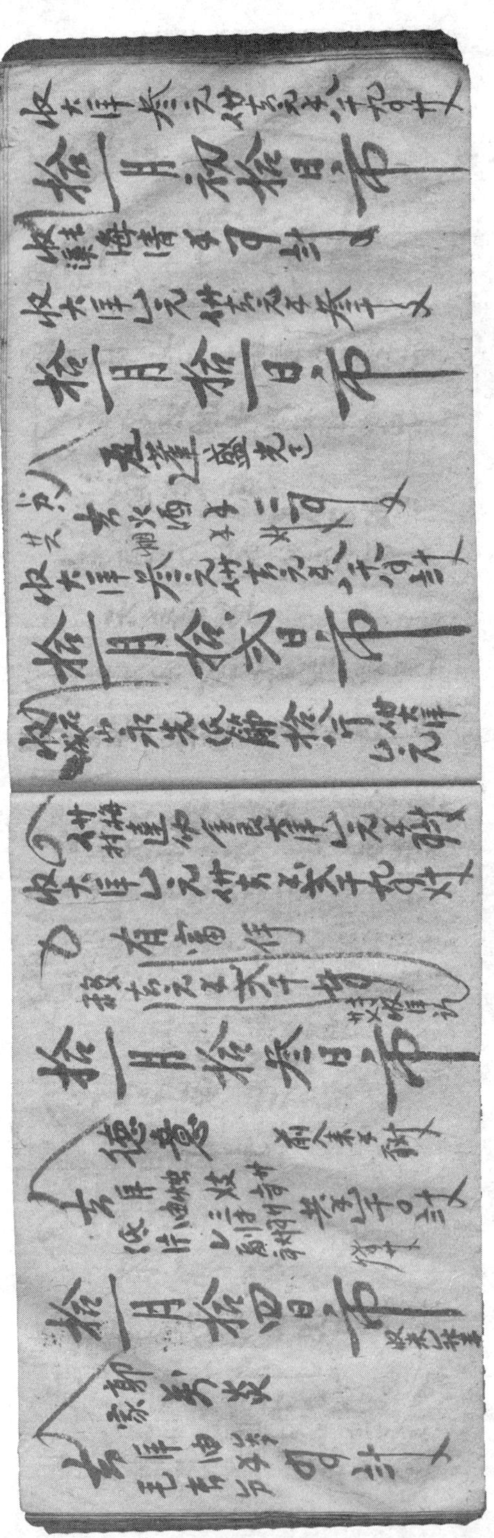

大鄣山乡江村 37-71 · 民国二十一年 · 流水账 · 和记

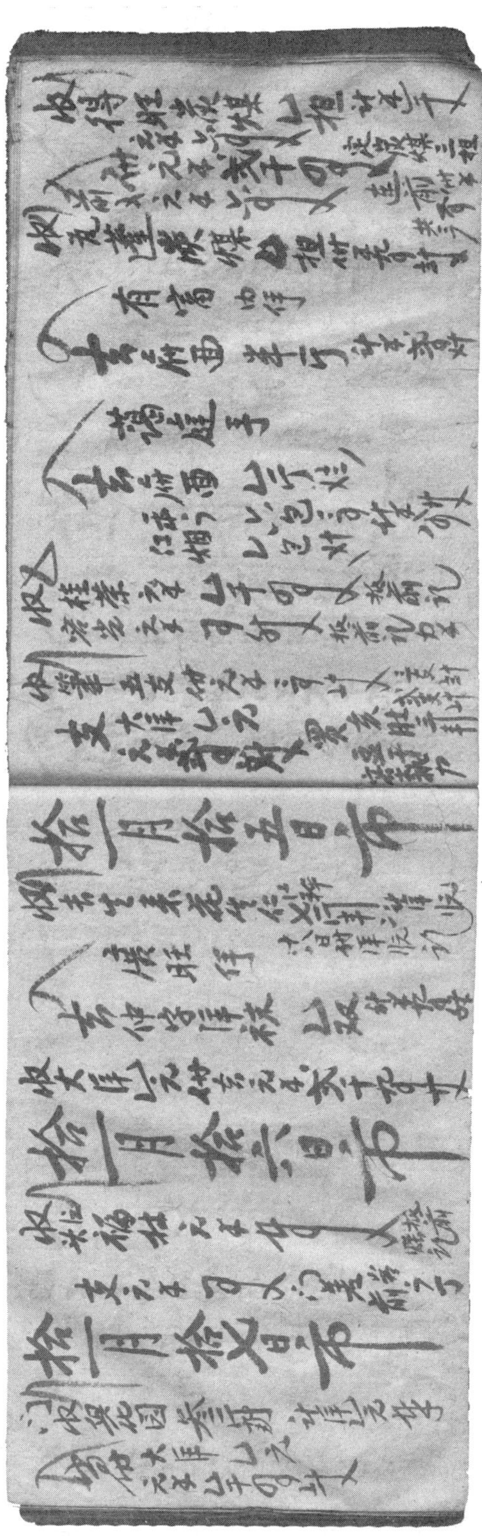

大鄣山乡江村 37-72 · 民国二十一年 · 流水账 · 和记

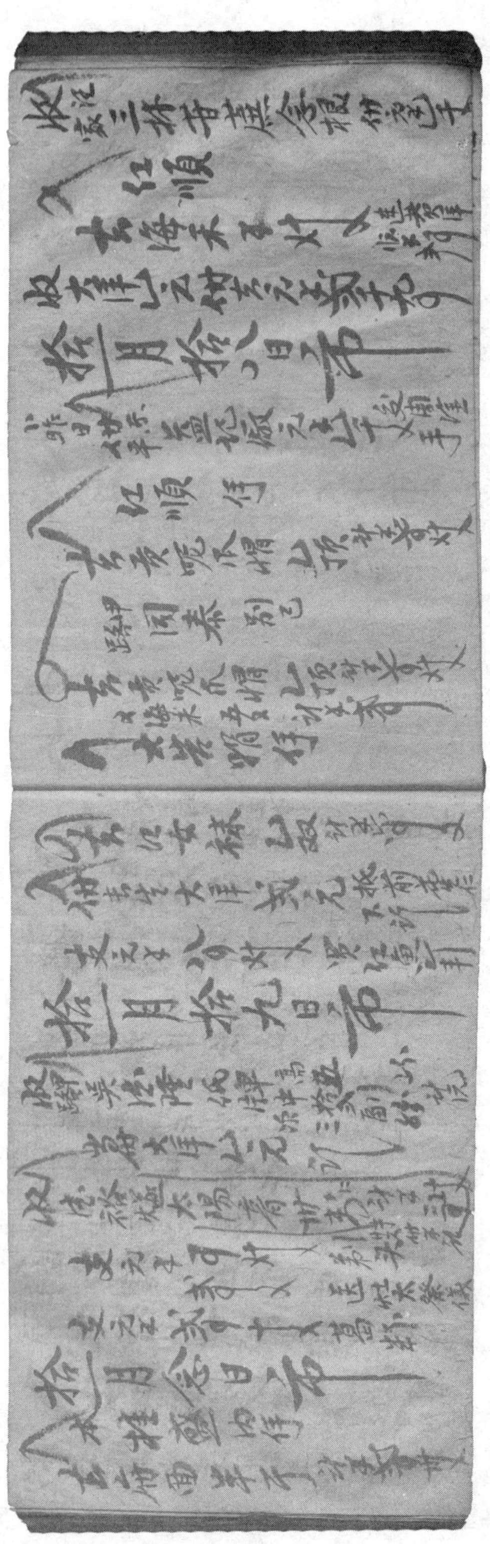

大鄣山乡江村 37-73 · 民国二十一年 · 流水账 · 和记

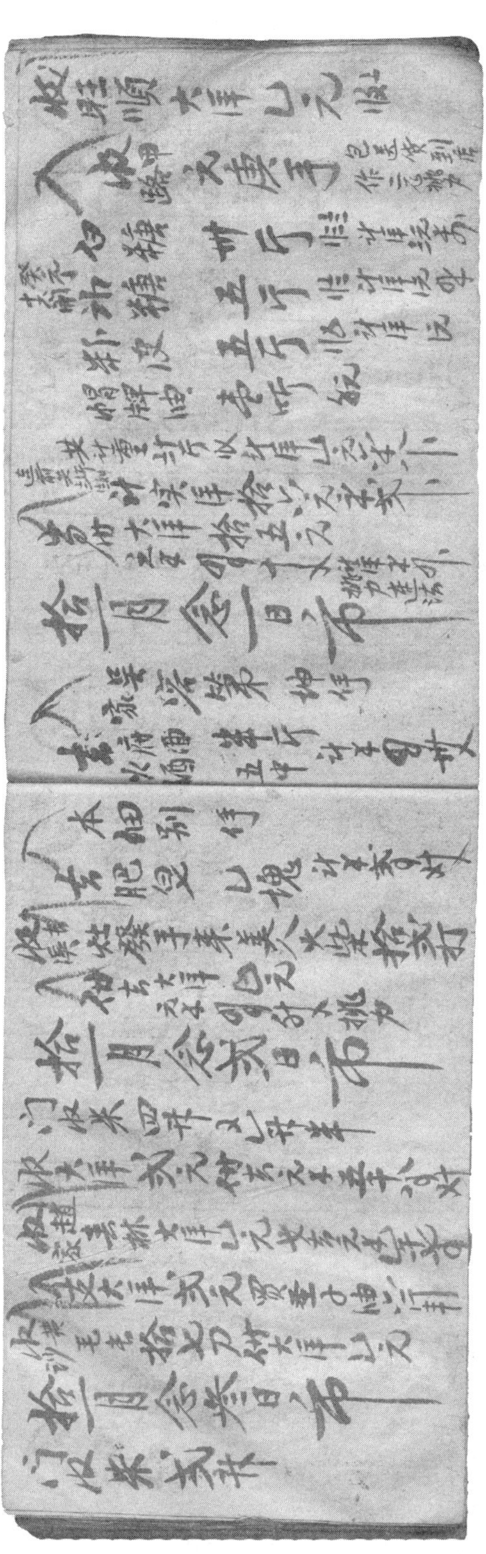

大鄣山乡江村 37-74 · 民国二十一年 · 流水账 · 和记

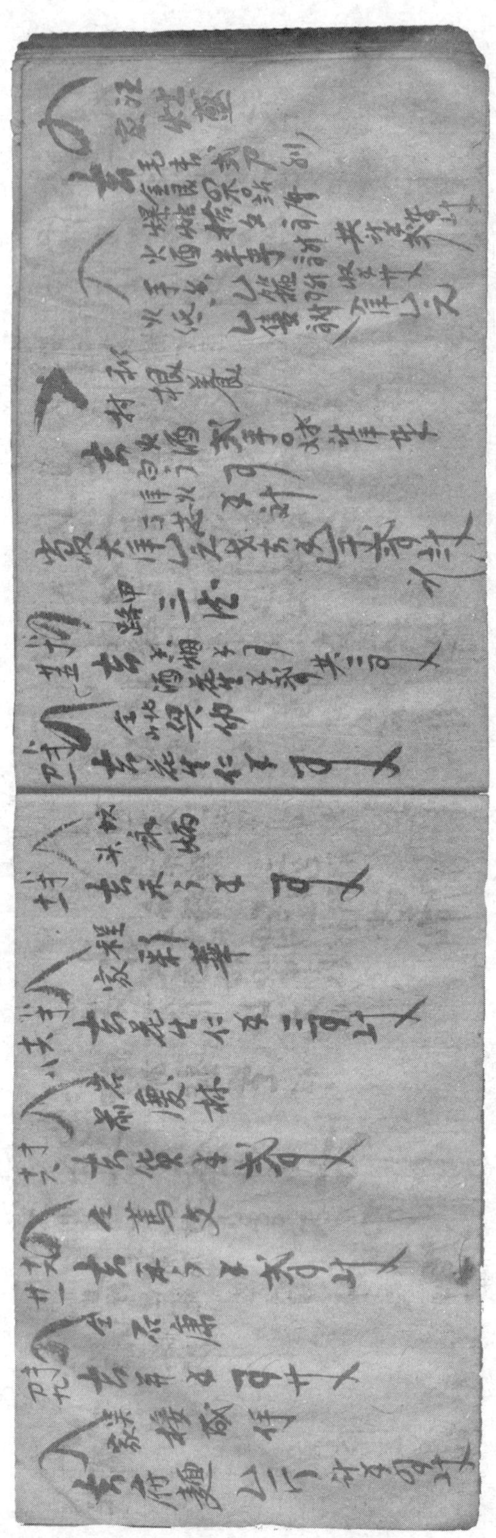

大鄣山乡江村 37-75 · 民国二十一年 · 流水账 · 和记

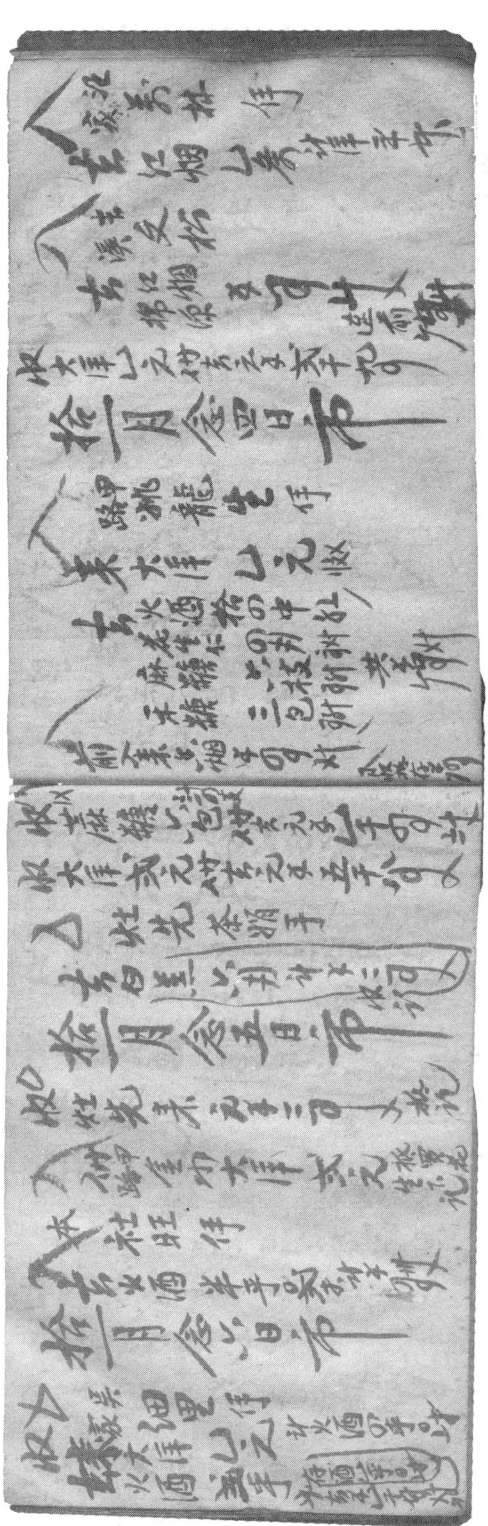

大部山乡江村 37-76 · 民国二十一年 · 流水账 · 和记

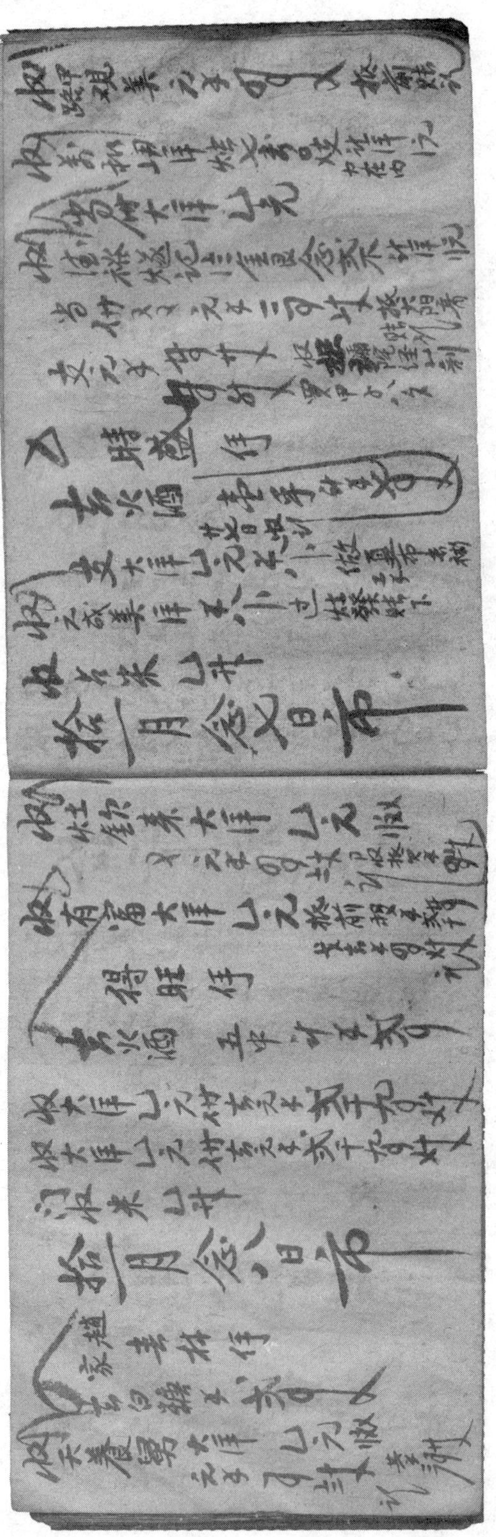

大鄣山乡江村 37-77 · 民国二十一年 · 流水账 · 和记

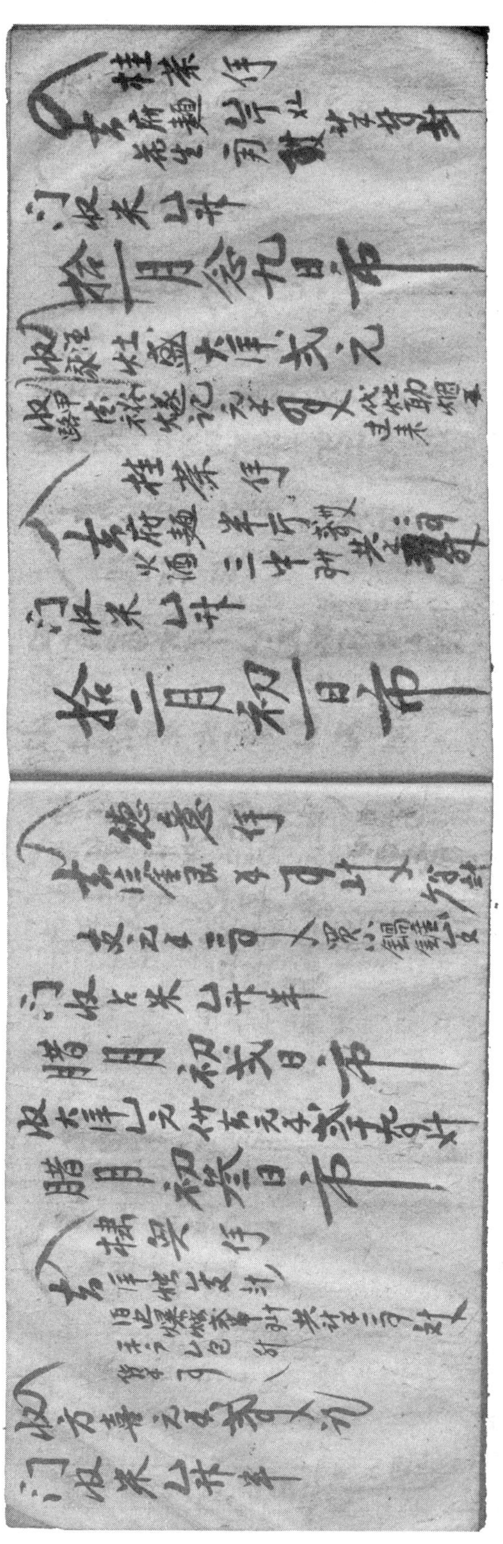

大鄣山乡江村 37-78 · 民国二十一年 · 流水账 · 和记

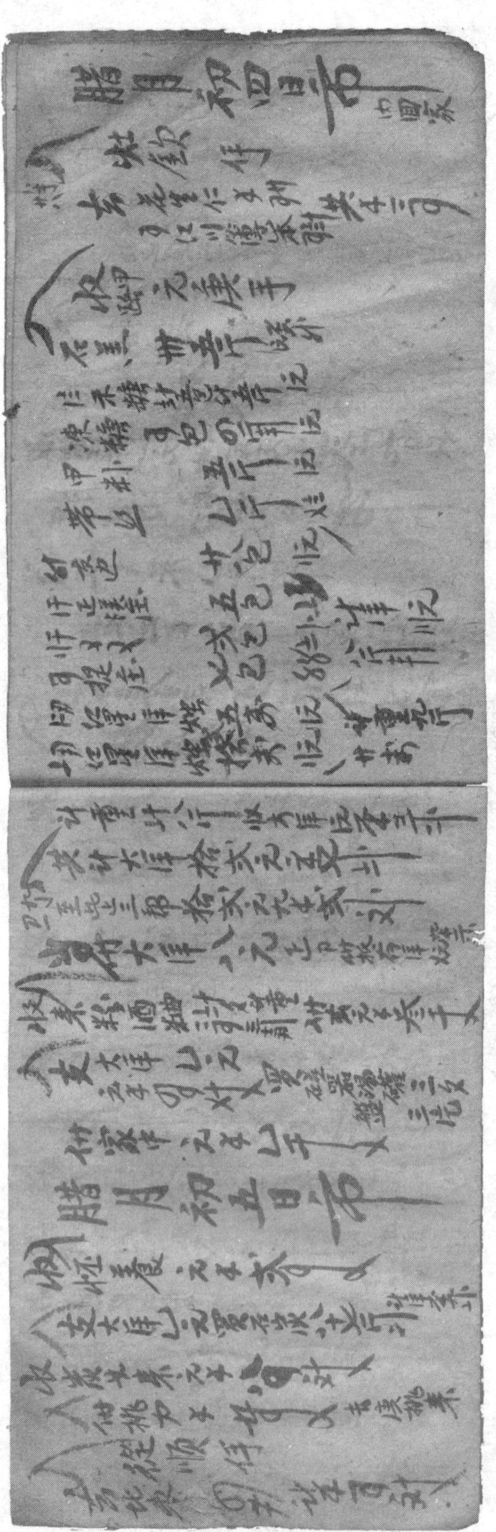

大鄣山乡江村 37-79 · 民国二十一年 · 流水账 · 和记

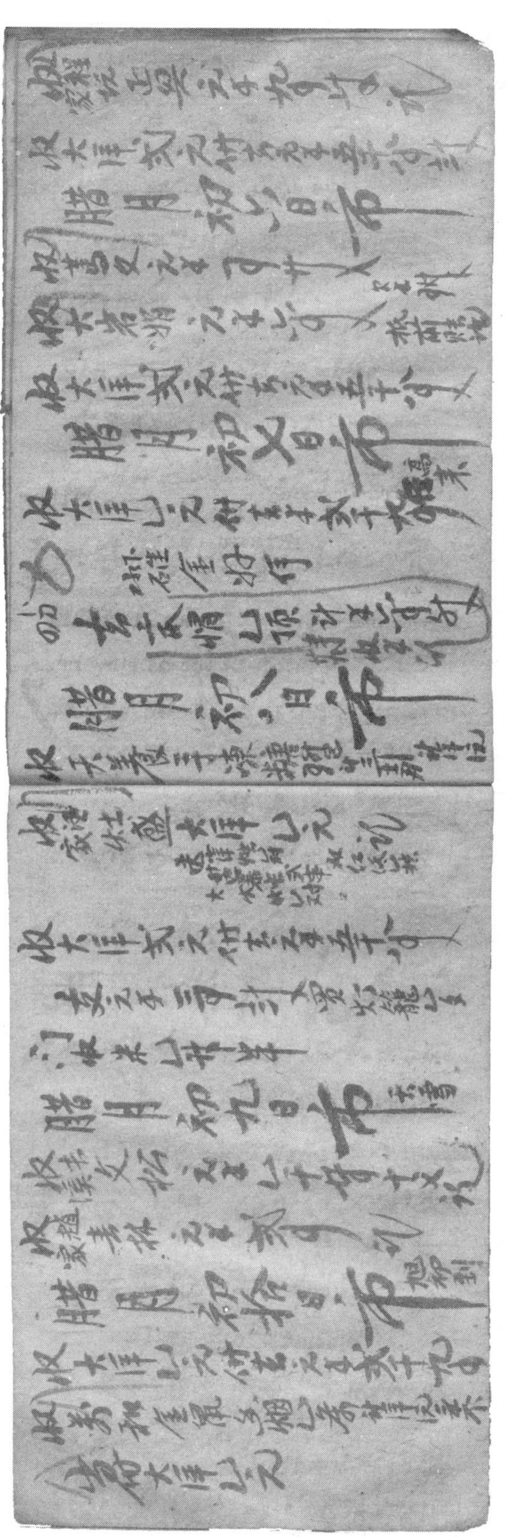

大鄣山乡江村 37-80 · 民国二十一年 · 流水账 · 和记

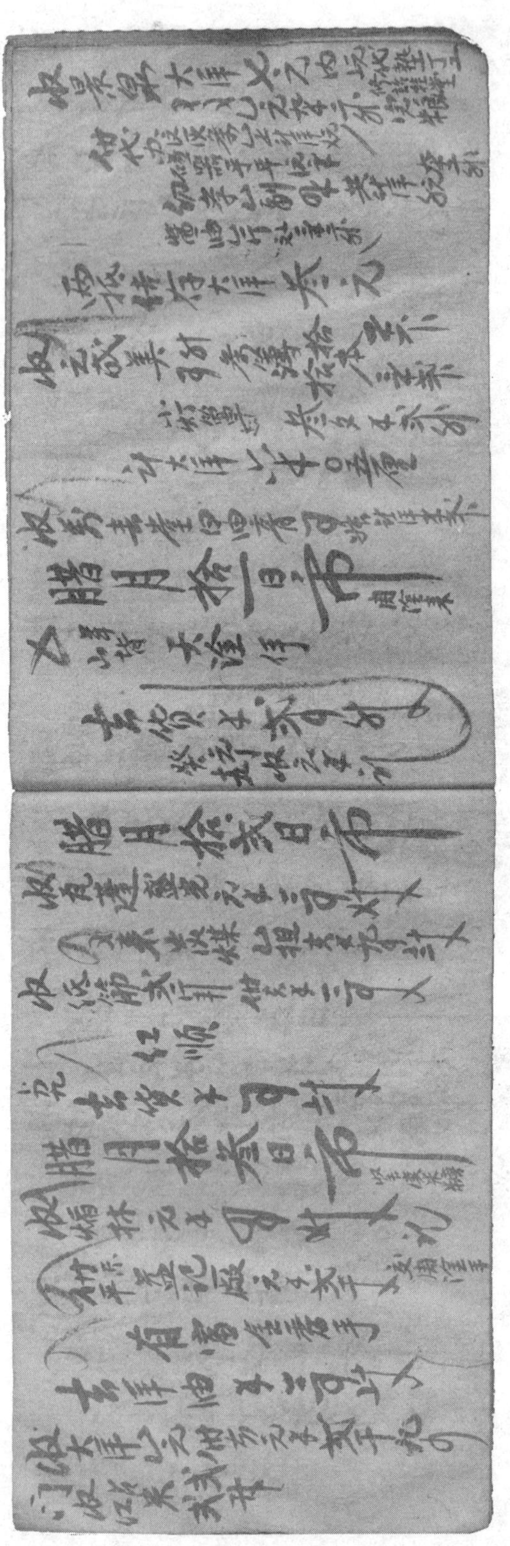

大鄣山乡江村 37-81 · 民国二十一年 · 流水账 · 和记

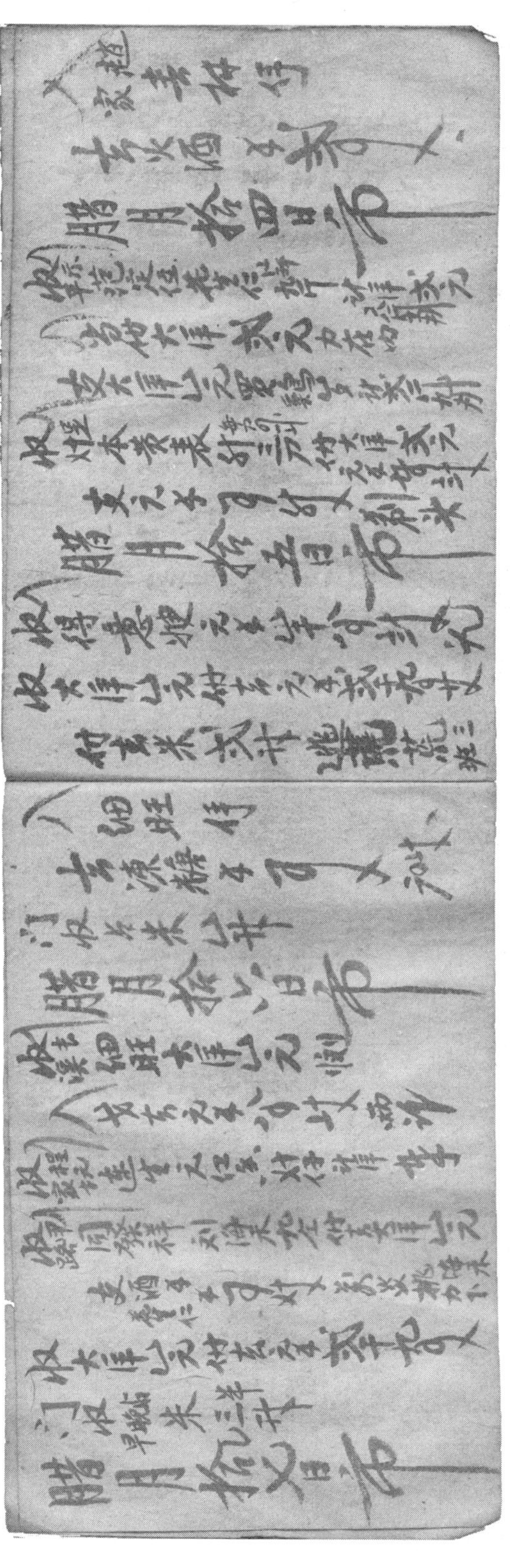

大鄣山乡江村 37-82 · 民国二十一年 · 流水账 · 和记

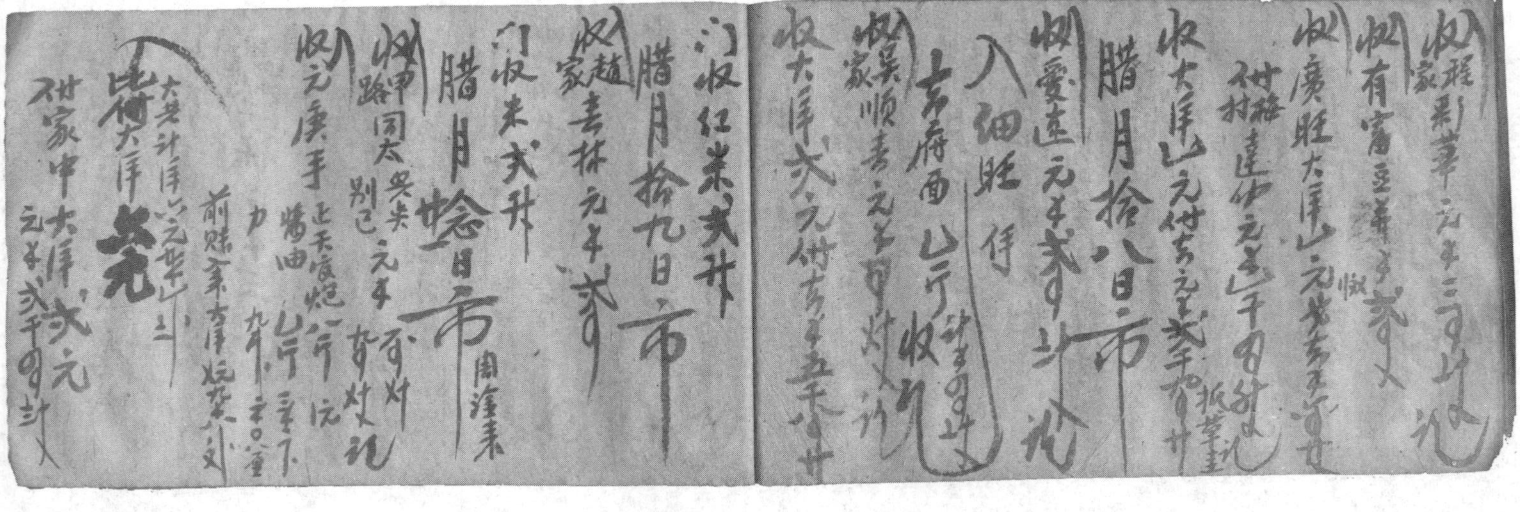

大鄣山乡江村 37-83 · 民国二十一年 · 流水账 · 和记

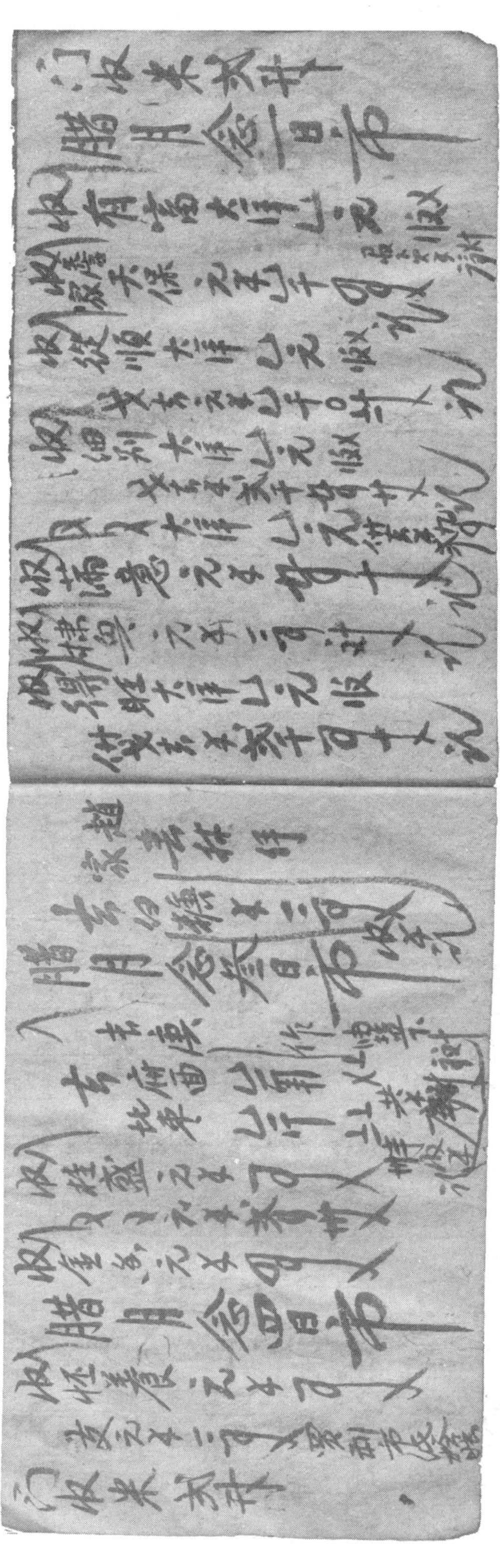

大鄣山乡江村 37-84 · 民国二十一年 · 流水账 · 和记

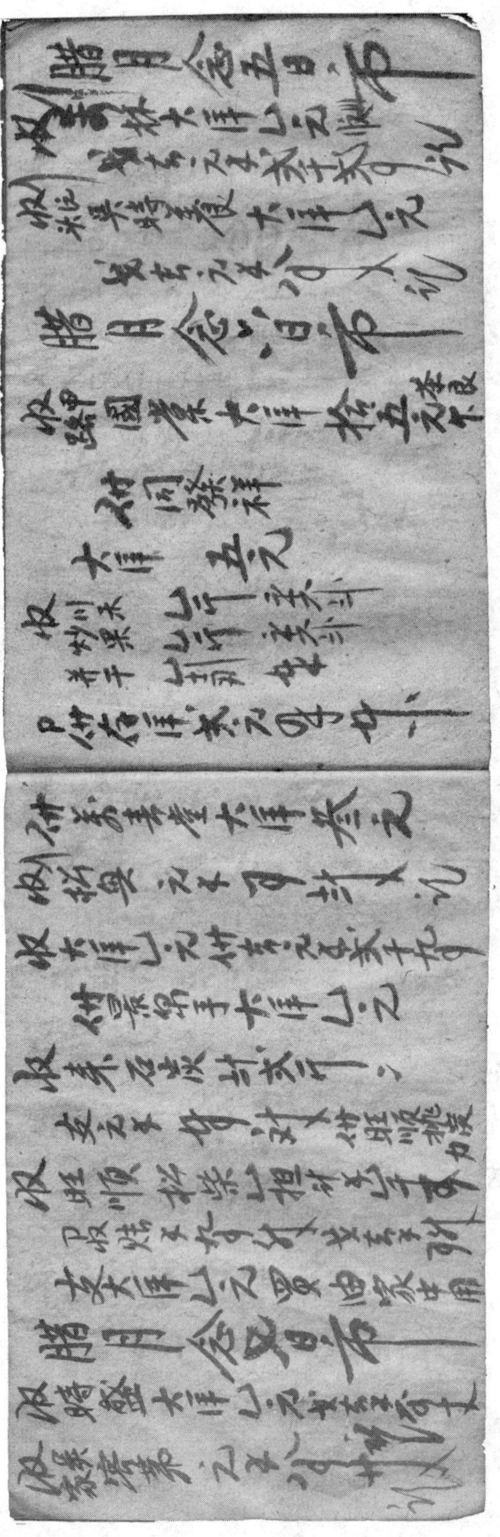

大鄣山乡江村 37-85 · 民国二十一年 · 流水账 · 和记

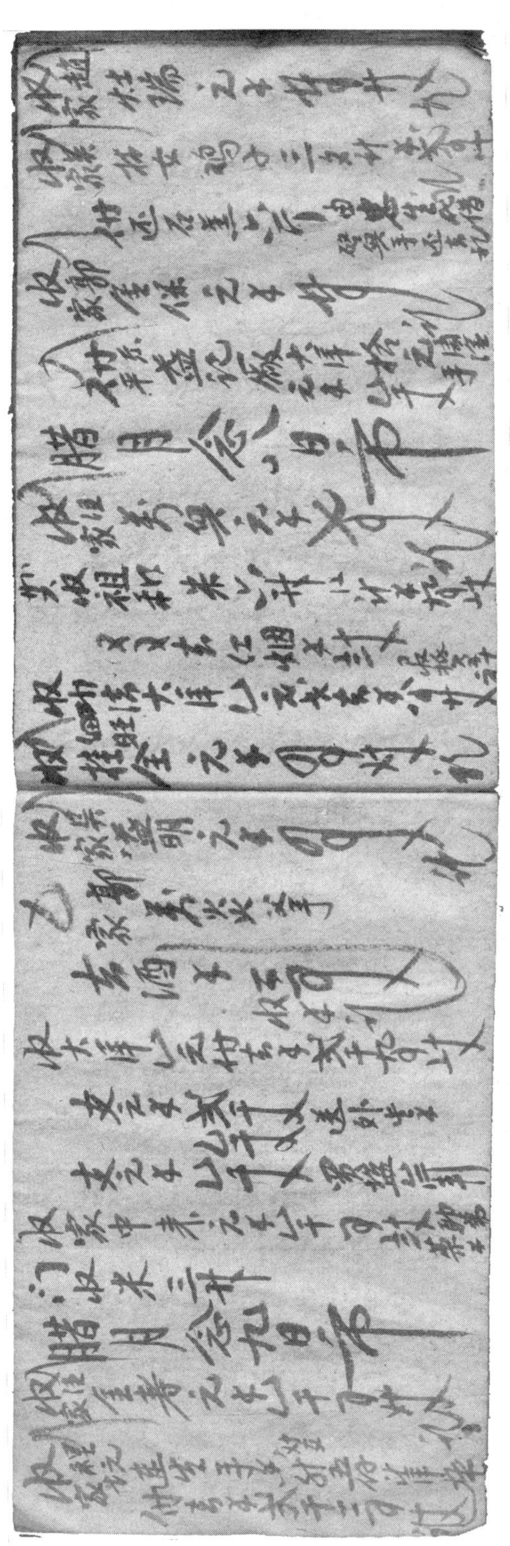

大鄣山乡江村 37-86 · 民国二十一年 · 流水账 · 和记

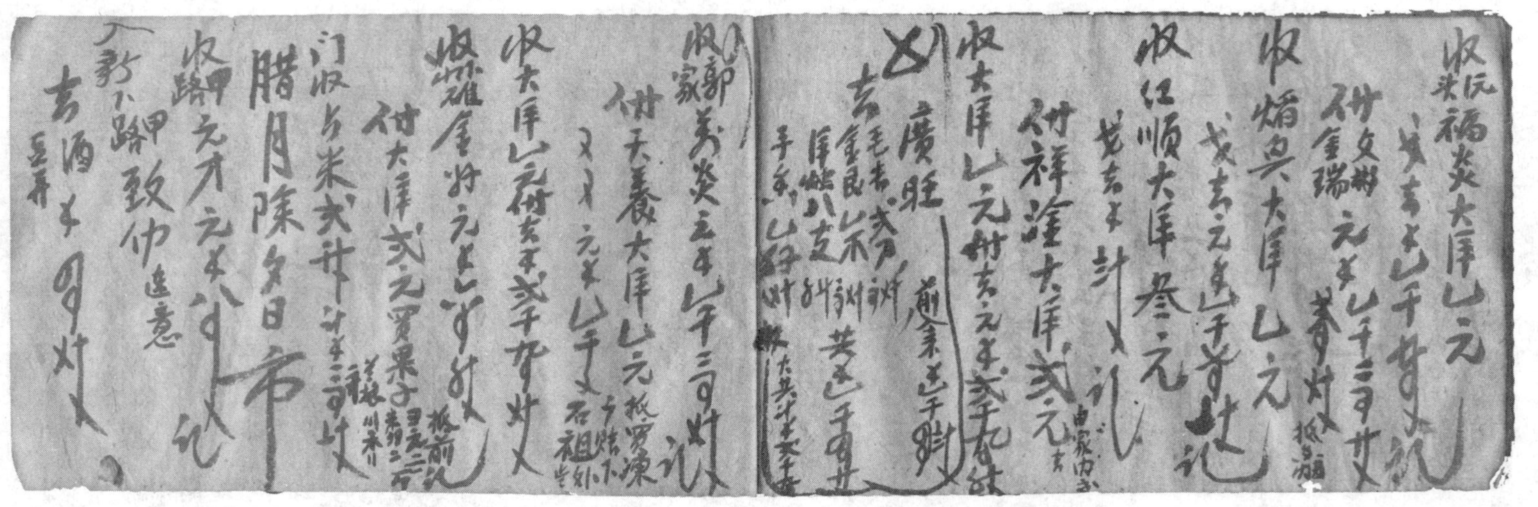

大鄣山乡江村 37-87 · 民国二十一年 · 流水账 · 和记

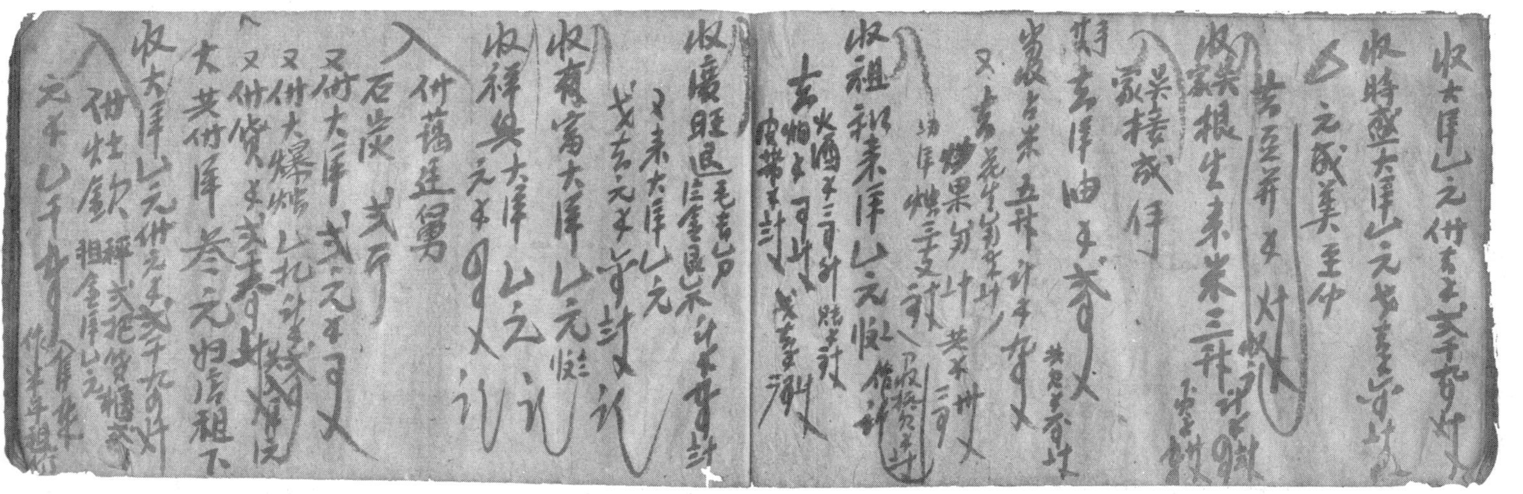

大鄣山乡江村 37-88 · 民国二十一年 · 流水账 · 和记

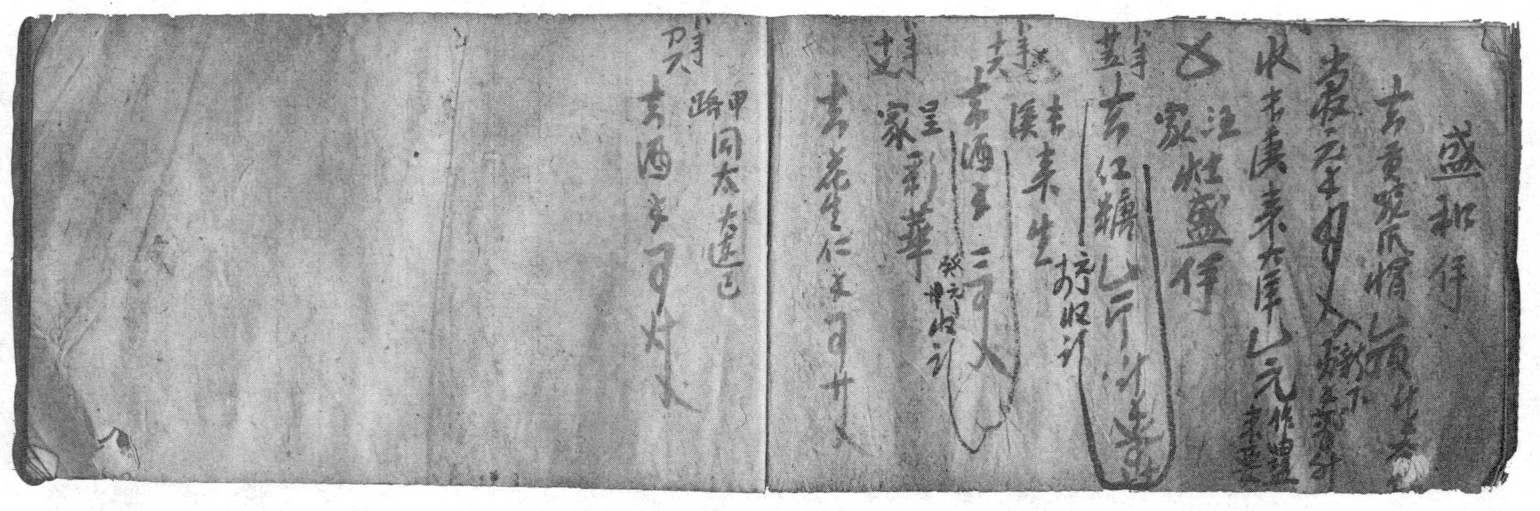

大鄣山乡江村 37-89 · 民国二十一年 · 流水账 · 和记

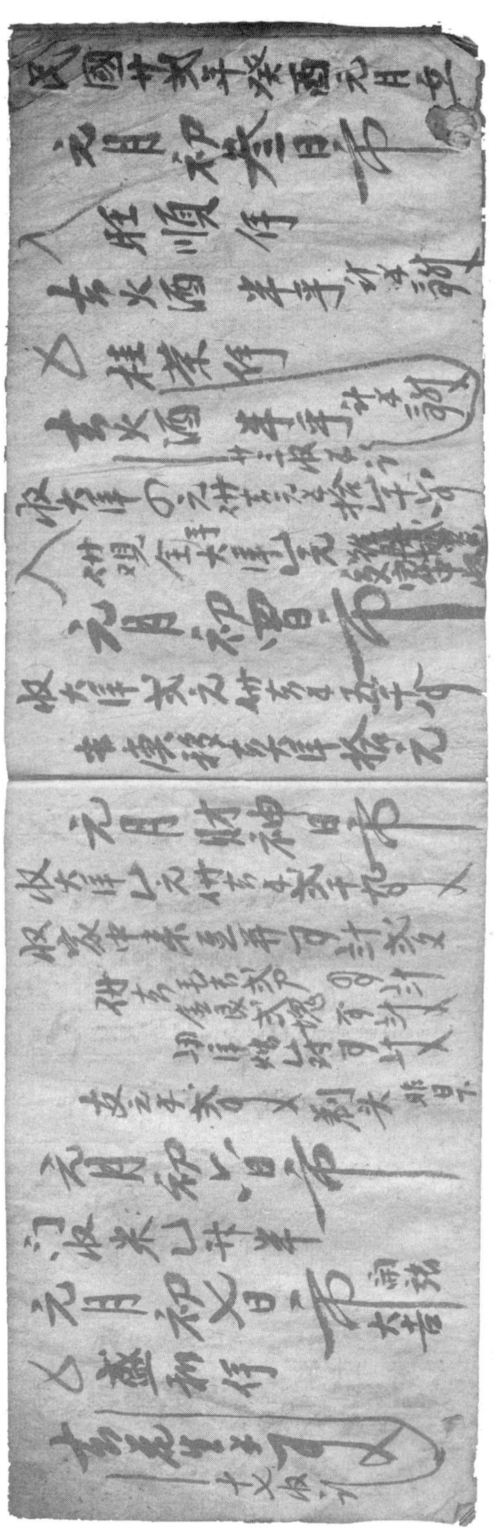

大鄣山乡江村 37-90 · 民国二十一年 · 流水账 · 和记

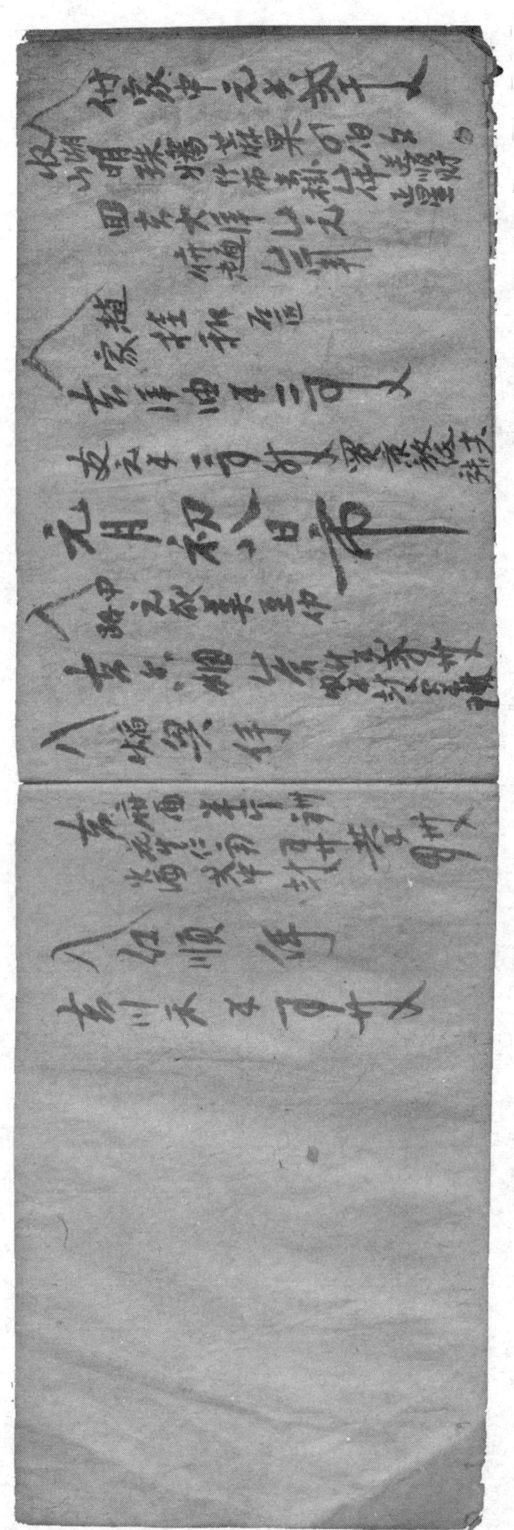

大鄣山乡江村 37-91 · 民国二十一年 · 流水账 · 和记

会式

端茎

立會書人吴端志今蒙
親友裹成一會名曰七賢每友各交出
洋五元共洋叁拾元正其洋是身收
領言定逐年至期一叙揺点身会得
会並点者保先不得後以及他會担
債推扨口恐无凭立此会书一樣六帖
每友一帖各执存據
会友菁名
林與 長生 新田 灶印 岩昇 石南

首會 不交各交出洋伍元正 共洋卅元正 付首會領
式會 首會交出洋玖元 [illegible] 付二會領
三會 首二會各交出洋玖元 [illegible] 付三會領
駟會 首二三會各交出洋玖元 [illegible] 付四會領
五会 首二三四會各交出洋玖元 [illegible] 付五會領

民國廿一年立会書人吴端志

大鄣山乡江村 110 · 民国二十一年 · 会书 · 吴端志

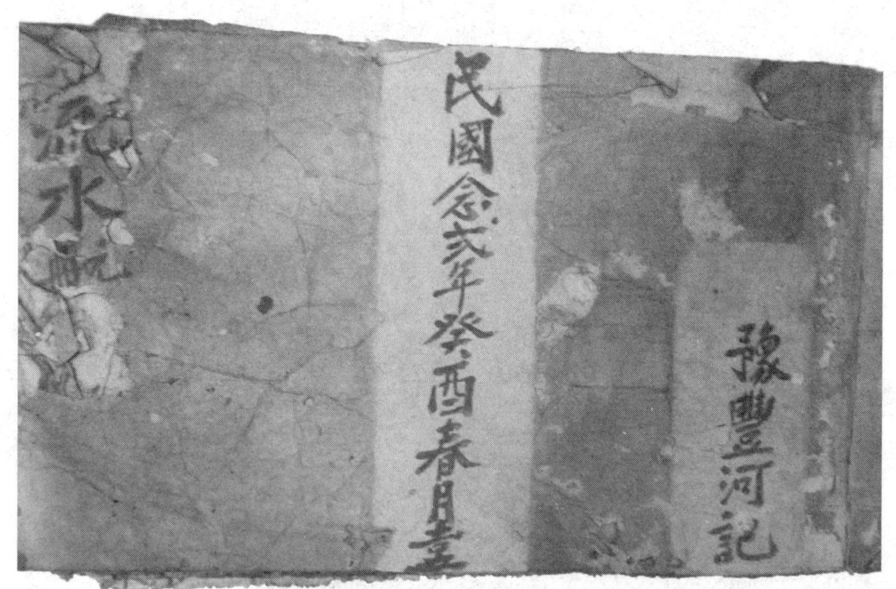

大鄣山乡江村 23-1 · 民国二十二年 · 流水账本（元册）· 豫丰河记

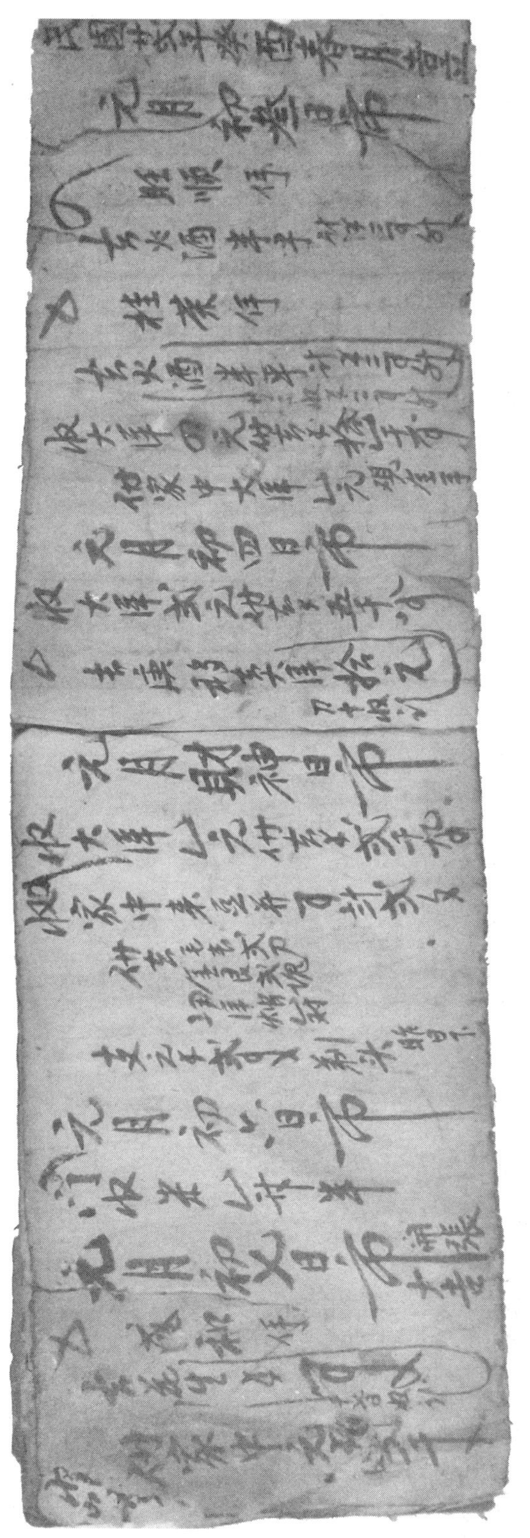

大鄣山乡江村 23-2 · 民国二十二年 · 流水账本（元册）· 豫丰河记

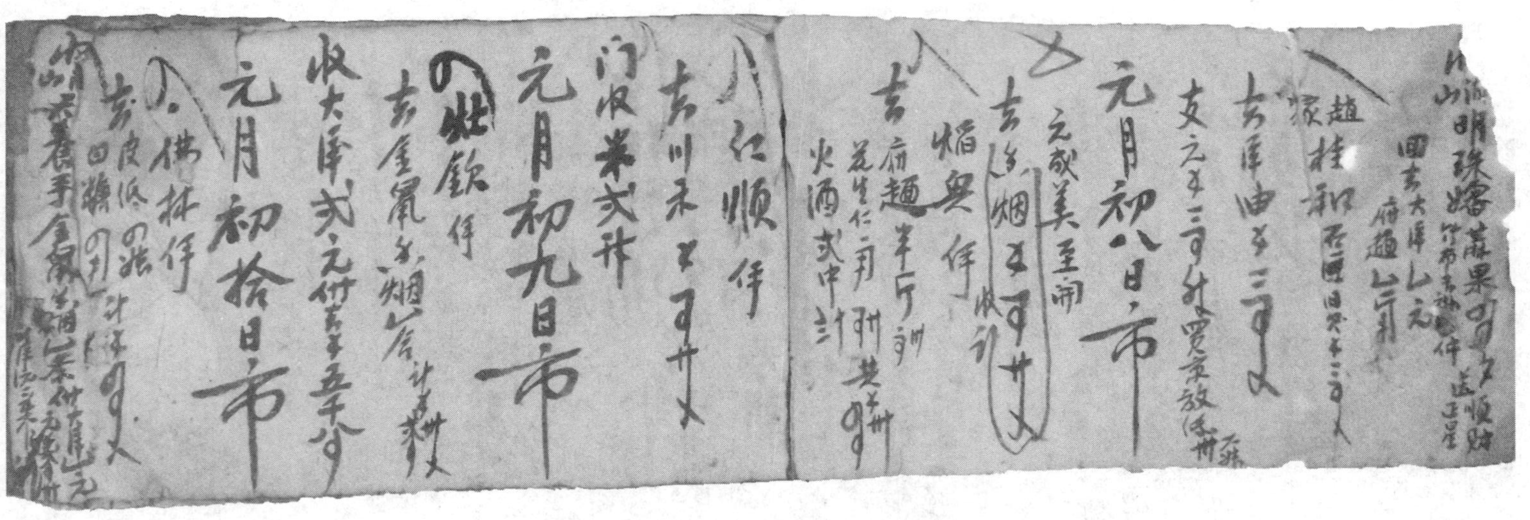

大鄣山乡江村 23-3 · 民国二十二年 · 流水账本（元册） · 豫丰河记

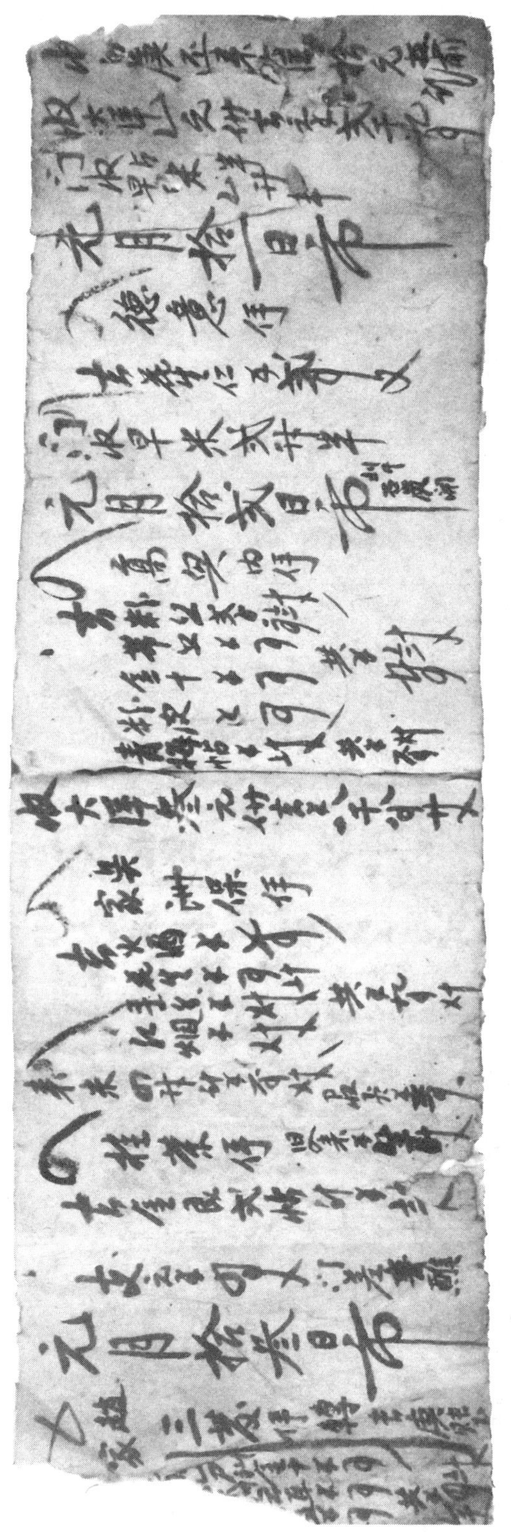

大鄣山乡江村 23-4 · 民国二十二年 · 流水账本（元册）· 豫丰河记

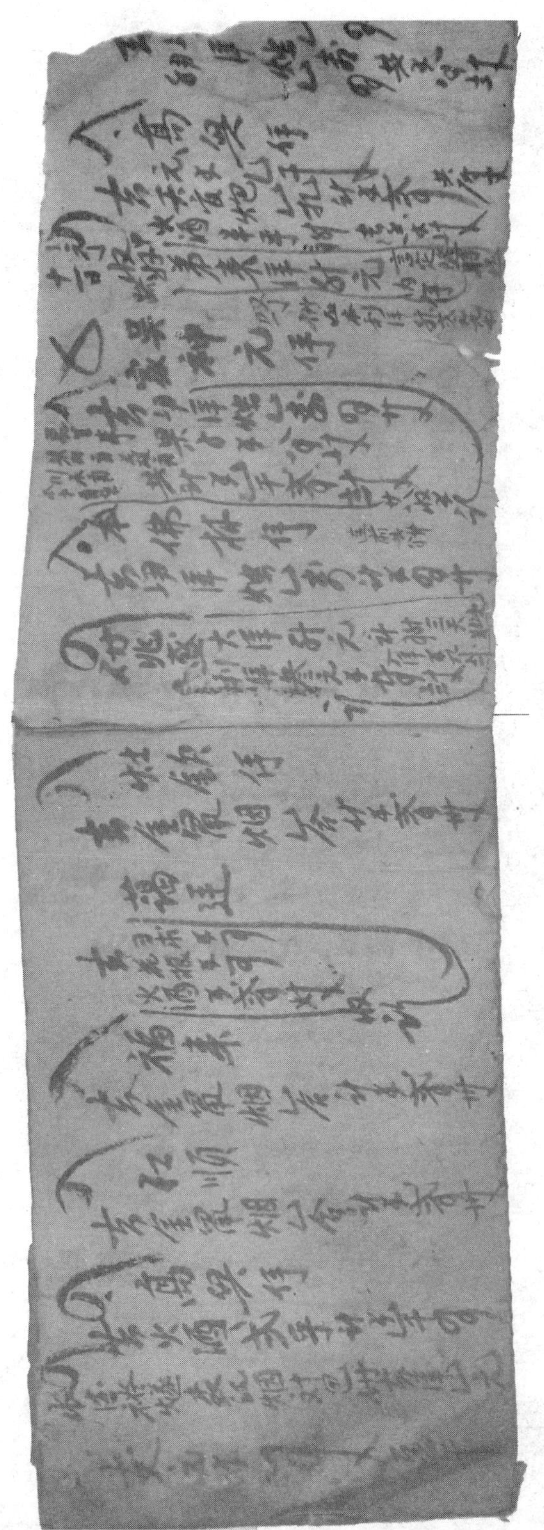

大鄣山乡江村 23-5・民国二十二年・流水账本（元册）・豫丰河记

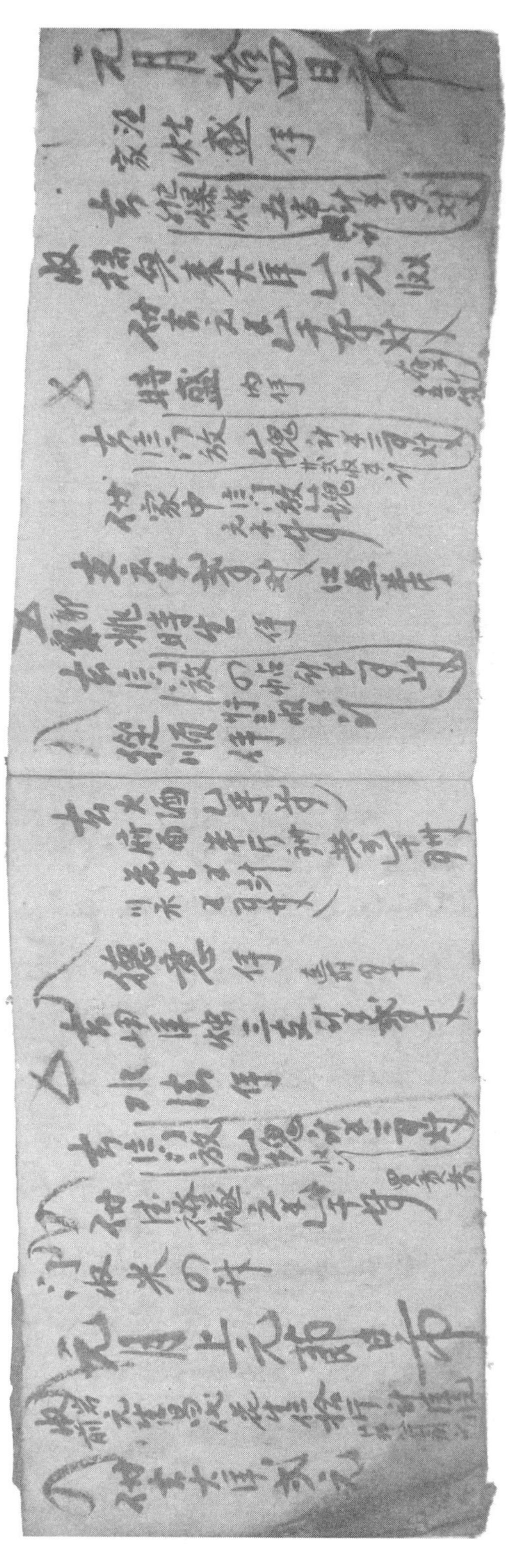

大鄣山乡江村 23-6 · 民国二十二年 · 流水账本（元册）· 豫丰河记

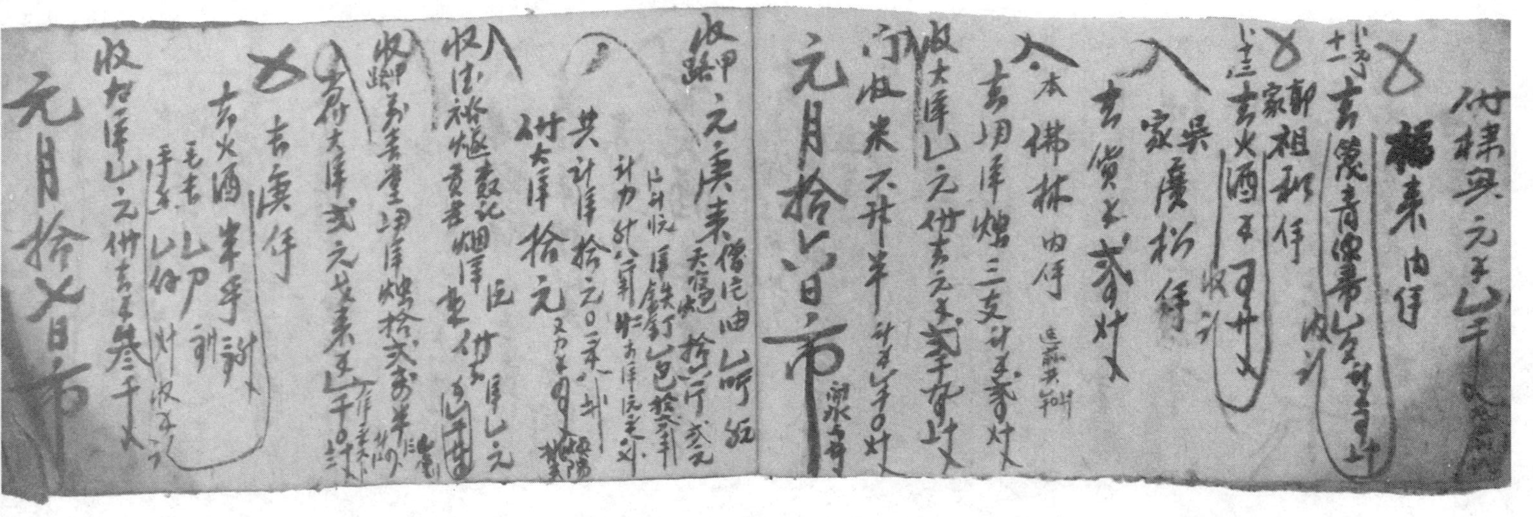

大鄣山乡江村 23-7 · 民国二十二年 · 流水账本（元册）· 豫丰河记

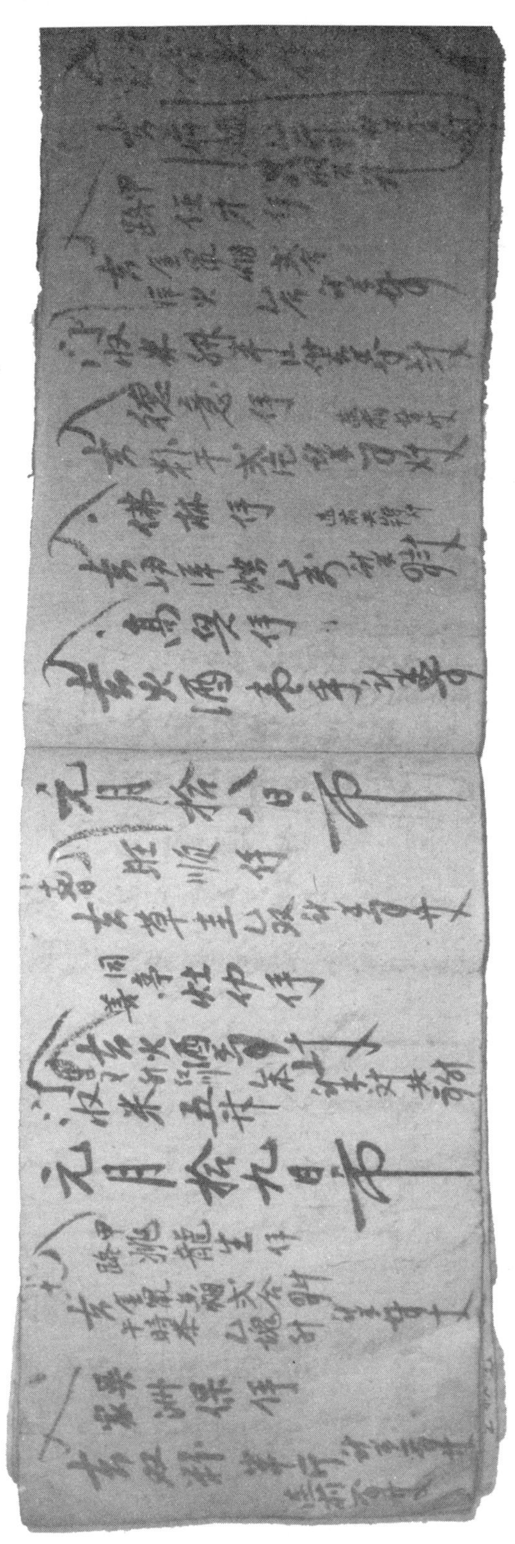

大鄣山乡江村 23-8 · 民国二十二年 · 流水账本（元册）· 豫丰河记

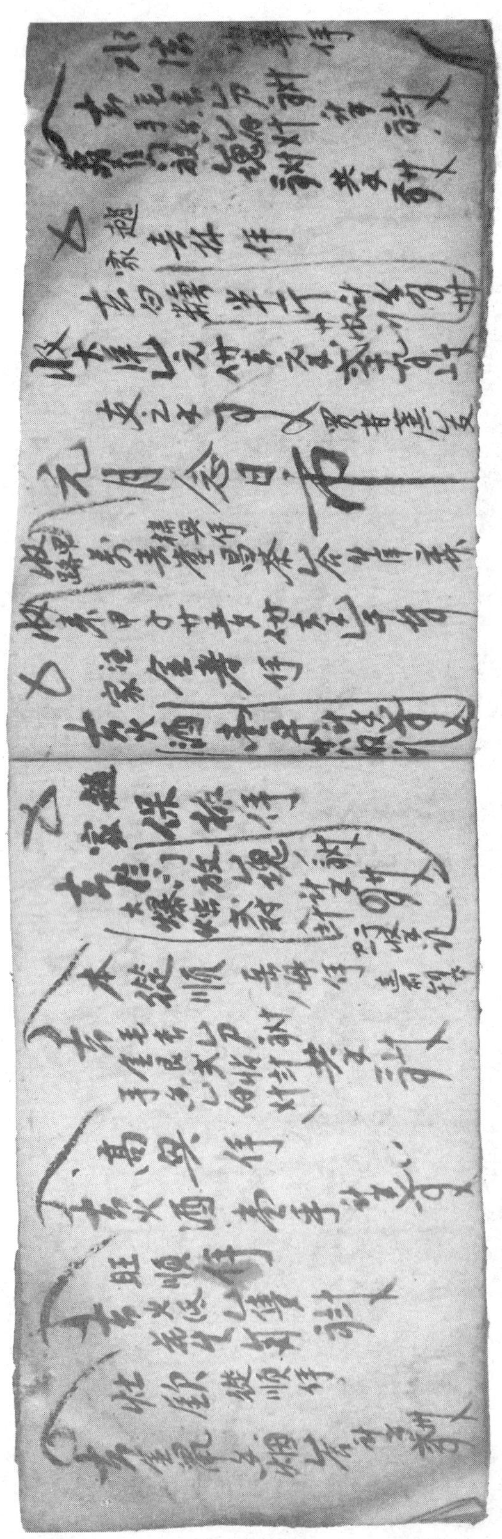

大鄣山乡江村 23-9 · 民国二十二年 · 流水账本（元册）· 豫丰河记

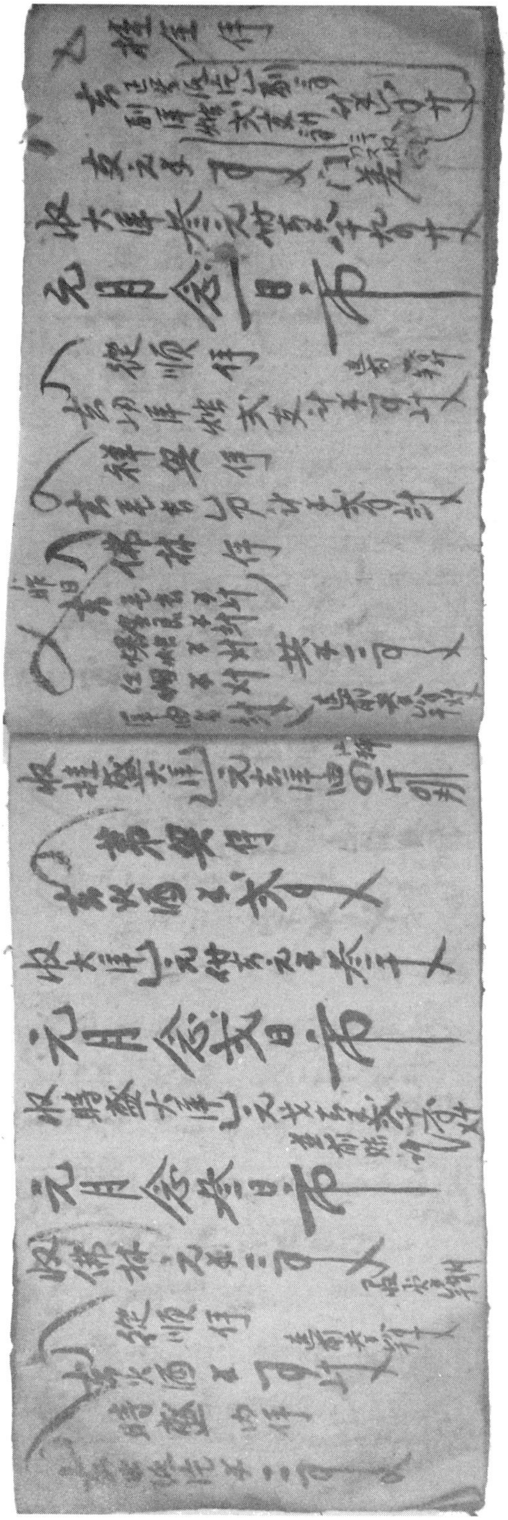

大鄣山乡江村 23-10 · 民国二十二年 · 流水账本（元册）· 豫丰河记

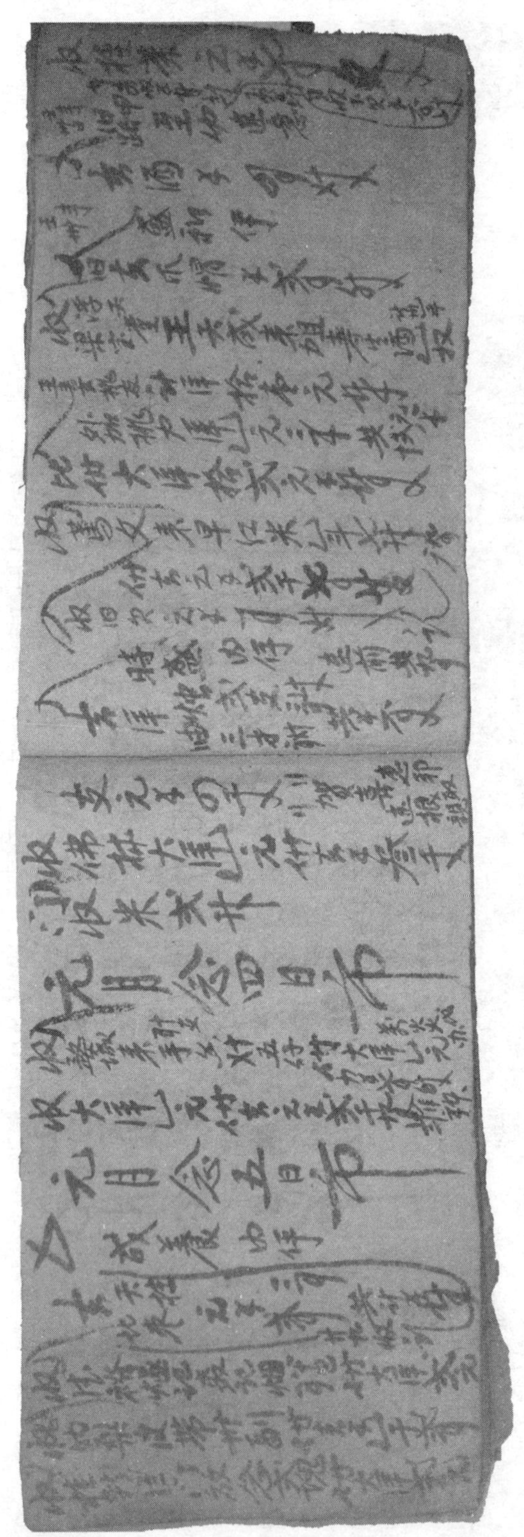

大鄣山乡江村 23-11 · 民国二十二年 · 流水账本（元册） · 豫丰河记

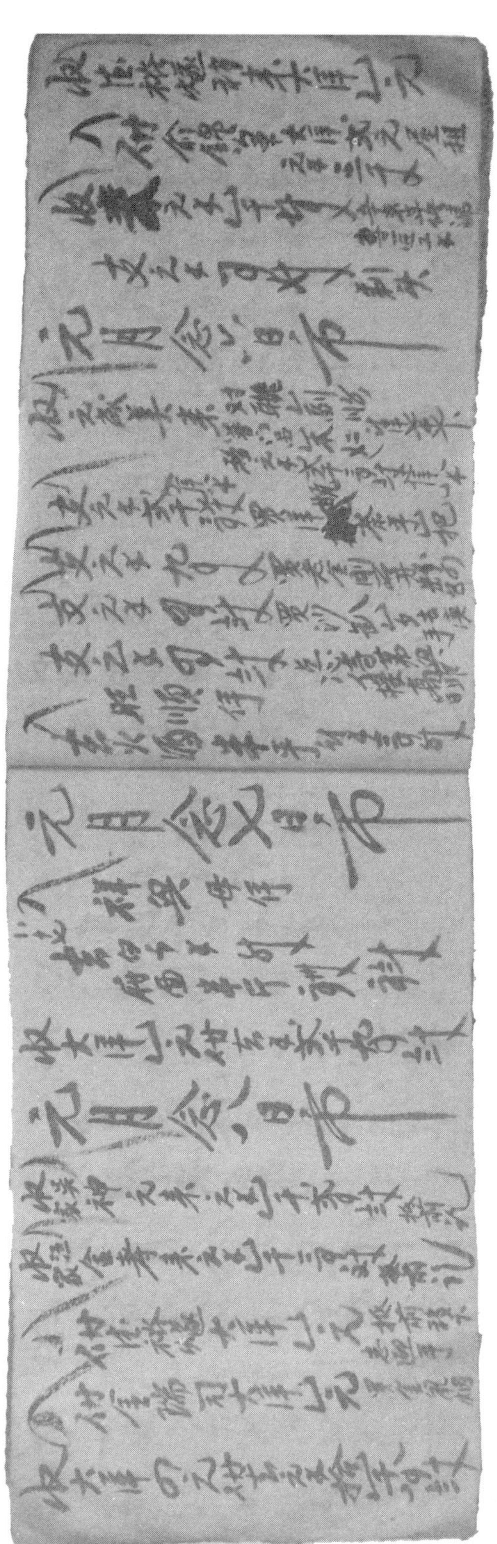

大郭山乡江村 23-12 · 民国二十二年 · 流水账本（元册） · 豫丰河记

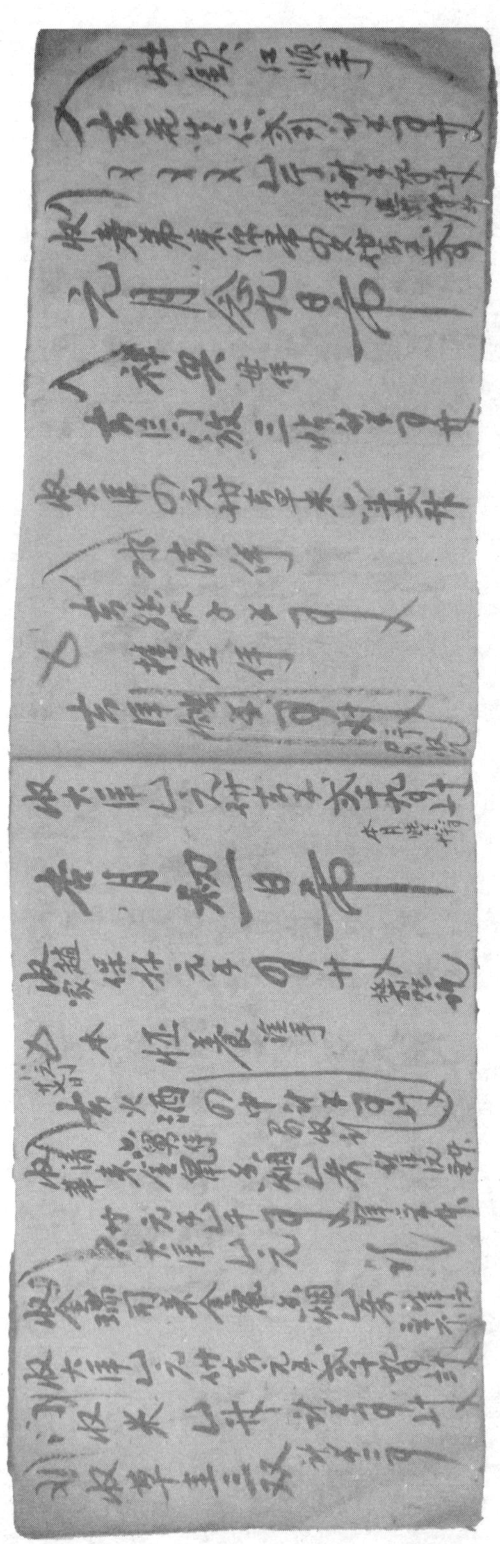

大鄣山乡江村 23-13 · 民国二十二年 · 流水账本（元册）· 豫丰河记

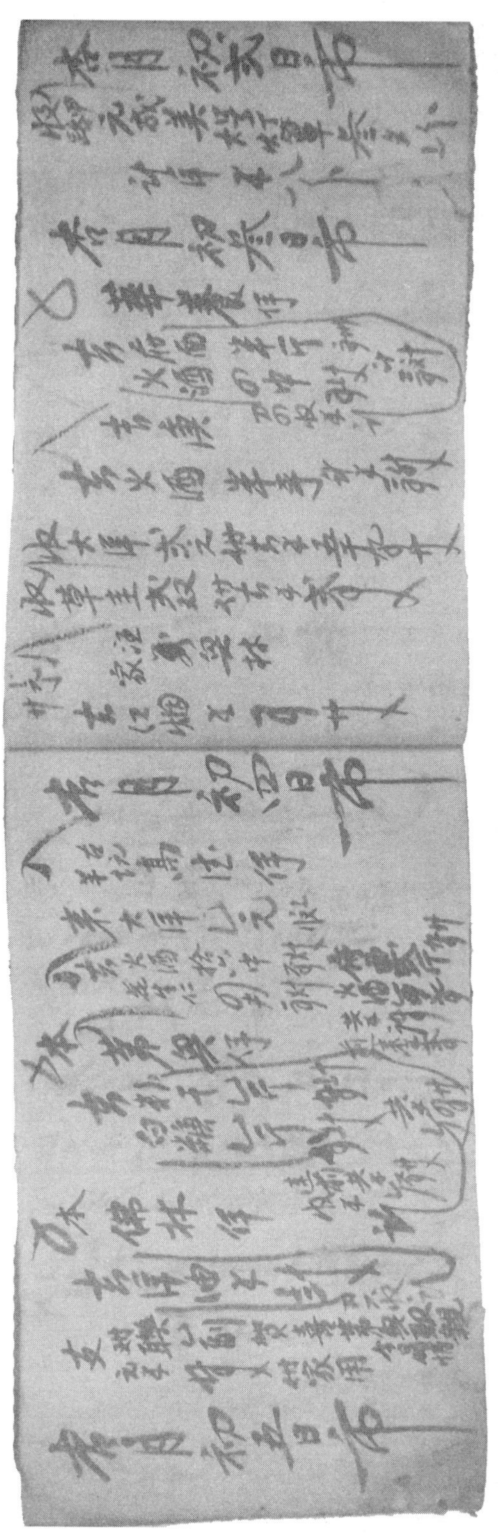

大鄣山乡江村 23-14 · 民国二十二年 · 流水账本（元册）· 豫丰河记

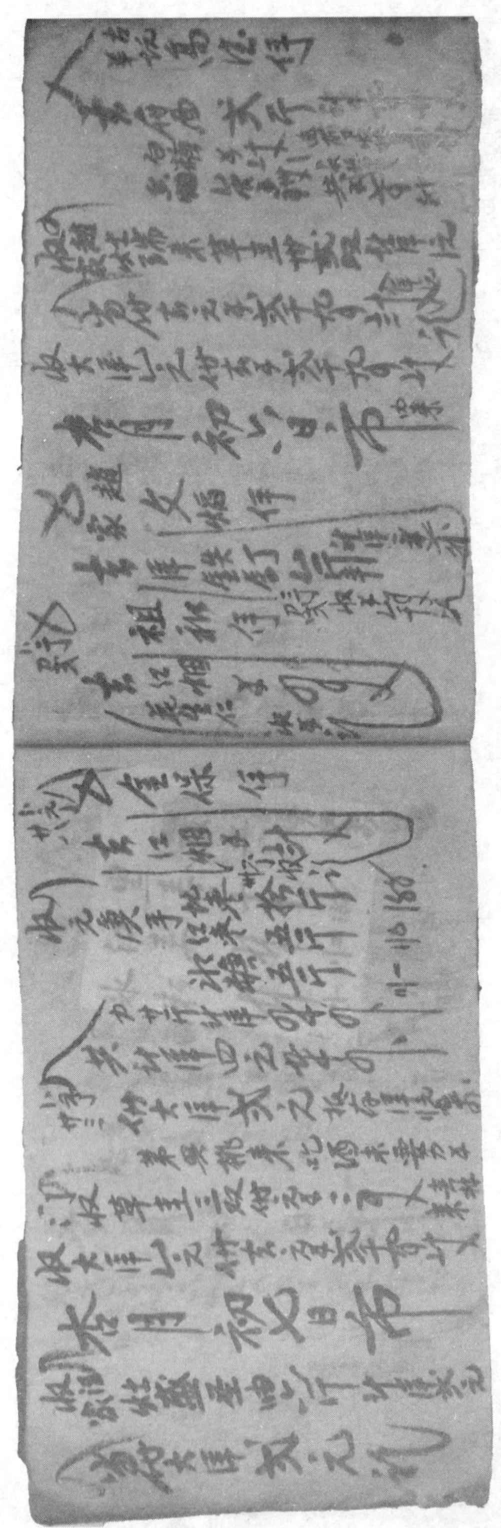

大鄣山乡江村 23-15・民国二十二年・流水账本（元册）・豫丰河记

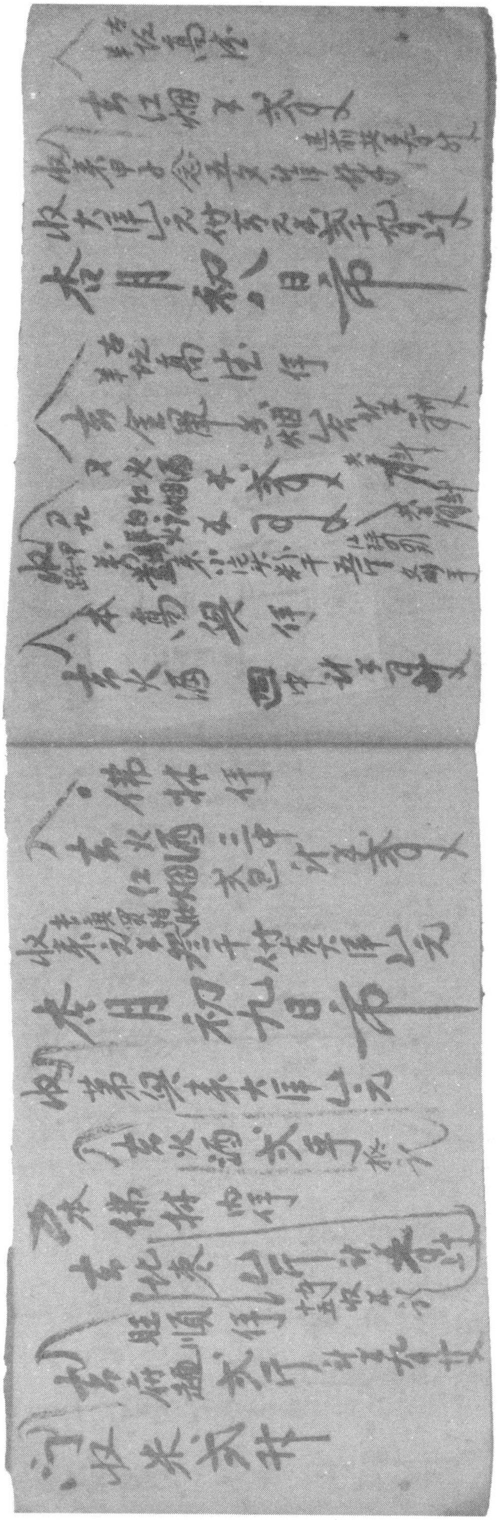

大鄣山乡江村 23-16 · 民国二十二年 · 流水账本（元册）· 豫丰河记

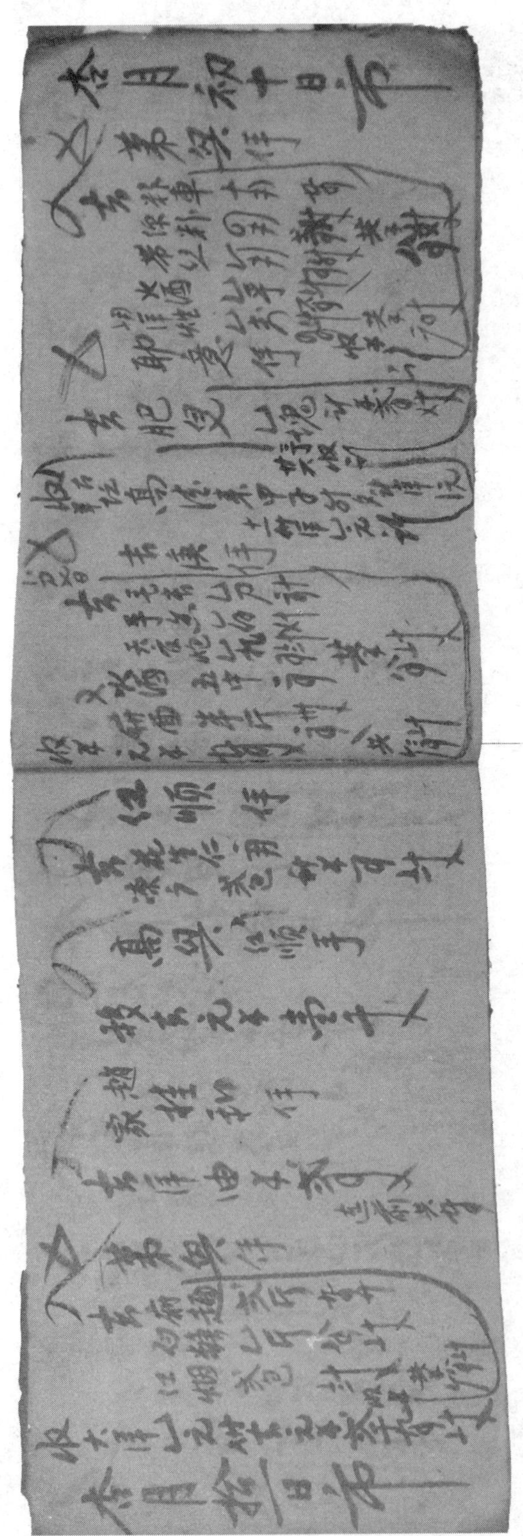

大鄣山乡江村 23-17・民国二十二年・流水账本（元册）・豫丰河记

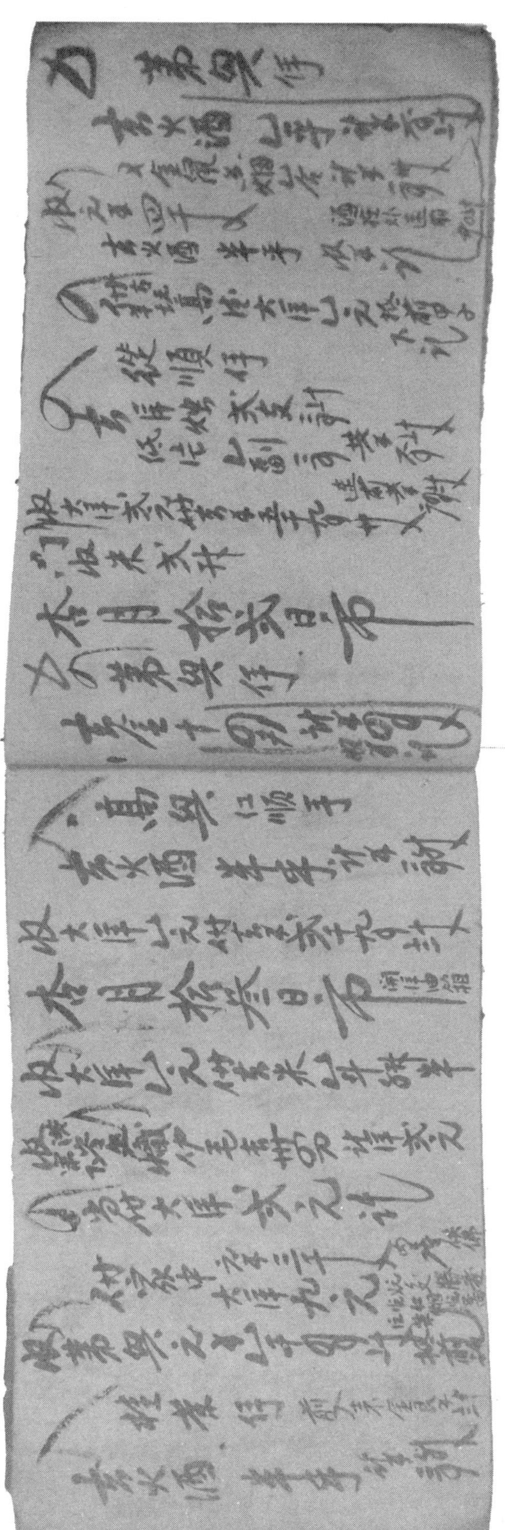

大郭山乡江村 23-18 · 民国二十二年 · 流水账本（元册）· 豫丰河记

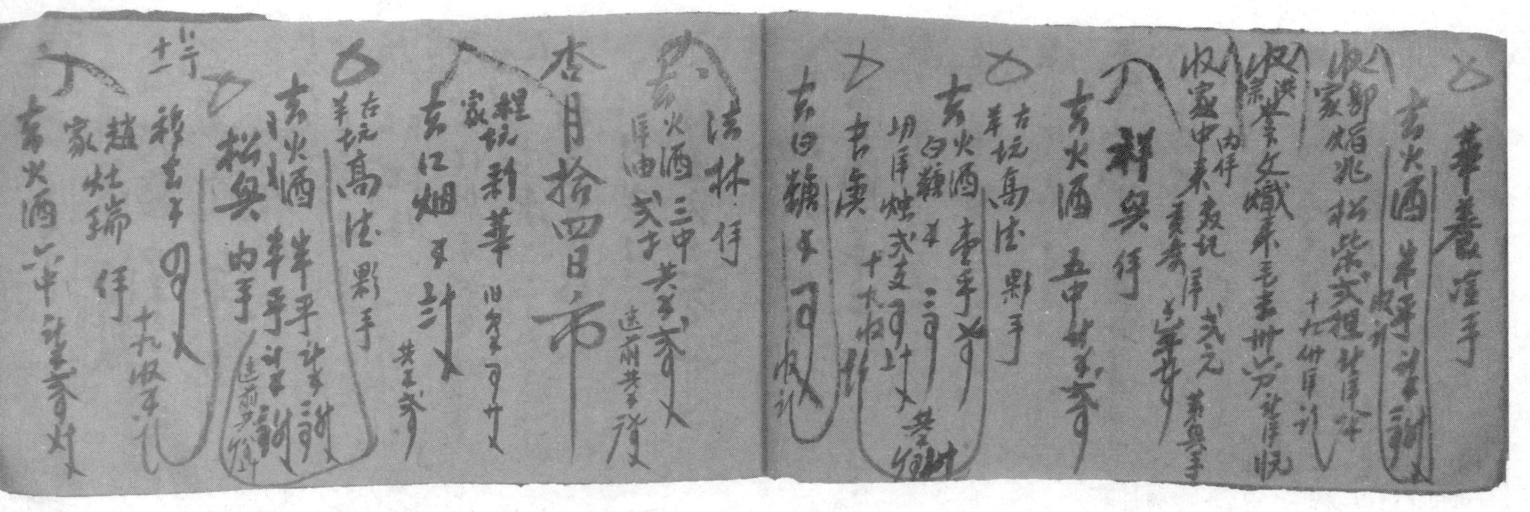

大鄣山乡江村 23-19 · 民国二十二年 · 流水账本（元册）· 豫丰河记

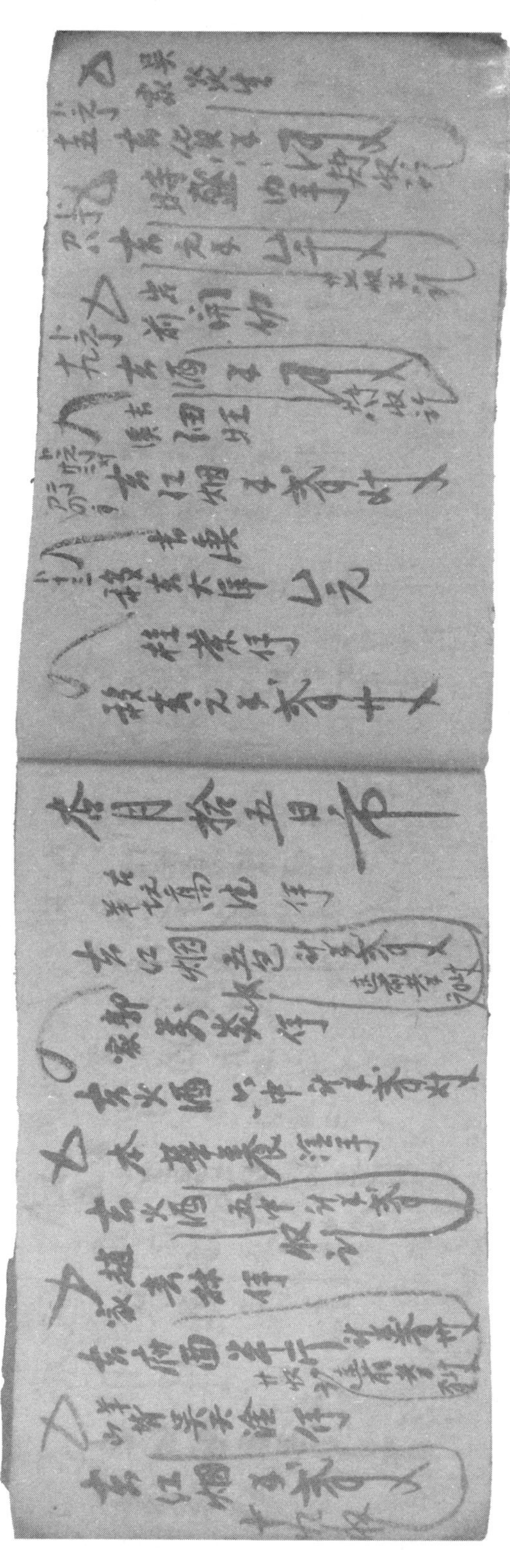

大鄣山乡江村 23-20 · 民国二十二年 · 流水账本（元册） · 豫丰河记

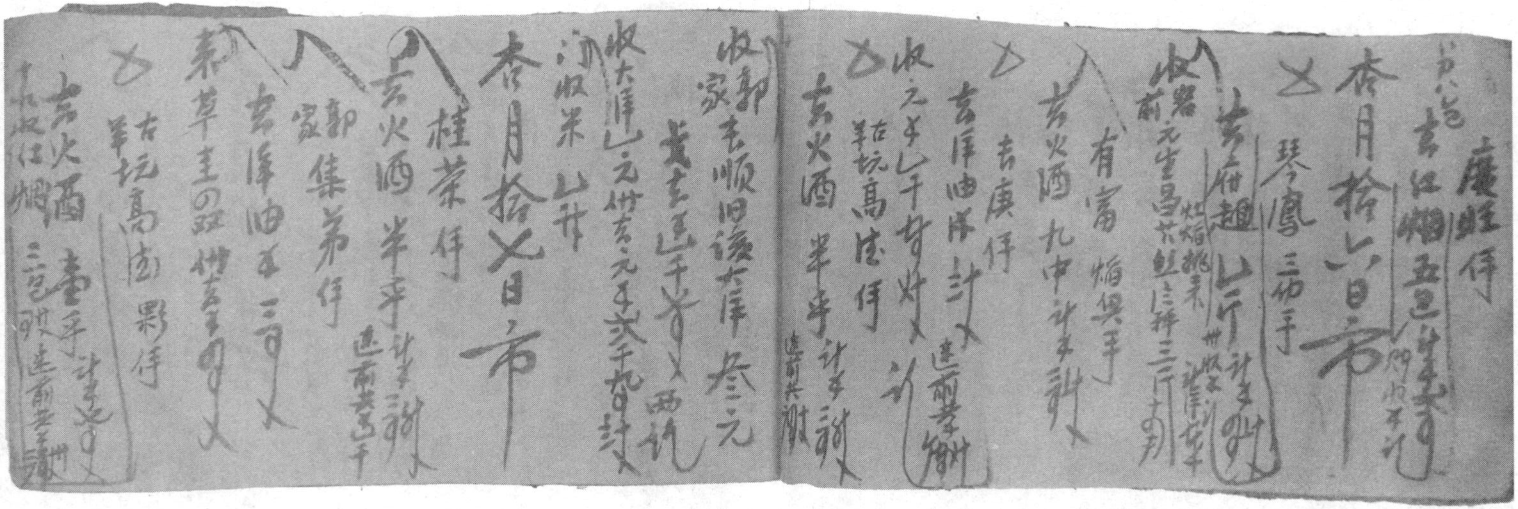

大鄣山乡江村 23-21 · 民国二十二年 · 流水账本（元册） · 豫丰河记

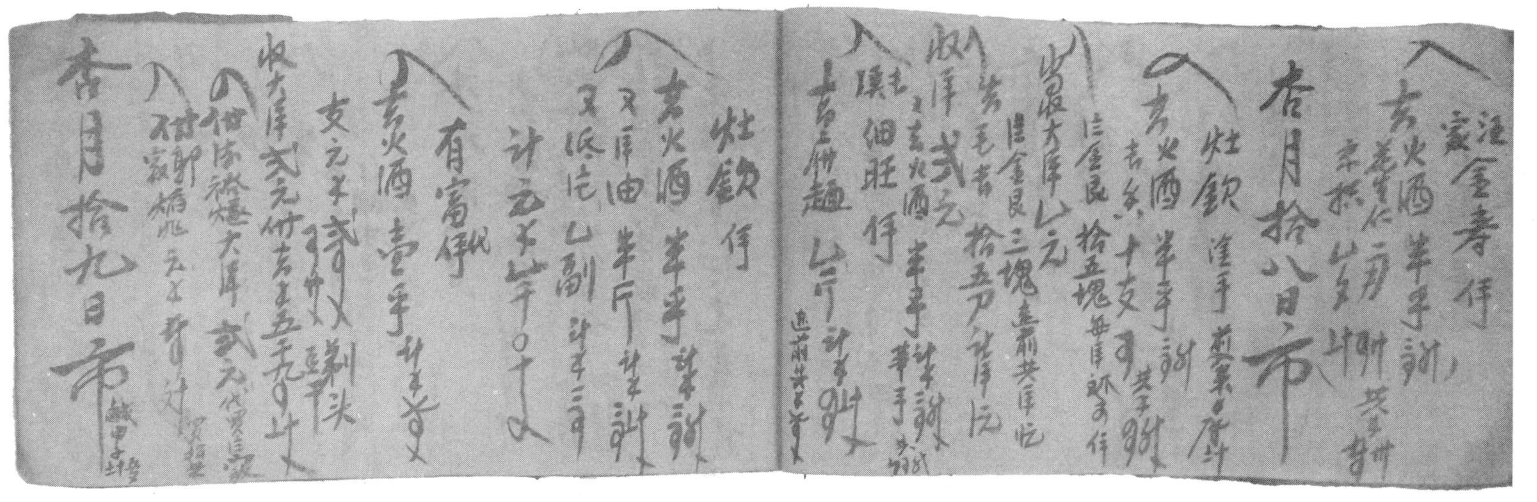

大鄣山乡江村 23-22 · 民国二十二年 · 流水账本（元册）· 豫丰河记

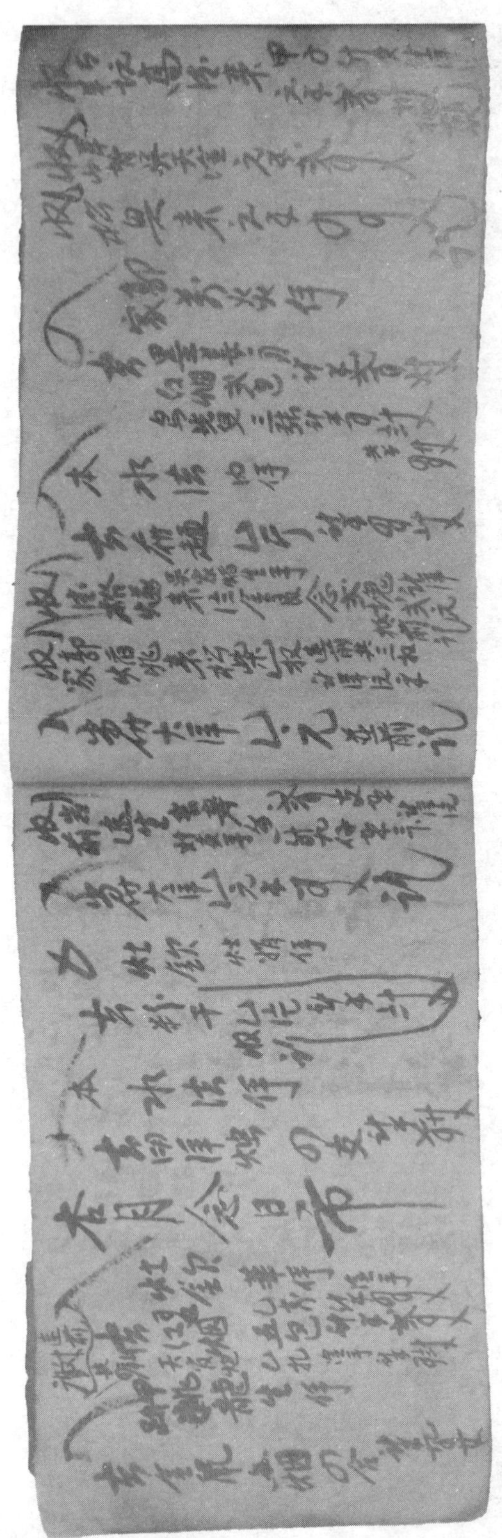

大鄣山乡江村 23-23 · 民国二十二年 · 流水账本（元册）· 豫丰河记

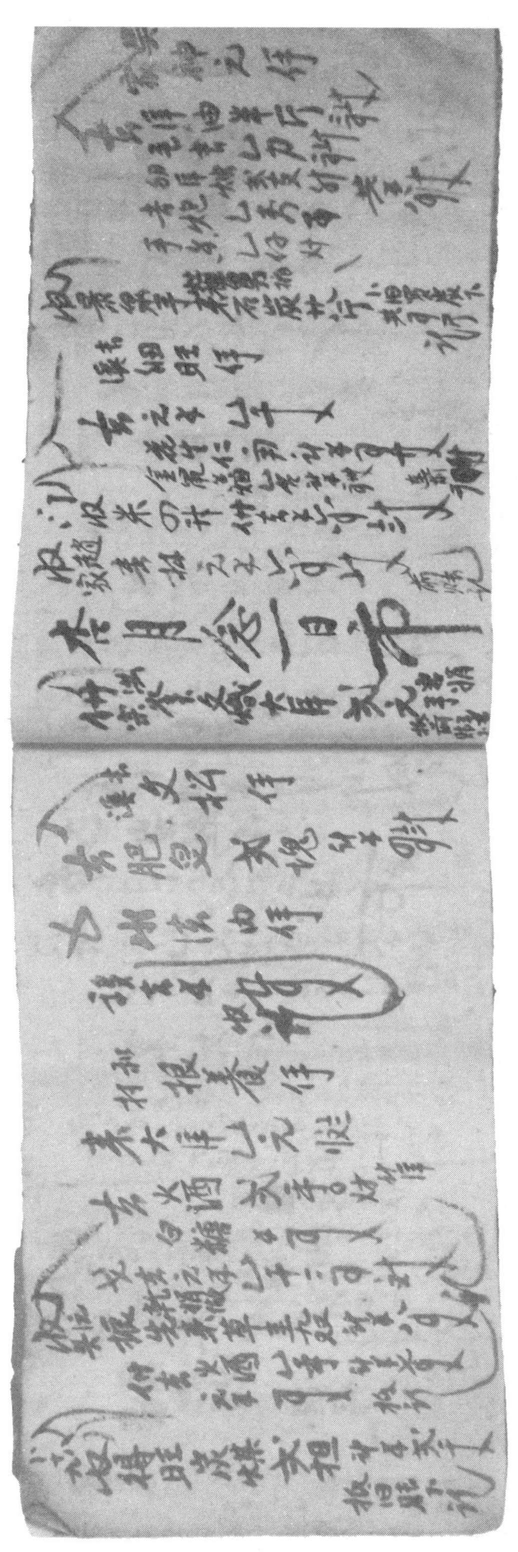

大鄣山乡江村 23-24 · 民国二十二年 · 流水账本（元册） · 豫丰河记

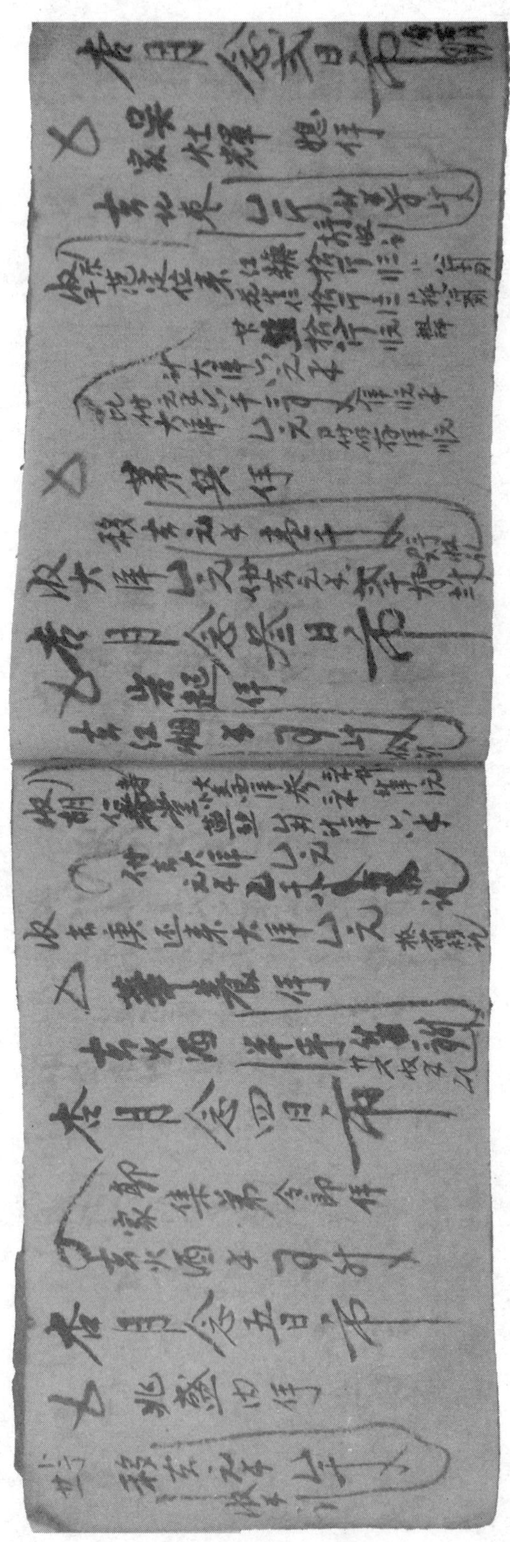

大鄣山乡江村 23-25・民国二十二年・流水账本（元册）・豫丰河记

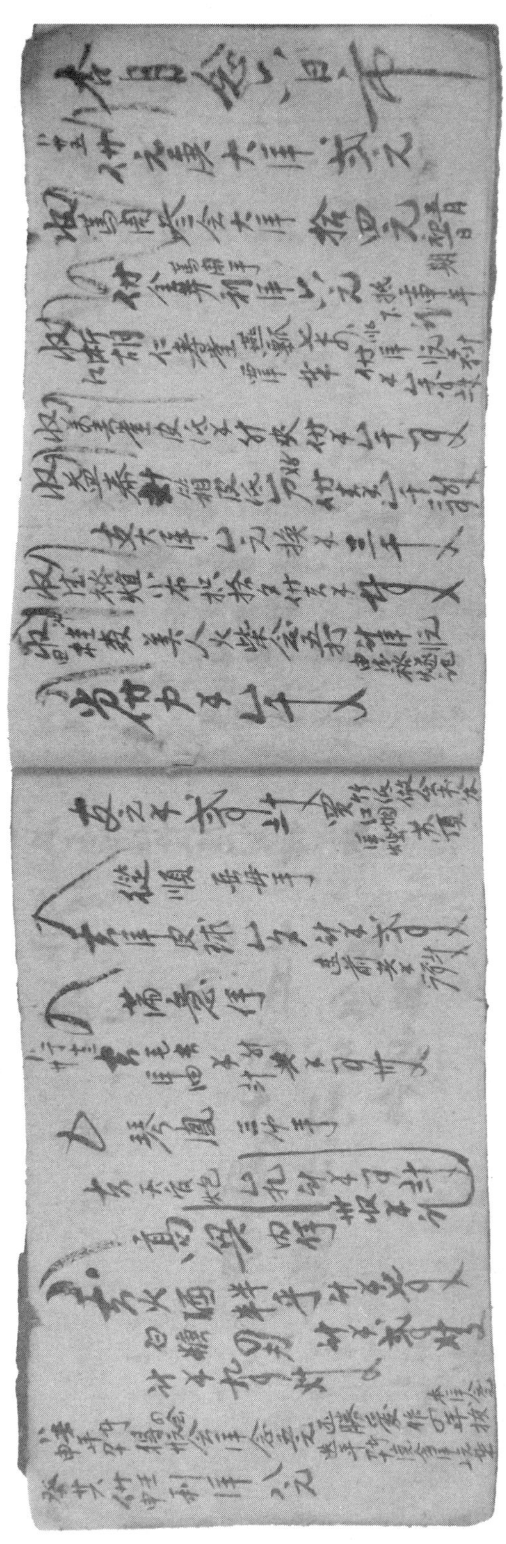

大鄣山乡江村 23-26 · 民国二十二年 · 流水账本（元册） · 豫丰河记

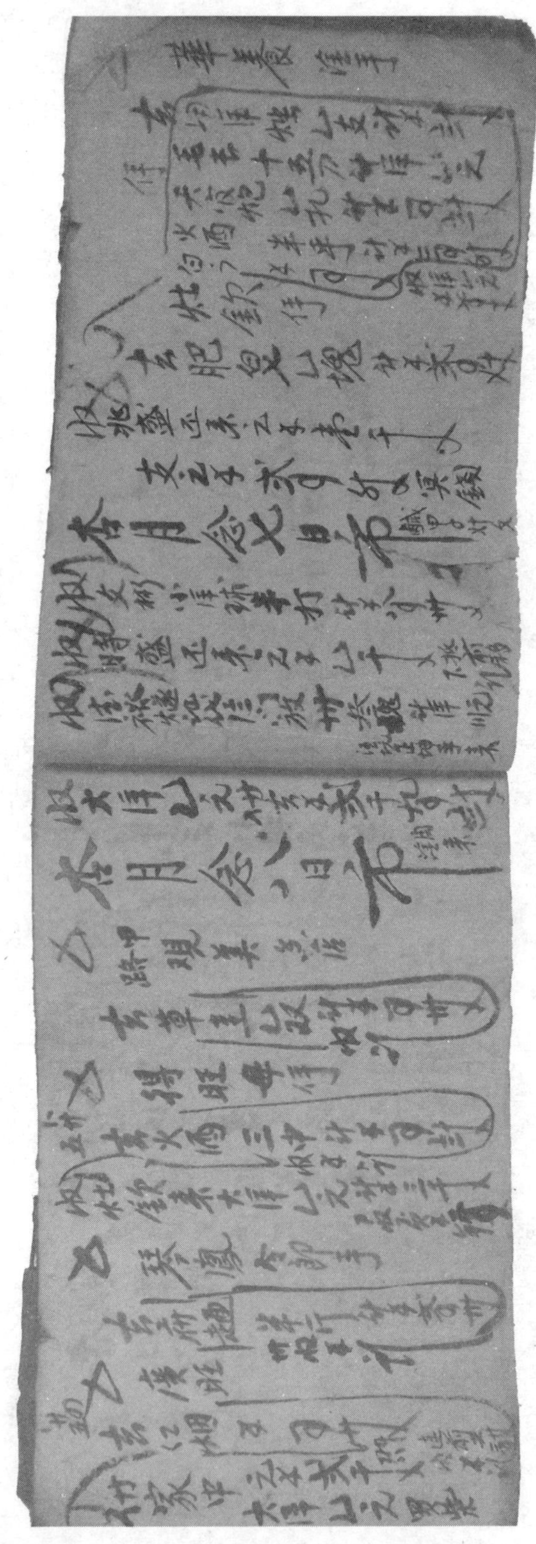

大鄣山乡江村 23-27 · 民国二十二年 · 流水账本（元册）· 豫丰河记

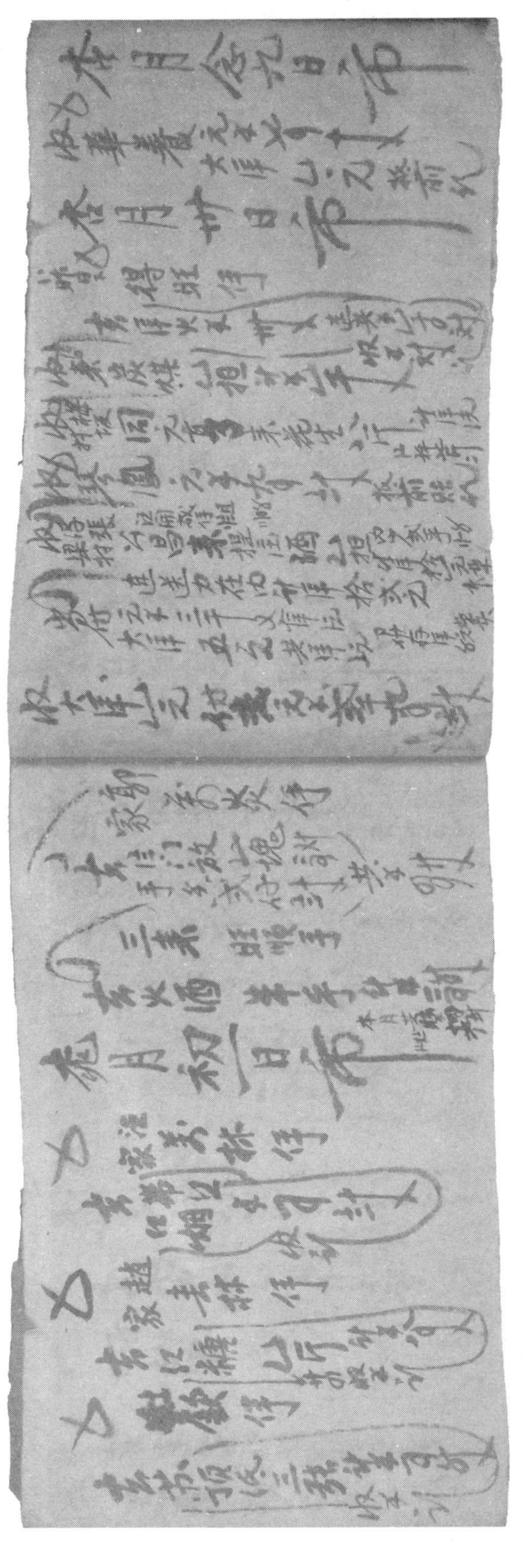

大鄣山乡江村 23-28 · 民国二十二年 · 流水账本（元册） · 豫丰河记

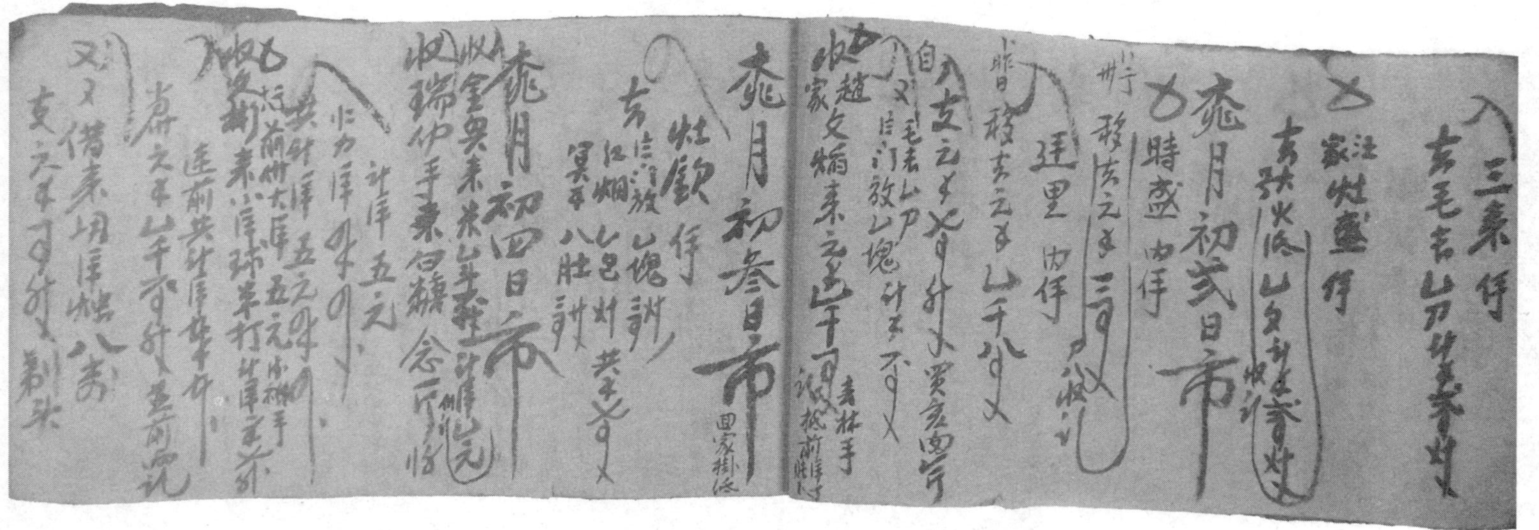

大鄣山乡江村 23-29 · 民国二十二年 · 流水账本（元册）· 豫丰河记

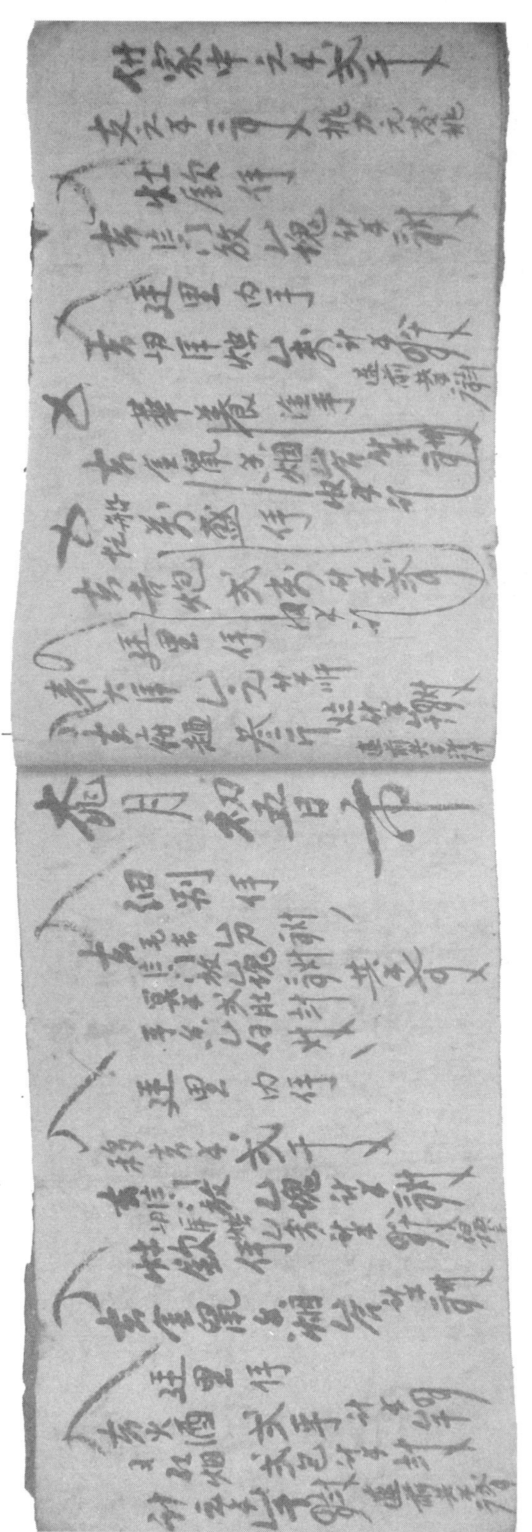

大鄣山乡江村 23-30 · 民国二十二年 · 流水账本（元册） · 豫丰河记

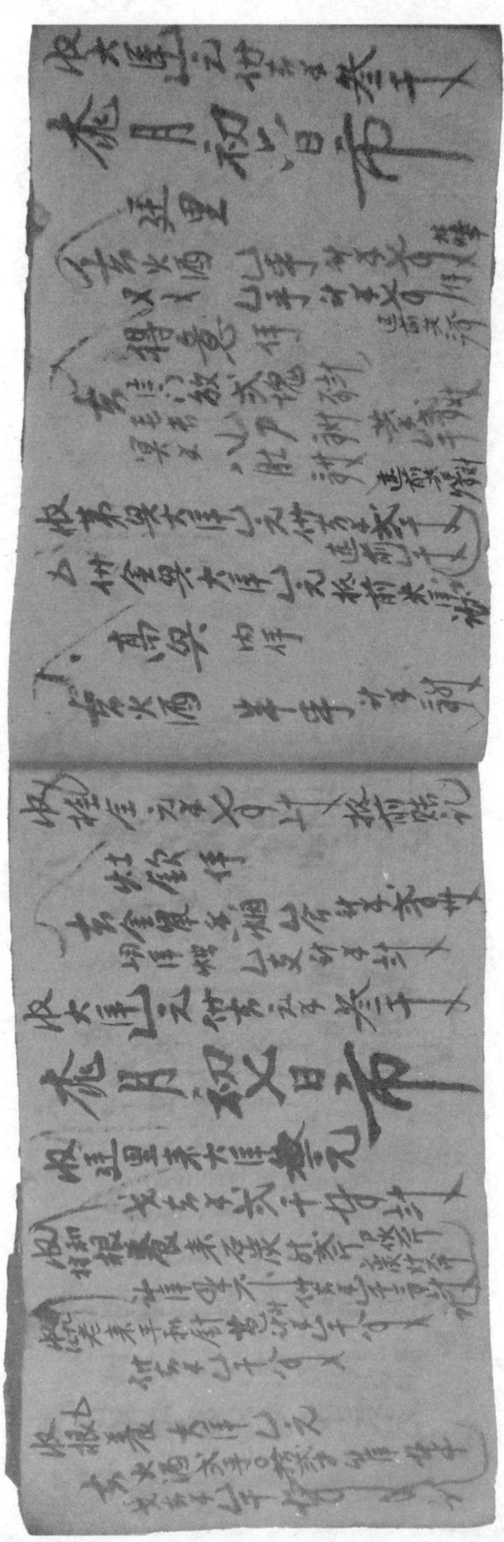

大鄣山乡江村 23-31 · 民国二十二年 · 流水账本（元册） · 豫丰河记

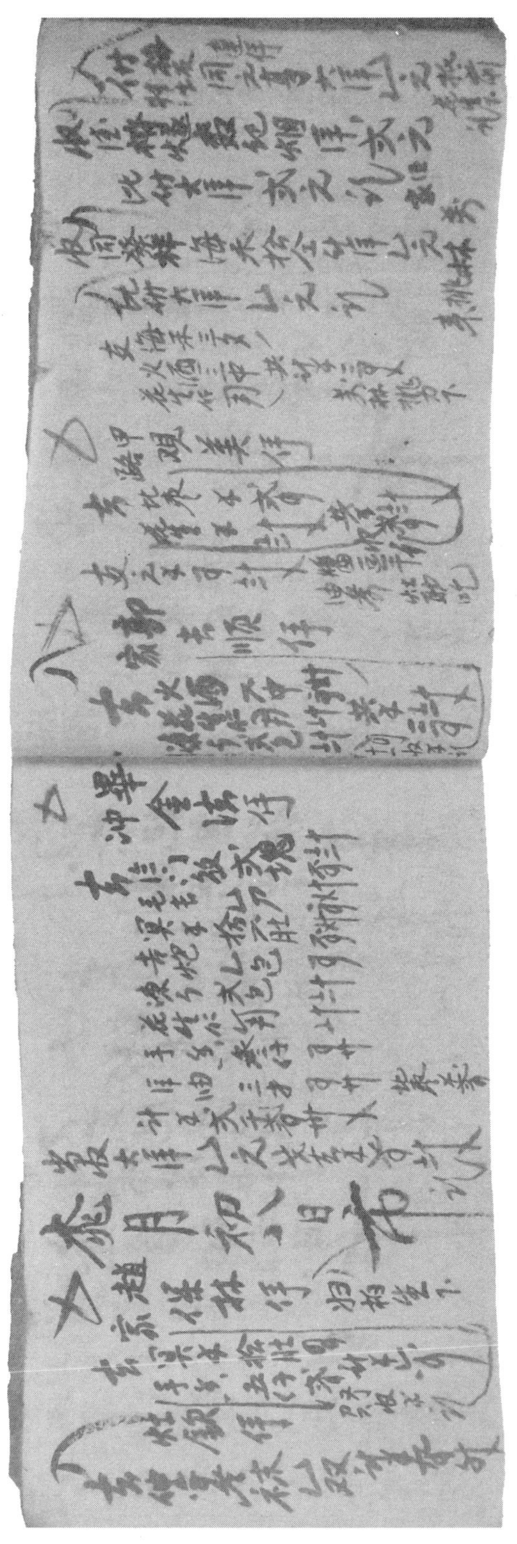

大鄣山乡江村 23-32 · 民国二十二年 · 流水账本（元册）· 豫丰河记

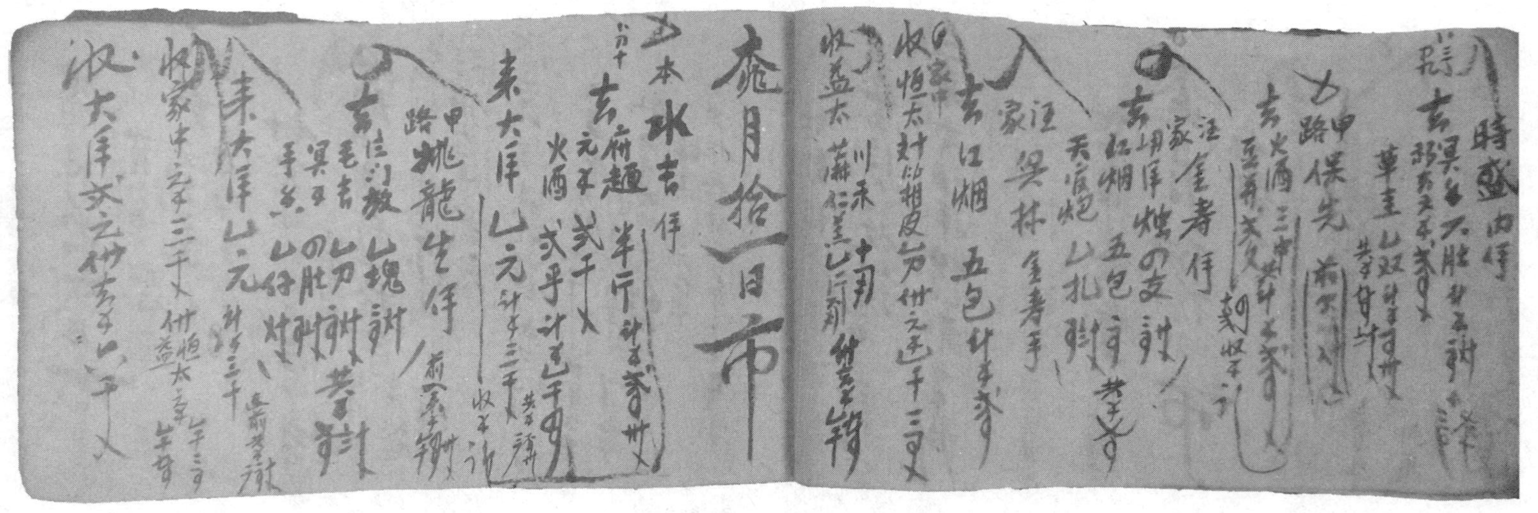

大鄣山乡江村 23-33 · 民国二十二年 · 流水账本（元册）· 豫丰河记

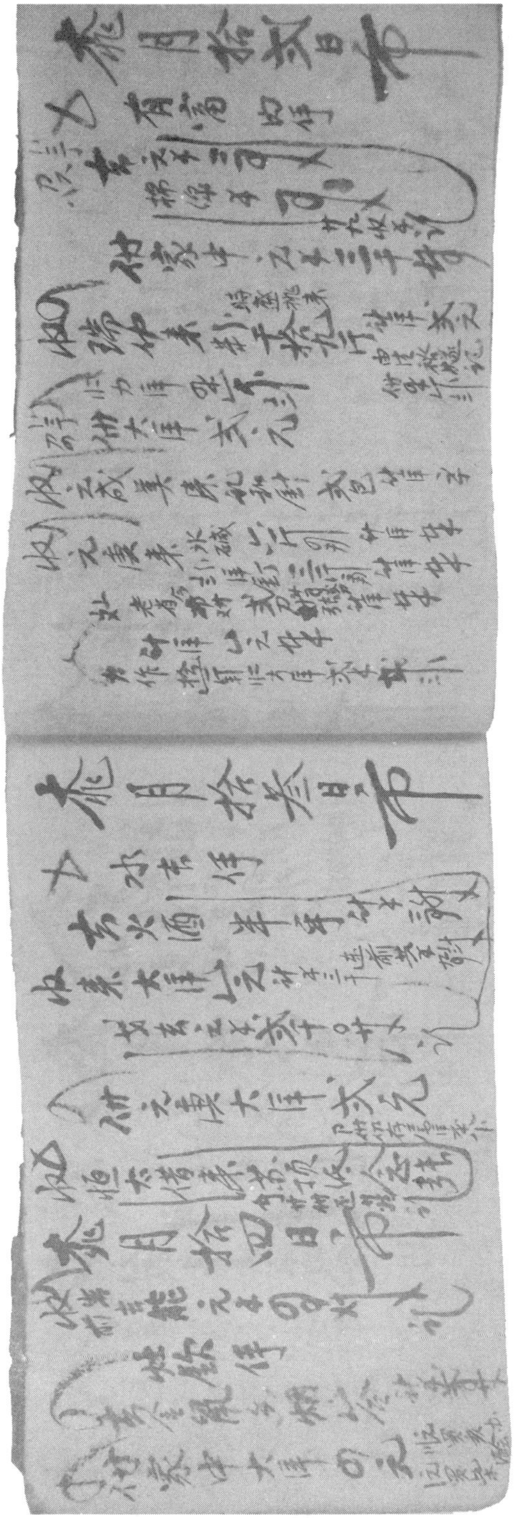

大鄣山乡江村 23-34 · 民国二十二年 · 流水账本（元册） · 豫丰河记

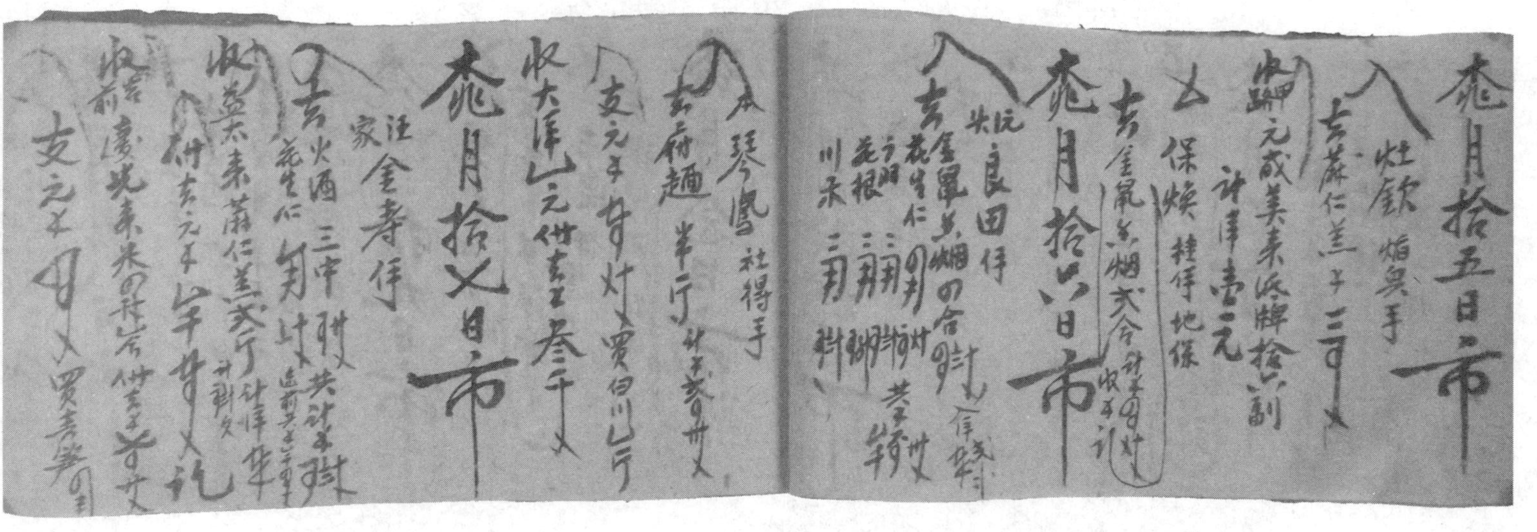

大鄣山乡江村 23-35 · 民国二十二年 · 流水账本（元册）· 豫丰河记

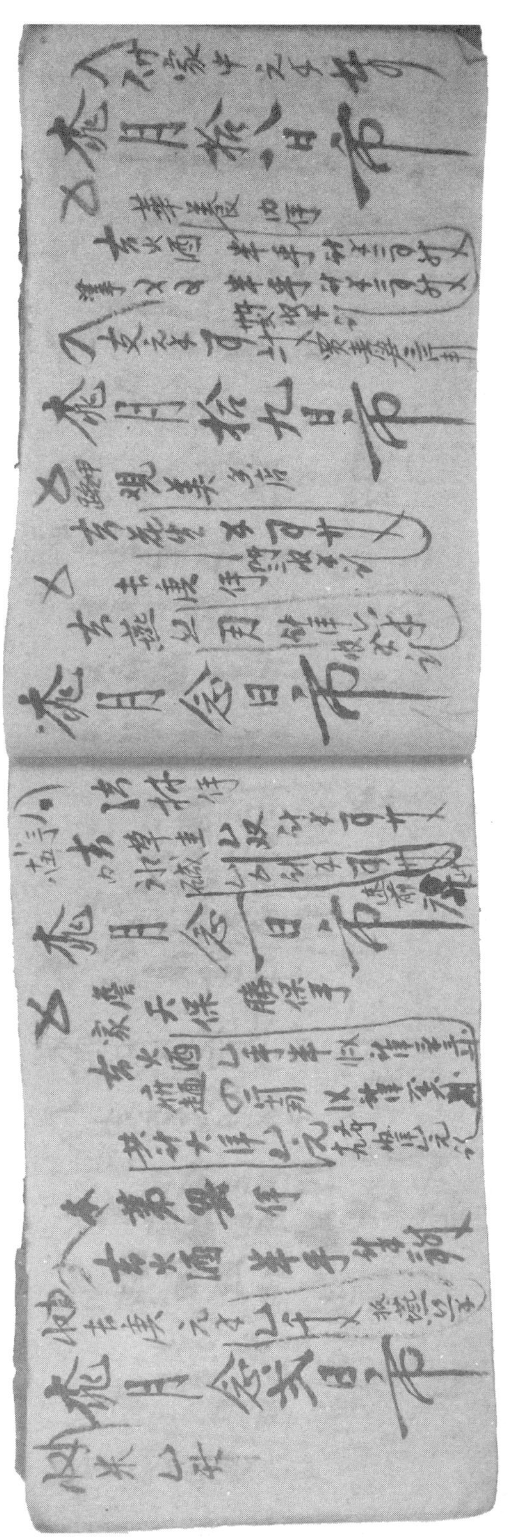

大鄣山乡江村 23-36 · 民国二十二年 · 流水账本（元册） · 豫丰河记

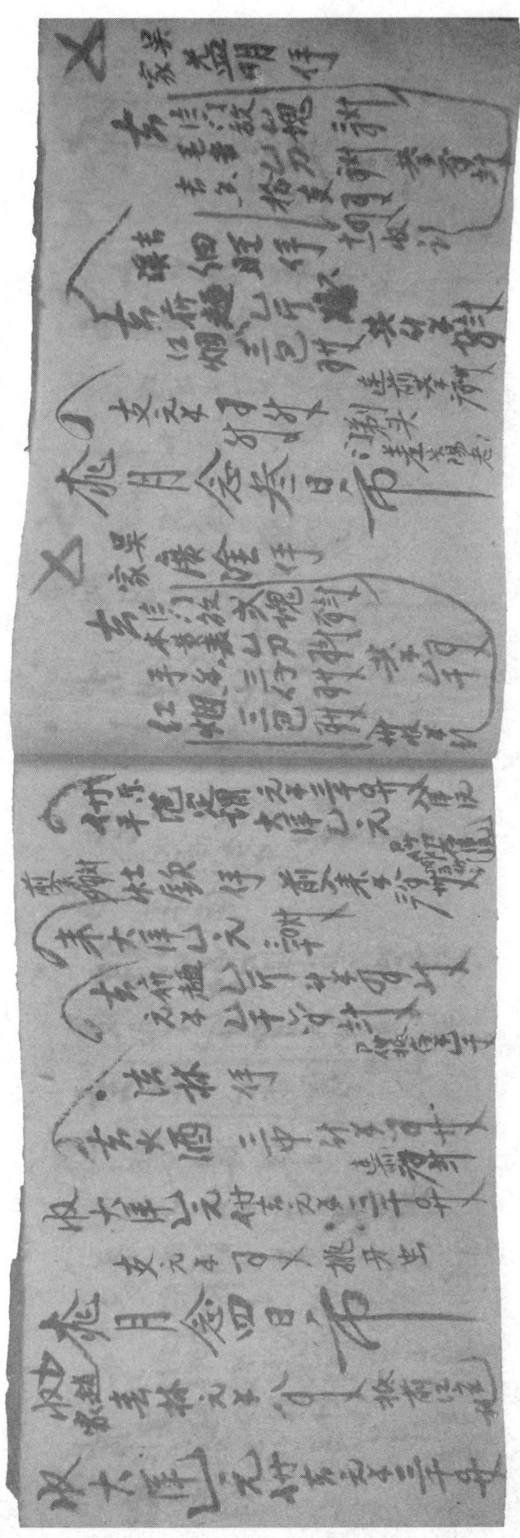

大鄣山乡江村 23-37 · 民国二十二年 · 流水账本（元册） · 豫丰河记

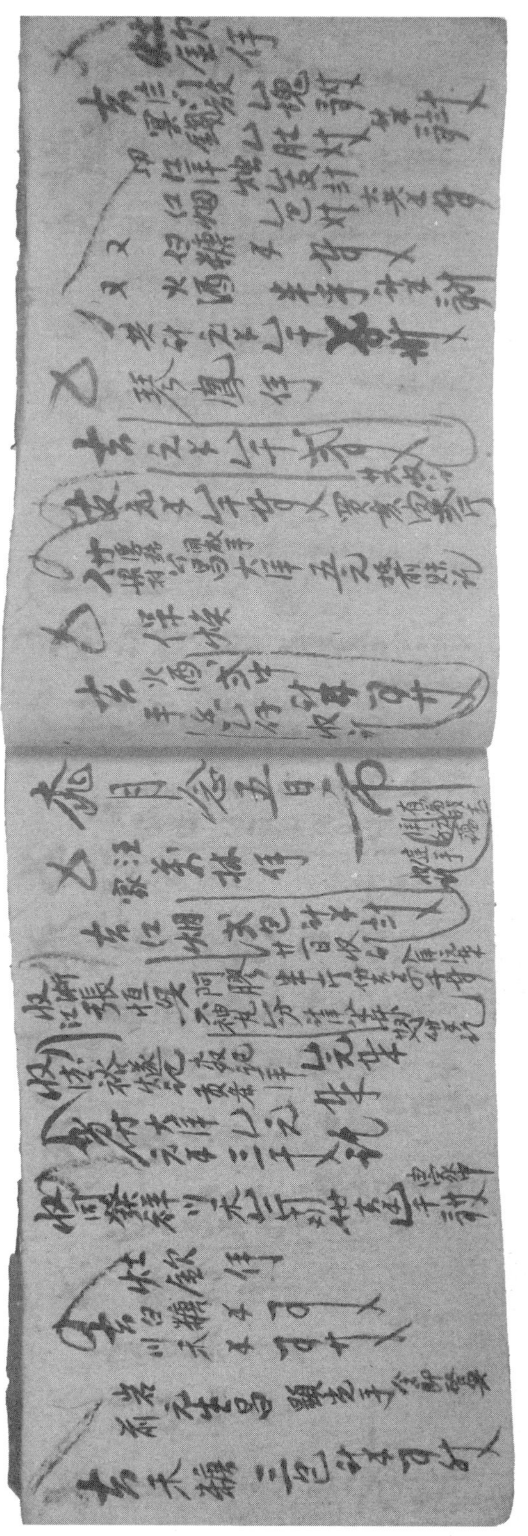

大鄣山乡江村 23-38 · 民国二十二年 · 流水账本（元册） · 豫丰河记

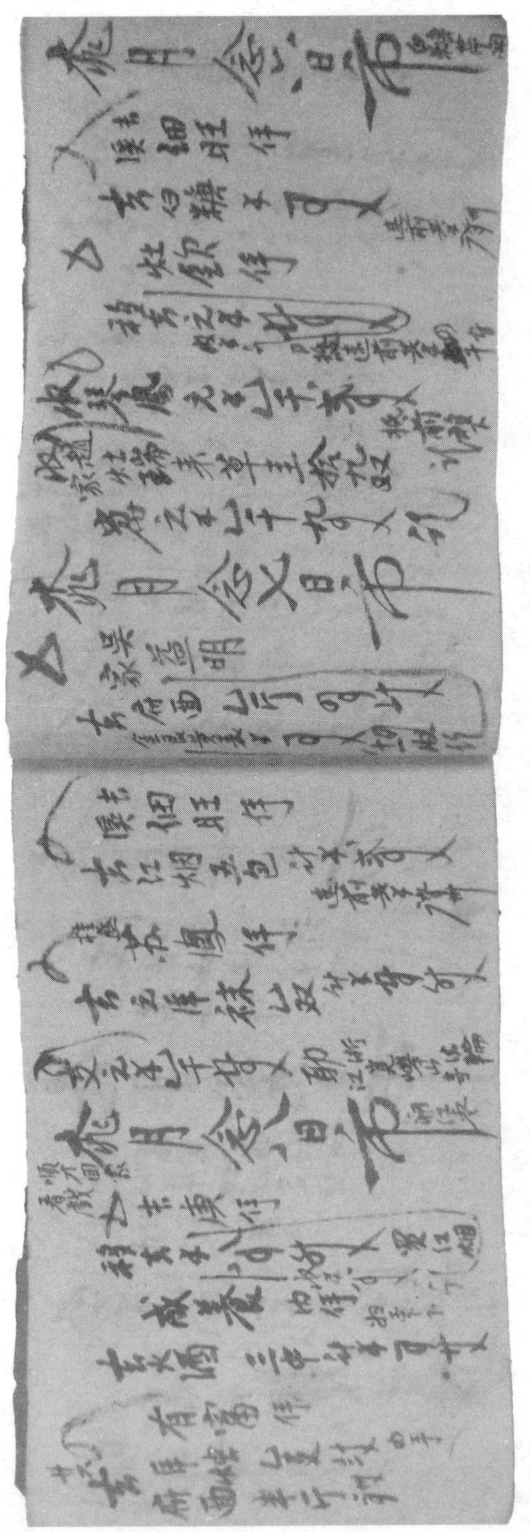

大鄣山乡江村 23-39 · 民国二十二年 · 流水账本（元册）· 豫丰河记

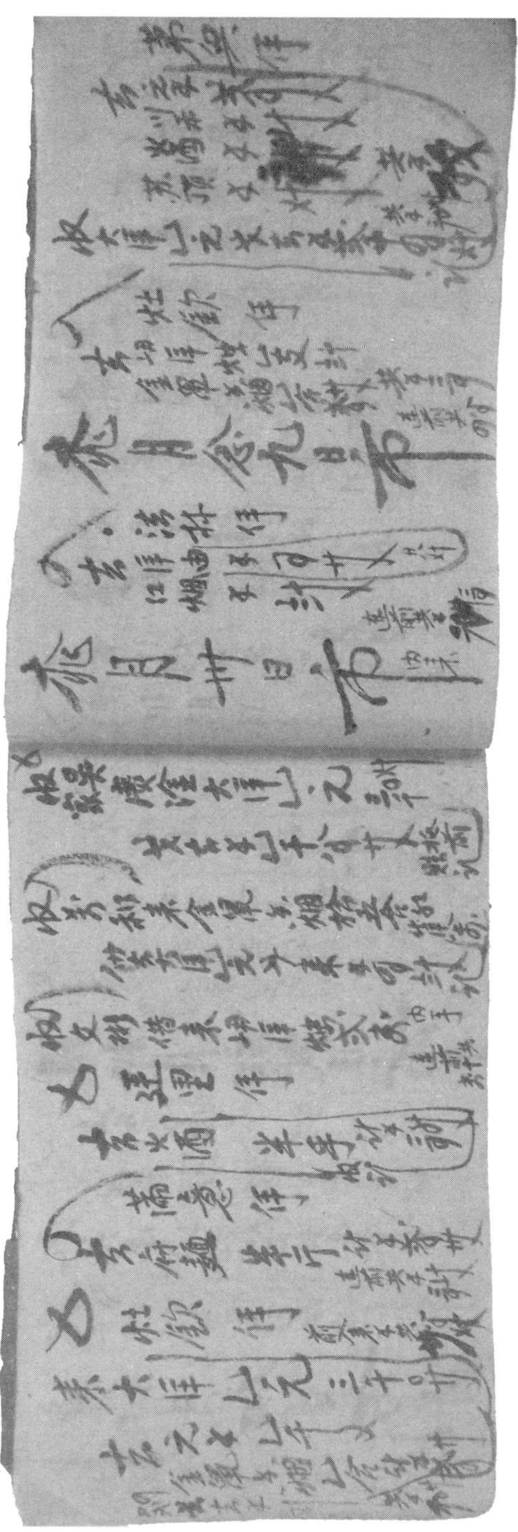

大鄣山乡江村 23-40・民国二十二年・流水账本（元册）・豫丰河记

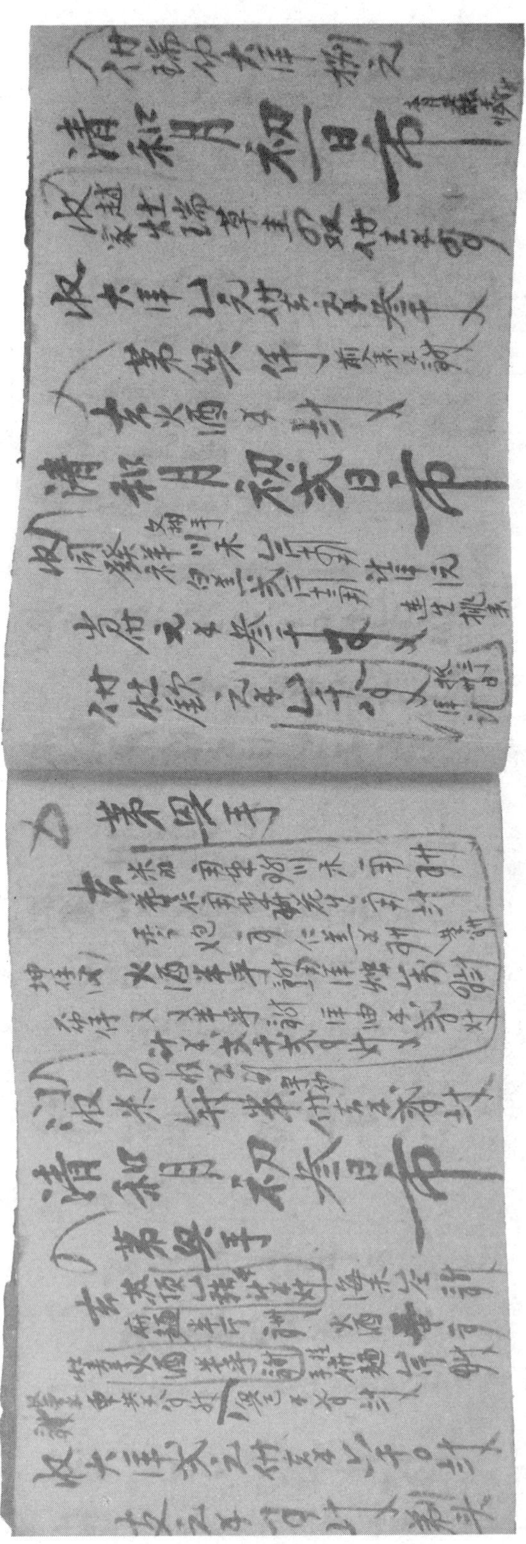

大鄣山乡江村 23-41 · 民国二十二年 · 流水账本（元册） · 豫丰河记

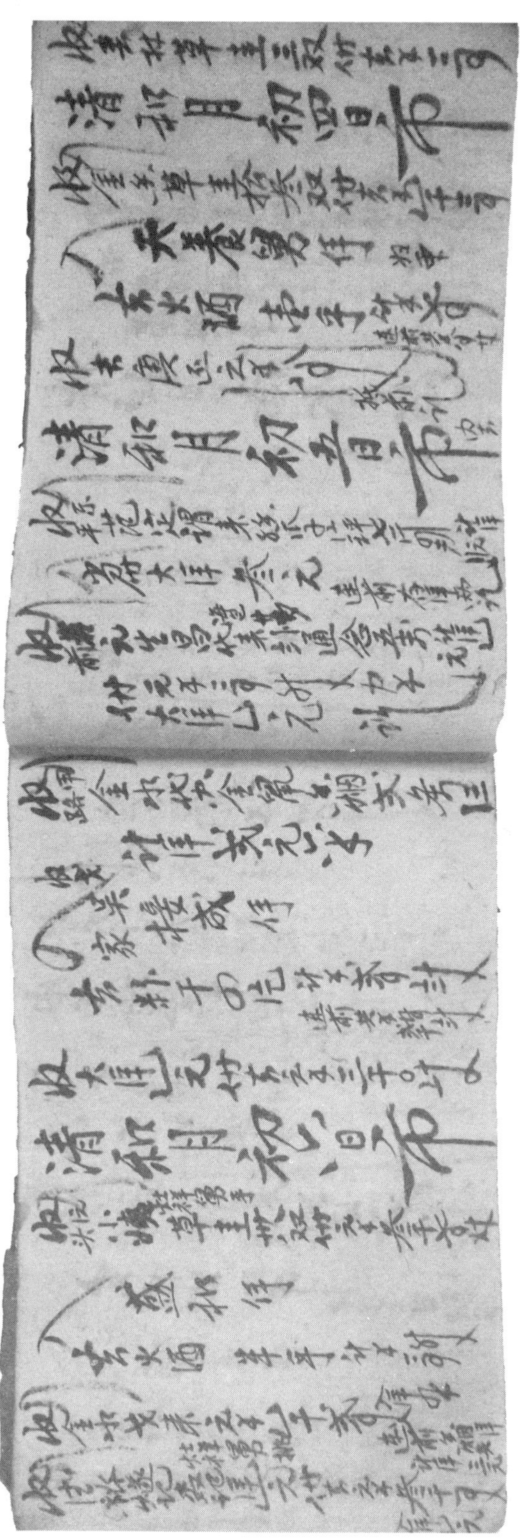

大鄣山乡江村 23-42 · 民国二十二年 · 流水账本（元册）· 豫丰河记

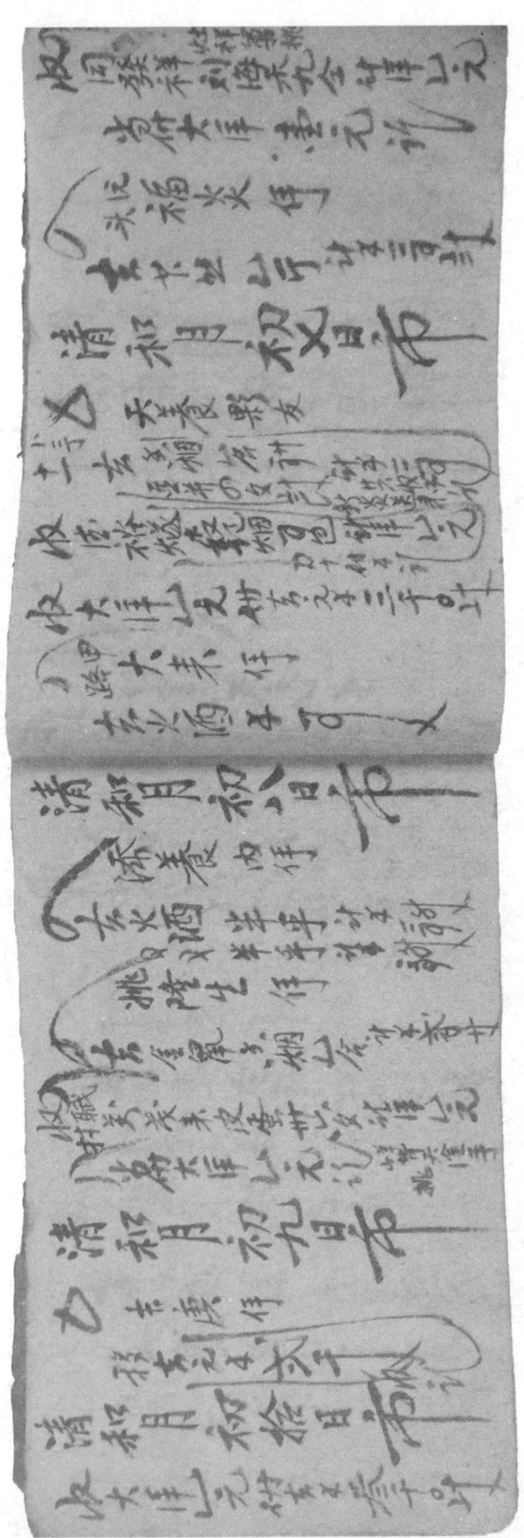

大郭山乡江村 23-43 · 民国二十二年 · 流水账本（元册）· 豫丰河记

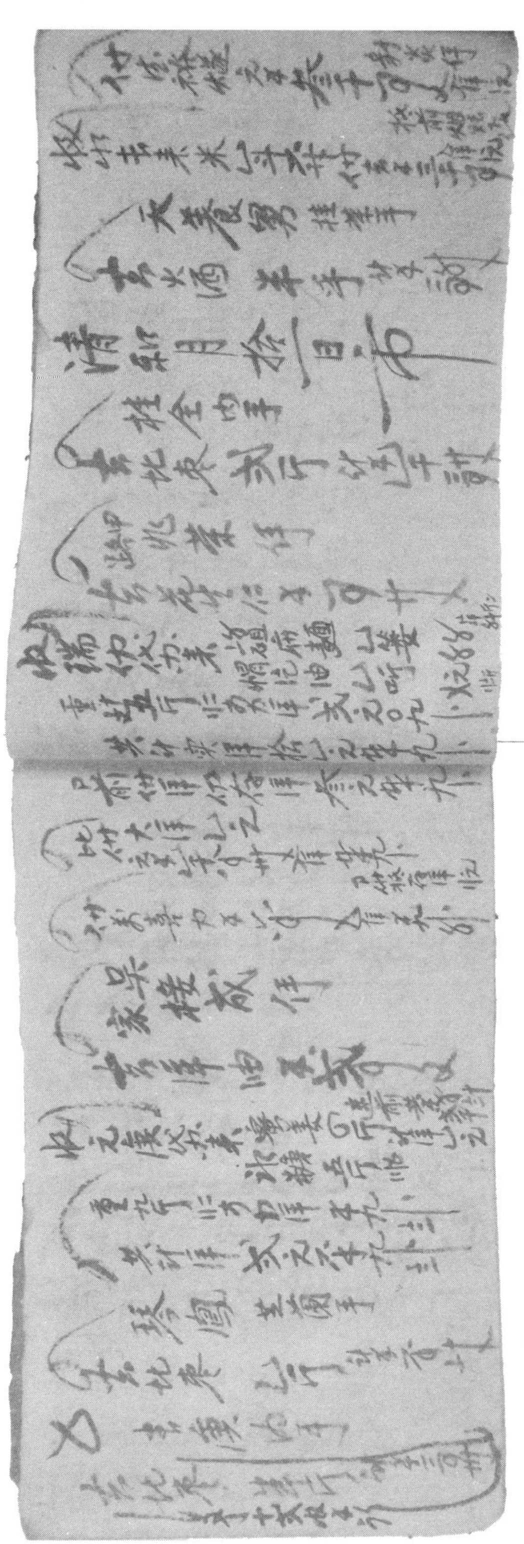

大鄣山乡江村 23-44 · 民国二十二年 · 流水账本（元册）· 豫丰河记

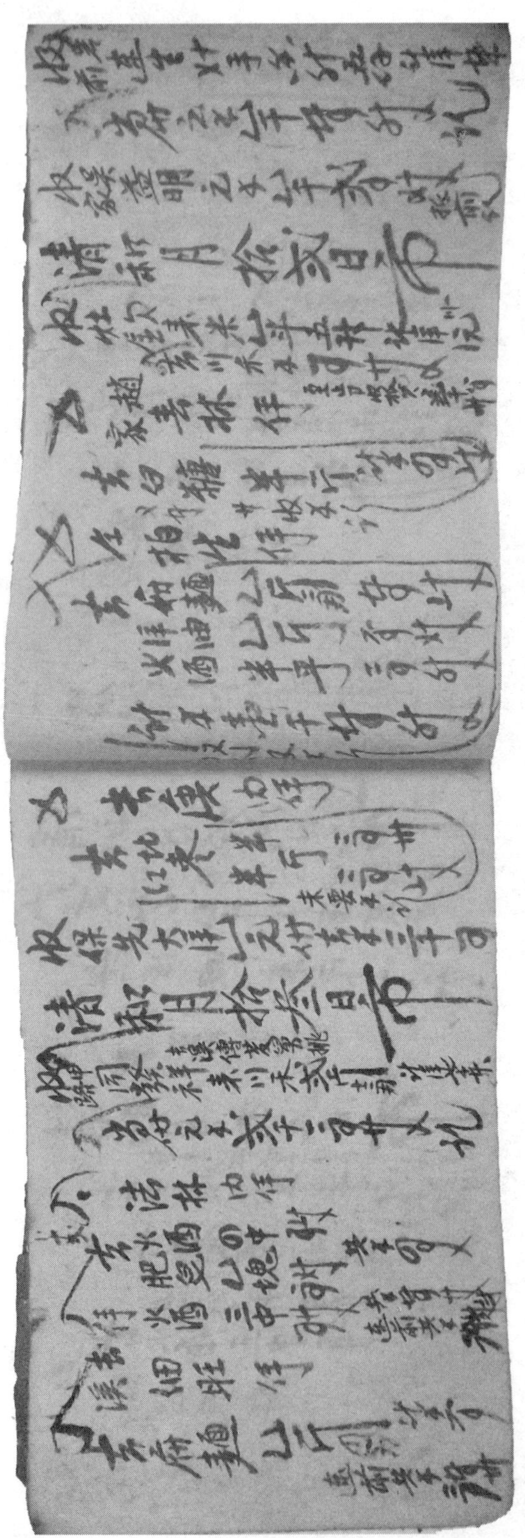

大部山乡江村 23-45 · 民国二十二年 · 流水账本（元册） · 豫丰河记

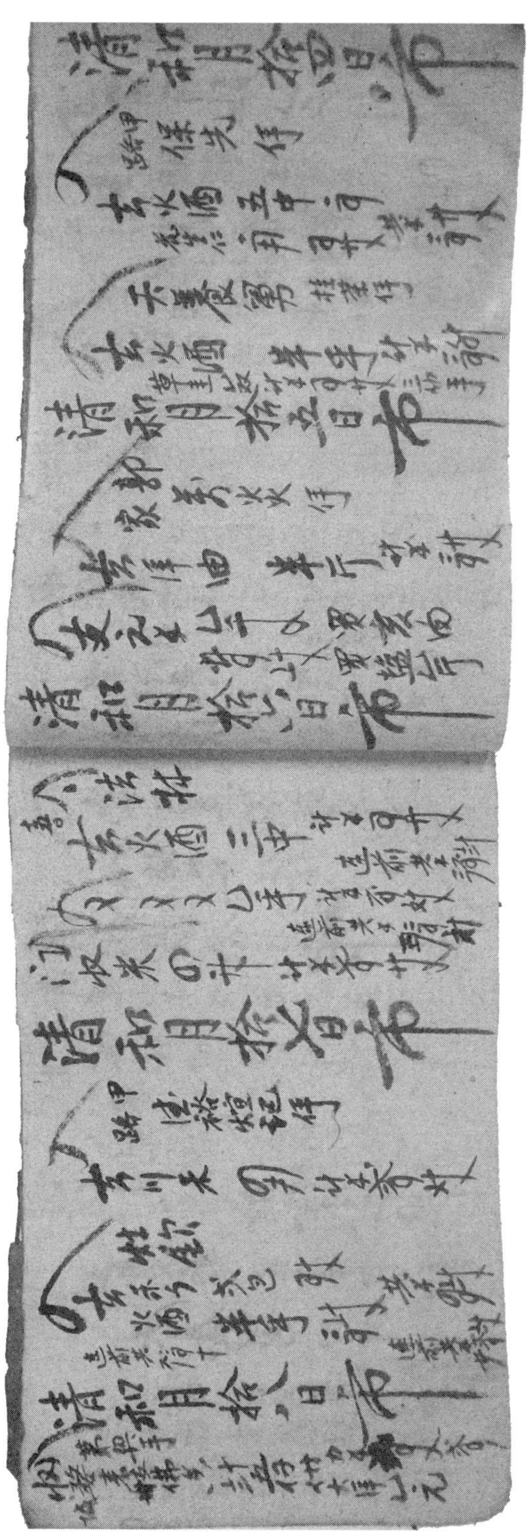

大鄣山乡江村 23-46 · 民国二十二年 · 流水账本（元册） · 豫丰河记

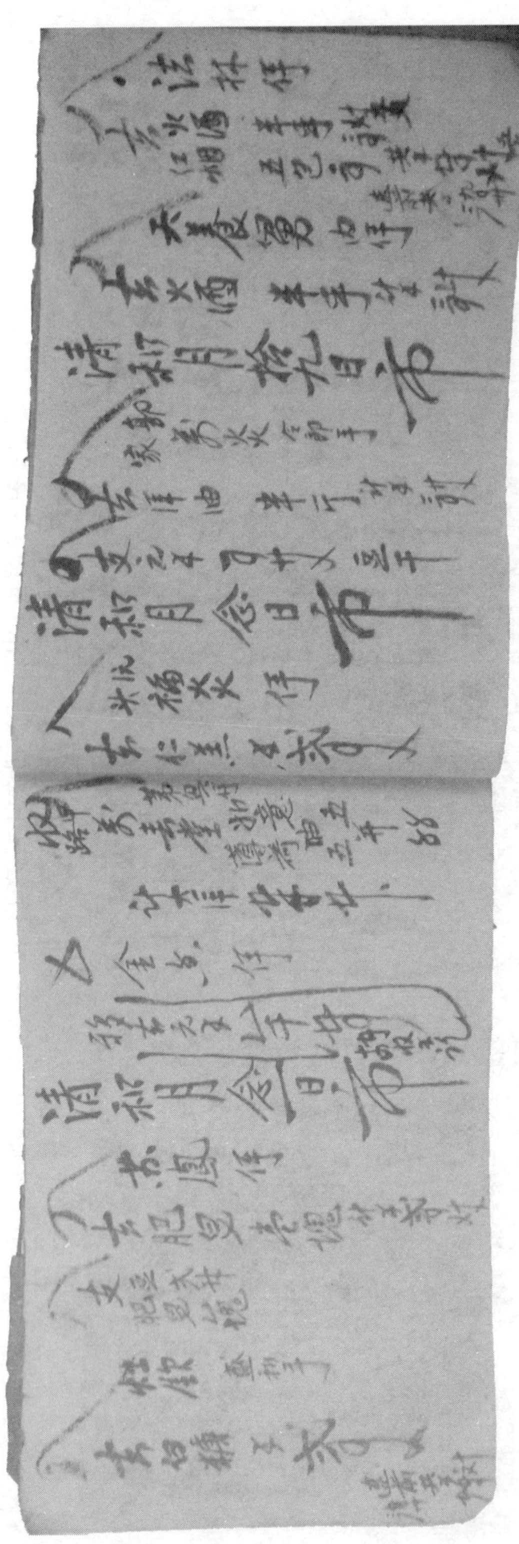

大鄣山乡江村 23-47 · 民国二十二年 · 流水账本（元册）· 豫丰河记

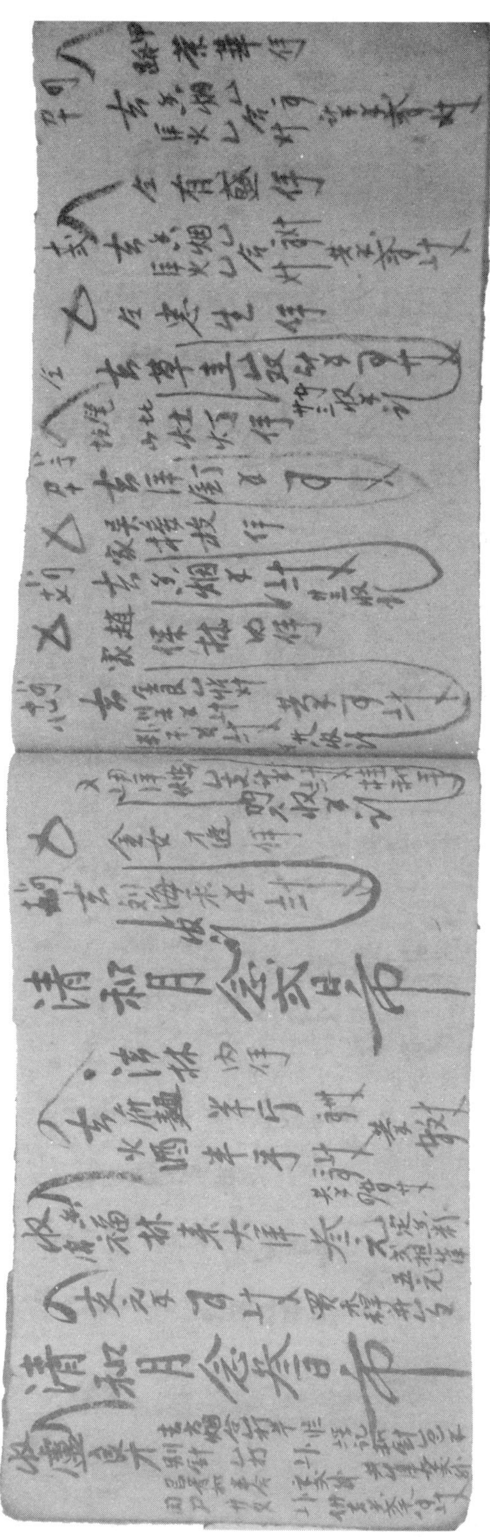

大鄣山乡江村 23-48 · 民国二十二年 · 流水账本（元册）· 豫丰河记

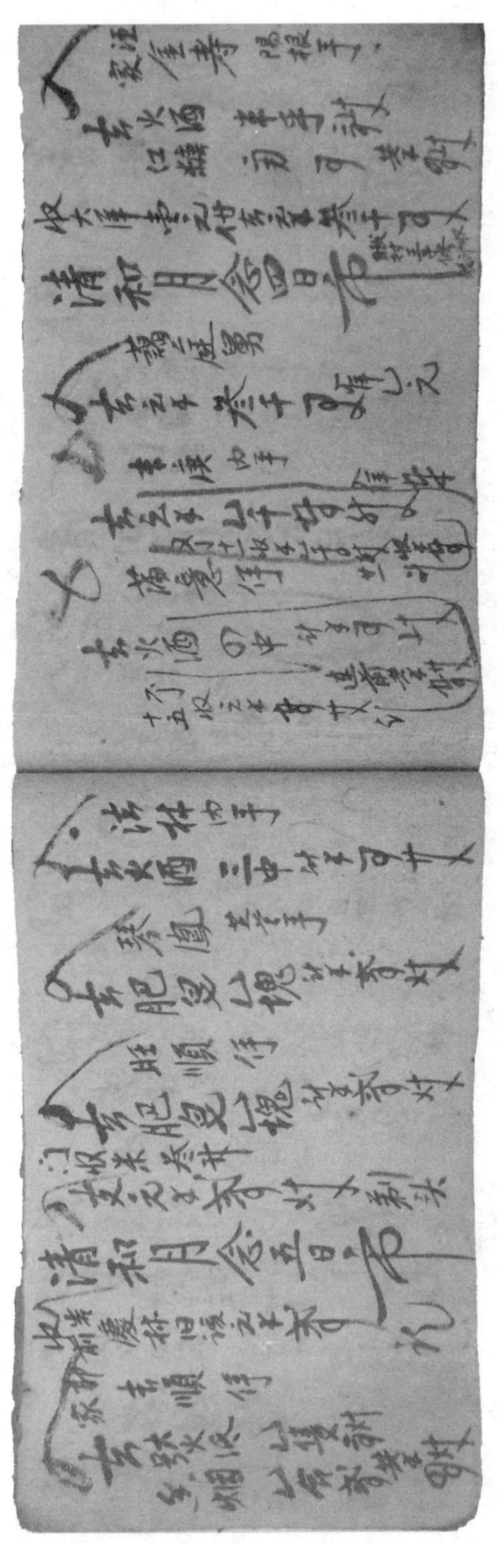

大鄣山乡江村 23-49 · 民国二十二年 · 流水账本（元册）· 豫丰河记

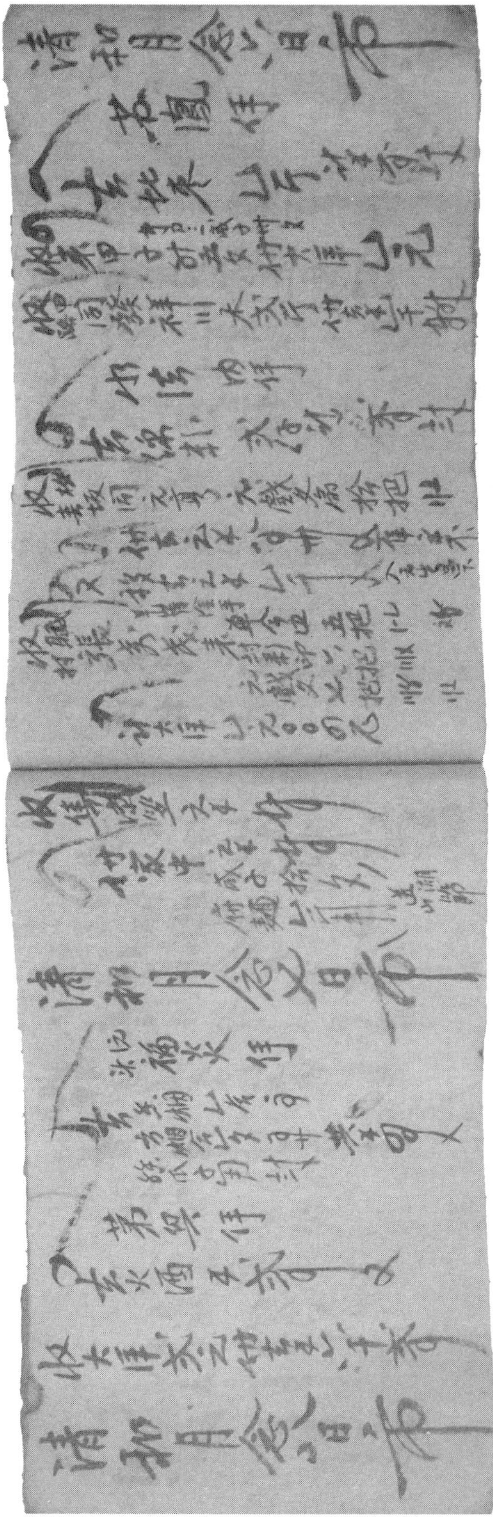

大鄣山乡江村 23-50 · 民国二十二年 · 流水账本（元册）· 豫丰河记

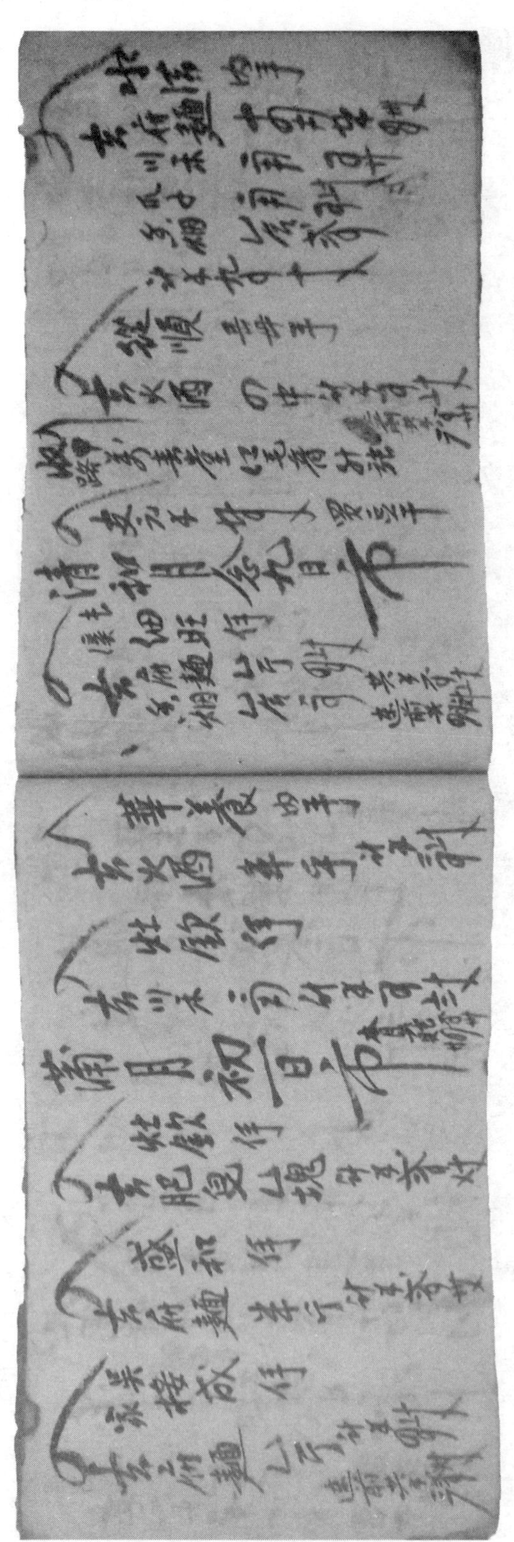

大鄣山乡江村 23-51 · 民国二十二年 · 流水账本（元册）· 豫丰河记

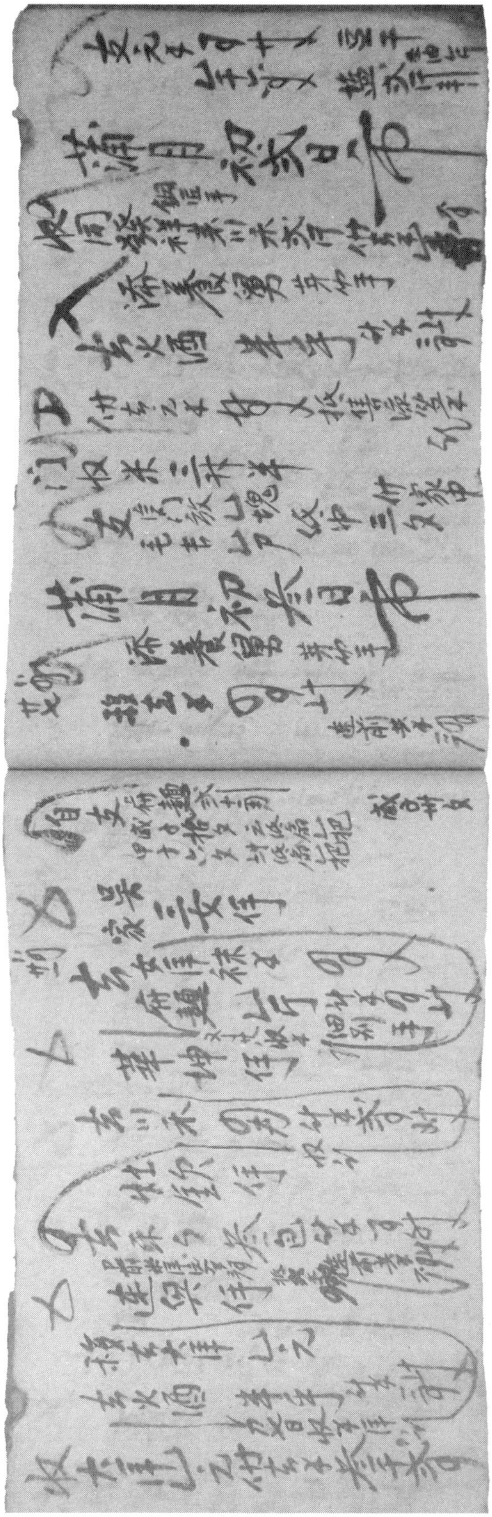

大鄣山乡江村 23-52 · 民国二十二年 · 流水账本（元册）· 豫丰河记

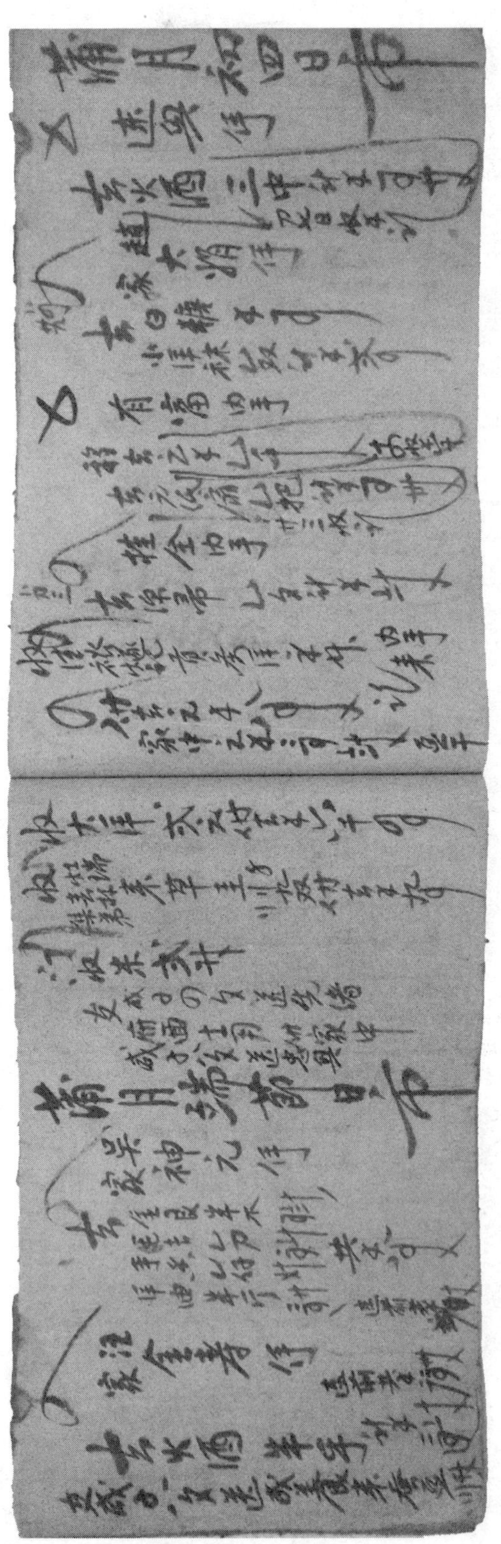

大鄣山乡江村 23-53 · 民国二十二年 · 流水账本（元册） · 豫丰河记

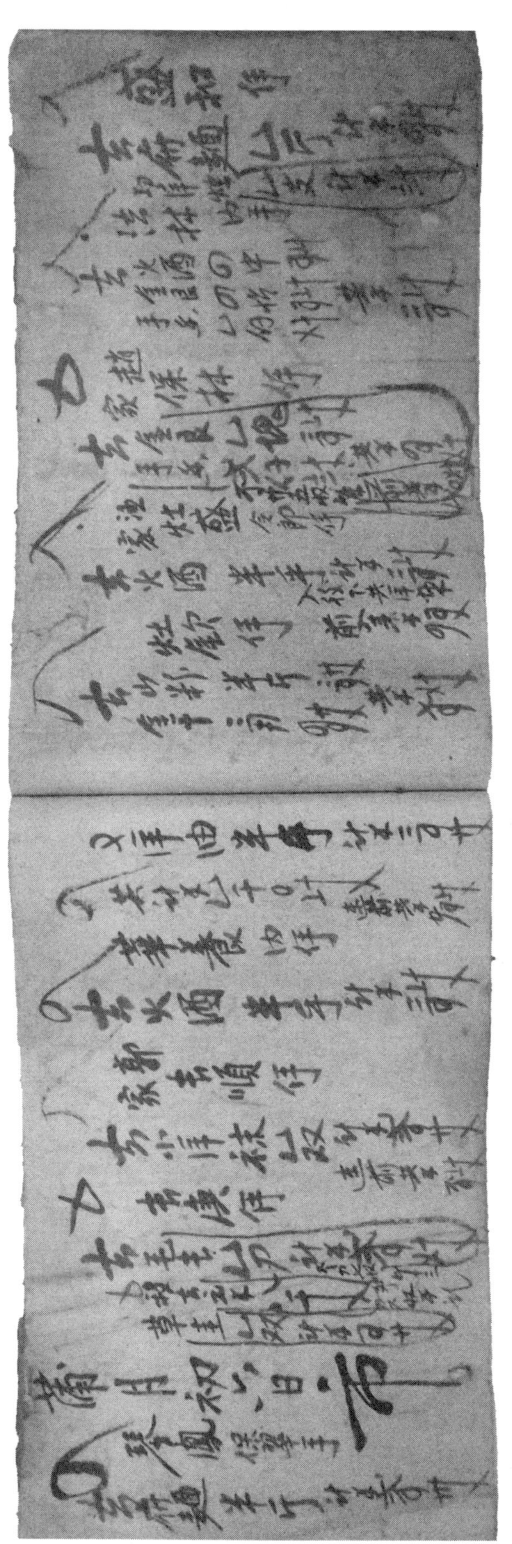

大鄣山乡江村 23-54 · 民国二十二年 · 流水账本（元册）· 豫丰河记

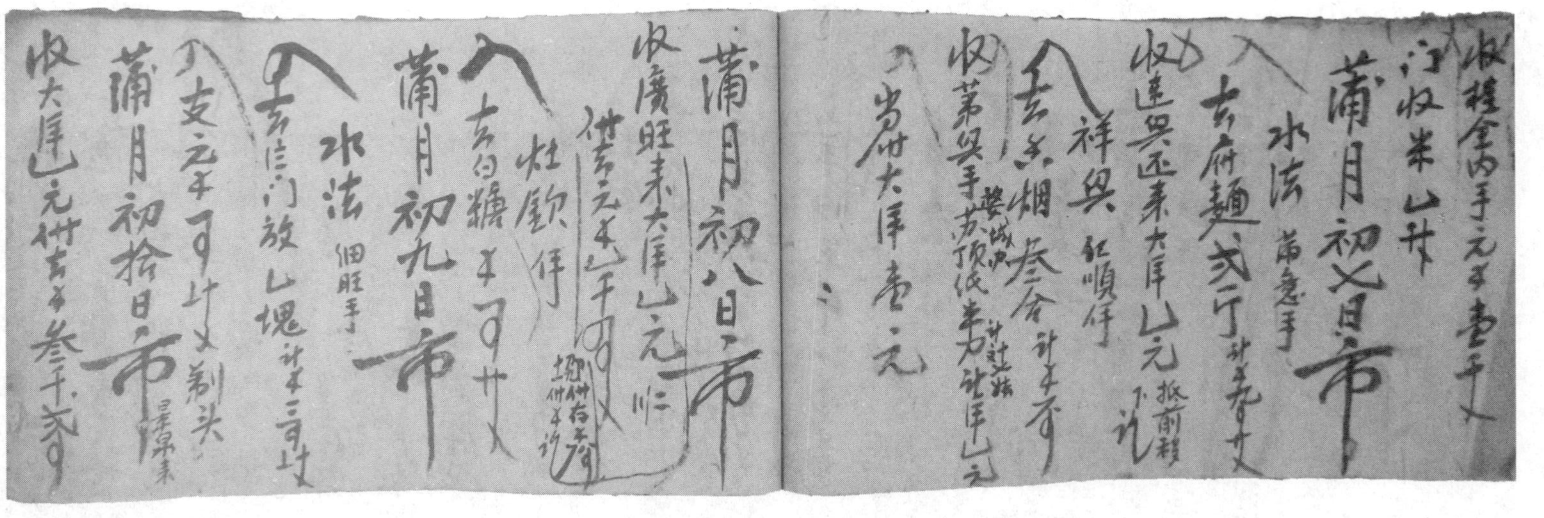

大鄣山乡江村 23-55 · 民国二十二年 · 流水账本（元册）· 豫丰河记

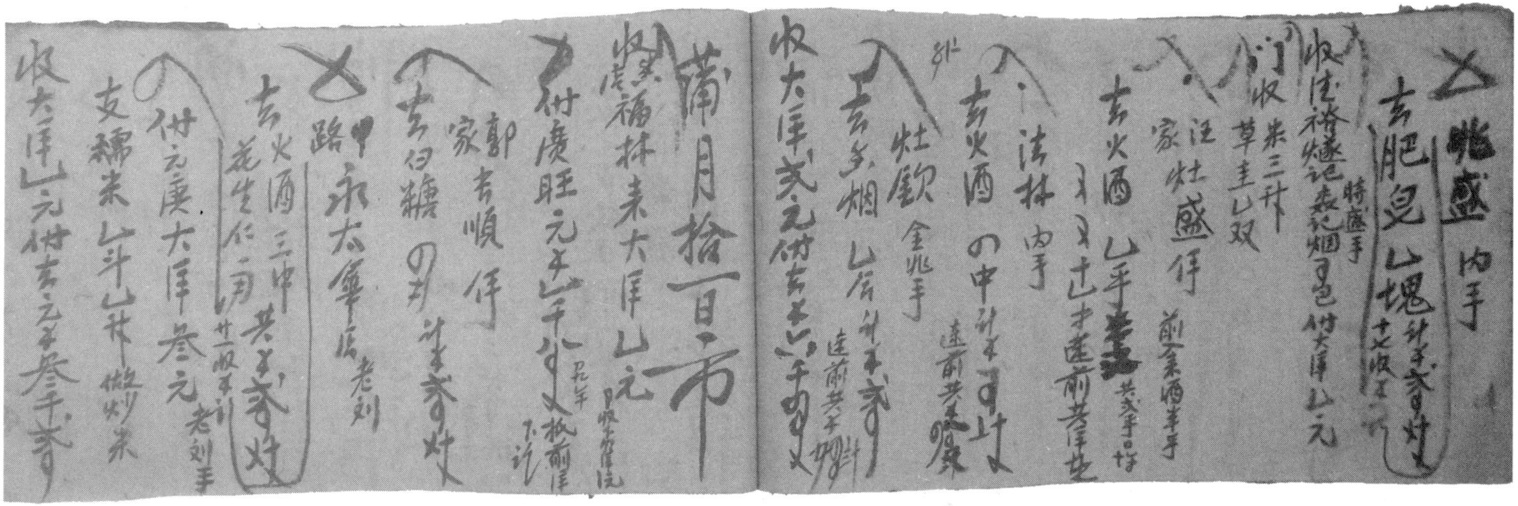

大鄣山乡江村 23-56 · 民国二十二年 · 流水账本（元册） · 豫丰河记

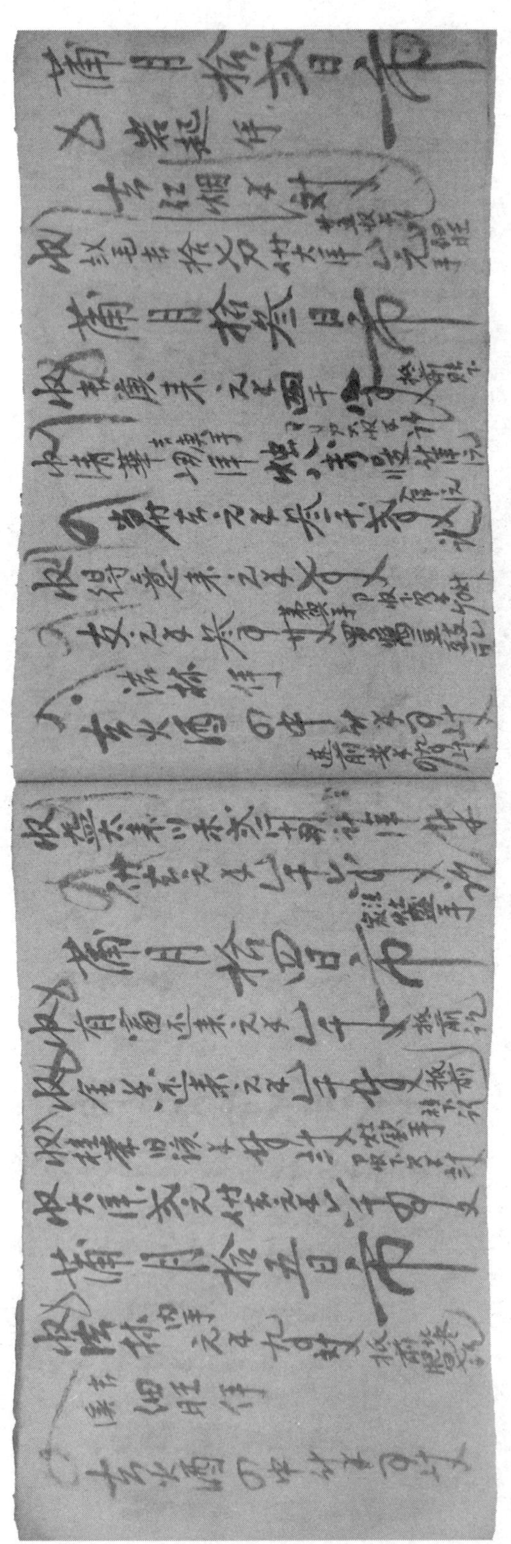

大鄣山乡江村 23-57 · 民国二十二年 · 流水账本（元册）· 豫丰河记

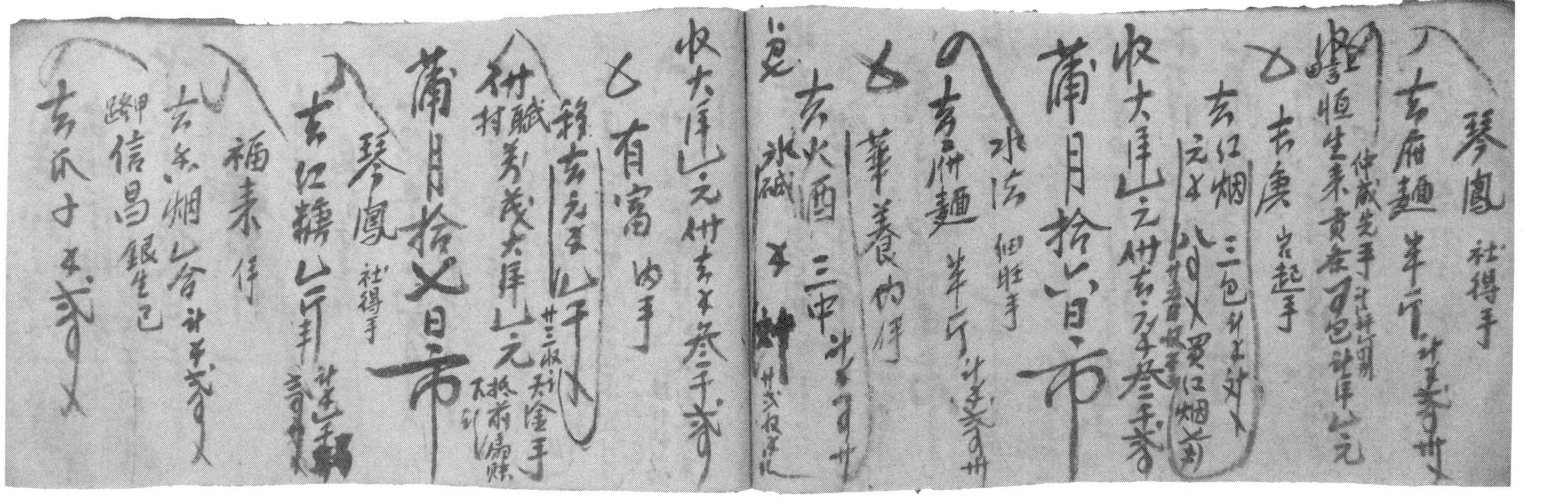

大鄣山乡江村 23-58・民国二十二年・流水账本（元册）・豫丰河记

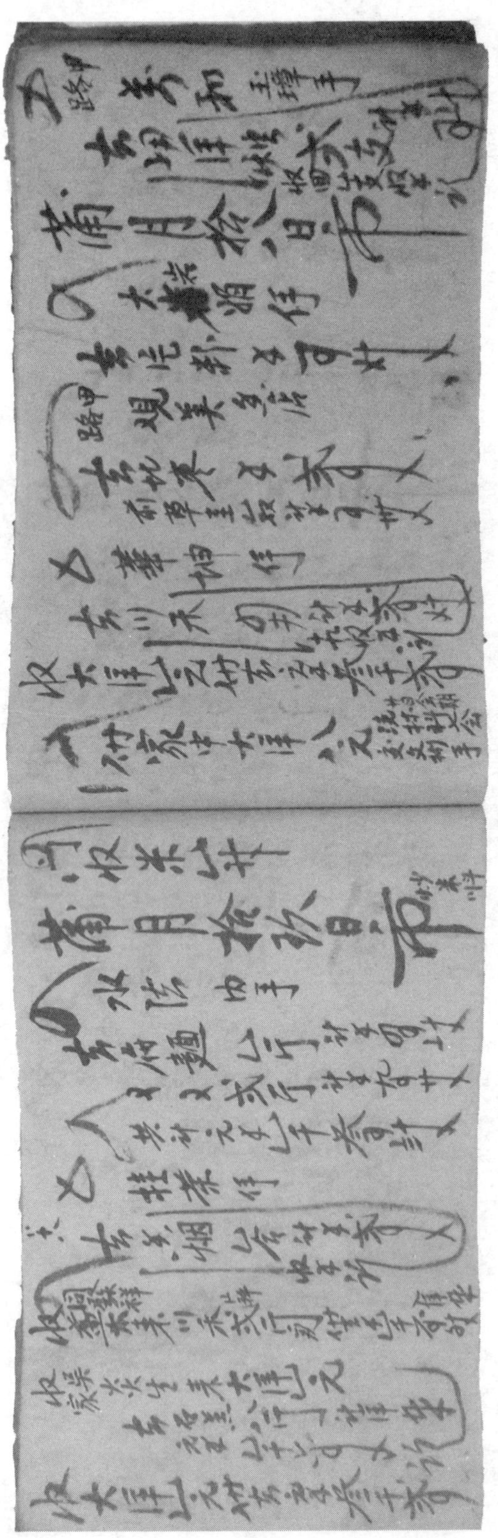

大鄣山乡江村 23-59 · 民国二十二年 · 流水账本（元册）· 豫丰河记

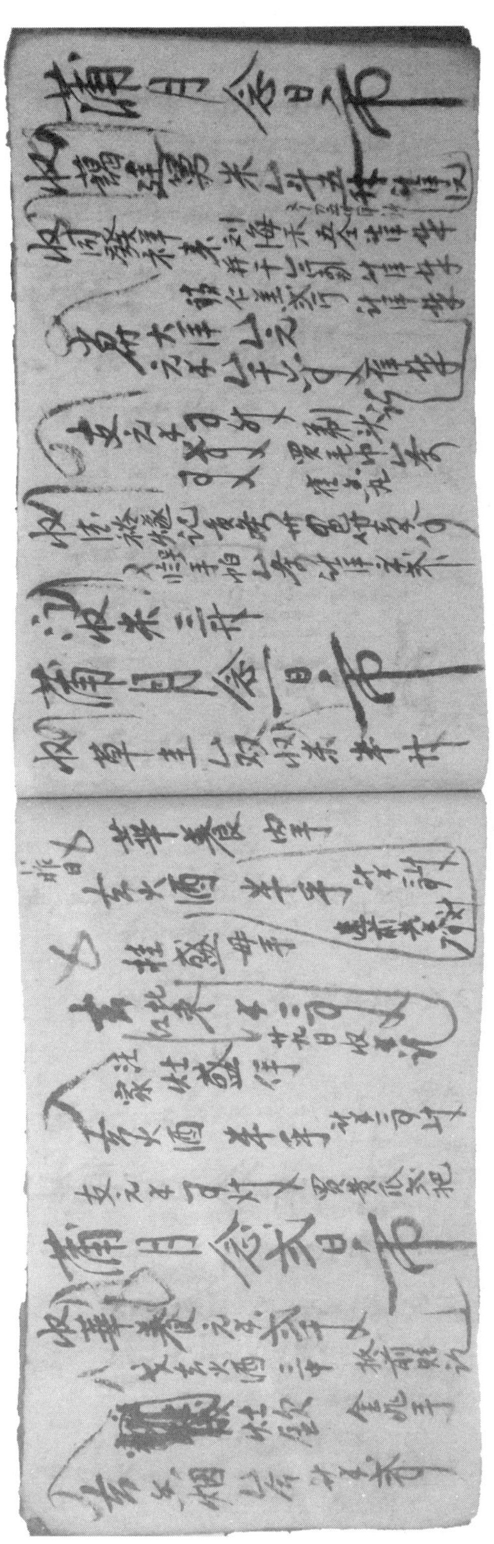

大部山乡江村 23-60 · 民国二十二年 · 流水账本（元册） · 豫丰河记

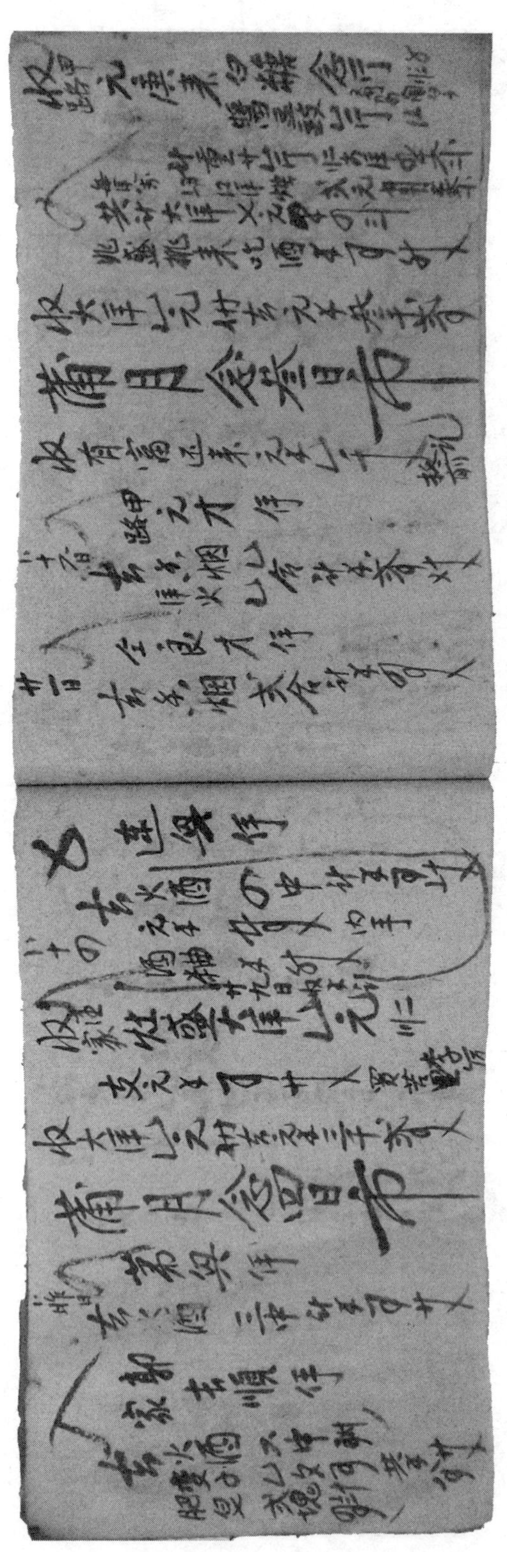

大鄣山乡江村 23-61 · 民国二十二年 · 流水账本（元册）· 豫丰河记

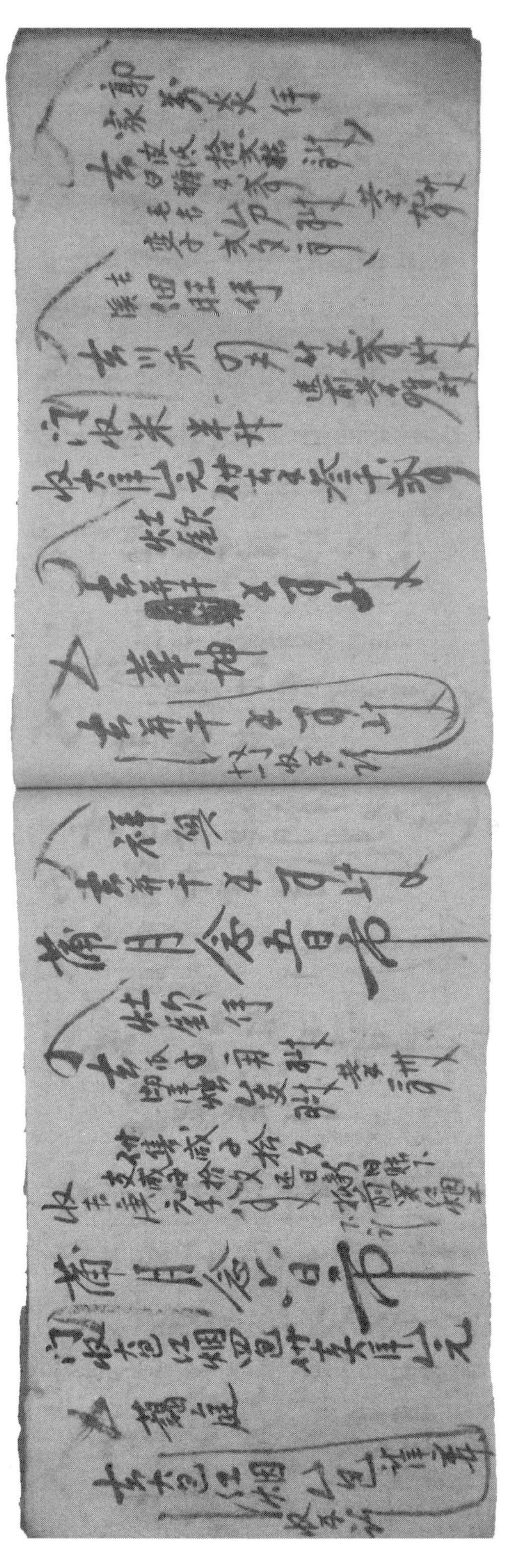

大鄣山乡江村 23-62 · 民国二十二年 · 流水账本（元册） · 豫丰河记

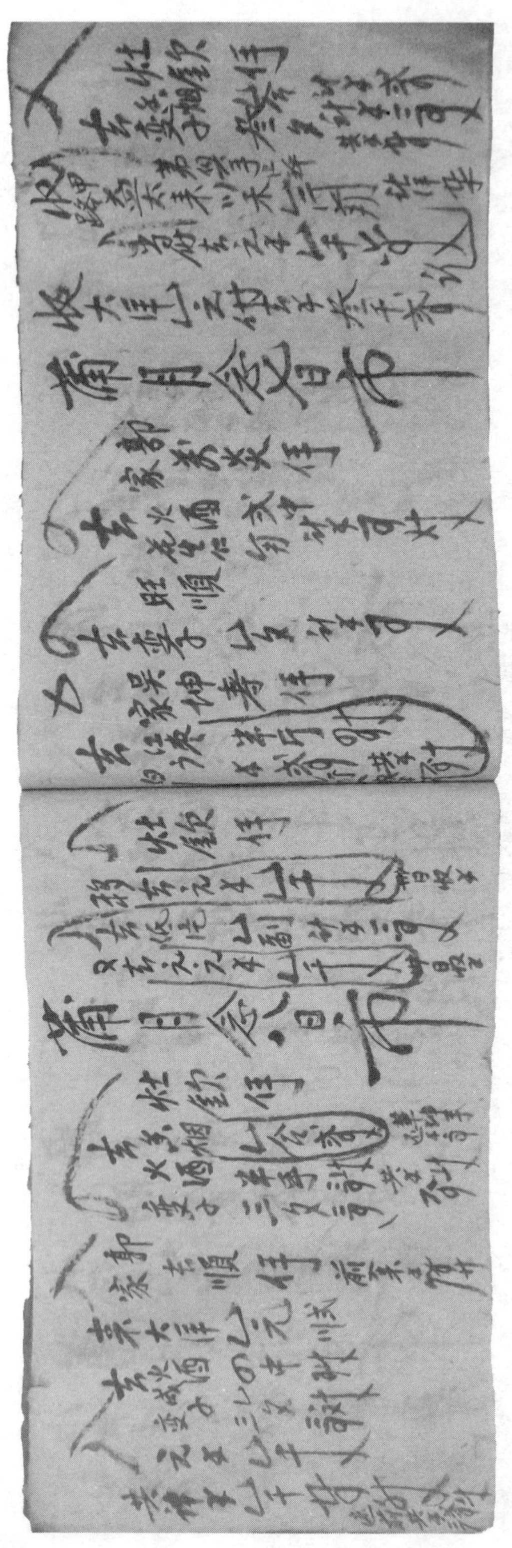

大鄣山乡江村 23-63 · 民国二十二年 · 流水账本（元册）· 豫丰河记

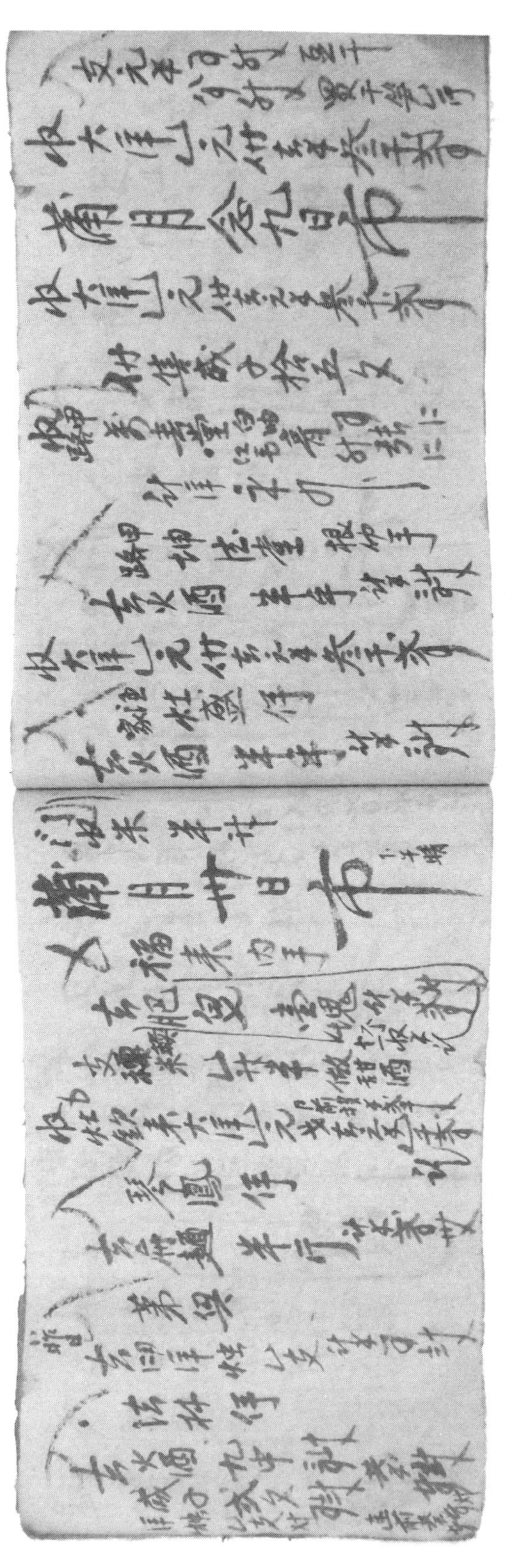

大鄣山乡江村 23-64・民国二十二年・流水账本（元册）・豫丰河记

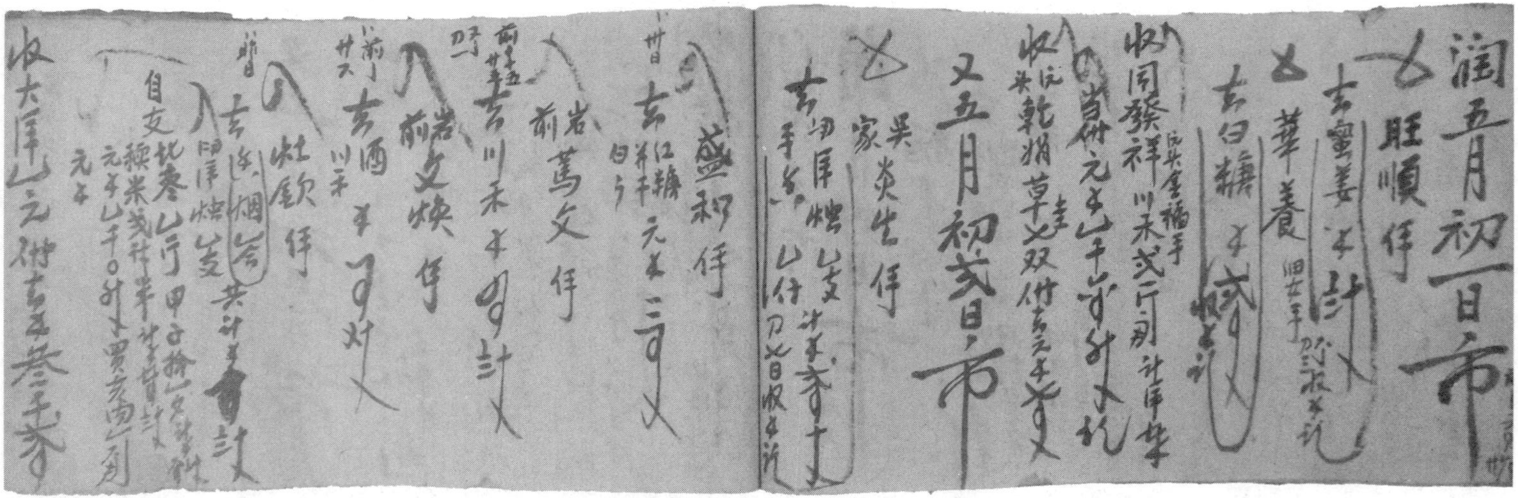

大鄣山乡江村 23-65 · 民国二十二年 · 流水账本（元册）· 豫丰河记

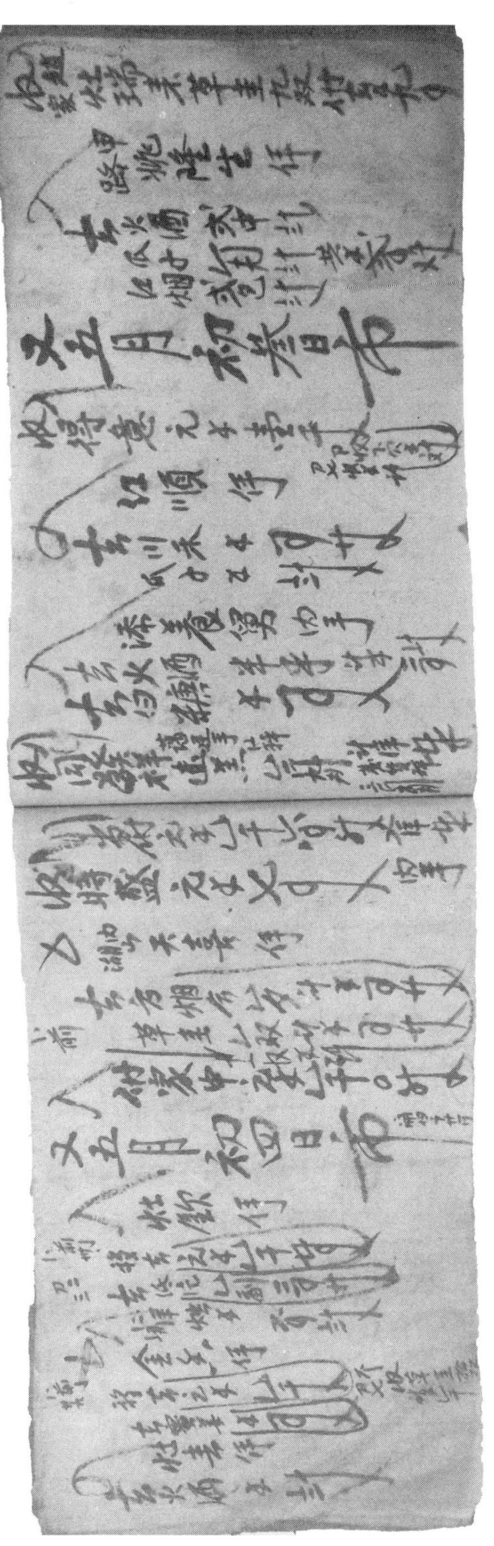

大鄣山乡江村 23-66 · 民国二十二年 · 流水账本（元册）· 豫丰河记

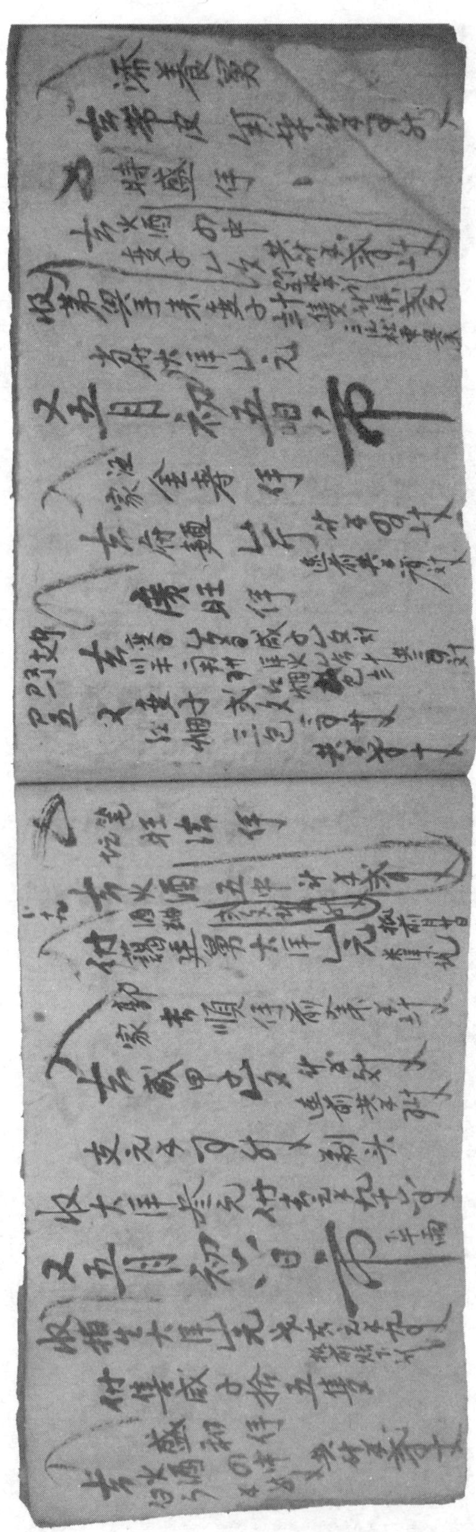

大鄣山乡江村 23-67 · 民国二十二年 · 流水账本（元册） · 豫丰河记

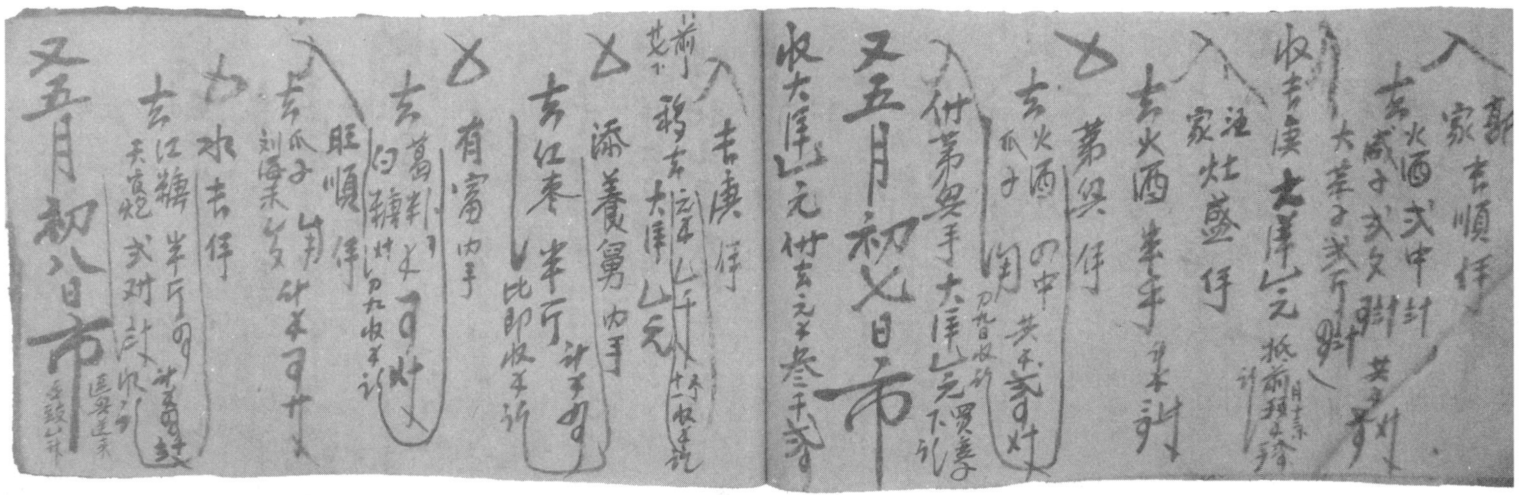

大鄣山乡江村 23-68 · 民国二十二年 · 流水账本（元册）· 豫丰河记

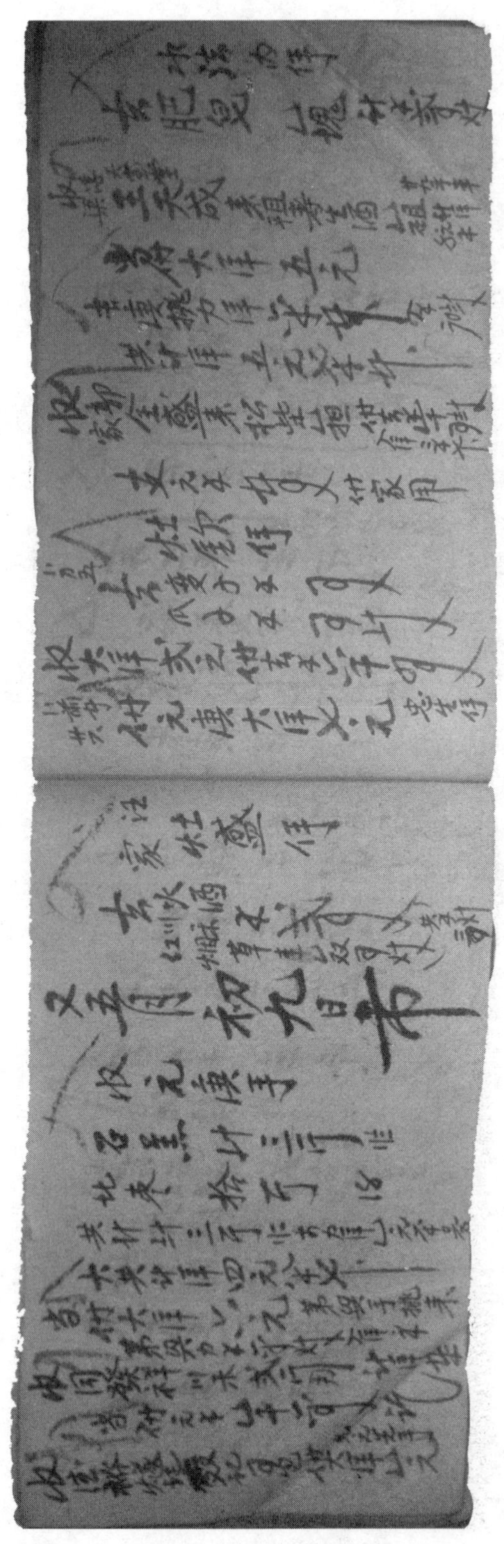

大鄣山乡江村 23-69 · 民国二十二年 · 流水账本（元册） · 豫丰河记

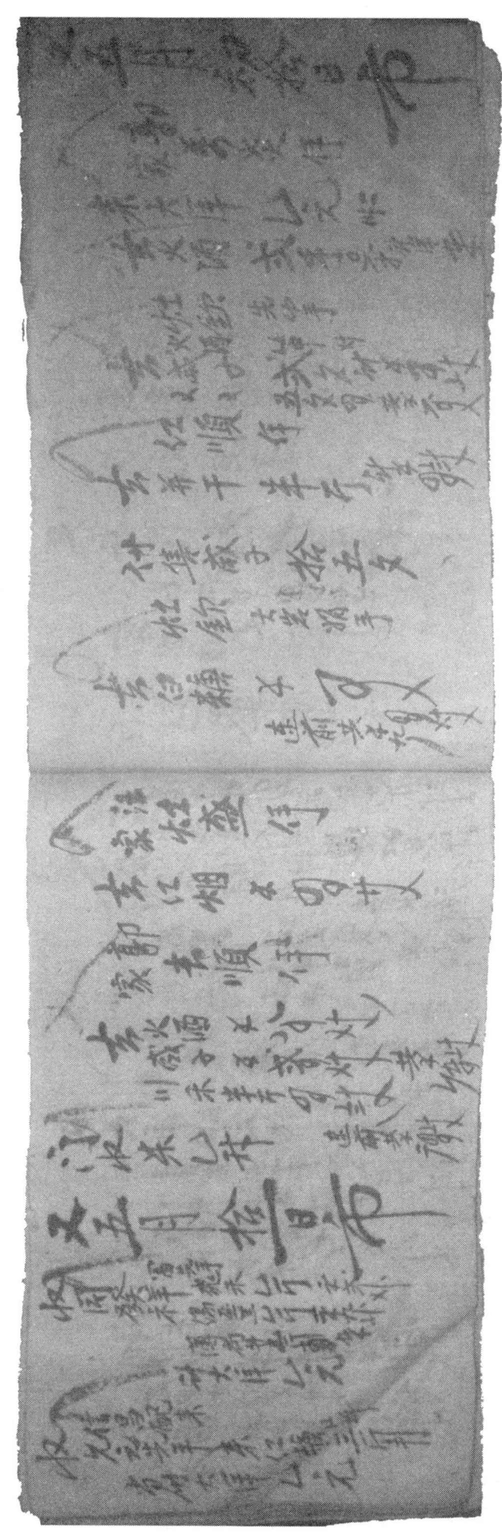

大鄣山乡江村 23-70 · 民国二十二年 · 流水账本（元册）· 豫丰河记

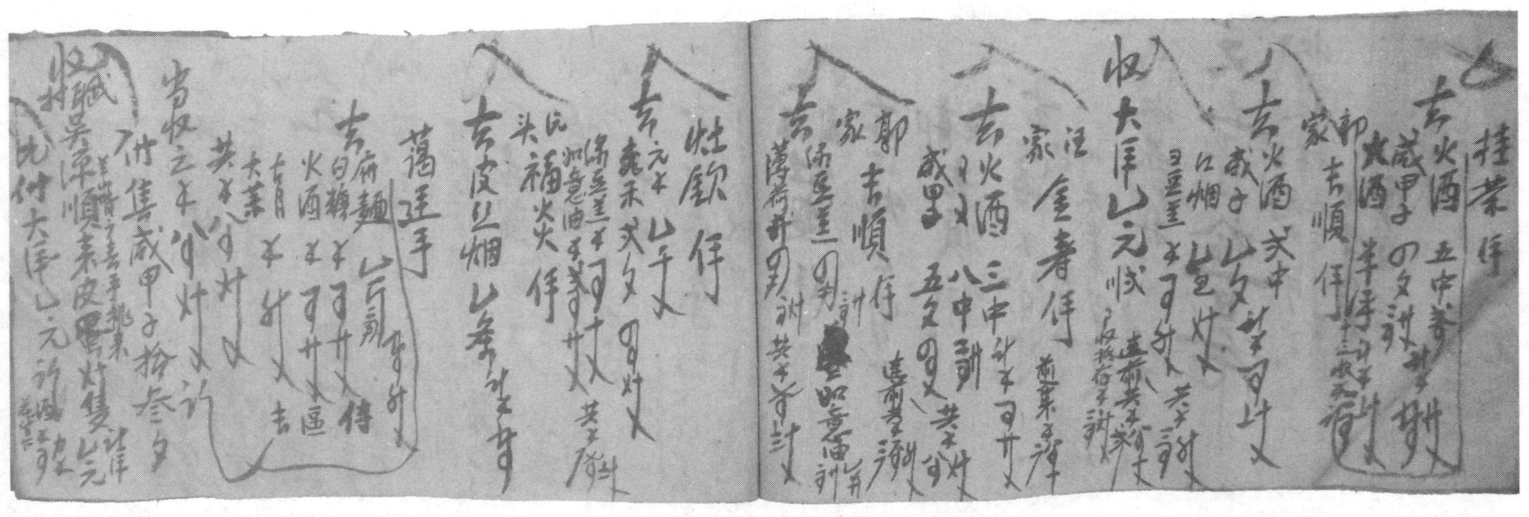

大鄣山乡江村 23-71 · 民国二十二年 · 流水账本（元册）· 豫丰河记

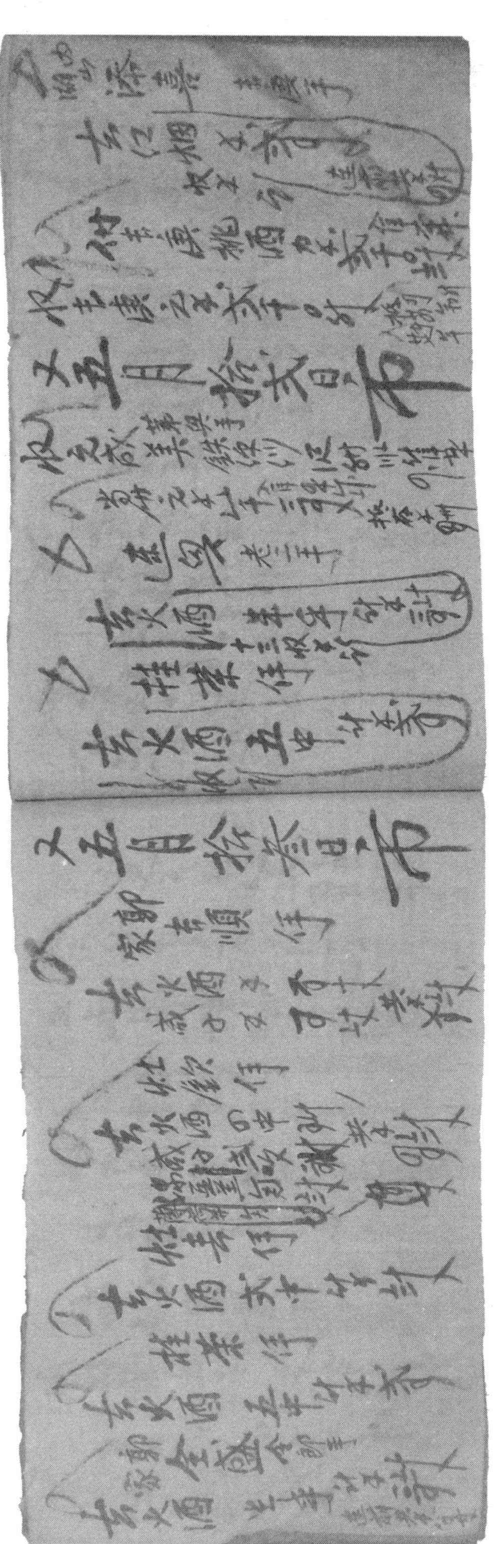

大鄣山乡江村 23-72 · 民国二十二年 · 流水账本（元册） · 豫丰河记

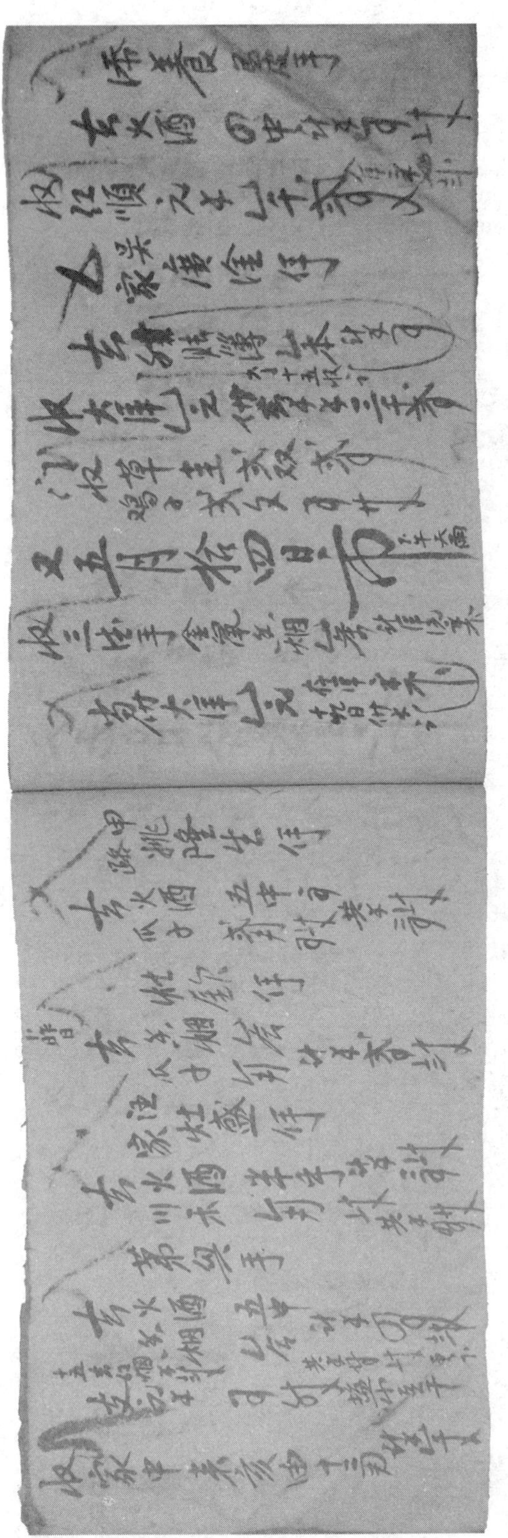

大鄣山乡江村 23-73 · 民国二十二年 · 流水账本（元册）· 豫丰河记

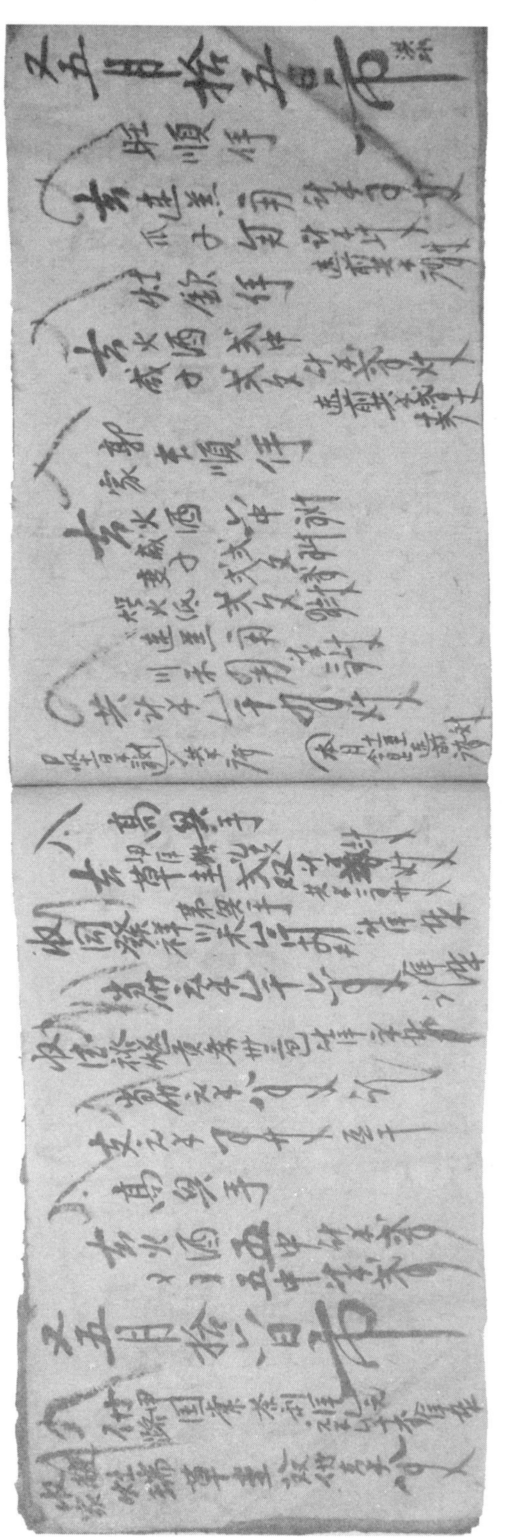

大鄣山乡江村 23-74 · 民国二十二年 · 流水账本（元册）· 豫丰河记

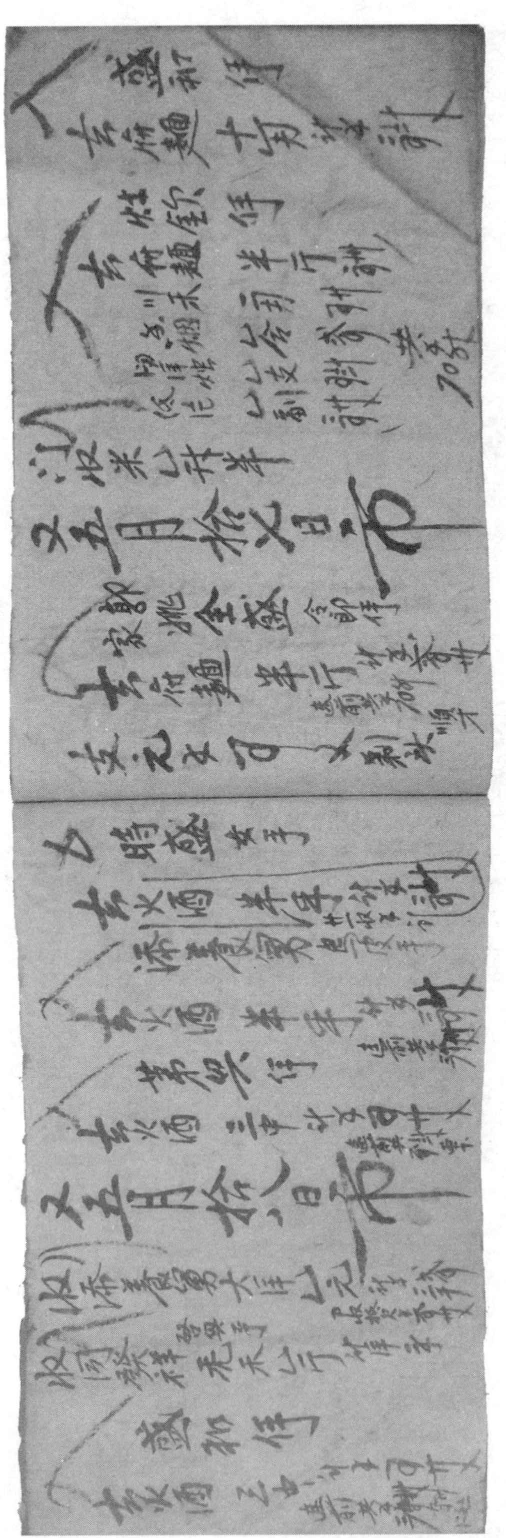

大鄣山乡江村 23-75 · 民国二十二年 · 流水账本（元册） · 豫丰河记

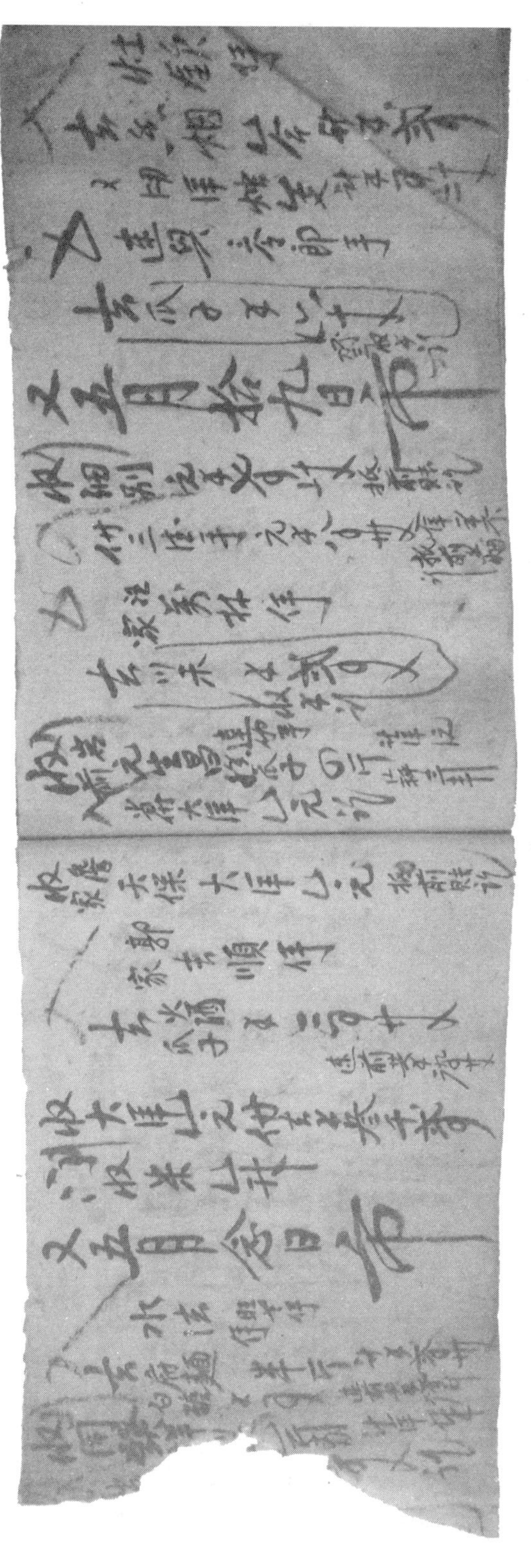

大鄣山乡江村 23-76 · 民国二十二年 · 流水账本（元册） · 豫丰河记

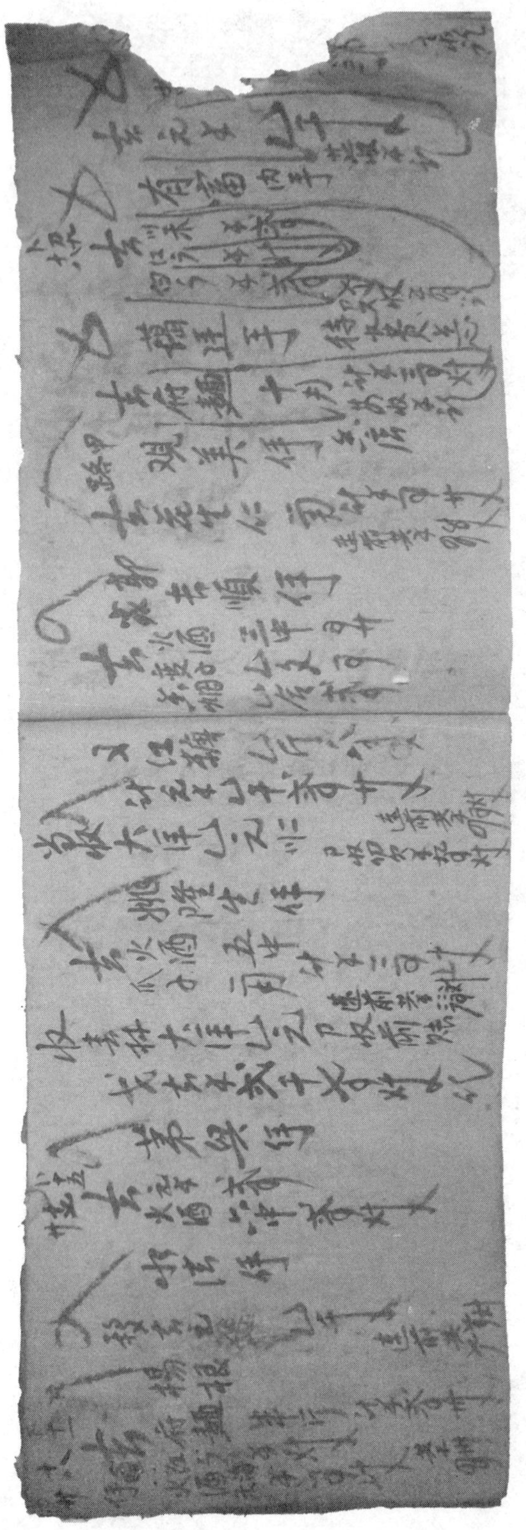

大鄣山乡江村 23-77 · 民国二十二年 · 流水账本（元册）· 豫丰河记

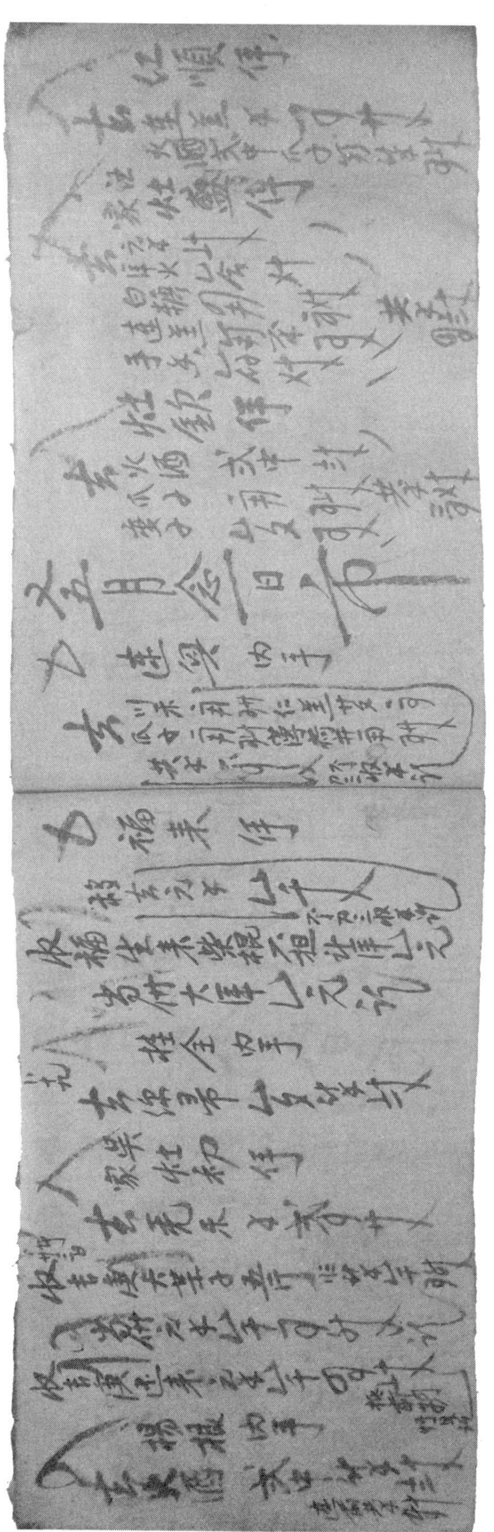

大鄣山乡江村 23-78 · 民国二十二年 · 流水账本（元册） · 豫丰河记

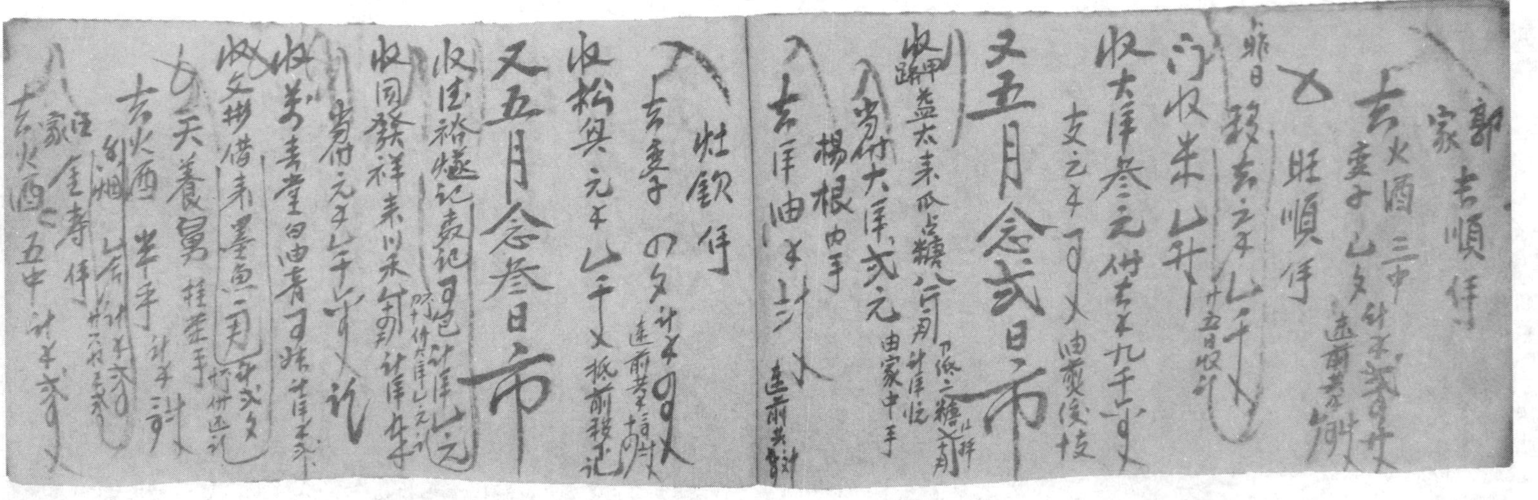

大鄣山乡江村 23-79・民国二十二年・流水账本（元册）・豫丰河记

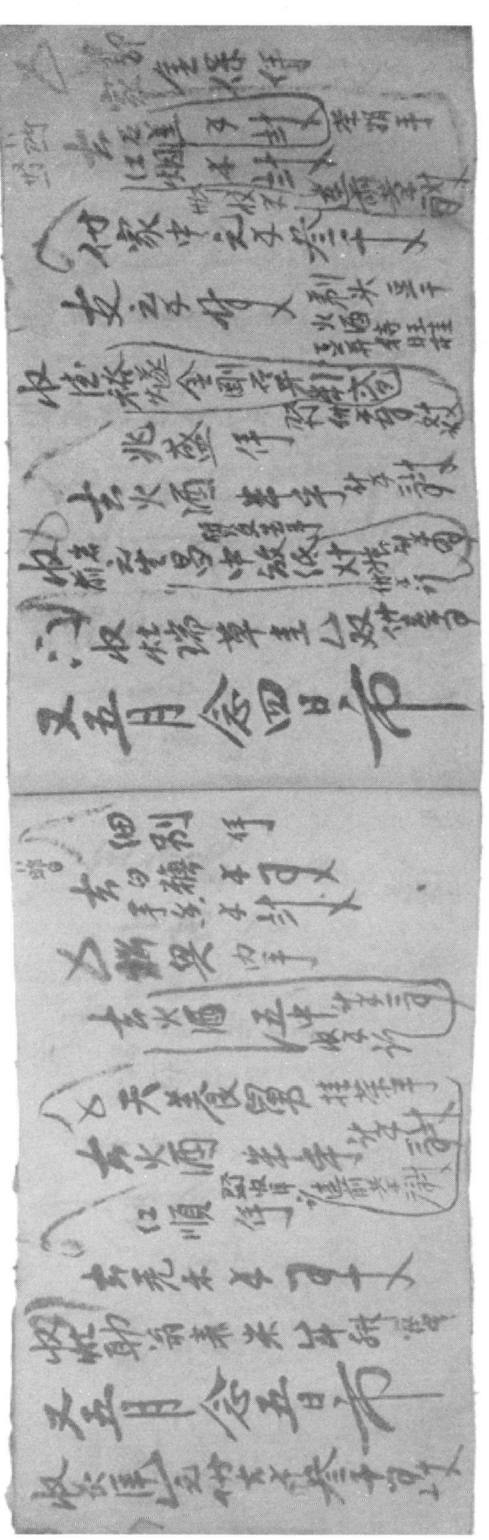

大鄣山乡江村 23-80 · 民国二十二年 · 流水账本（元册）· 豫丰河记

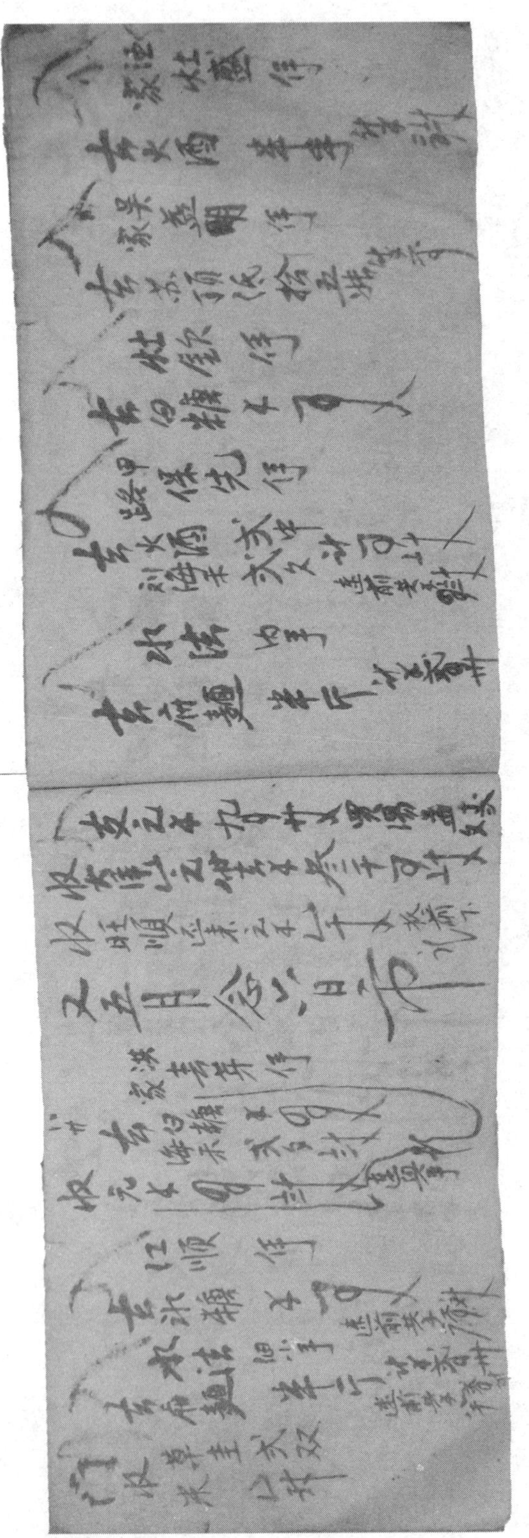

大鄣山乡江村 23-81・民国二十二年・流水账本（元册）・豫丰河记

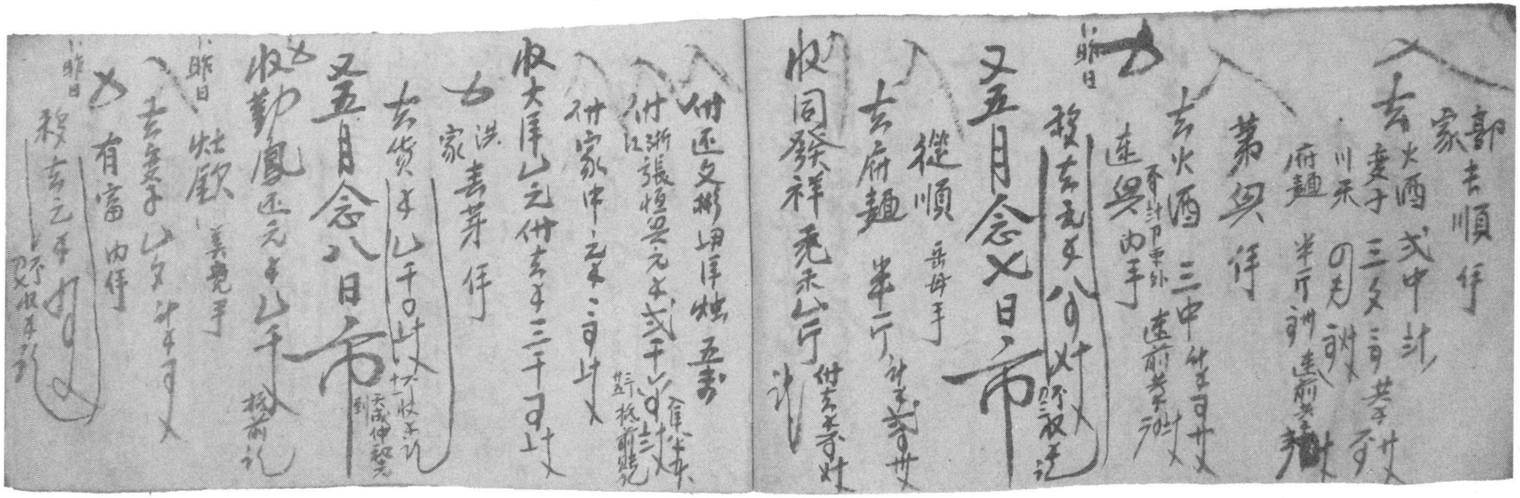

大鄣山乡江村 23-82 · 民国二十二年 · 流水账本（元册）· 豫丰河记

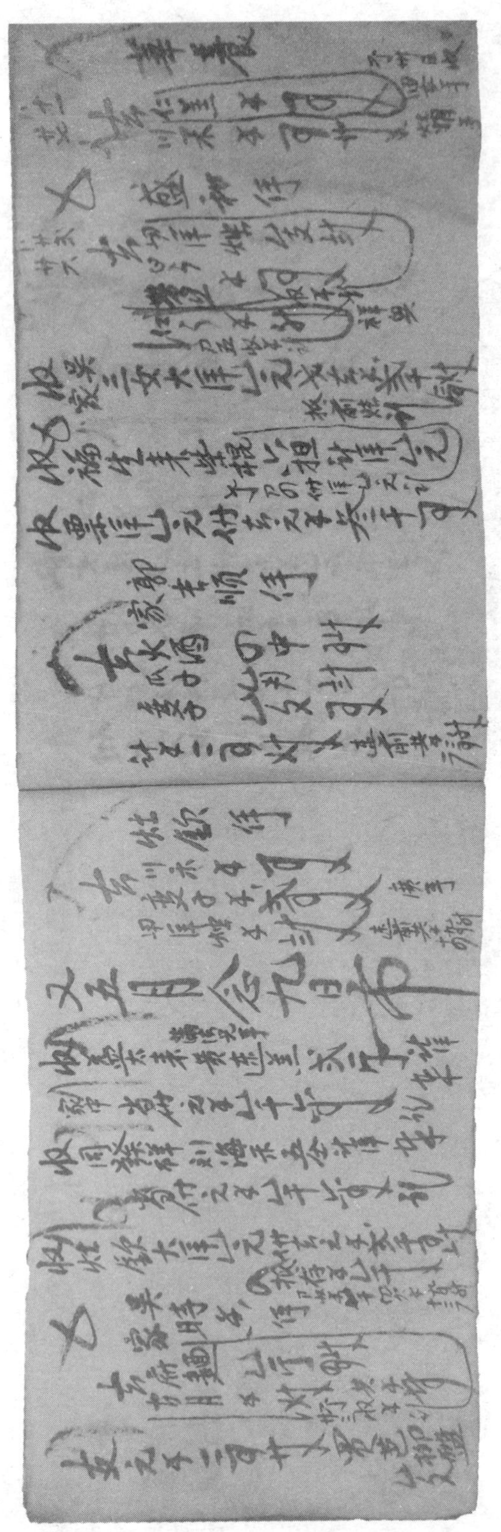

大鄣山乡江村 23-83 · 民国二十二年 · 流水账本（元册）· 豫丰河记

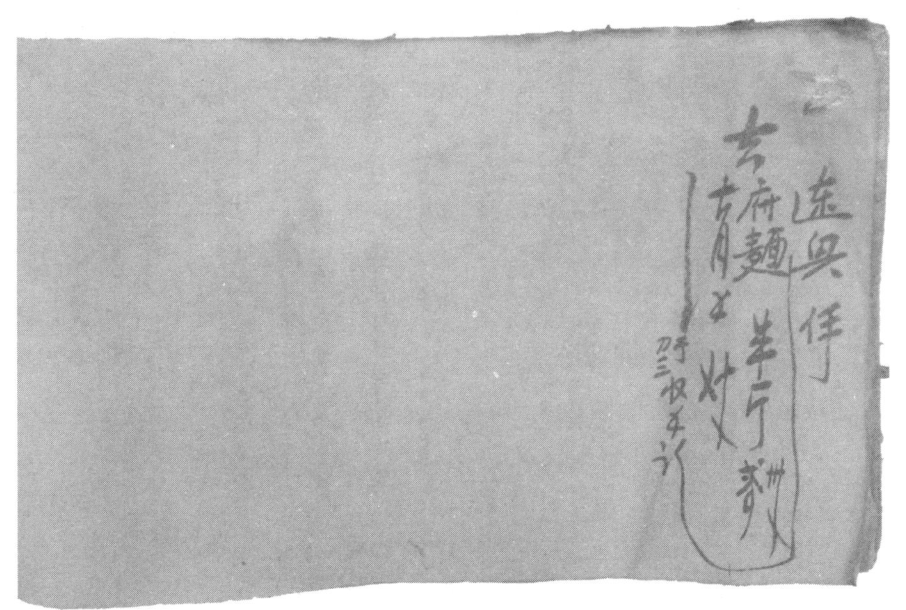

大鄣山乡江村 23-84 · 民国二十二年 · 流水账本（元册）· 豫丰河记

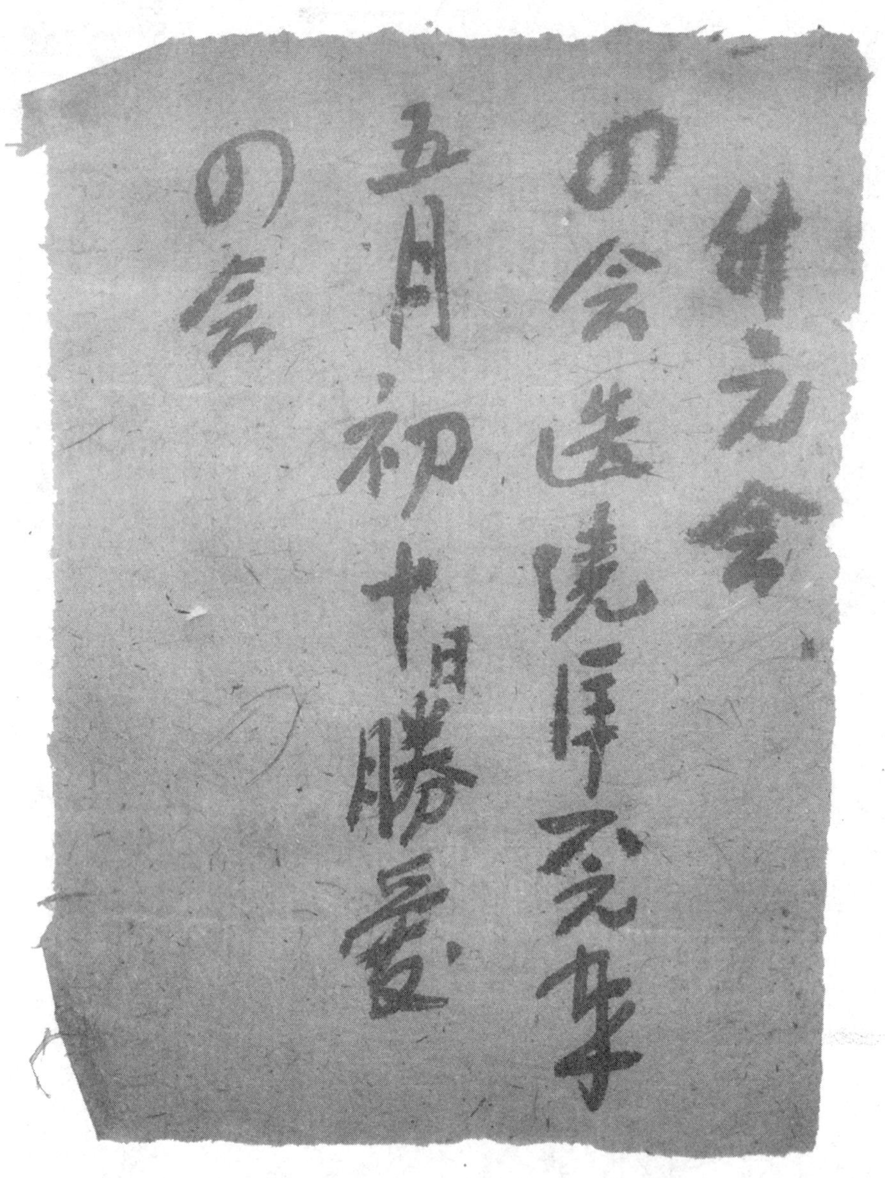

大鄣山乡江村 23 附 · 民国二十二年 · 流水账本（元册）· 豫丰河记

大鄣山乡江村 24-1 · 民国二十二年 · 流水账本（二册）· 张豫丰河记

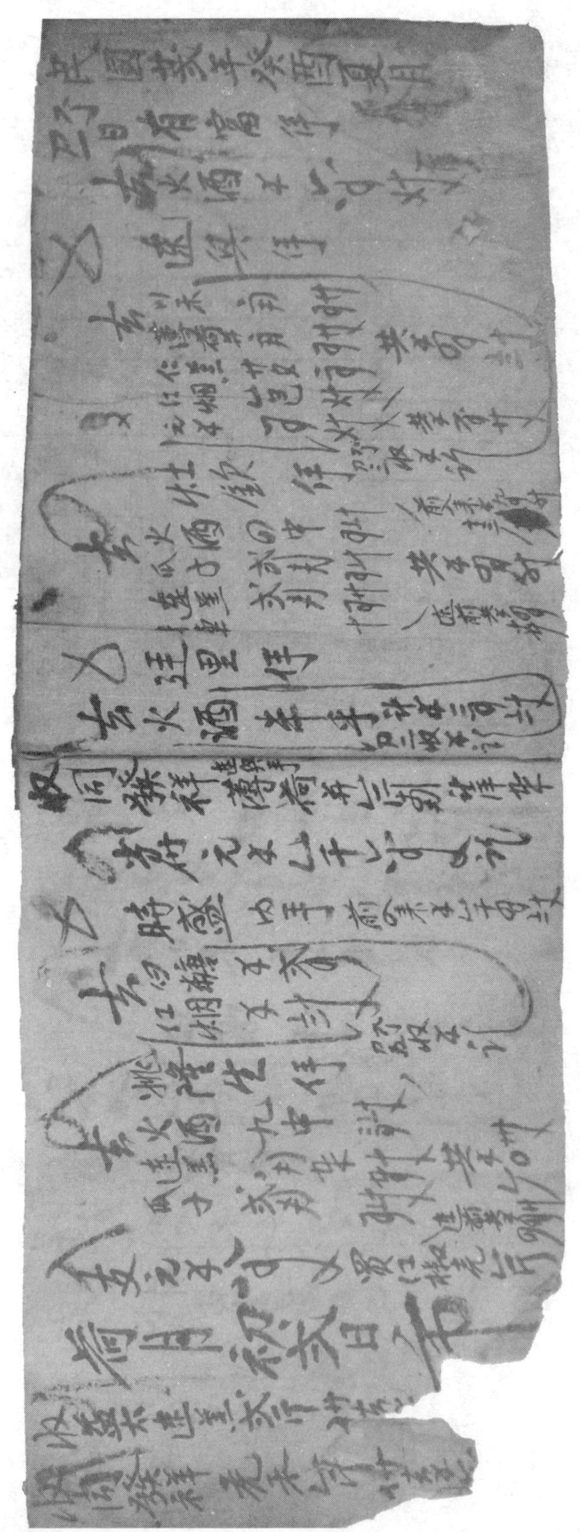

大鄣山乡江村 24-2 · 民国二十二年 · 流水账本（二册） · 张豫丰河记

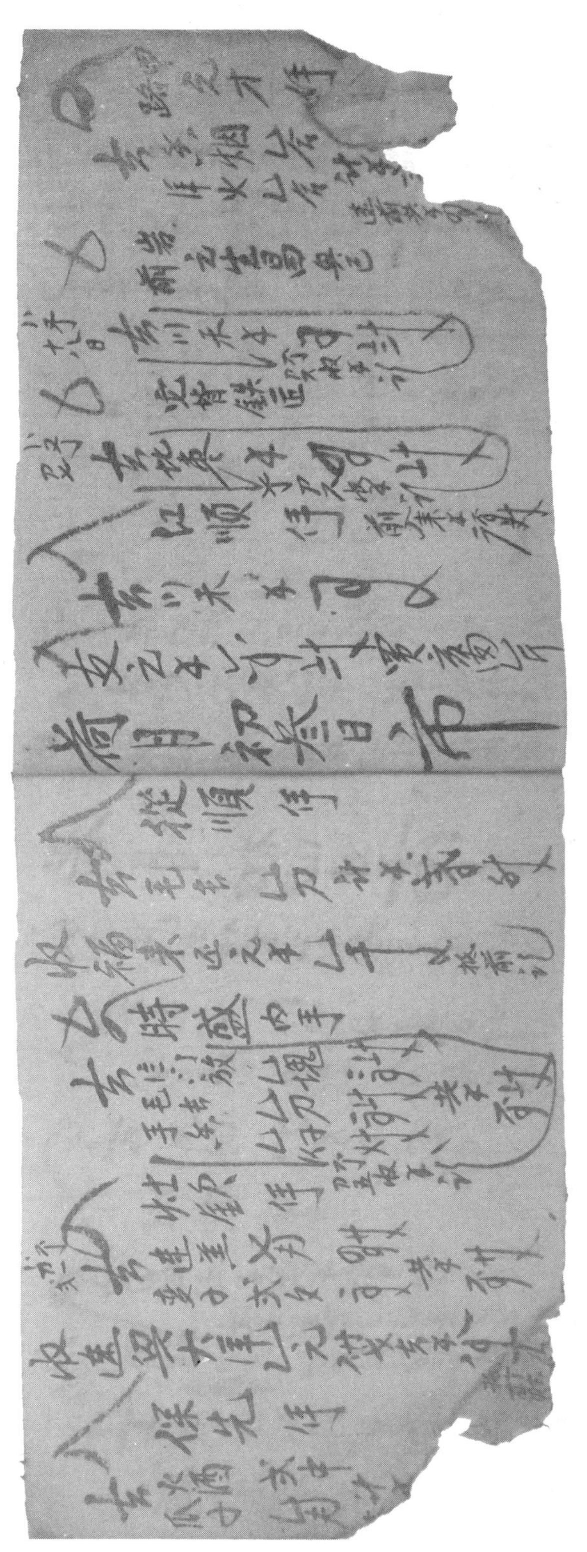

大鄣山乡江村 24-3 · 民国二十二年 · 流水账本（二册）· 张豫丰河记

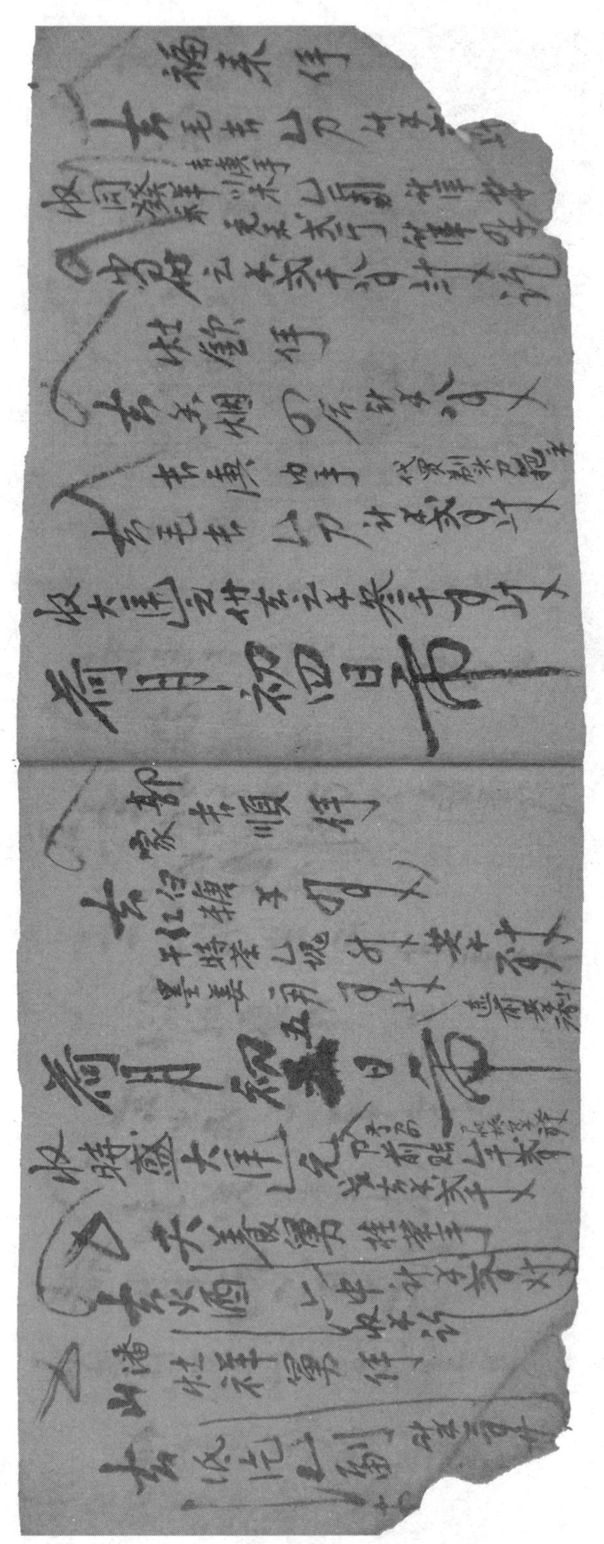

大部山乡江村 24-4 · 民国二十二年 · 流水账本（二册）· 张豫丰河记

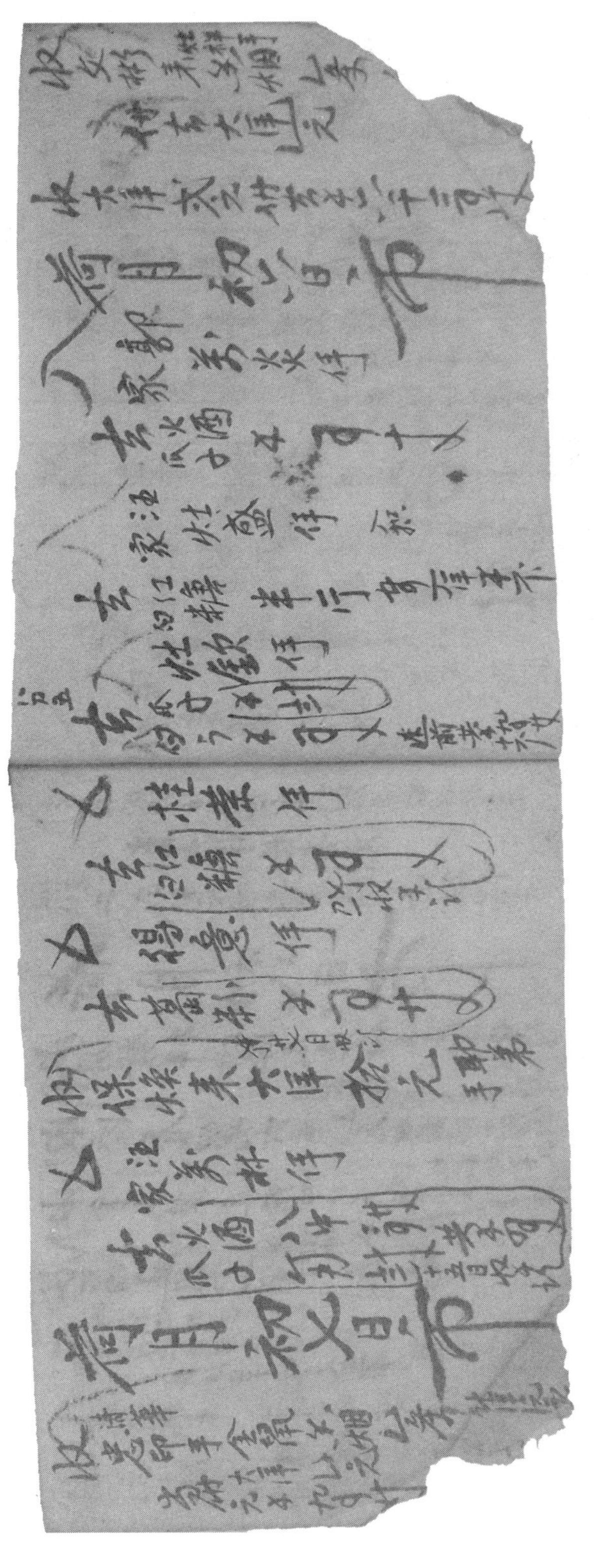

大鄣山乡江村 24-5 · 民国二十二年 · 流水账本（二册）· 张豫丰河记

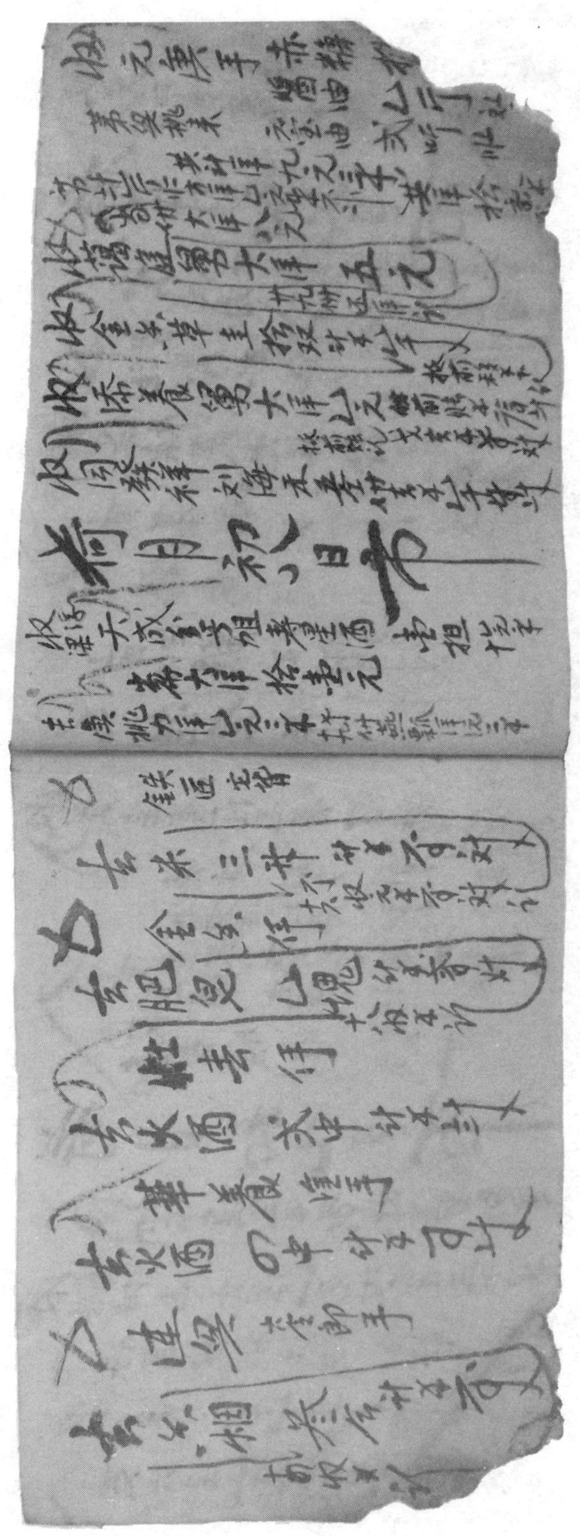

大鄣山乡江村 24-6 · 民国二十二年 · 流水账本（二册）· 张豫丰河记

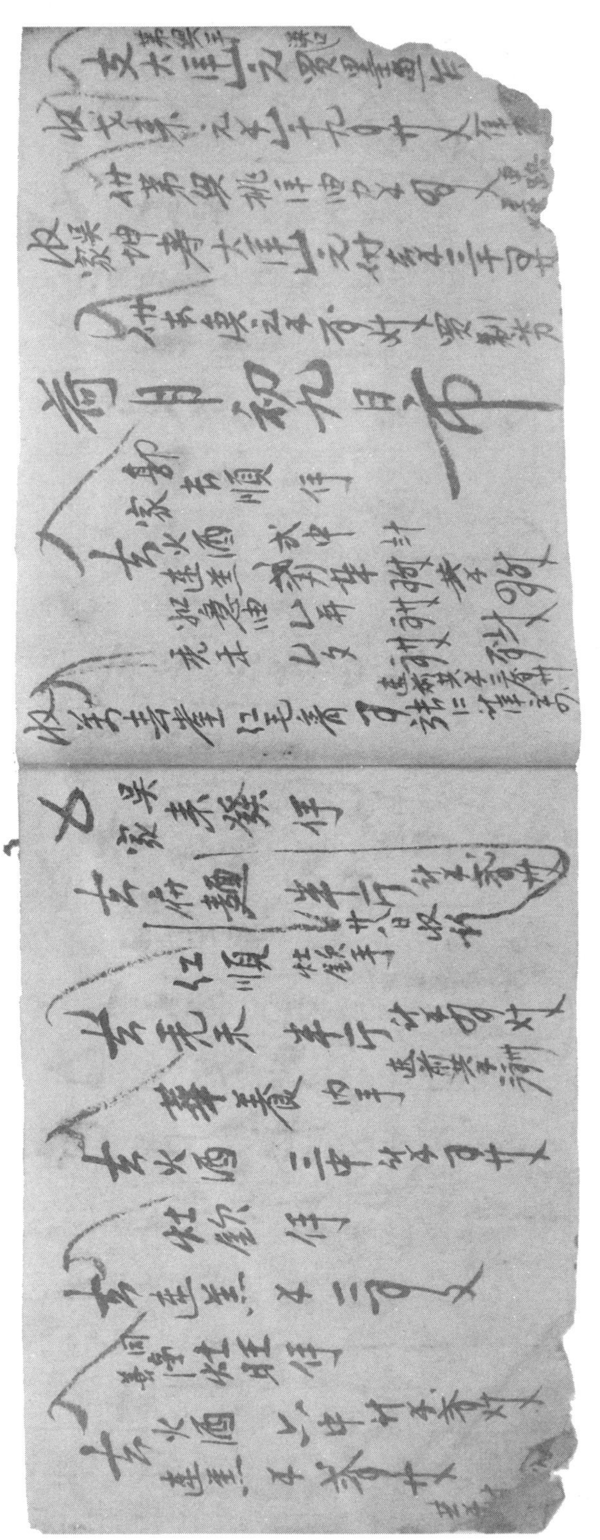

大鄣山乡江村 24-7 · 民国二十二年 · 流水账本（二册）· 张豫丰河记

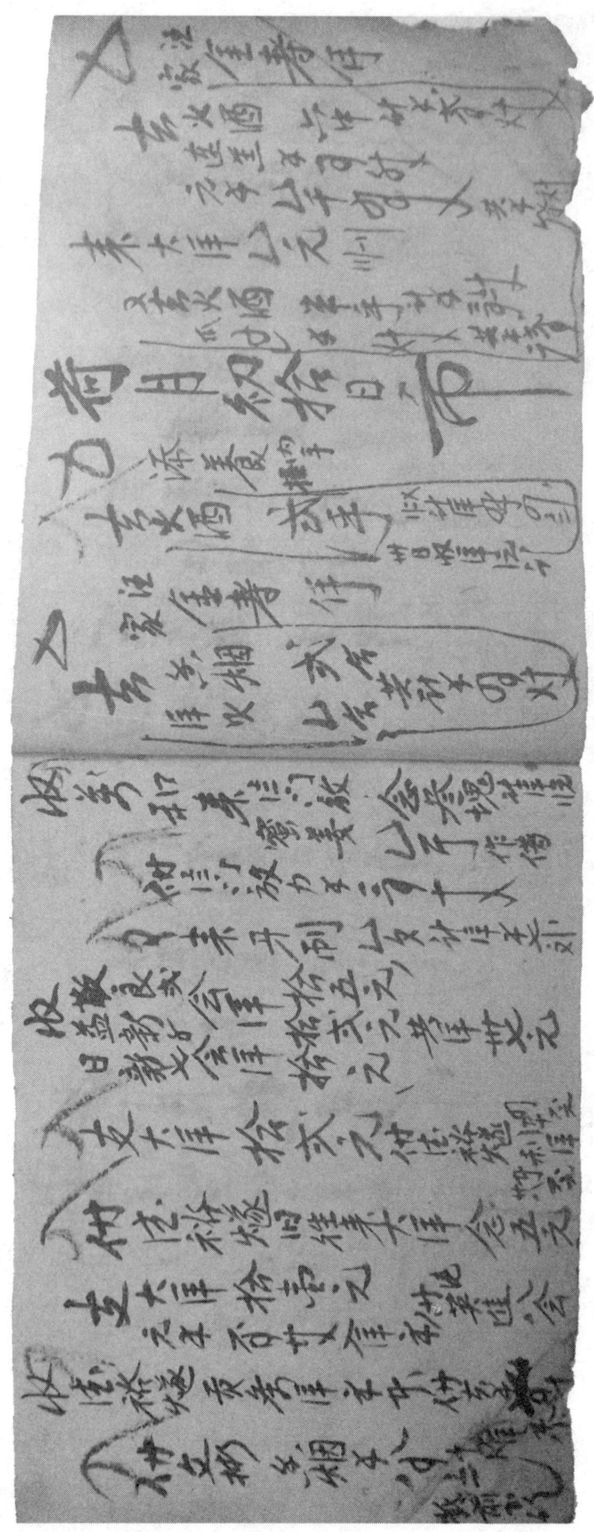

大鄣山乡江村 24-8 · 民国二十二年 · 流水账本（二册）· 张豫丰河记

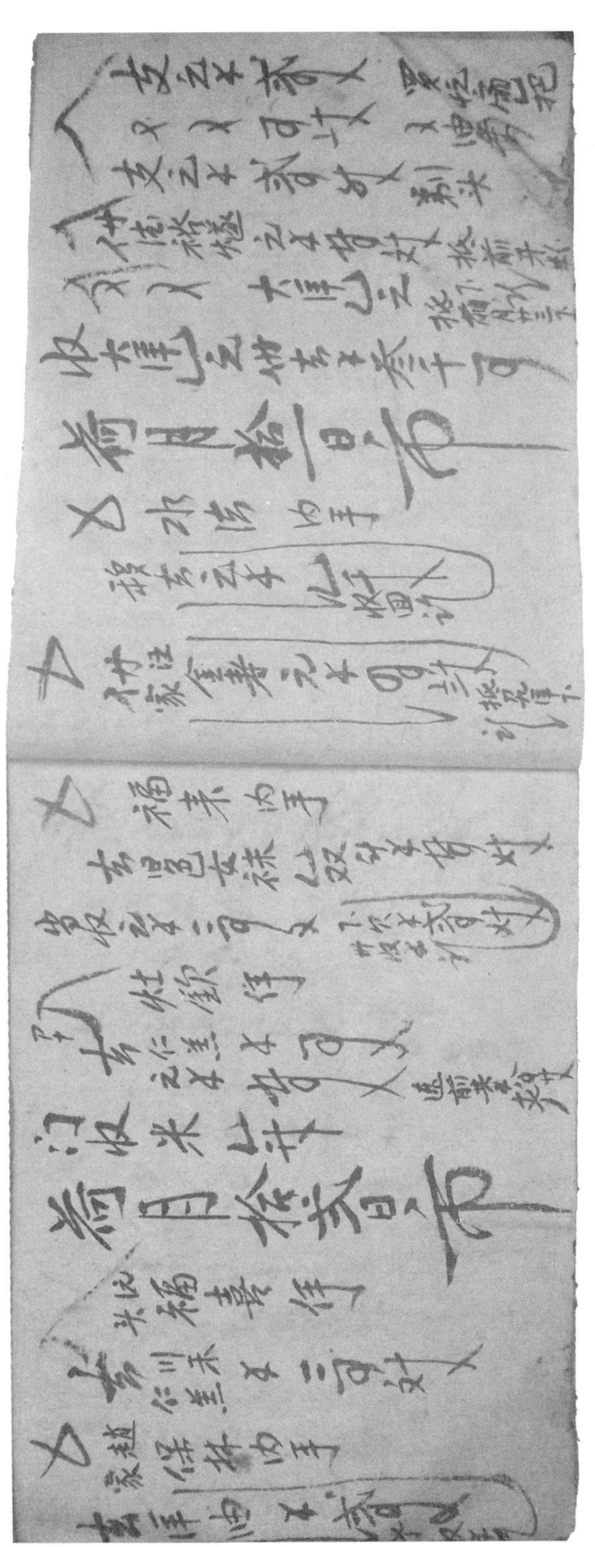

大鄣山乡江村 24-9 · 民国二十二年 · 流水账本（二册）· 张豫丰河记

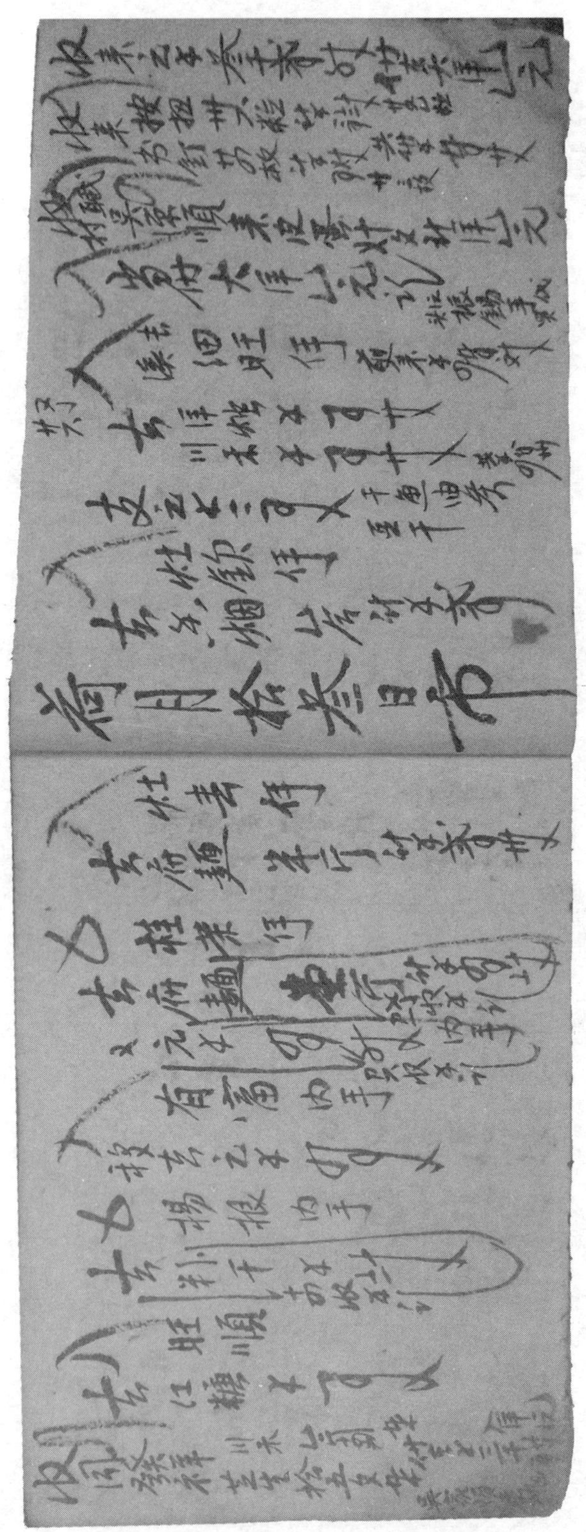

大鄣山乡江村 24-10 · 民国二十二年 · 流水账本（二册）· 张豫丰河记

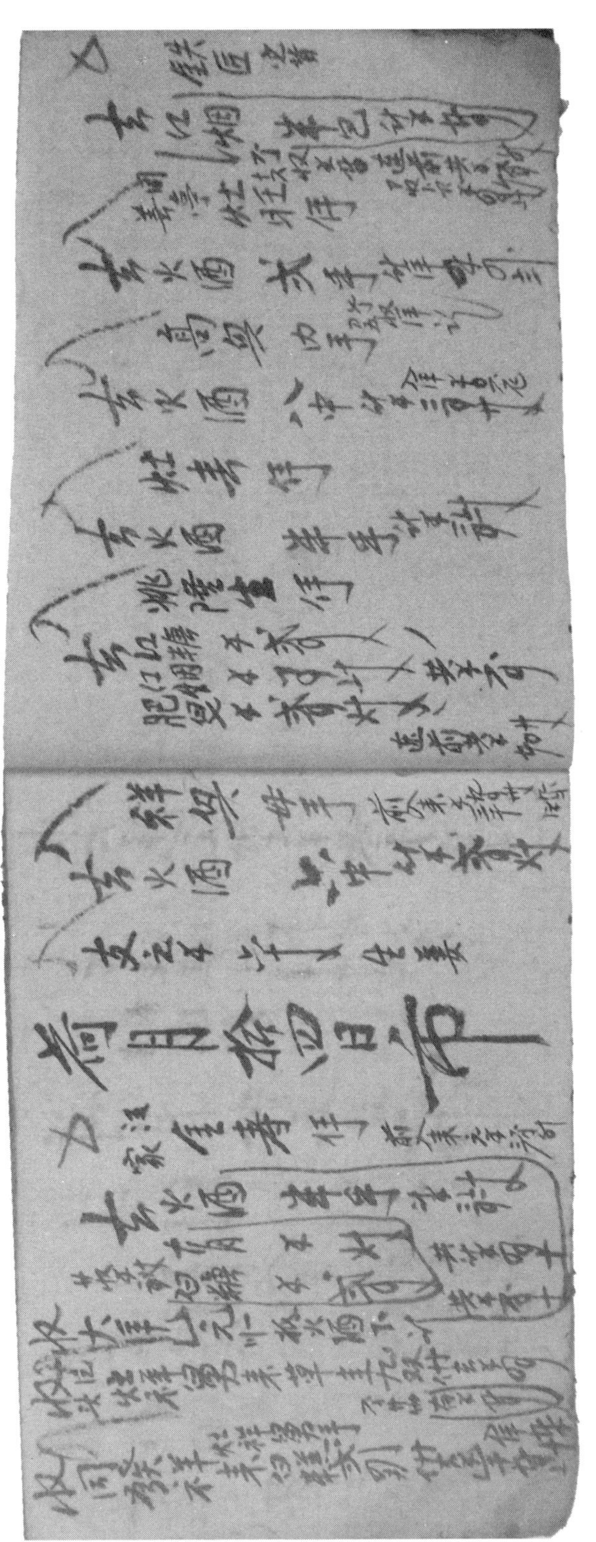

大鄣山乡江村 24-11 · 民国二十二年 · 流水账本（二册）· 张豫丰河记

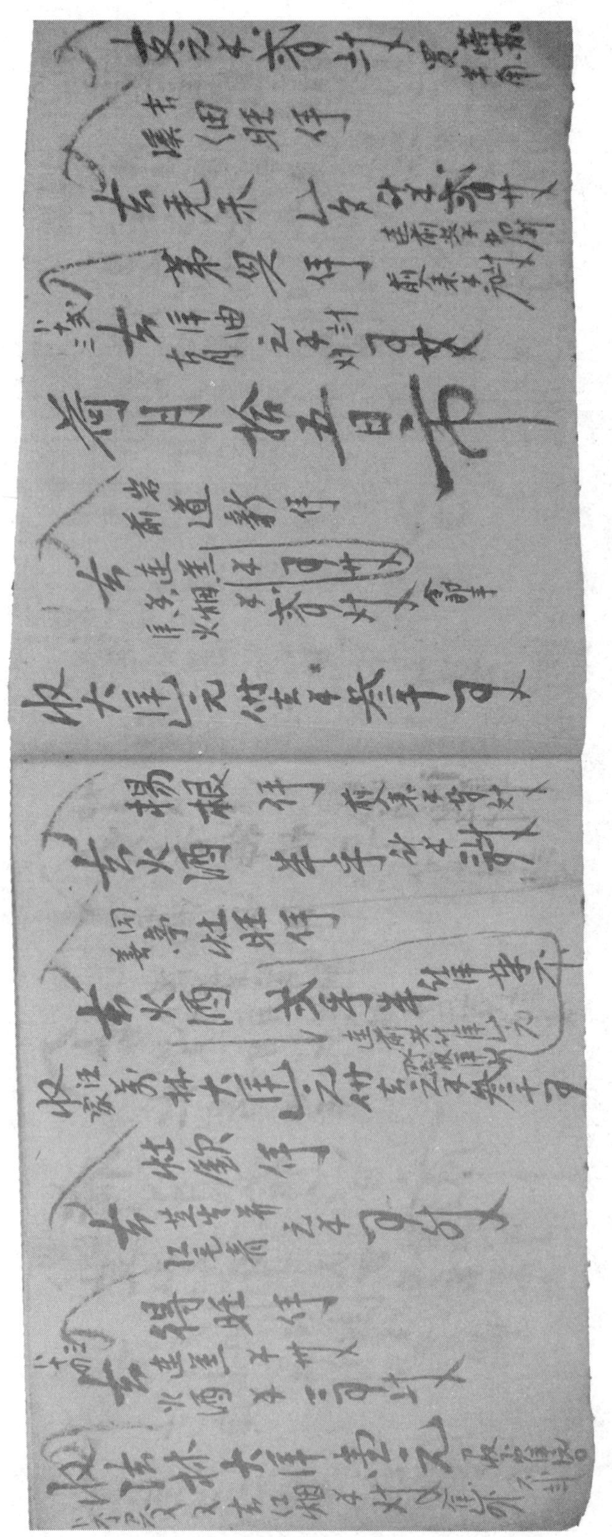

大鄣山乡江村 24-12 · 民国二十二年 · 流水账本（二册） · 张豫丰河记

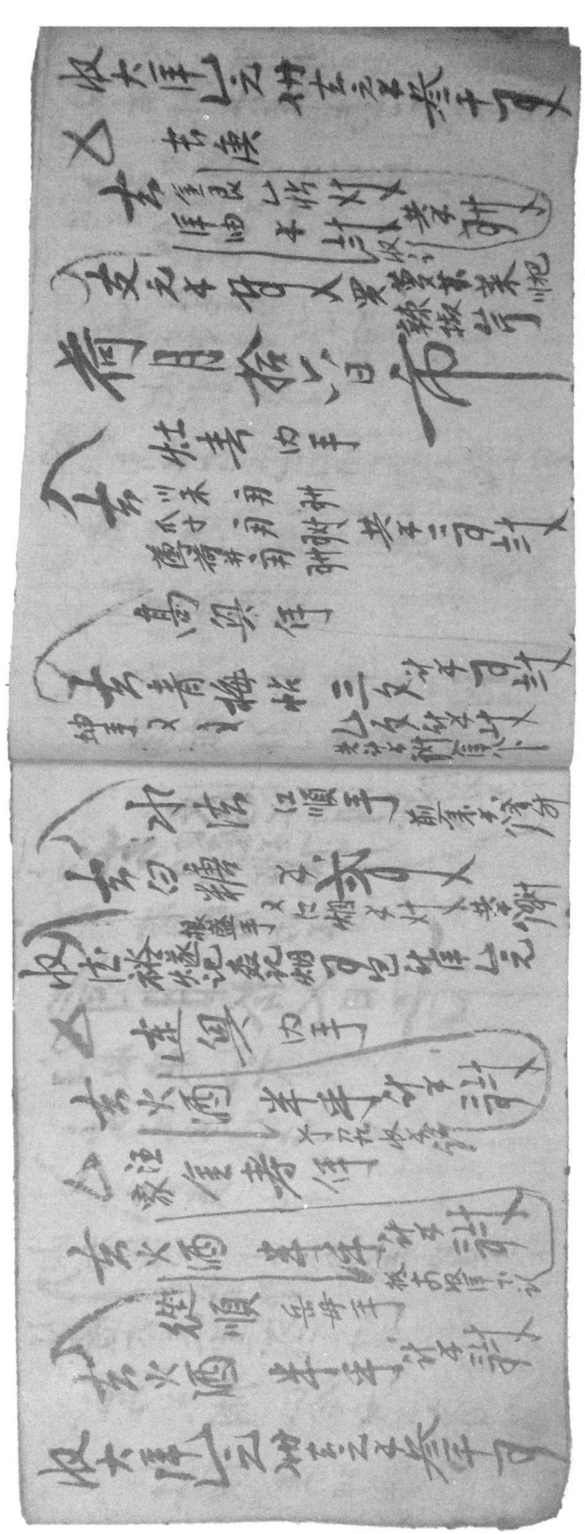

大鄣山乡江村 24-13 · 民国二十二年 · 流水账本（二册）· 张豫丰河记

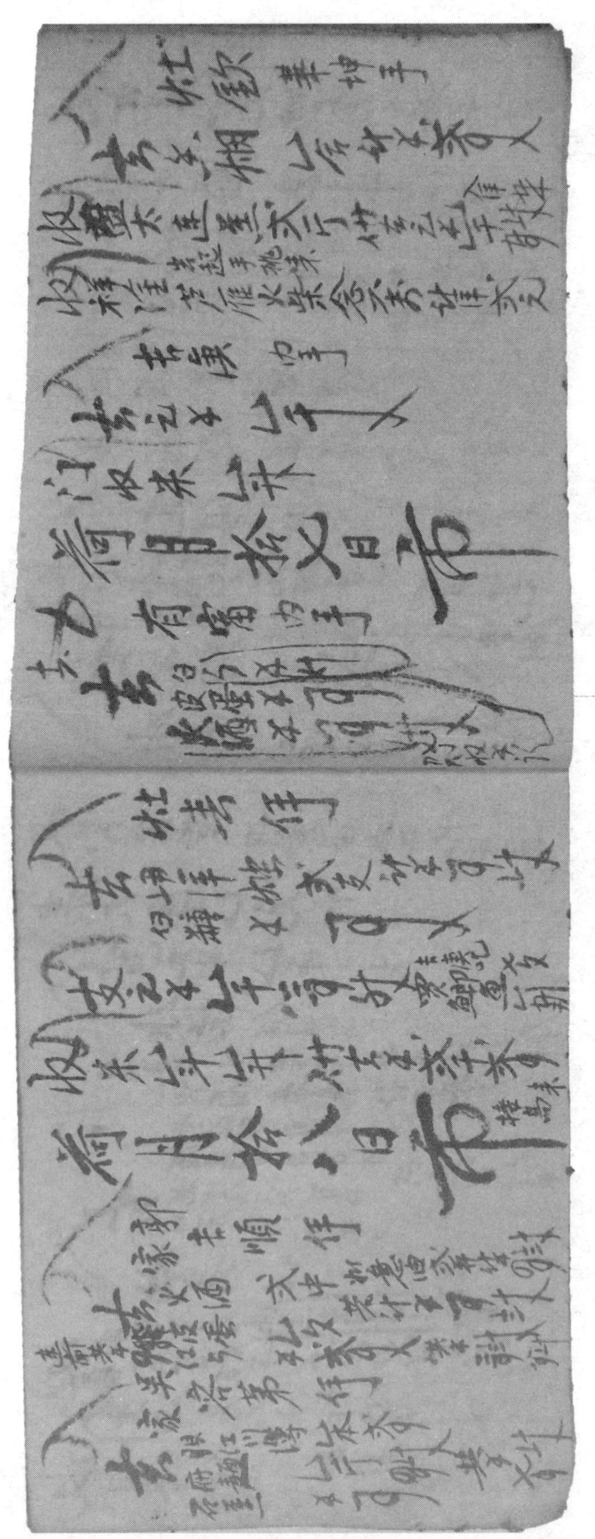

大鄣山乡江村 24-14 · 民国二十二年 · 流水账本（二册）· 张豫丰河记

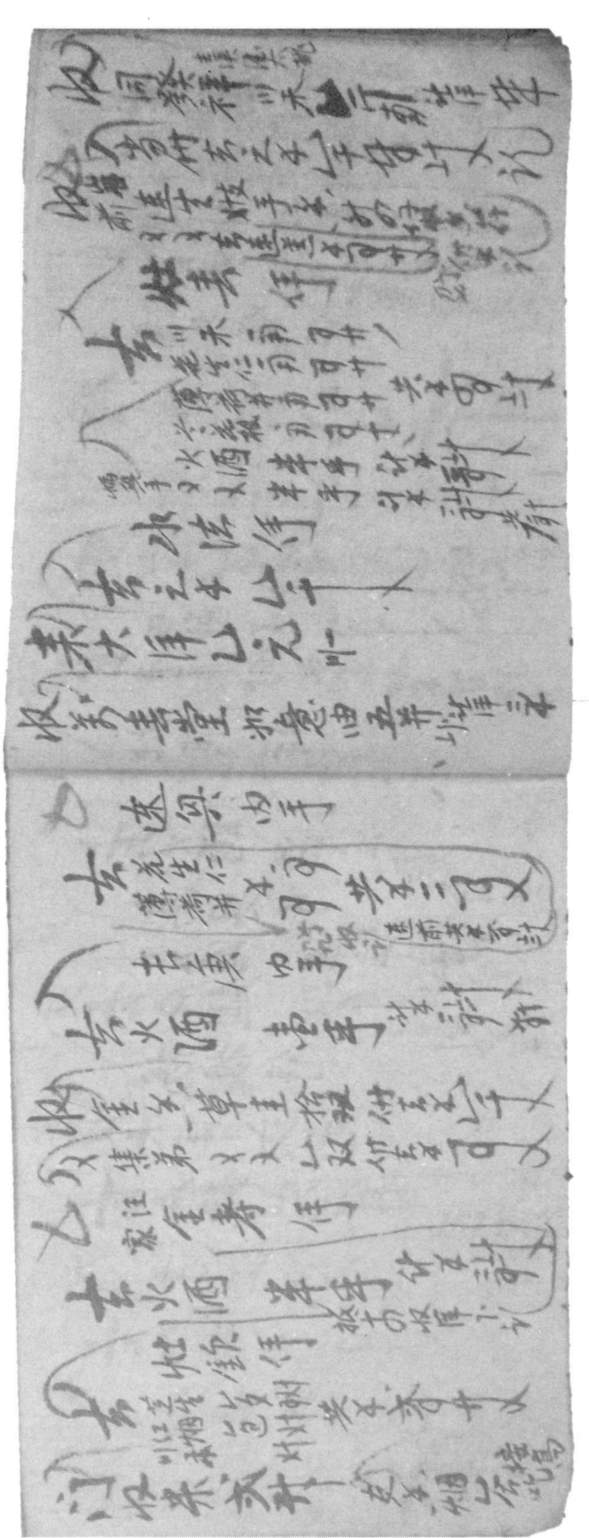

大鄣山乡江村 24-15 · 民国二十二年 · 流水账本（二册） · 张豫丰河记

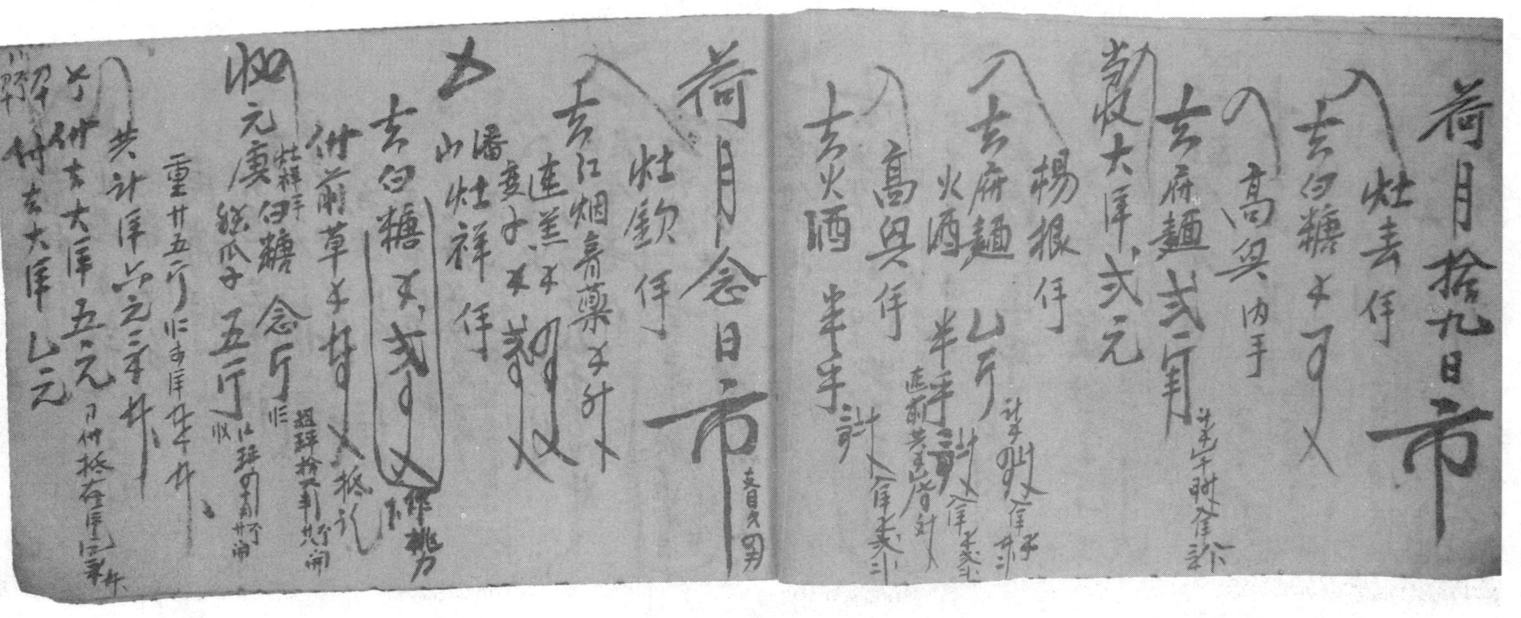

大鄣山乡江村 24-16 · 民国二十二年 · 流水账本（二册）· 张豫丰河记

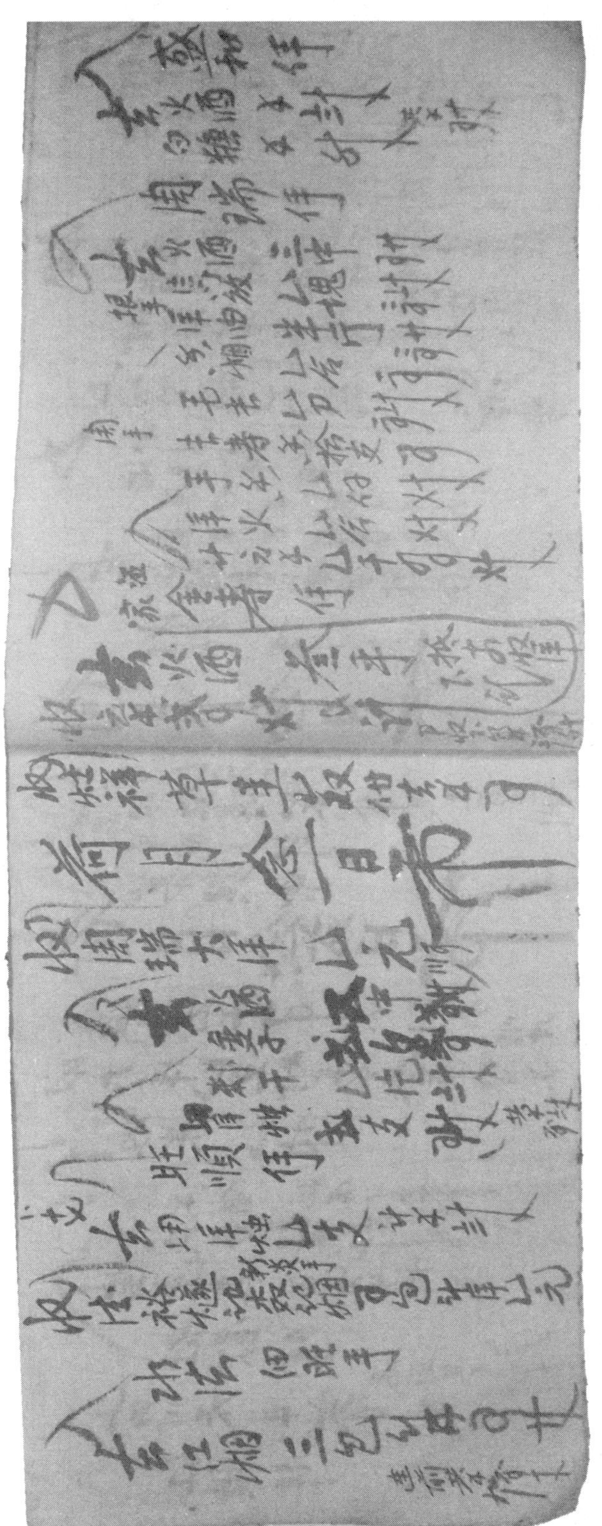

大鄣山乡江村 24-17 · 民国二十二年 · 流水账本（二册）· 张豫丰河记

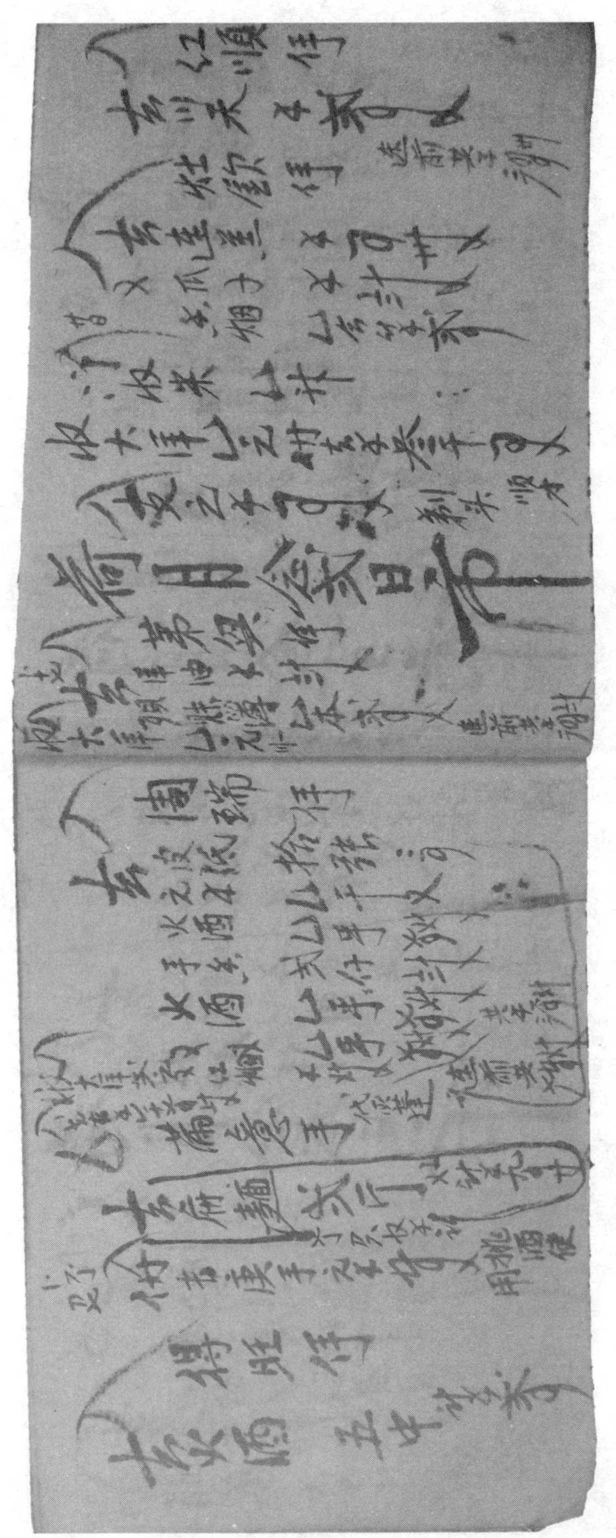

大鄣山乡江村 24-18 · 民国二十二年 · 流水账本（二册） · 张豫丰河记

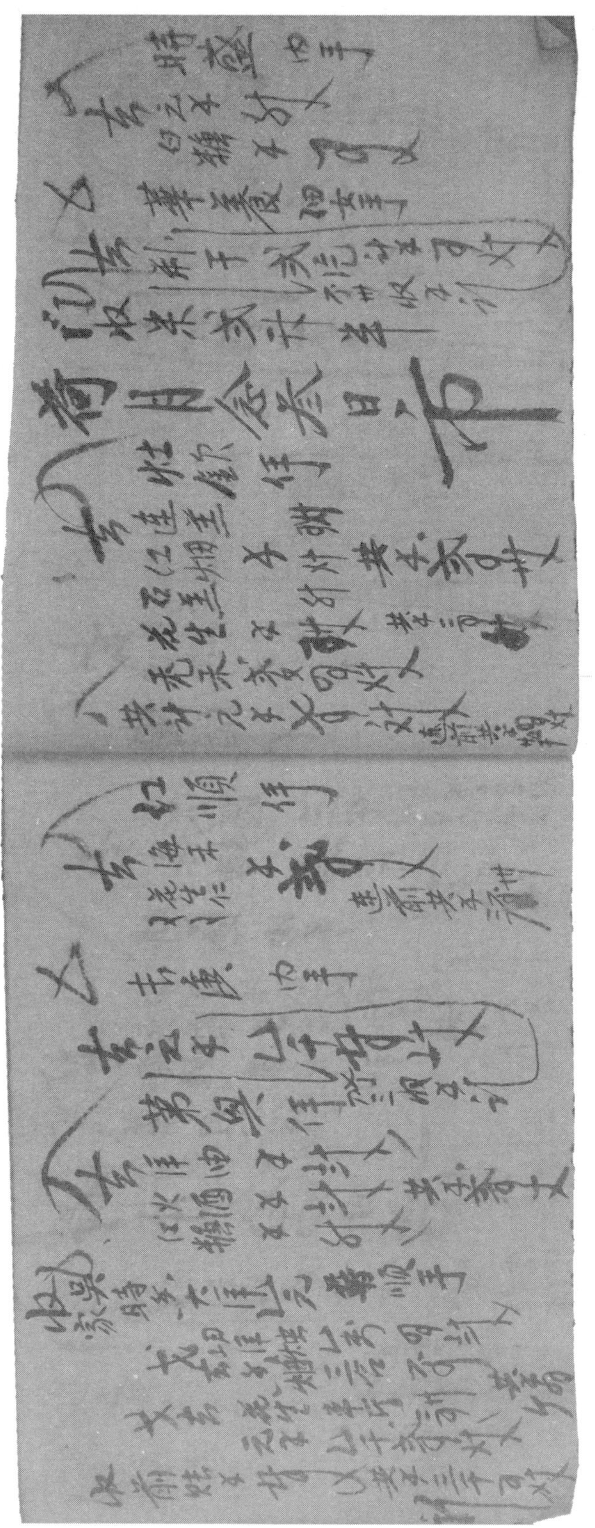

大鄣山乡江村 24-19 · 民国二十二年 · 流水账本（二册）· 张豫丰河记

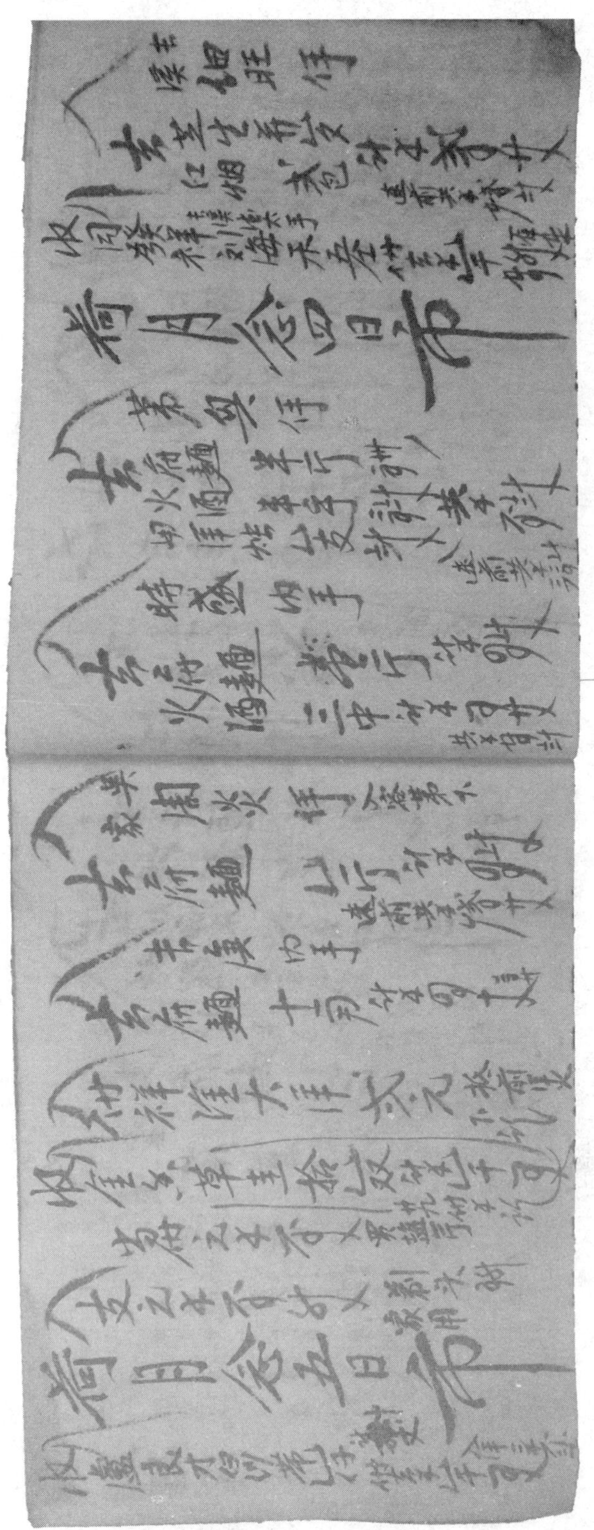

大鄣山乡江村 24-20 · 民国二十二年 · 流水账本（二册） · 张豫丰河记

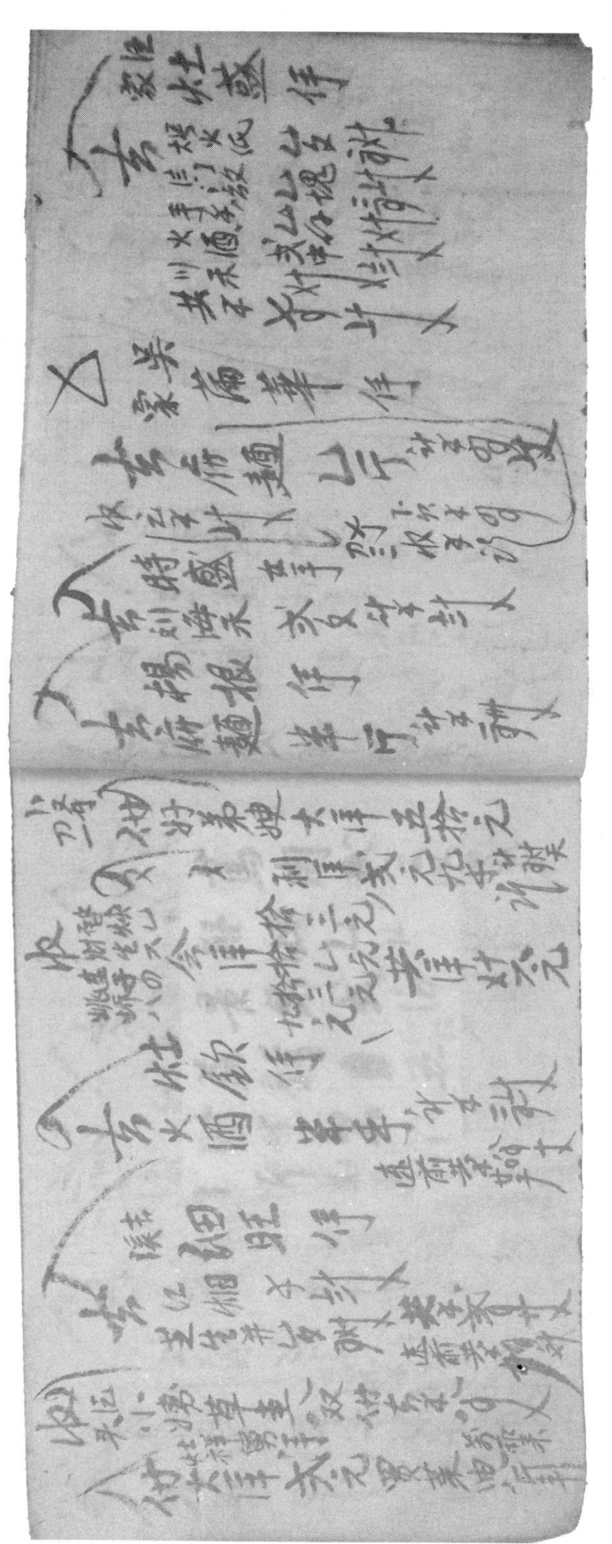

大鄣山乡江村 24-21 · 民国二十二年 · 流水账本（二册）· 张豫丰河记

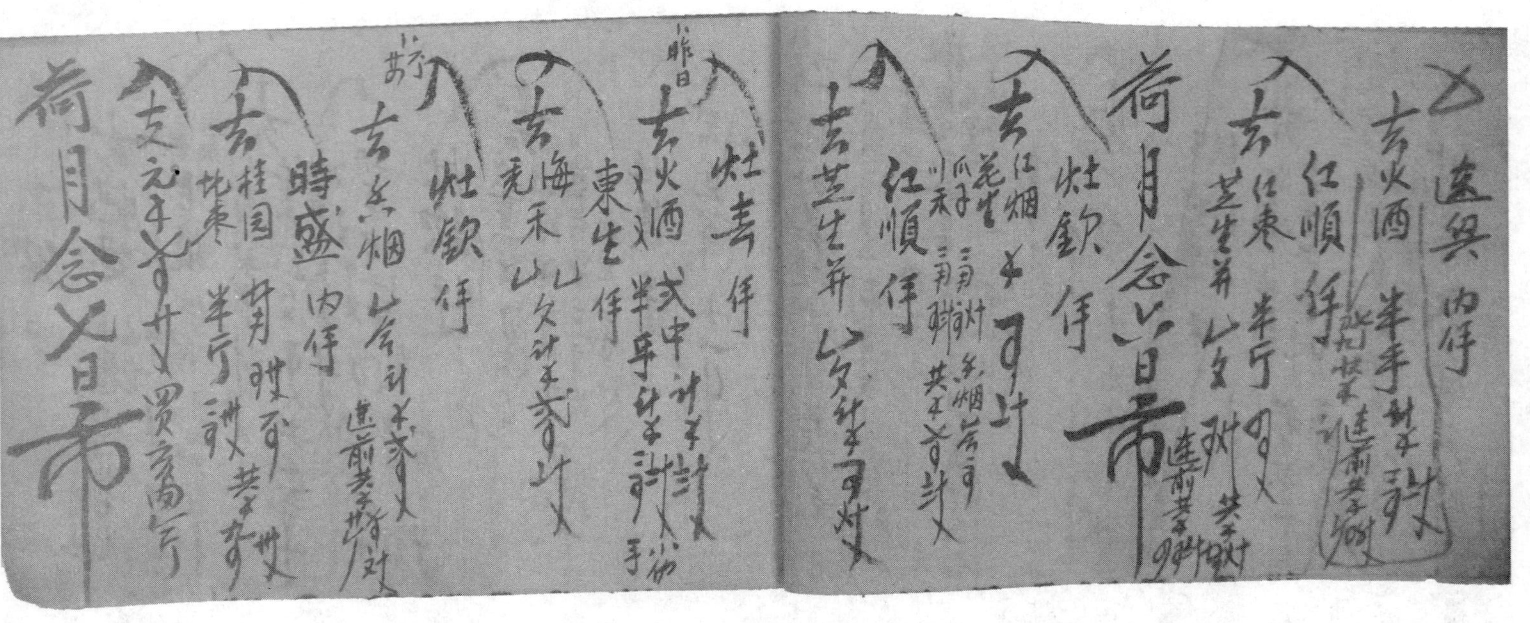

大鄣山乡江村 24-22 · 民国二十二年 · 流水账本（二册）· 张豫丰河记

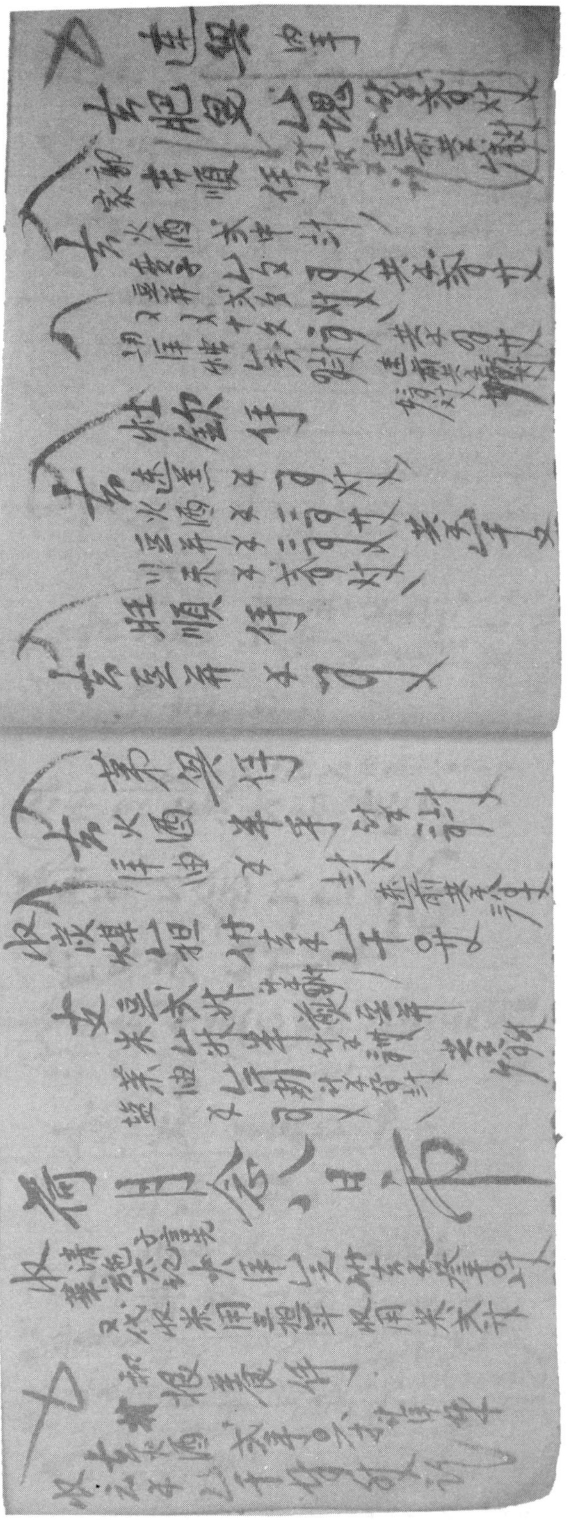

大鄣山乡江村 24-23 · 民国二十二年 · 流水账本（二册）· 张豫丰河记

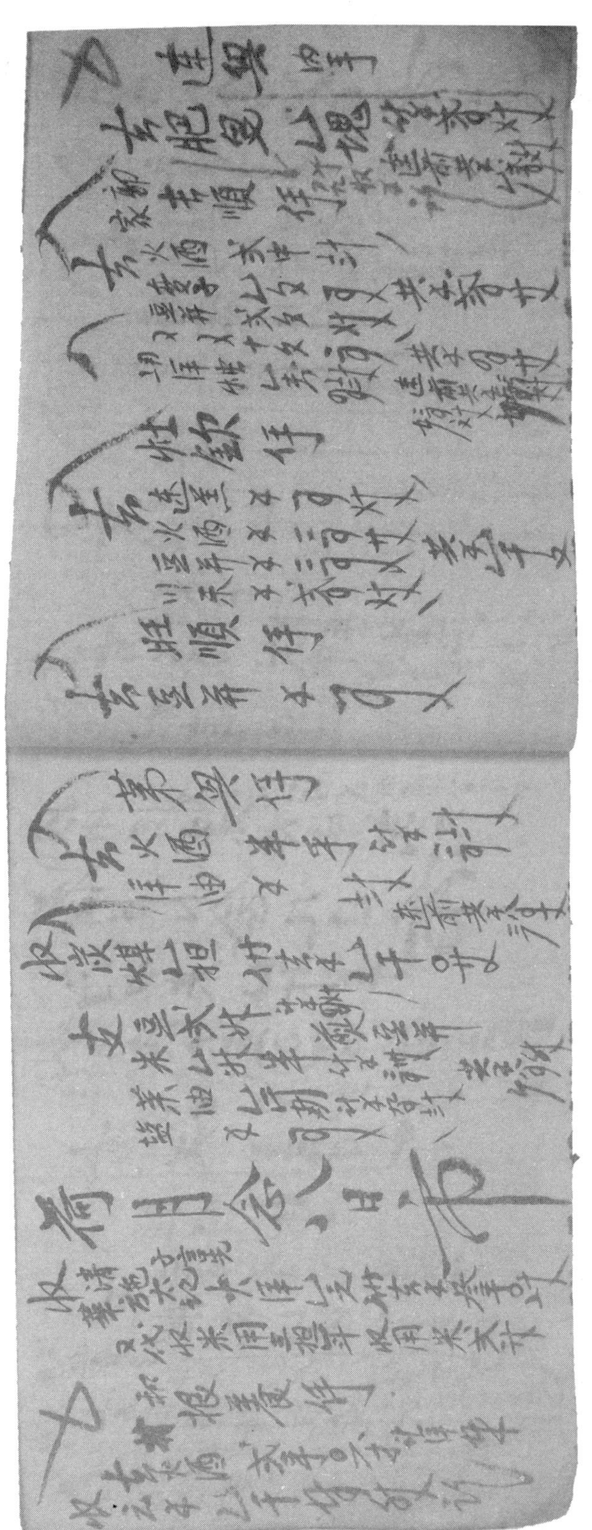

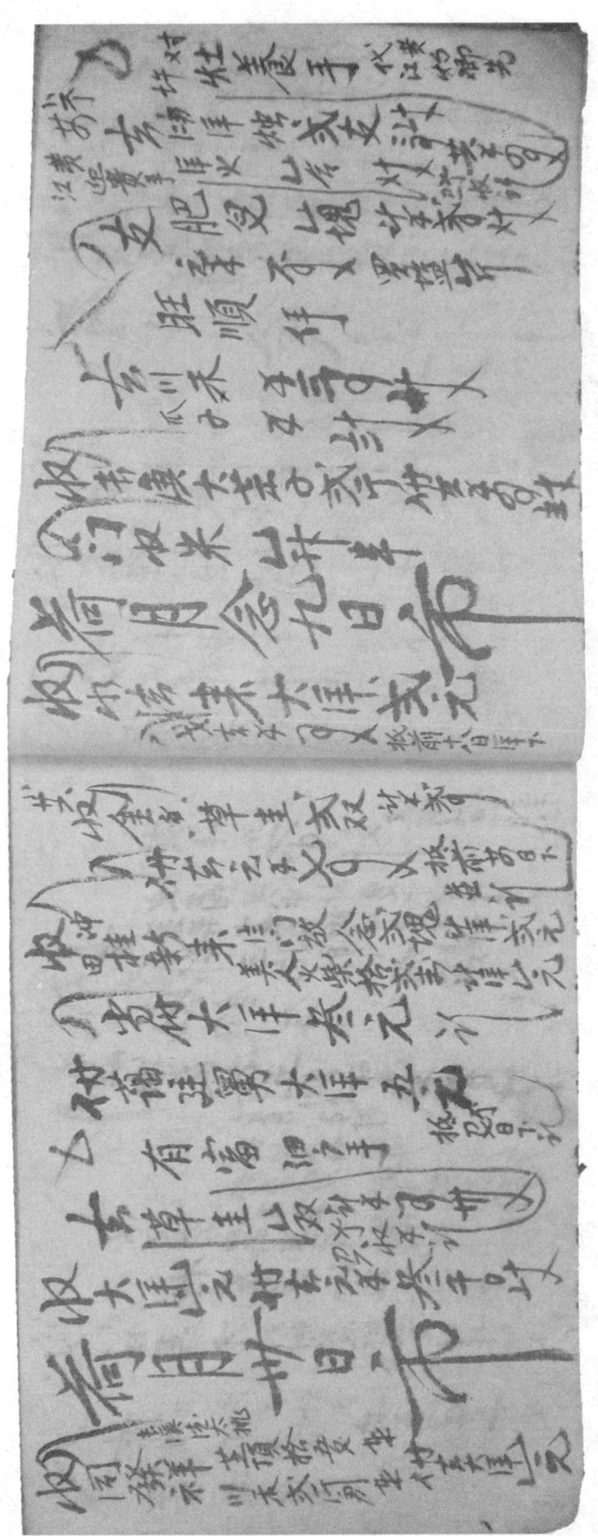

大鄣山乡江村 24-24 · 民国二十二年 · 流水账本（二册）· 张豫丰河记

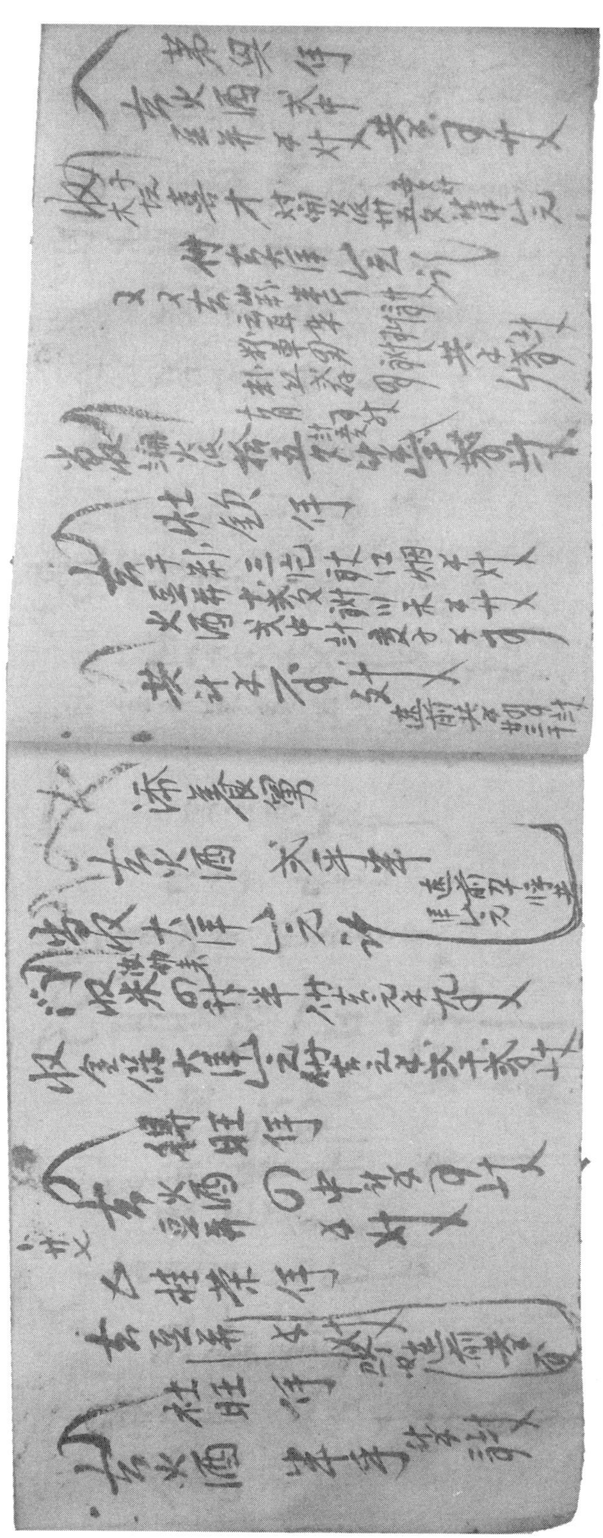

大鄣山乡江村 24-25 · 民国二十二年 · 流水账本（二册）· 张豫丰河记

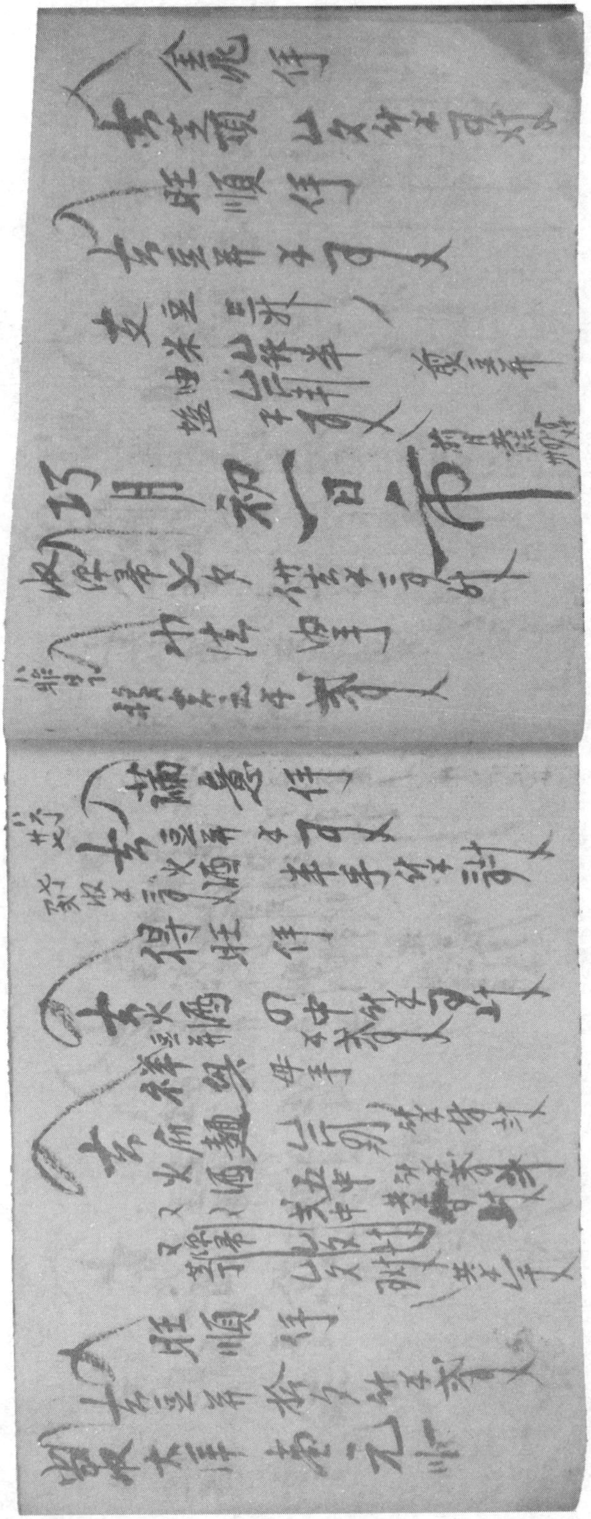

大鄣山乡江村 24-26 · 民国二十二年 · 流水账本（二册）· 张豫丰河记

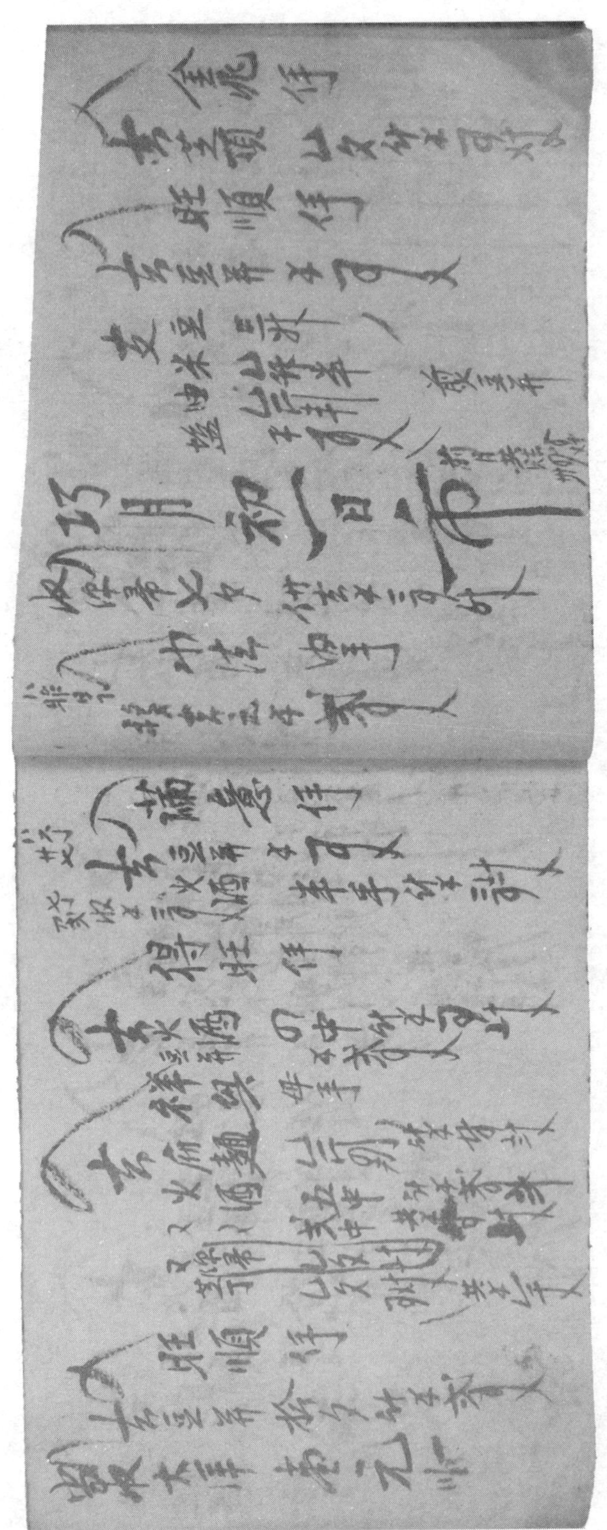

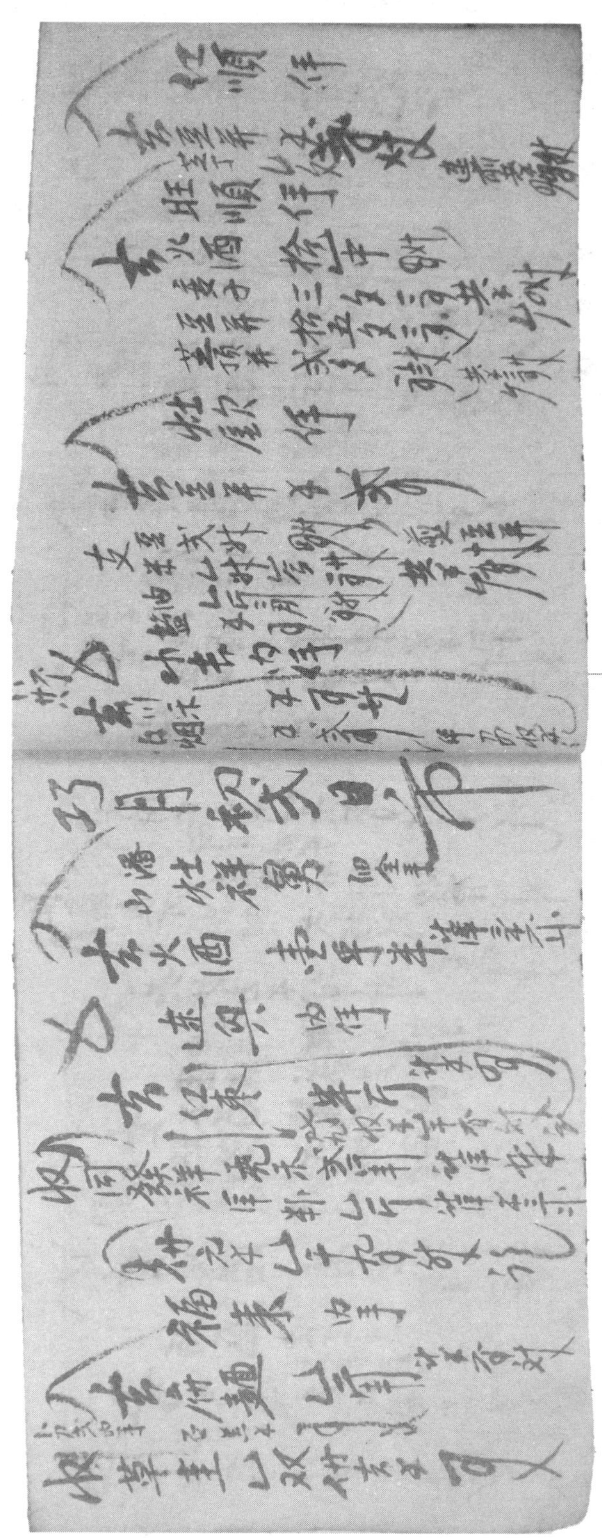

大鄣山乡江村 24-27 · 民国二十二年 · 流水账本（二册）· 张豫丰河记

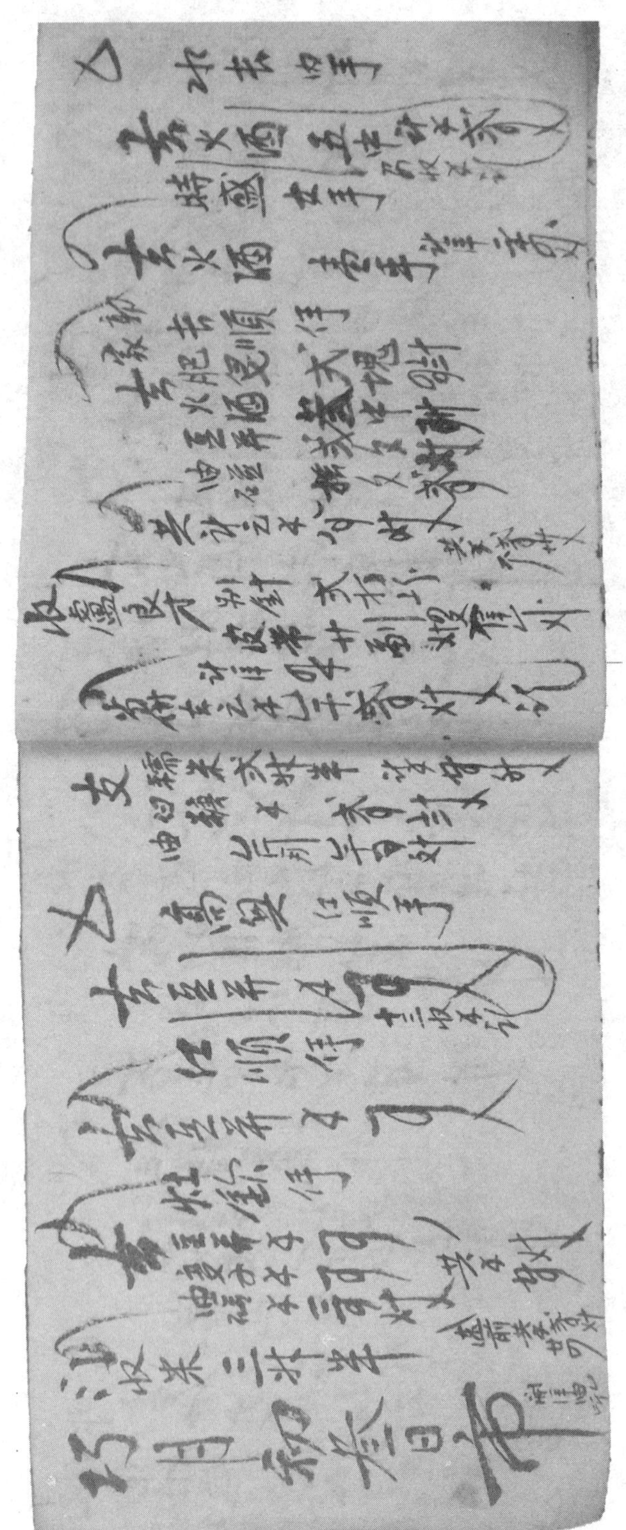

大鄣山乡江村 24-28 · 民国二十二年 · 流水账本（二册） · 张豫丰河记

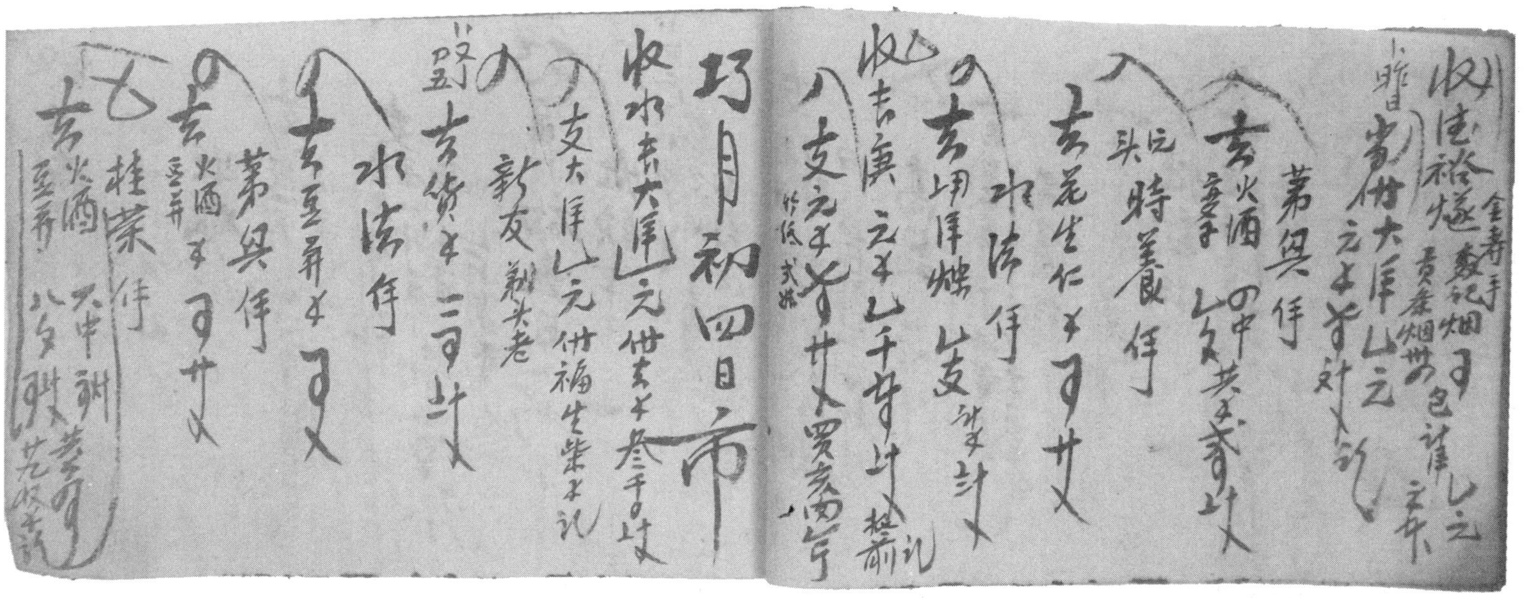

大鄣山乡江村 24-29 · 民国二十二年 · 流水账本（二册）· 张豫丰河记

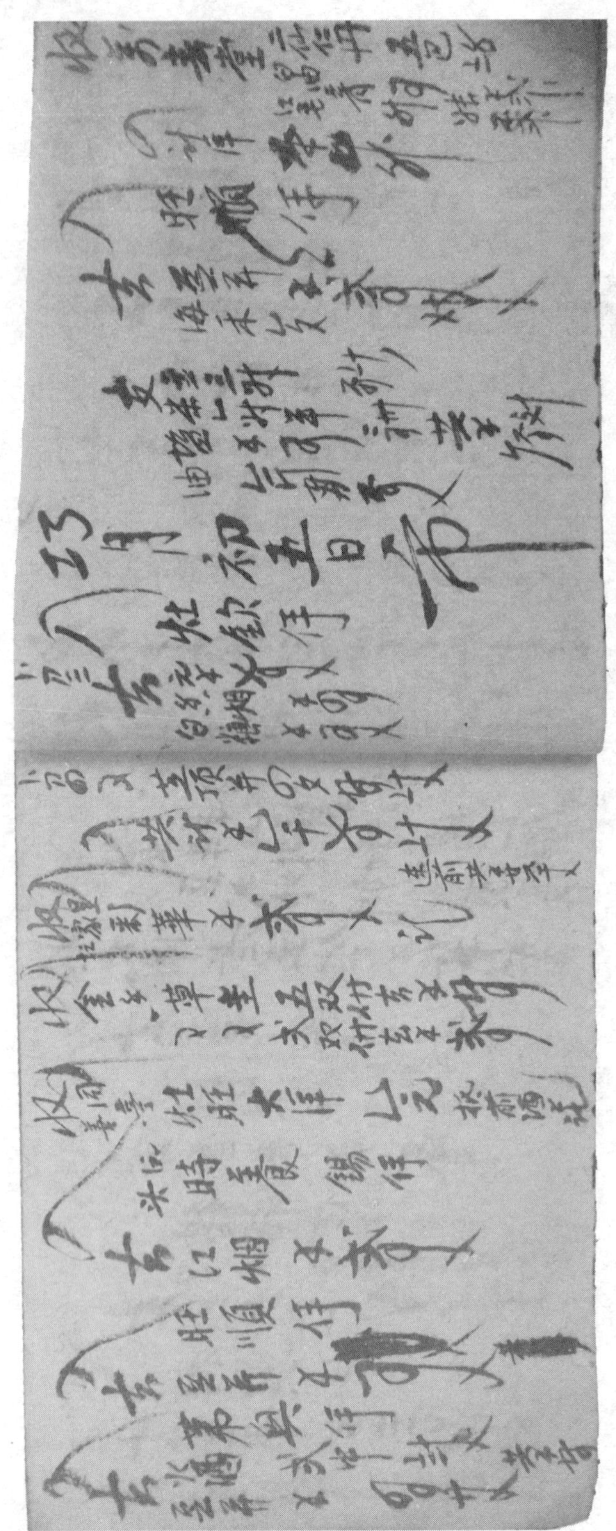

大鄣山乡江村 24-30 · 民国二十二年 · 流水账本（二册）· 张豫丰河记

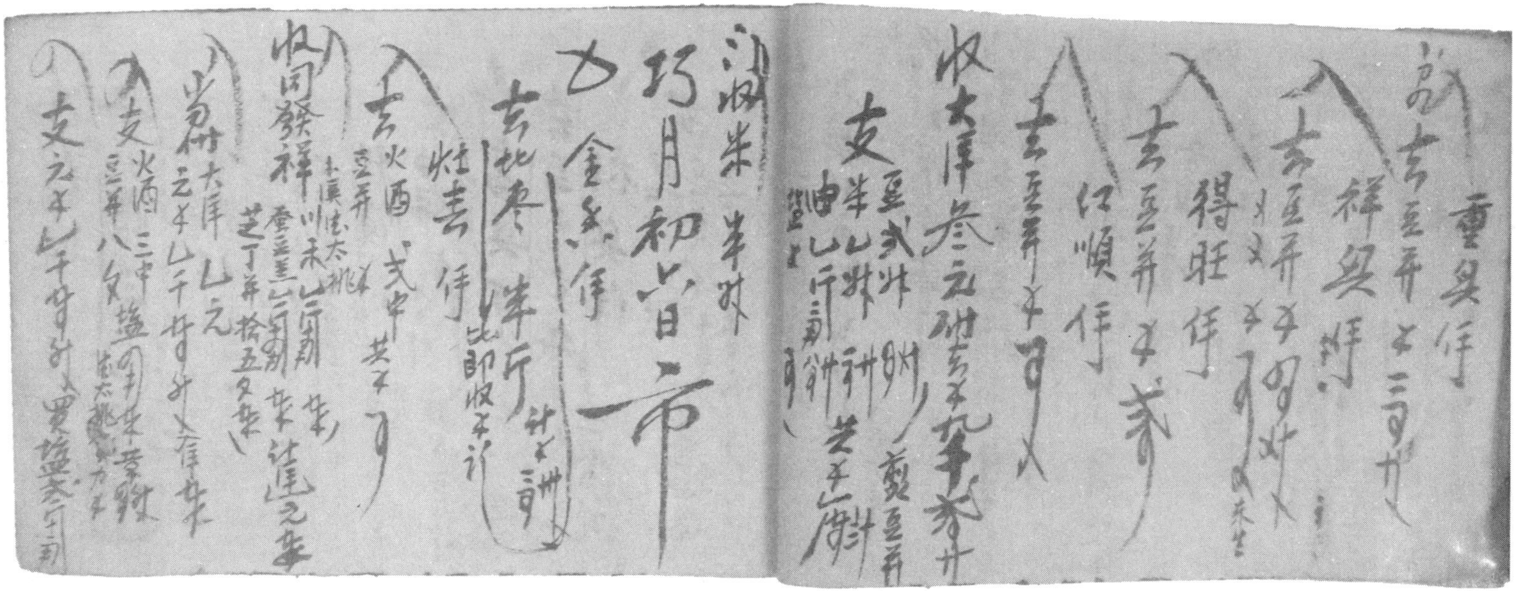

大鄣山乡江村 24-31 · 民国二十二年 · 流水账本（二册）· 张豫丰河记

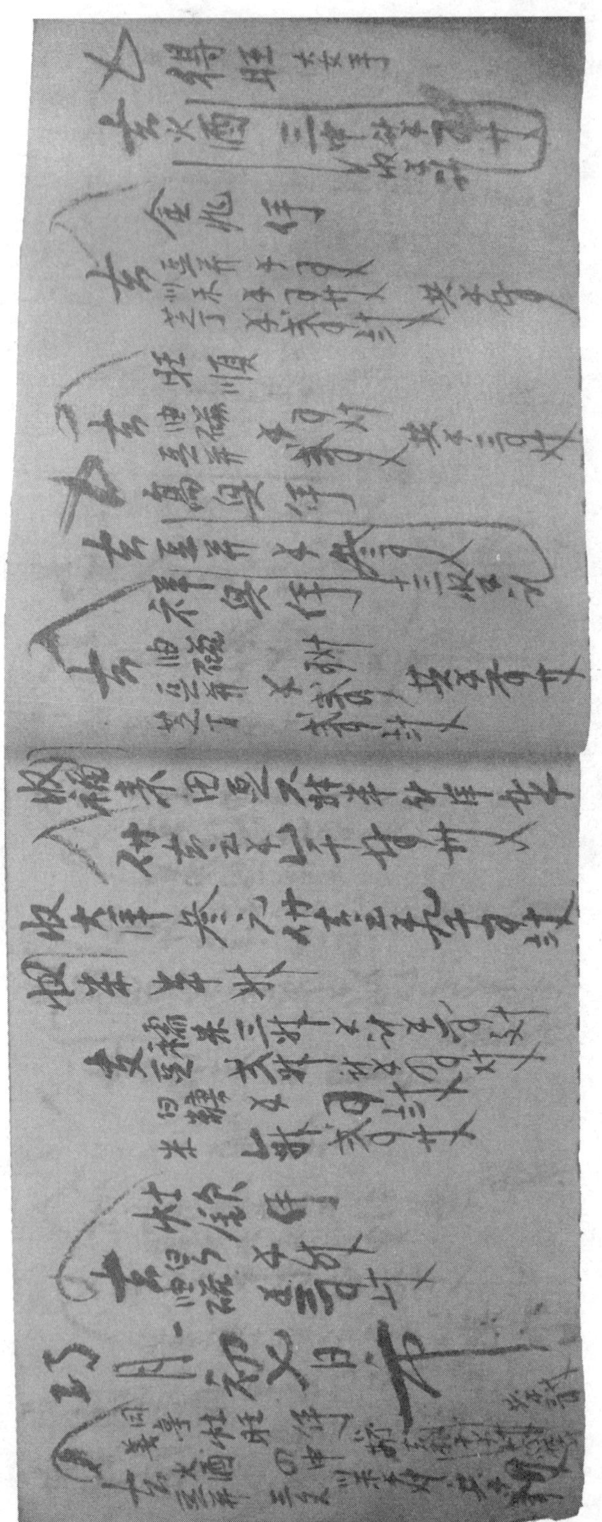

大鄣山乡江村 24-32 · 民国二十二年 · 流水账本（二册）· 张豫丰河记

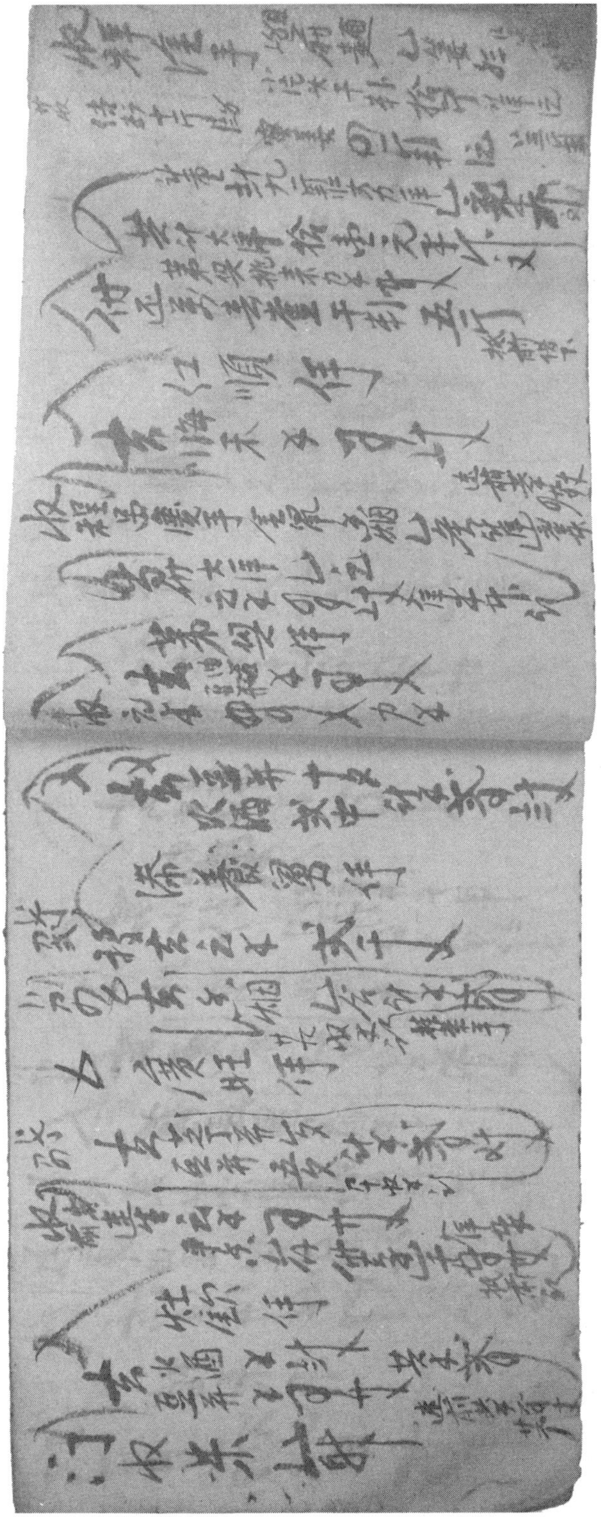

大鄣山乡江村 24-33 · 民国二十二年 · 流水账本（二册） · 张豫丰河记

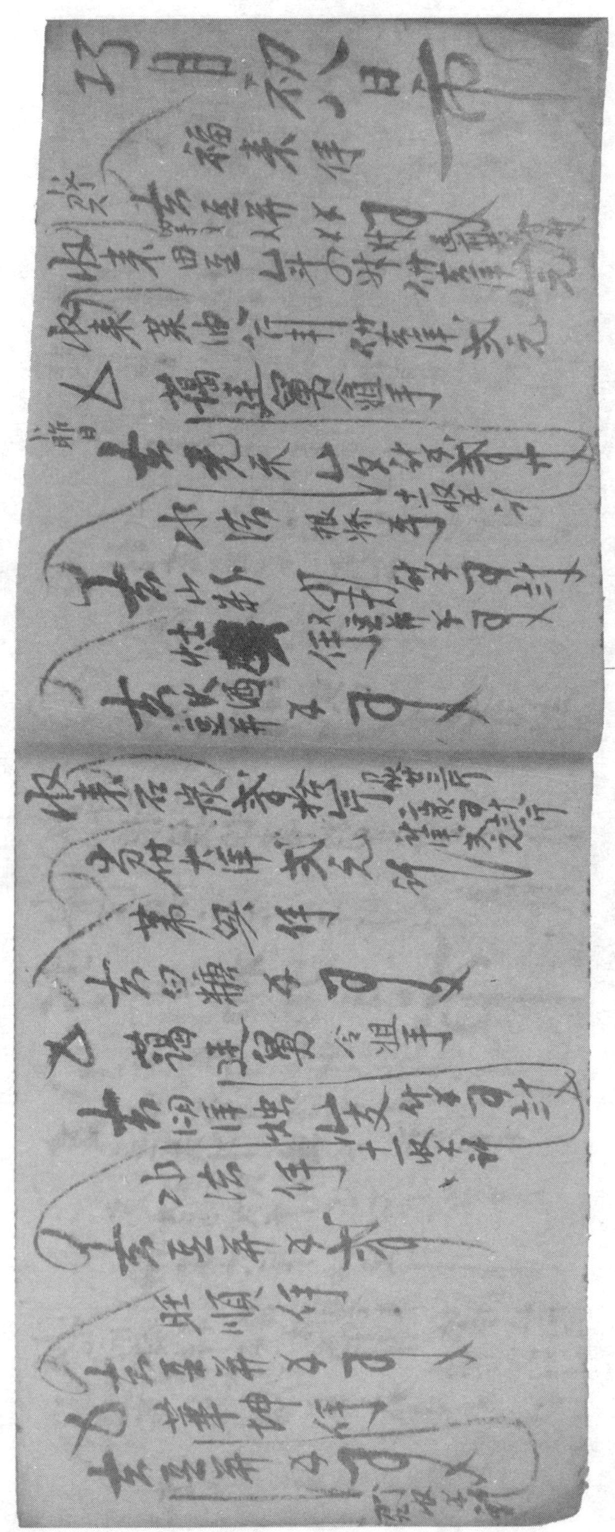

大鄣山乡江村 24-34 · 民国二十二年 · 流水账本（二册）· 张豫丰河记

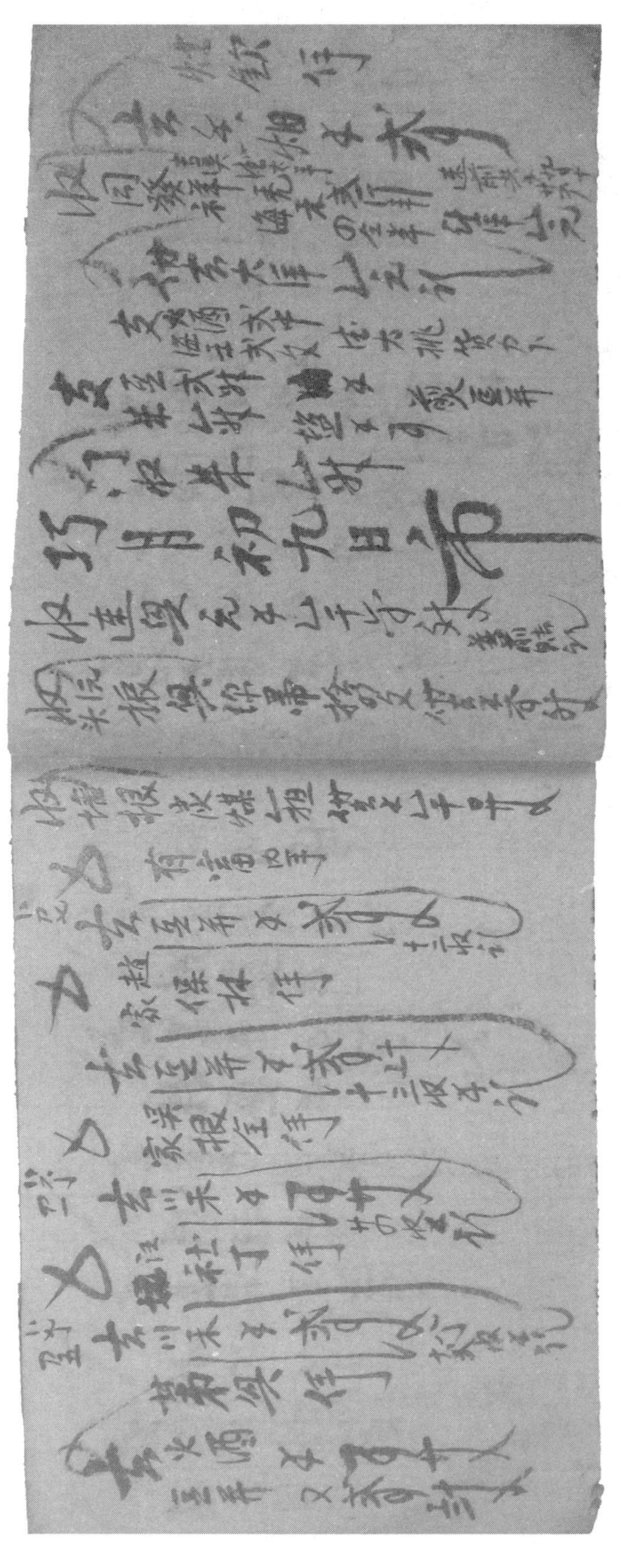

大鄣山乡江村 24-35 · 民国二十二年 · 流水账本（二册） · 张豫丰河记

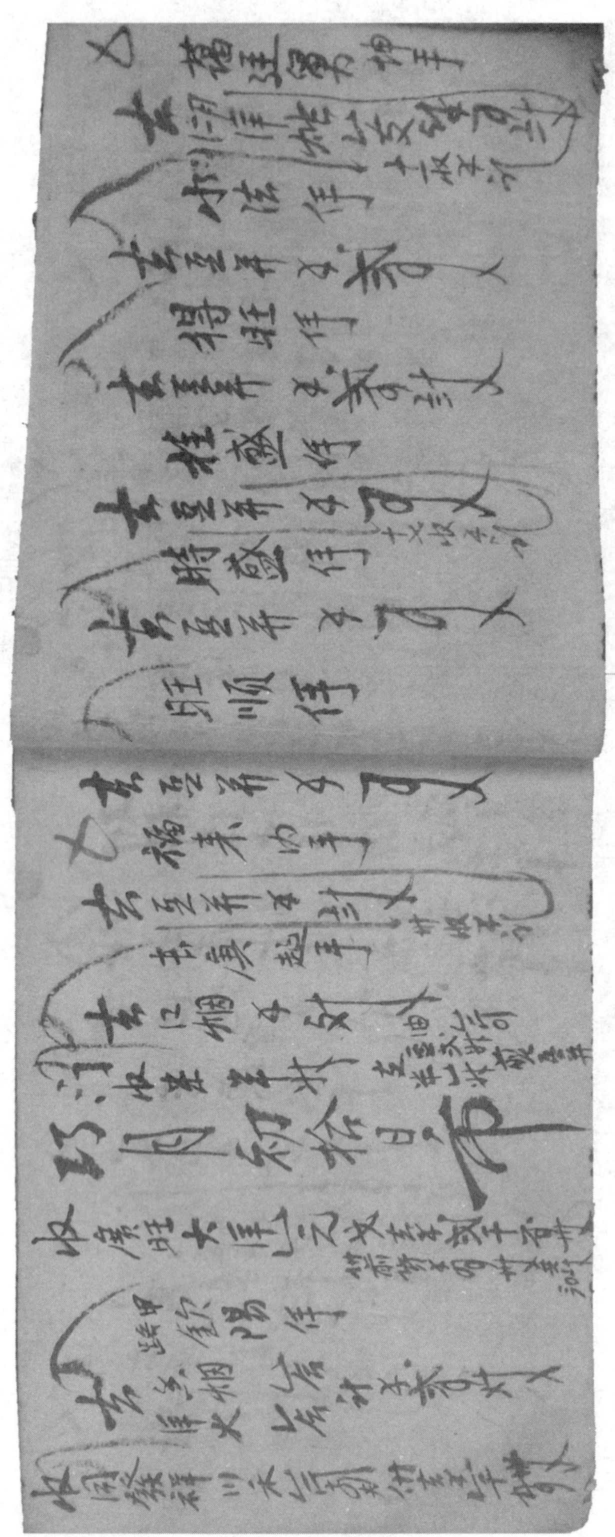

大鄣山乡江村 24-36 · 民国二十二年 · 流水账本（二册）· 张豫丰河记

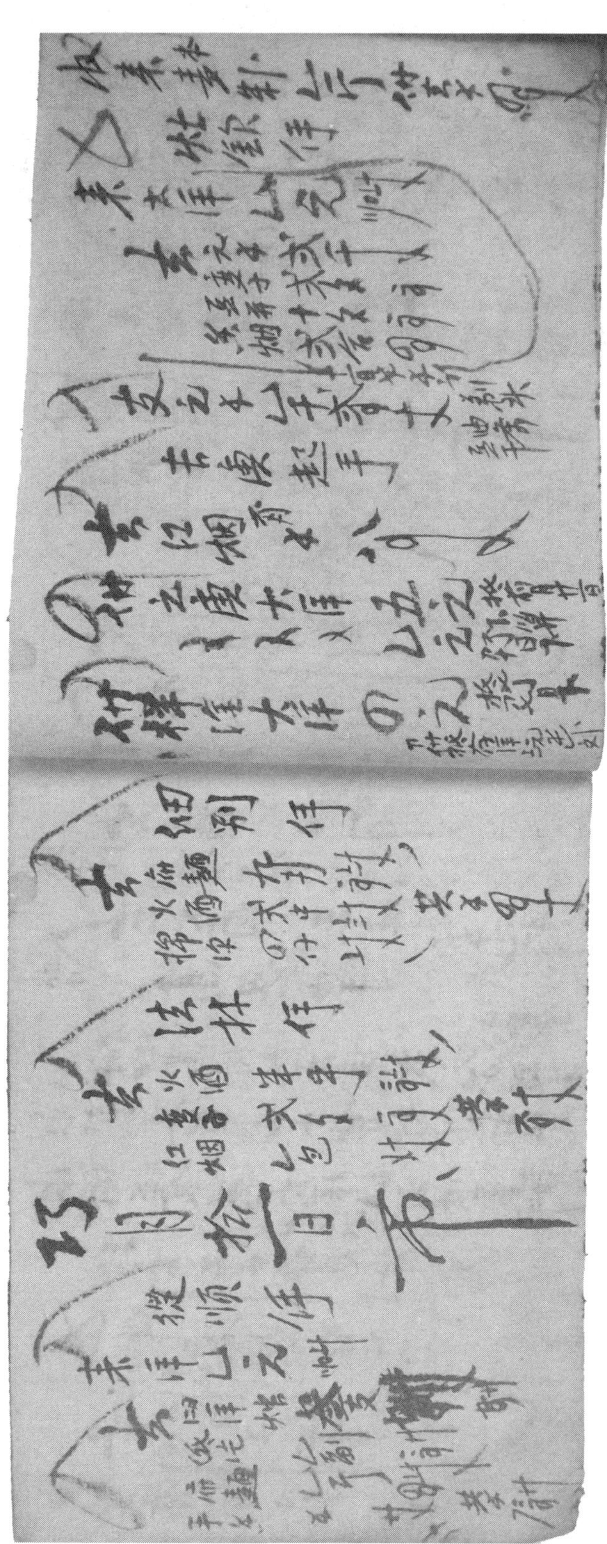

大郭山乡江村 24-37 · 民国二十二年 · 流水账本（二册）· 张豫丰河记

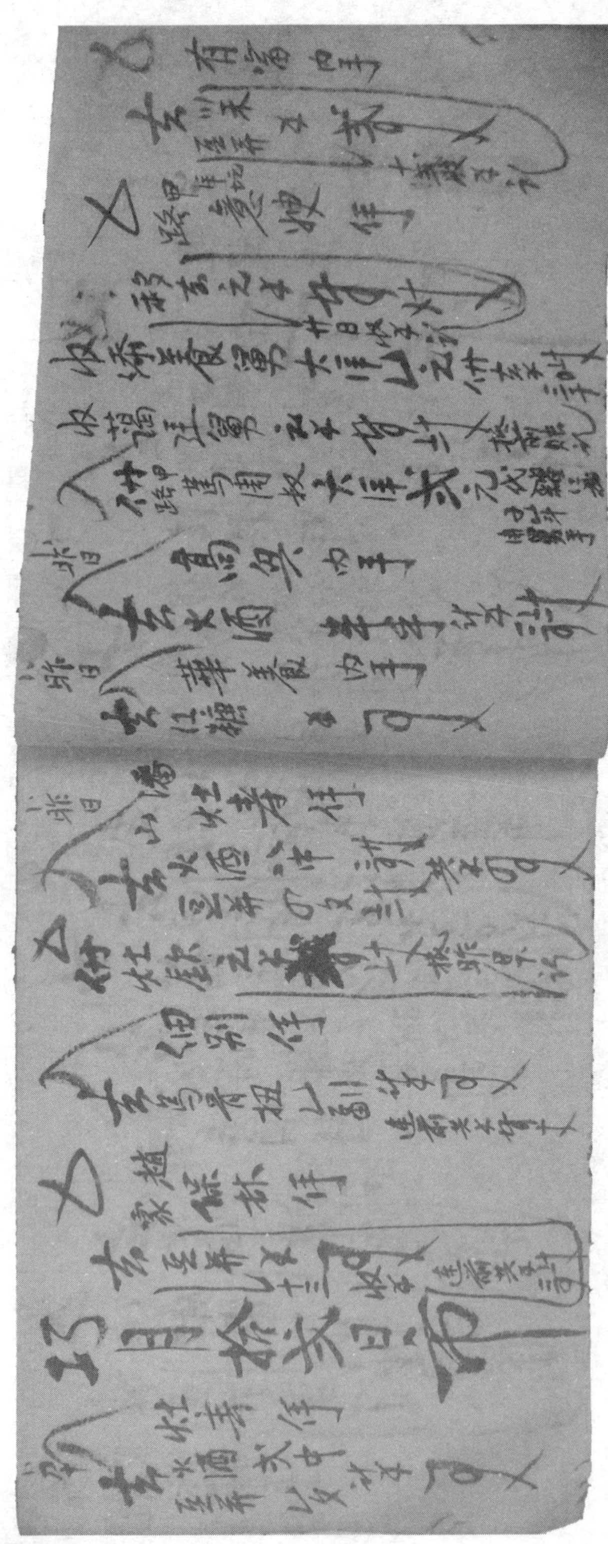

大鄣山乡江村 24-38 · 民国二十二年 · 流水账本（二册） · 张豫丰河记

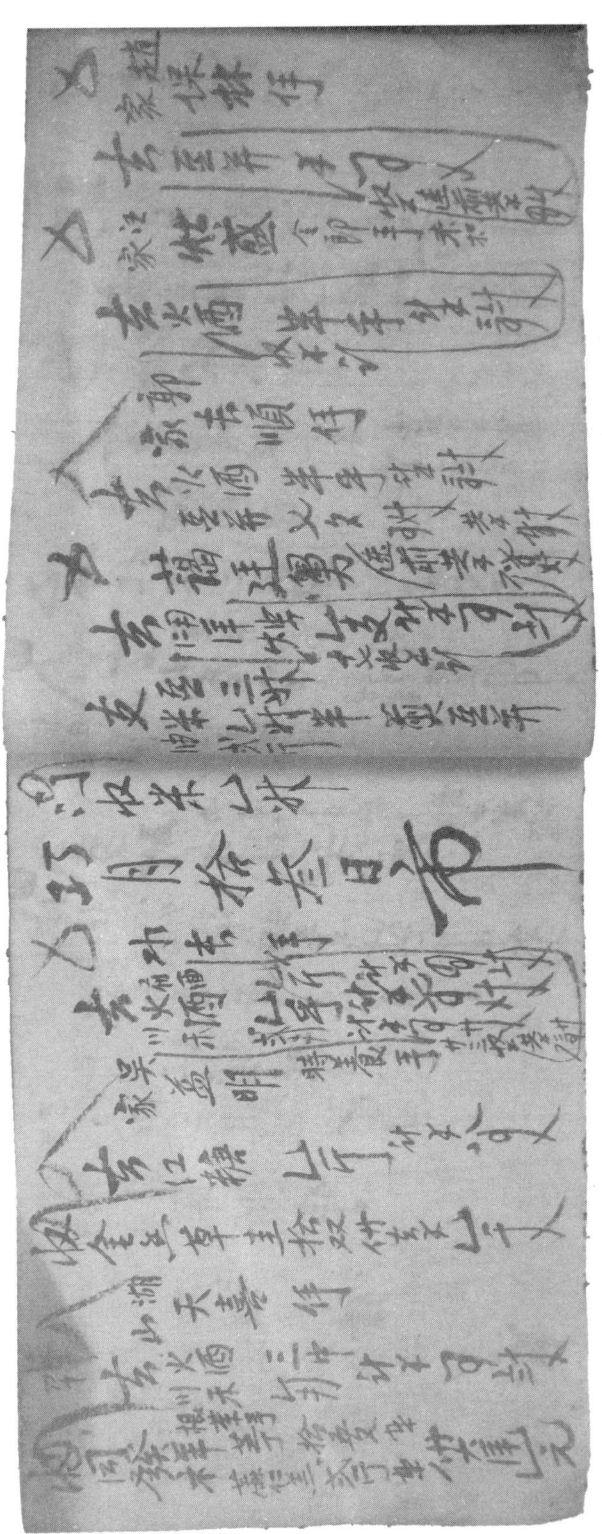

大鄣山乡江村 24-39 · 民国二十二年 · 流水账本（二册）· 张豫丰河记

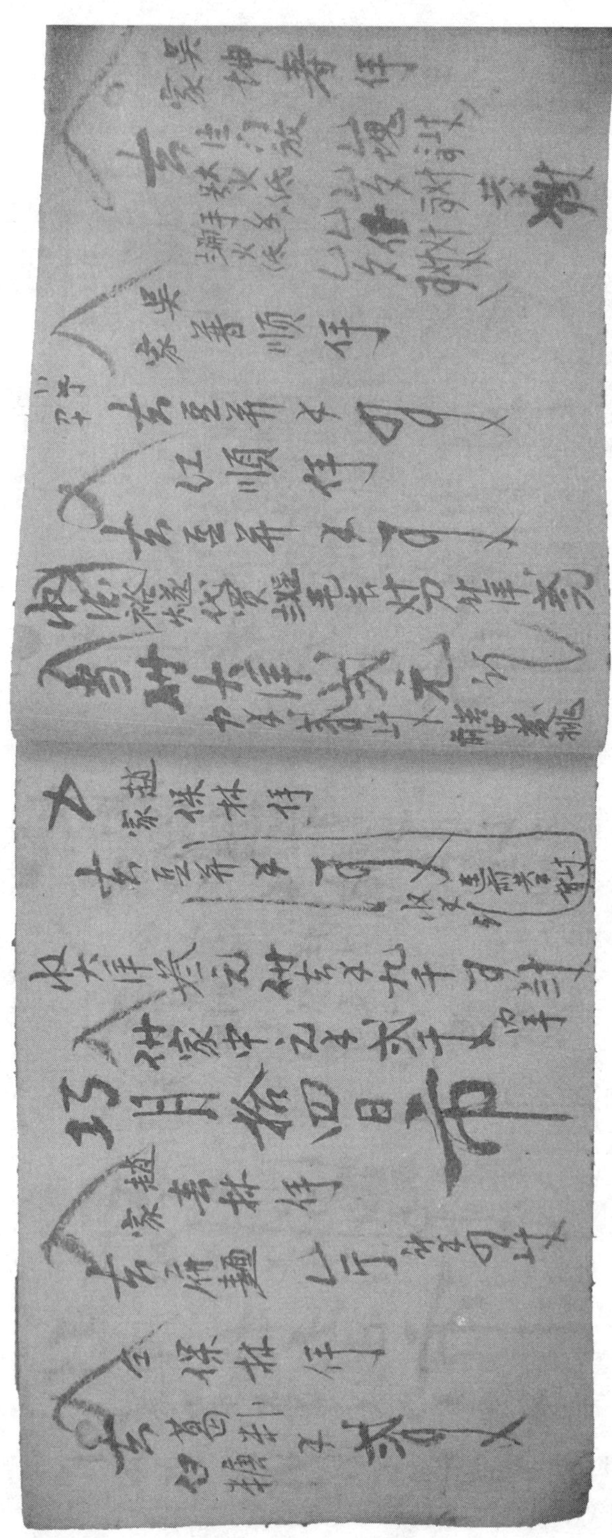

大鄣山乡江村 24-40 · 民国二十二年 · 流水账本（二册）· 张豫丰河记

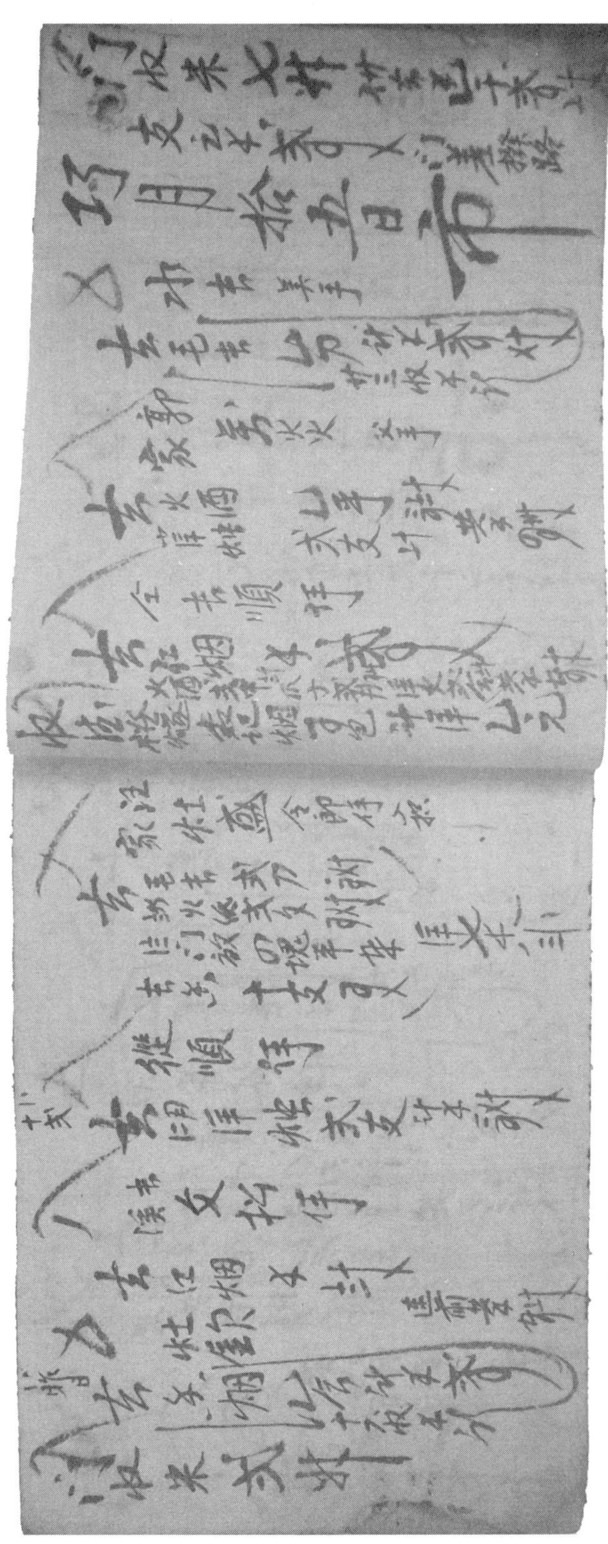

大鄣山乡江村 24-41 · 民国二十二年 · 流水账本（二册） · 张豫丰河记

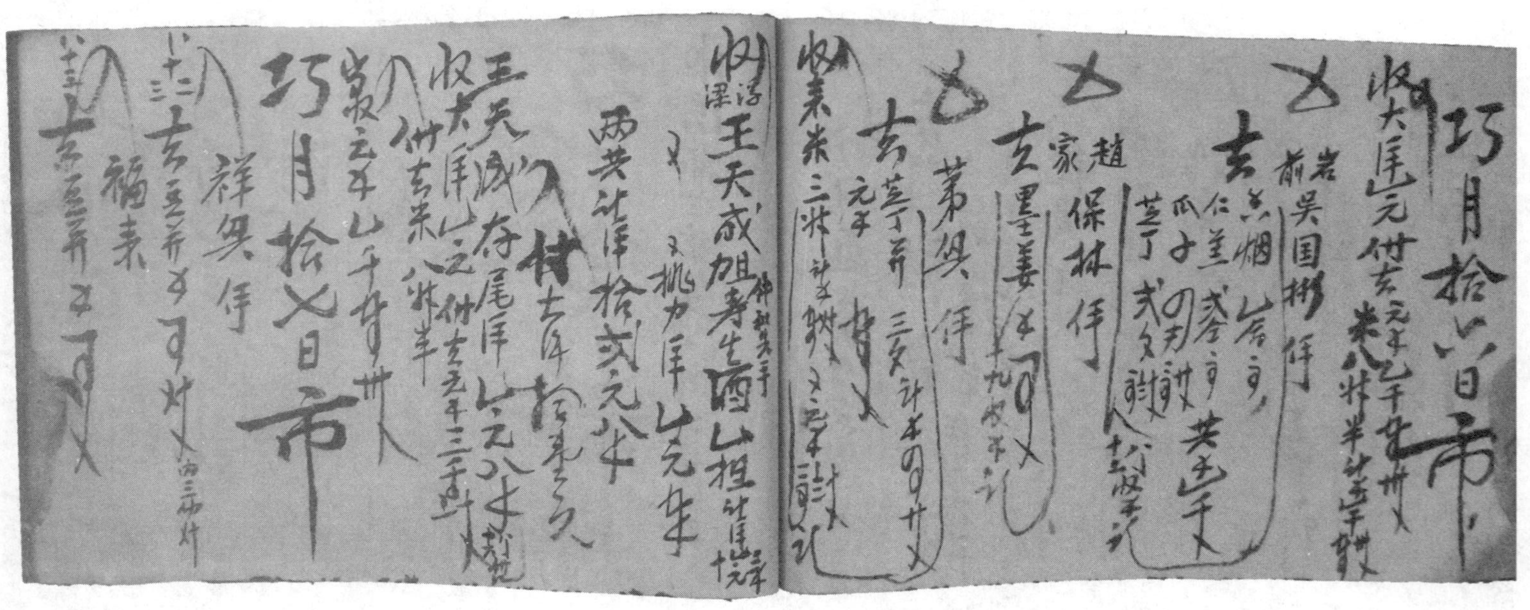

大鄣山乡江村 24-42 · 民国二十二年 · 流水账本（二册）· 张豫丰河记

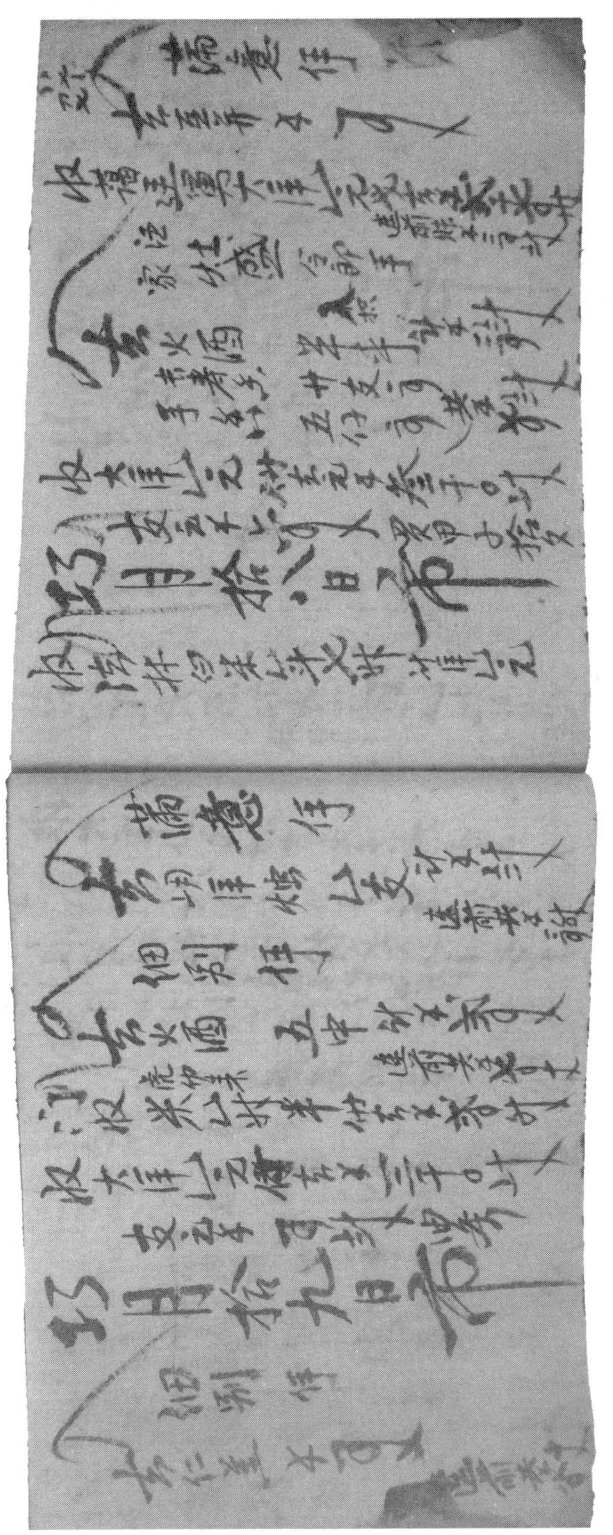

大鄣山乡江村 24-43 · 民国二十二年 · 流水账本（二册） · 张豫丰河记

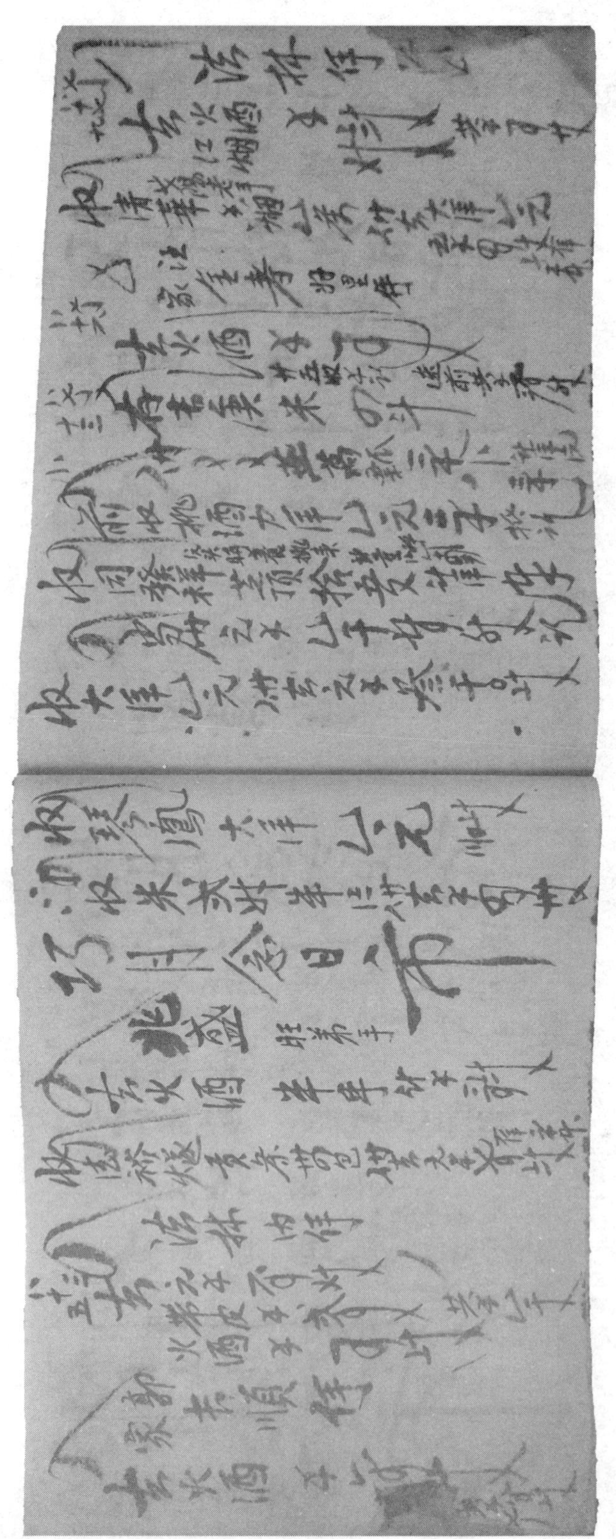

大鄣山乡江村 24-44 · 民国二十二年 · 流水账本（二册） · 张豫丰河记

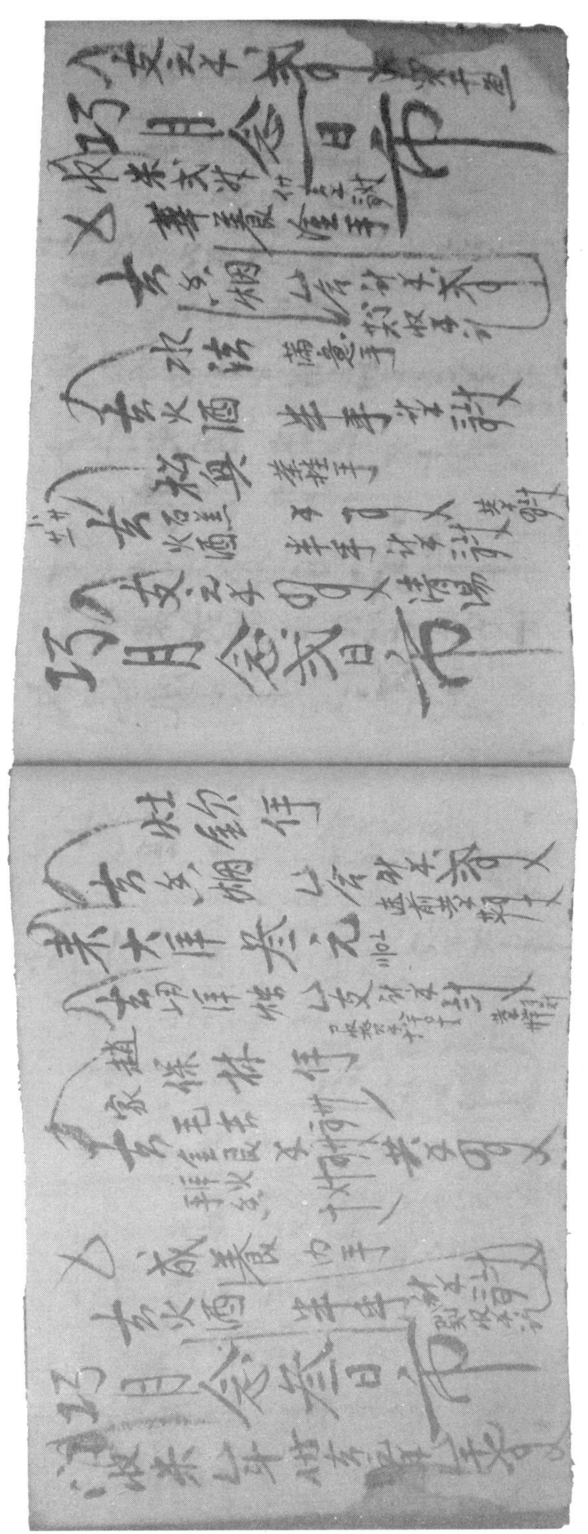

大鄣山乡江村 24-45 · 民国二十二年 · 流水账本（二册）· 张豫丰河记

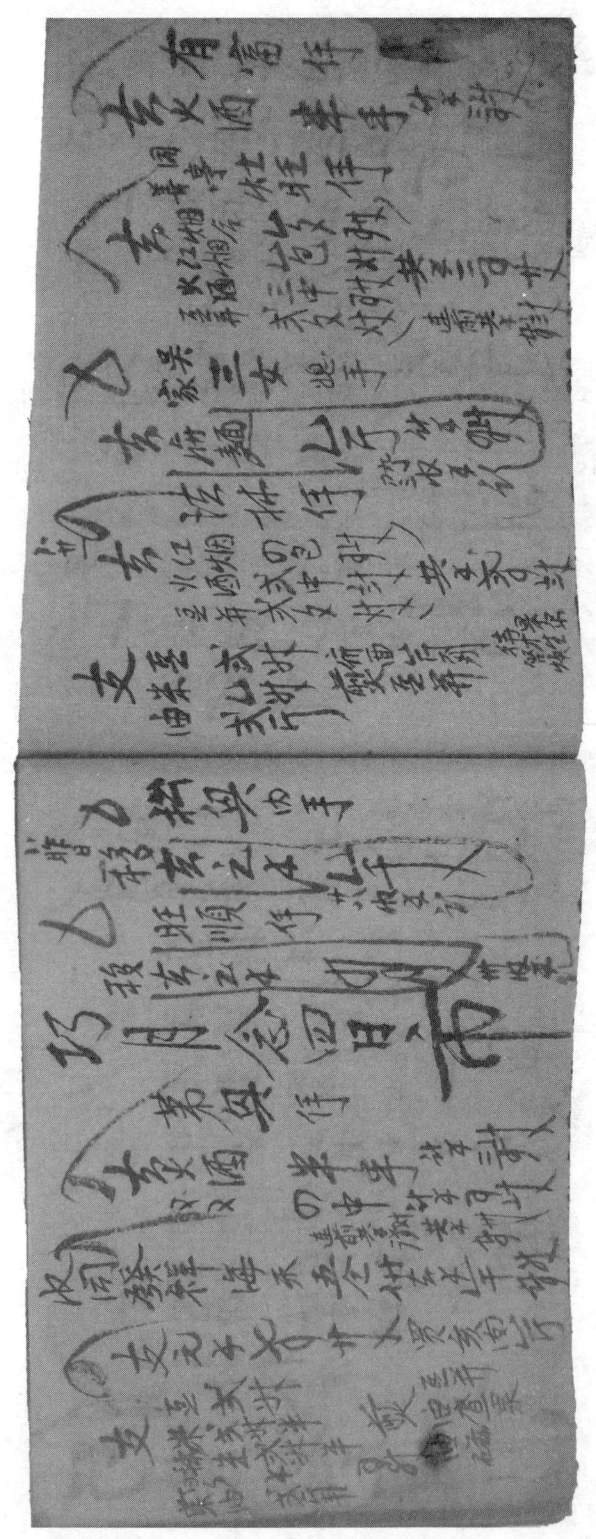

大鄣山乡江村 24-46・民国二十二年・流水账本（二册）・张豫丰河记

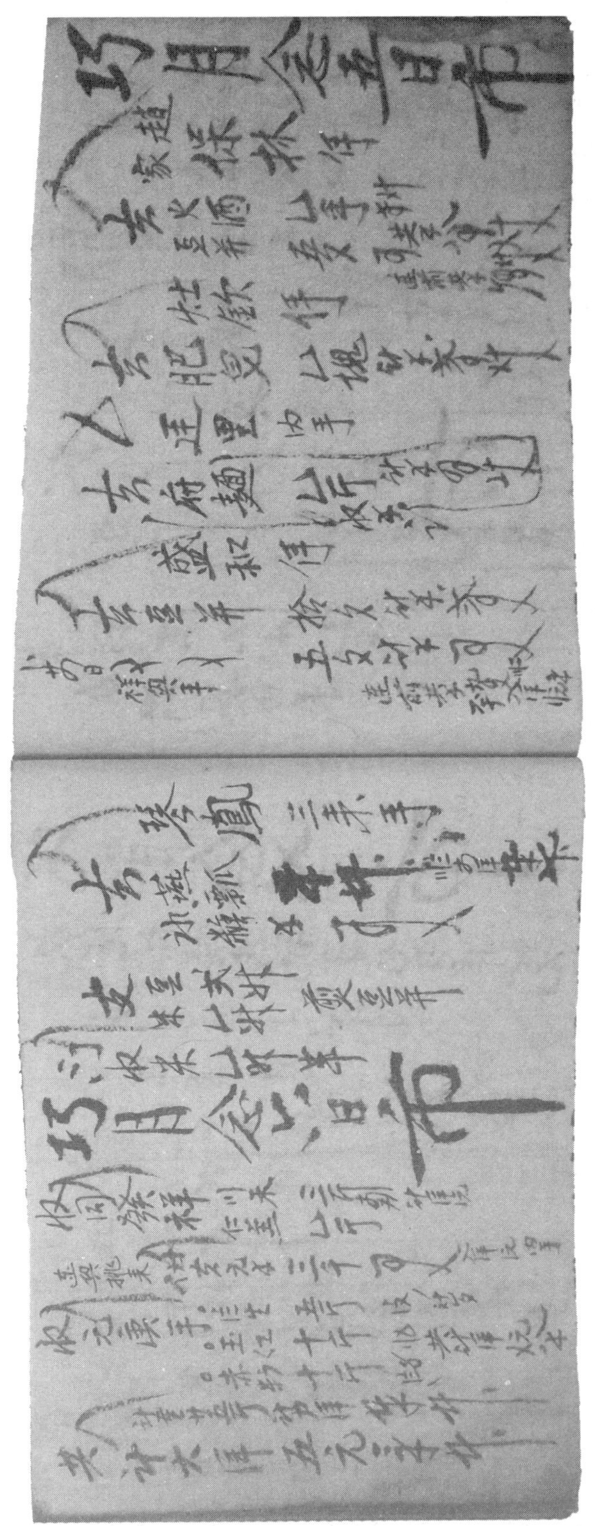

大鄣山乡江村 24-47 · 民国二十二年 · 流水账本（二册）· 张豫丰河记

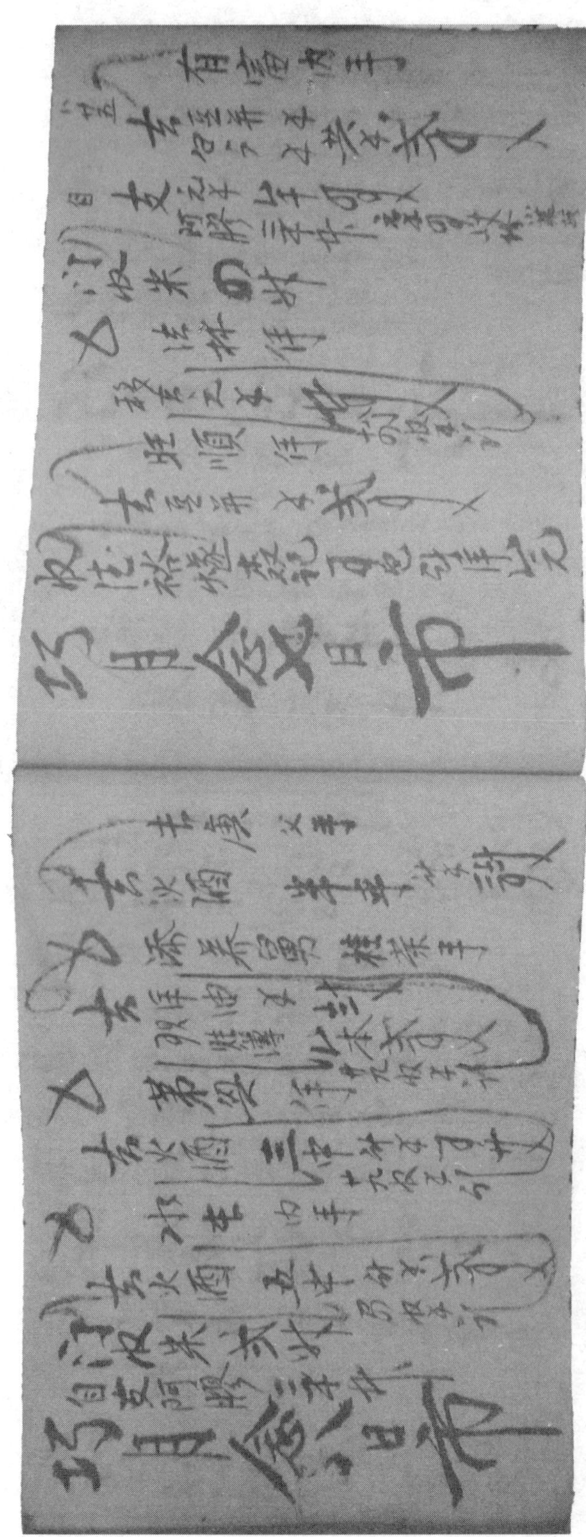

大鄣山乡江村 24-48 · 民国二十二年 · 流水账本（二册） · 张豫丰河记

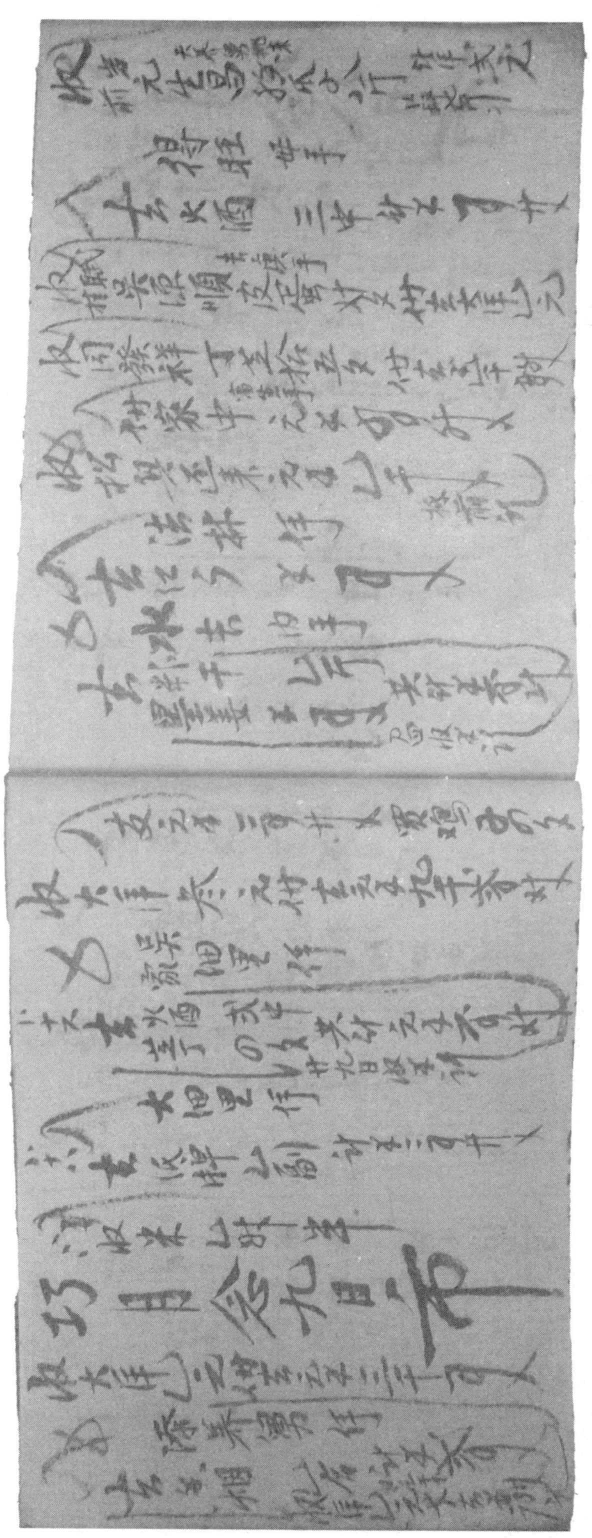

大鄣山乡江村 24-49 · 民国二十二年 · 流水账本（二册） · 张豫丰河记

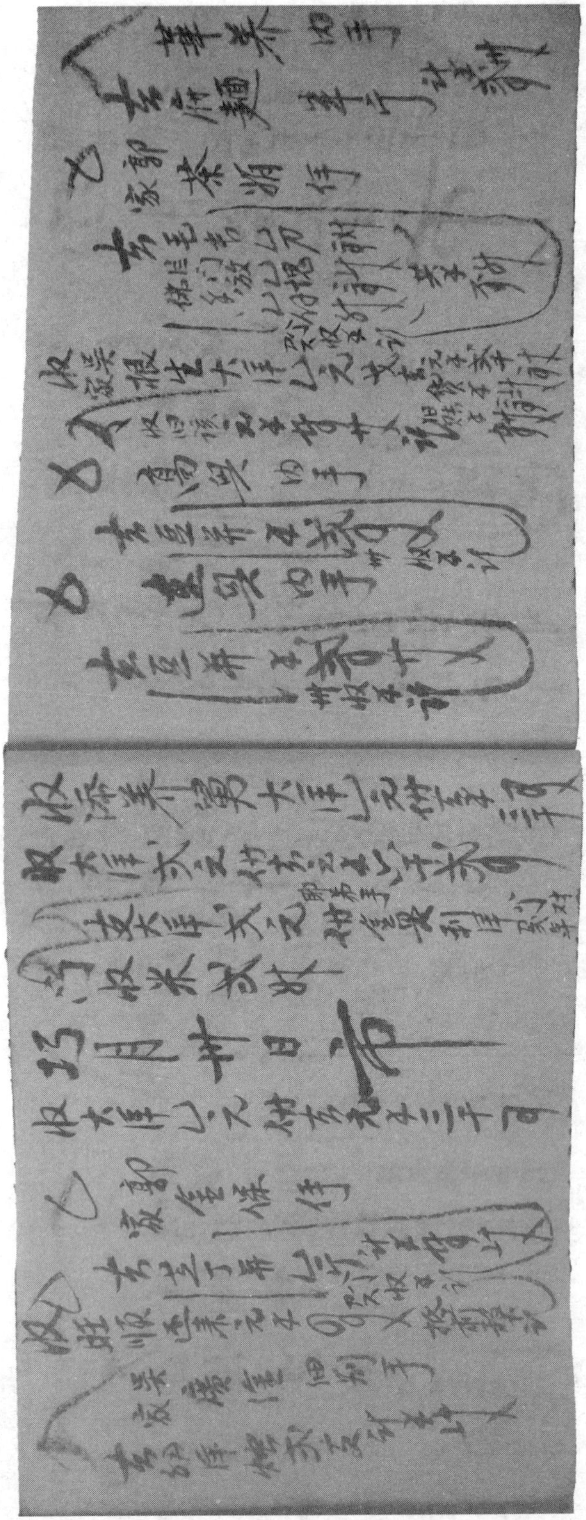

大鄣山乡江村 24-50 · 民国二十二年 · 流水账本（二册） · 张豫丰河记

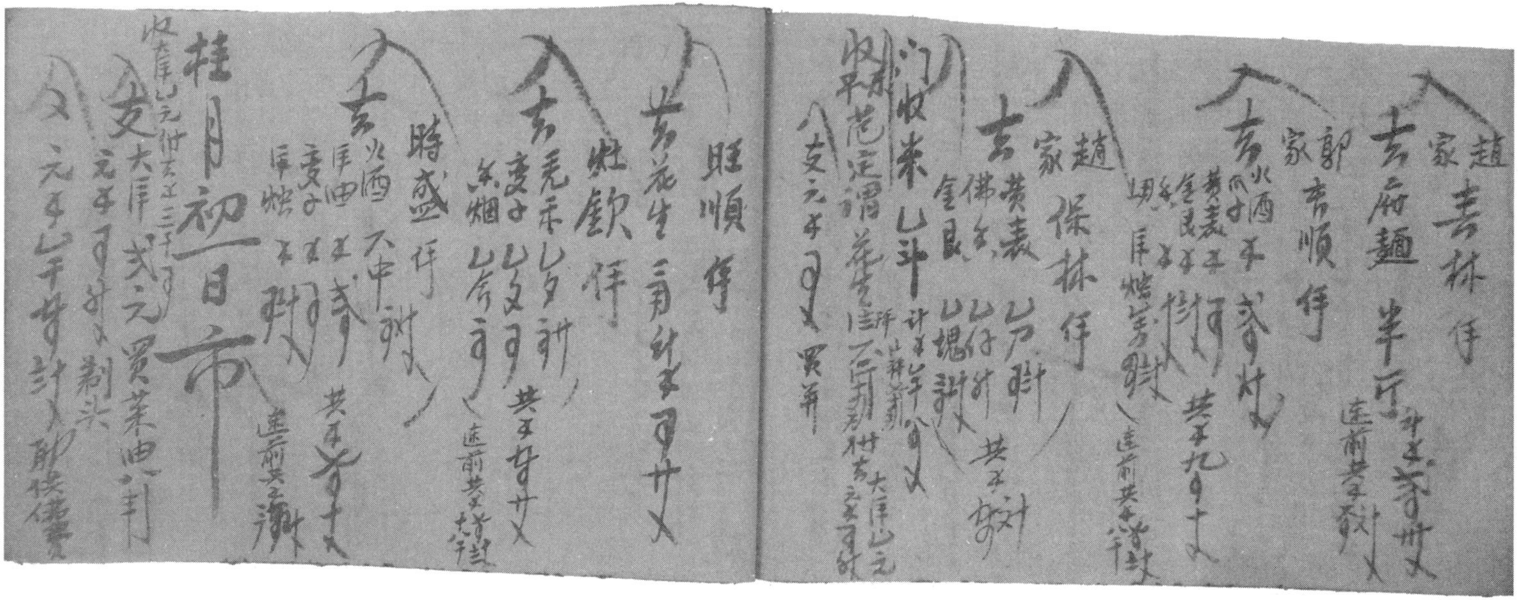

大鄣山乡江村 24-51 · 民国二十二年 · 流水账本（二册）· 张豫丰河记

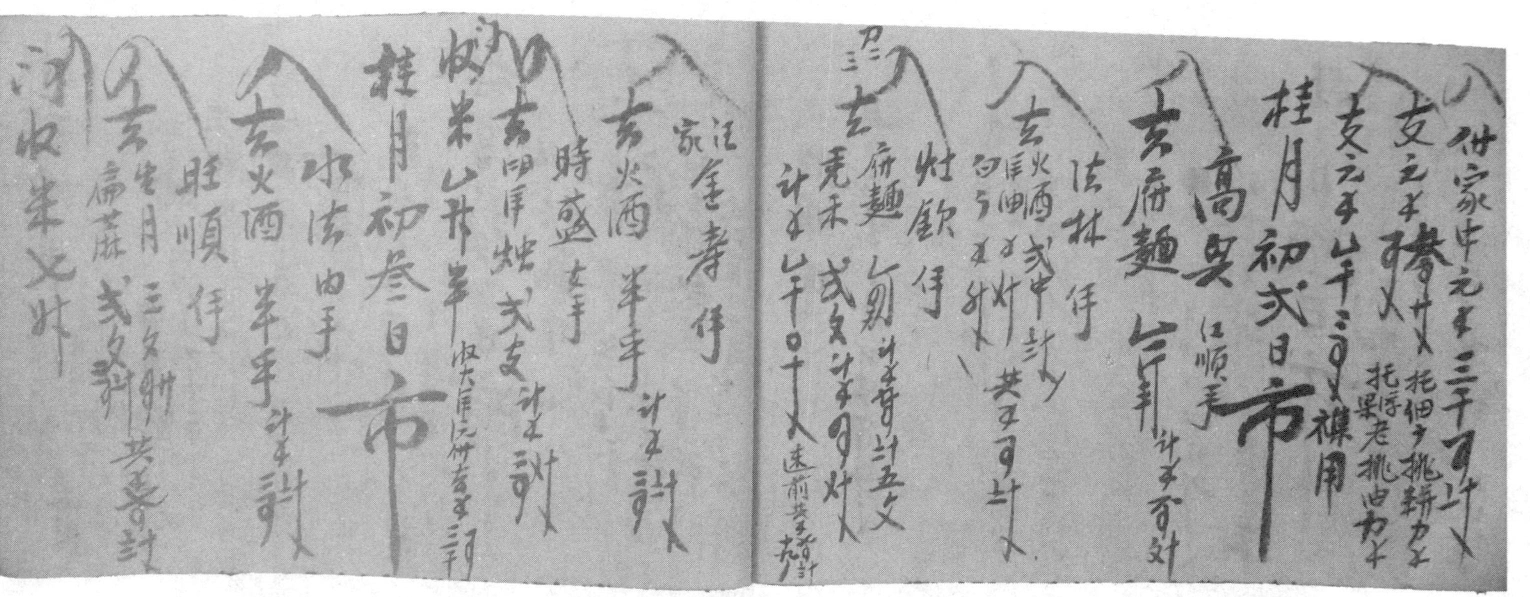

大鄣山乡江村 24-52 · 民国二十二年 · 流水账本（二册）· 张豫丰河记

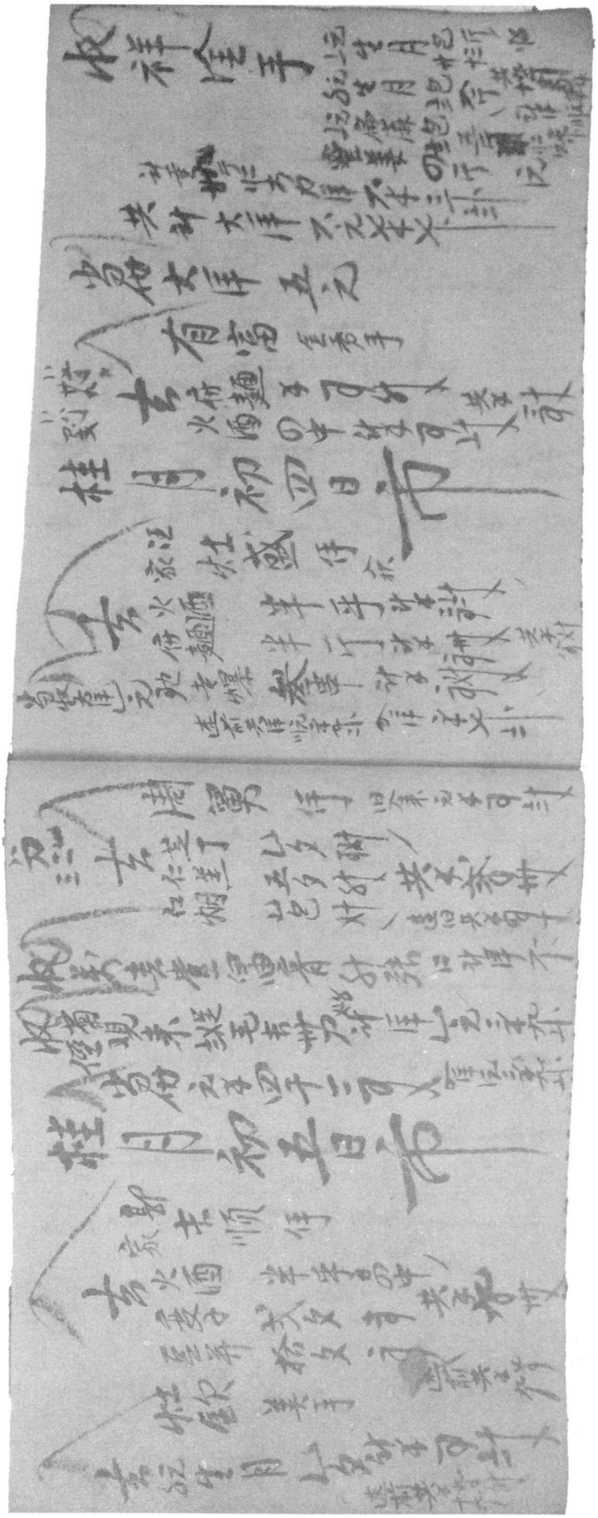

大鄣山乡江村 24-53 · 民国二十二年 · 流水账本（二册）· 张豫丰河记

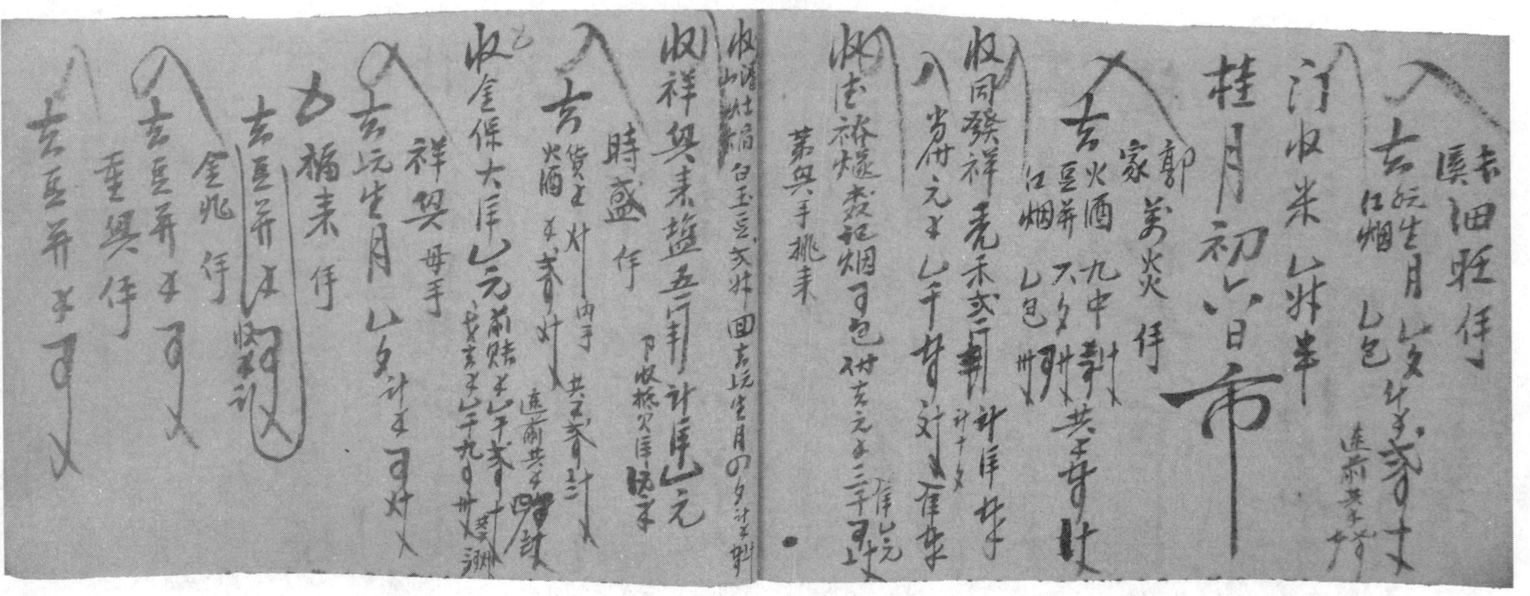

大鄣山乡江村 24-54 · 民国二十二年 · 流水账本（二册）· 张豫丰河记

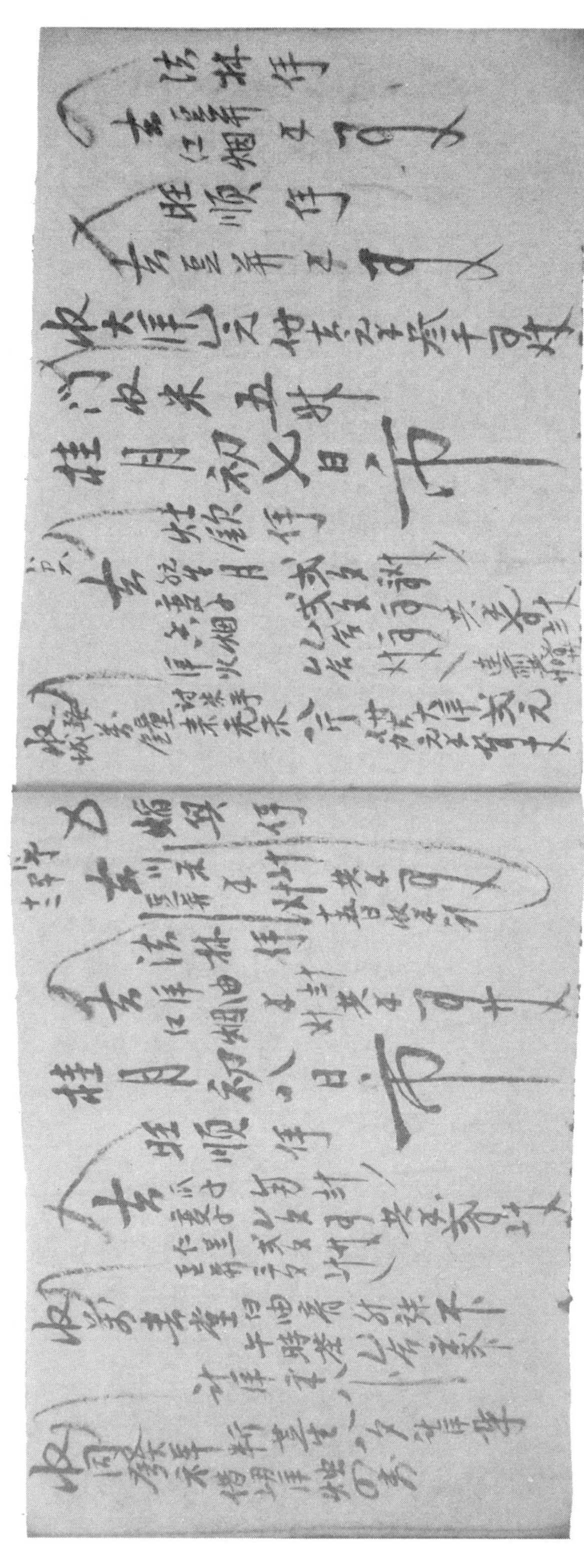

大鄣山乡江村 24-55 · 民国二十二年 · 流水账本（二册）· 张豫丰河记

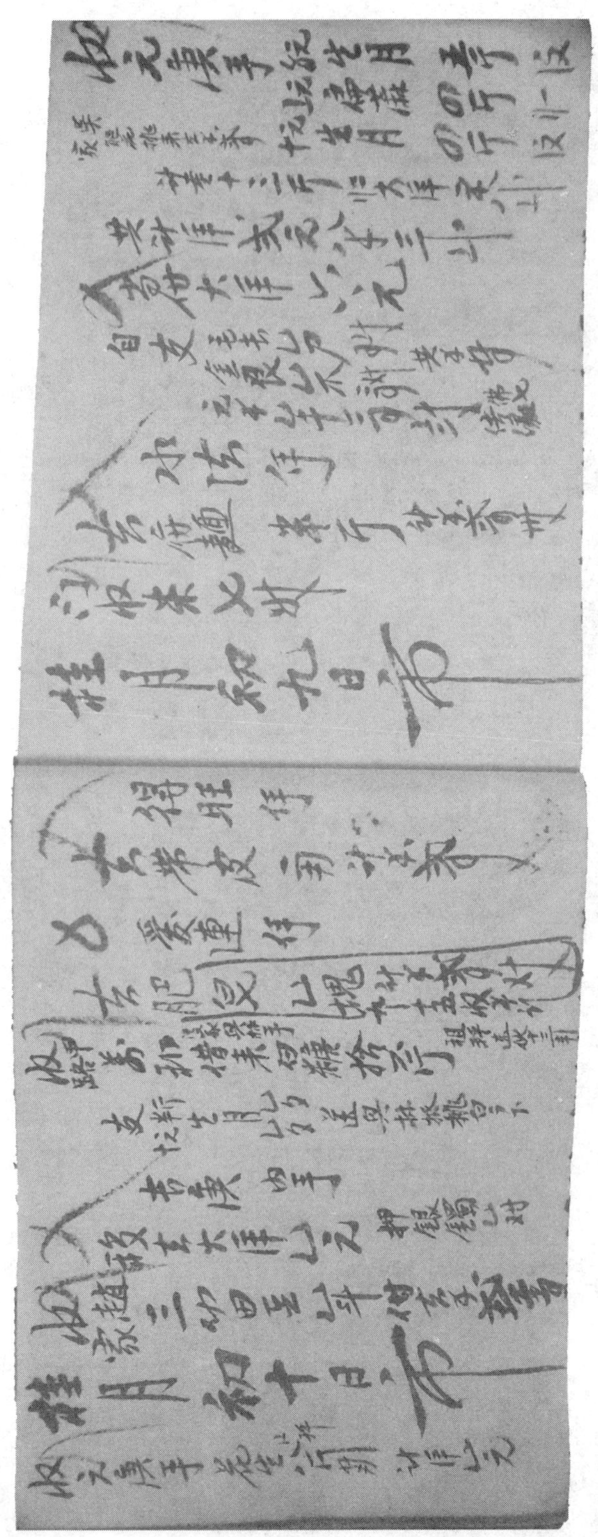

大鄣山乡江村 24-56 · 民国二十二年 · 流水账本（二册）· 张豫丰河记

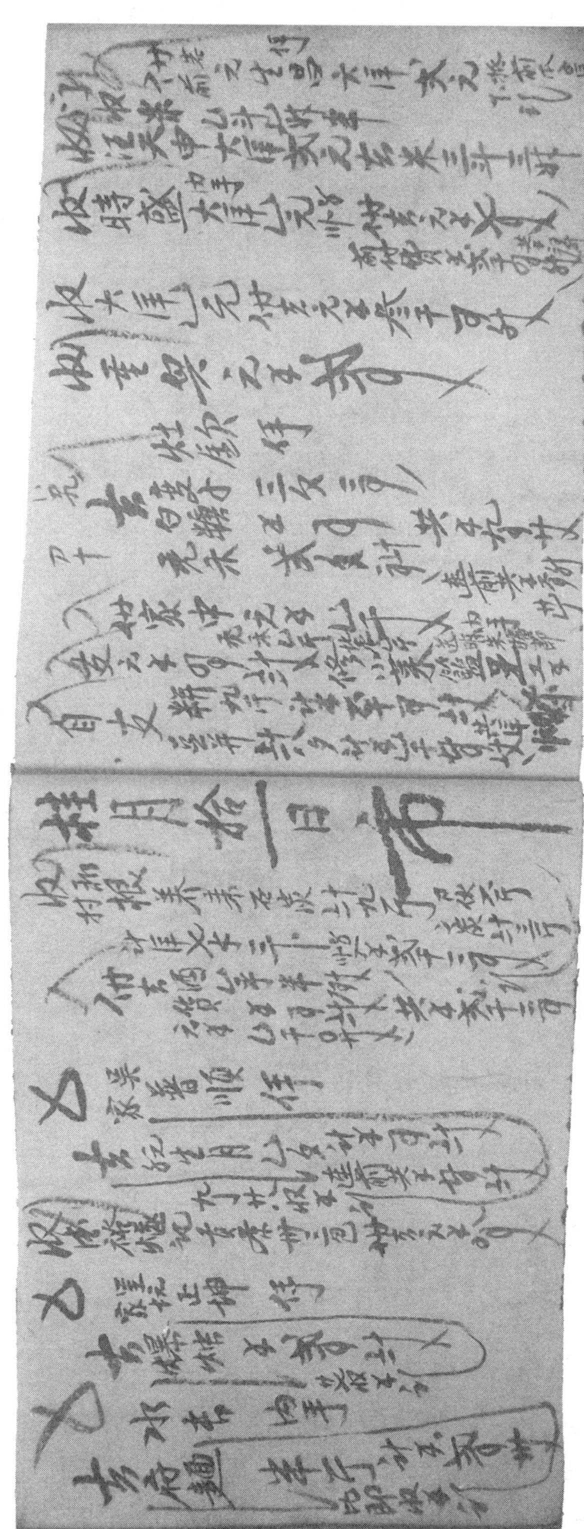

大鄣山乡江村 24-57・民国二十二年・流水账本（二册）・张豫丰河记

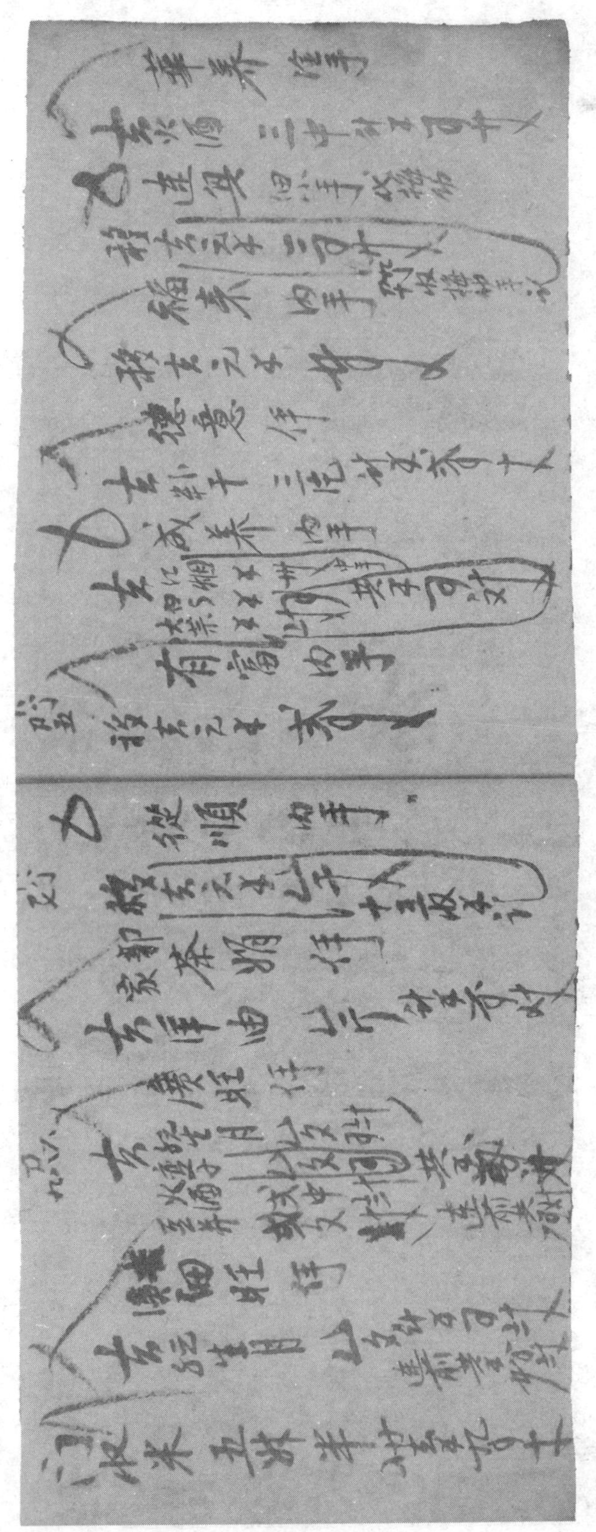

大鄣山乡江村 24-58 · 民国二十二年 · 流水账本（二册） · 张豫丰河记

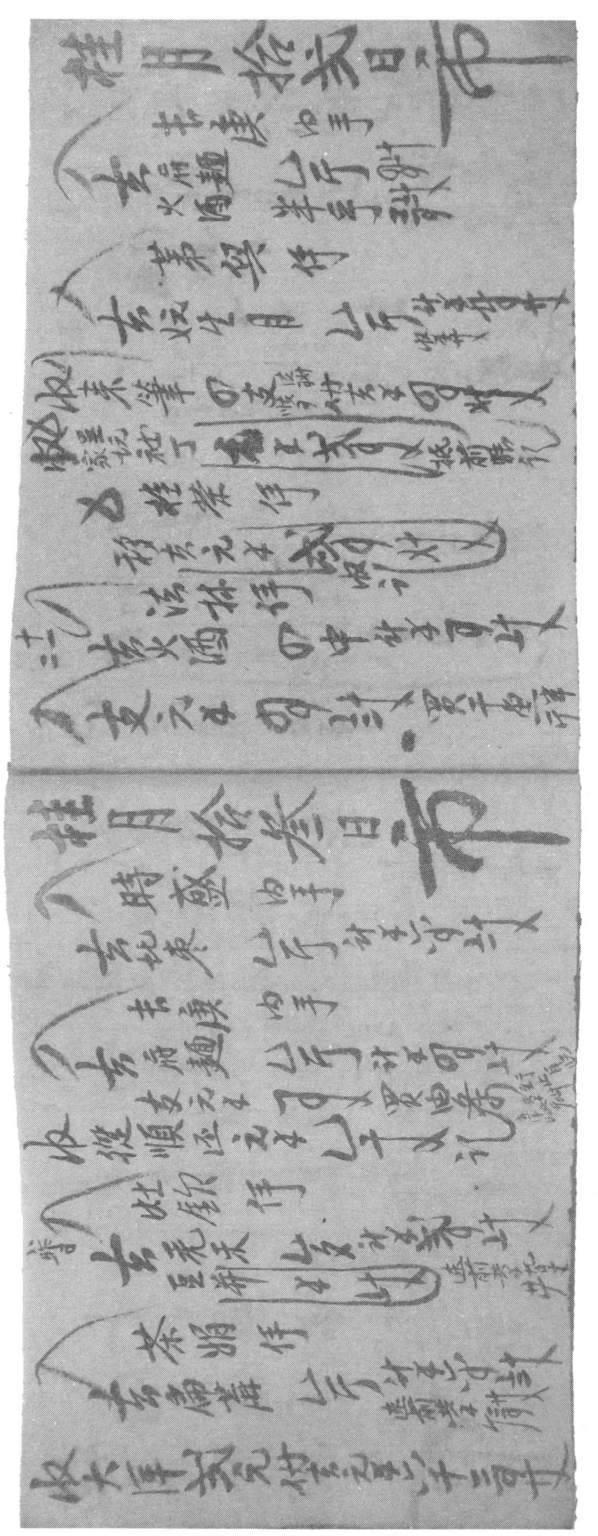

大鄣山乡江村 24-59 · 民国二十二年 · 流水账本（二册）· 张豫丰河记

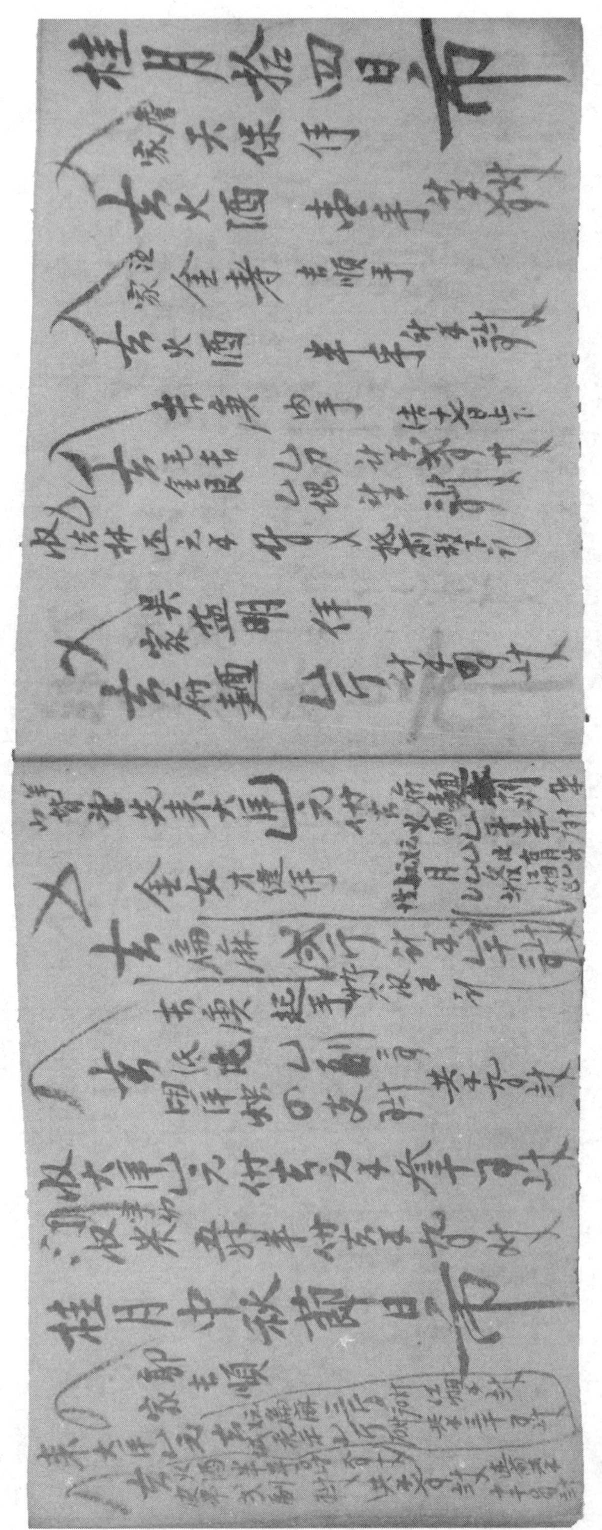

大鄣山乡江村 24-60 · 民国二十二年 · 流水账本（二册）· 张豫丰河记

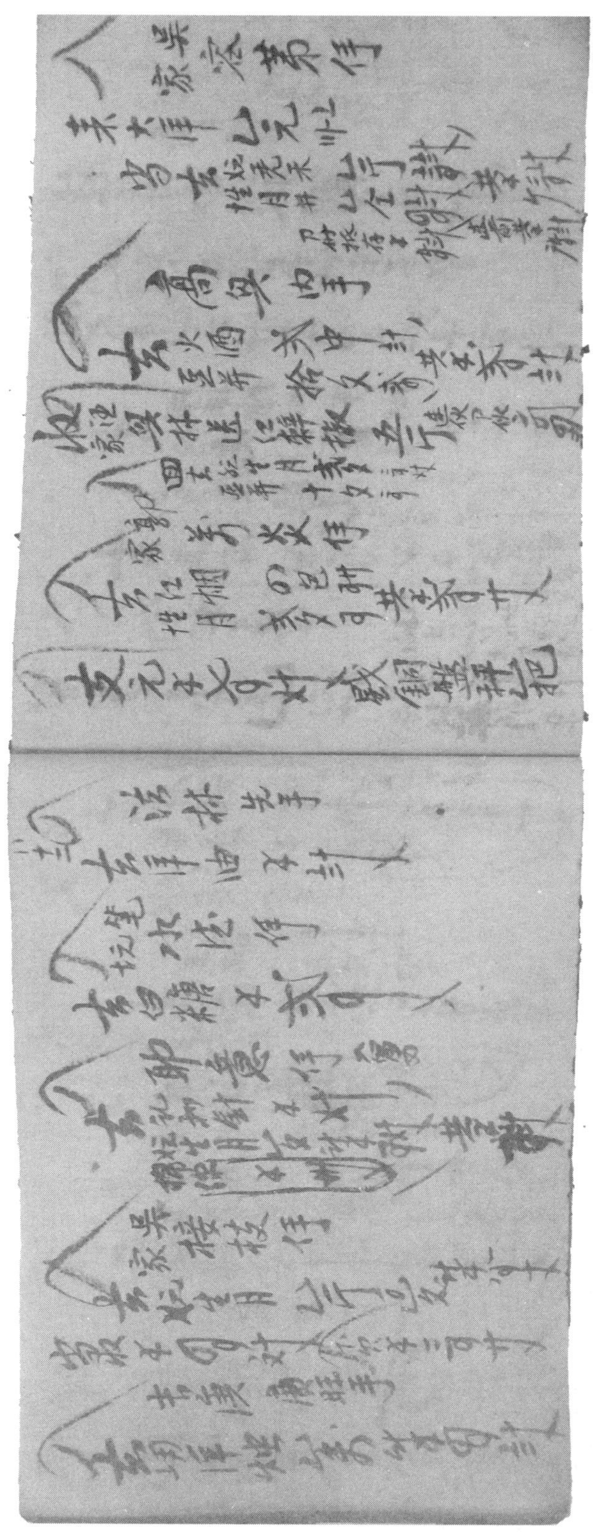

大鄣山乡江村 24-61 · 民国二十二年 · 流水账本（二册）· 张豫丰河记

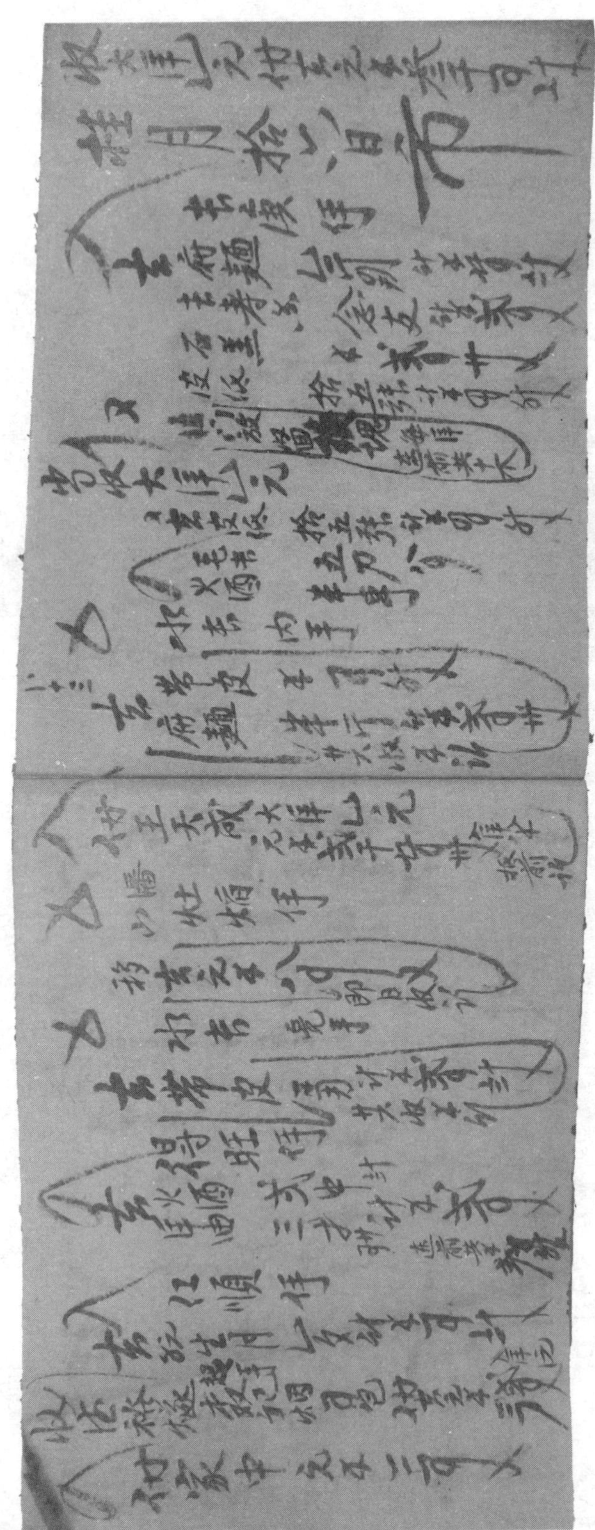

大鄣山乡江村 24-62 · 民国二十二年 · 流水账本（二册）· 张豫丰河记

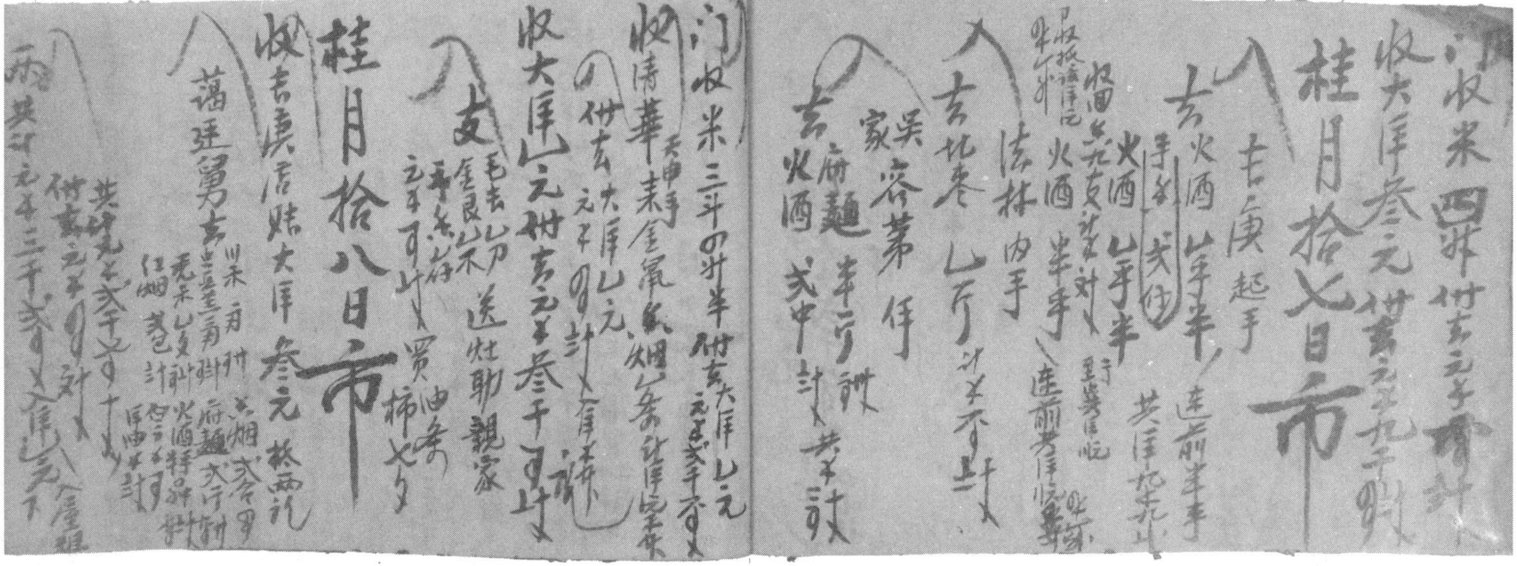

大鄣山乡江村 24-63 · 民国二十二年 · 流水账本（二册）· 张豫丰河记

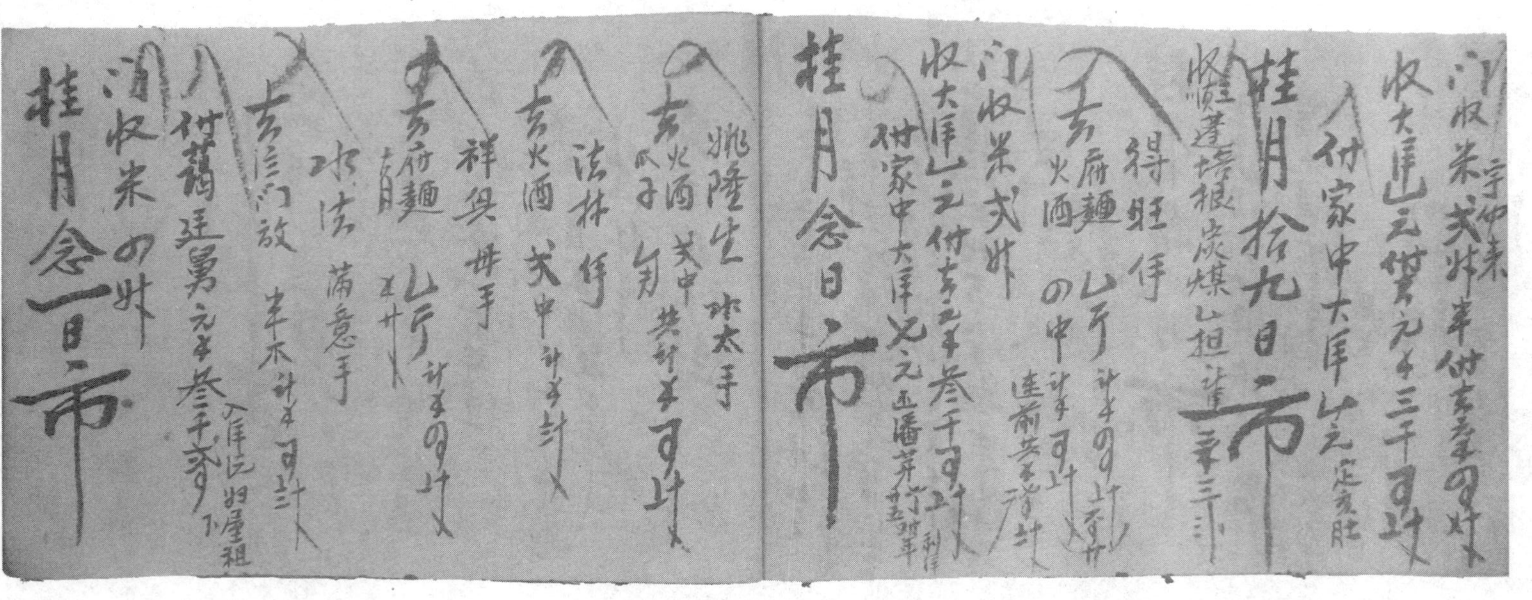

大鄣山乡江村 24-64 · 民国二十二年 · 流水账本（二册）· 张豫丰河记

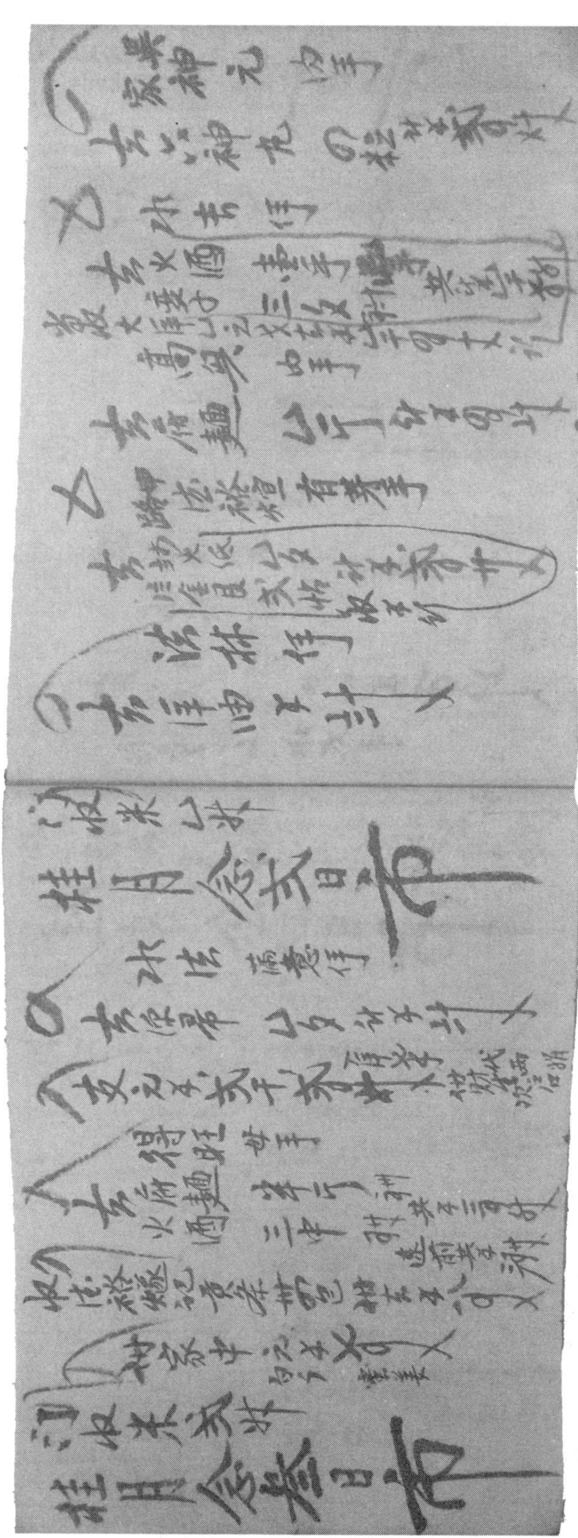

大鄣山乡江村 24-65 · 民国二十二年 · 流水账本（二册）· 张豫丰河记

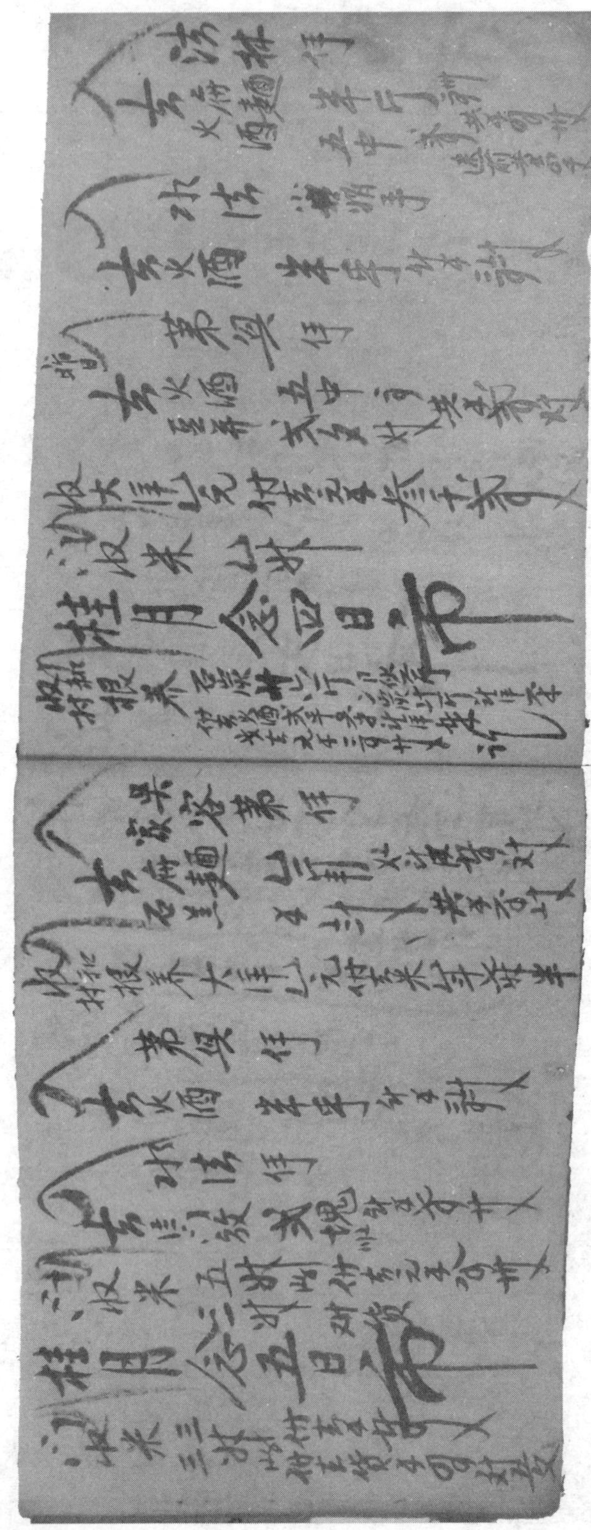

大鄣山乡江村 24-66 · 民国二十二年 · 流水账本（二册） · 张豫丰河记

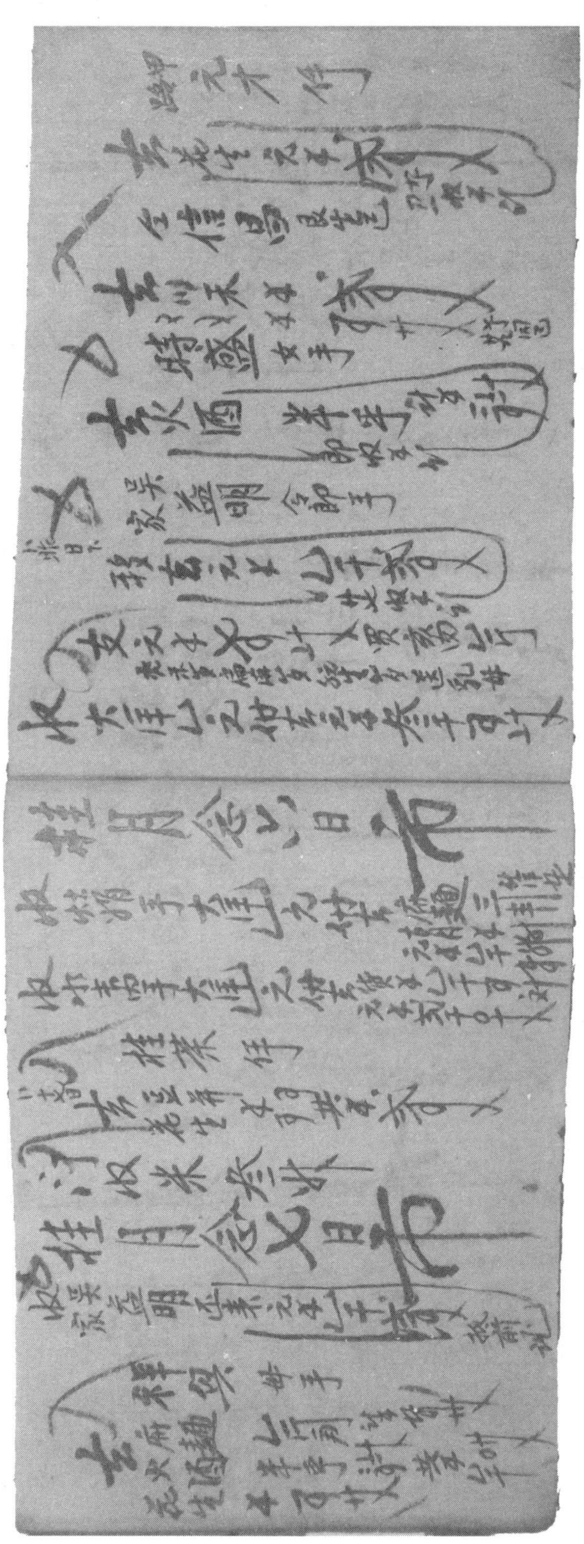

大鄣山乡江村 24-67 · 民国二十二年 · 流水账本（二册）· 张豫丰河记

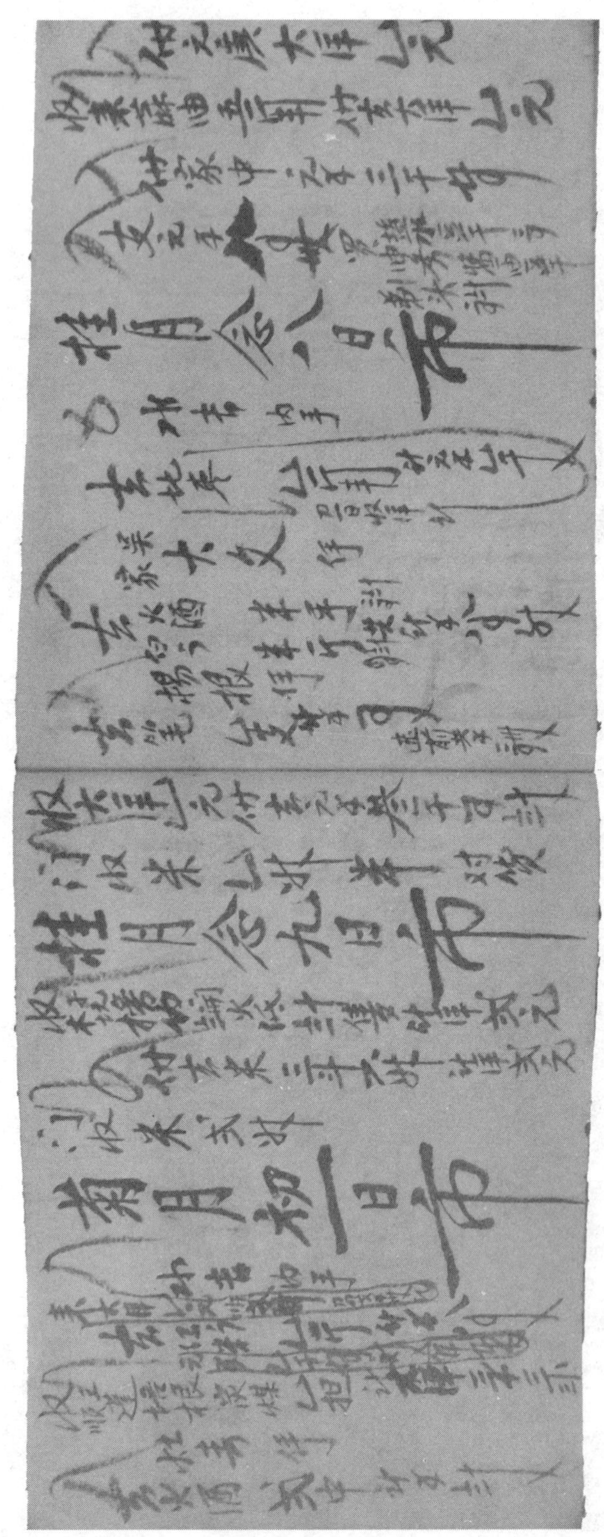

大鄣山乡江村 24-68 · 民国二十二年 · 流水账本（二册）· 张豫丰河记

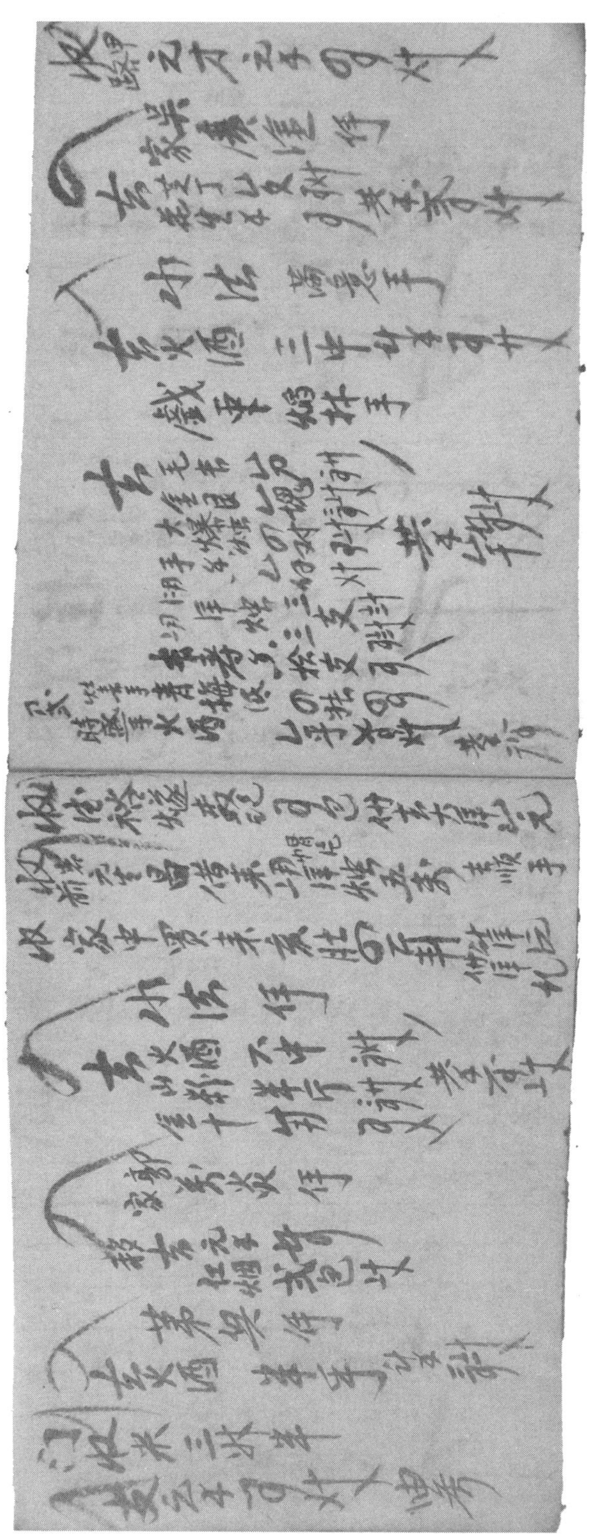

大鄣山乡江村 24-69 · 民国二十二年 · 流水账本（二册）· 张豫丰河记

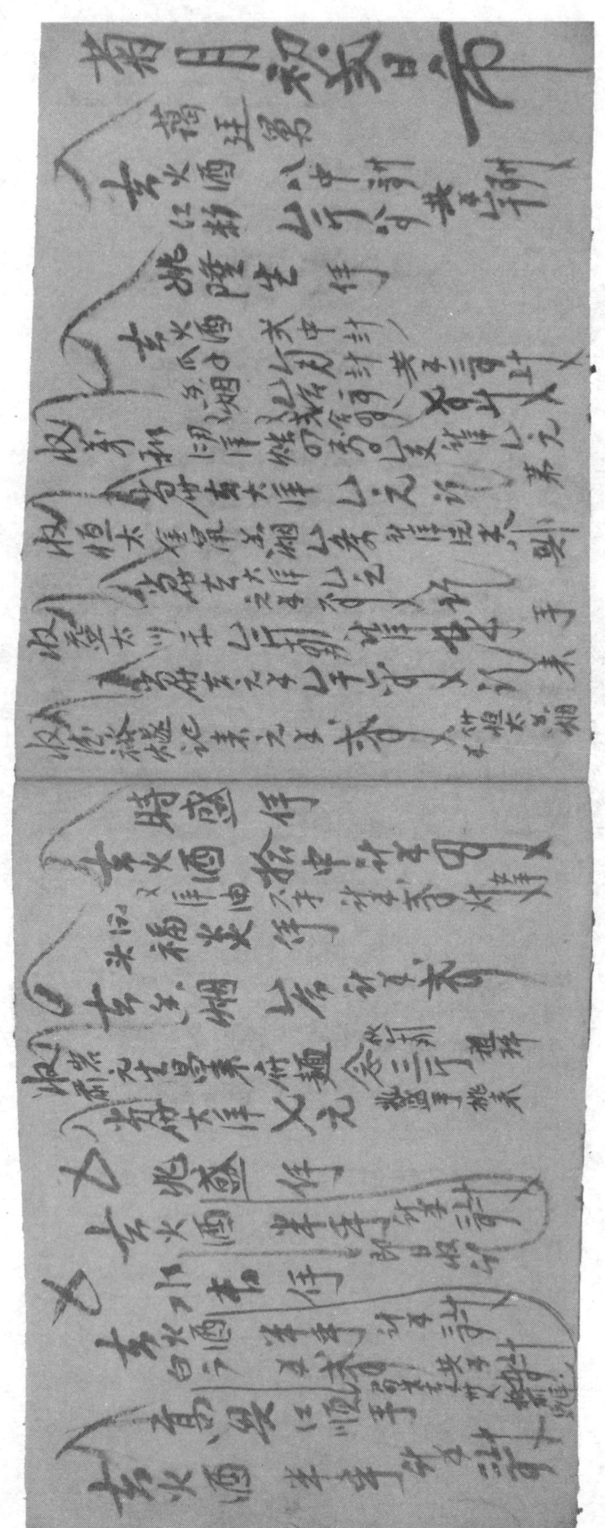

大鄣山乡江村 24-70 · 民国二十二年 · 流水账本（二册）· 张豫丰河记

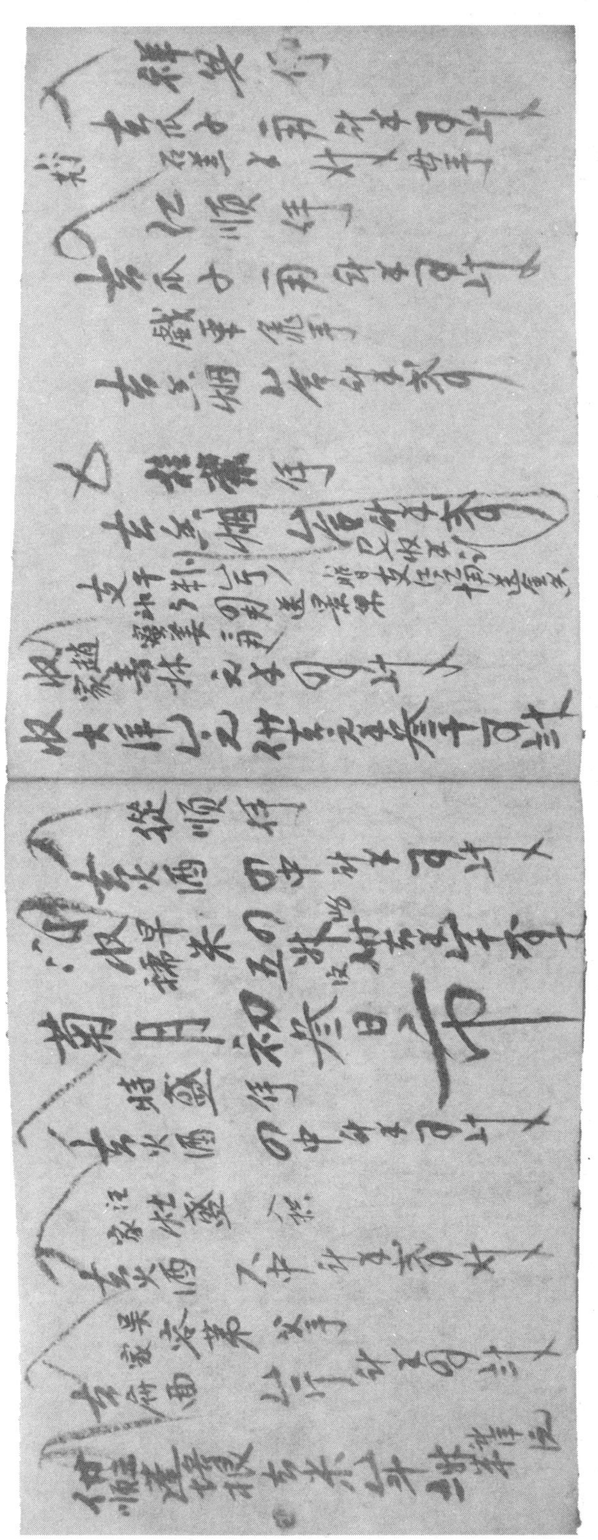

大鄣山乡江村 24-71 · 民国二十二年 · 流水账本（二册）· 张豫丰河记

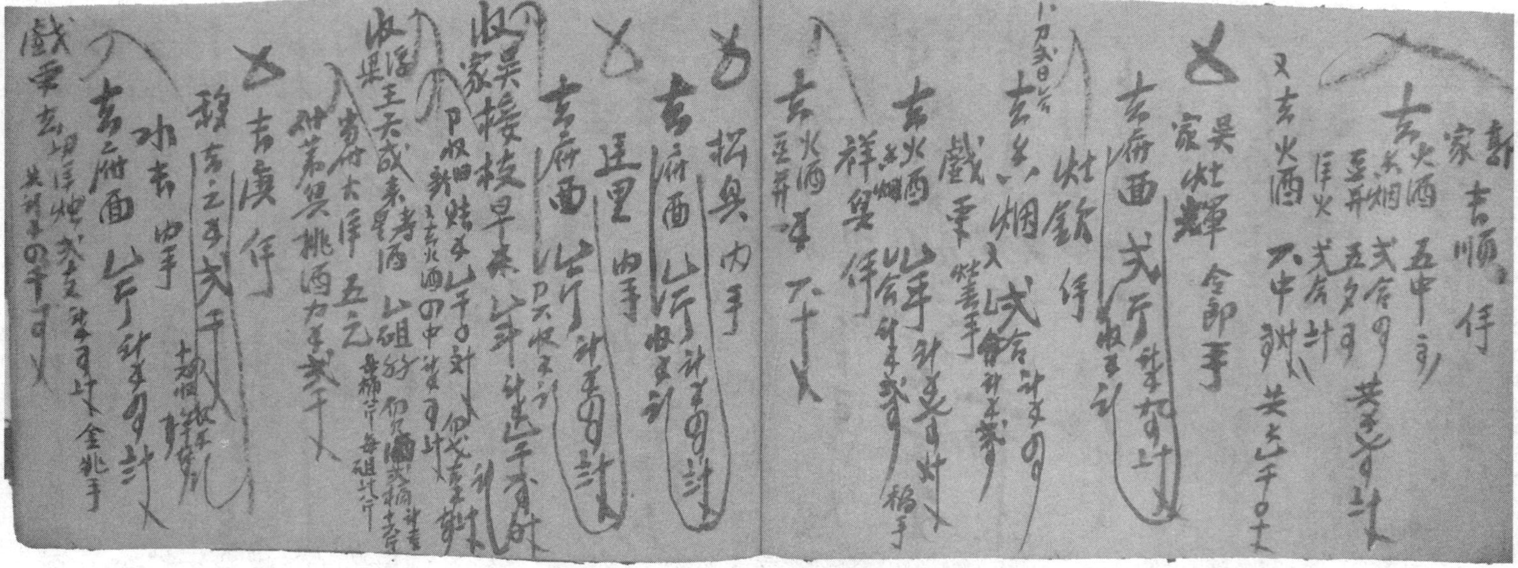

大鄣山乡江村 24-72 · 民国二十二年 · 流水账本（二册） · 张豫丰河记

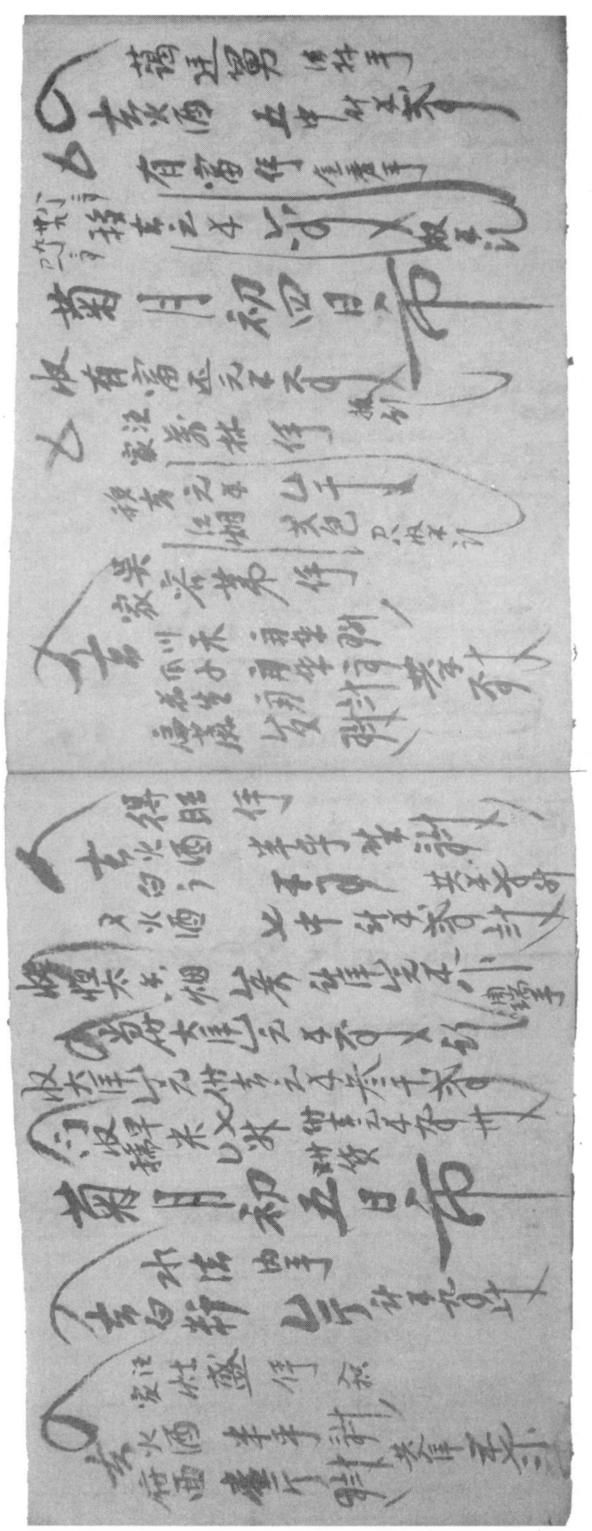

大鄣山乡江村 24-73 · 民国二十二年 · 流水账本（二册）· 张豫丰河记

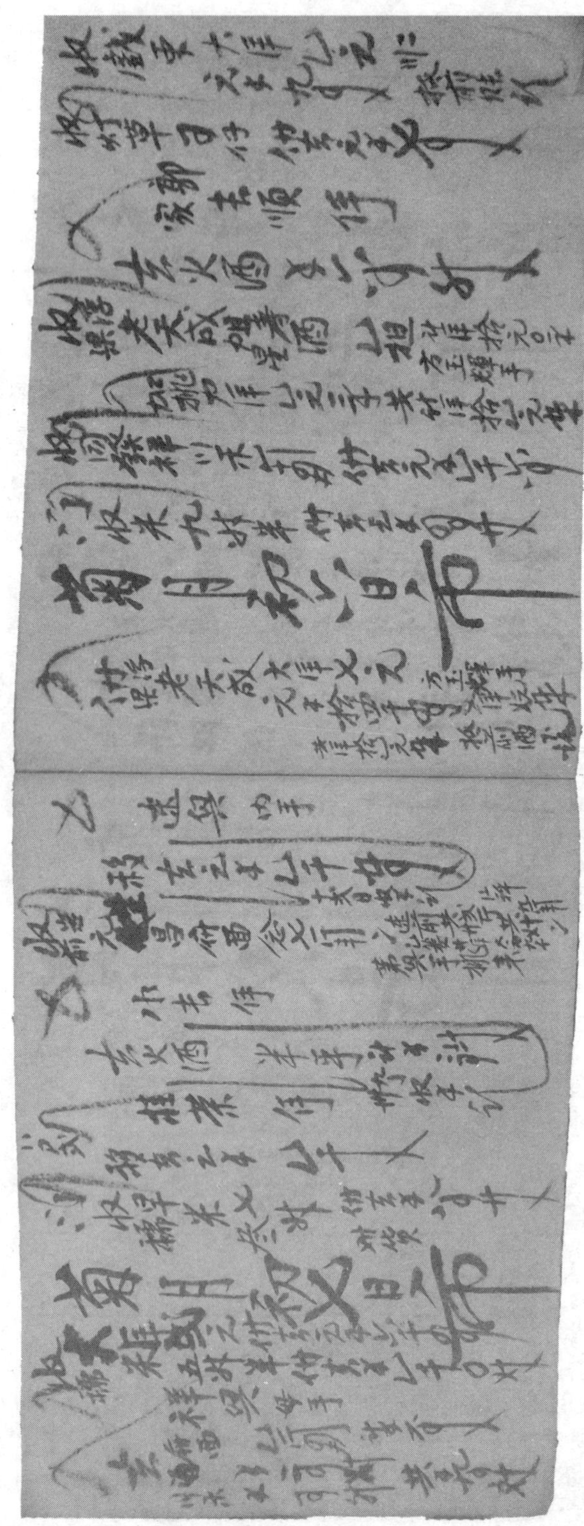

大鄣山乡江村 24-74 · 民国二十二年 · 流水账本（二册）· 张豫丰河记

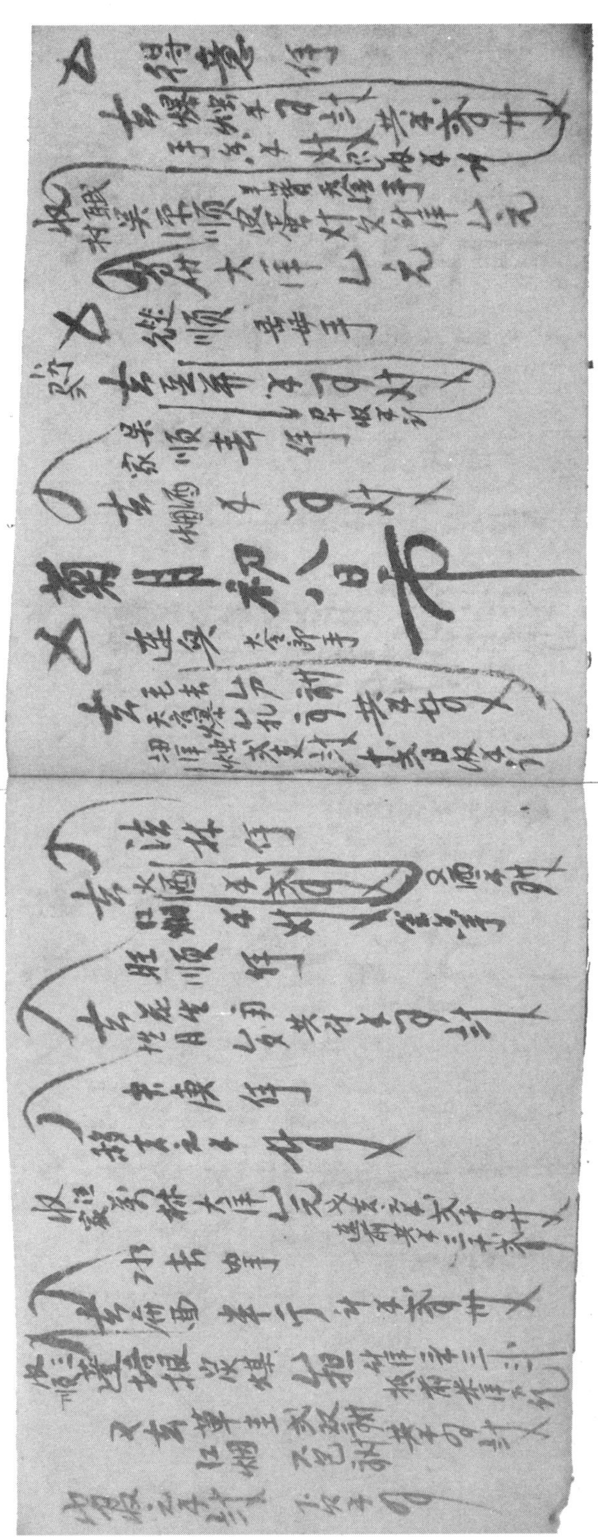

大鄣山乡江村 24-75 · 民国二十二年 · 流水账本（二册）· 张豫丰河记

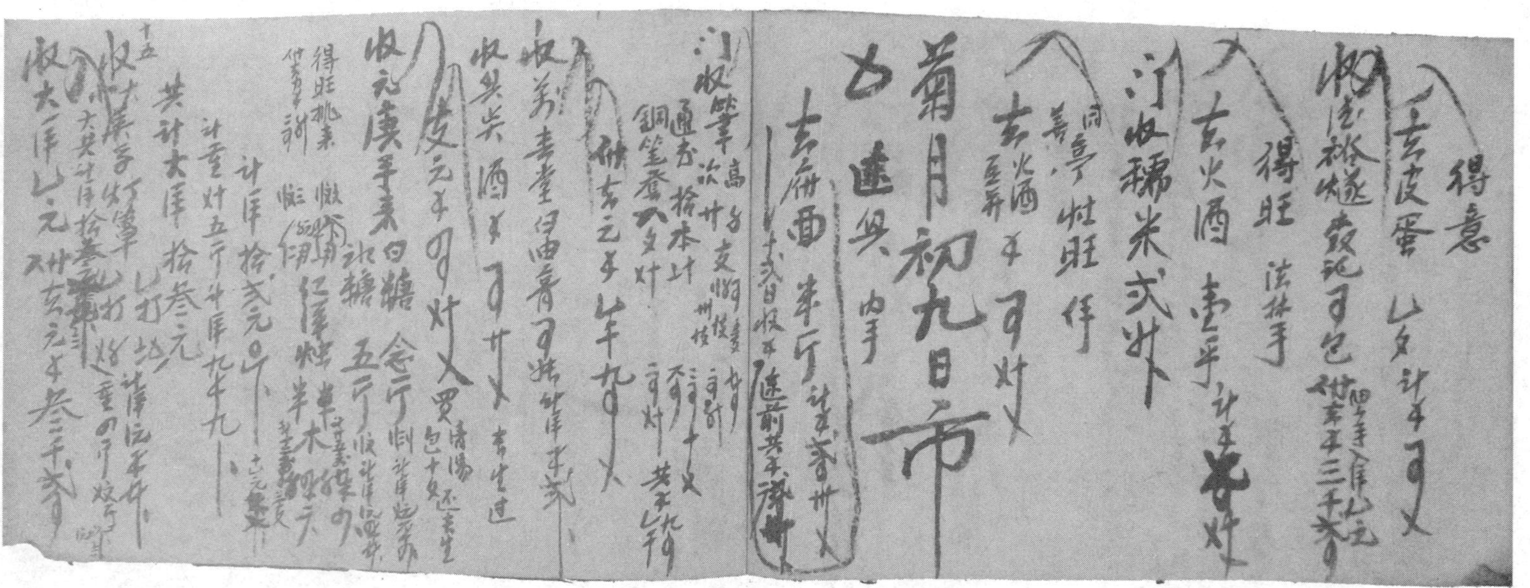

大鄣山乡江村 24-76 · 民国二十二年 · 流水账本（二册）· 张豫丰河记

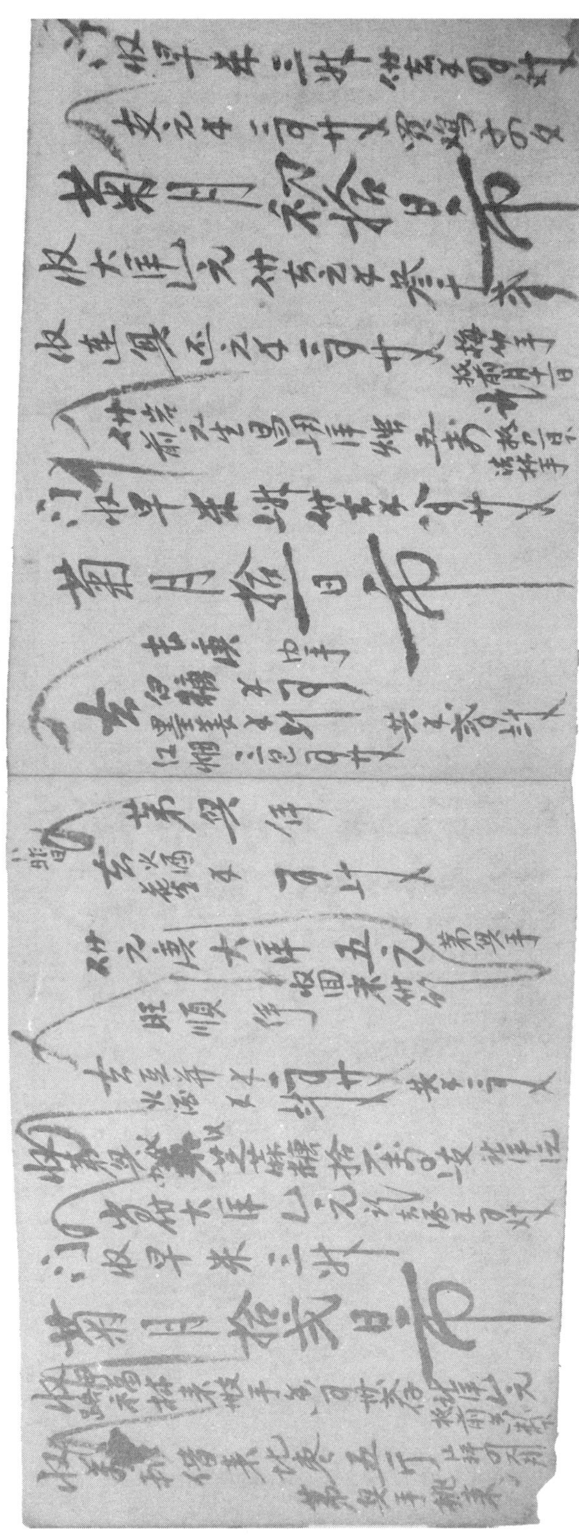

大鄣山乡江村 24-77 · 民国二十二年 · 流水账本（二册） · 张豫丰河记

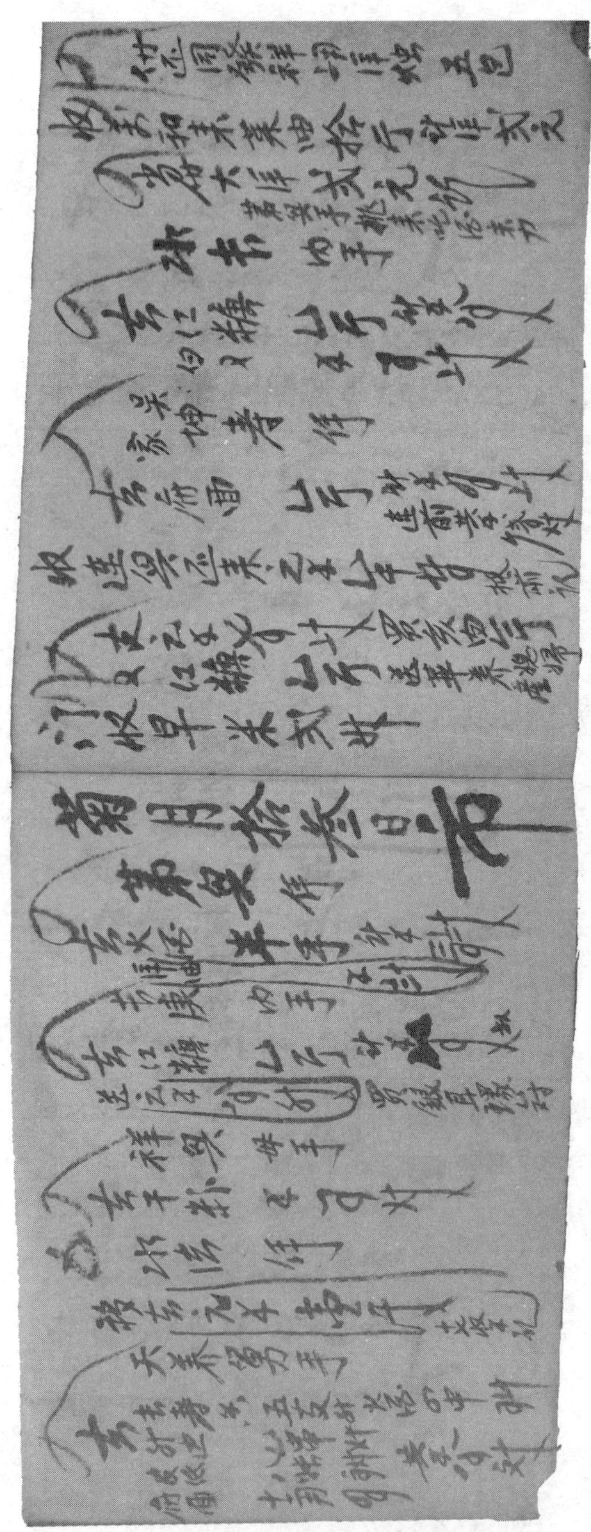

大鄣山乡江村 24-78 · 民国二十二年 · 流水账本（二册） · 张豫丰河记

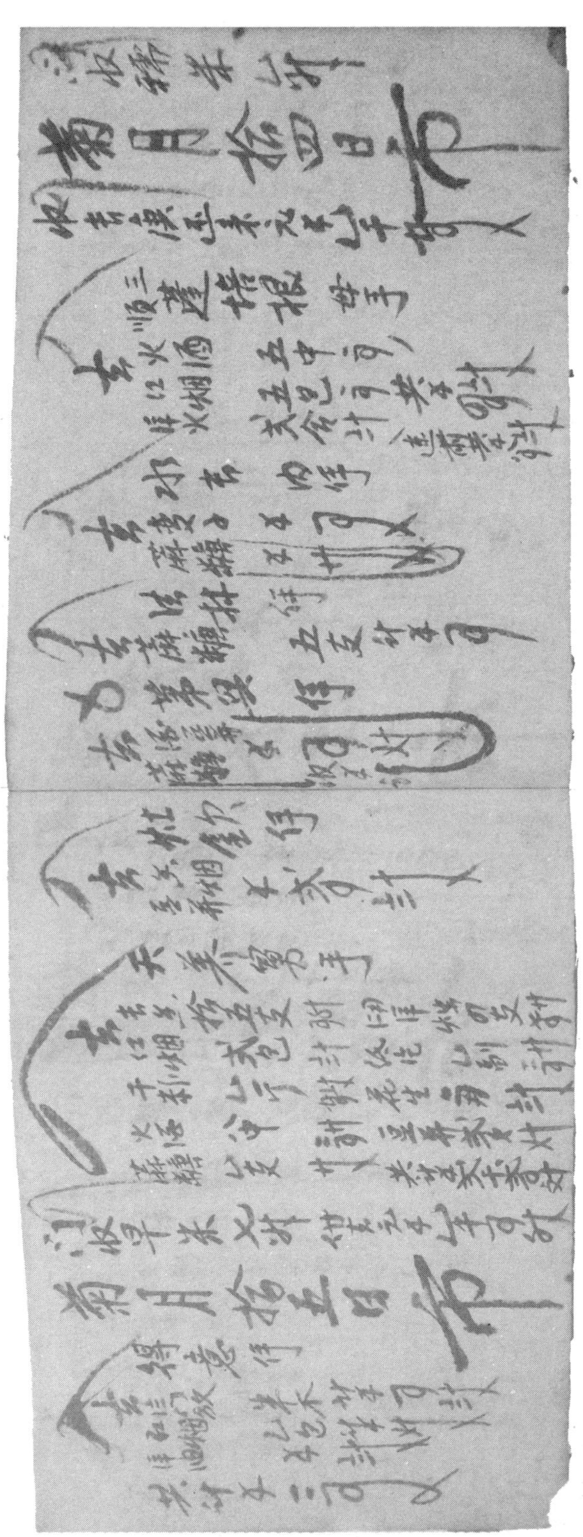

大鄣山乡江村 24-79 · 民国二十二年 · 流水账本（二册）· 张豫丰河记

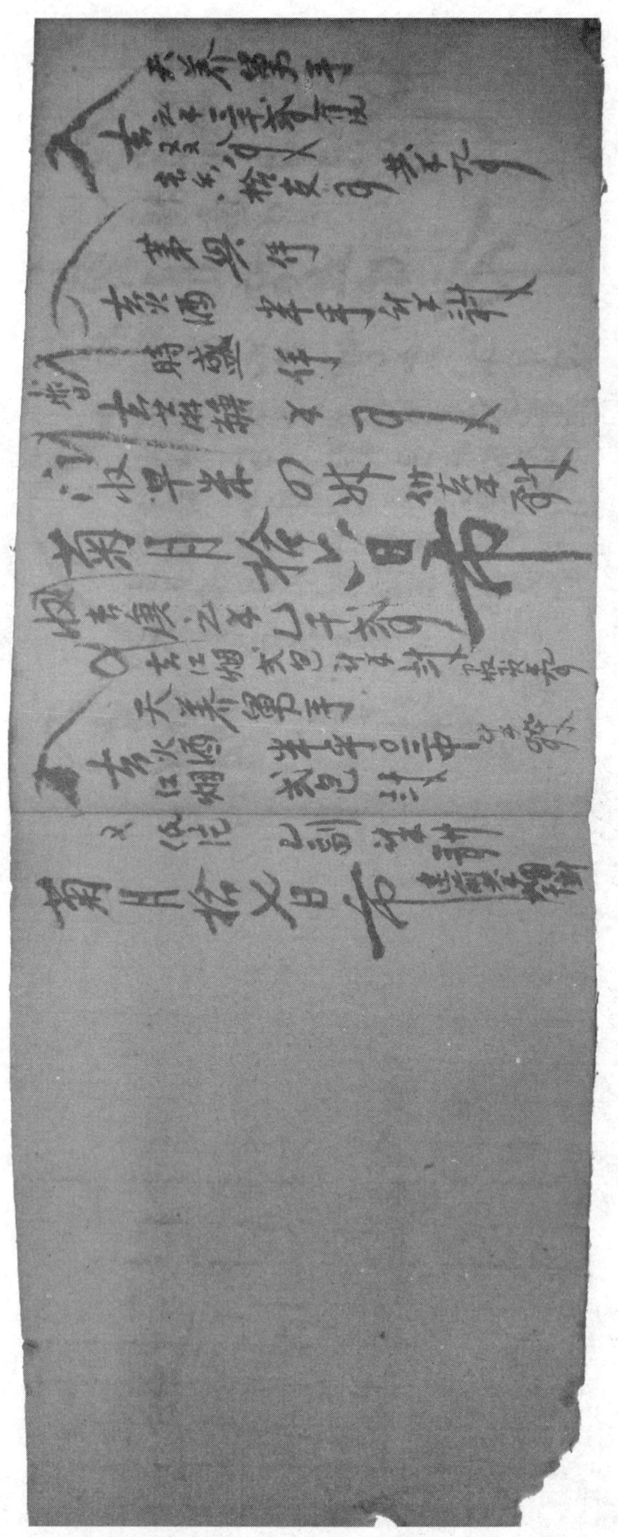

大鄣山乡江村 24-80 · 民国二十二年 · 流水账本（二册） · 张豫丰河记

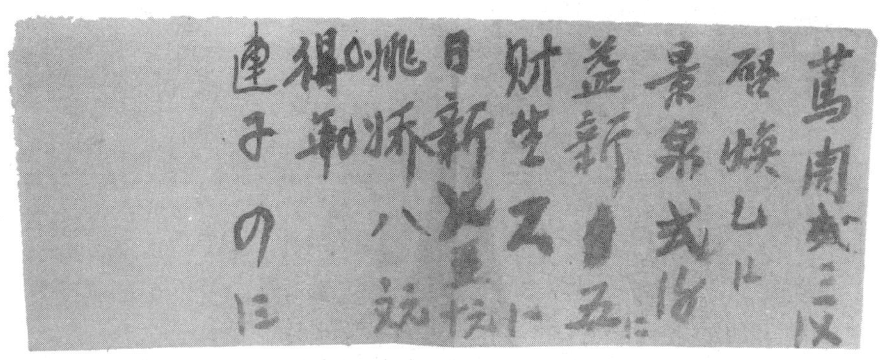

大鄣山乡江村 24 附 · 民国二十二年 · 流水账本（二册）· 张豫丰河记

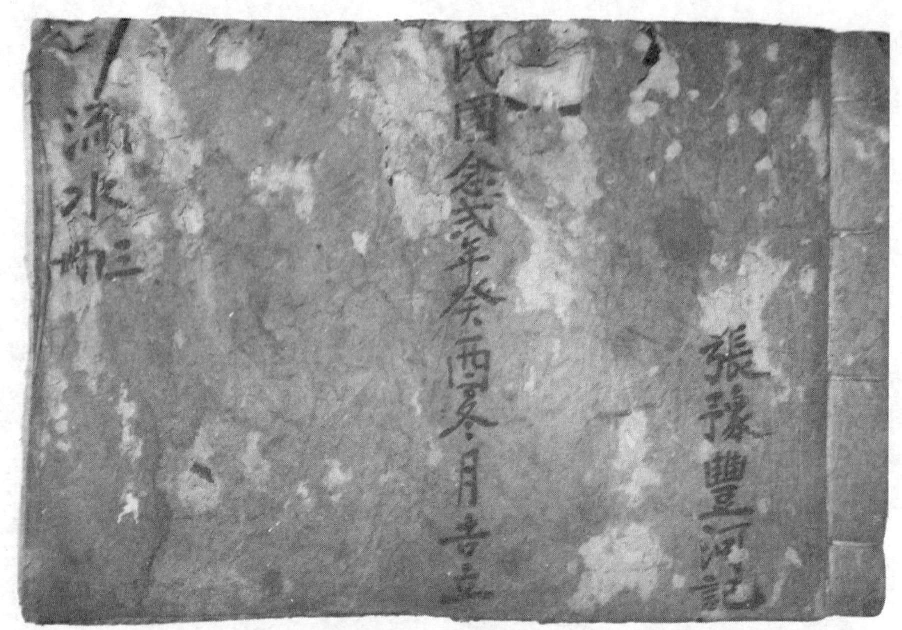

大鄣山乡江村 25-1 · 民国二十二年 · 流水账本（三册）· 张豫丰河记

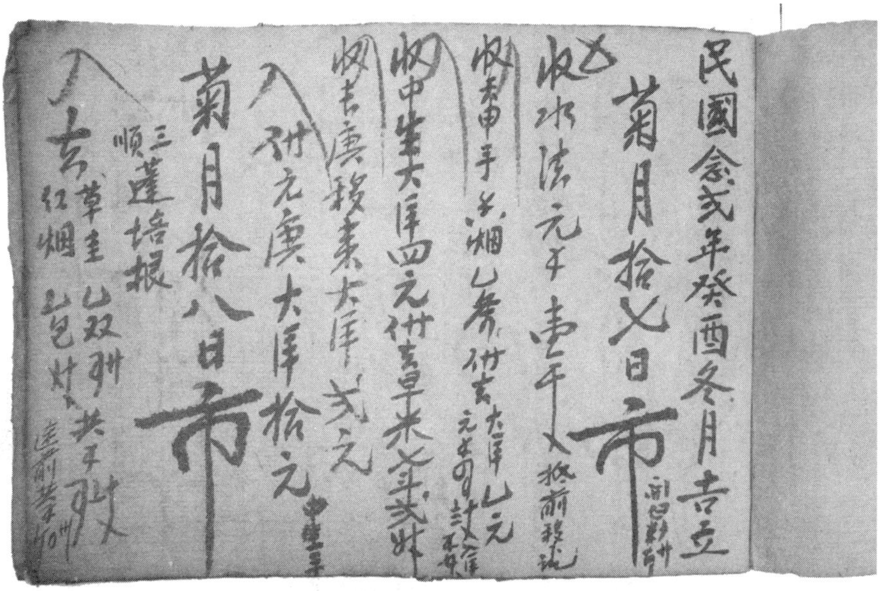

大鄣山乡江村 25-2 · 民国二十二年 · 流水账本（三册）· 张豫丰河记

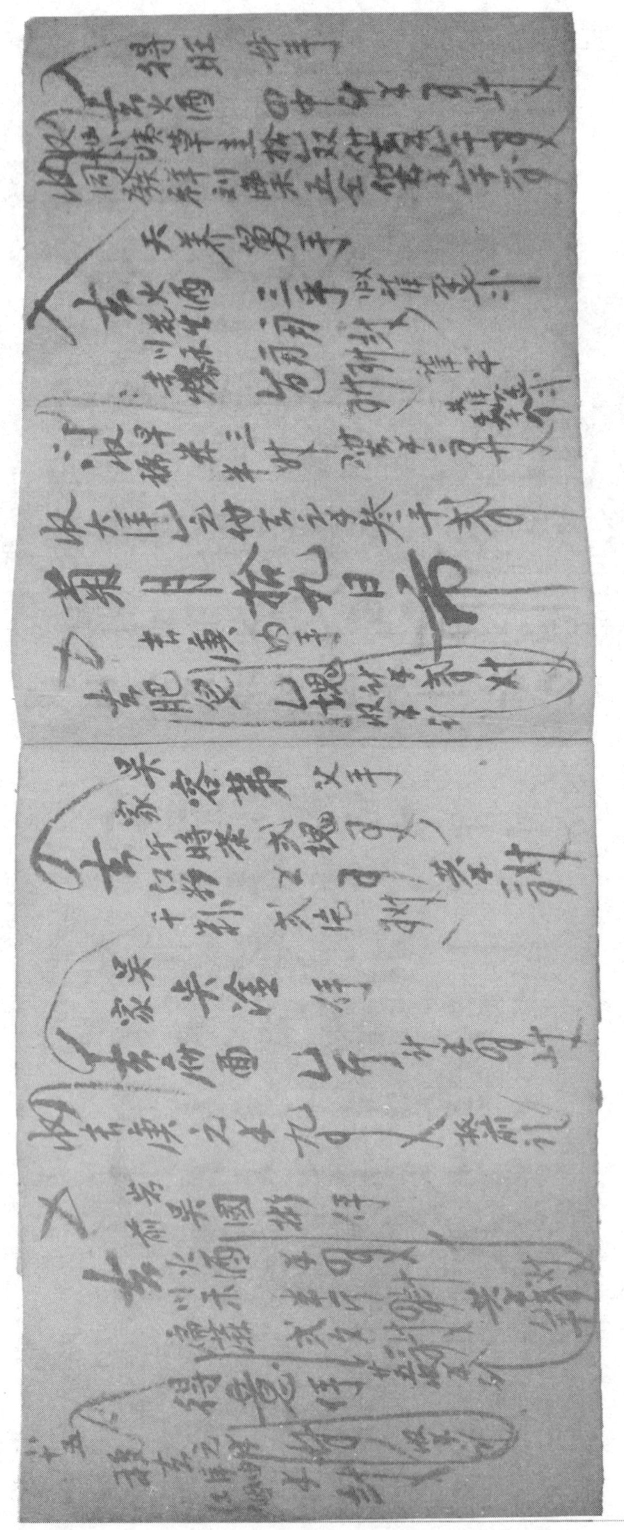

大鄣山乡江村 25-3・民国二十二年・流水账本（三册）・张豫丰河记

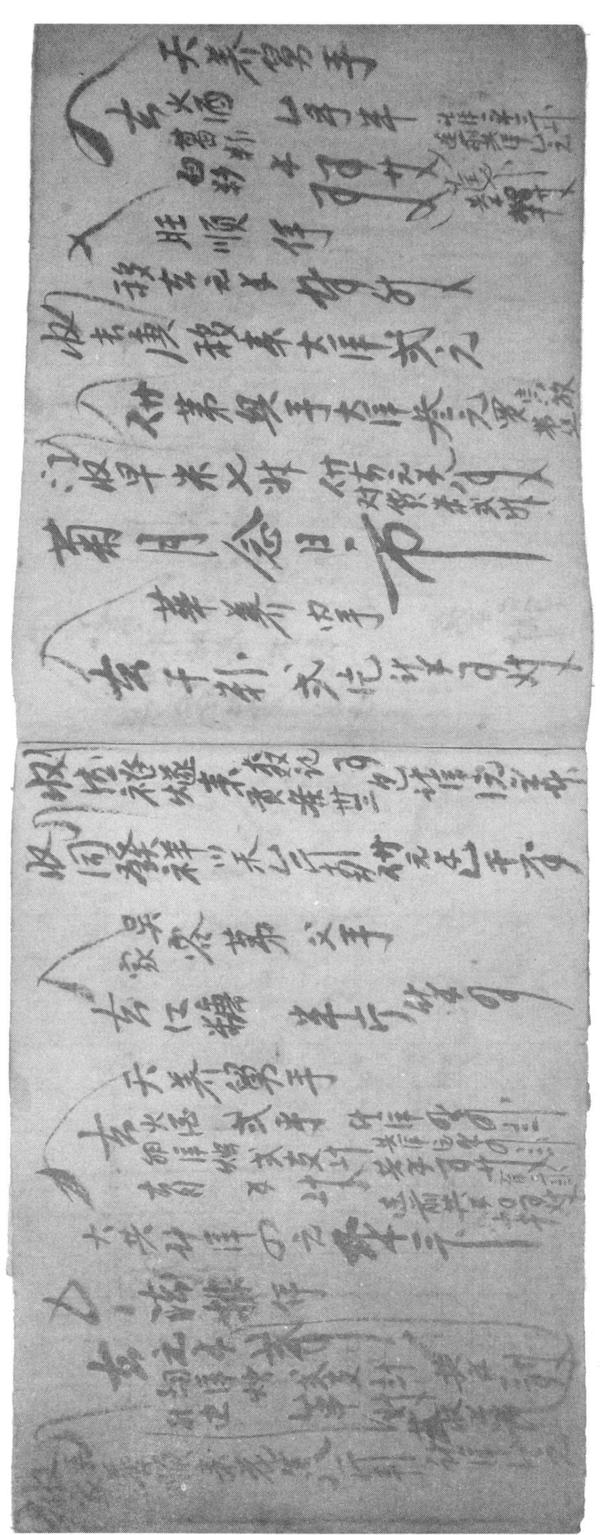

大鄣山乡江村 25-4 · 民国二十二年 · 流水账本（三册） · 张豫丰河记

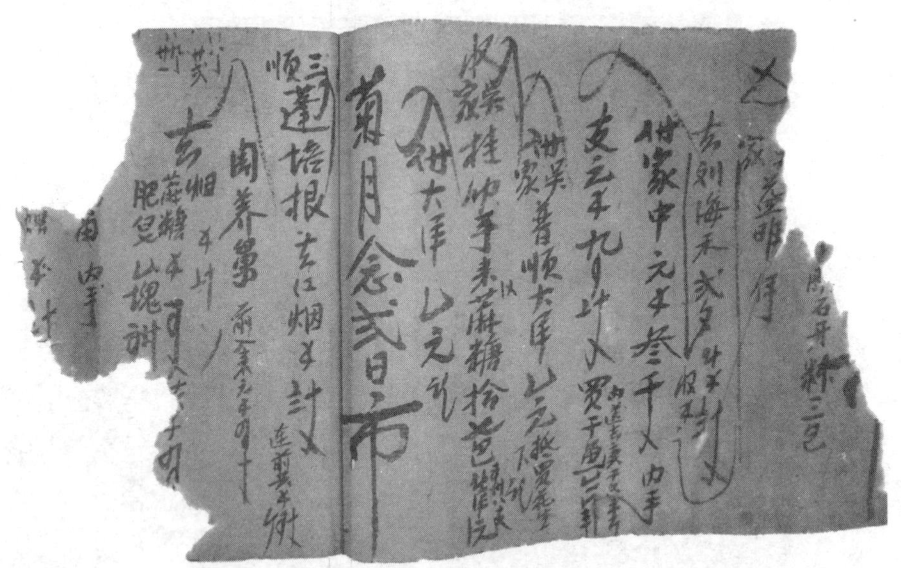

大鄣山乡江村 25-5 · 民国二十二年 · 流水账本（三册）· 张豫丰河记

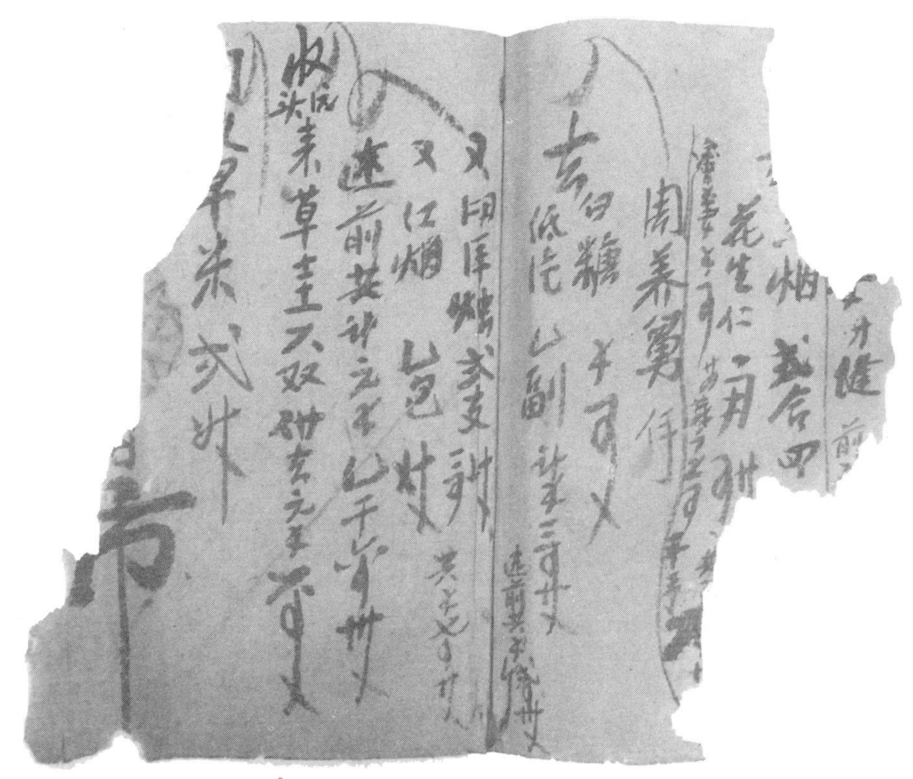

大鄣山乡江村 25-6 · 民国二十二年 · 流水账本（三册）· 张豫丰河记

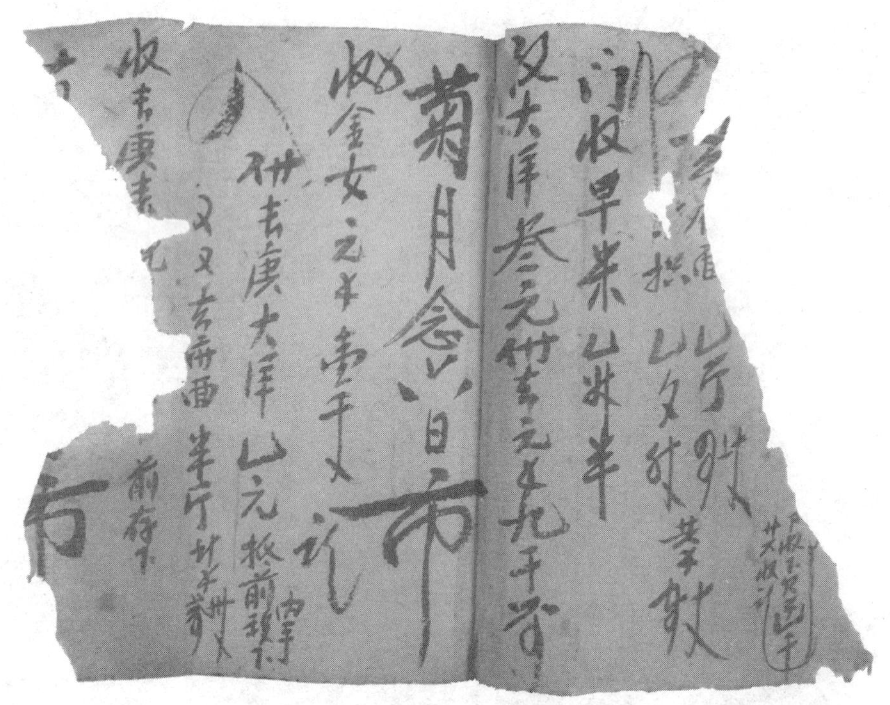

大鄣山乡江村 25-7 · 民国二十二年 · 流水账本（三册）· 张豫丰河记

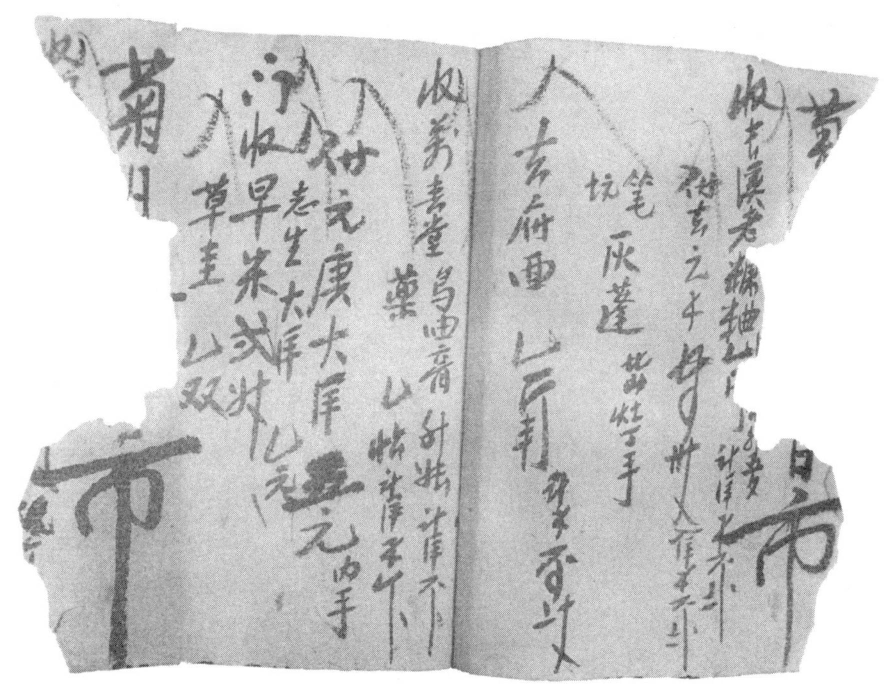

大郭山乡江村 25-8 · 民国二十二年 · 流水账本（三册）· 张豫丰河记

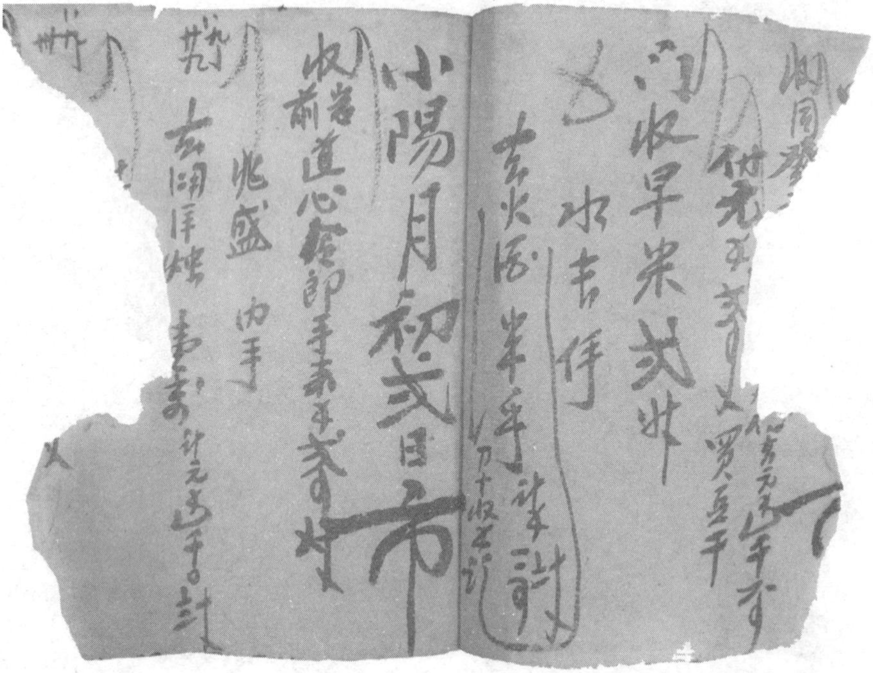

大鄣山乡江村 25-9 · 民国二十二年 · 流水账本（三册）· 张豫丰河记

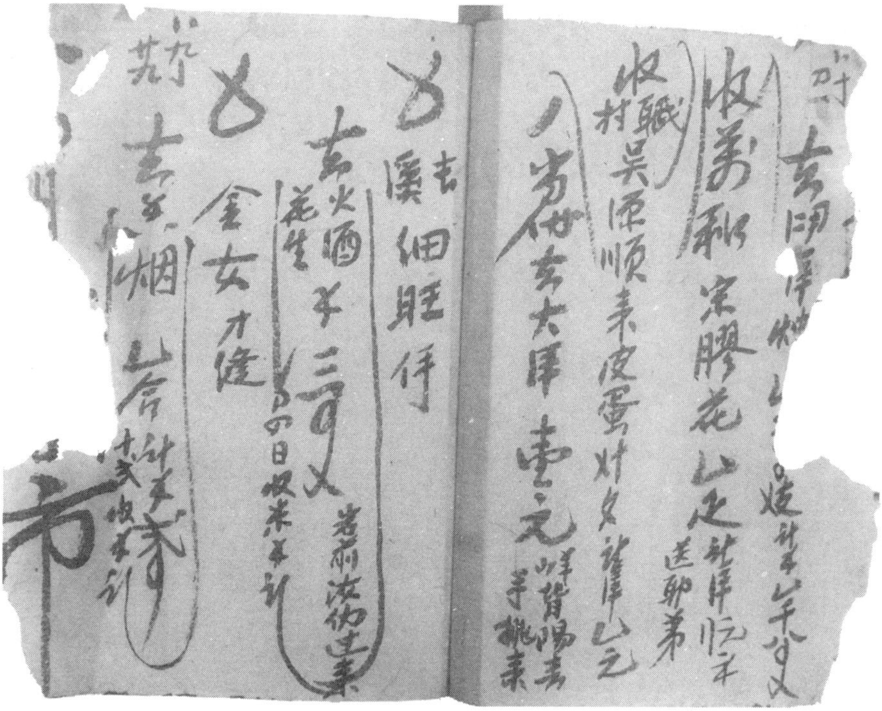

大鄣山乡江村 25-10 · 民国二十二年 · 流水账本（三册）· 张豫丰河记

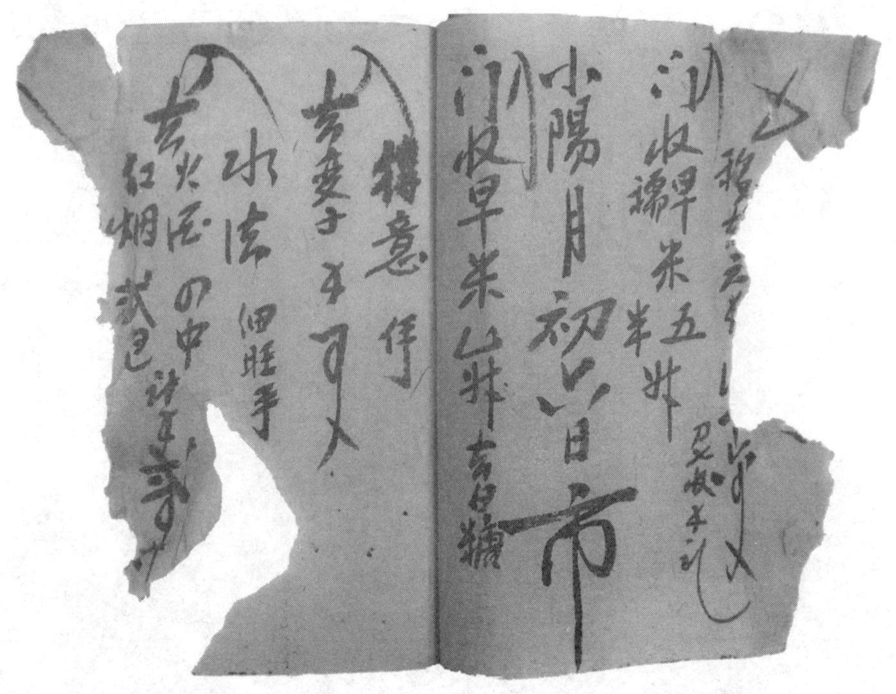

大鄣山乡江村 25-11 · 民国二十二年 · 流水账本（三册） · 张豫丰河记

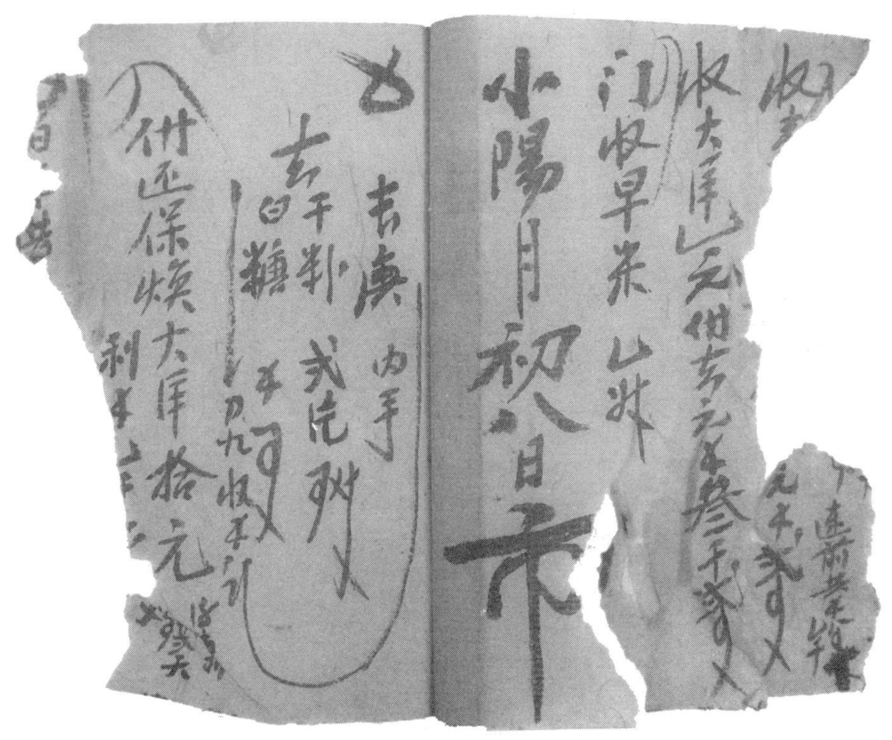

大鄣山乡江村 25-12 · 民国二十二年 · 流水账本（三册）· 张豫丰河记

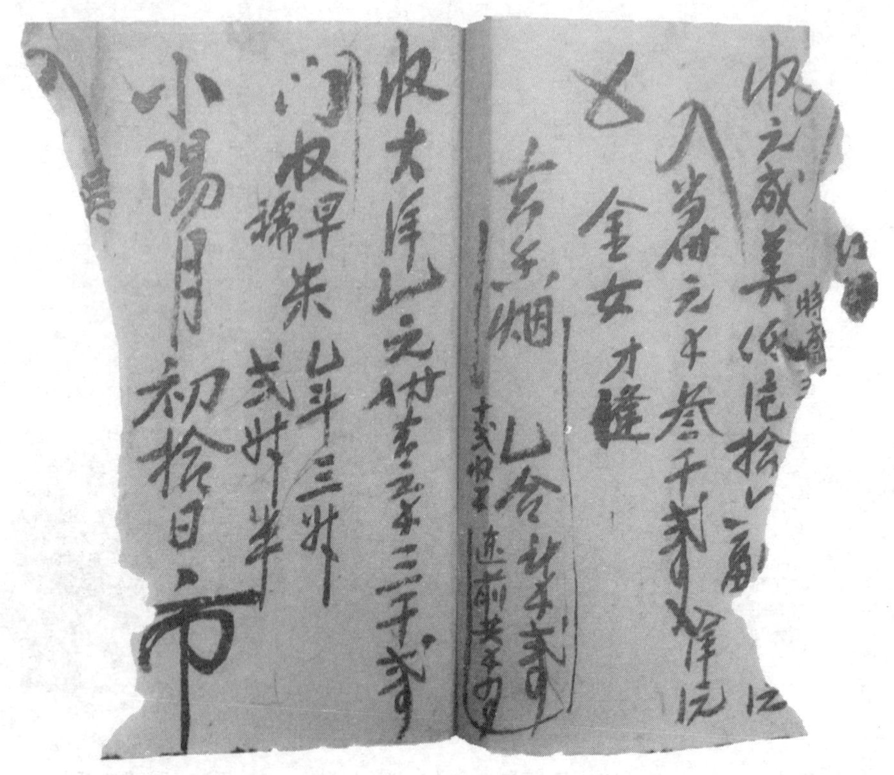

大郭山乡江村 25-13 · 民国二十二年 · 流水账本（三册）· 张豫丰河记

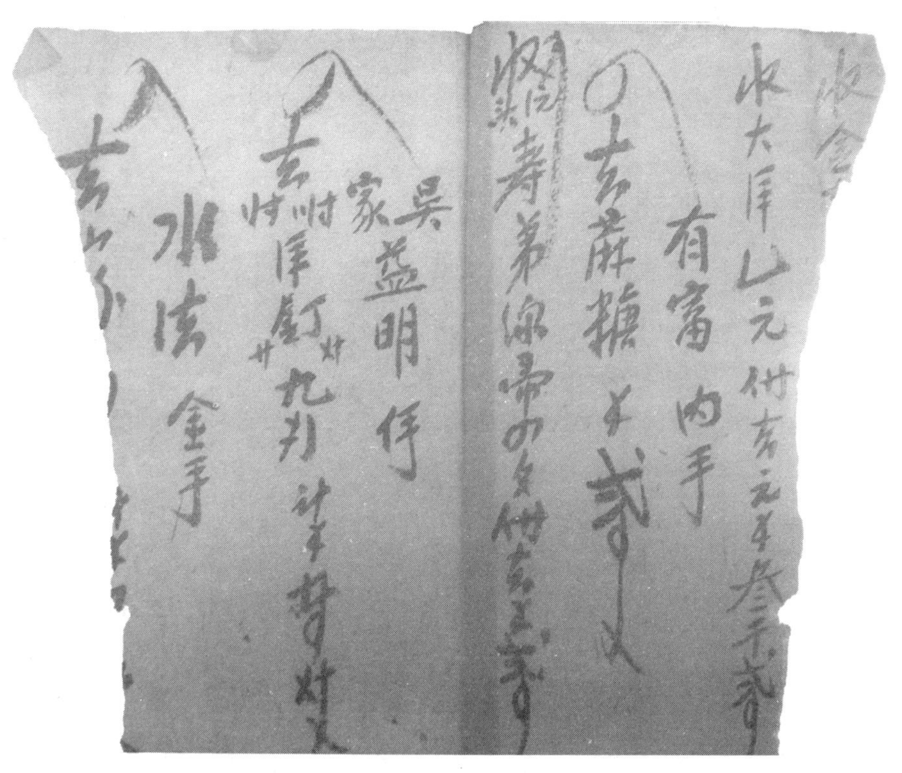

大鄣山乡江村 25-14 · 民国二十二年 · 流水账本（三册）· 张豫丰河记

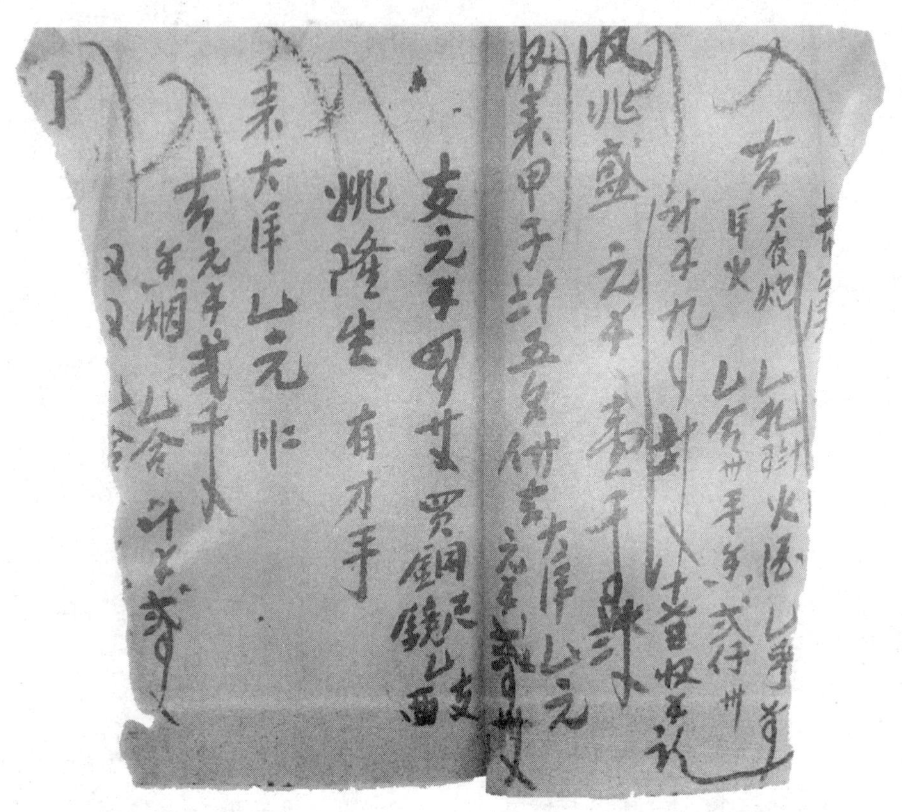

大鄣山乡江村 25-15 · 民国二十二年 · 流水账本（三册） · 张豫丰河记

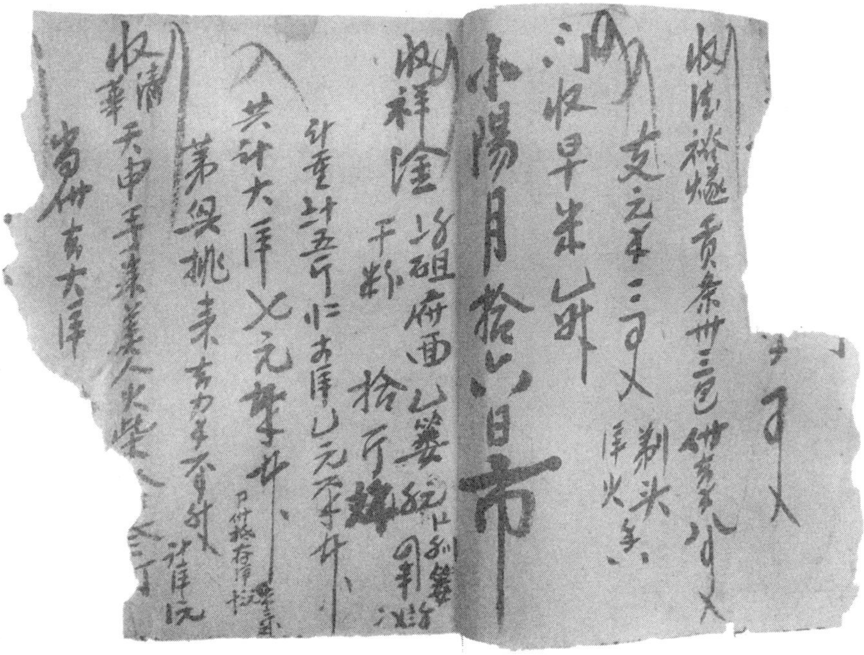

大鄣山乡江村 25-16 · 民国二十二年 · 流水账本（三册）· 张豫丰河记

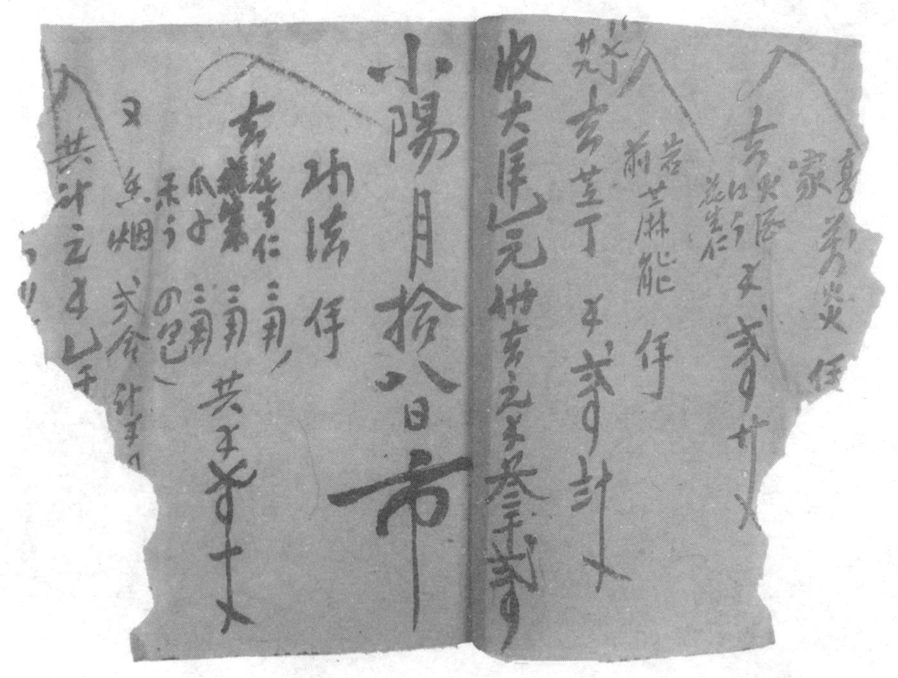

大鄣山乡江村 25-17 · 民国二十二年 · 流水账本（三册）· 张豫丰河记

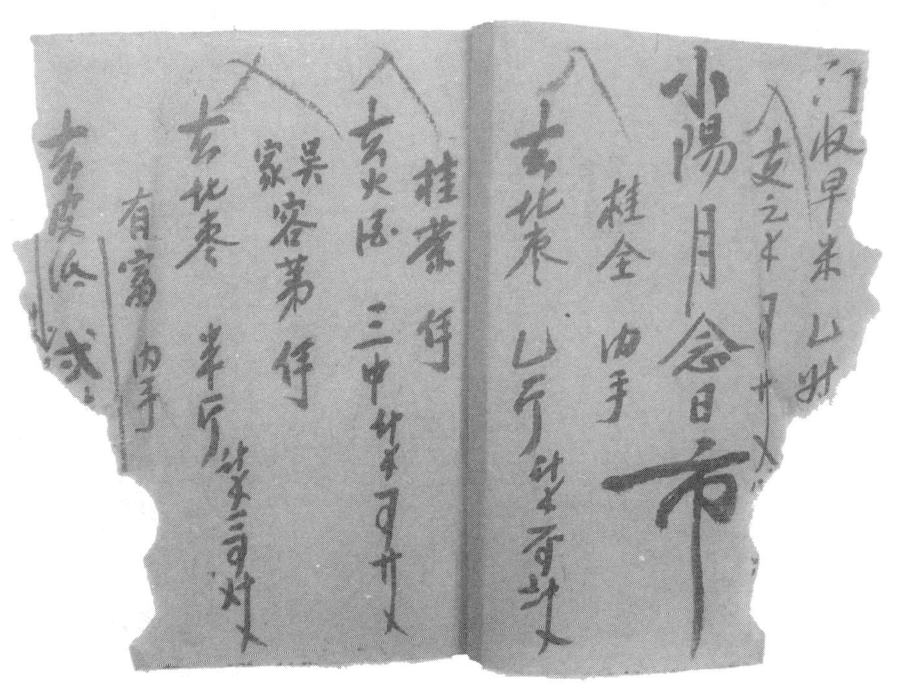

大鄣山乡江村 25-18 · 民国二十二年 · 流水账本（三册）· 张豫丰河记

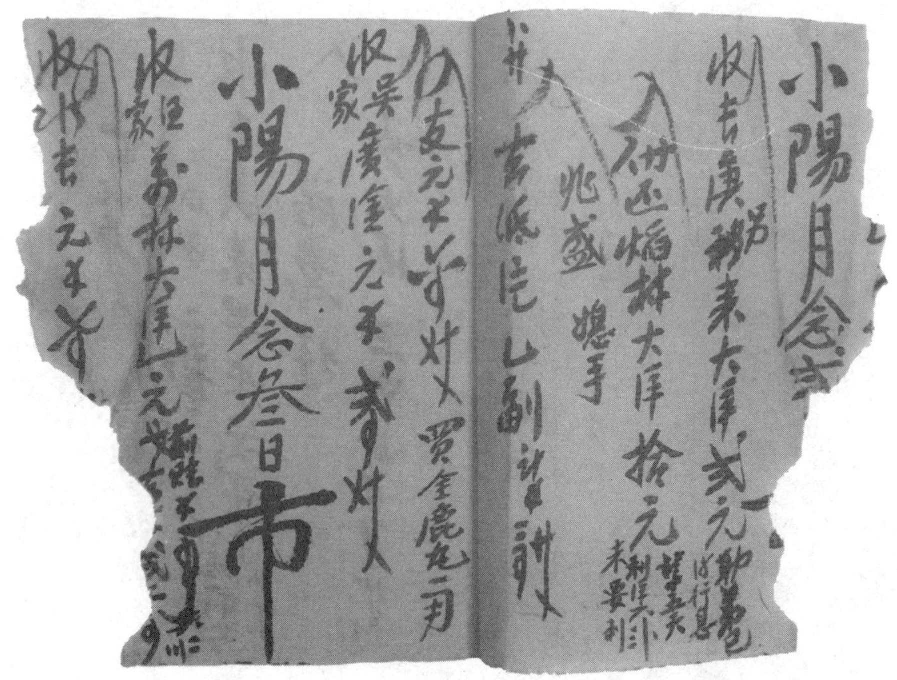

大鄣山乡江村 25-19 · 民国二十二年 · 流水账本（三册）· 张豫丰河记

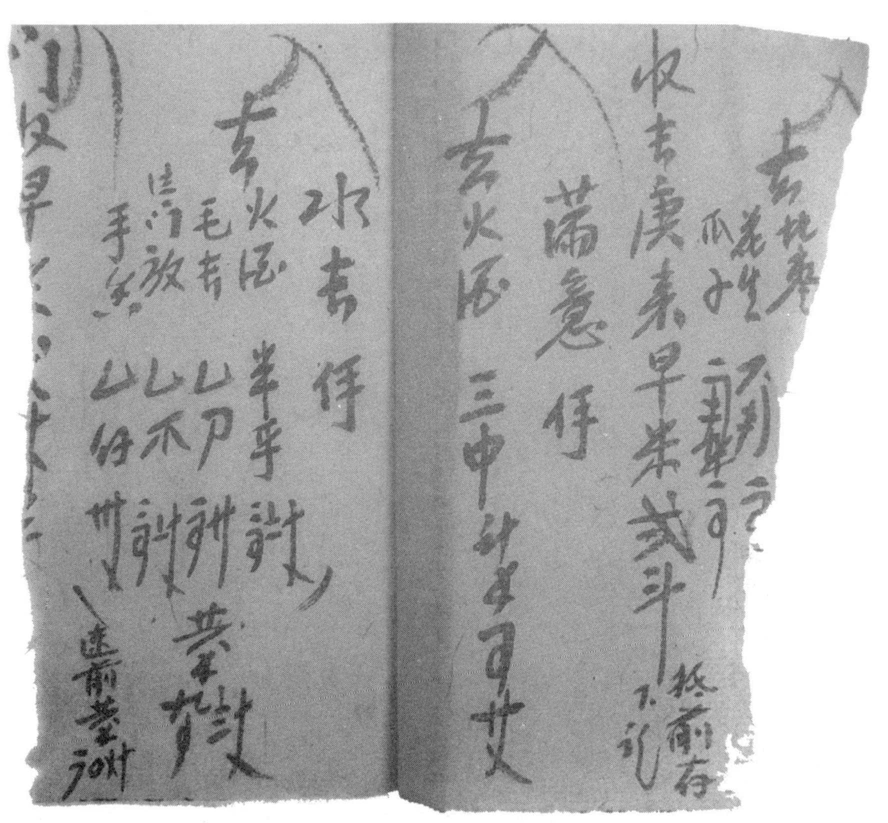

大郭山乡江村 25-20 · 民国二十二年 · 流水账本（三册）· 张豫丰河记

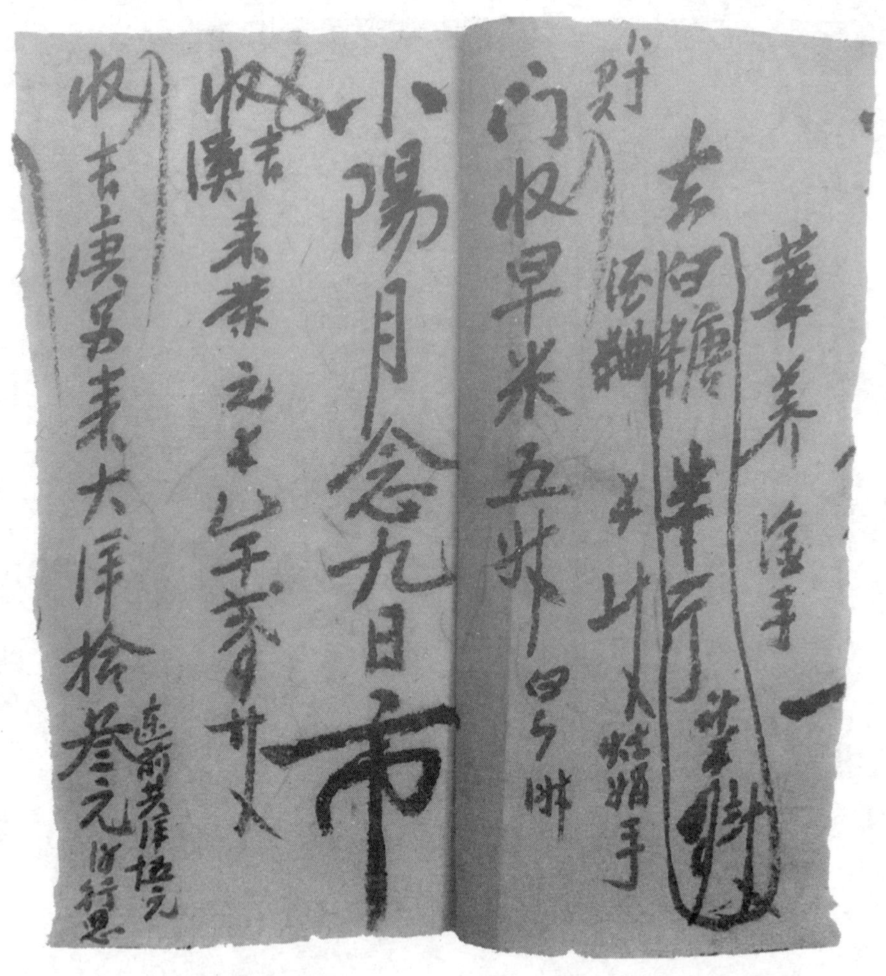

大鄣山乡江村 25-21 · 民国二十二年 · 流水账本（三册）· 张豫丰河记

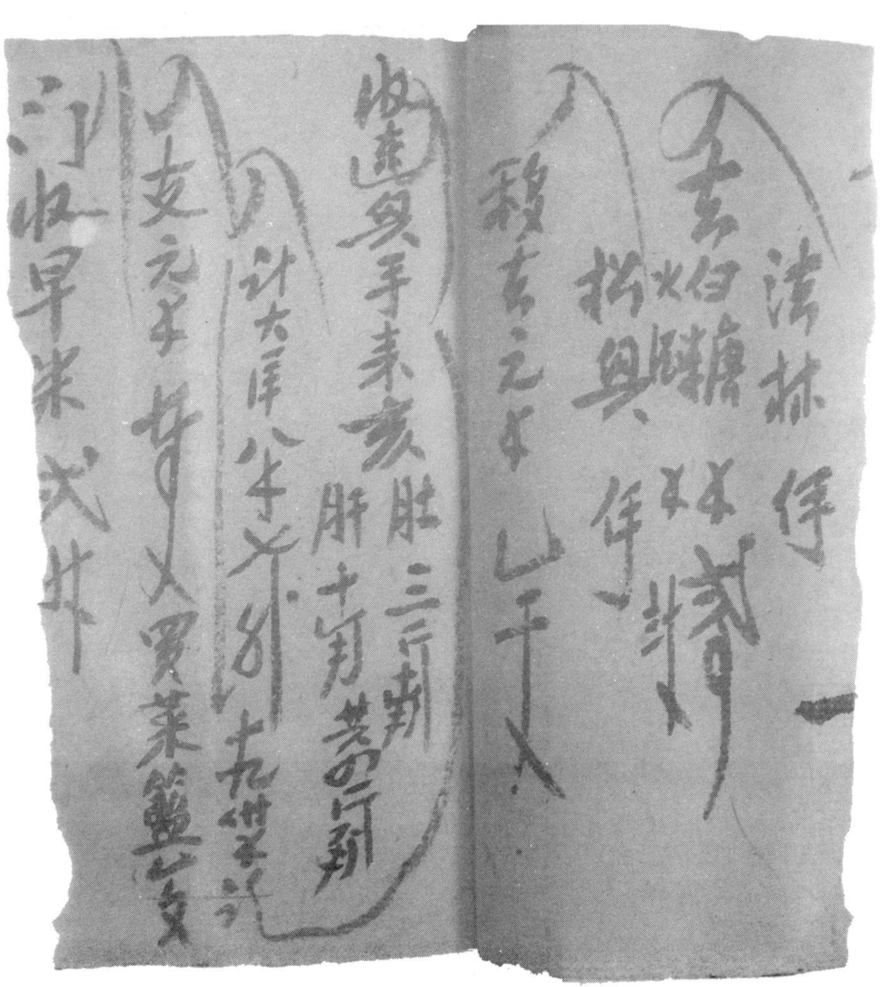

大鄣山乡江村 25-22 · 民国二十二年 · 流水账本（三册）· 张豫丰河记

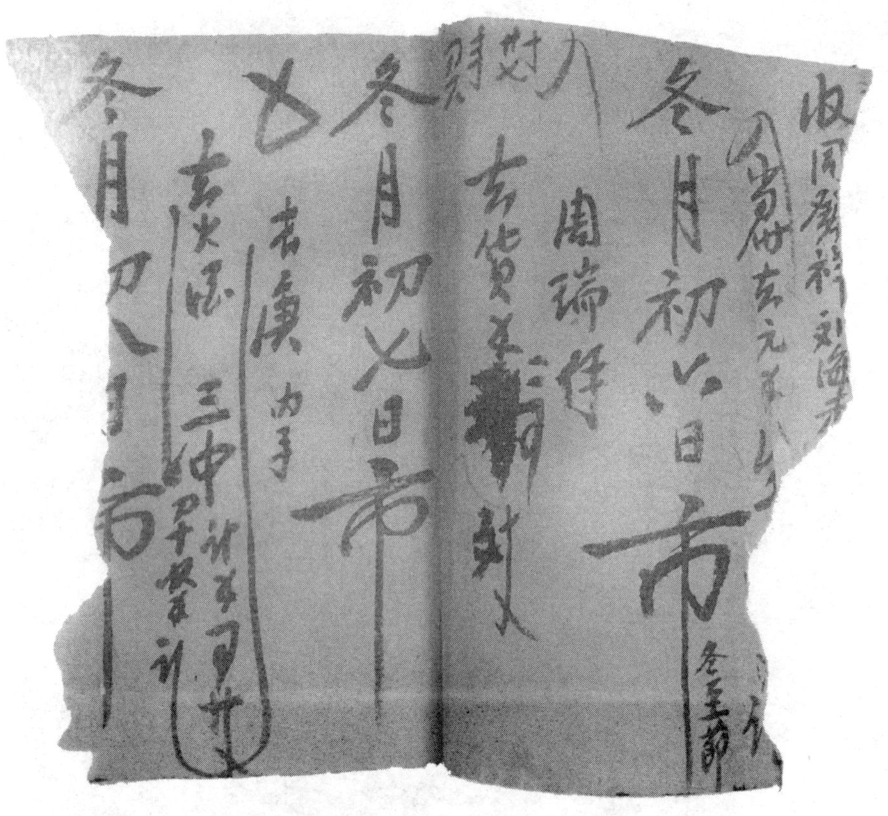

大鄣山乡江村 25-23 · 民国二十二年 · 流水账本（三册）· 张豫丰河记

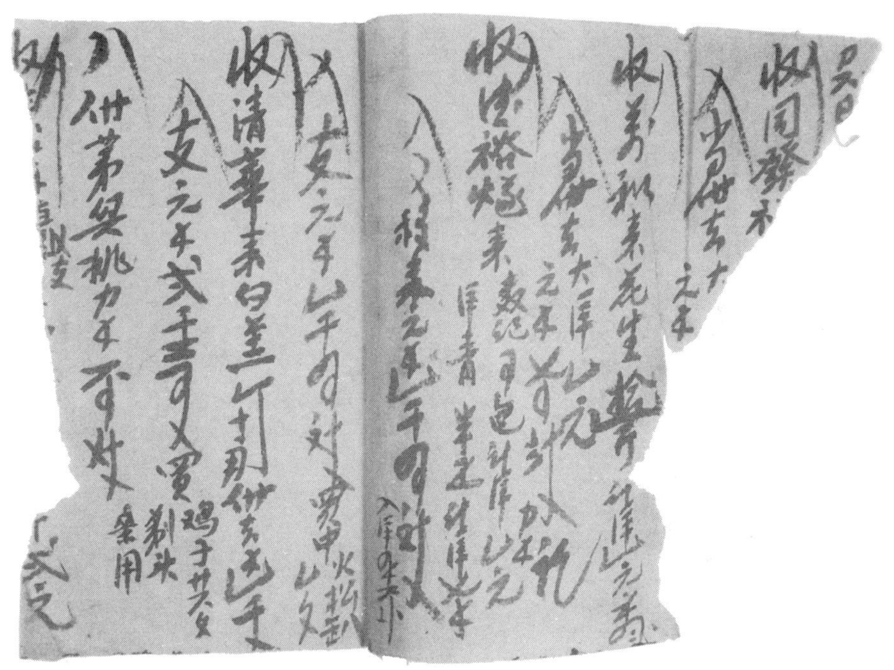

大鄣山乡江村 25-24 · 民国二十二年 · 流水账本（三册）· 张豫丰河记

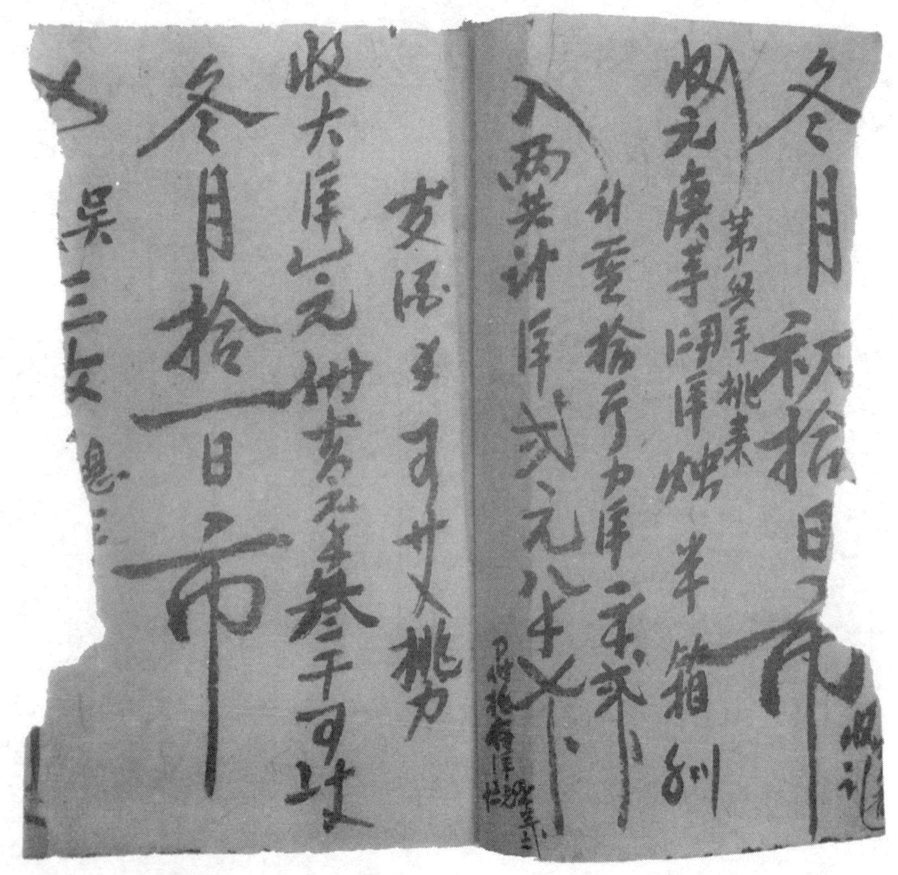

大鄣山乡江村 25-25 · 民国二十二年 · 流水账本（三册）· 张豫丰河记

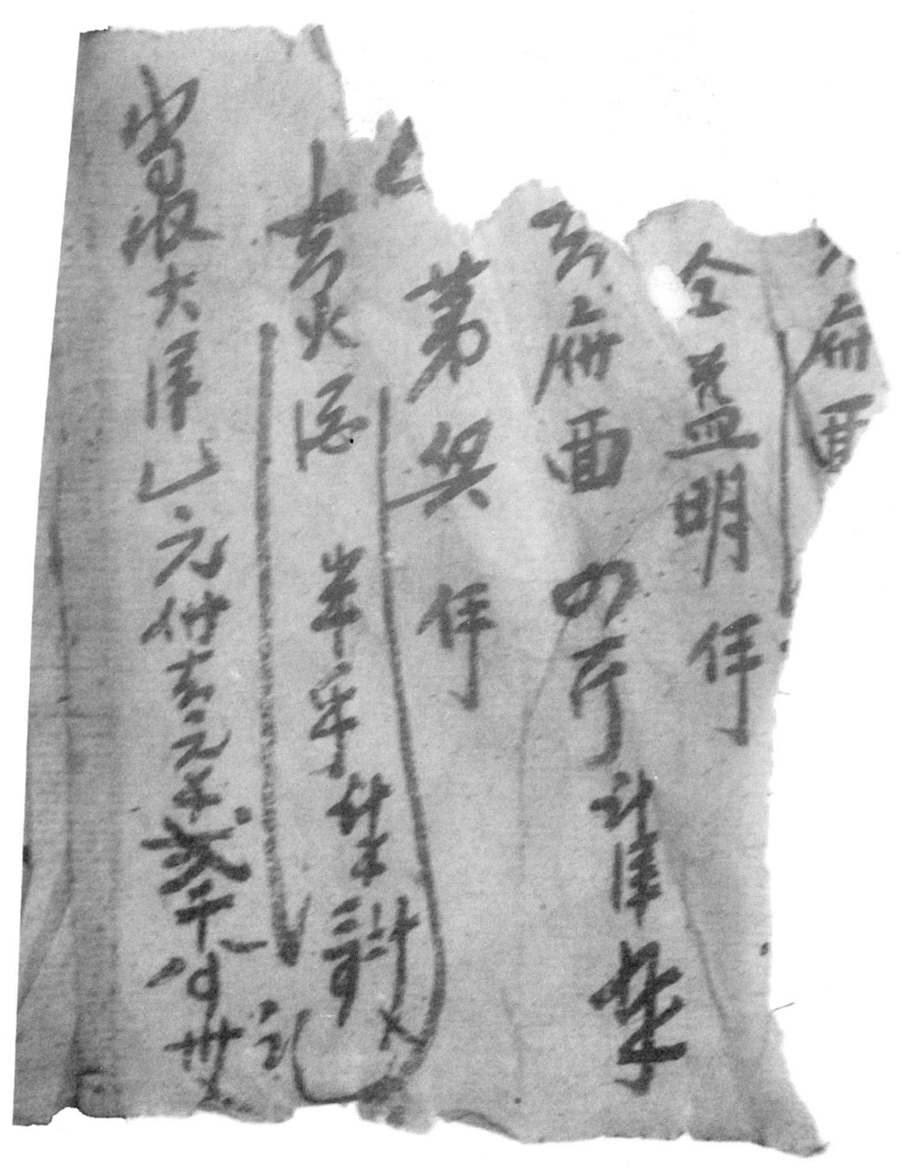

大鄣山乡江村 25-26 · 民国二十二年 · 流水账本（三册）· 张豫丰河记

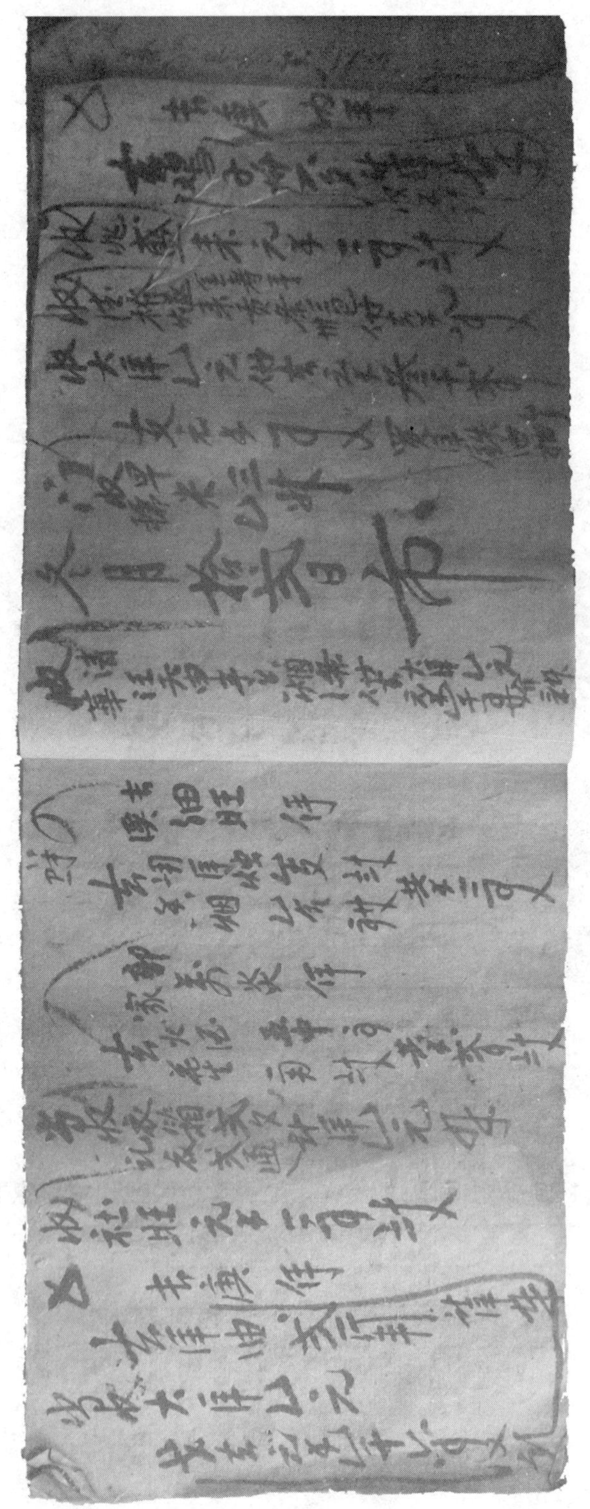

大鄣山乡江村 25-27 · 民国二十二年 · 流水账本（三册）· 张豫丰河记

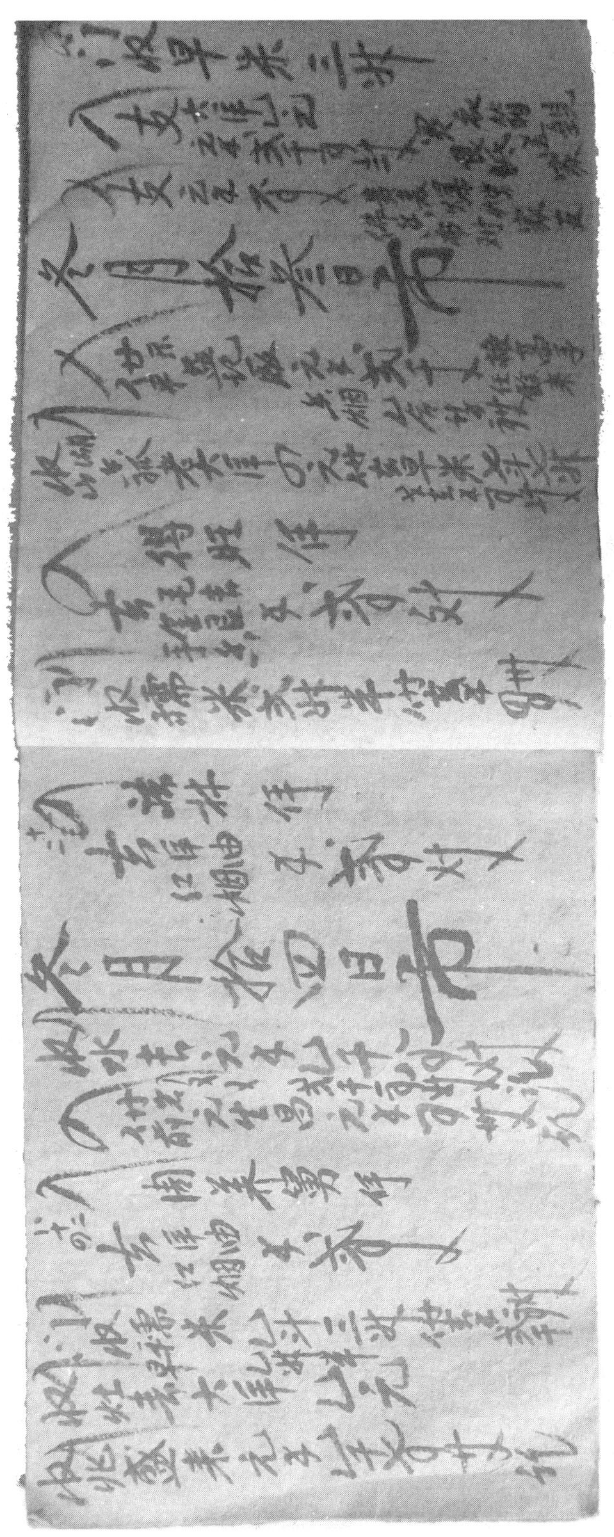

大部山乡江村 25-28・民国二十二年・流水账本（三册）・张豫丰河记

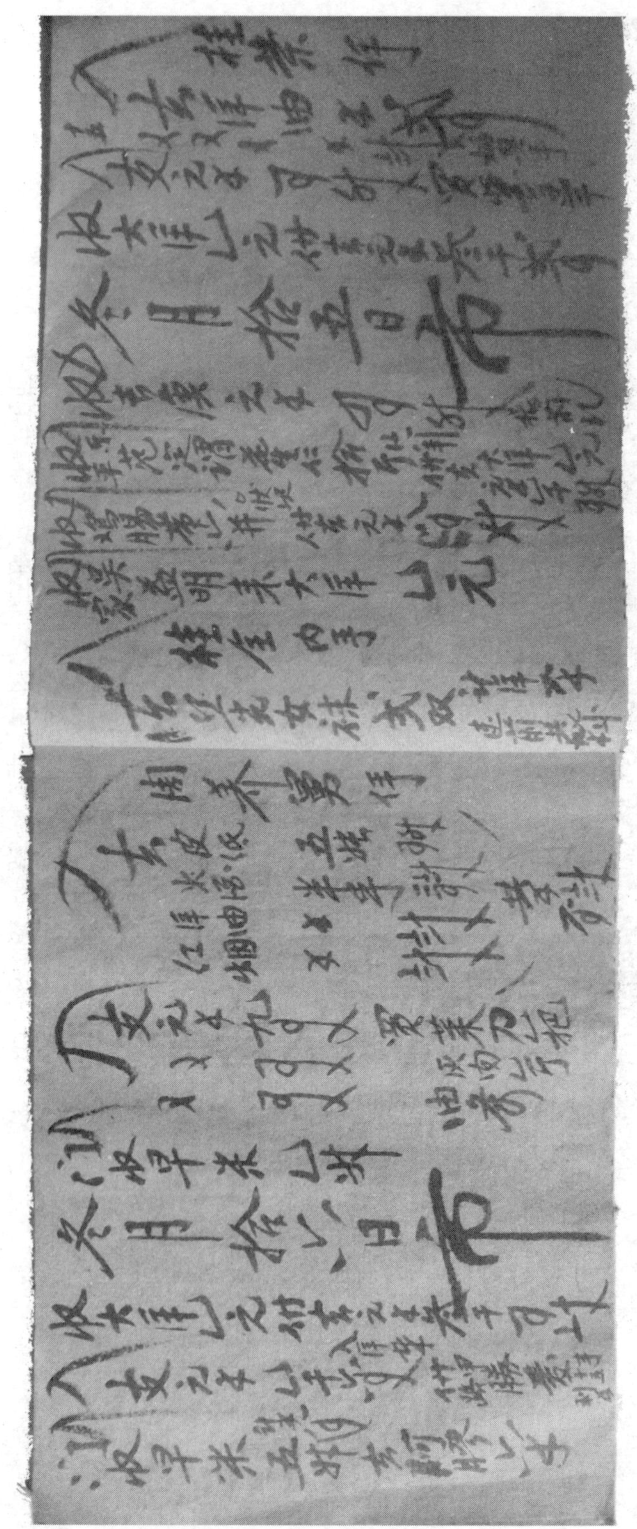

大鄣山乡江村 25-29 · 民国二十二年 · 流水账本（三册）· 张豫丰河记

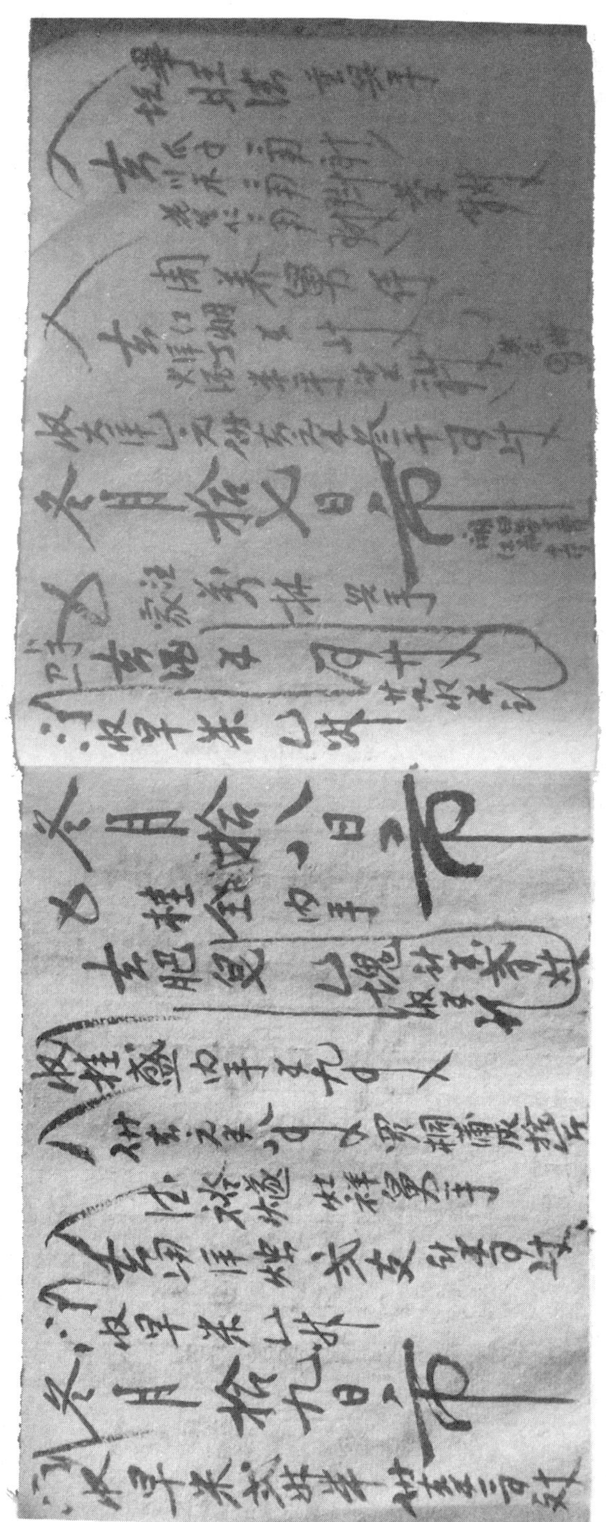

大鄣山乡江村 25-30 · 民国二十二年 · 流水账本（三册） · 张豫丰河记

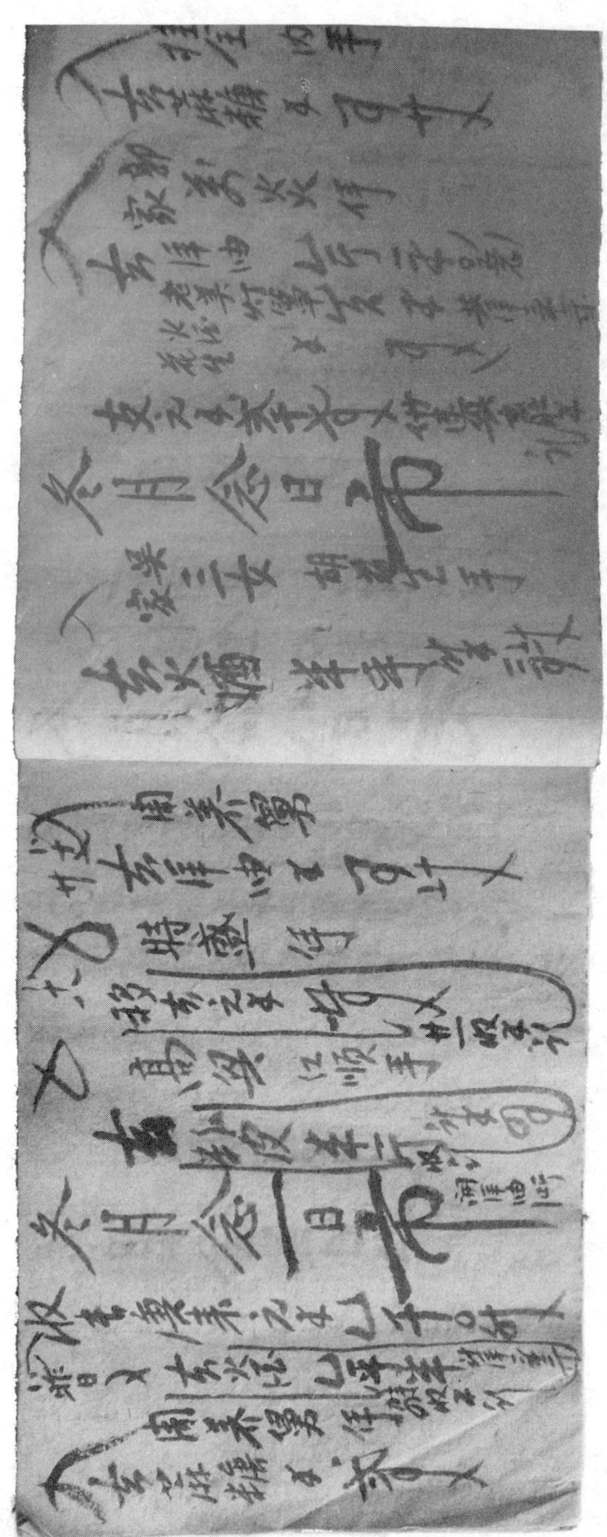

大鄣山乡江村 25-31 · 民国二十二年 · 流水账本（三册） · 张豫丰河记

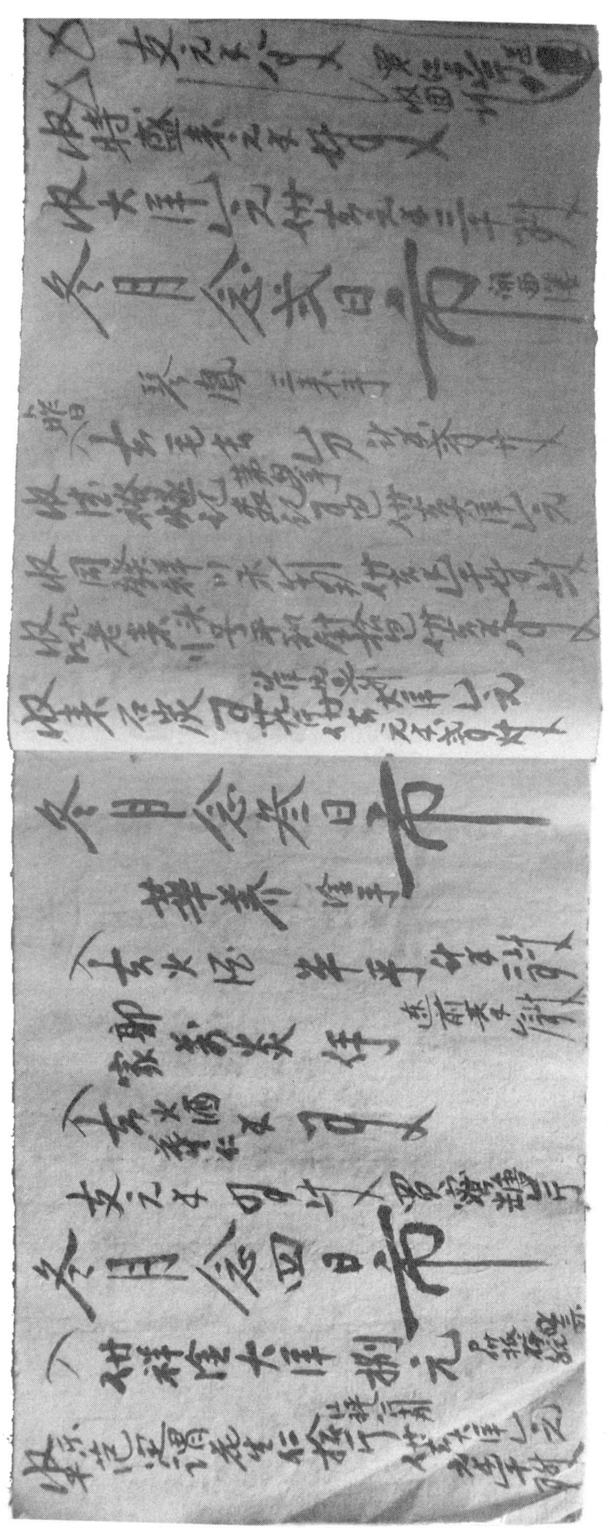

大鄣山乡江村 25-32 · 民国二十二年 · 流水账本（三册） · 张豫丰河记

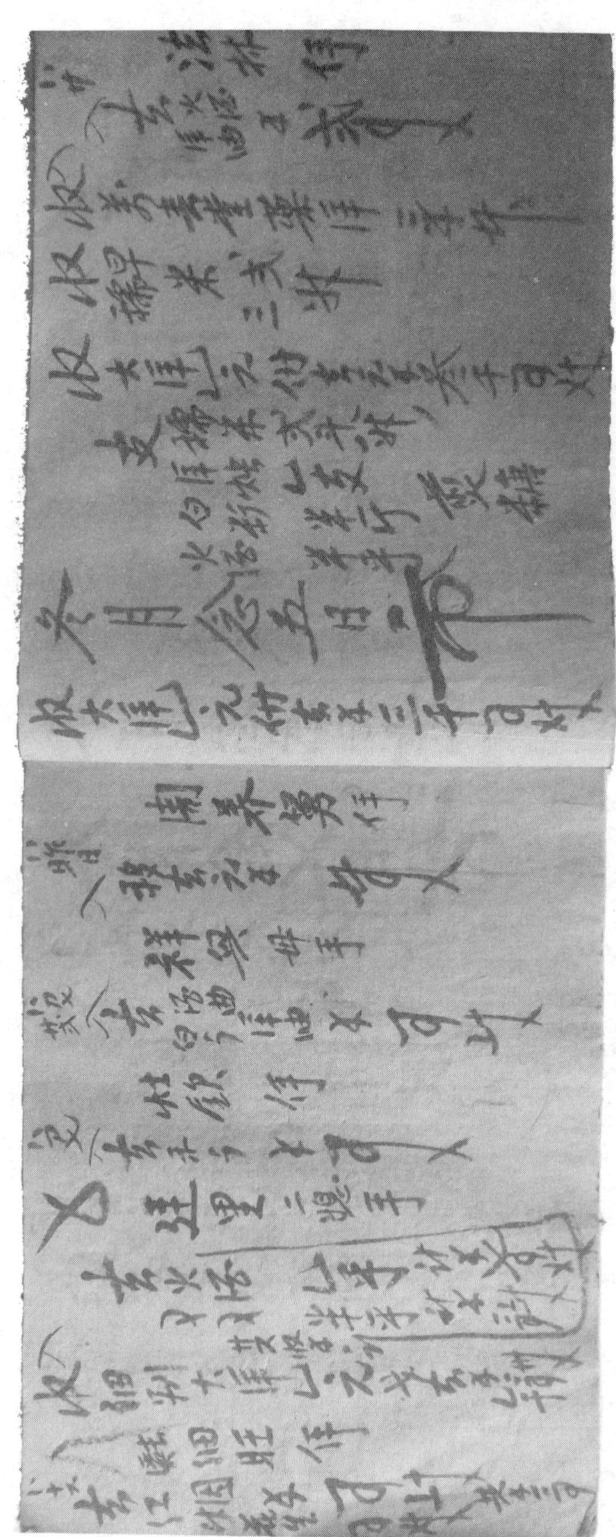

大鄣山乡江村 25-33 · 民国二十二年 · 流水账本（三册）· 张豫丰河记

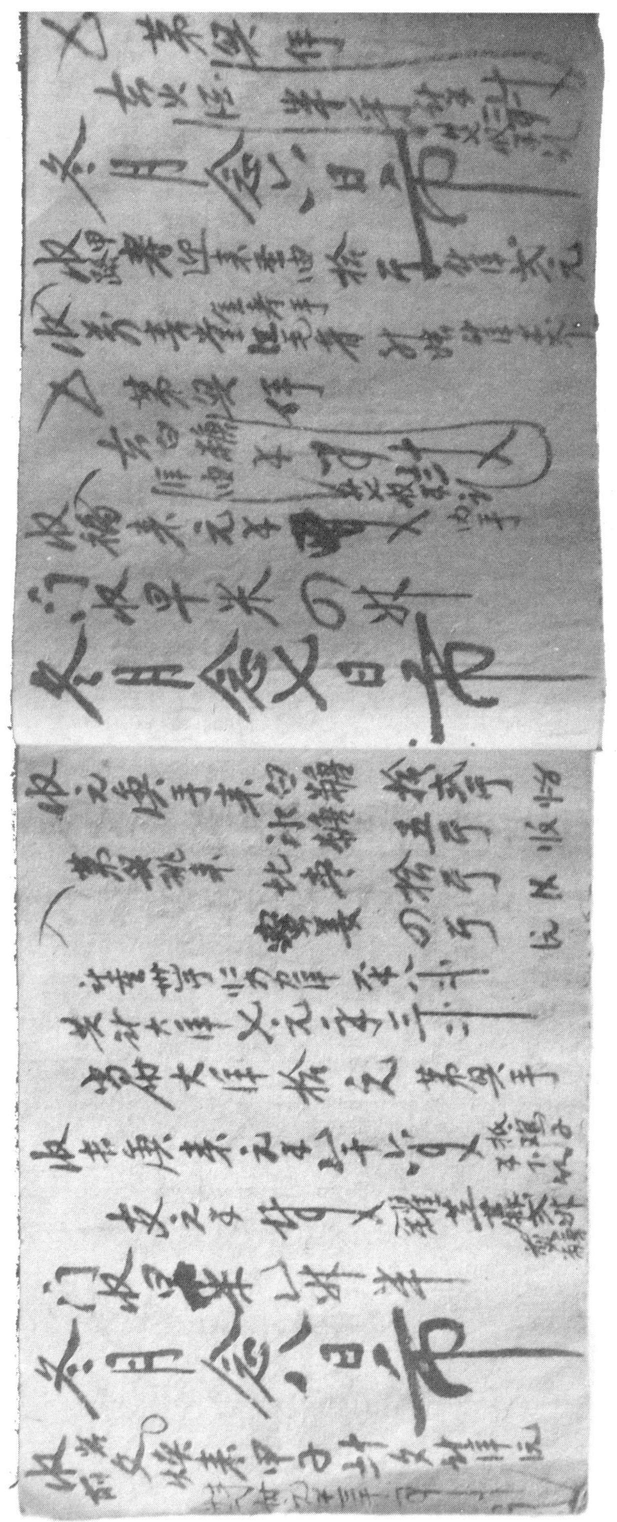

大鄣山乡江村 25-34 · 民国二十二年 · 流水账本（三册）· 张豫丰河记

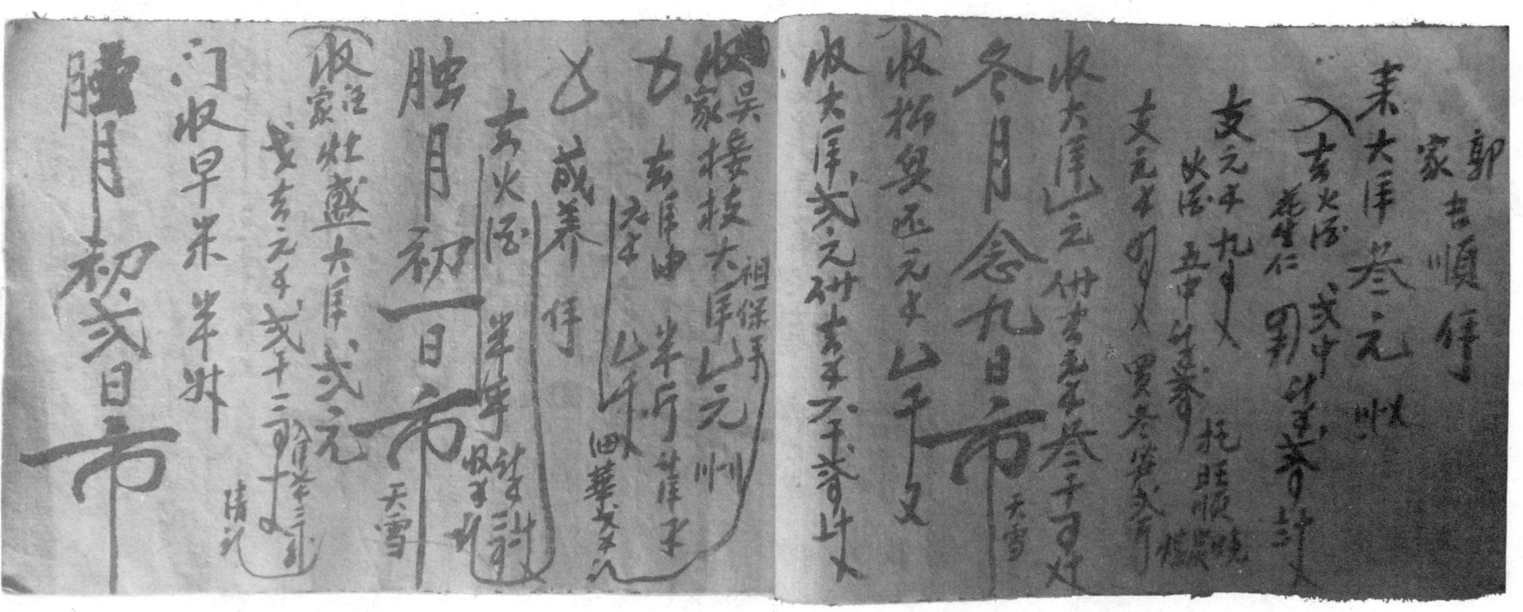

大鄣山乡江村 25-35 · 民国二十二年 · 流水账本（三册）· 张豫丰河记

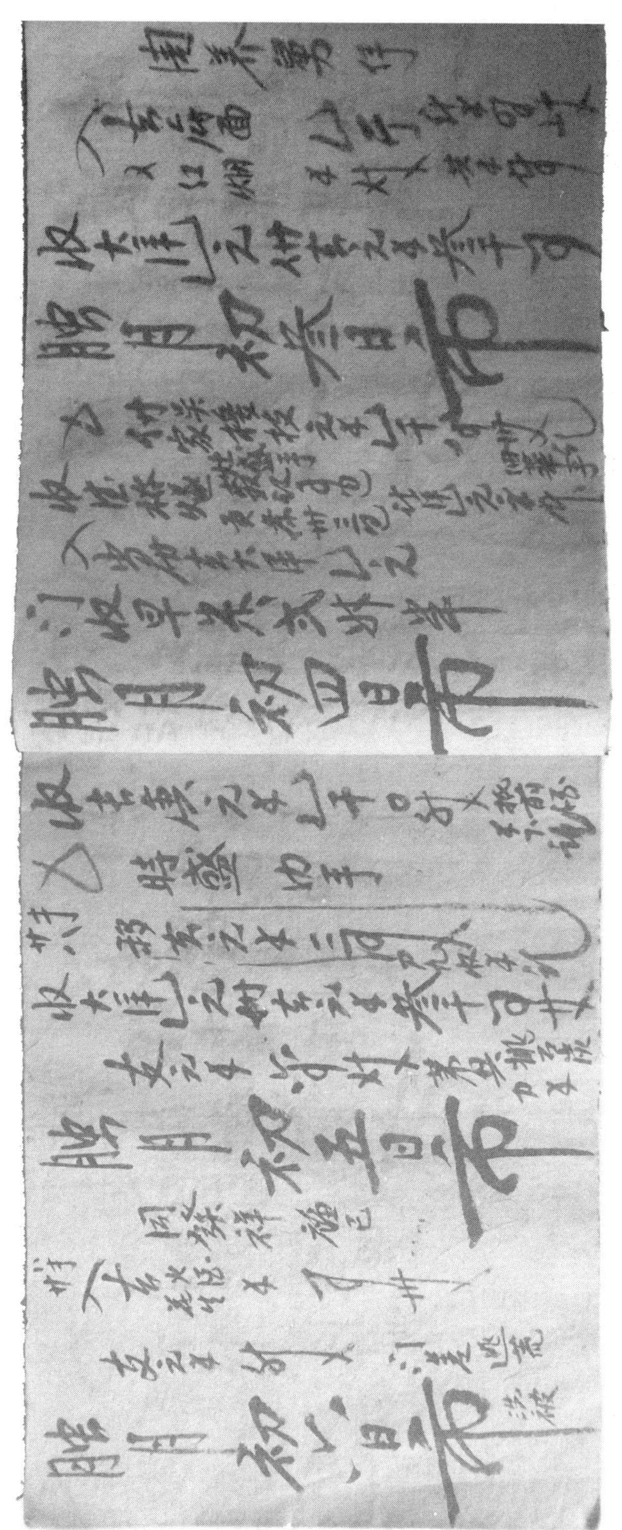

大鄣山乡江村 25-36 · 民国二十二年 · 流水账本（三册）· 张豫丰河记

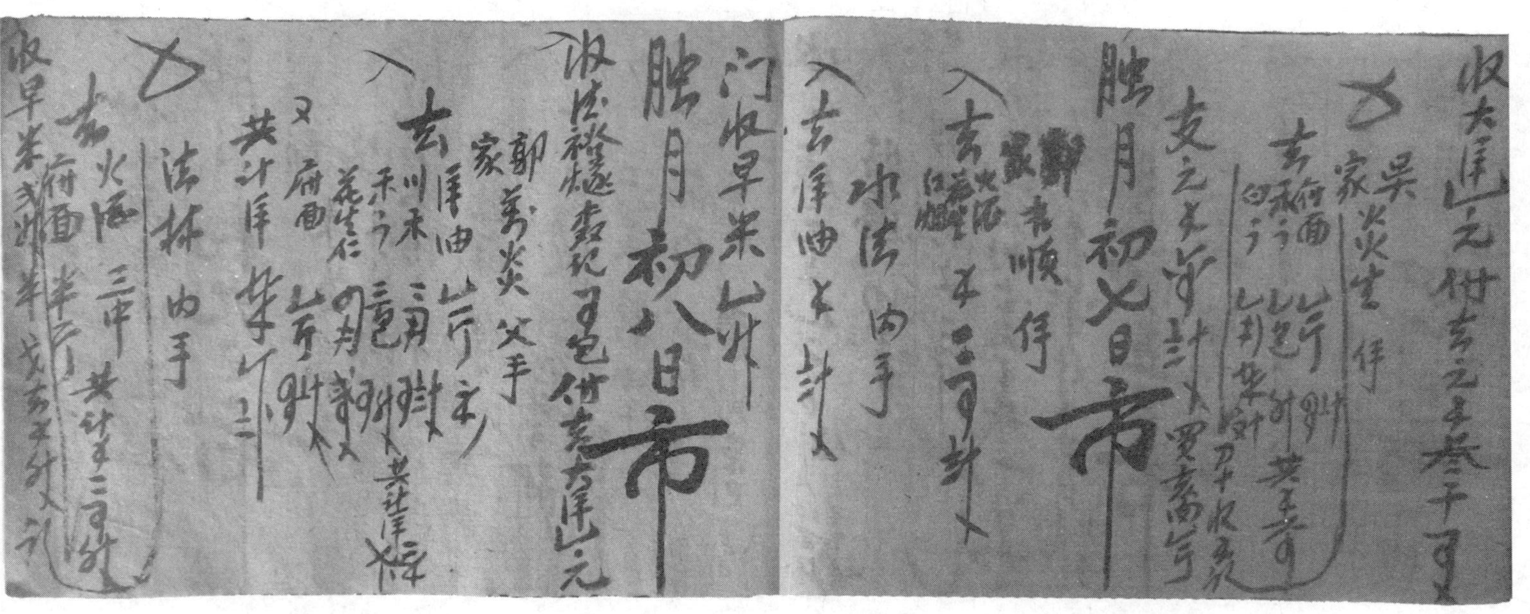

大鄣山乡江村 25-37 · 民国二十二年 · 流水账本（三册）· 张豫丰河记

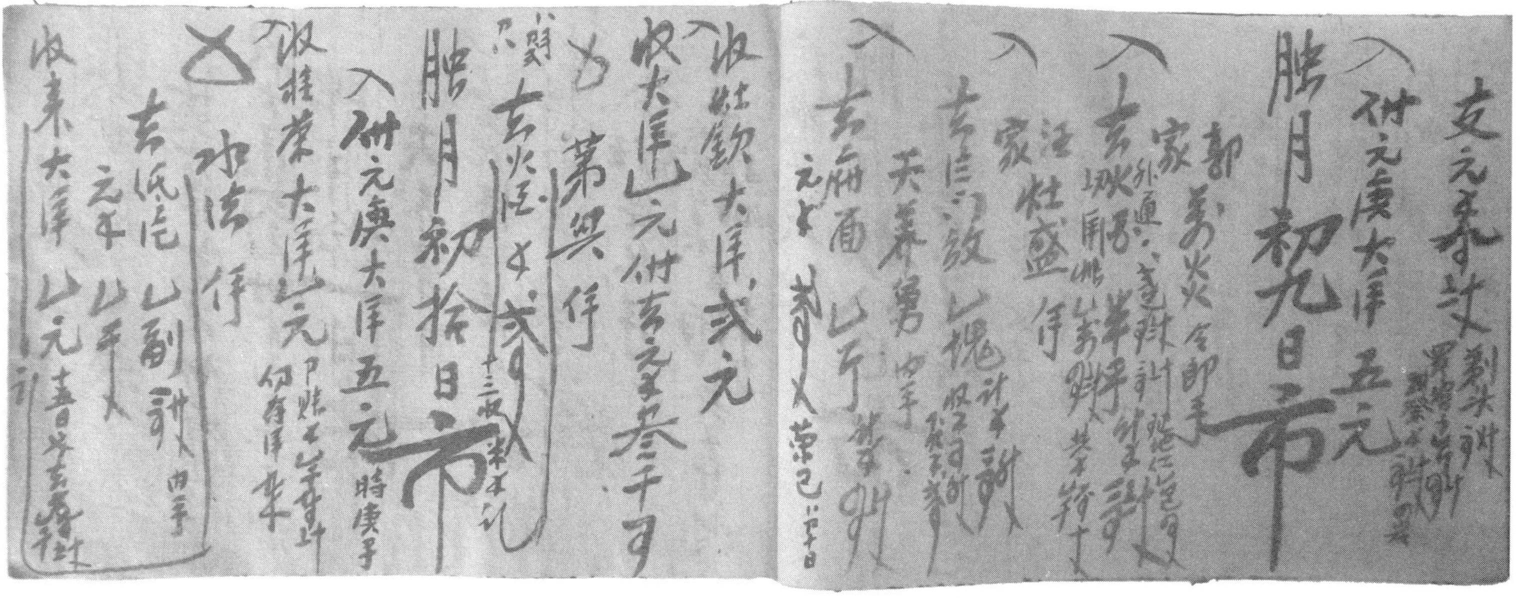

大鄣山乡江村 25-38・民国二十二年・流水账本（三册）・张豫丰河记

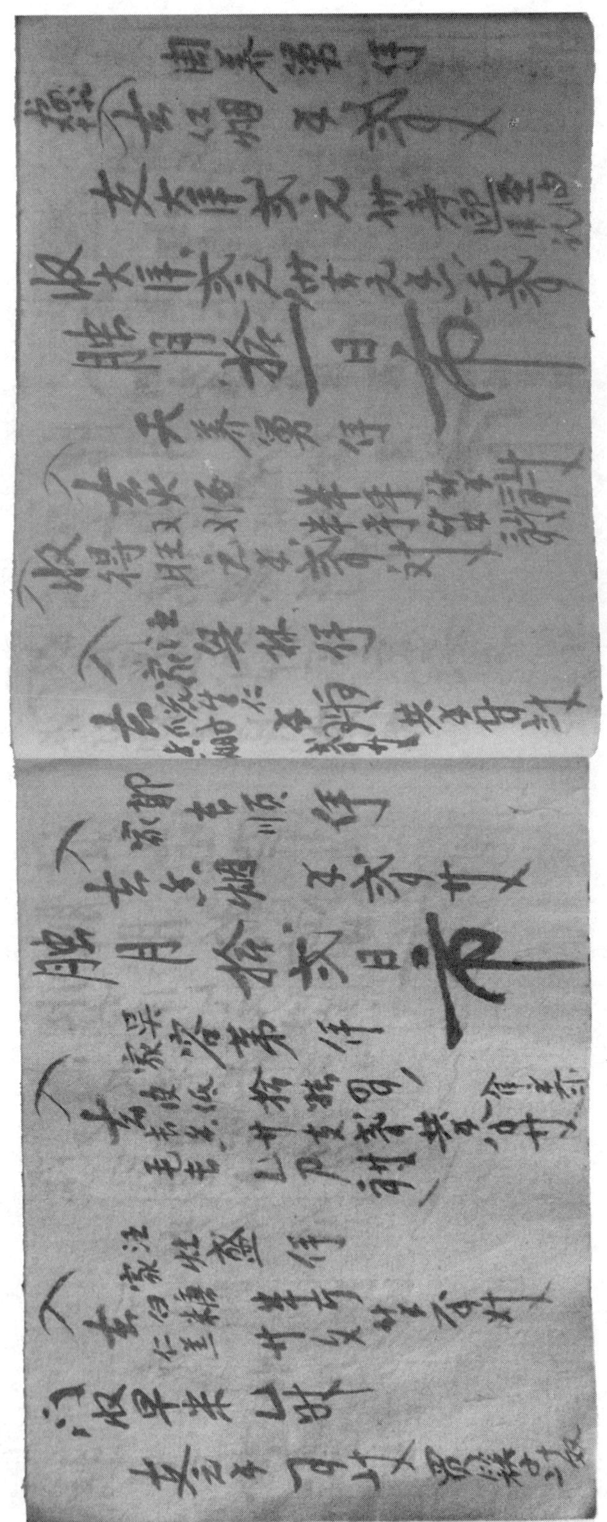

大鄣山乡江村 25-39·民国二十二年·流水账本（三册）·张豫丰河记

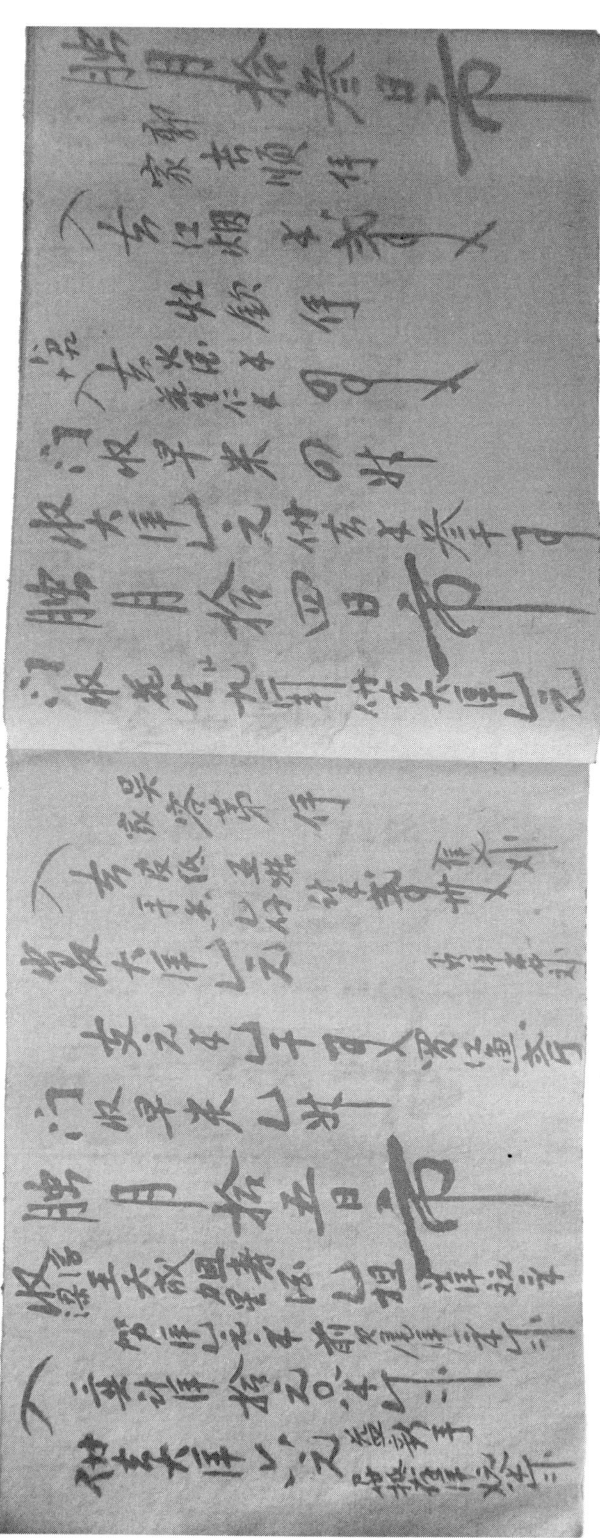

大鄣山乡江村 25-40 · 民国二十二年 · 流水账本（三册）· 张豫丰河记

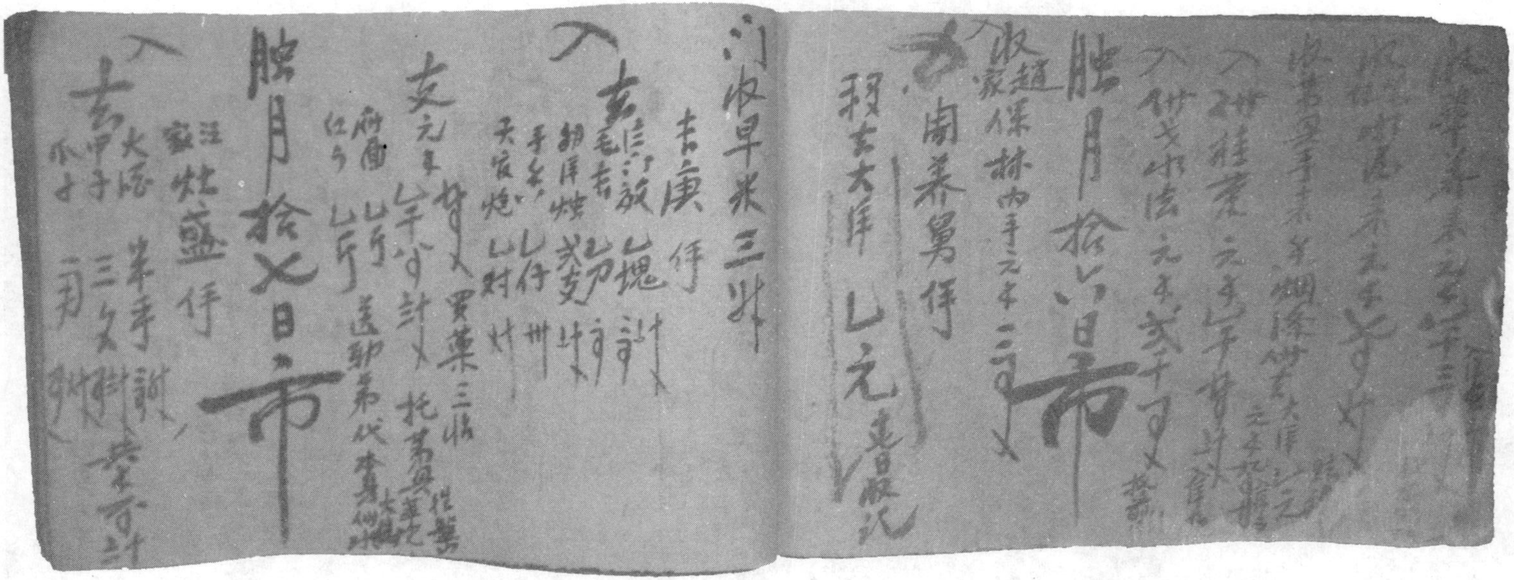

大鄣山乡江村 25-41 · 民国二十二年 · 流水账本（三册）· 张豫丰河记

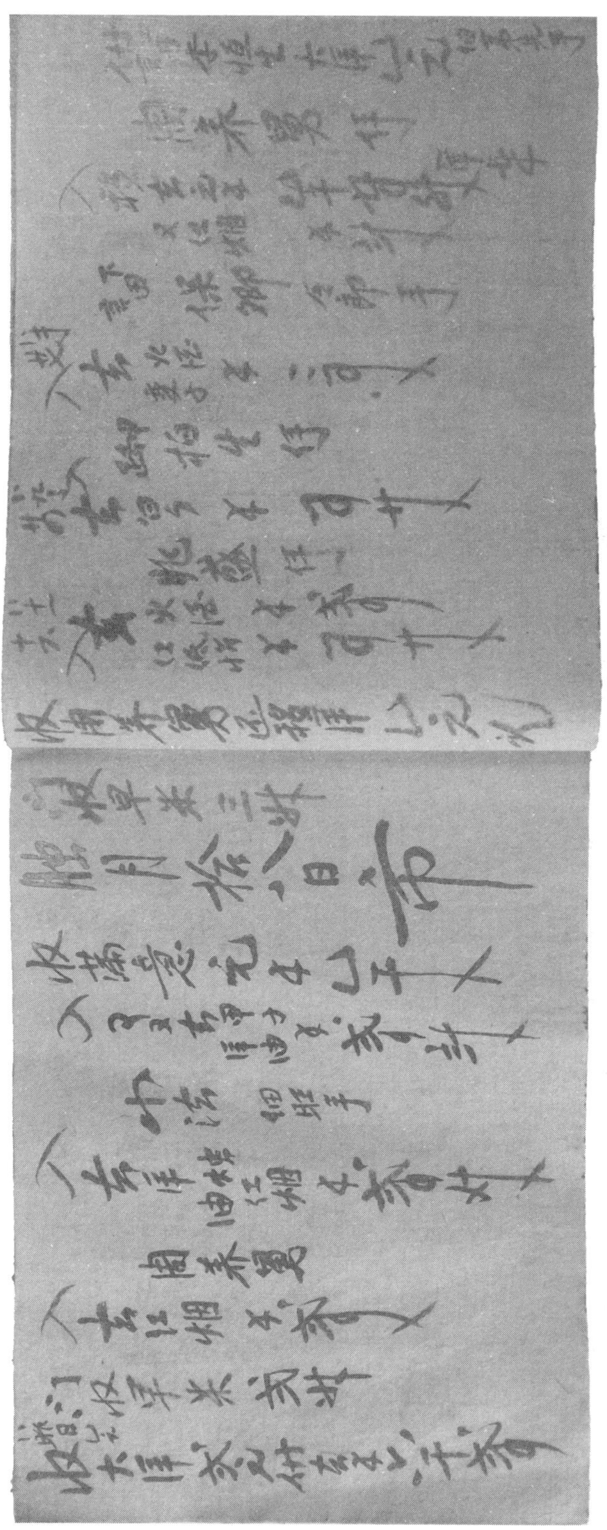

大鄣山乡江村 25-42 · 民国二十二年 · 流水账本（三册） · 张豫丰河记

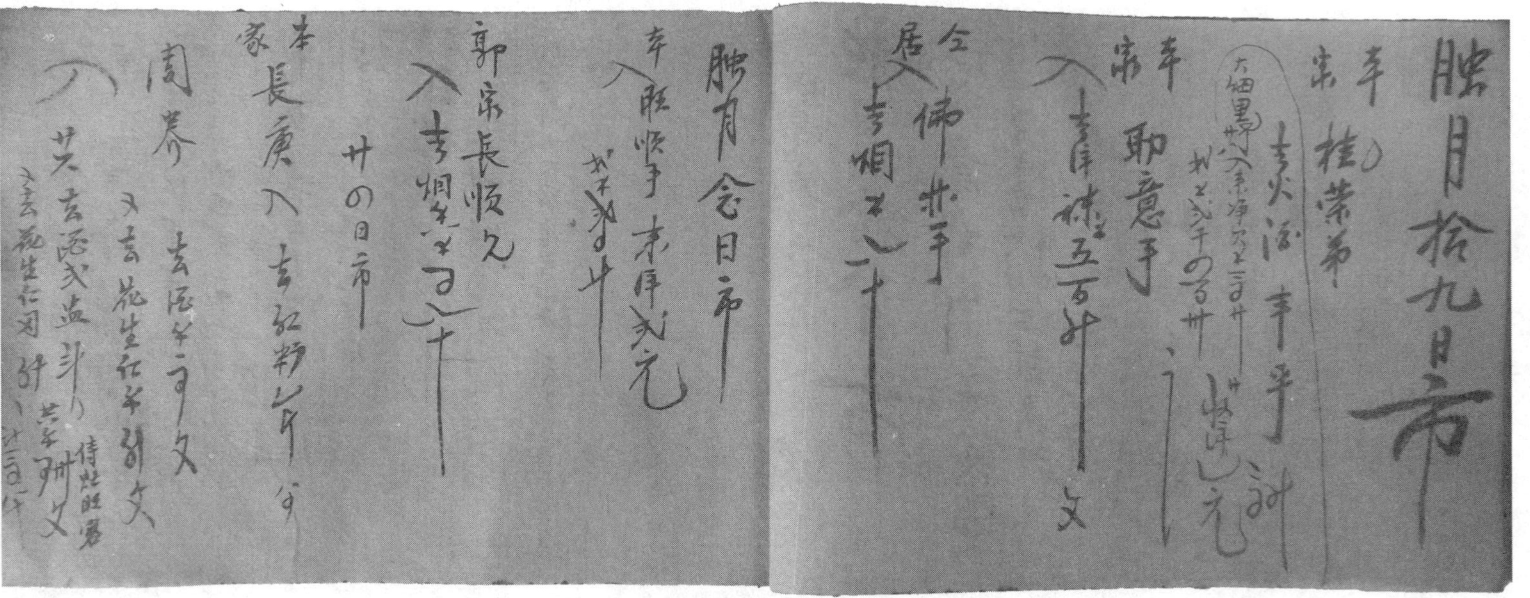

大鄣山乡江村 25-43 · 民国二十二年 · 流水账本（三册）· 张豫丰河记

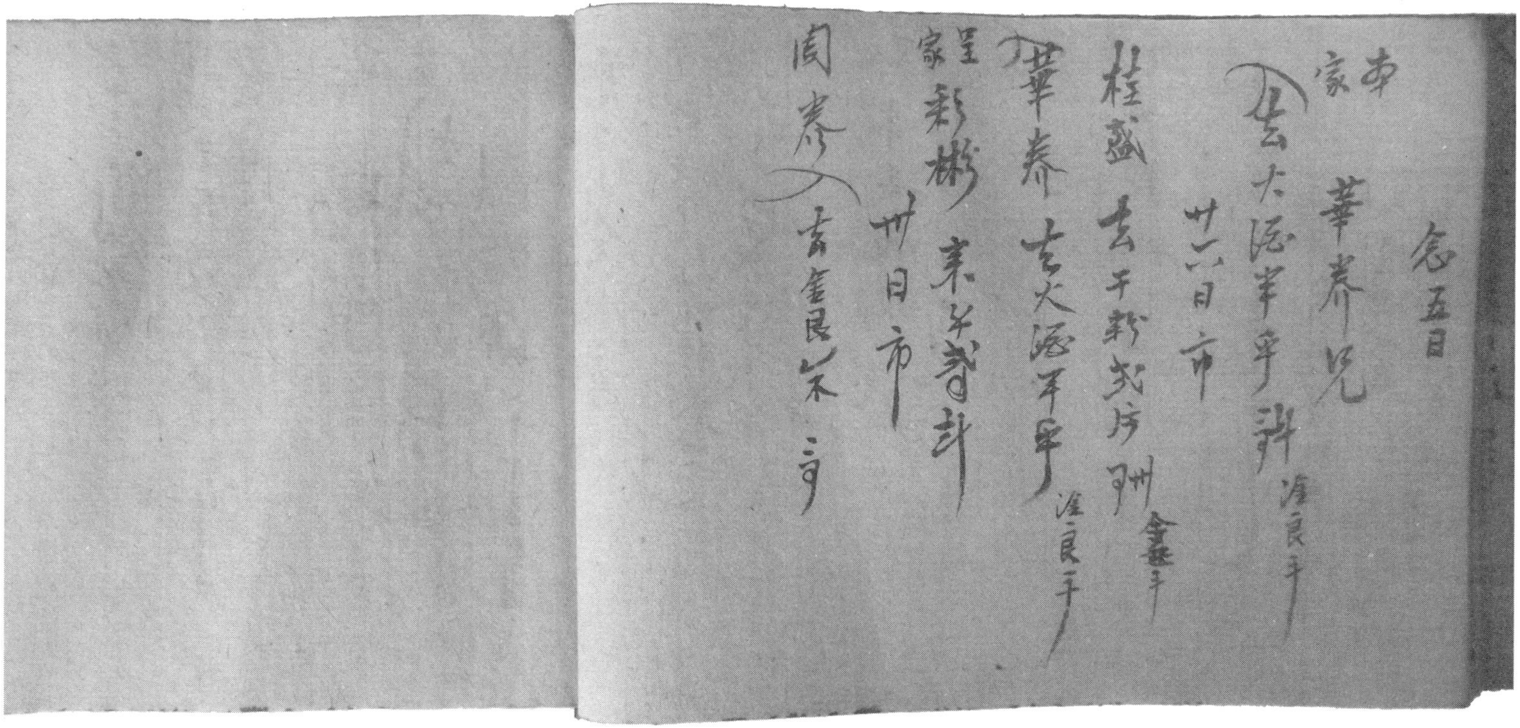

大鄣山乡江村 25-44 · 民国二十二年 · 流水账本（三册）· 张豫丰河记

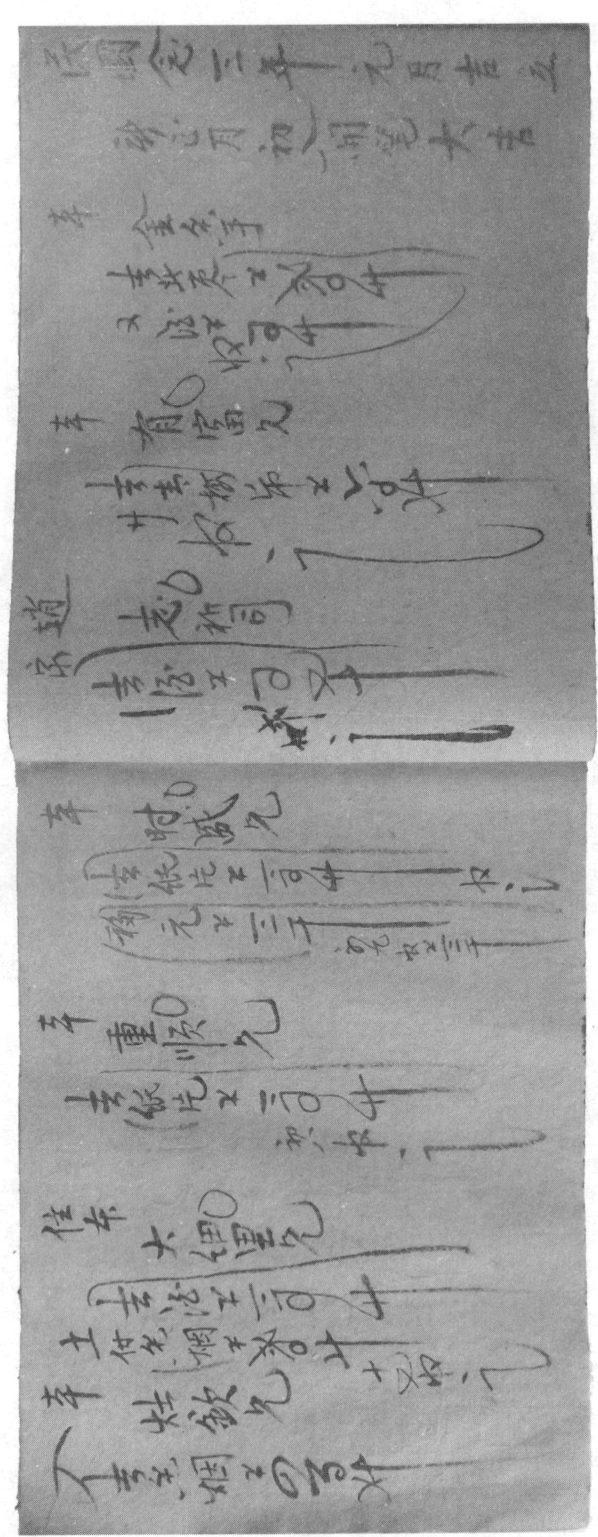

大鄣山乡江村 25-45・民国二十二年・流水账本（三册）・张豫丰河记

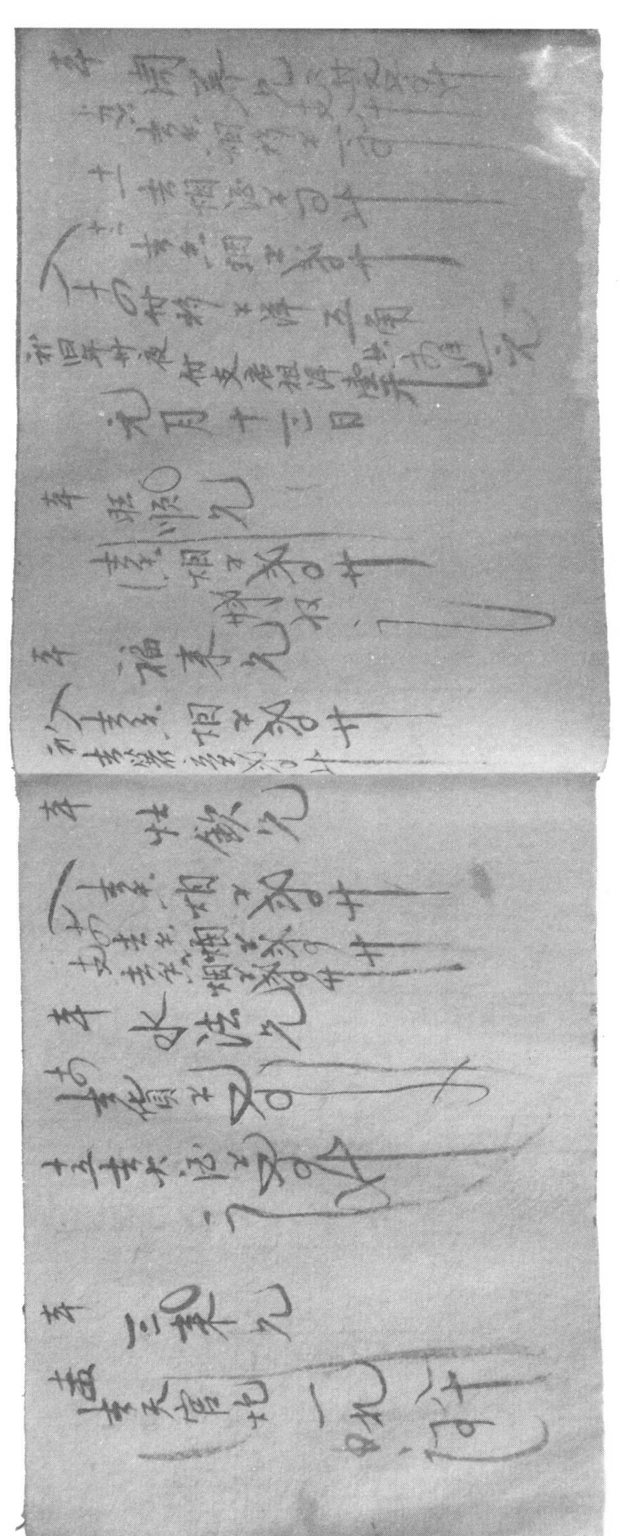

大鄣山乡江村 25-46 · 民国二十二年 · 流水账本（三册）· 张豫丰河记

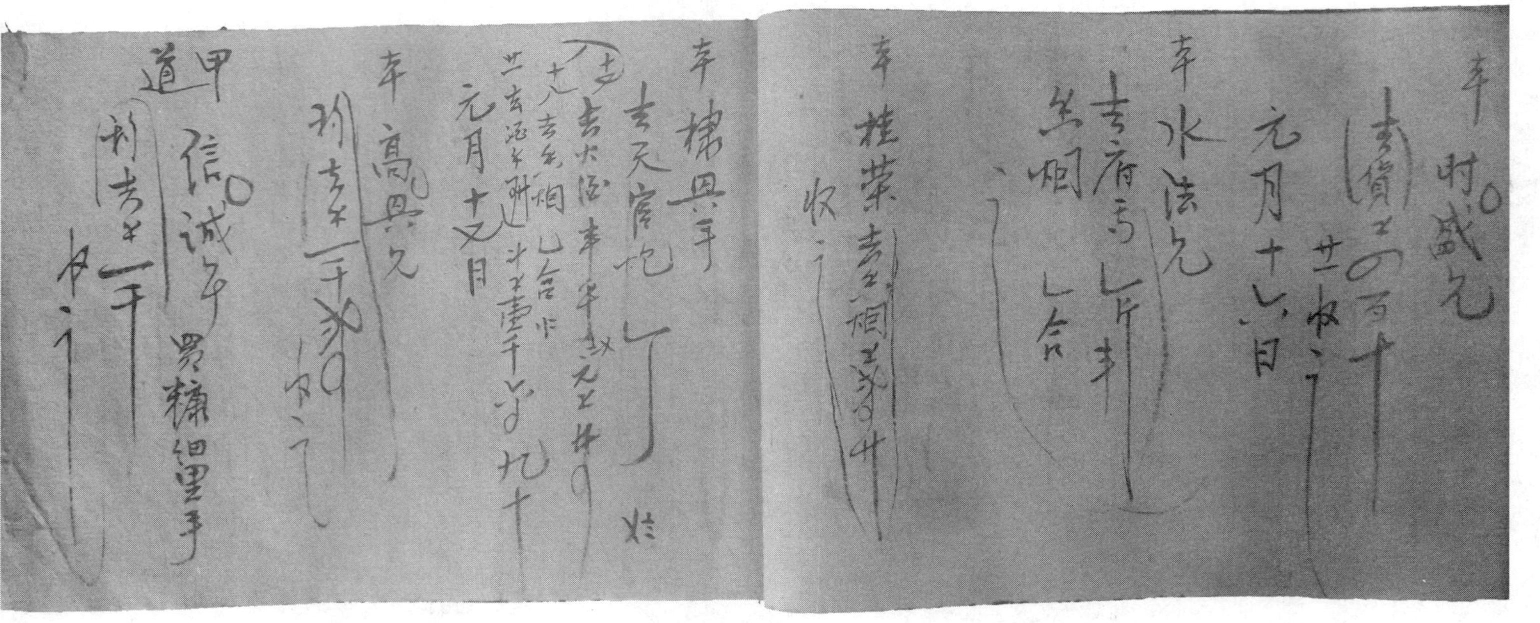

大鄣山乡江村 25-47 · 民国二十二年 · 流水账本（三册）· 张豫丰河记

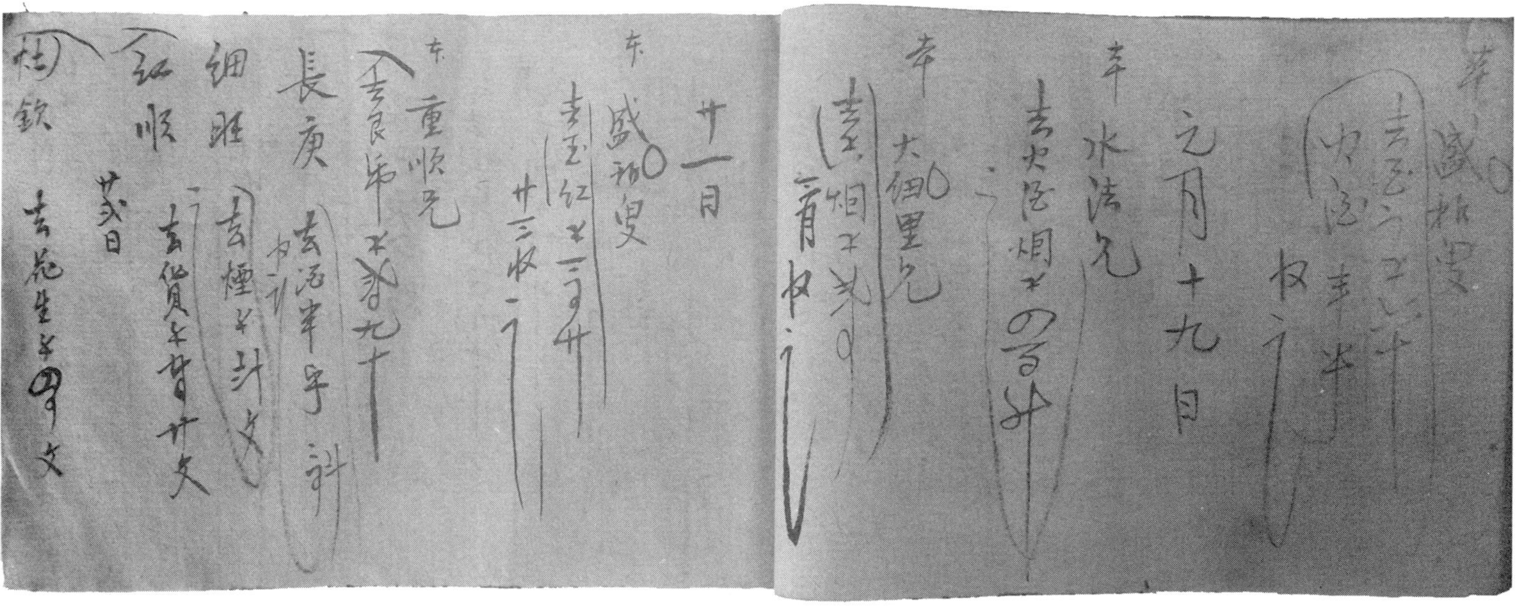

大鄣山乡江村 25-48 · 民国二十二年 · 流水账本（三册）· 张豫丰河记

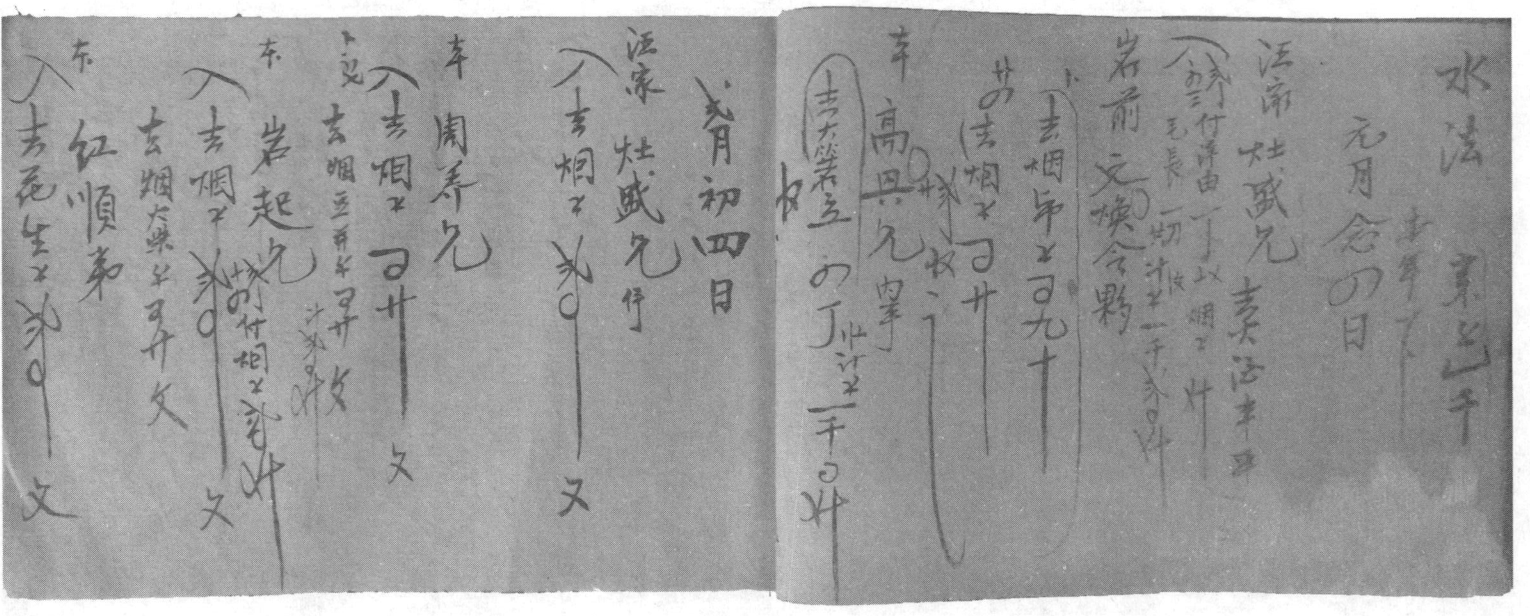

大鄣山乡江村 25-49 · 民国二十二年 · 流水账本（三册）· 张豫丰河记

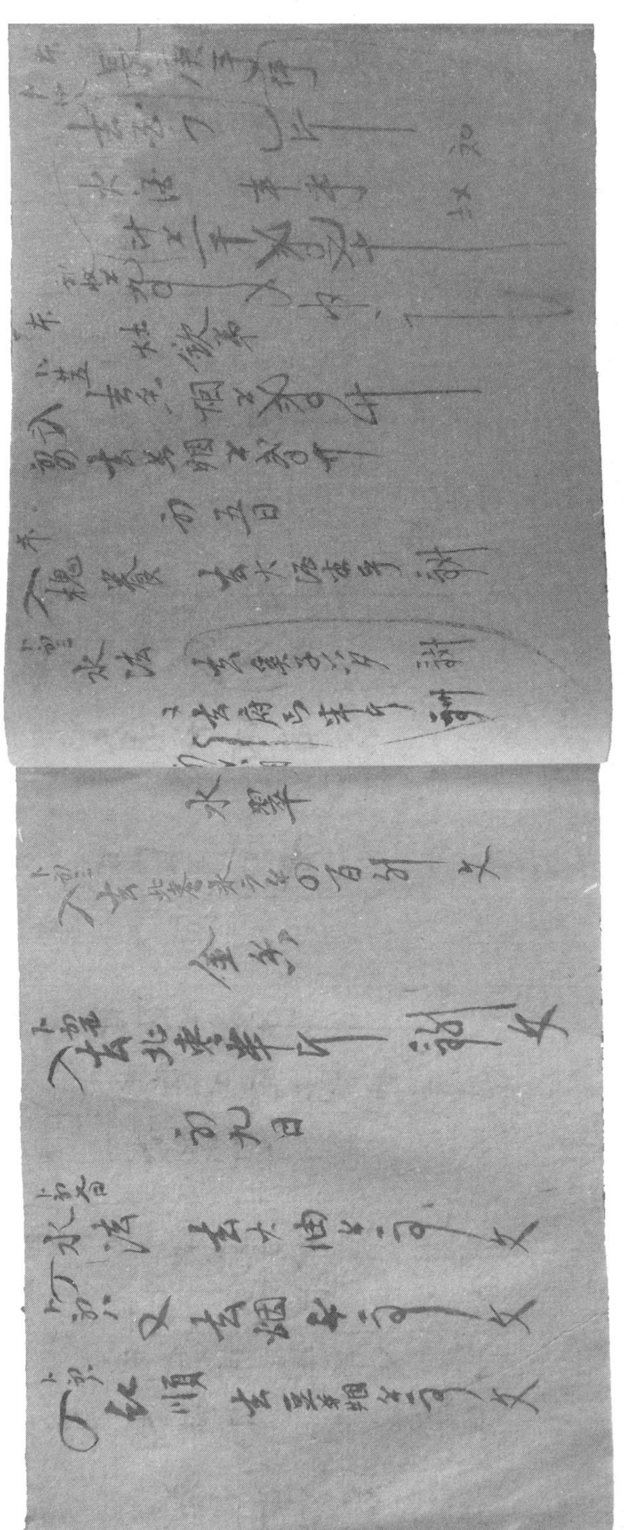

大鄣山乡江村 25-50 · 民国二十二年 · 流水账本（三册）· 张豫丰河记

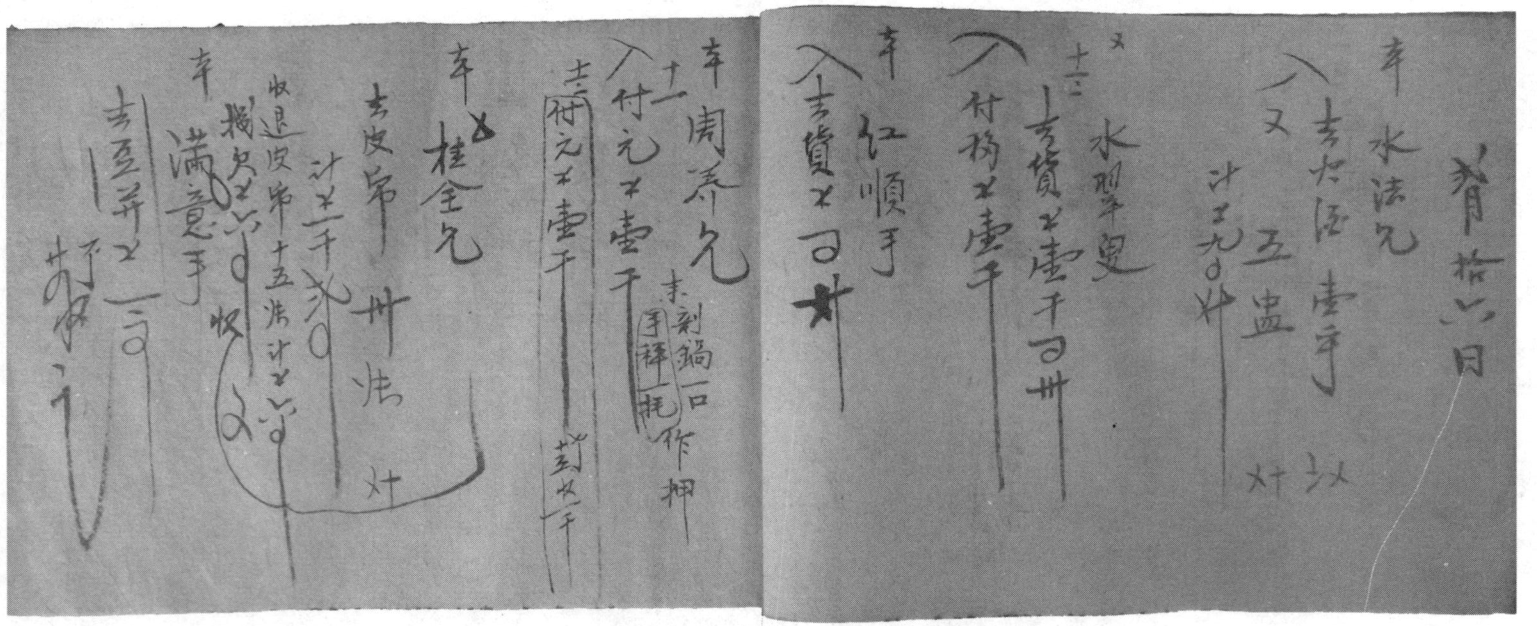

大鄣山乡江村 25-51 · 民国二十二年 · 流水账本（三册）· 张豫丰河记

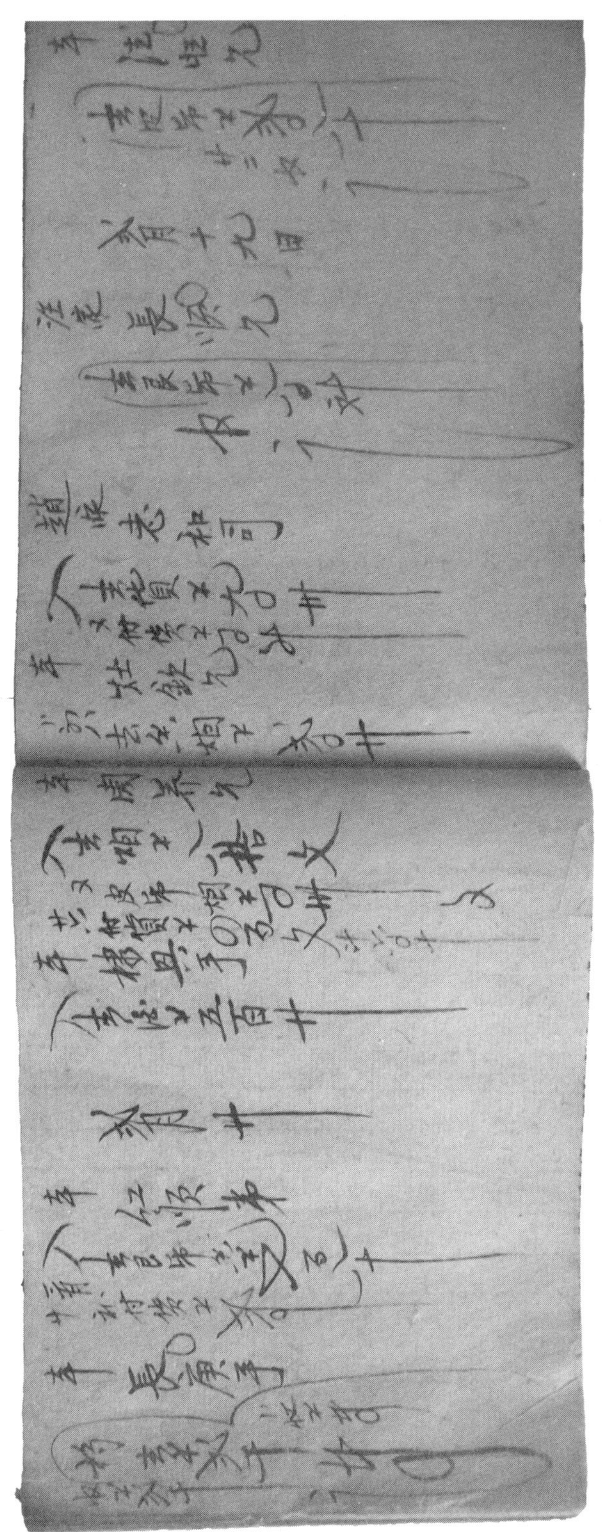

大鄣山乡江村 25-52 · 民国二十二年 · 流水账本（三册） · 张豫丰河记

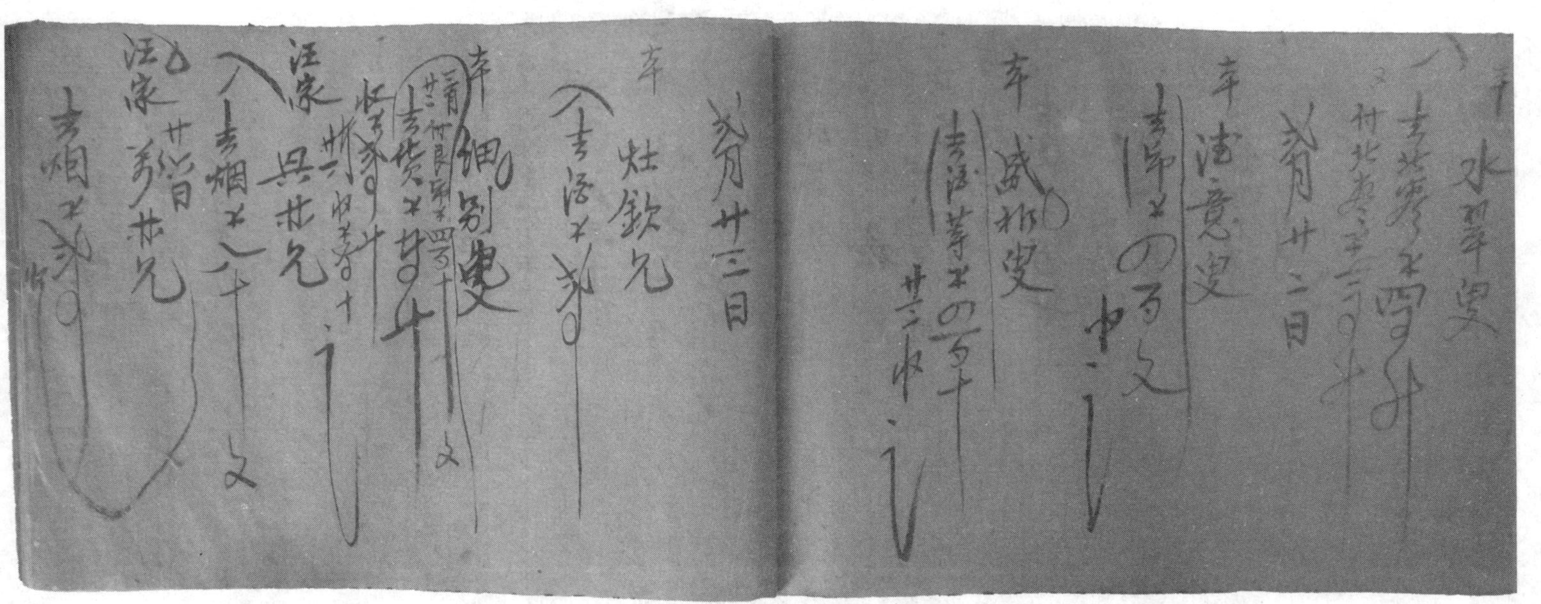

大鄣山乡江村 25-53 · 民国二十二年 · 流水账本（三册） · 张豫丰河记

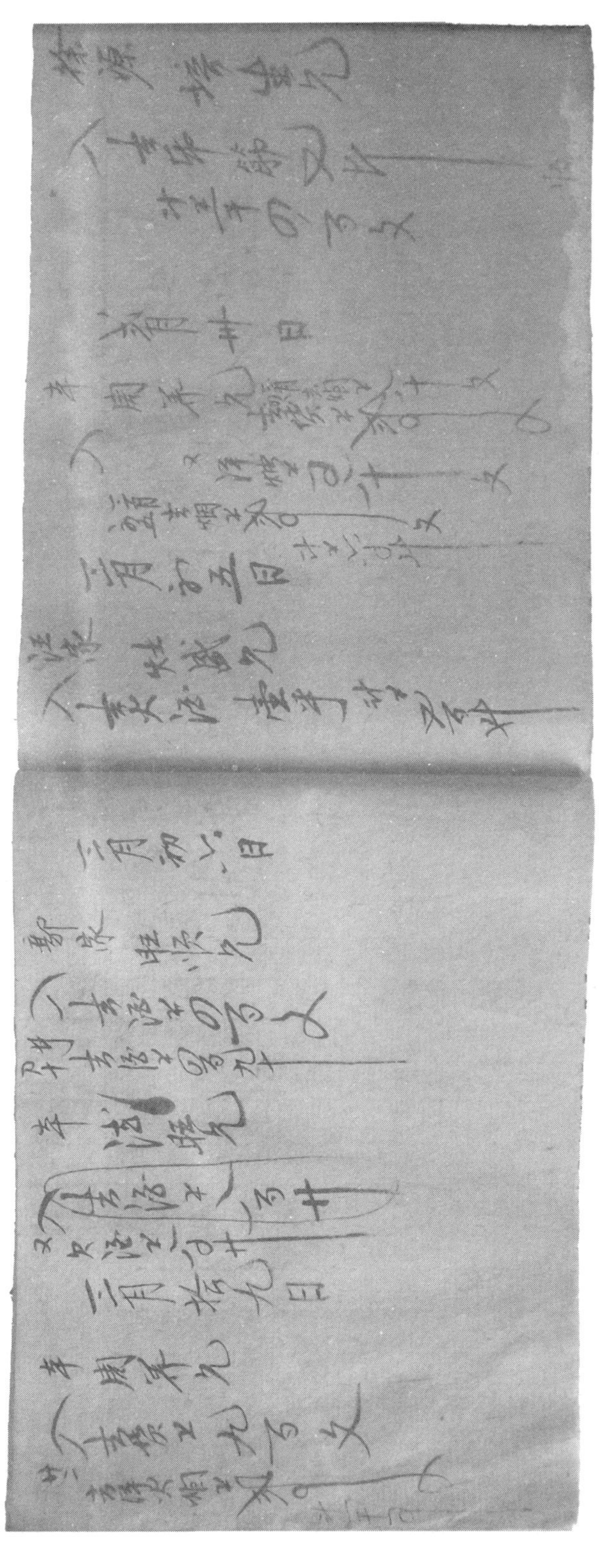

大鄣山乡江村 25-54 · 民国二十二年 · 流水账本（三册）· 张豫丰河记

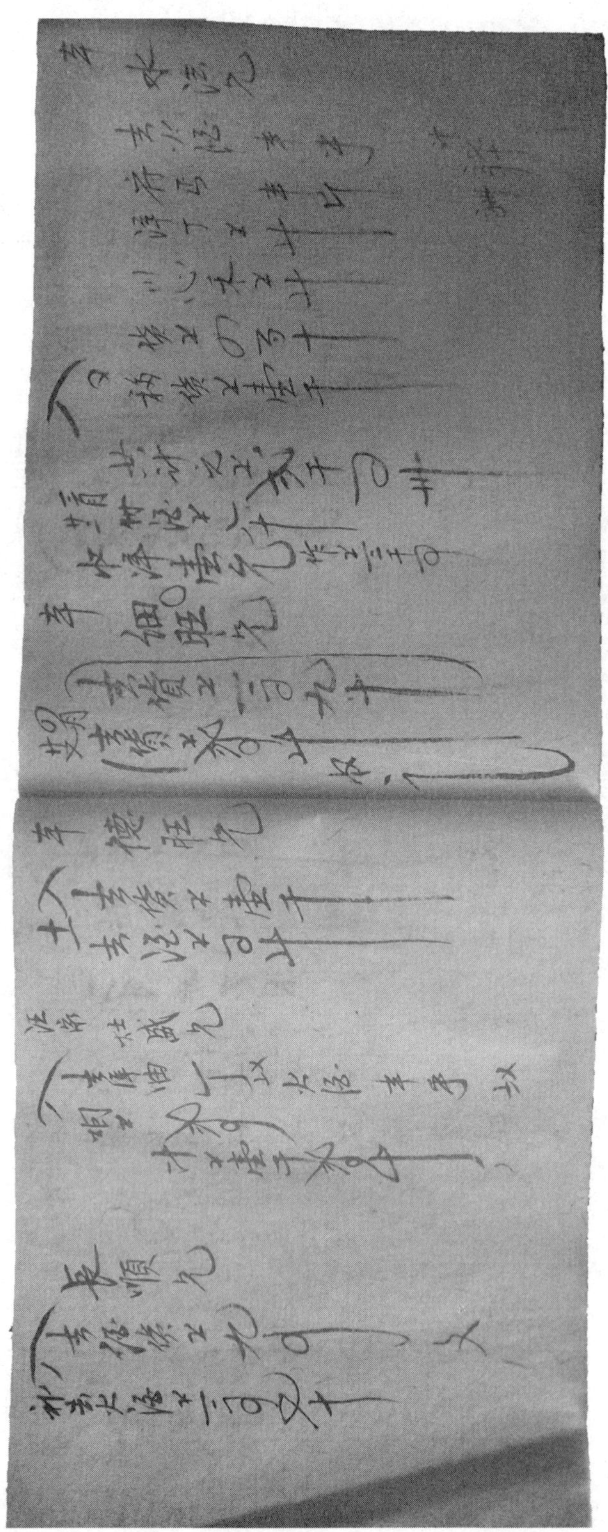

大鄣山乡江村 25—55 · 民国二十二年 · 流水账本（三册）· 张豫丰河记

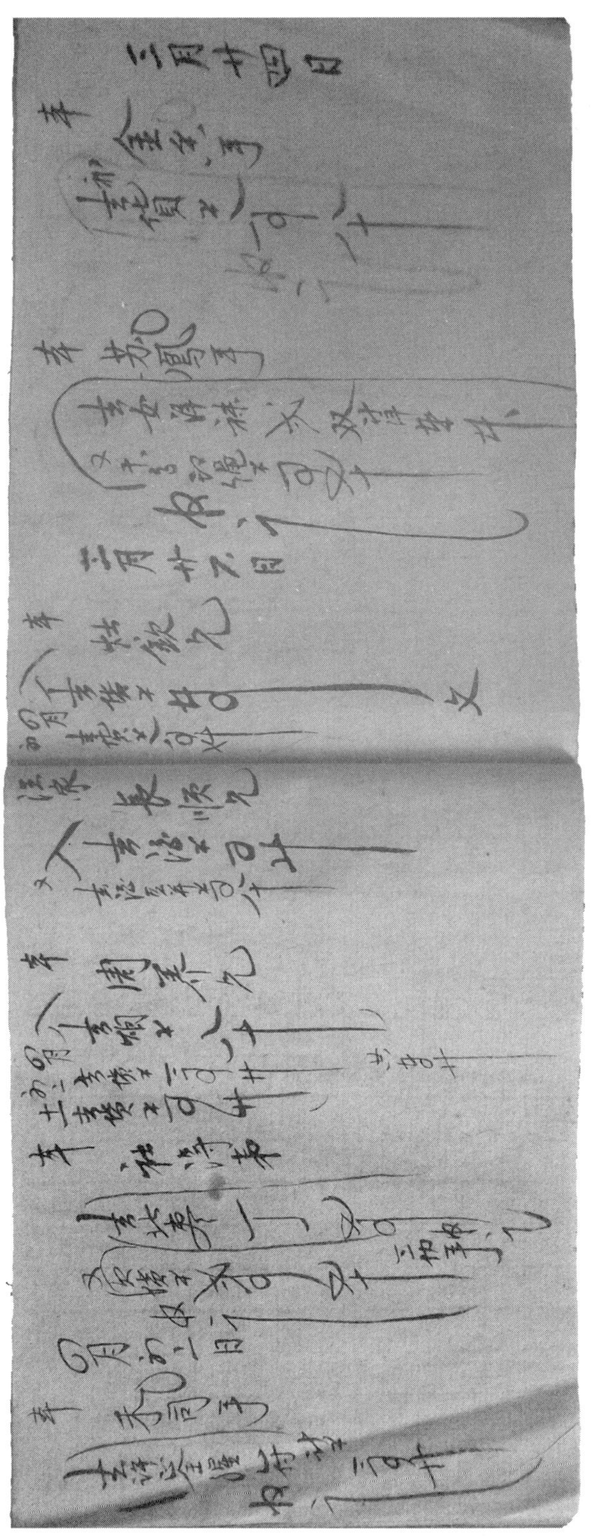

大鄣山乡江村 25-56 · 民国二十二年 · 流水账本（三册） · 张豫丰河记

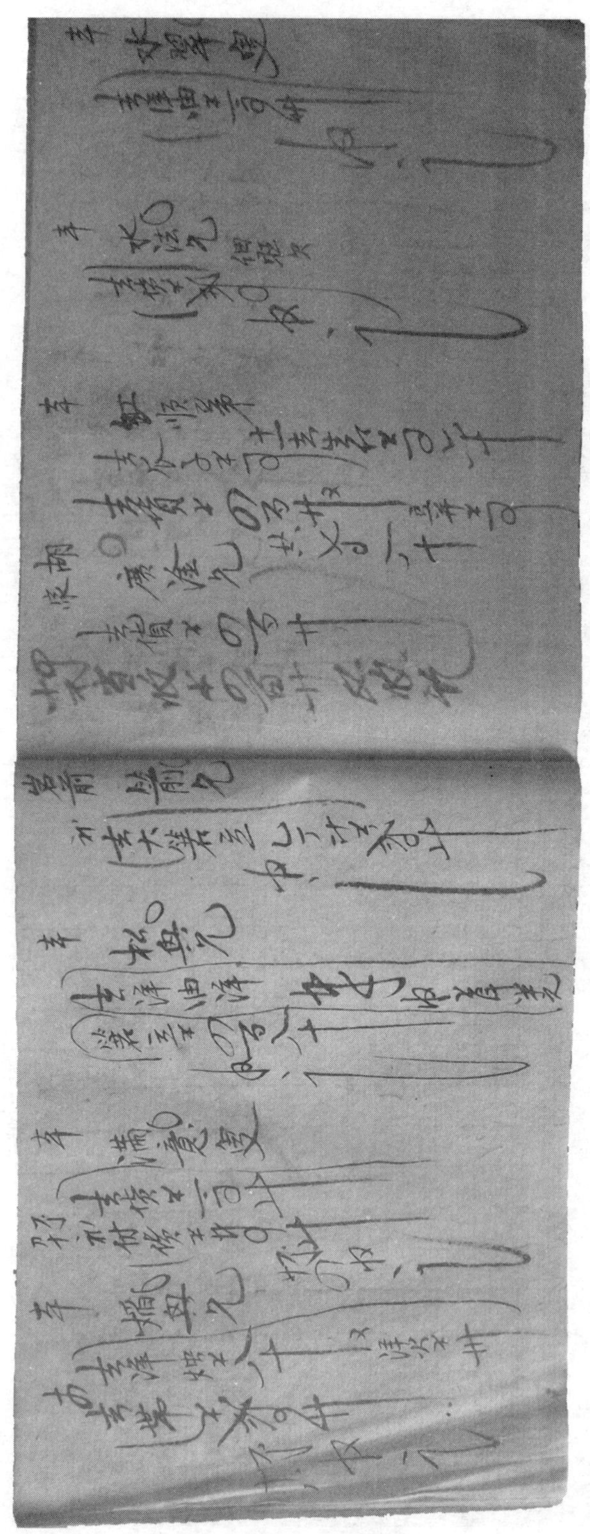

大鄣山乡江村 25-57 · 民国二十二年 · 流水账本（三册）· 张豫丰河记

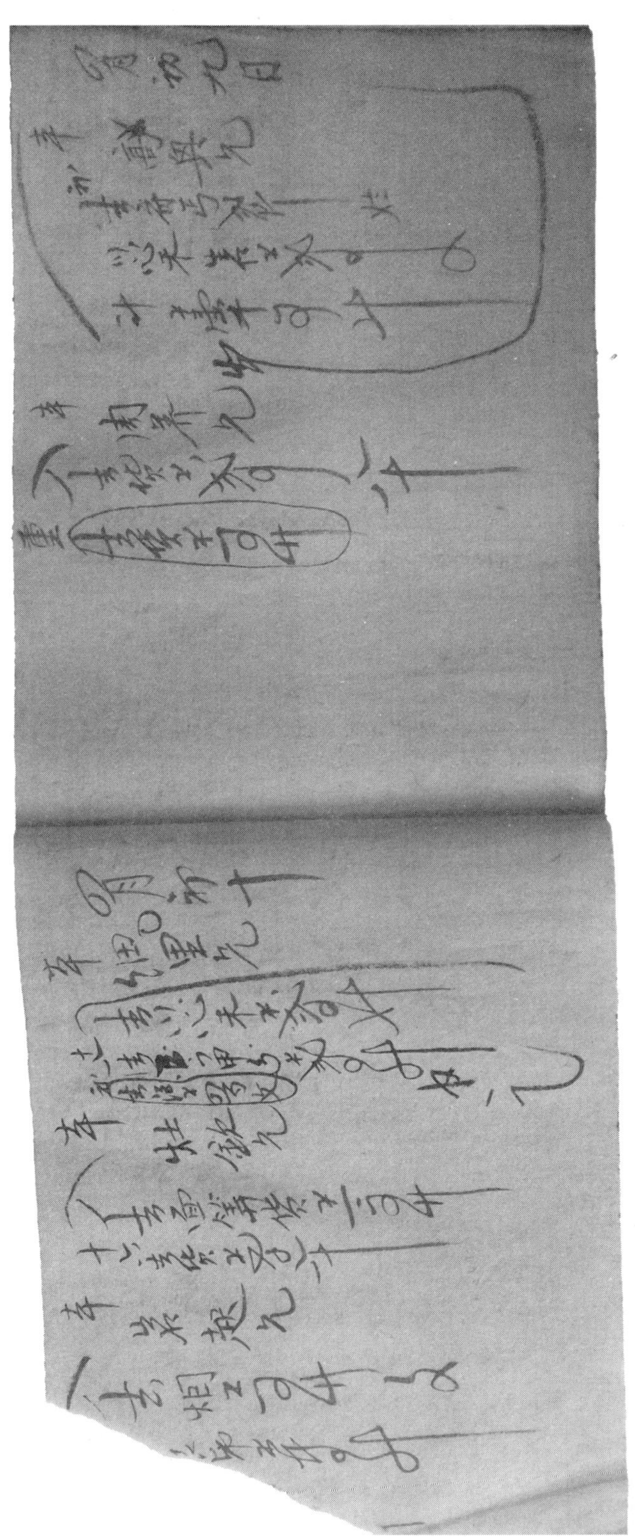

大鄣山乡江村 25-58・民国二十二年・流水账本（三册）・张豫丰河记

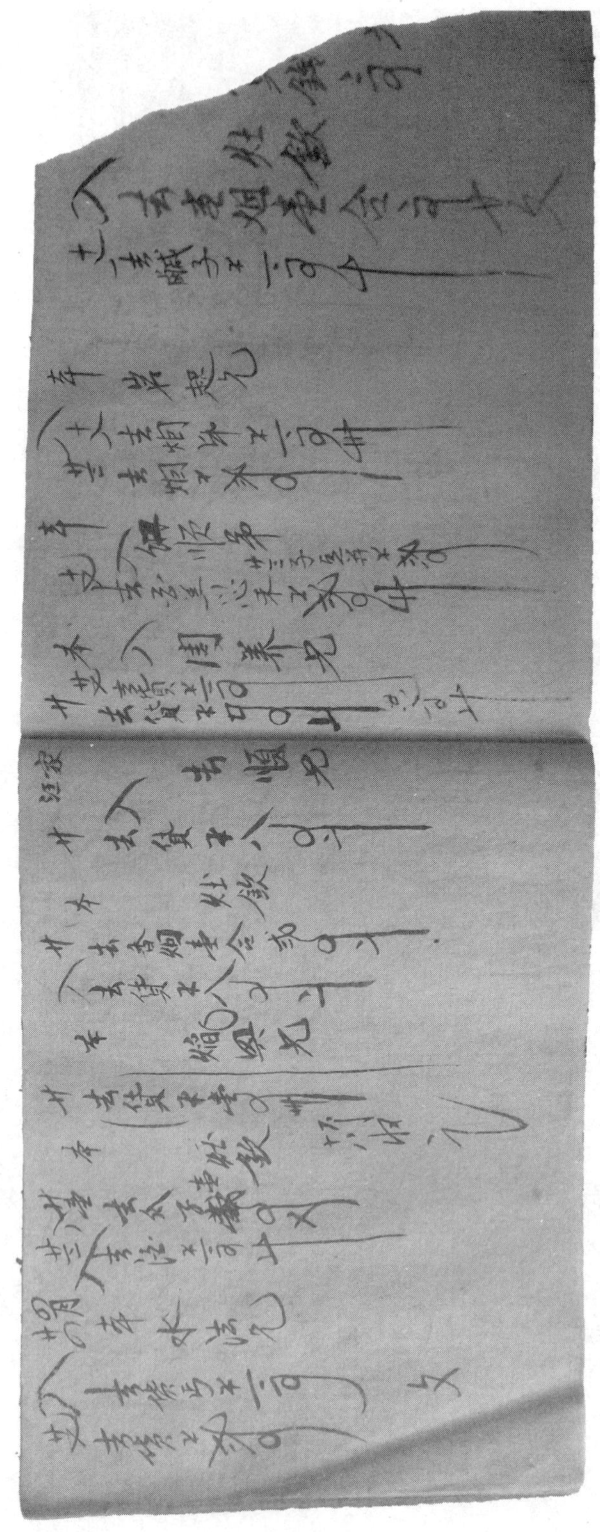

大鄣山乡江村 25-59 · 民国二十二年 · 流水账本（三册） · 张豫丰河记

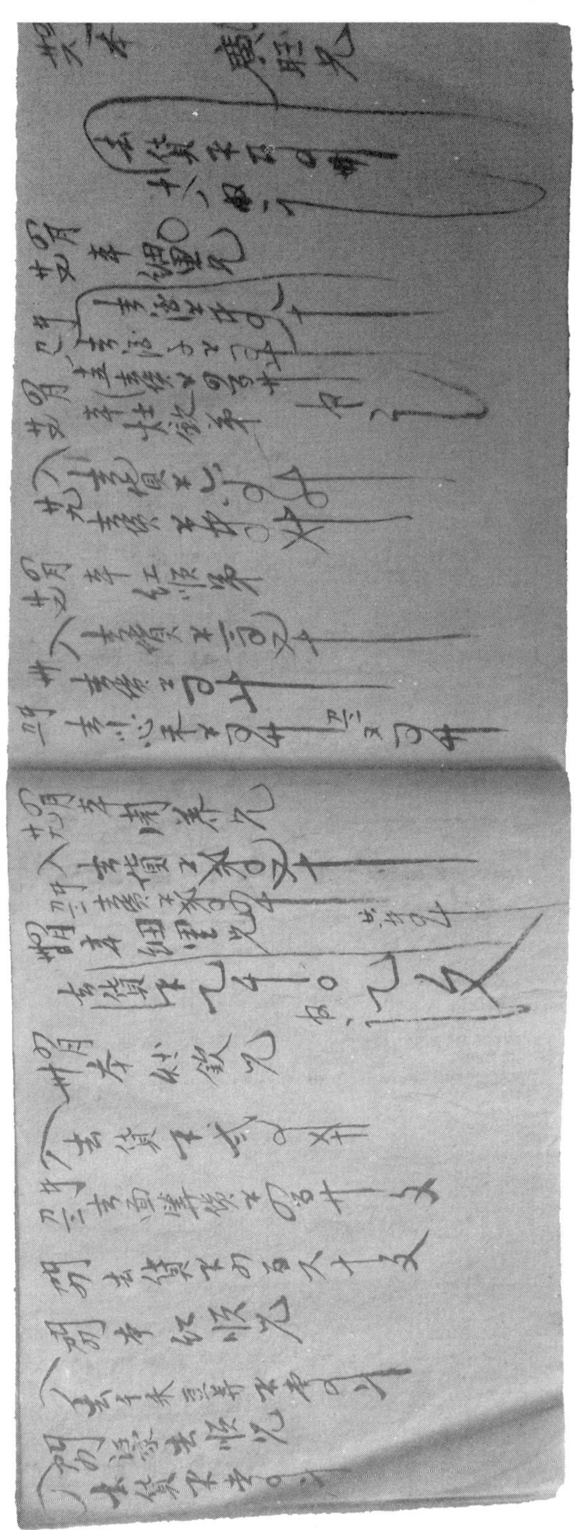

大部山乡江村 25-60 · 民国二十二年 · 流水账本（三册）· 张豫丰河记

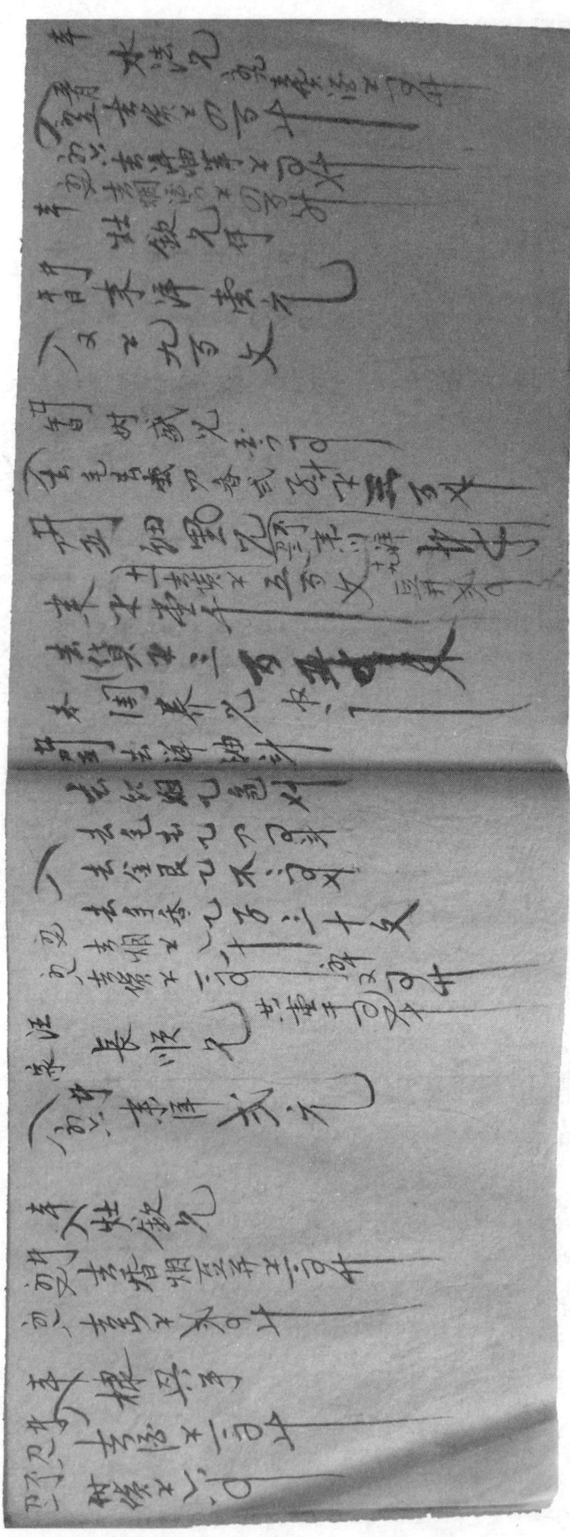

大鄣山乡江村 25-61·民国二十二年·流水账本（三册）·张豫丰河记

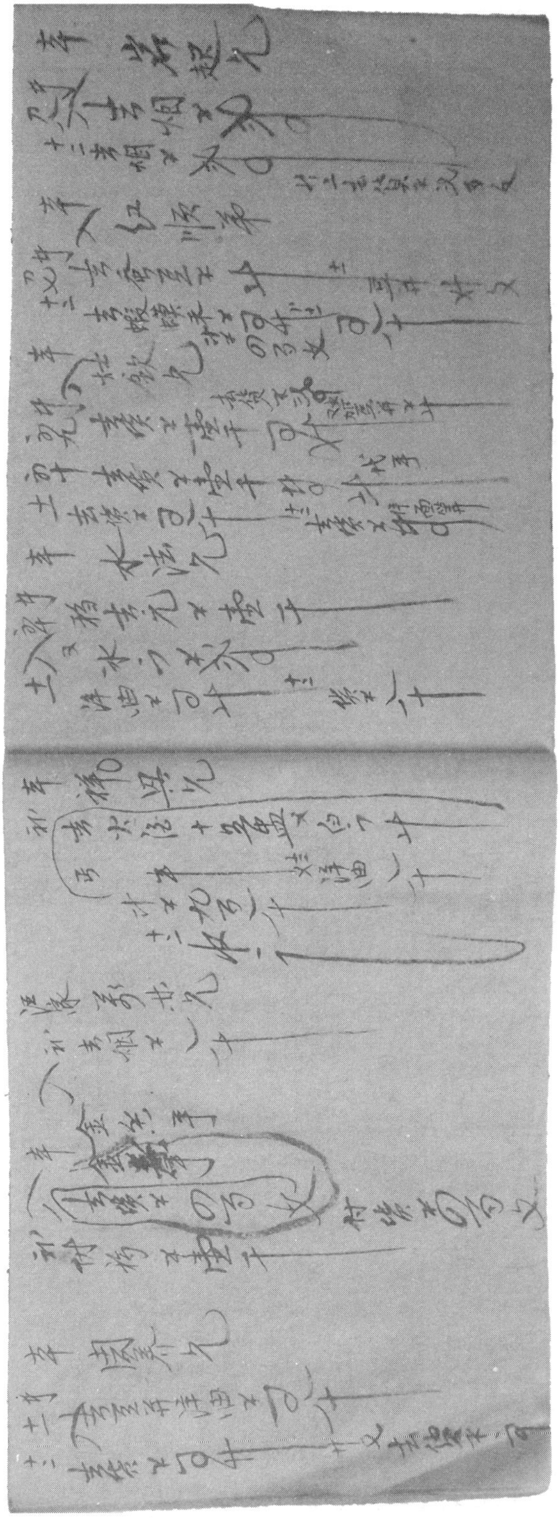

大鄣山乡江村 25-62 · 民国二十二年 · 流水账本（三册）· 张豫丰河记

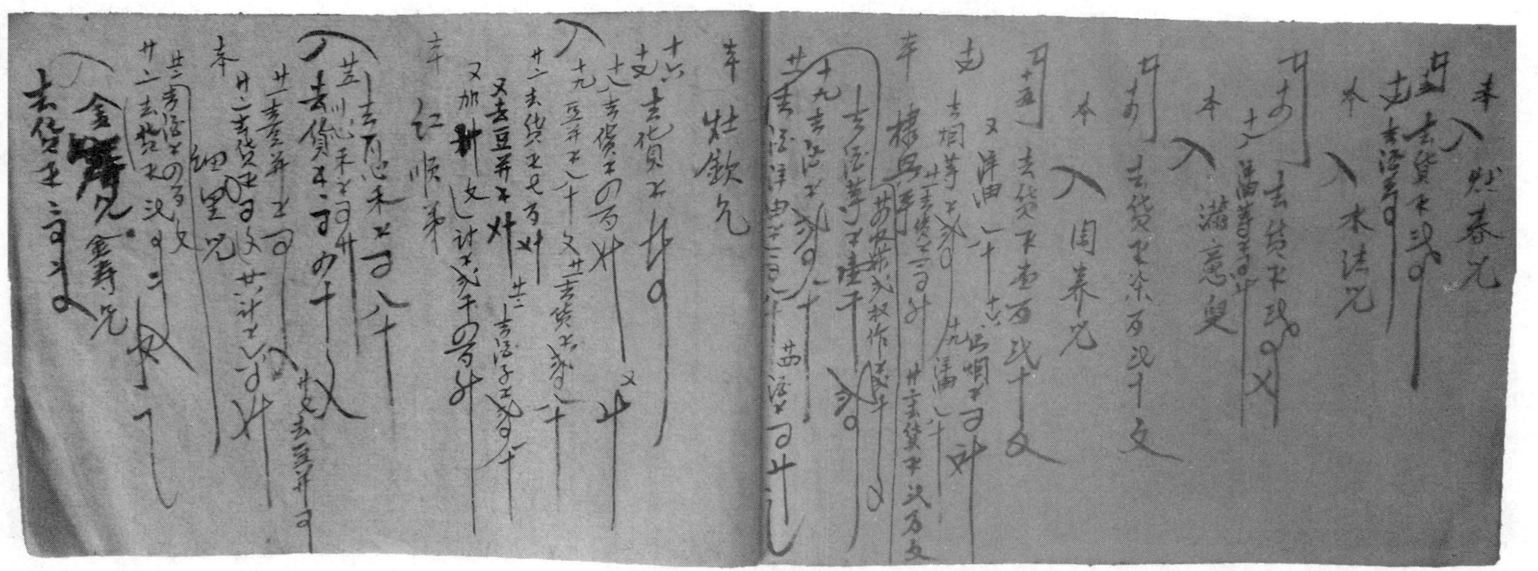

大鄣山乡江村 25-63 · 民国二十二年 · 流水账本（三册）· 张豫丰河记

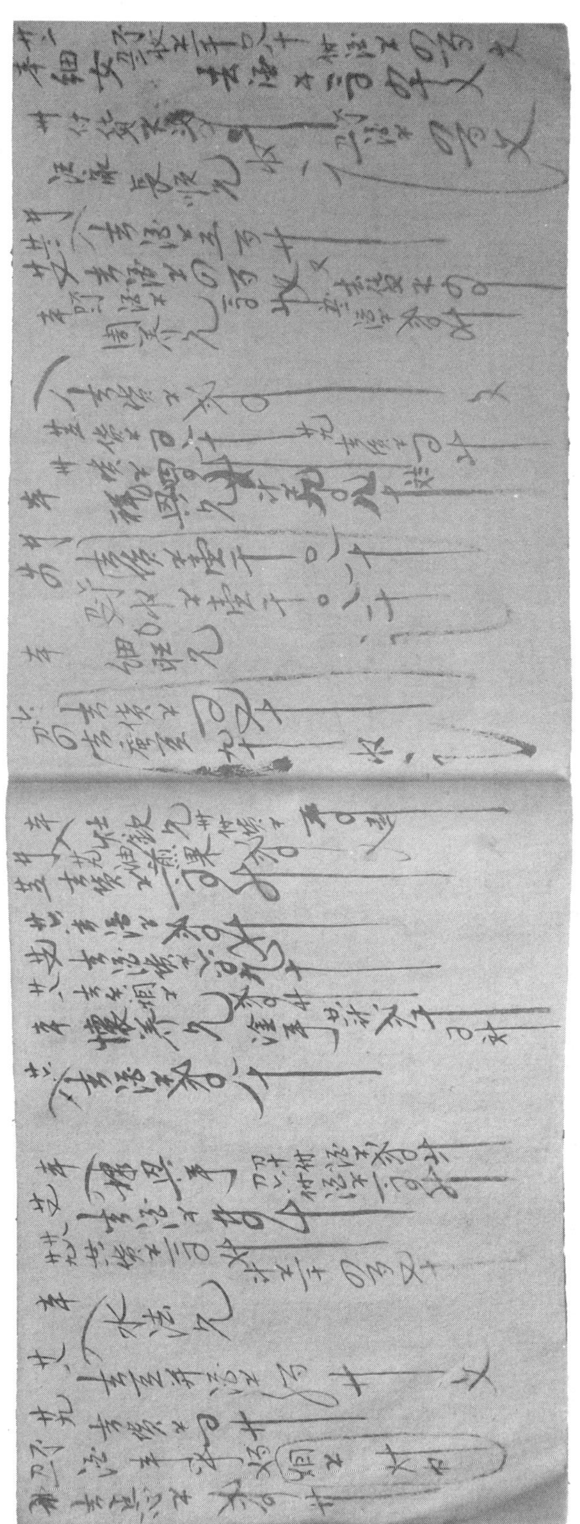

大鄣山乡江村 25-64 · 民国二十二年 · 流水账本（三册）· 张豫丰河记

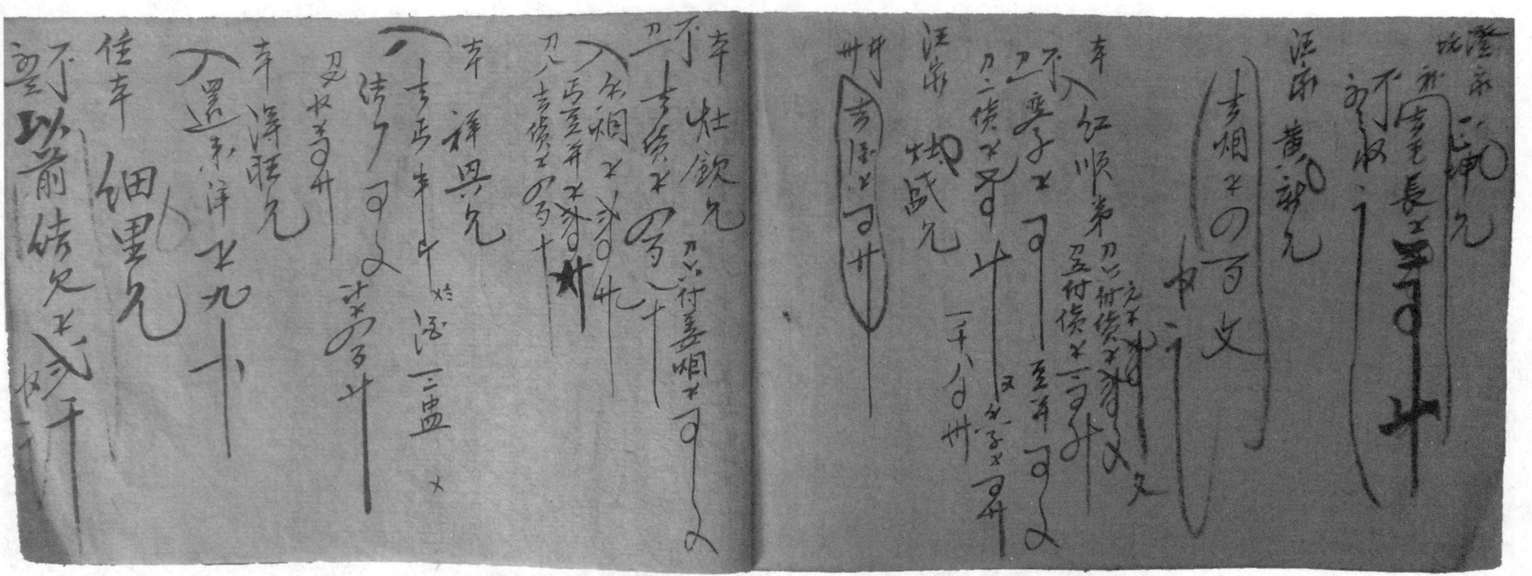

大鄣山乡江村 25-65 · 民国二十二年 · 流水账本（三册）· 张豫丰河记

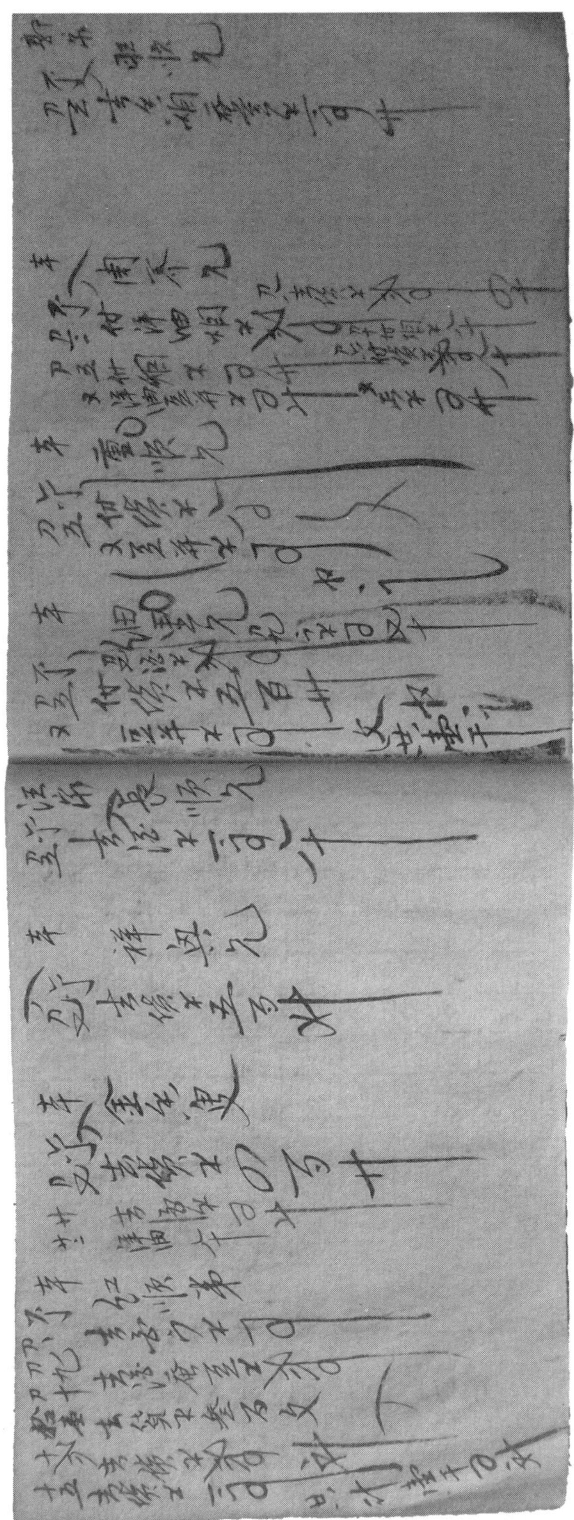

大鄣山乡江村 25-66 · 民国二十二年 · 流水账本（三册）· 张豫丰河记

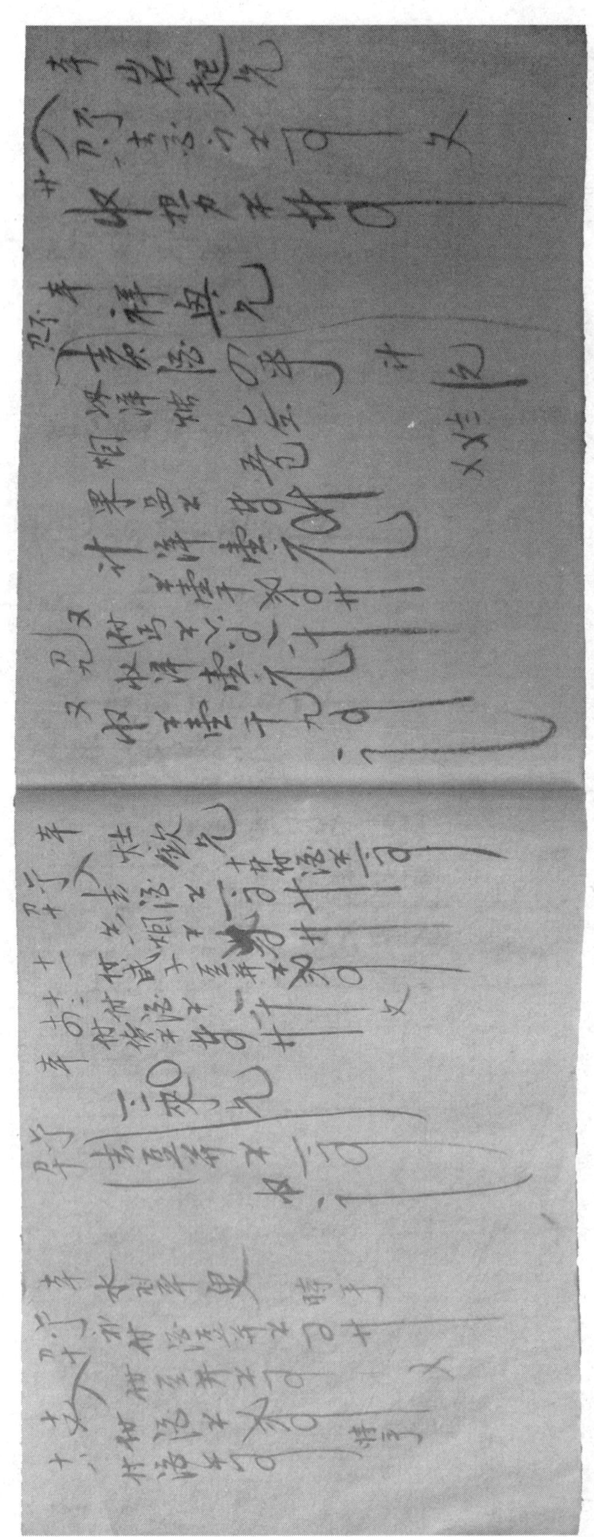

大鄣山乡江村 25-67 · 民国二十二年 · 流水账本（三册） · 张豫丰河记

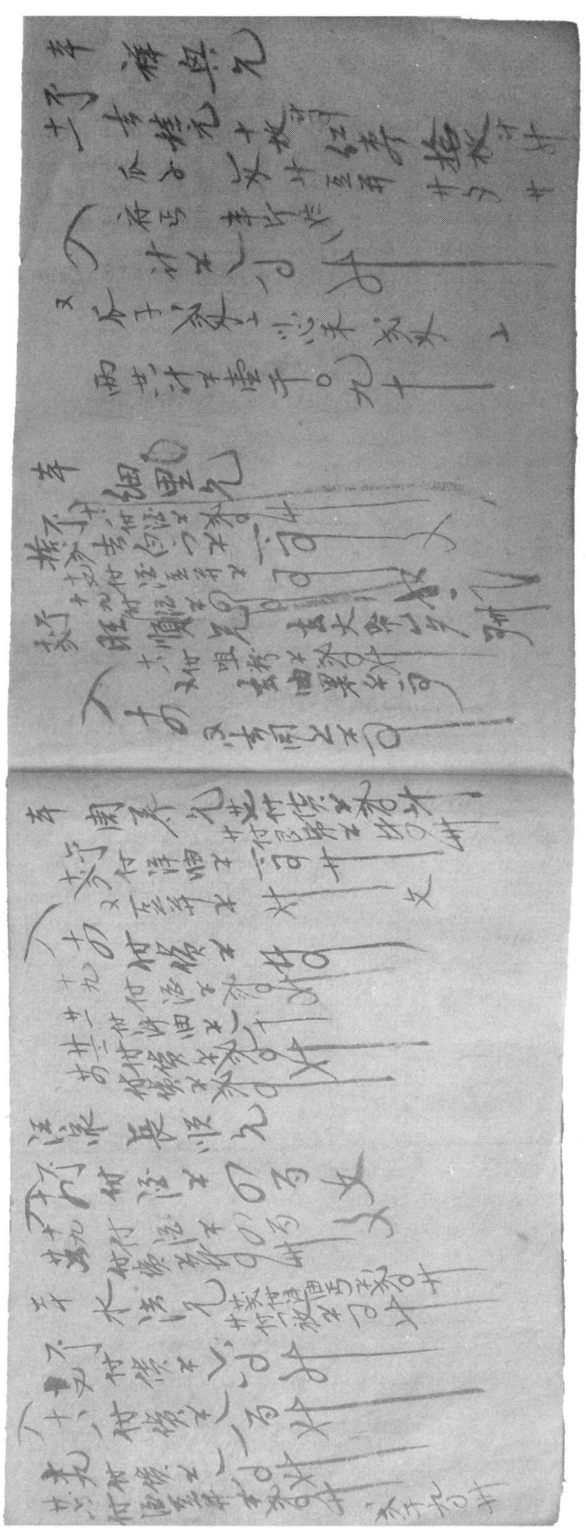

大鄣山乡江村25-68·民国二十二年·流水账本（三册）·张豫丰河记

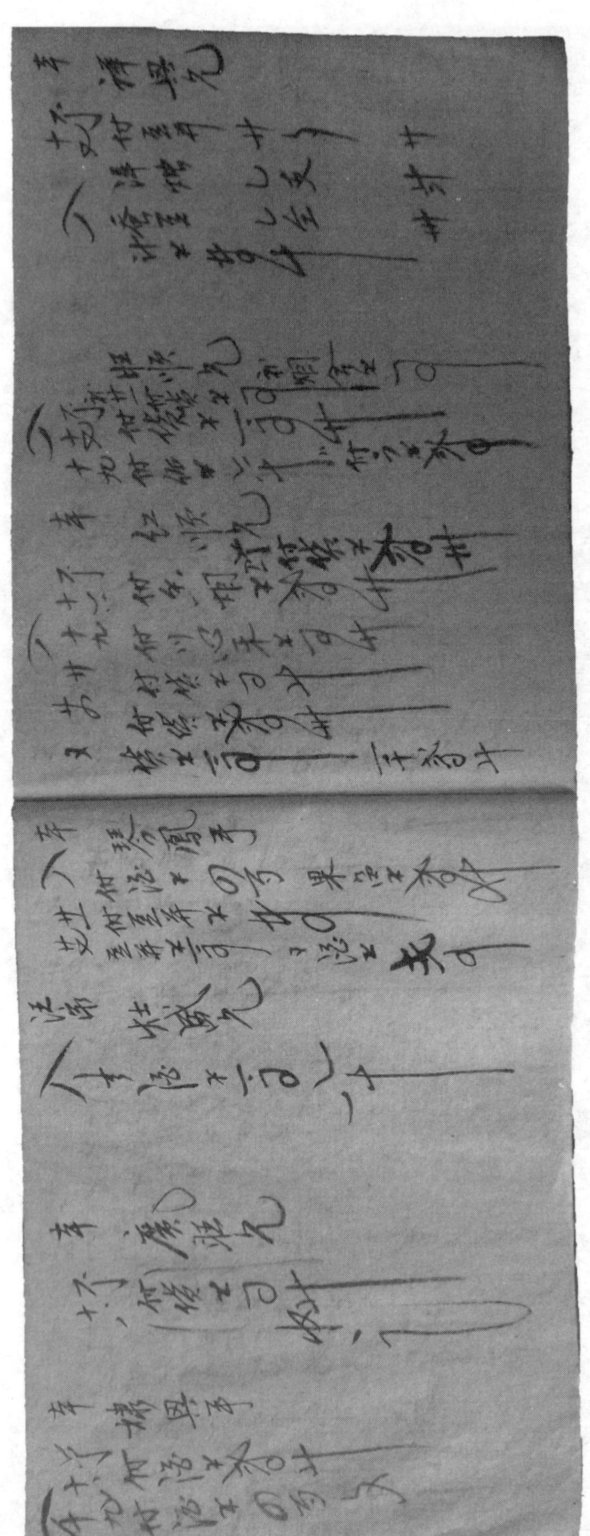

大鄣山乡江村 25-69 · 民国二十二年 · 流水账本（三册）· 张豫丰河记

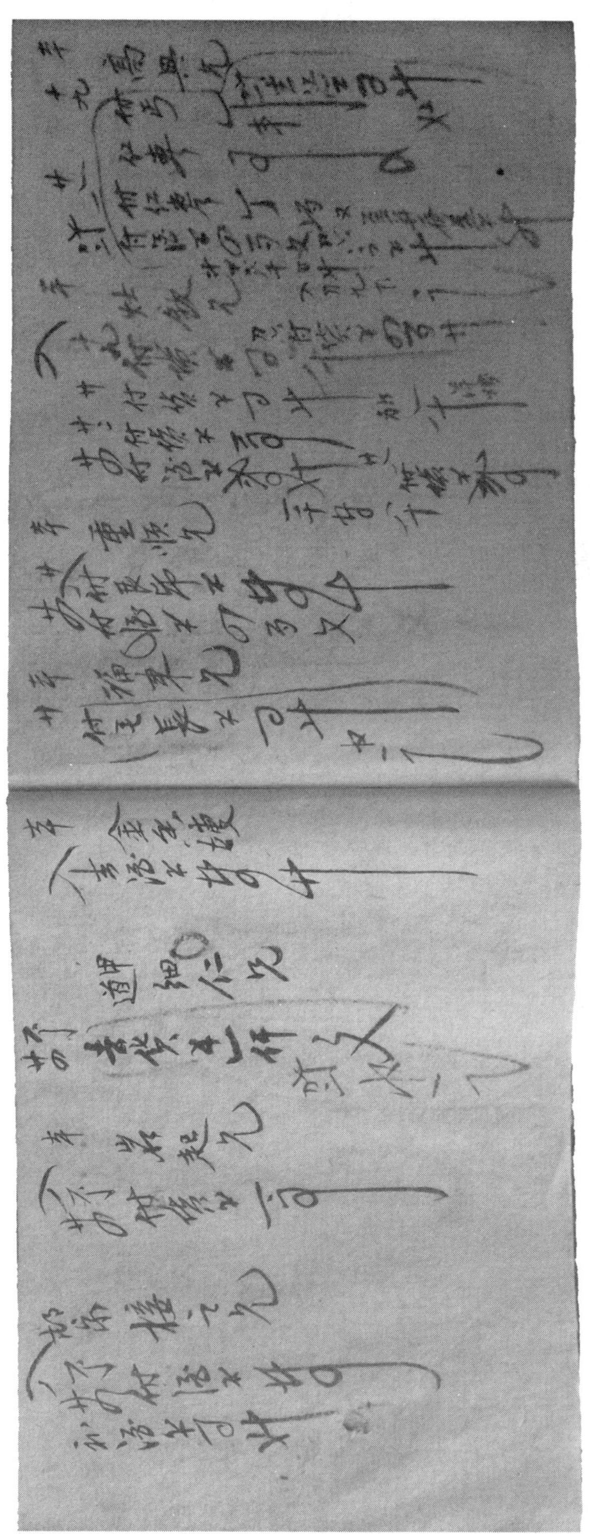

大鄣山乡江村 25-70 · 民国二十二年 · 流水账本（三册）· 张豫丰河记

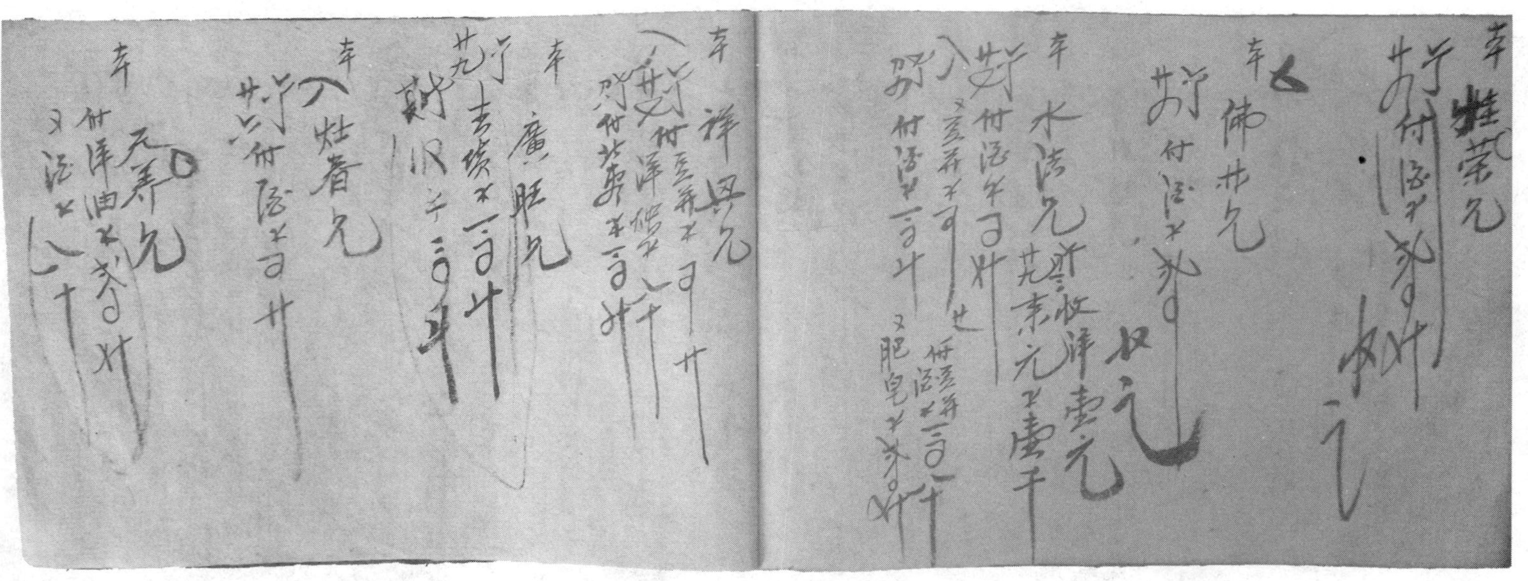

大鄣山乡江村 25-71 · 民国二十二年 · 流水账本（三册）· 张豫丰河记

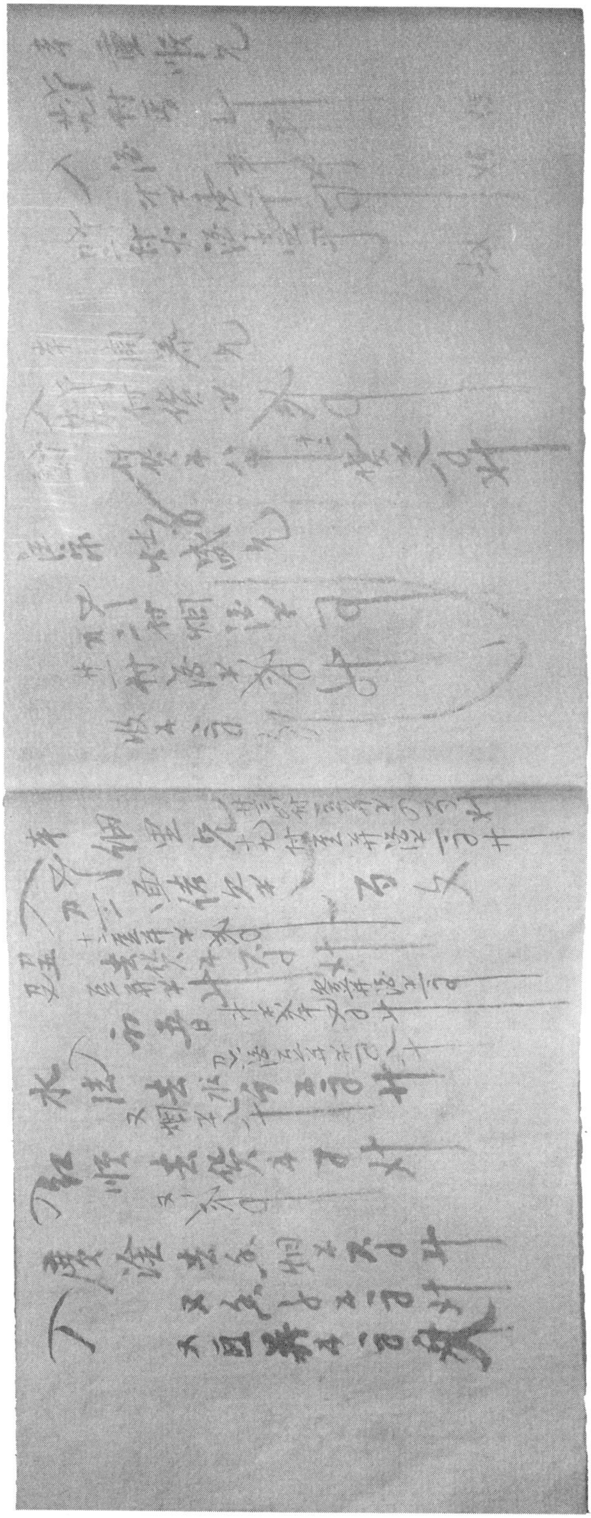

大鄣山乡江村 25-72 · 民国二十二年 · 流水账本（三册）· 张豫丰河记

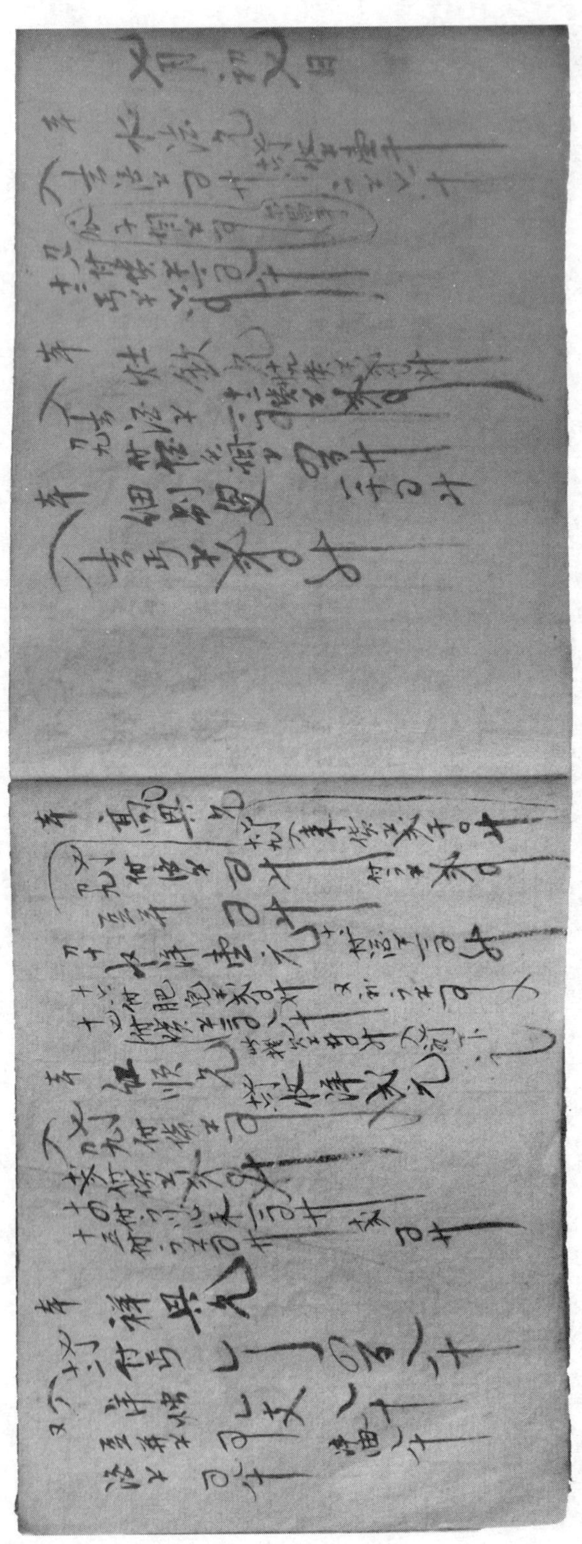

大鄣山乡江村 25-73 · 民国二十二年 · 流水账本（三册）· 张豫丰河记

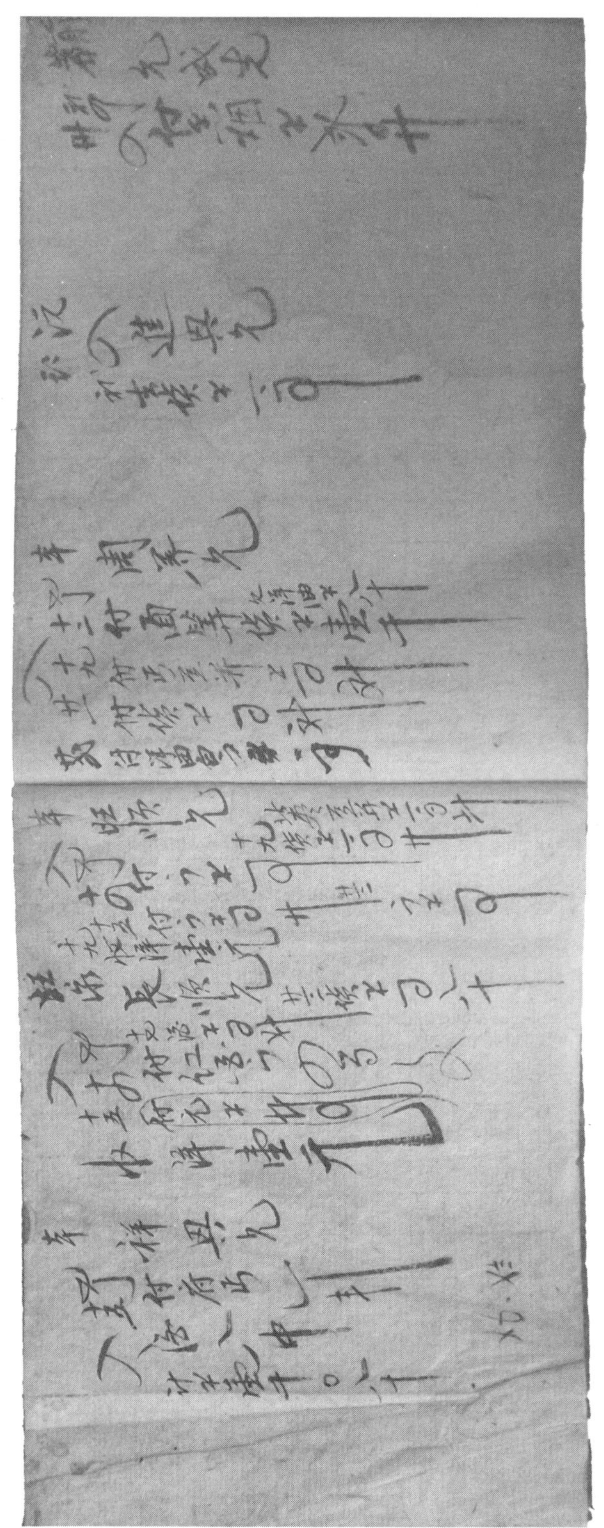

大鄣山乡江村 25-74 · 民国二十二年 · 流水账本（三册）· 张豫丰河记

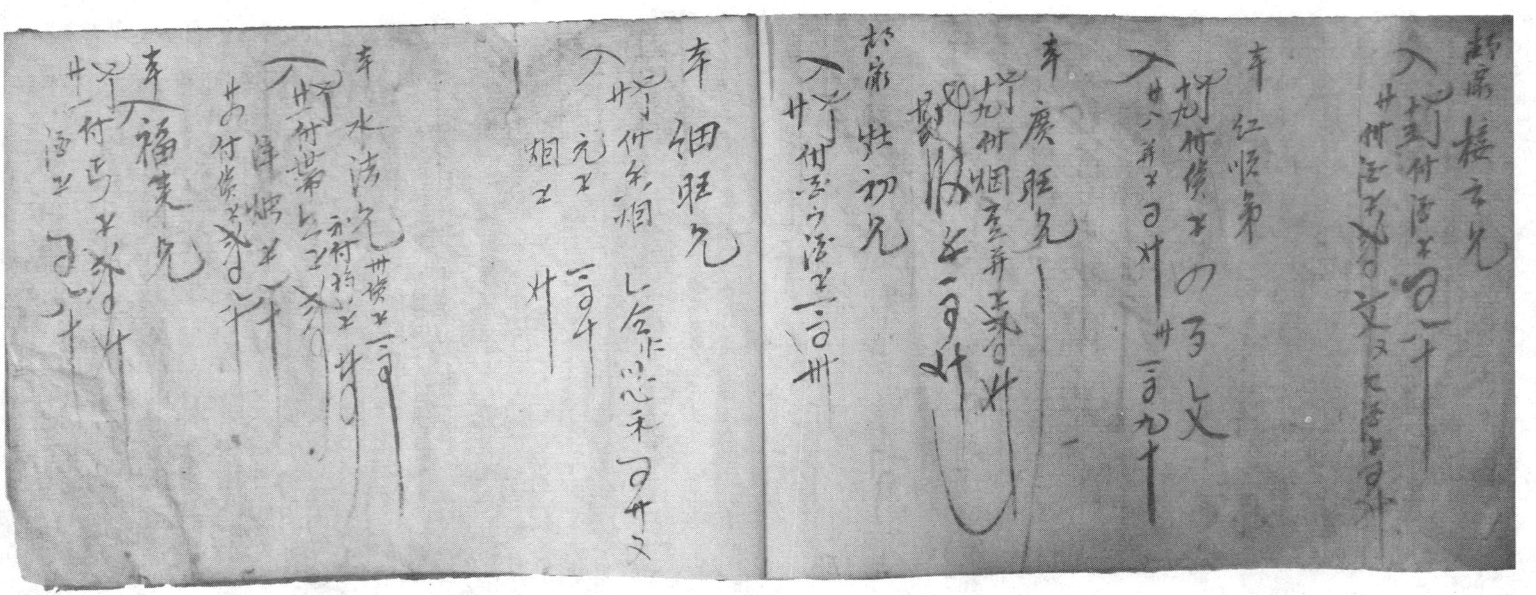

大鄣山乡江村 25-75 · 民国二十二年 · 流水账本（三册）· 张豫丰河记

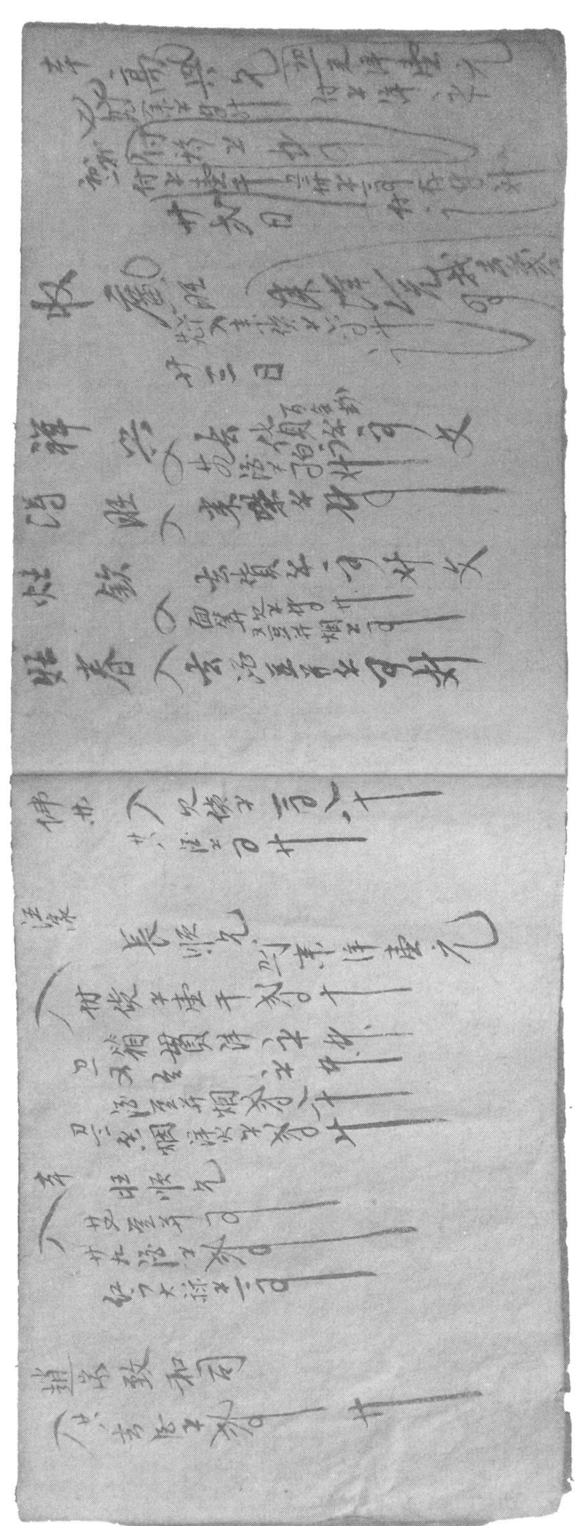

大鄣山乡江村 25-76 · 民国二十二年 · 流水账本（三册） · 张豫丰河记

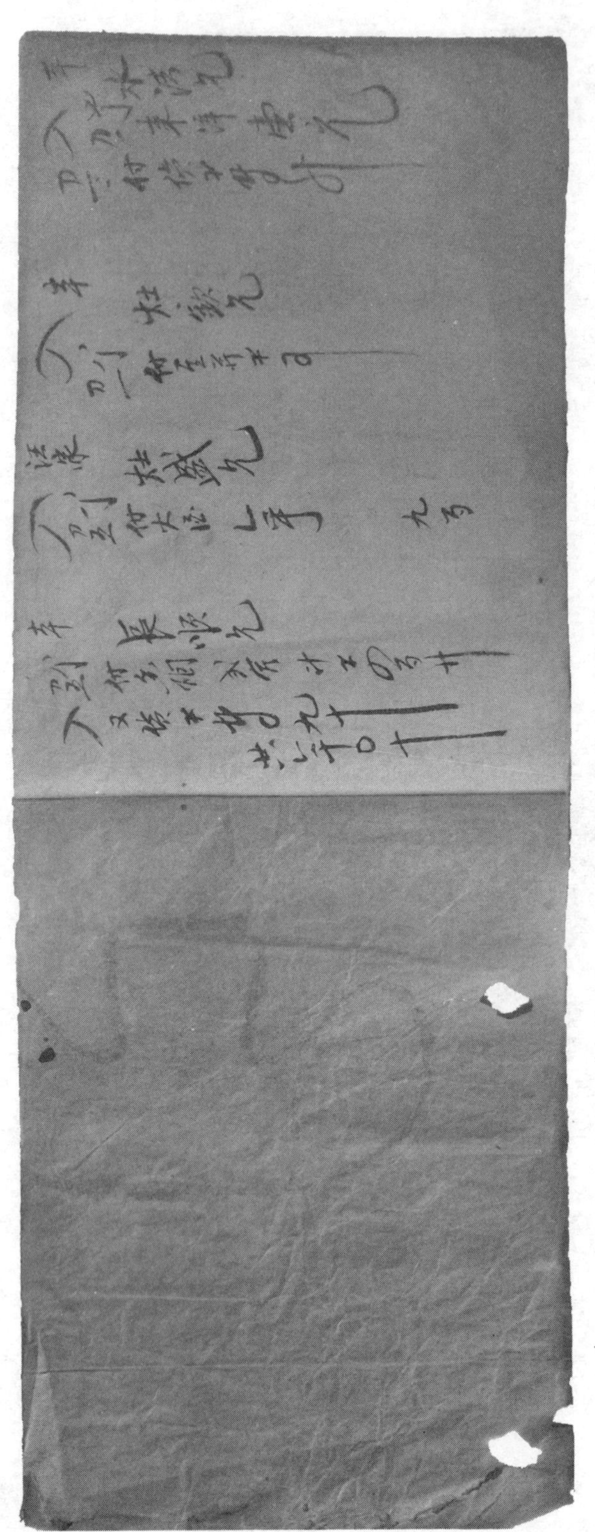

大鄣山乡江村 25-77 · 民国二十二年 · 流水账本（三册）· 张豫丰河记

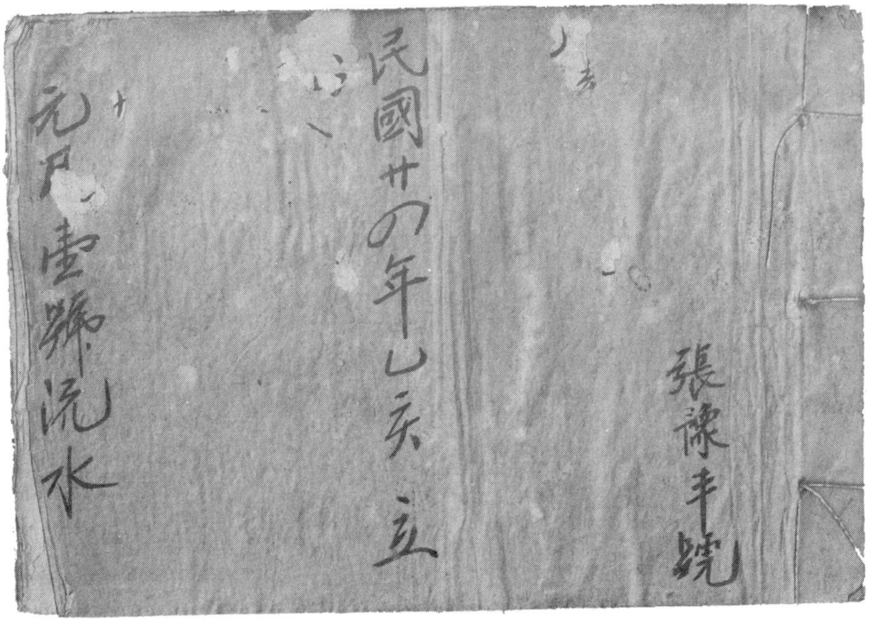

大鄣山乡江村 26-1 · 民国二十四年 · 流水账本 · 张豫丰号

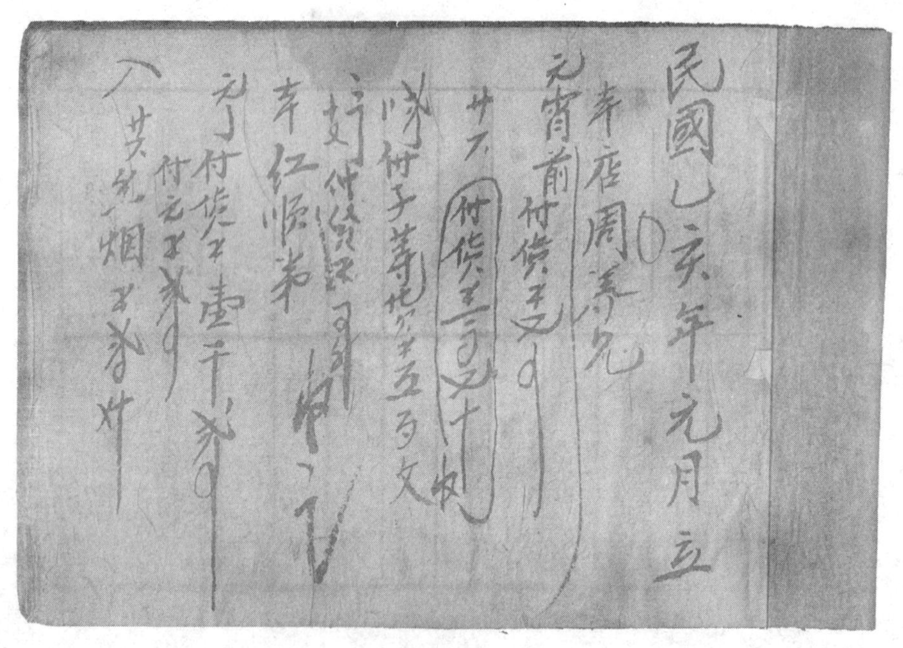

大鄣山乡江村 26-2 · 民国二十四年 · 流水账本 · 张豫丰号

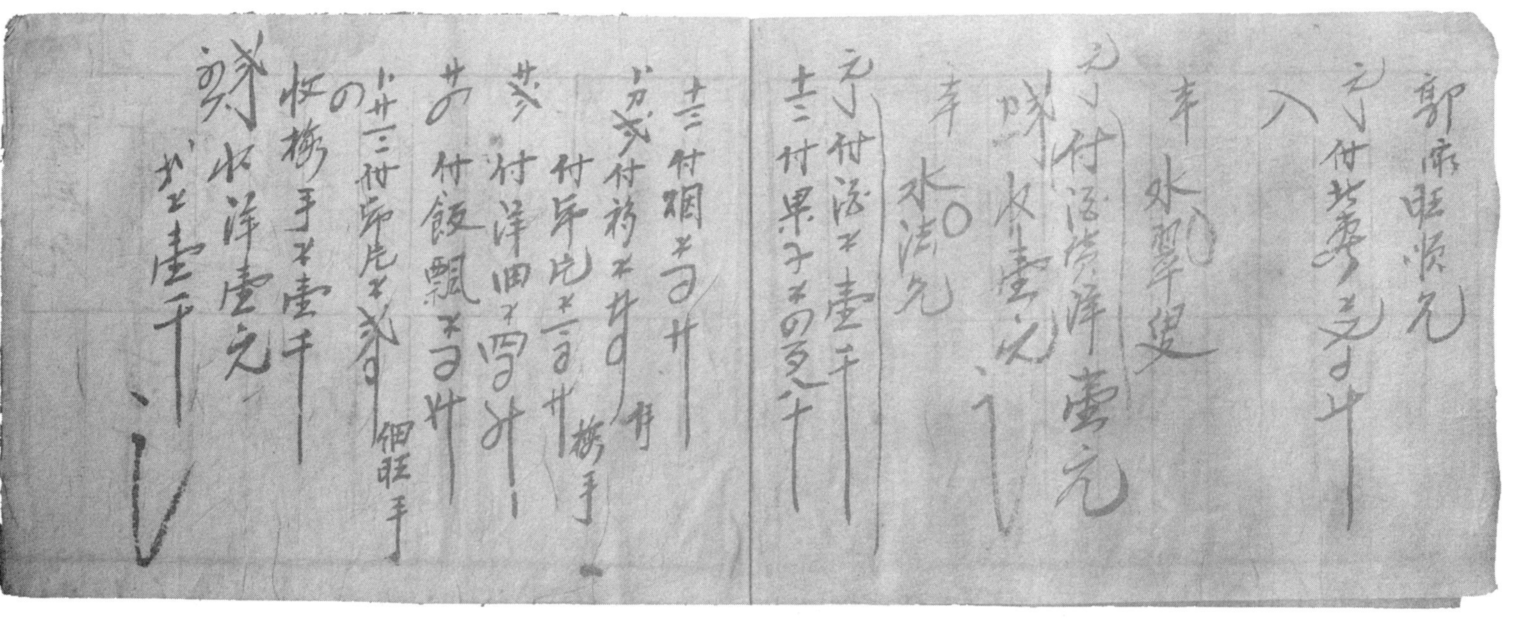

大鄣山乡江村 26-3 · 民国二十四年 · 流水账本 · 张豫丰号

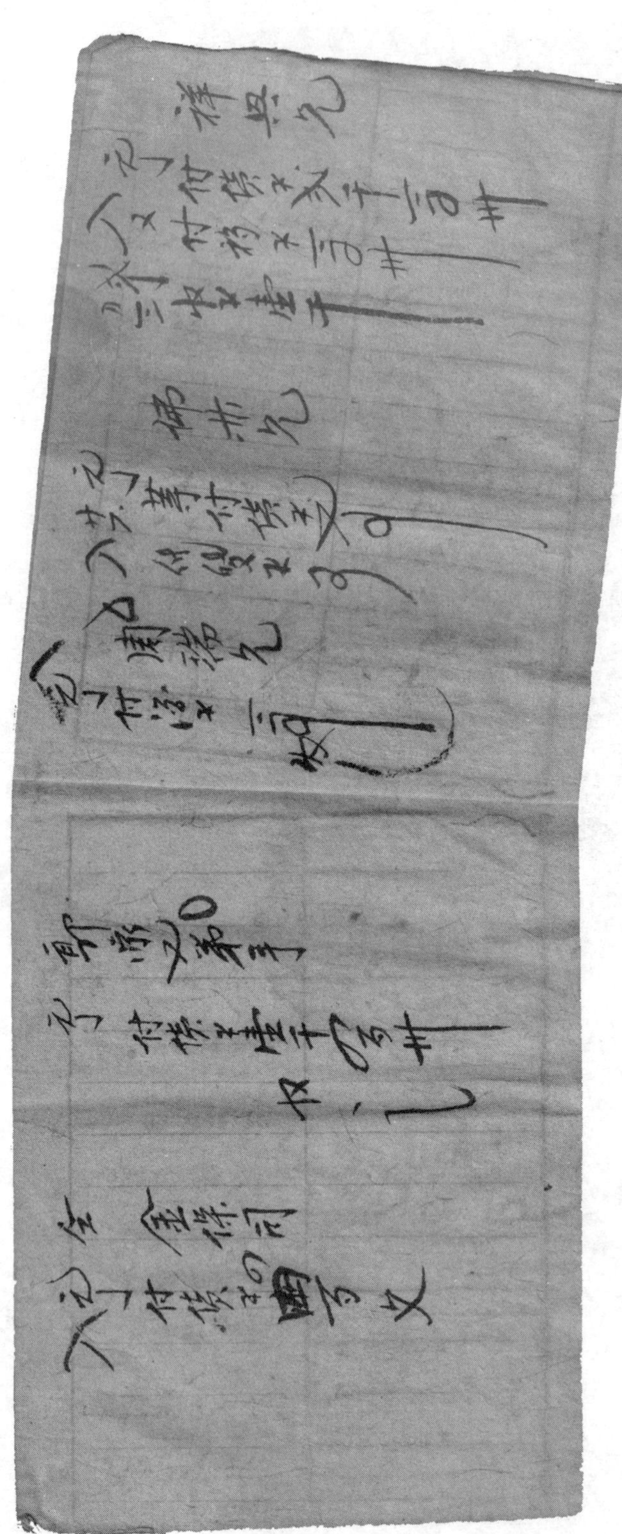

大鄣山乡江村 26-4 · 民国二十四年 · 流水账本 · 张豫丰号

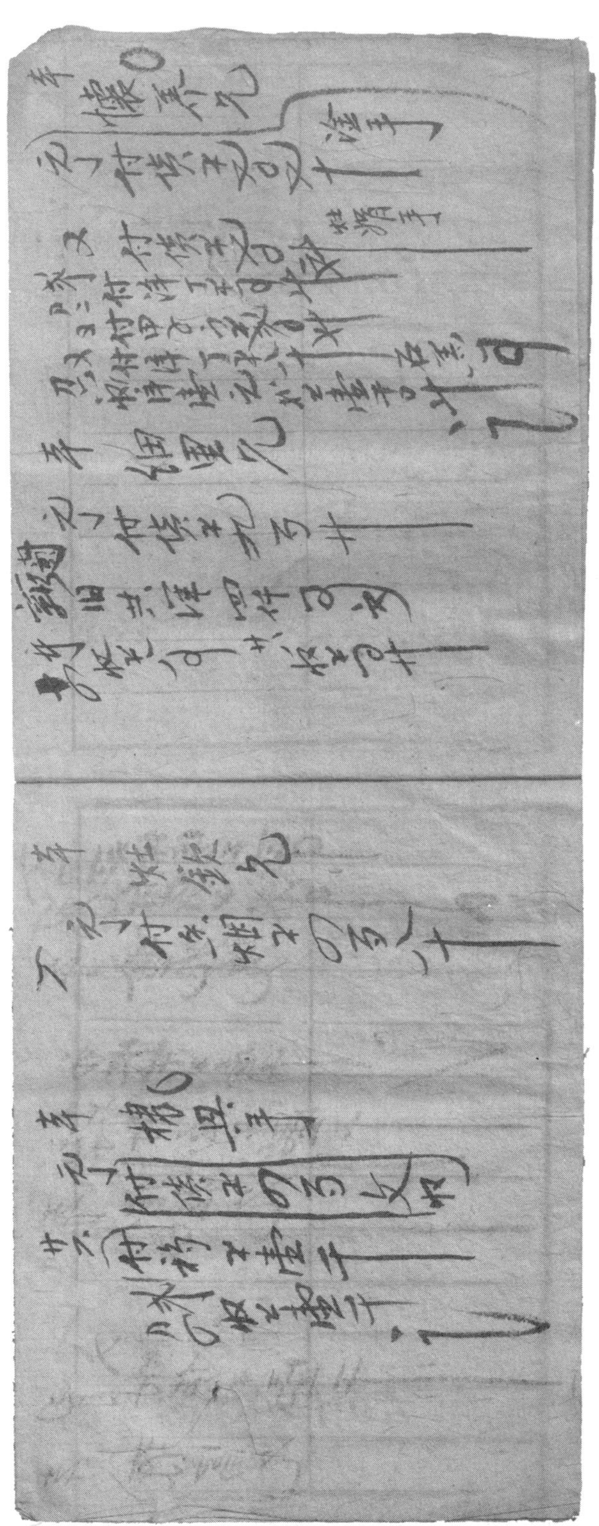

大鄣山乡江村 26-5 · 民国二十四年 · 流水账本 · 张豫丰号

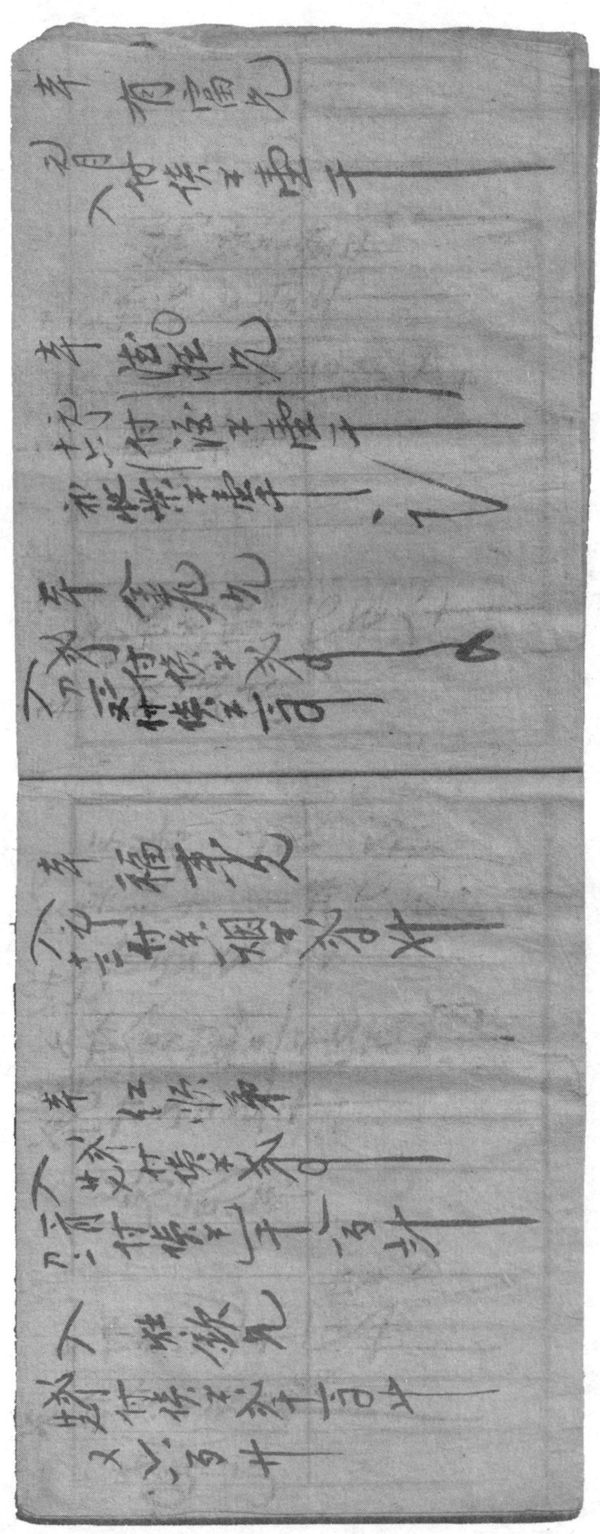

大鄣山乡江村 26-6・民国二十四年・流水账本・张豫丰号

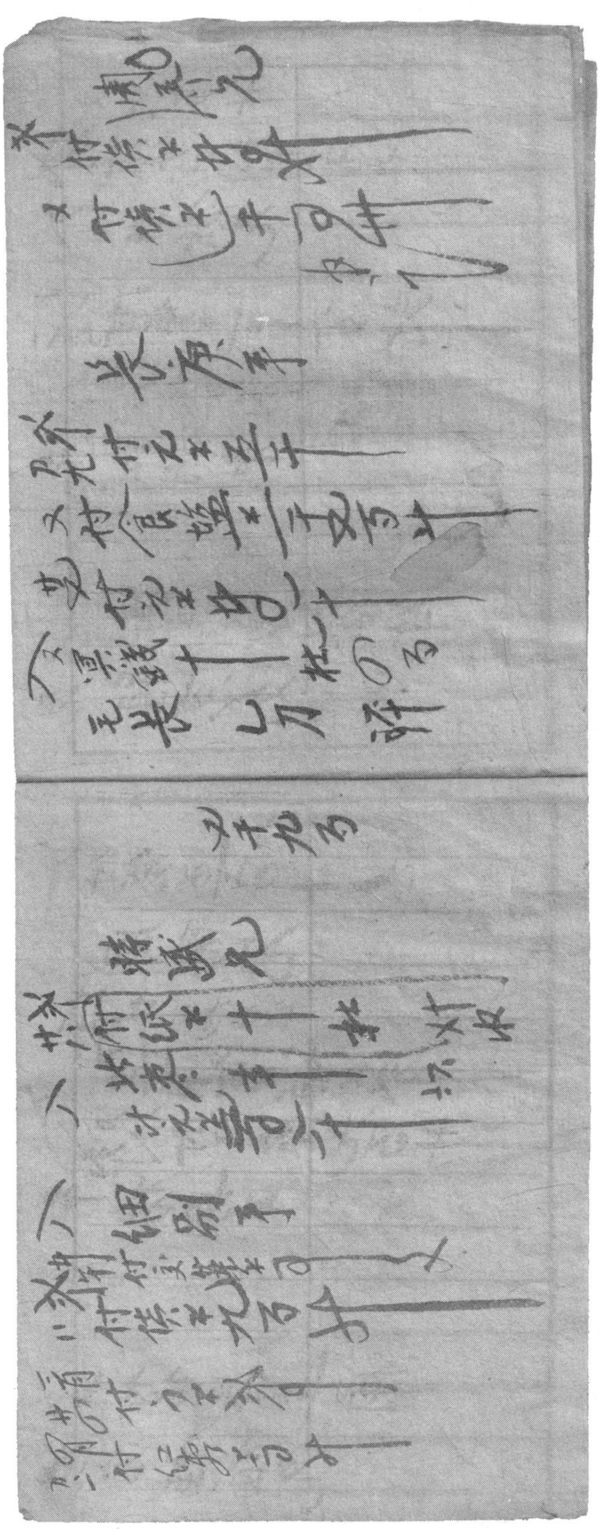

大鄣山乡江村 26-7 · 民国二十四年 · 流水账本 · 张豫丰号

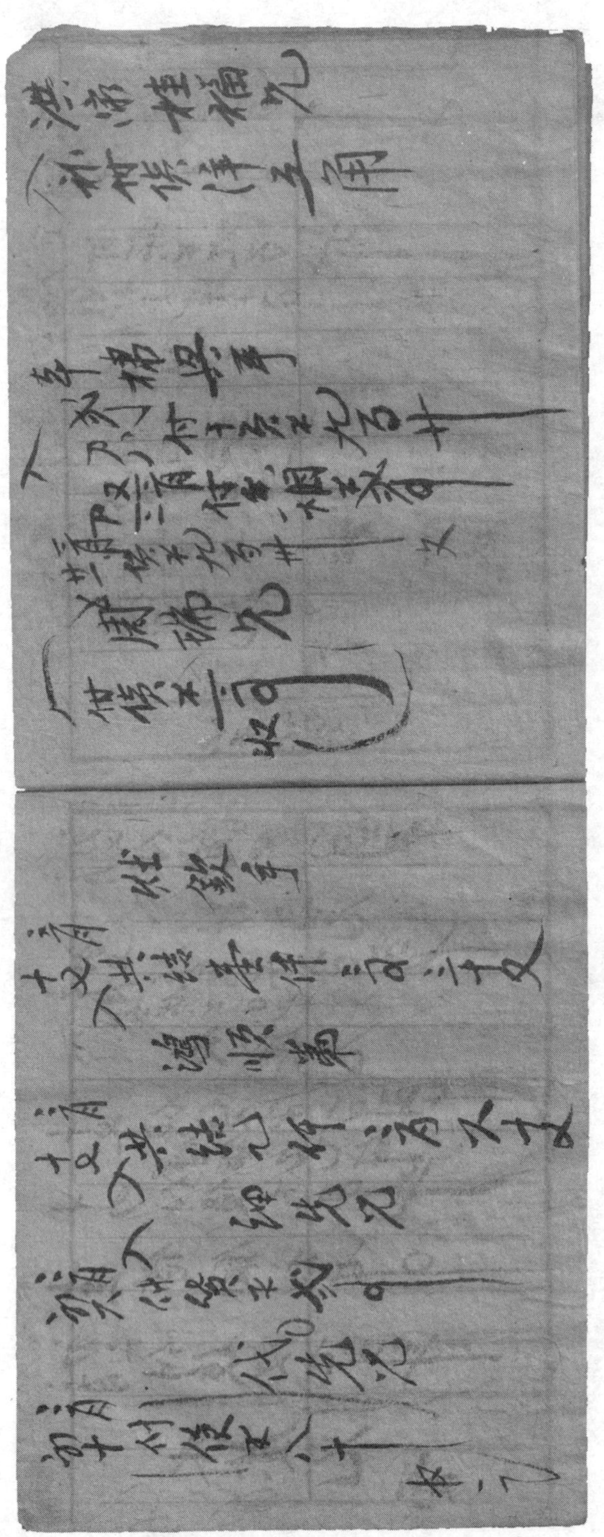

大鄣山乡江村 26-8 · 民国二十四年 · 流水账本 · 张豫丰号

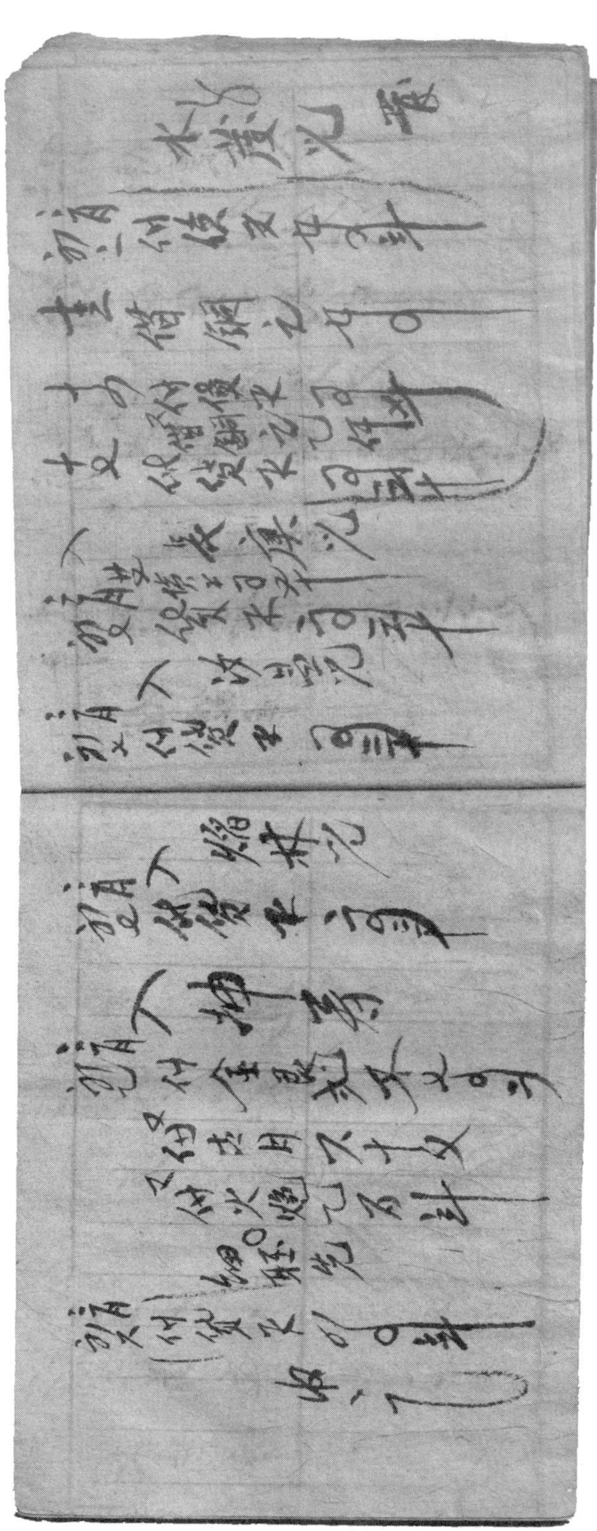

大鄣山乡江村 26-9·民国二十四年·流水账本·张豫丰号

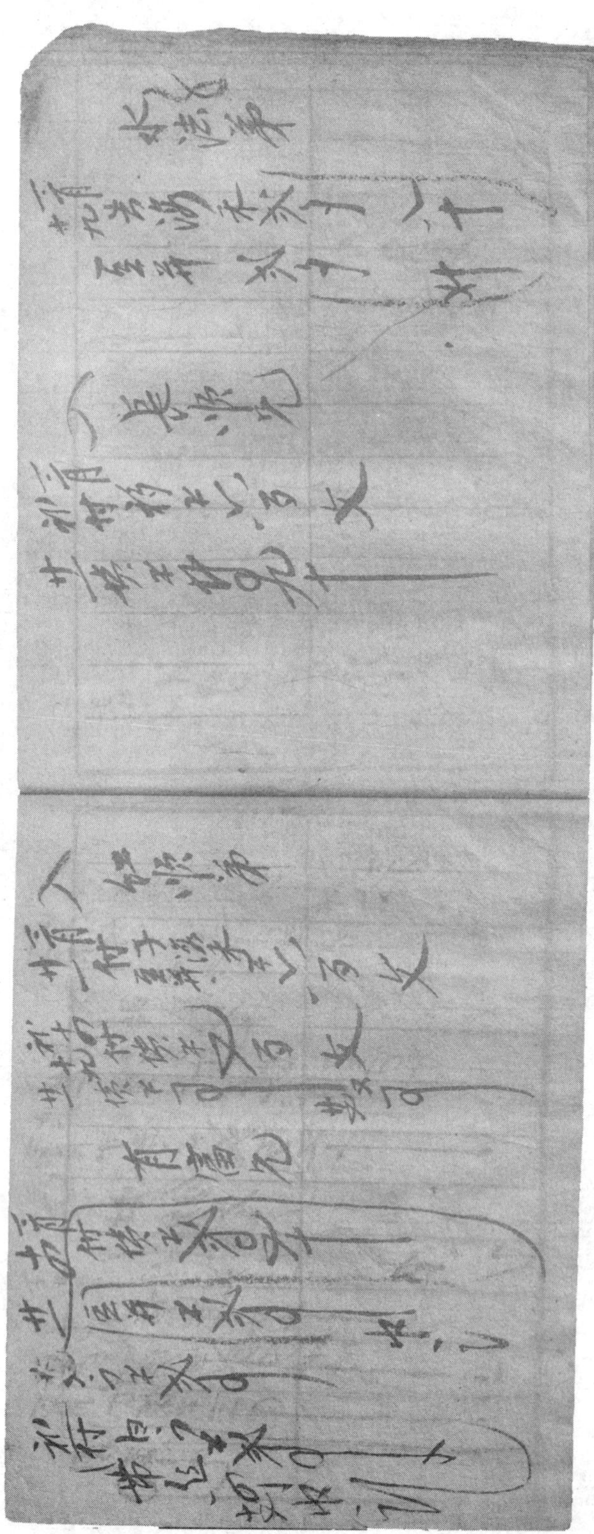

大鄣山乡江村 26-10 · 民国二十四年 · 流水账本 · 张豫丰号

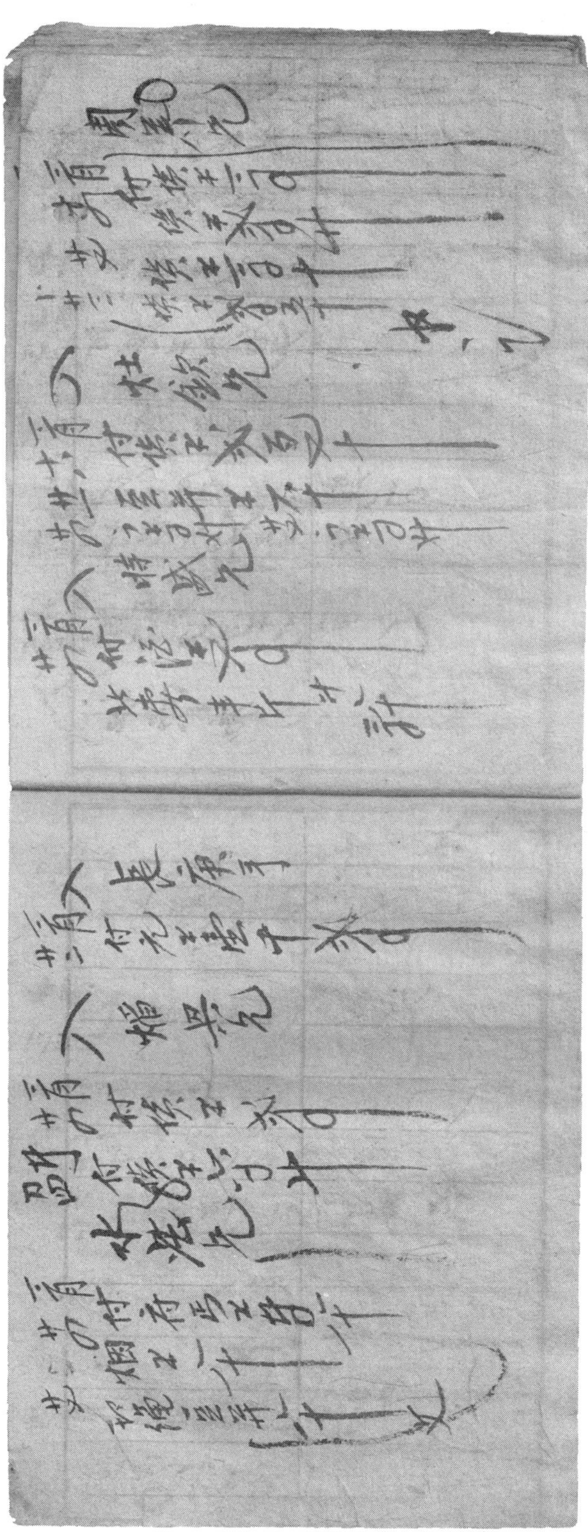

大鄣山乡江村 26-11 · 民国二十四年 · 流水账本 · 张豫丰号

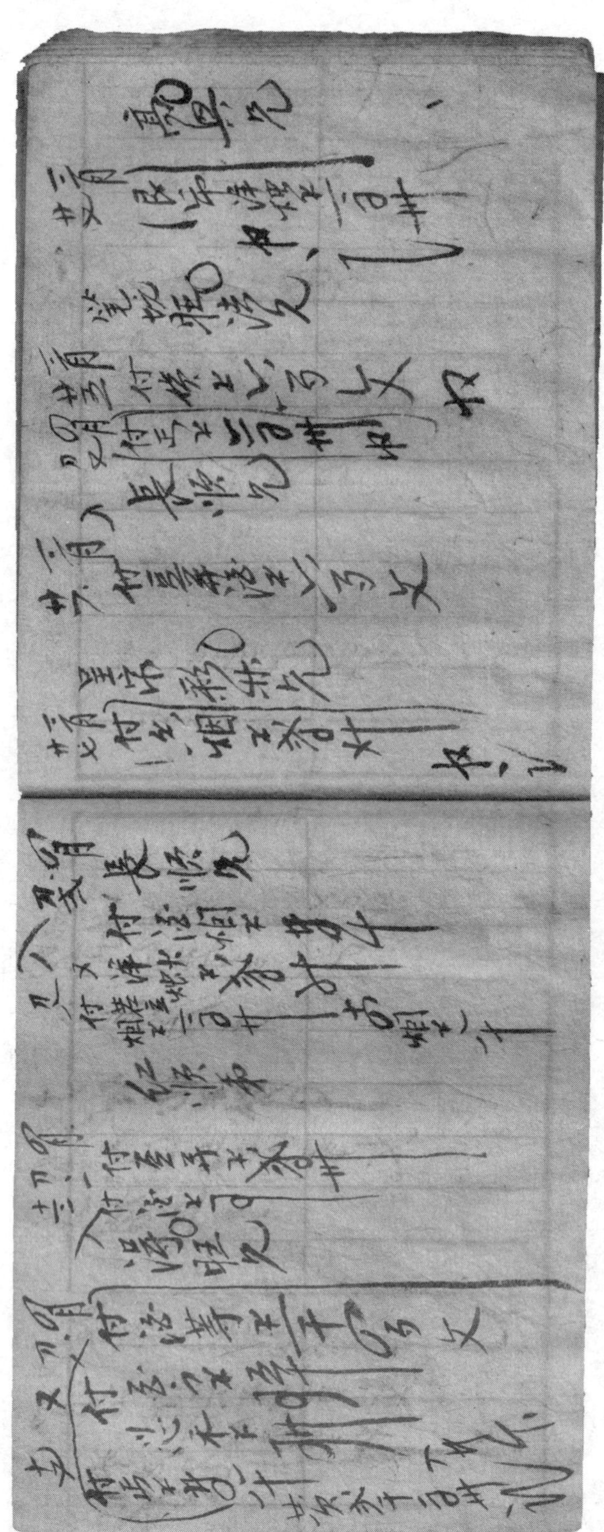

大鄣山乡江村 26-12 · 民国二十四年 · 流水账本 · 张豫丰号

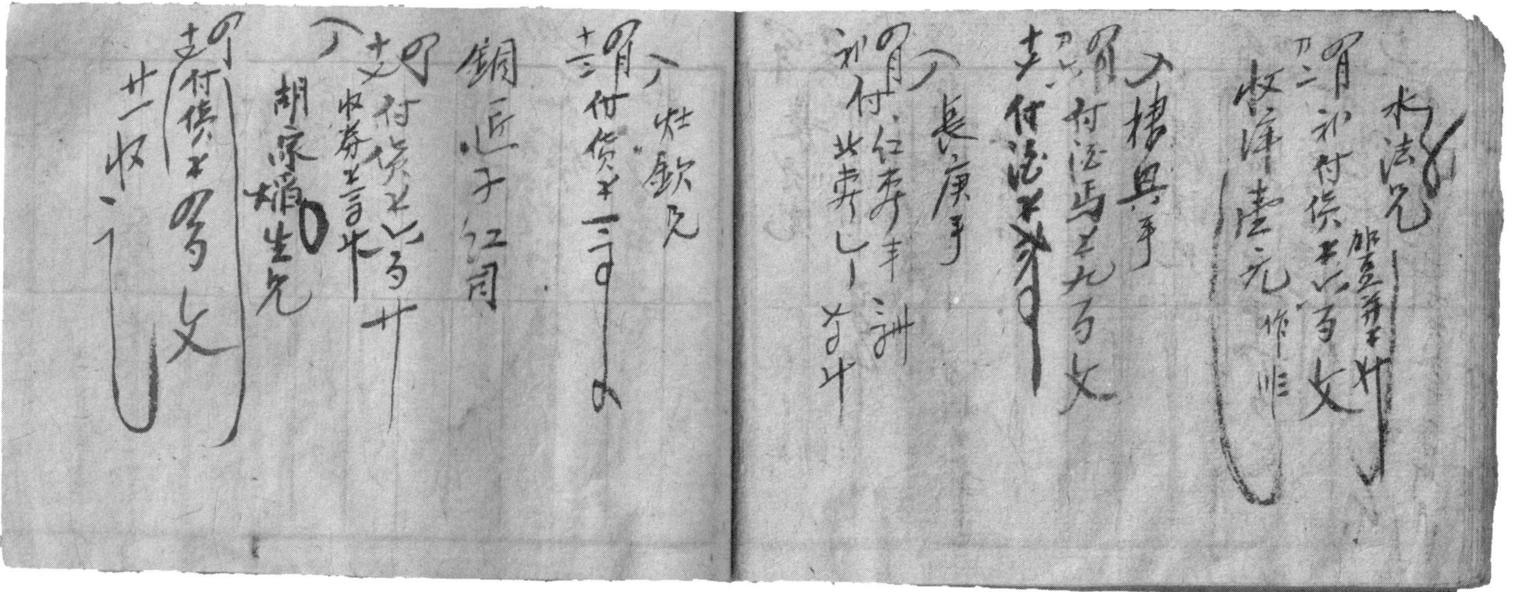

大鄣山乡江村 26-13 · 民国二十四年 · 流水账本 · 张豫丰号

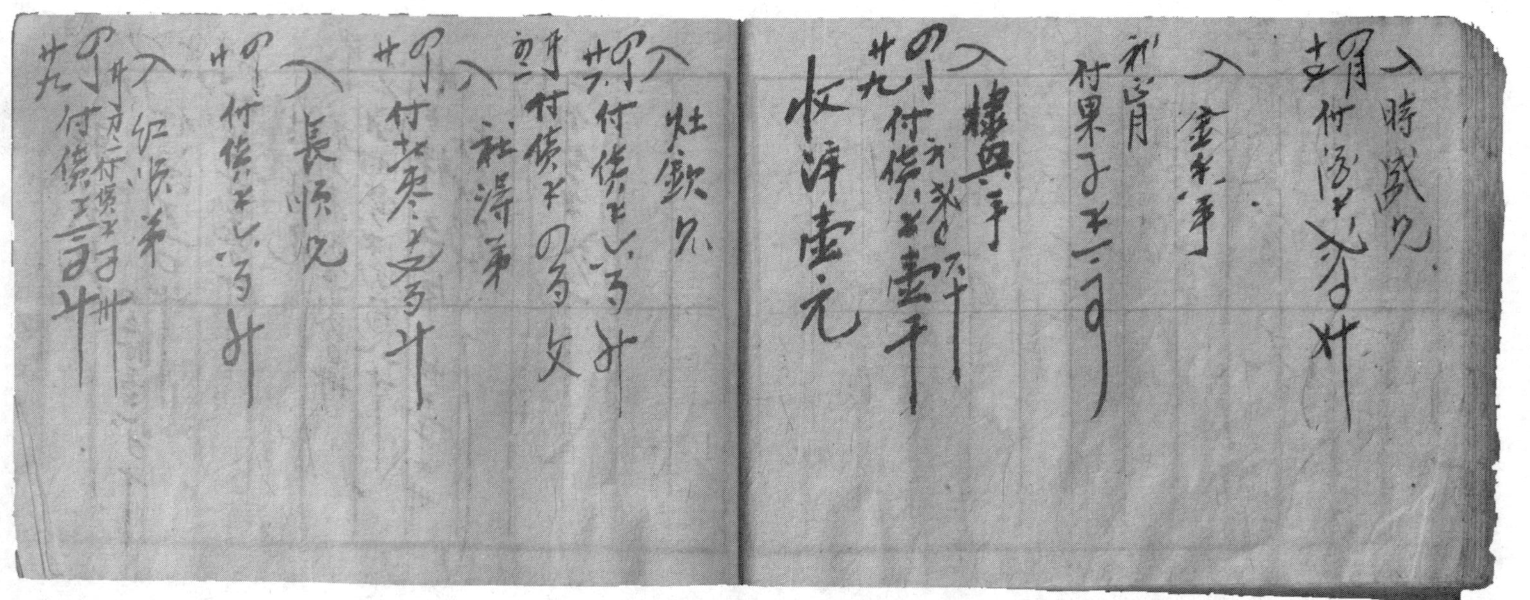

大鄣山乡江村 26-14 · 民国二十四年 · 流水账本 · 张豫丰号

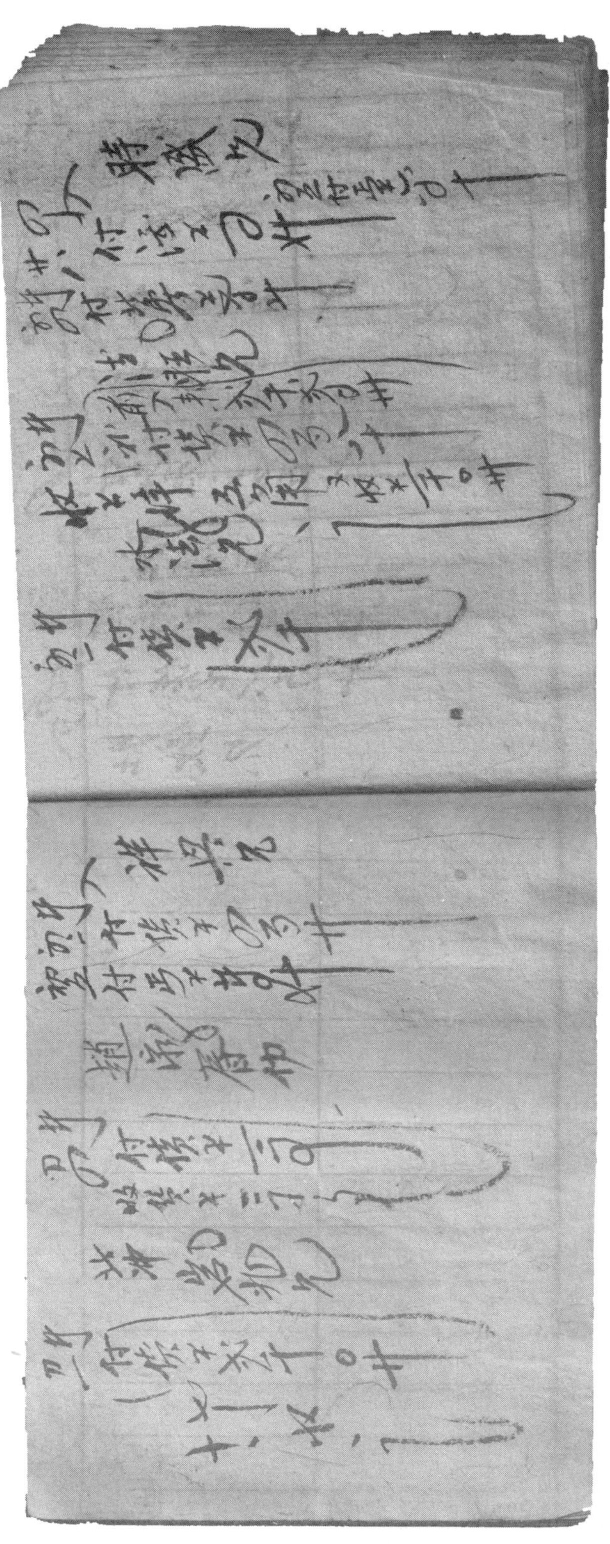

大鄣山乡江村 26-15 · 民国二十四年 · 流水账本 · 张豫丰号

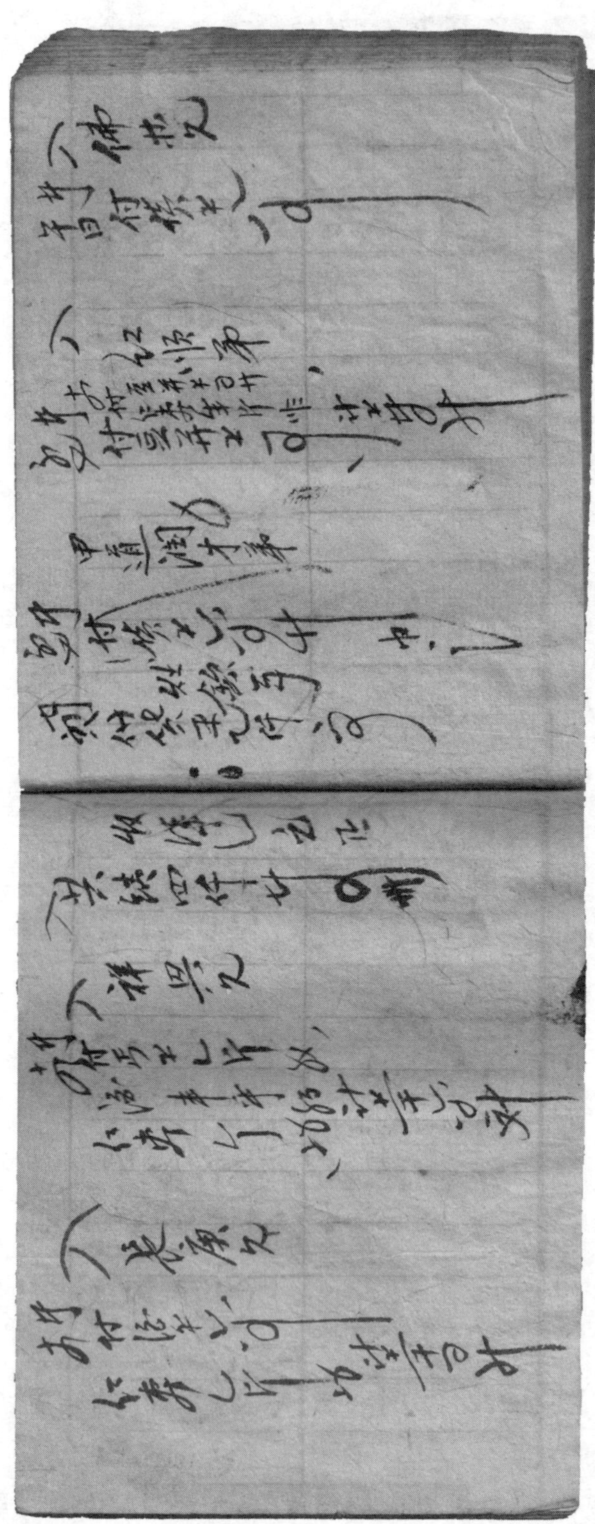

大鄣山乡江村 26-16 · 民国二十四年 · 流水账本 · 张豫丰号

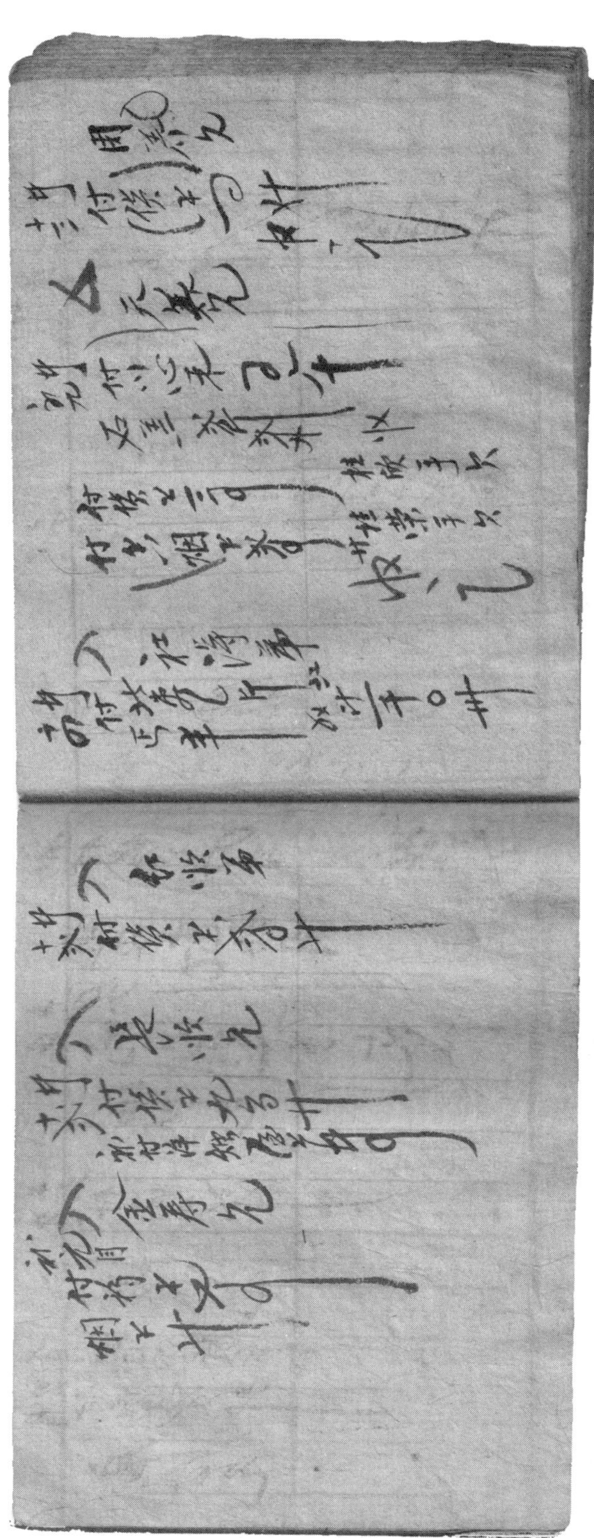

大鄣山乡江村 26-17 · 民国二十四年 · 流水账本 · 张豫丰号

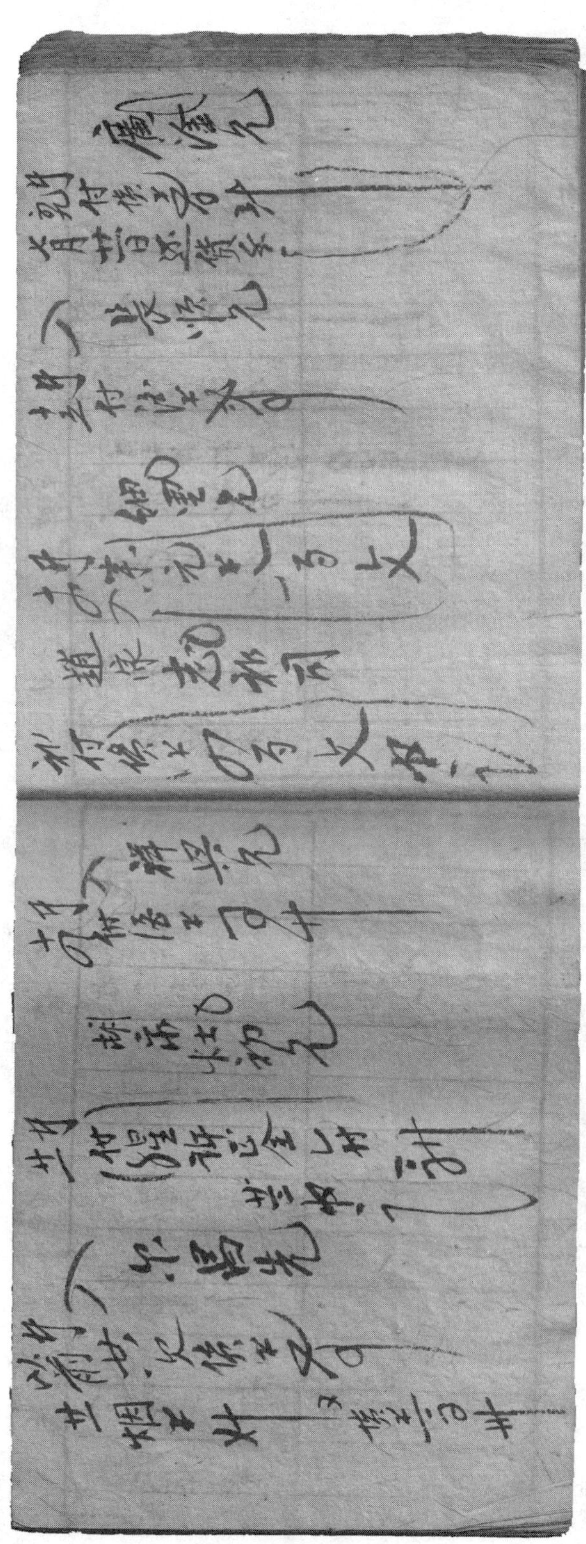

大鄣山乡江村 26-18 · 民国二十四年 · 流水账本 · 张豫丰号

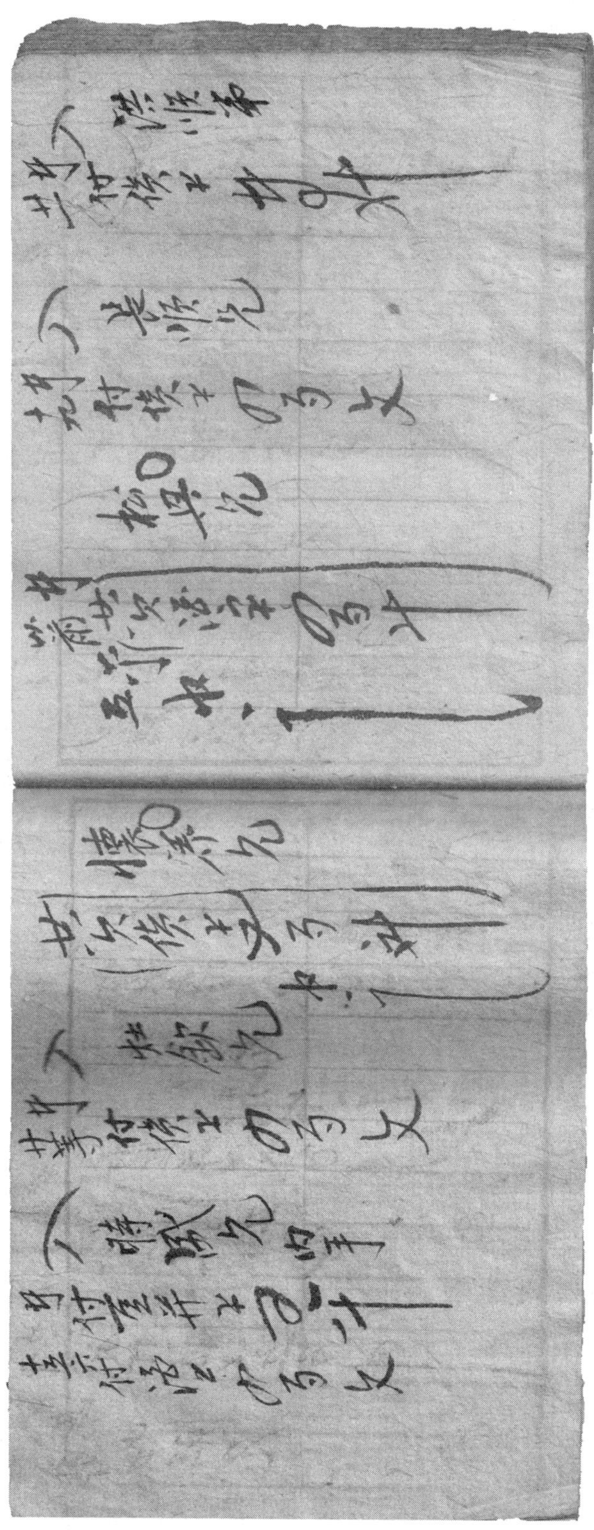

大鄣山乡江村 26-19 · 民国二十四年 · 流水账本 · 张豫丰号

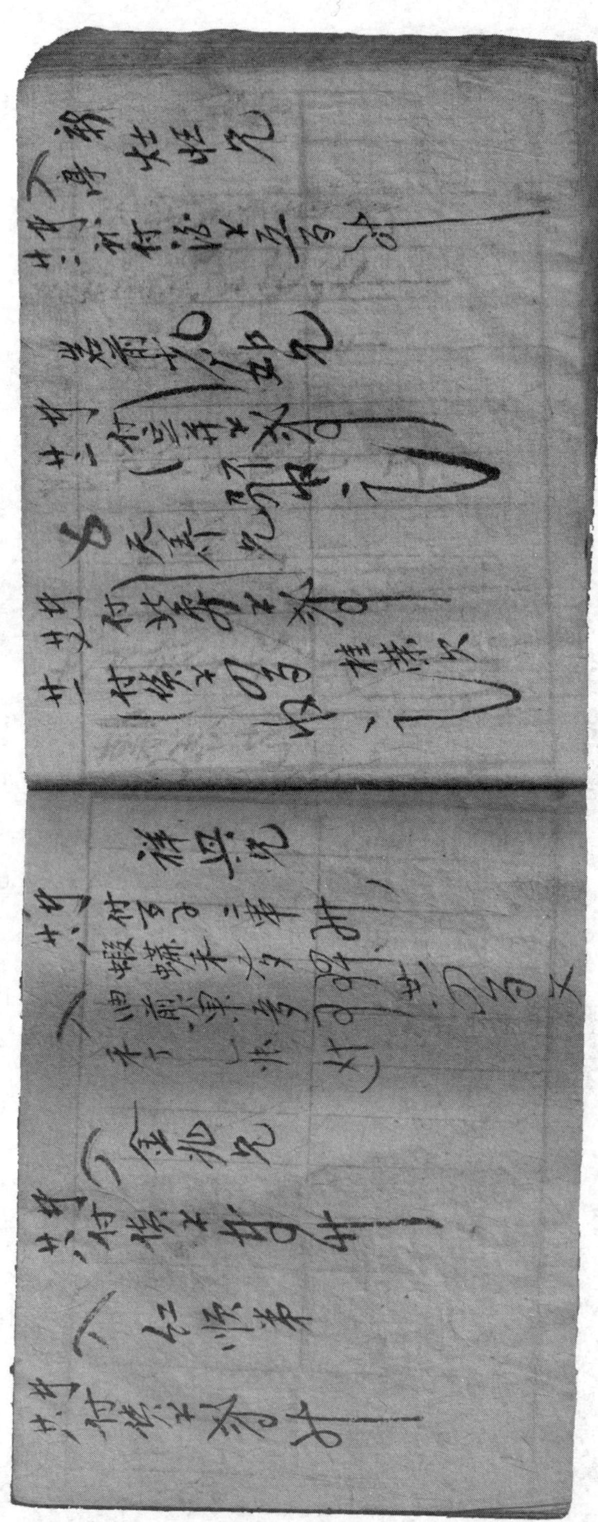

大鄣山乡江村 26-20 · 民国二十四年 · 流水账本 · 张豫丰号

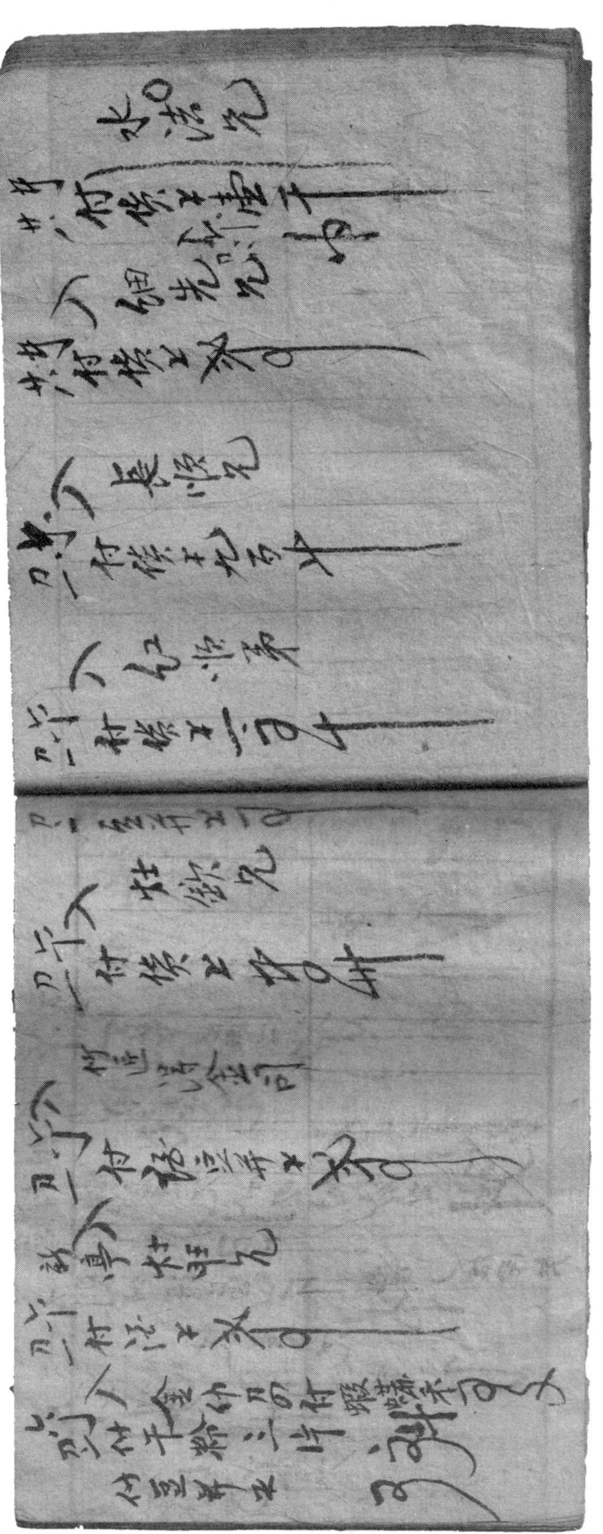

大鄣山乡江村 26-21 · 民国二十四年 · 流水账本 · 张豫丰号

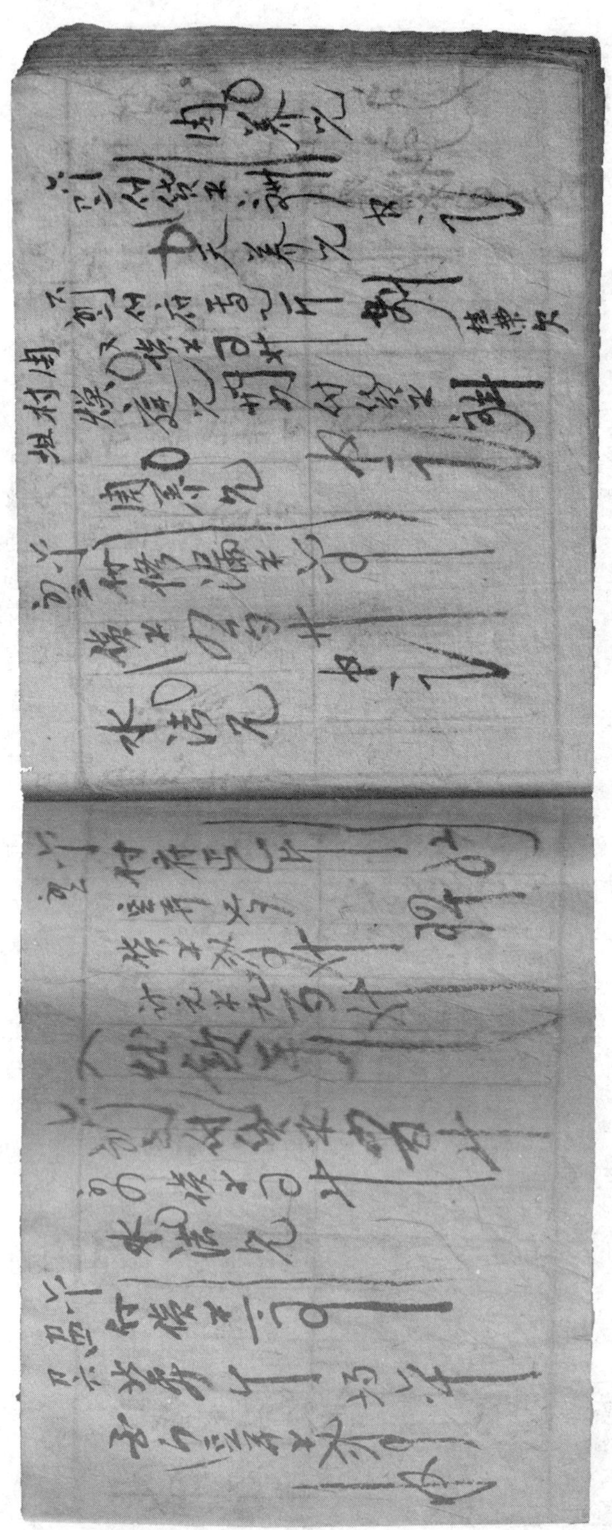

大鄣山乡江村 26-22 · 民国二十四年 · 流水账本 · 张豫丰号

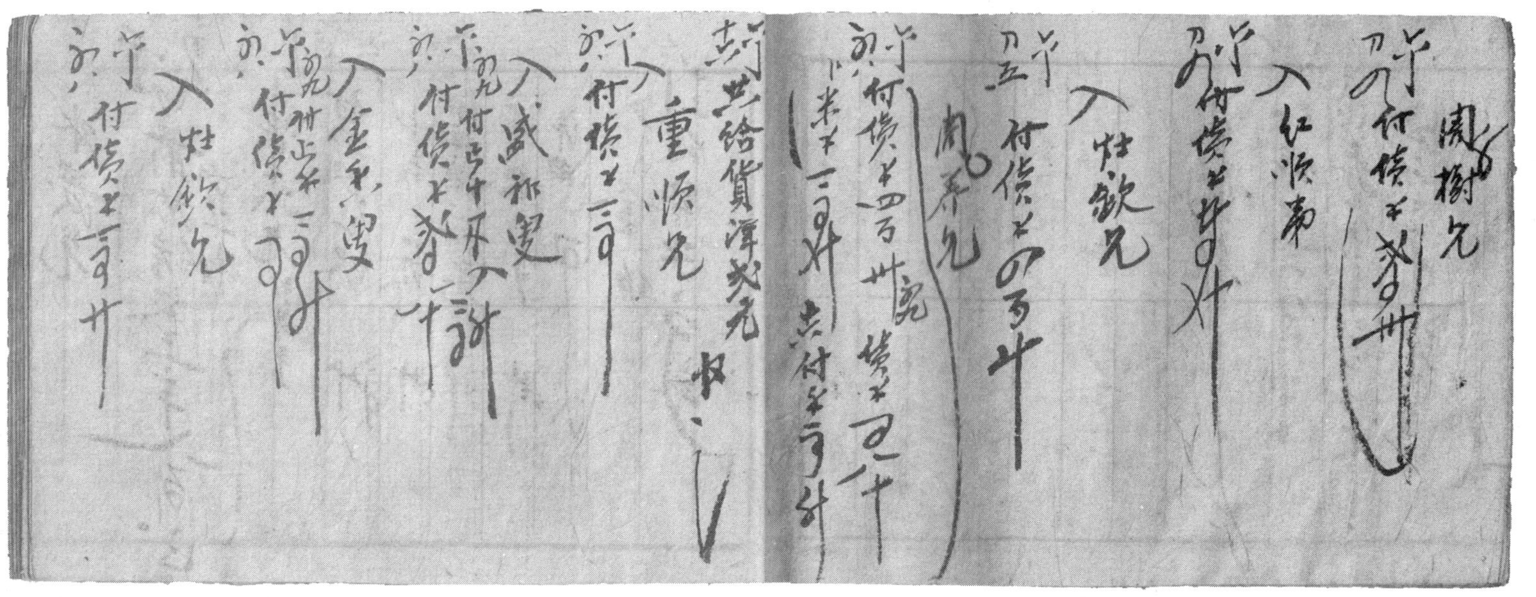

大鄣山乡江村 26-23 · 民国二十四年 · 流水账本 · 张豫丰号

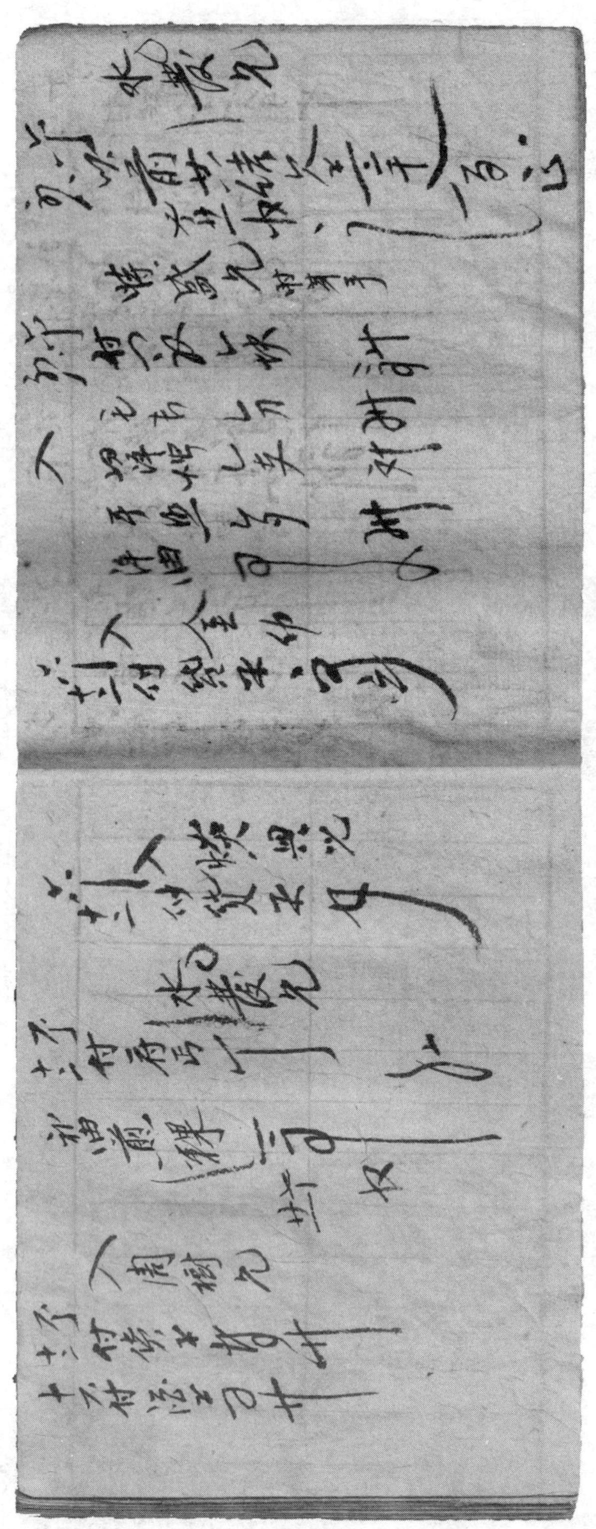

大鄣山乡江村 26-24 · 民国二十四年 · 流水账本 · 张豫丰号

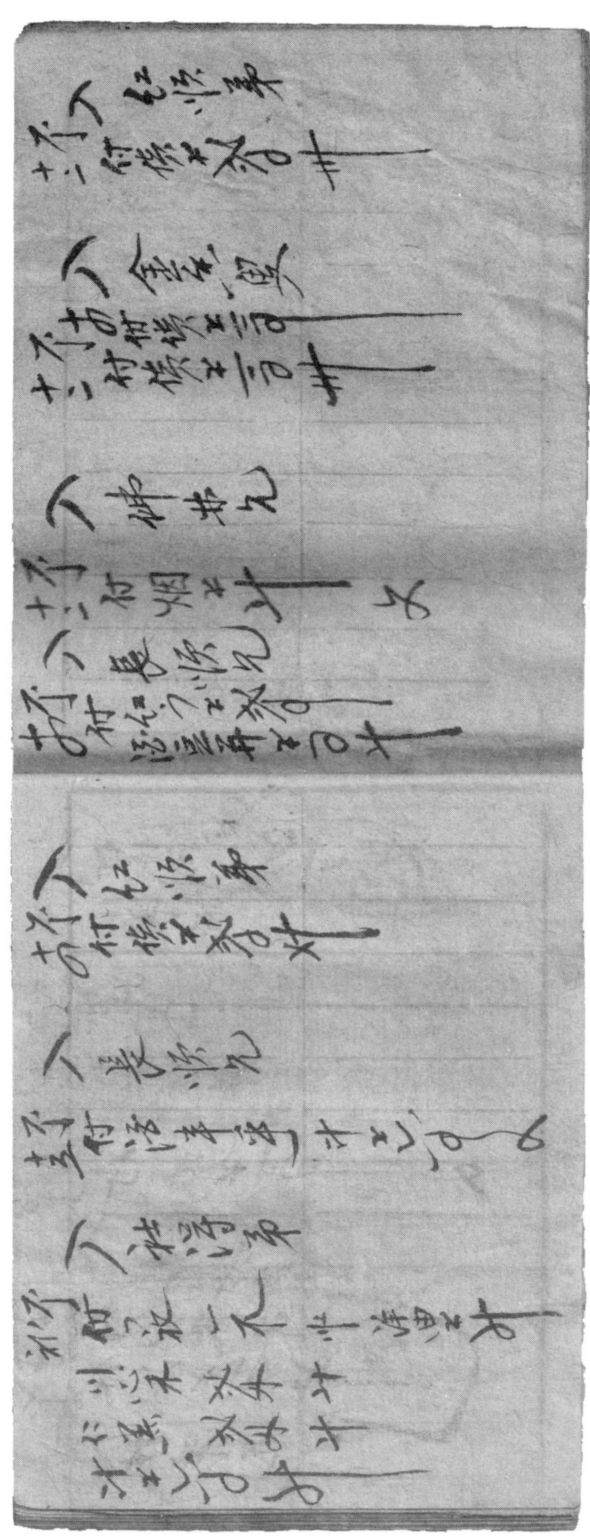

大鄣山乡江村 26-25 · 民国二十四年 · 流水账本 · 张豫丰号

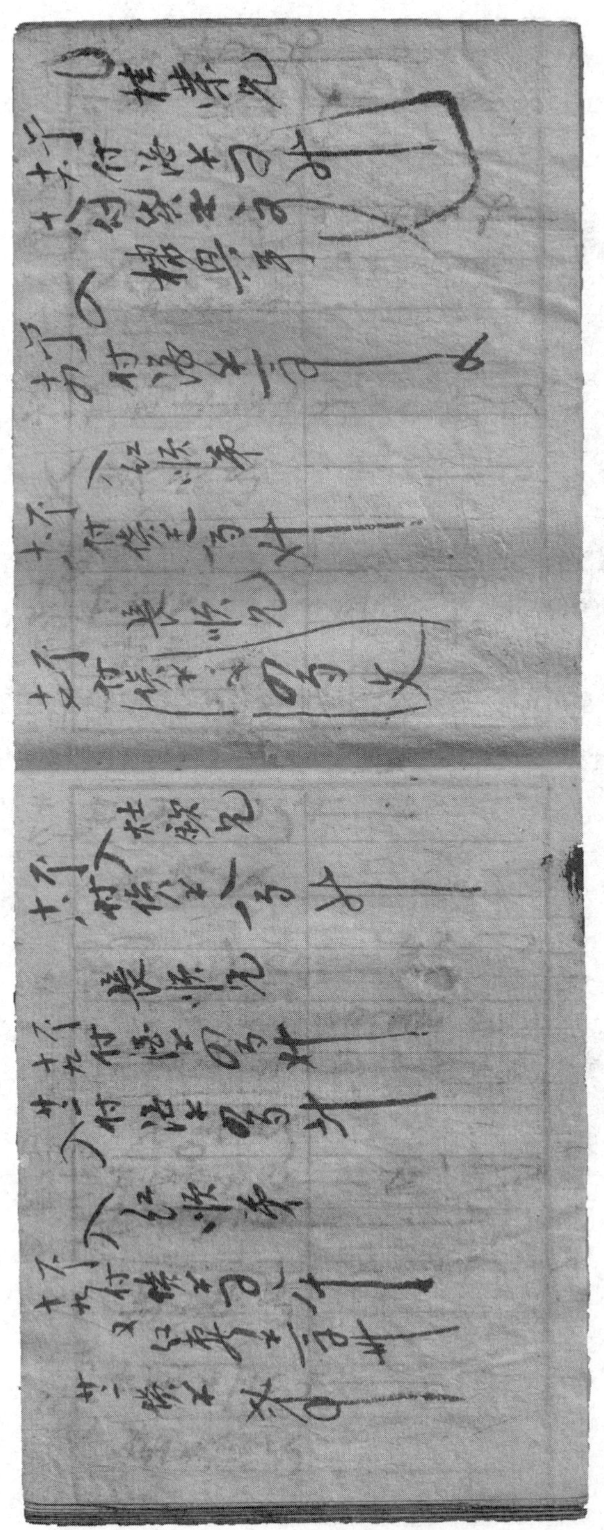

大鄣山乡江村 26-26・民国二十四年・流水账本・张豫丰号

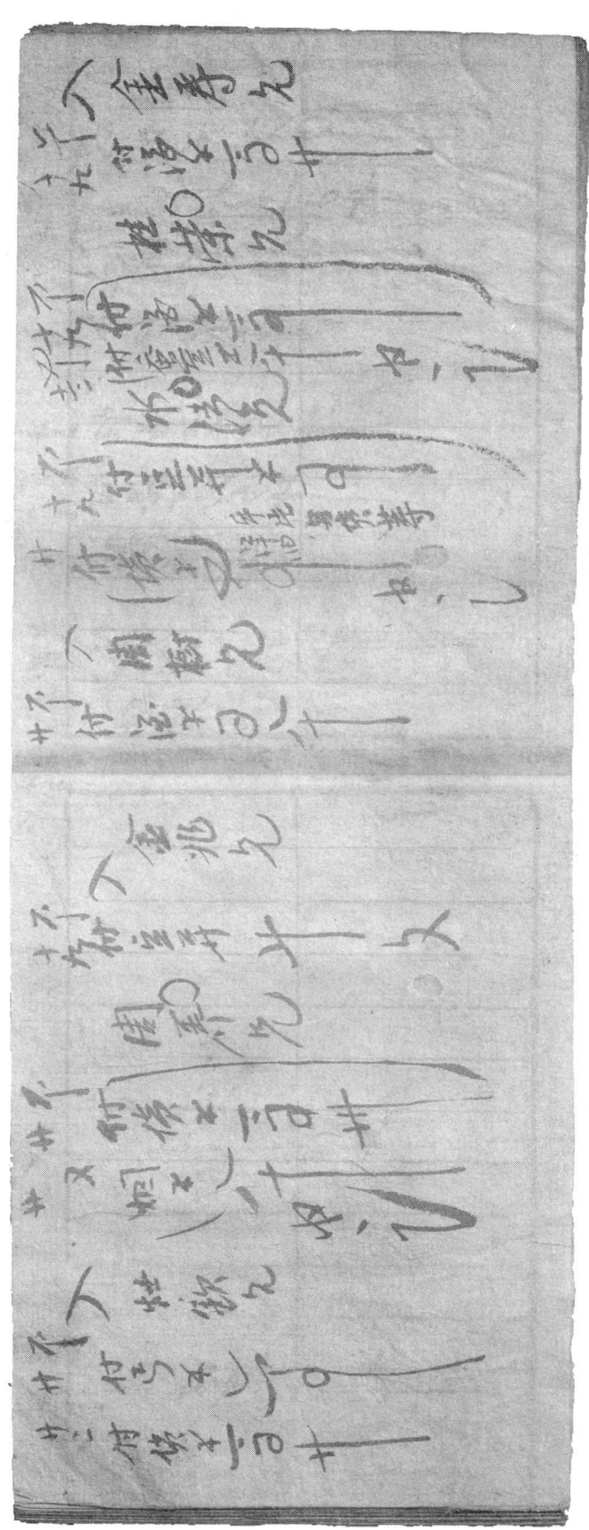

大鄣山乡江村 26-27 · 民国二十四年 · 流水账本 · 张豫丰号

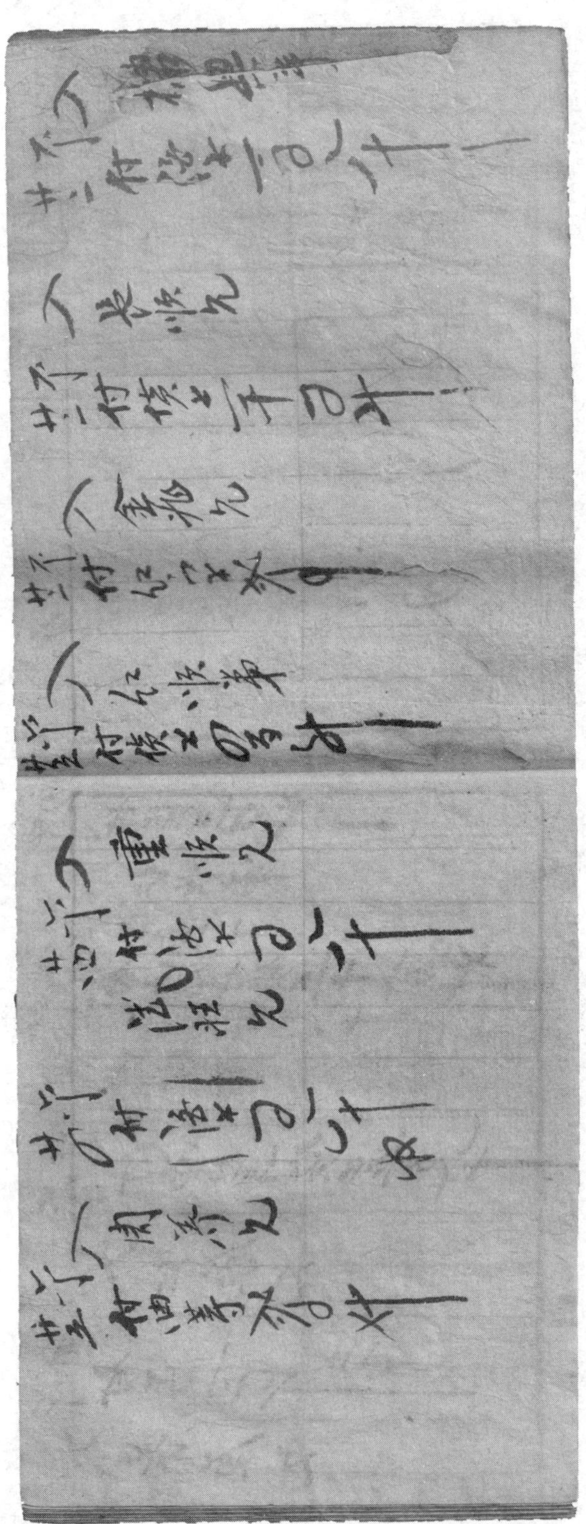

大鄣山乡江村 26-28 · 民国二十四年 · 流水账本 · 张豫丰号

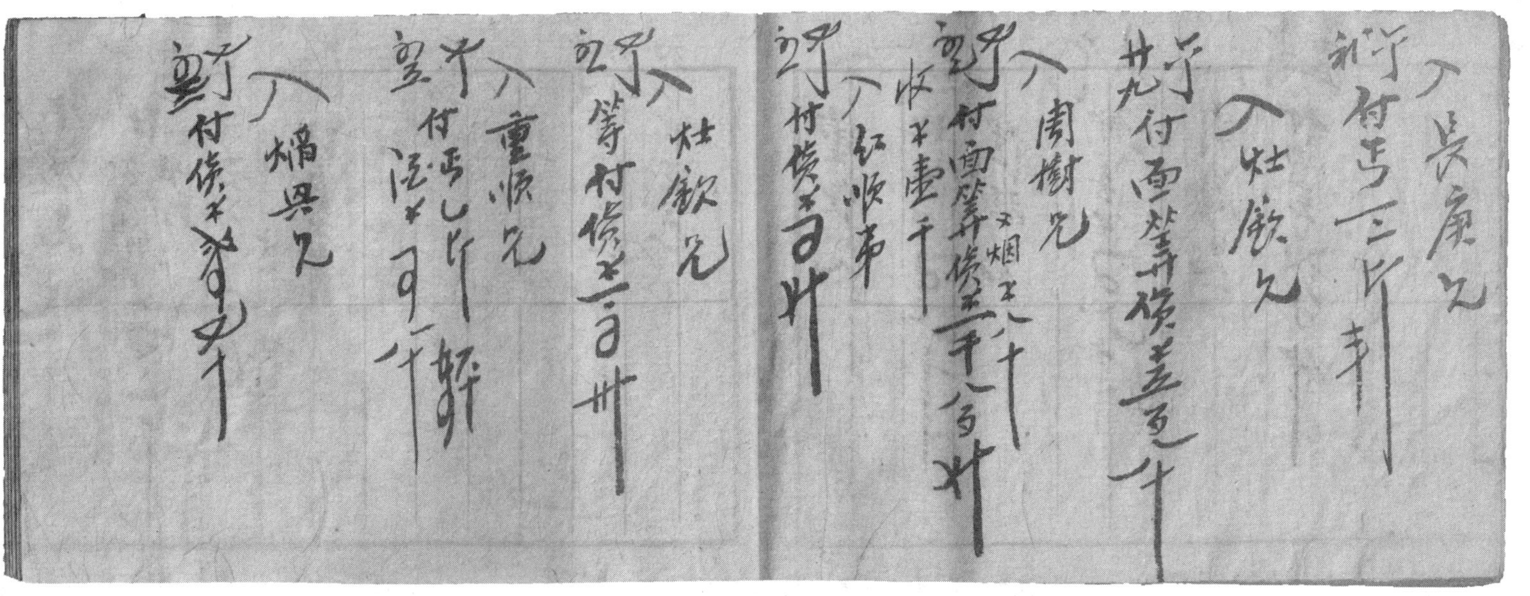

大鄣山乡江村 26-29 · 民国二十四年 · 流水账本 · 张豫丰号

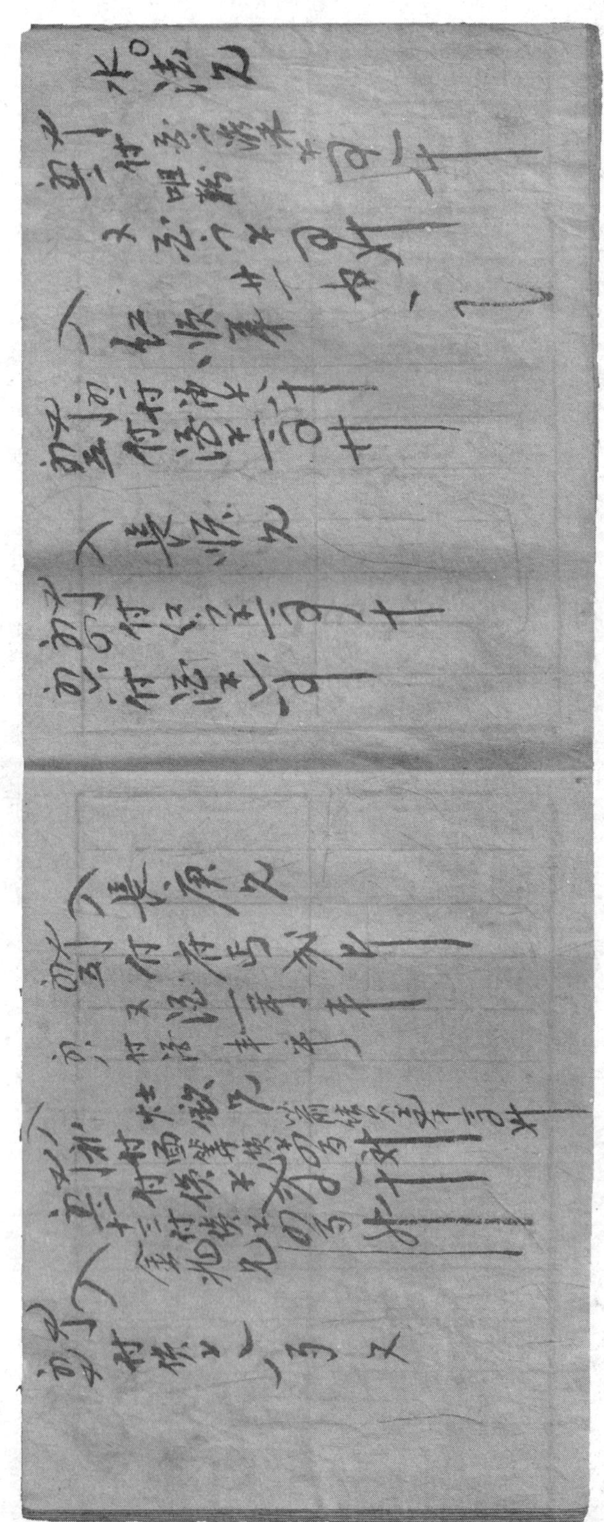

大鄣山乡江村 26-30 · 民国二十四年 · 流水账本 · 张豫丰号

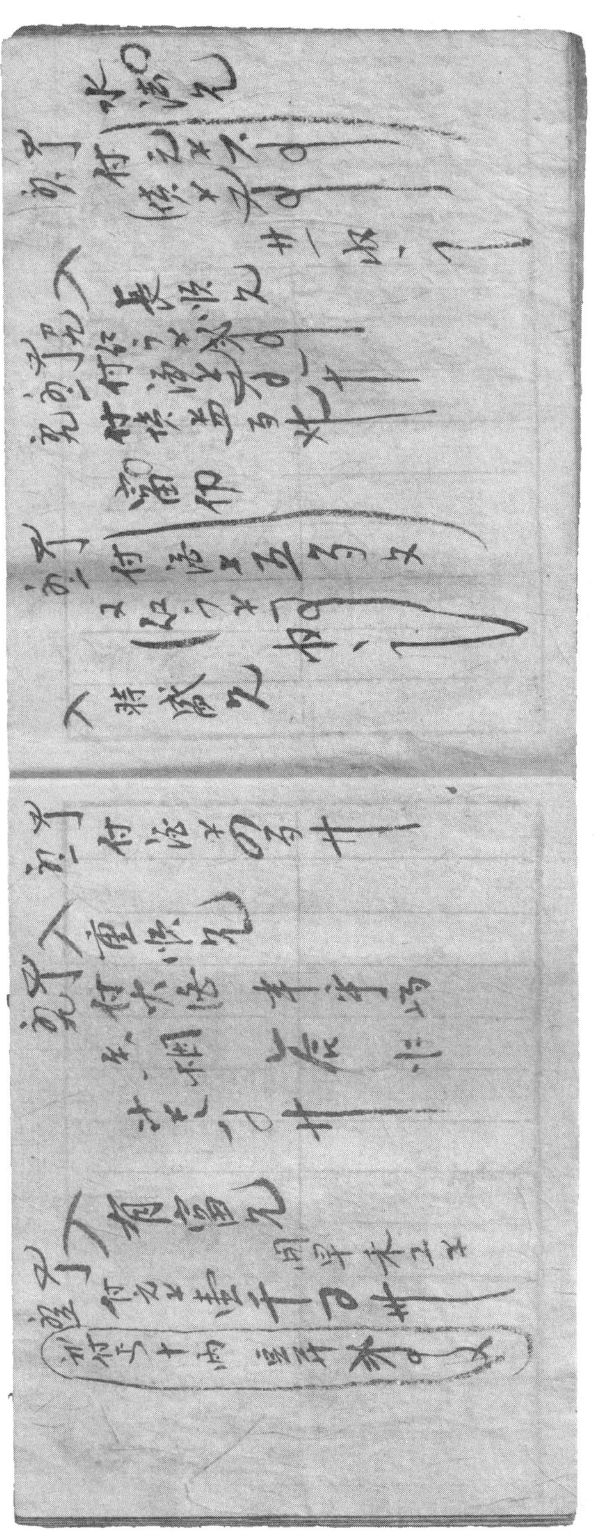

大鄣山乡江村 26-31 · 民国二十四年 · 流水账本 · 张豫丰号

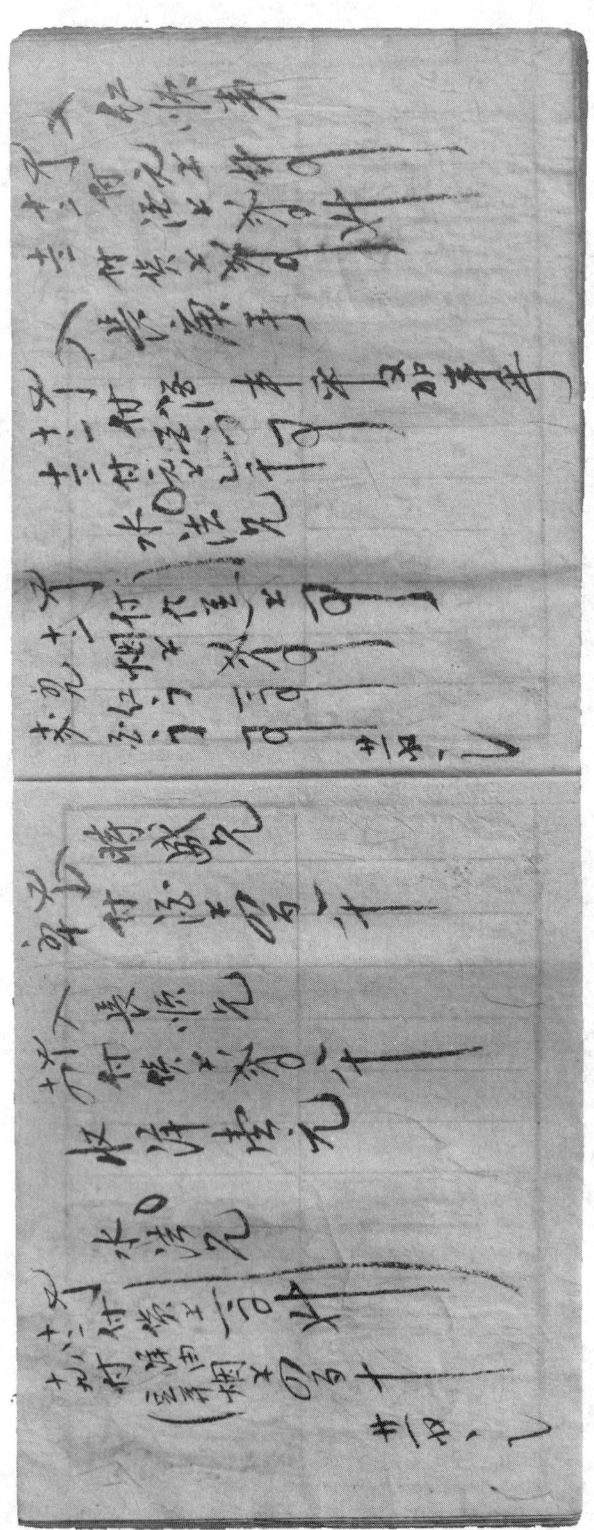

大鄣山乡江村 26-32 · 民国二十四年 · 流水账本 · 张豫丰号

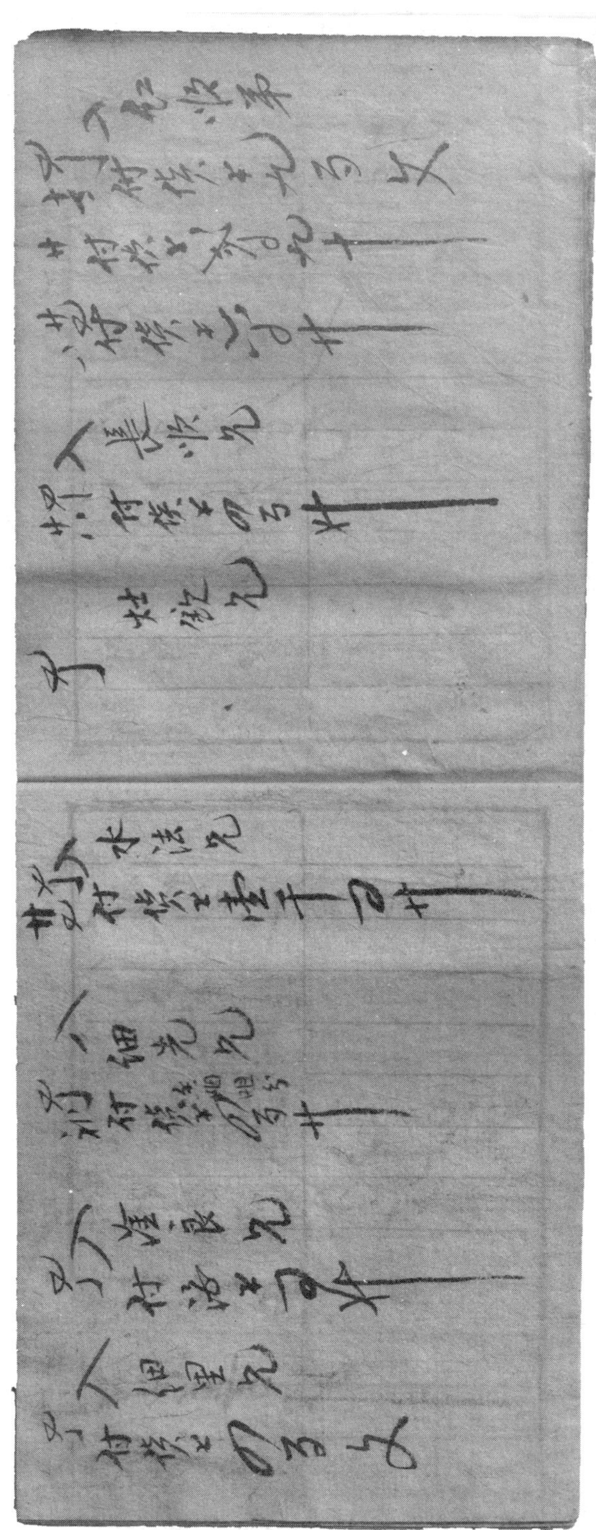

大鄣山乡江村 26-33 · 民国二十四年 · 流水账本 · 张豫丰号

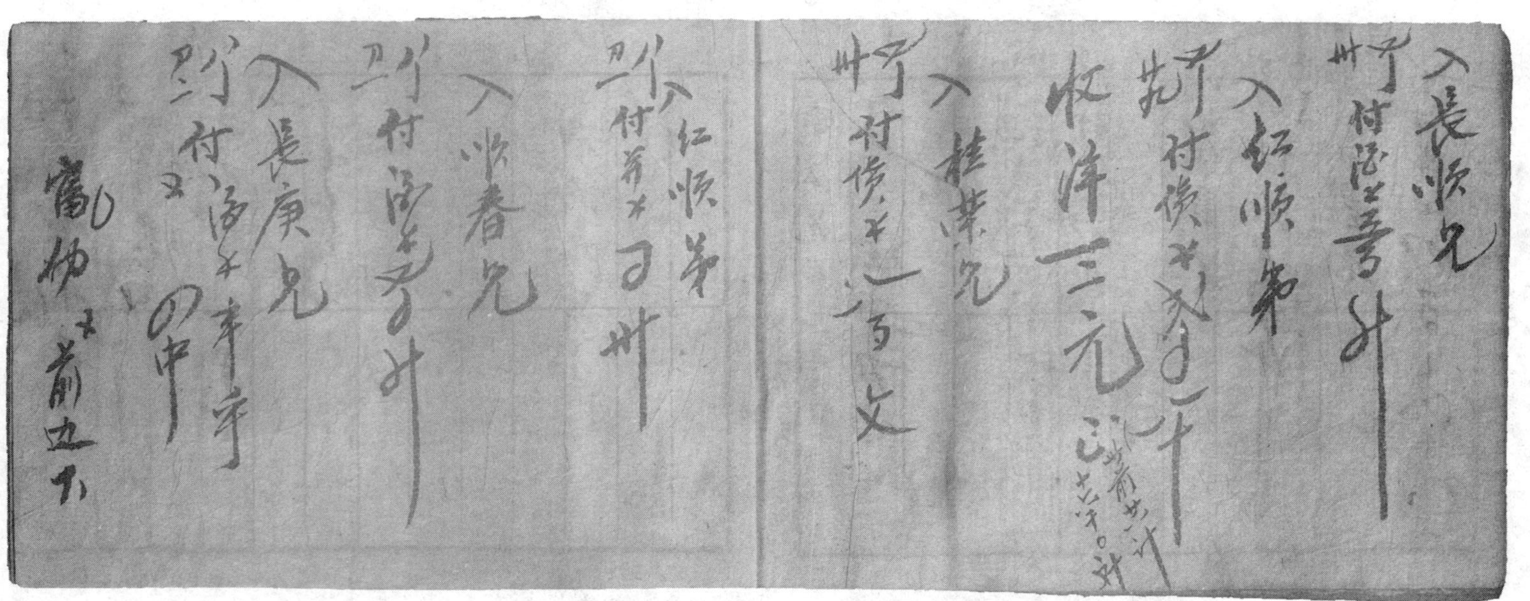

大鄣山乡江村 26-34 · 民国二十四年 · 流水账本 · 张豫丰号

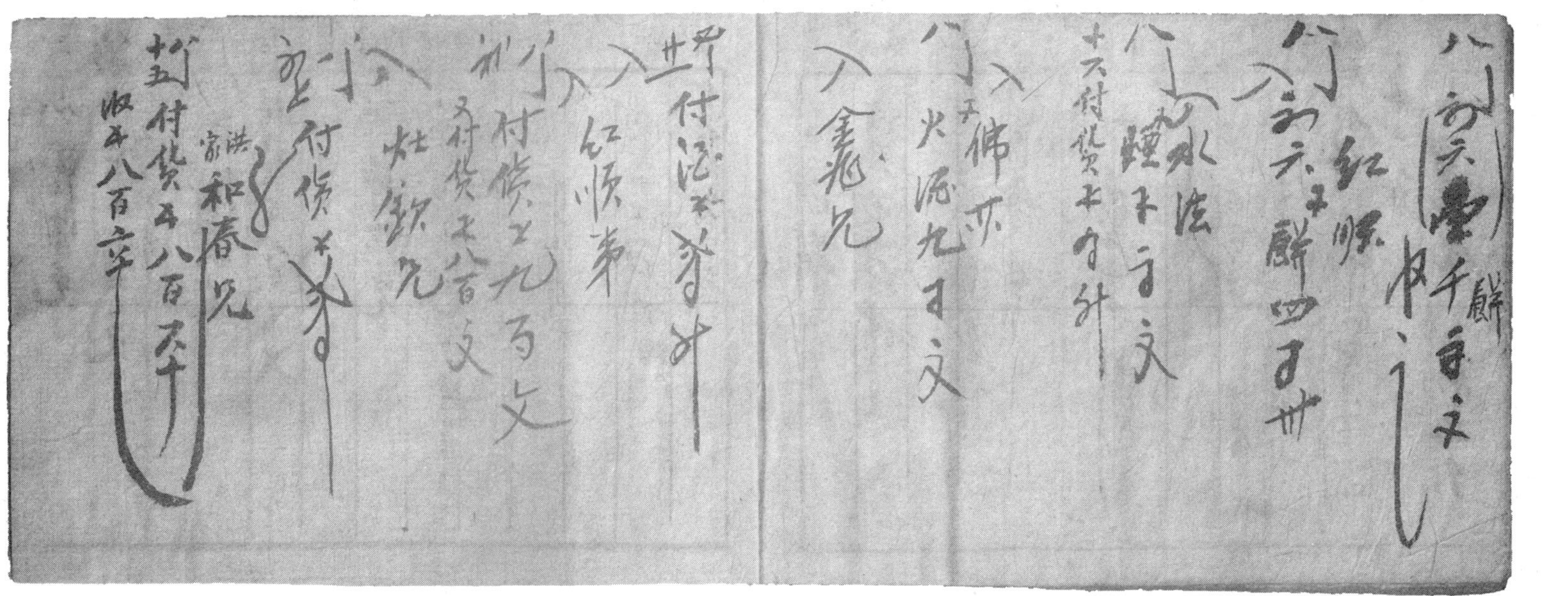

大鄣山乡江村 26-35 · 民国二十四年 · 流水账本 · 张豫丰号

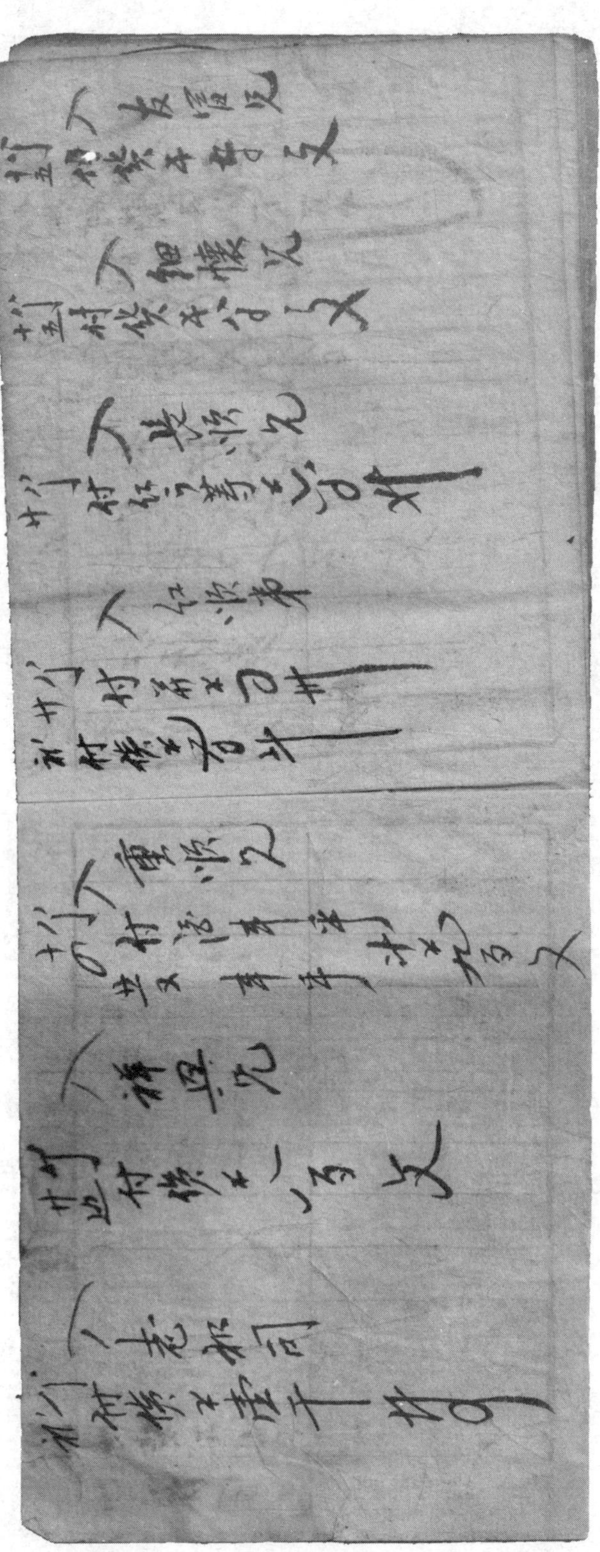

大鄣山乡江村 26-36 · 民国二十四年 · 流水账本 · 张豫丰号

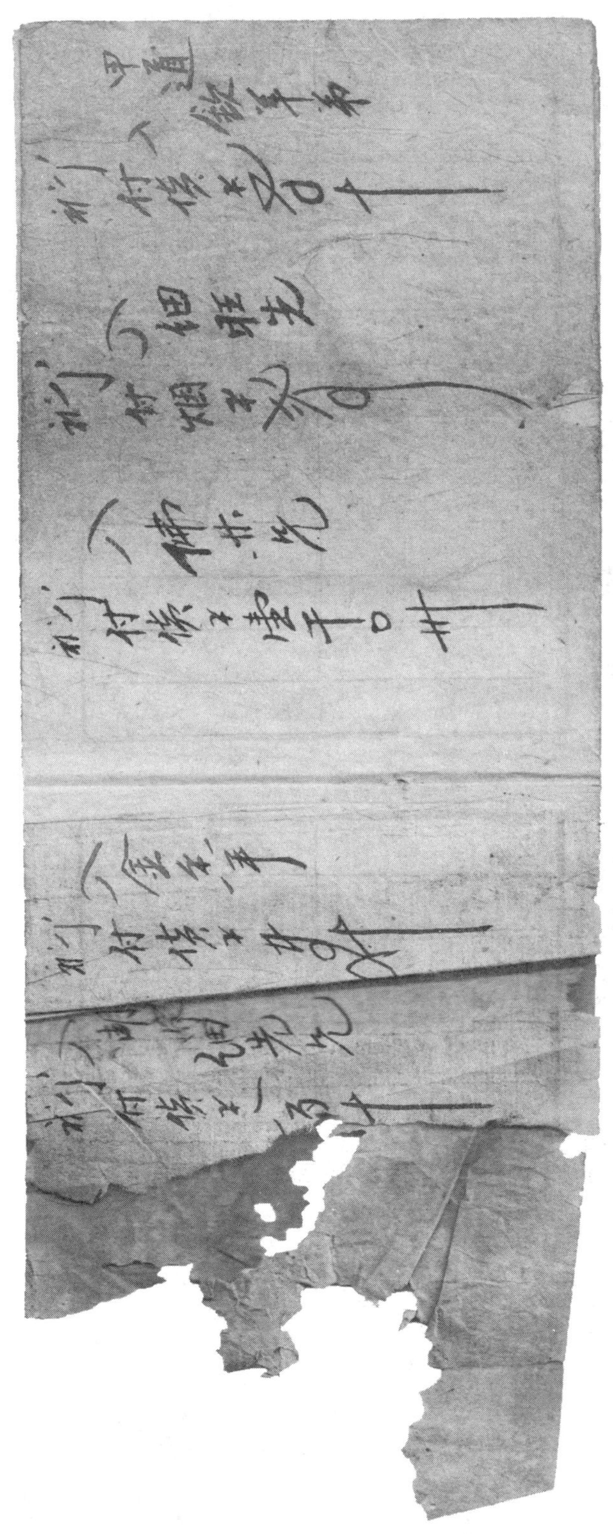

大鄣山乡江村 26-37 · 民国二十四年 · 流水账本 · 张豫丰号

大鄣山乡江村 26-38 · 民国二十四年 · 流水账本 · 张豫丰号

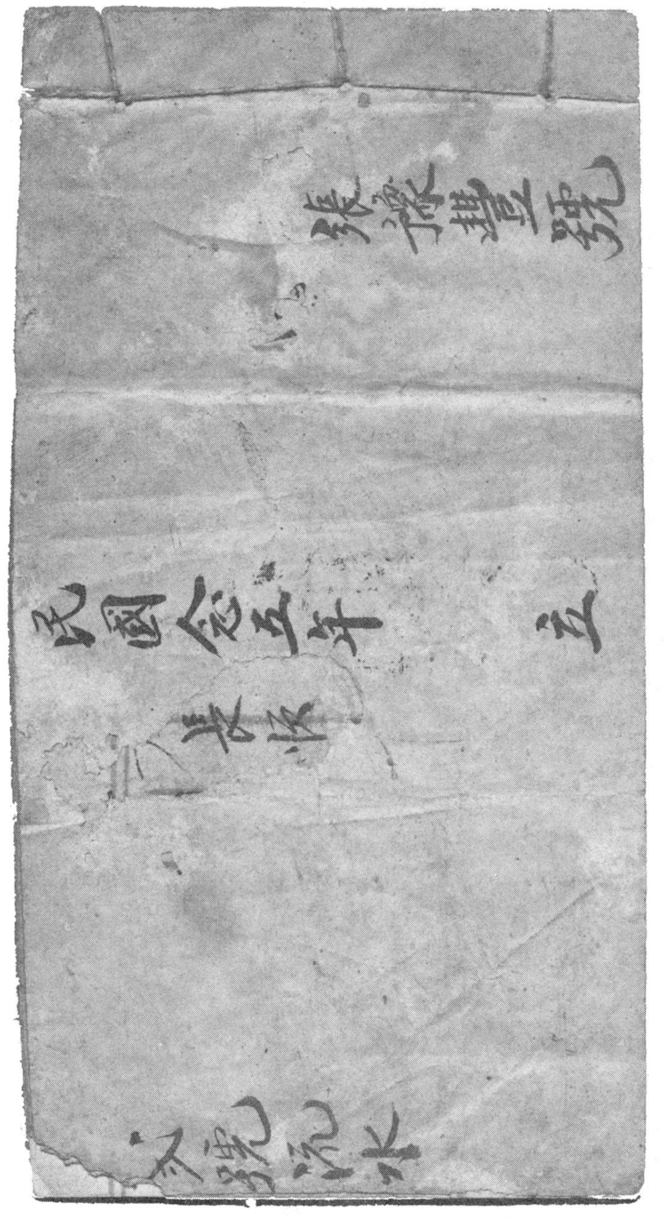

大鄣山乡江村 18-1·民国二十五年·流水账本（二号流水）·张豫丰号

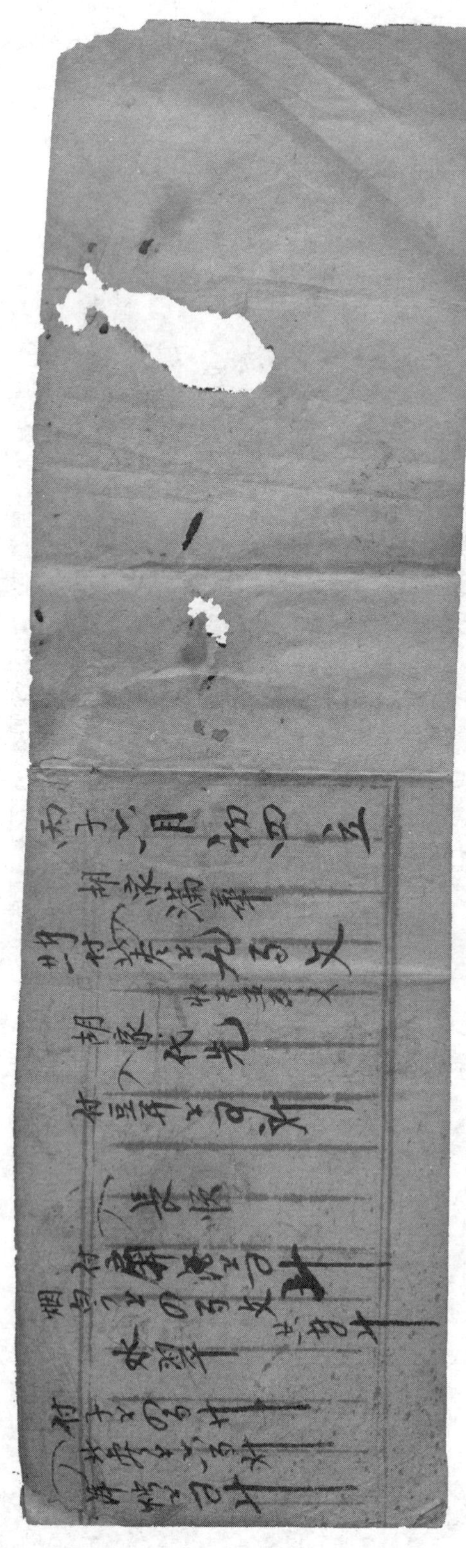

大鄣山乡江村 18-2 · 民国二十五年 · 流水账本（二号流水）· 张豫丰号

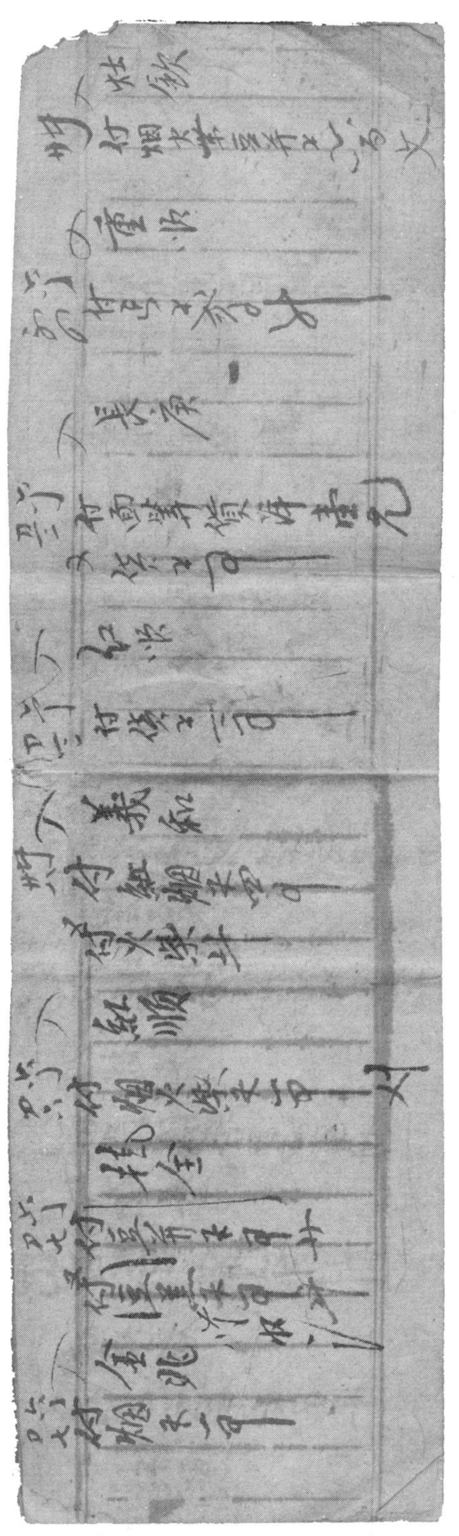

大鄣山乡江村 18-3 · 民国二十五年 · 流水账本（二号流水）· 张豫丰号

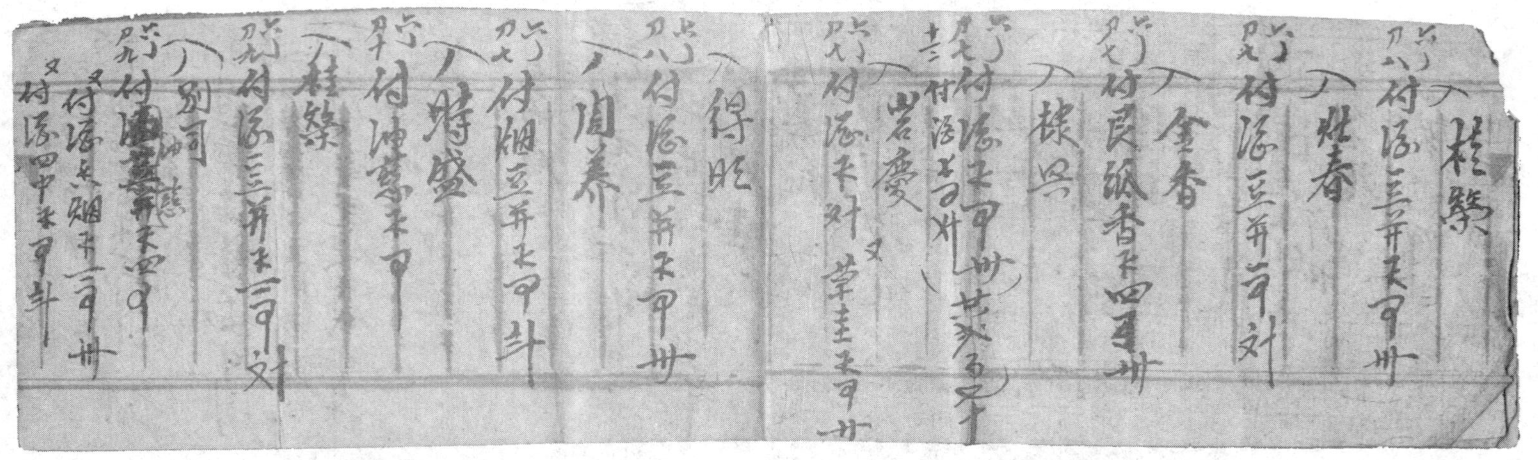

大鄣山乡江村 18-4 · 民国二十五年 · 流水账本（二号流水）· 张豫丰号

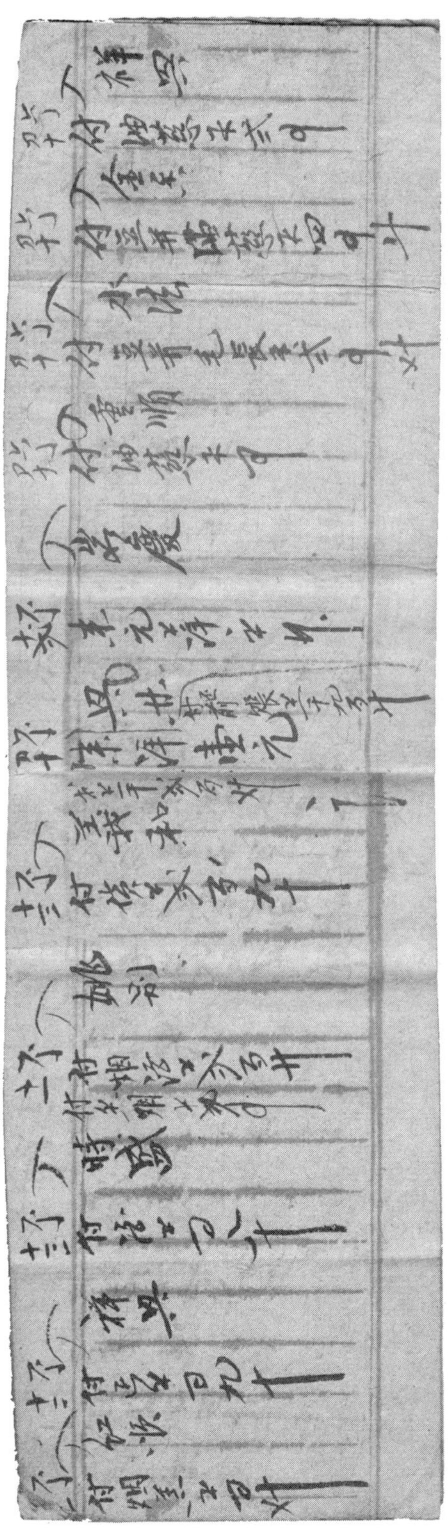

大鄣山乡江村 18-5・民国二十五年・流水账本（二号流水）・张豫丰号

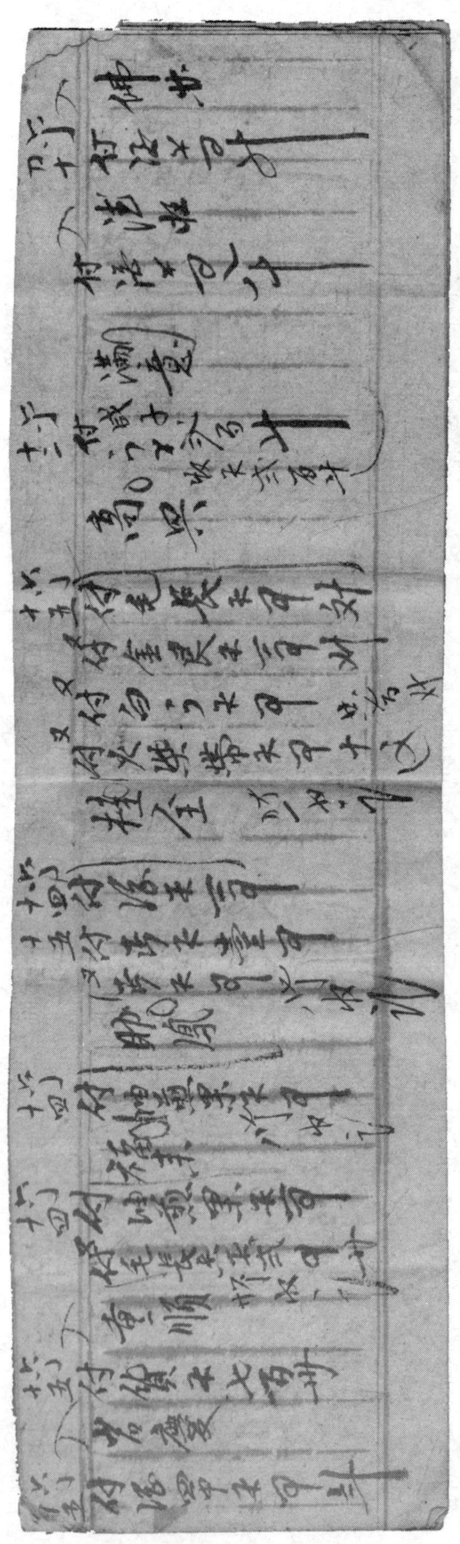

大鄣山乡江村 18-6 · 民国二十五年 · 流水账本（二号流水）· 张豫丰号

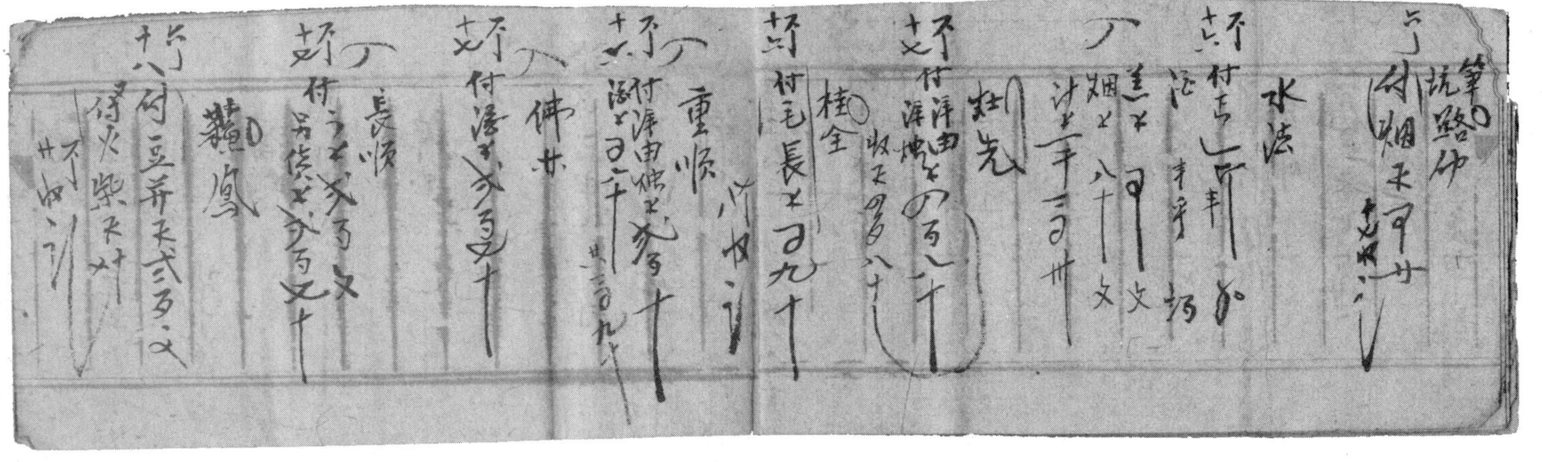

大鄣山乡江村 18-7 · 民国二十五年 · 流水账本（二号流水）· 张豫丰号

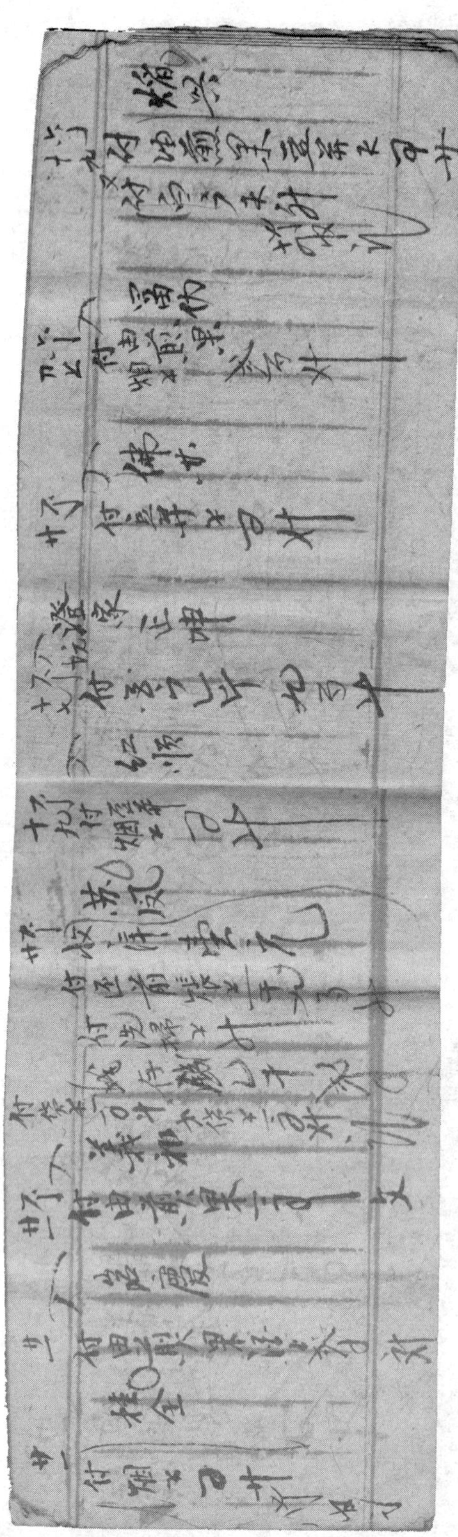

大鄣山乡江村 18-8・民国二十五年・流水账本（二号流水）・张豫丰号

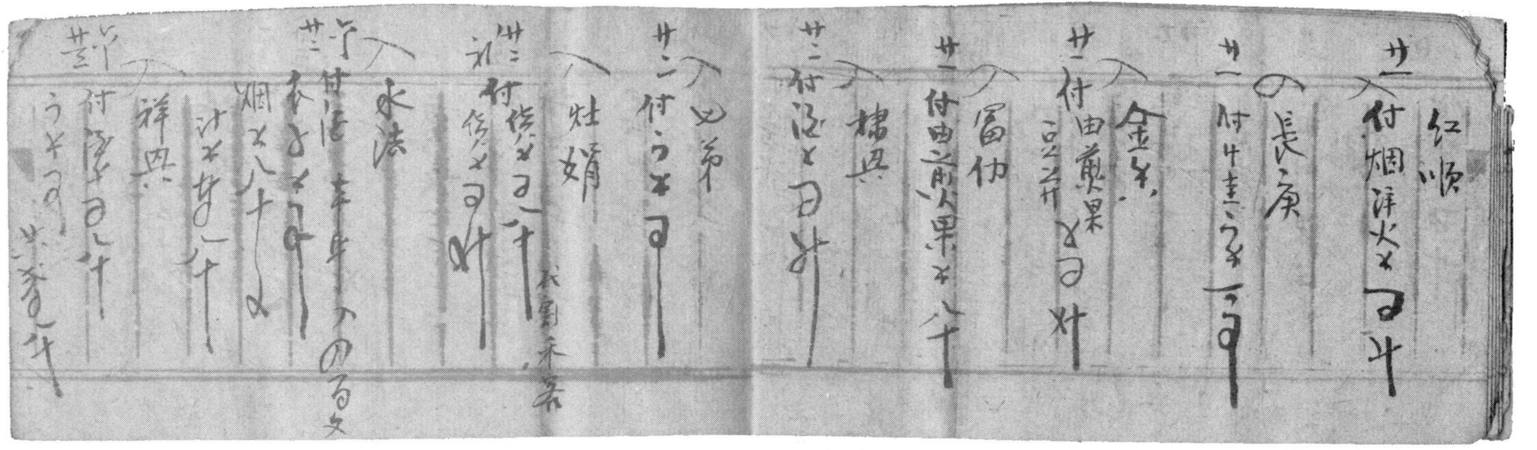

大鄣山乡江村 18-9 · 民国二十五年 · 流水账本（二号流水）· 张豫丰号

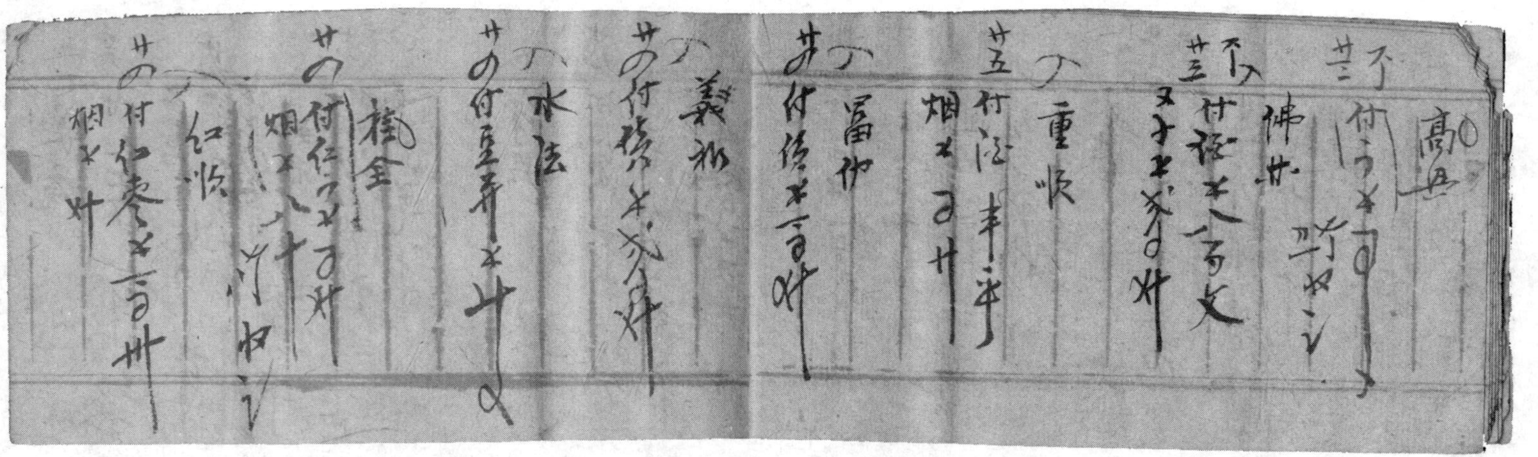

大鄣山乡江村 18-10 · 民国二十五年 · 流水账本（二号流水）· 张豫丰号

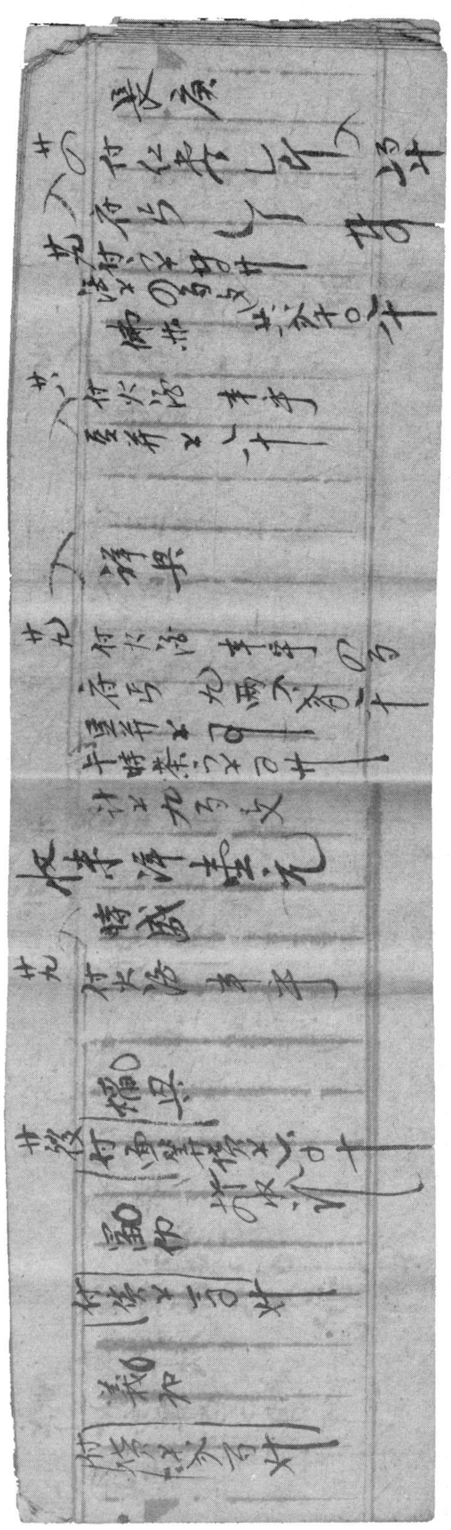

大鄣山乡江村 18-11 · 民国二十五年 · 流水账本（二号流水） · 张豫丰号

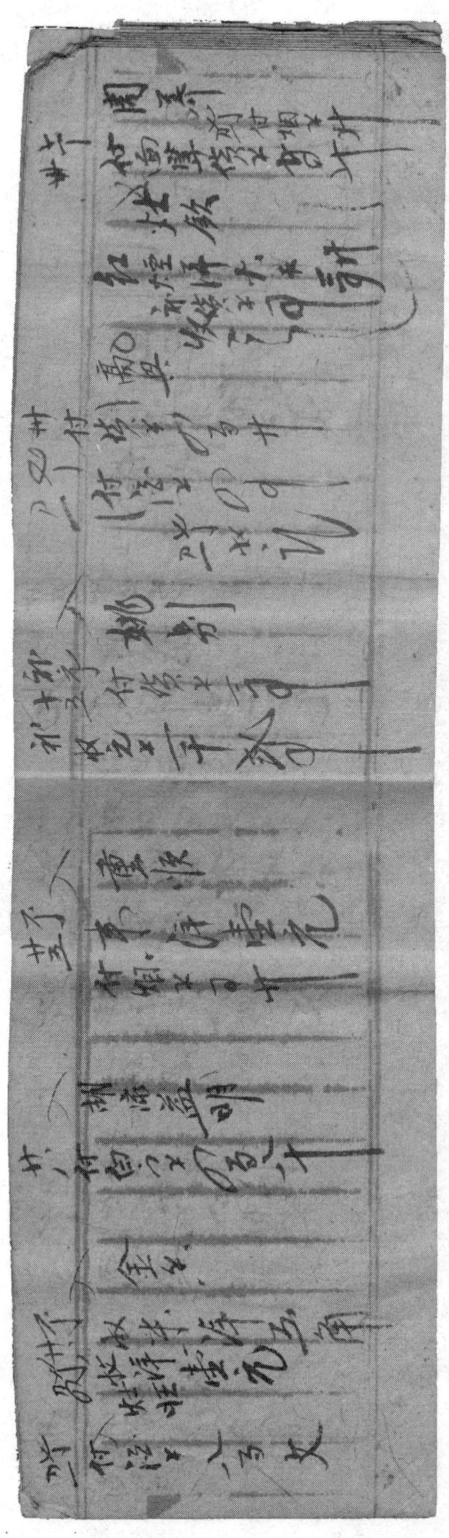

大鄣山乡江村 18-12 · 民国二十五年 · 流水账本（二号流水）· 张豫丰号

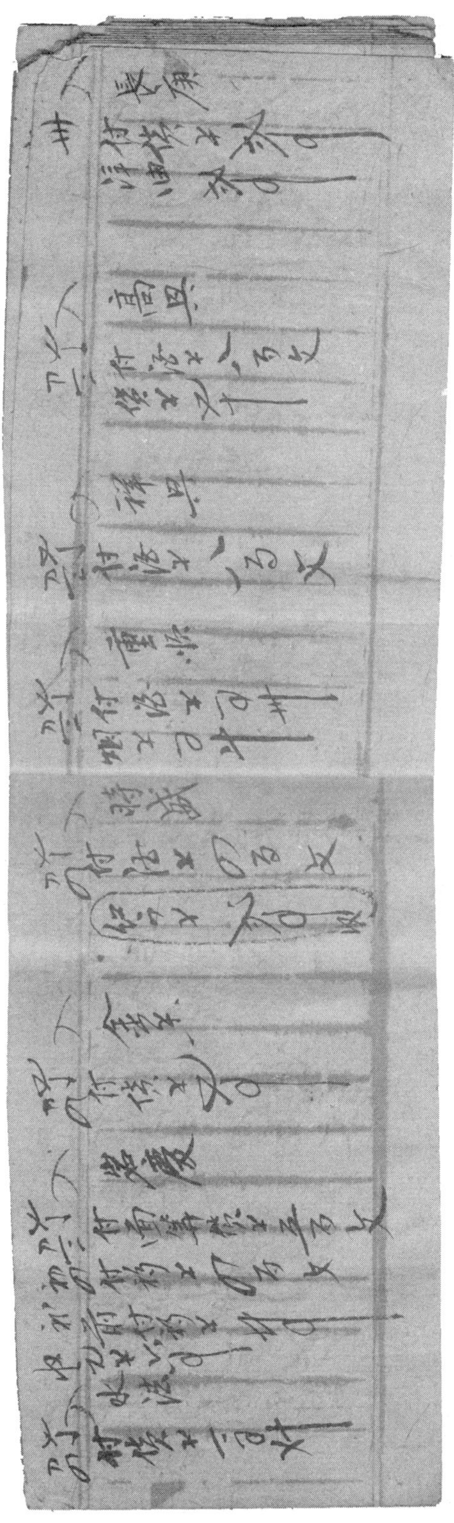

大鄣山乡江村 18-13 · 民国二十五年 · 流水账本（二号流水）· 张豫丰号

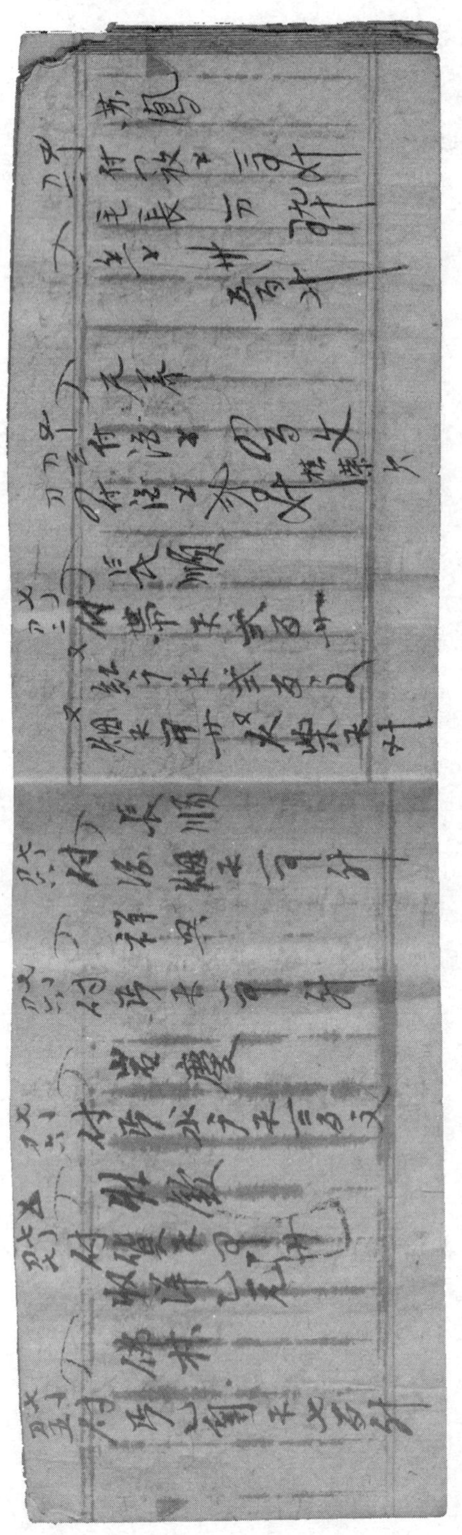

大鄣山乡江村 18-14 · 民国二十五年 · 流水账本（二号流水）· 张豫丰号

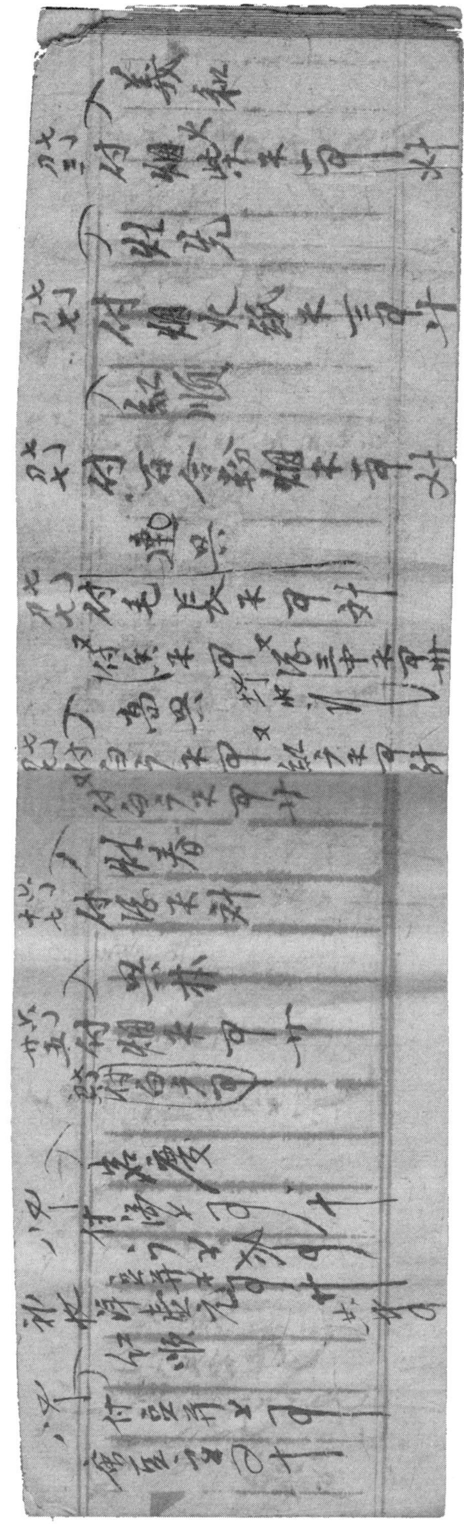

大鄣山乡江村 18-15 · 民国二十五年 · 流水账本（二号流水）· 张豫丰号

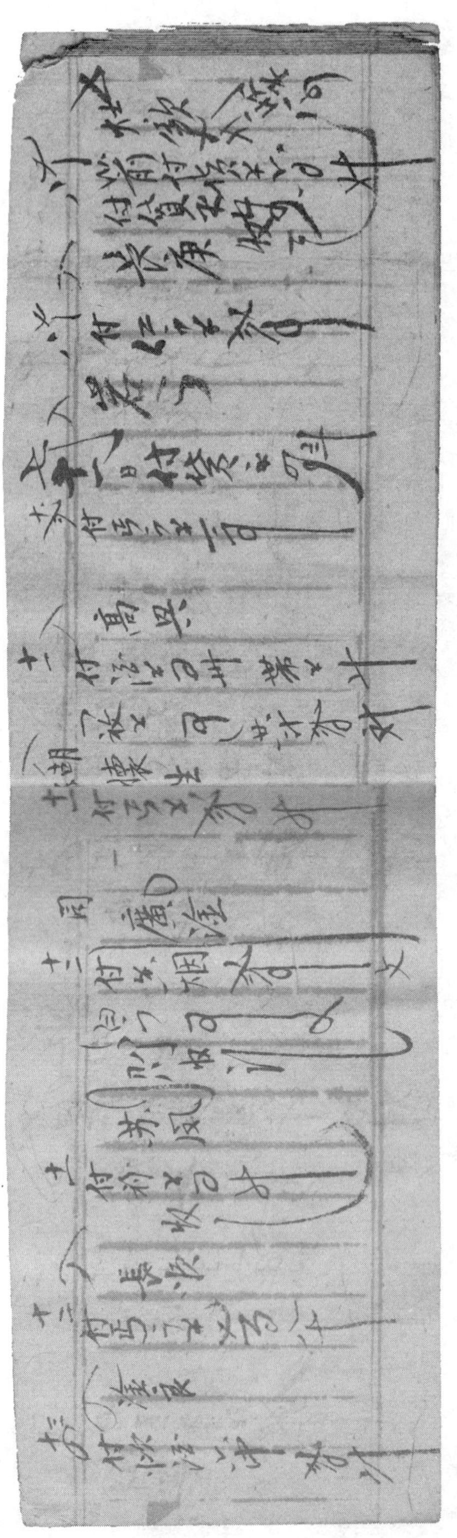

大鄣山乡江村 18-16 · 民国二十五年 · 流水账本（二号流水）· 张豫丰号

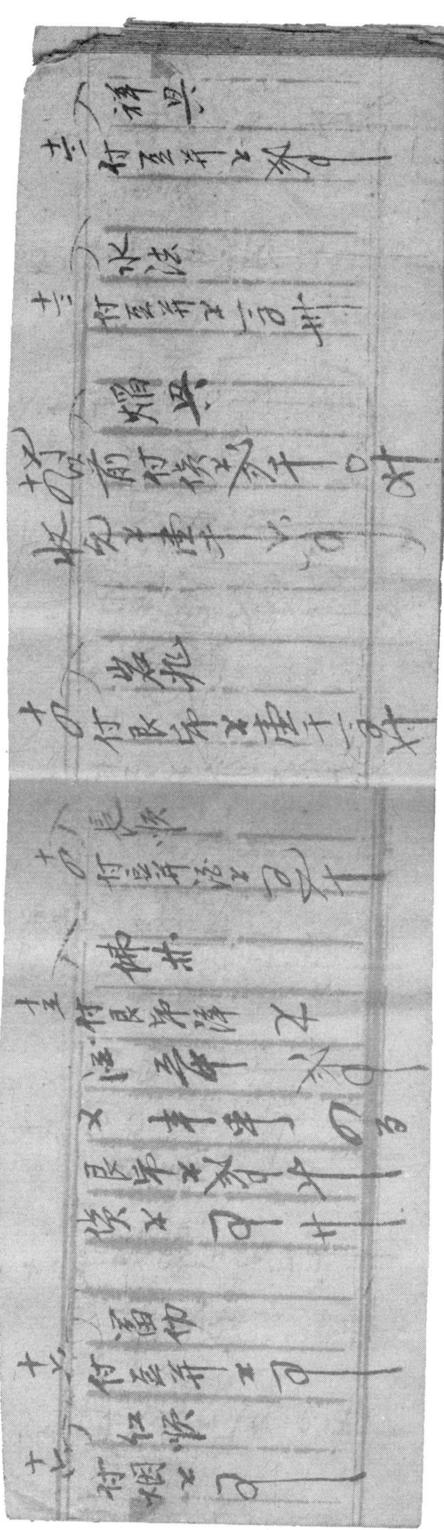

大鄣山乡江村 18-17 · 民国二十五年 · 流水账本（二号流水）· 张豫丰号

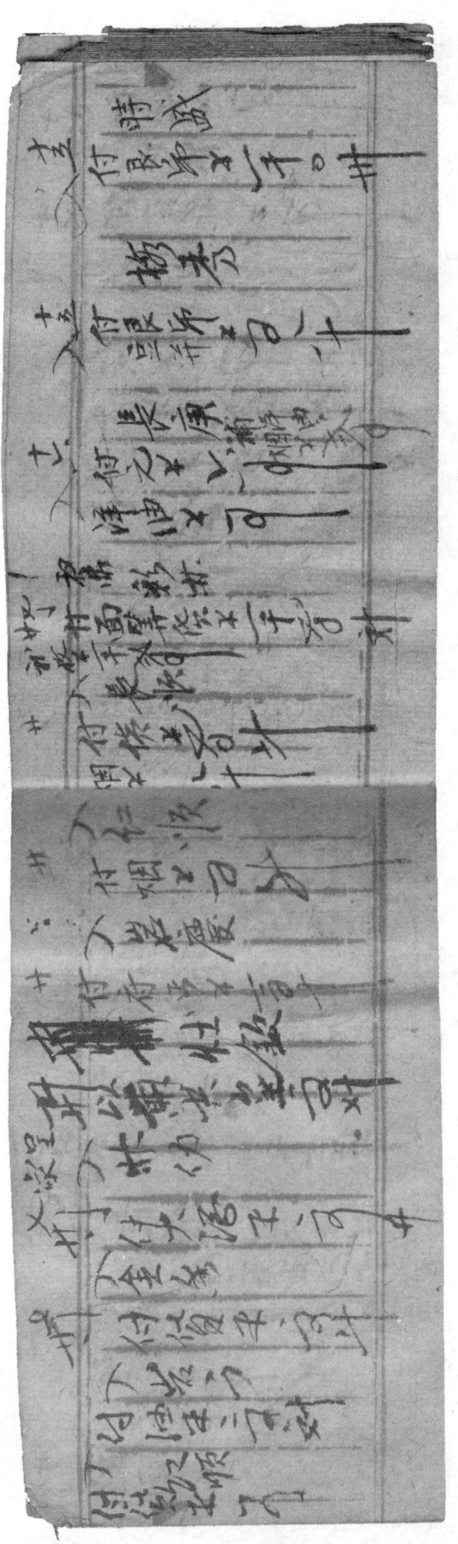

大鄣山乡江村 18-18 · 民国二十五年 · 流水账本（二号流水）· 张豫丰号

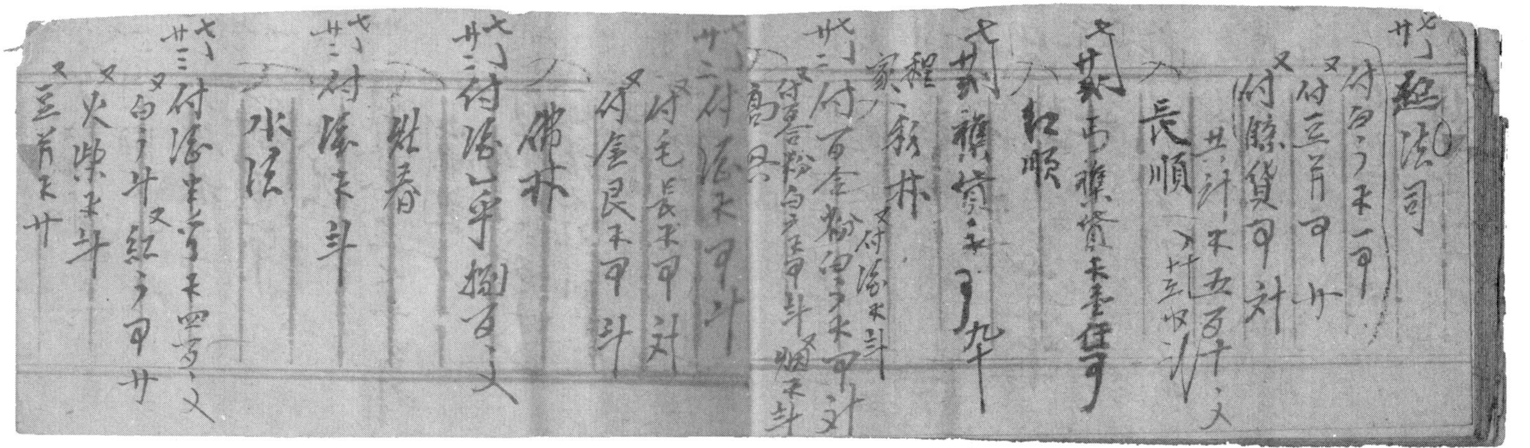

大鄣山乡江村 18-19 · 民国二十五年 · 流水账本（二号流水）· 张豫丰号

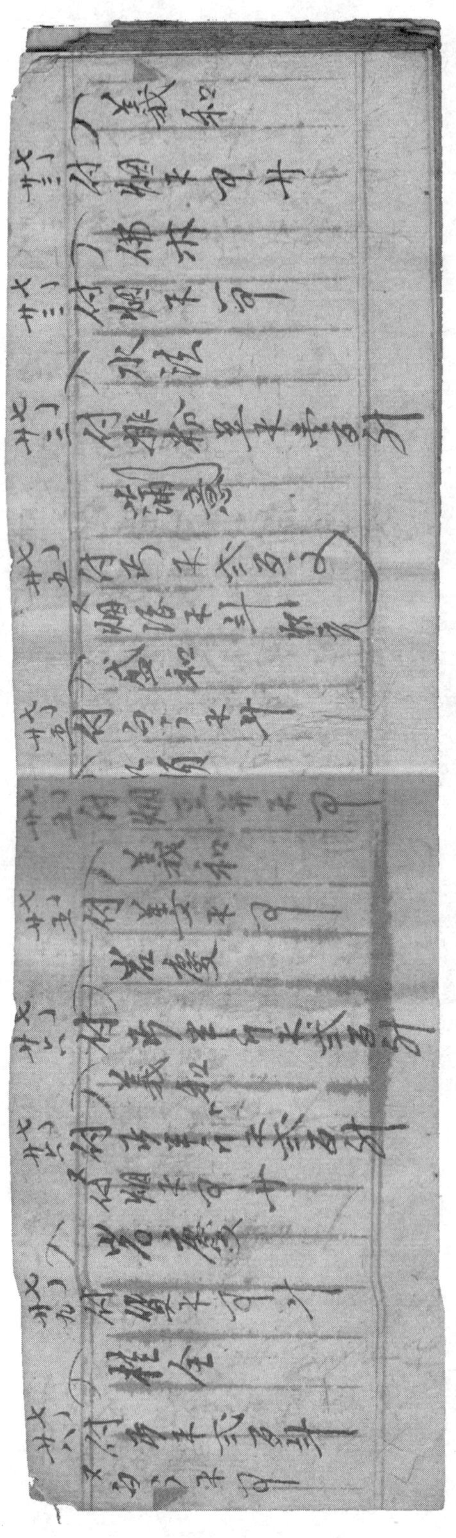

大鄣山乡江村 18-20 · 民国二十五年 · 流水账本（二号流水） · 张豫丰号

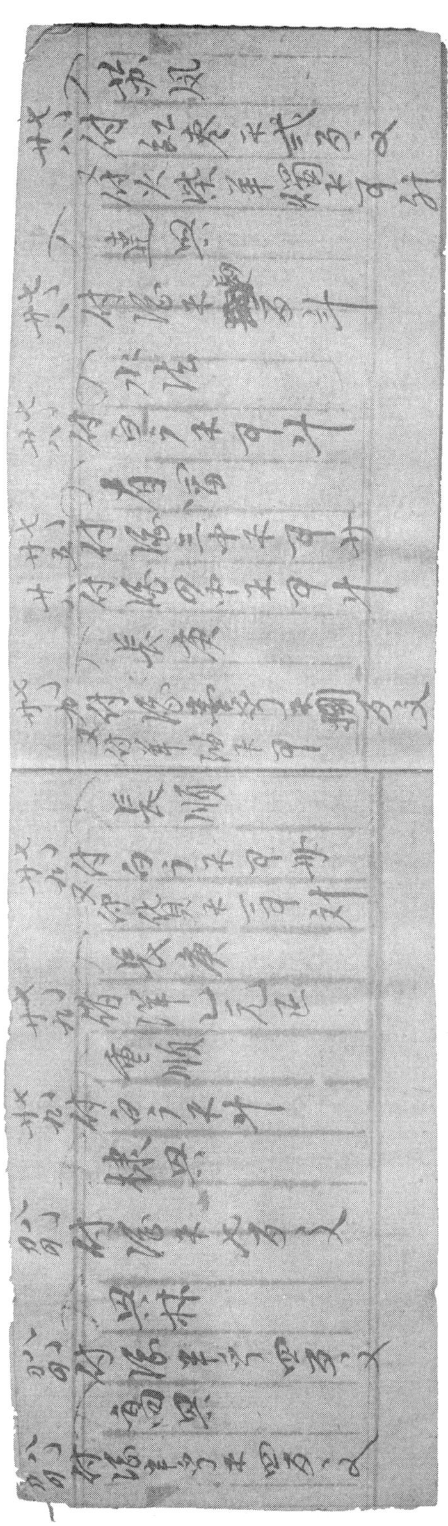

大鄣山乡江村 18-21・民国二十五年・流水账本（二号流水）・张豫丰号

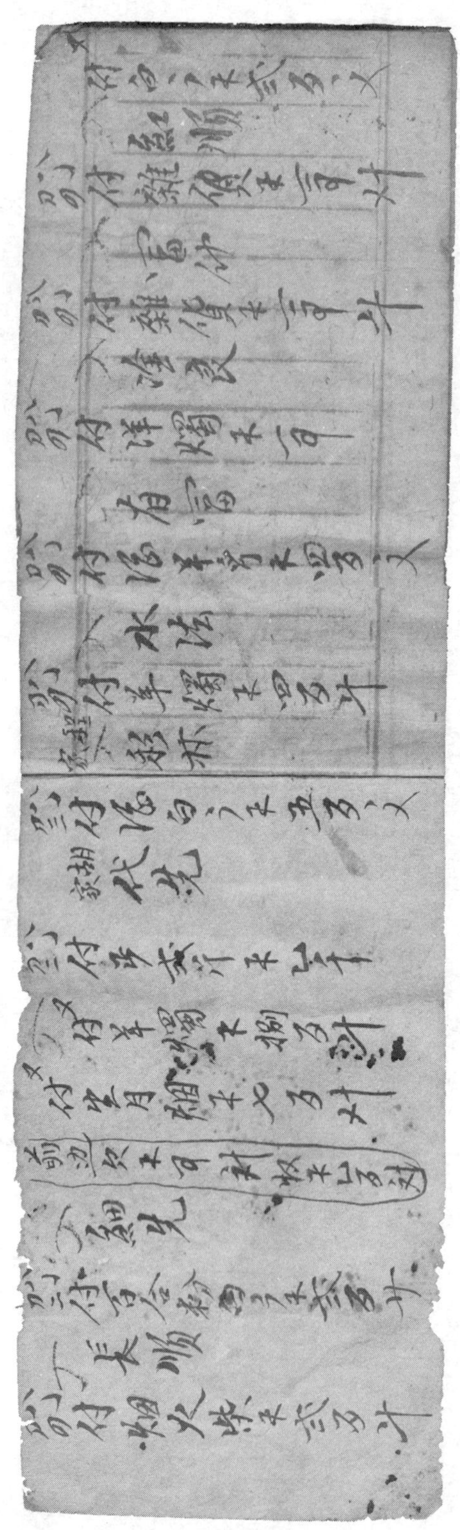

大鄣山乡江村 18-22 · 民国二十五年 · 流水账本（二号流水） · 张豫丰号

大鄣山乡江村 36-1 · 民国二十五年 · 流水账（一号流水）· 张豫丰

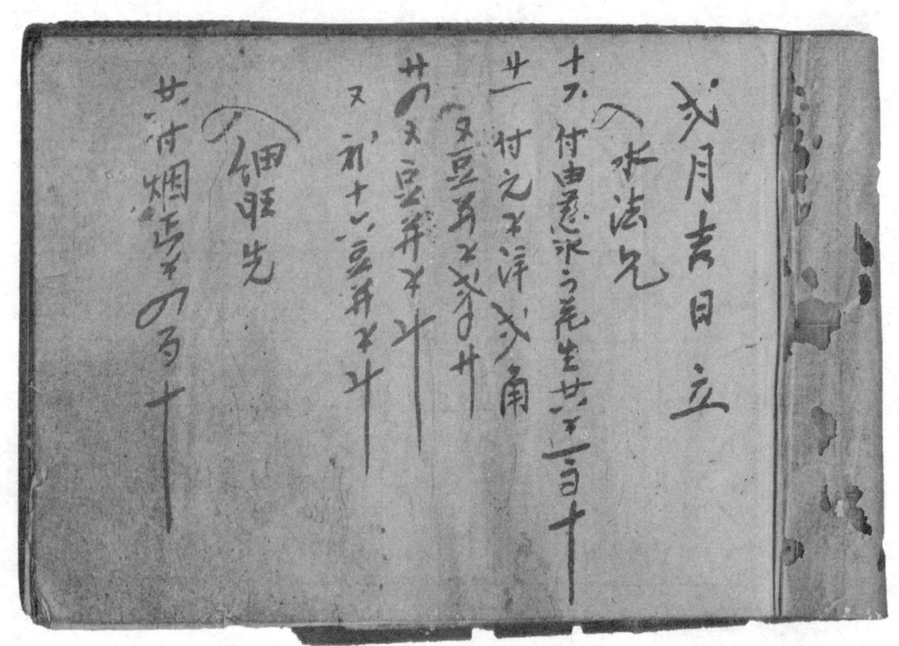

大鄣山乡江村 36-2 · 民国二十五年 · 流水账（一号流水）· 张豫丰

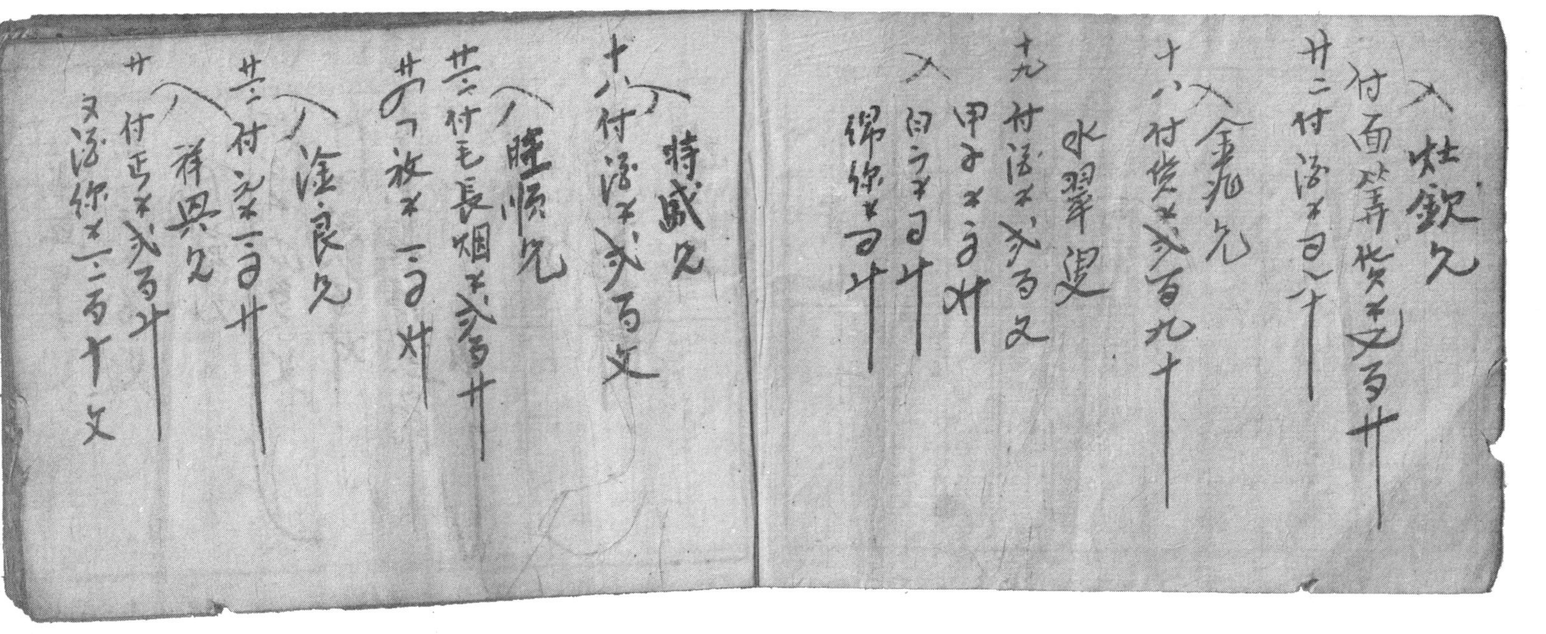

大鄣山乡江村 36-3 · 民国二十五年 · 流水账（一号流水）· 张豫丰

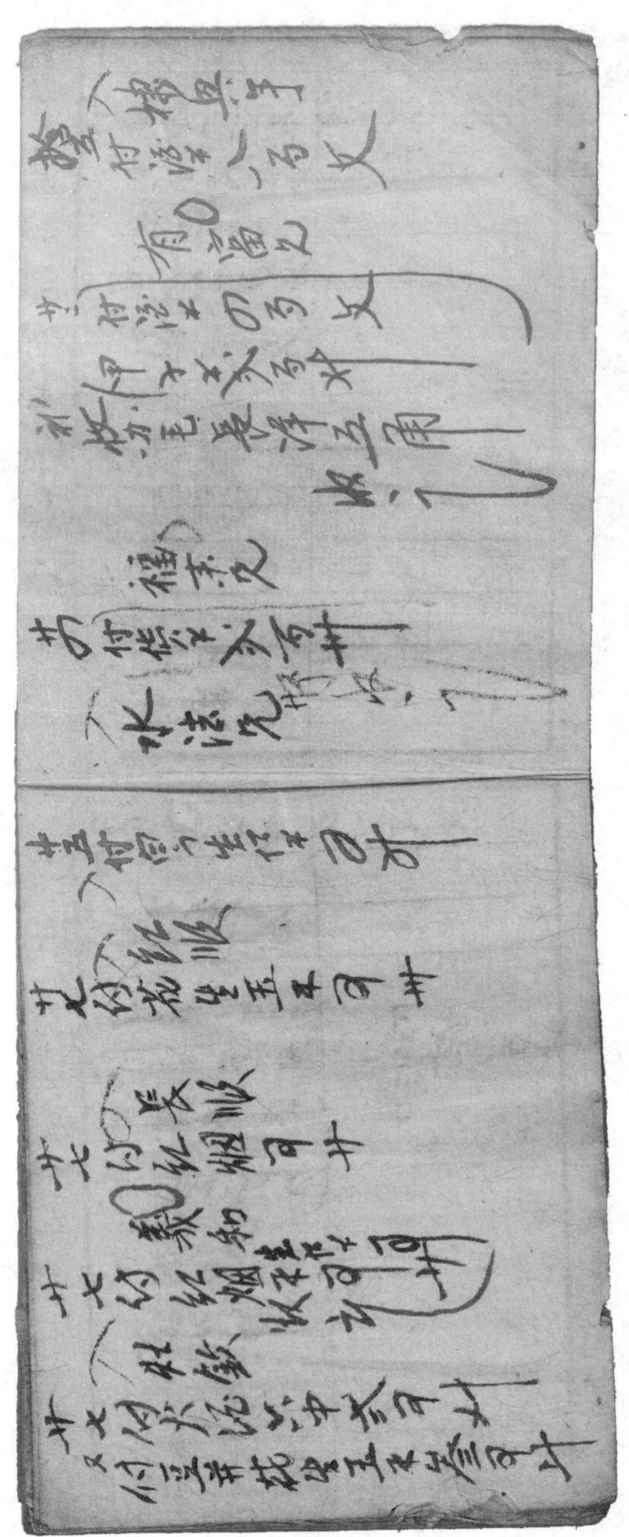

大鄣山乡江村 36-4 · 民国二十五年 · 流水账（一号流水）· 张豫丰

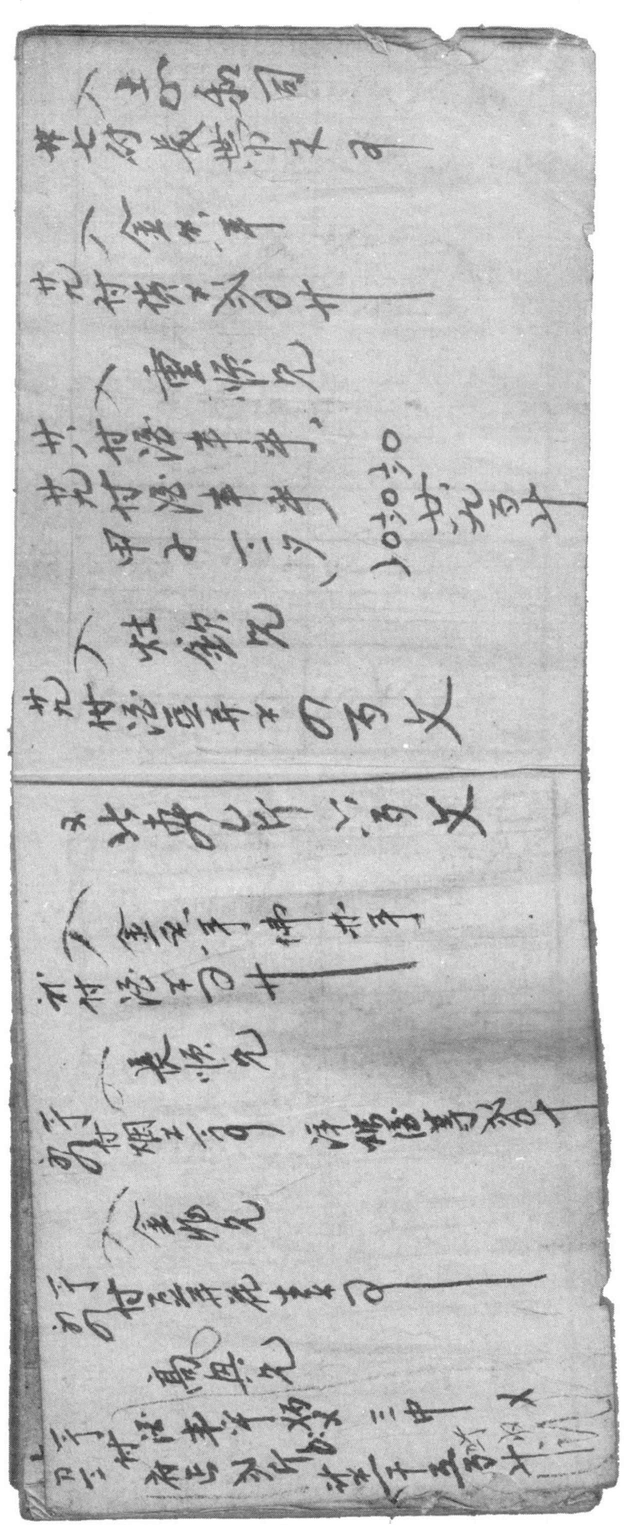

大鄣山乡江村 36-5 · 民国二十五年 · 流水账（一号流水）· 张豫丰

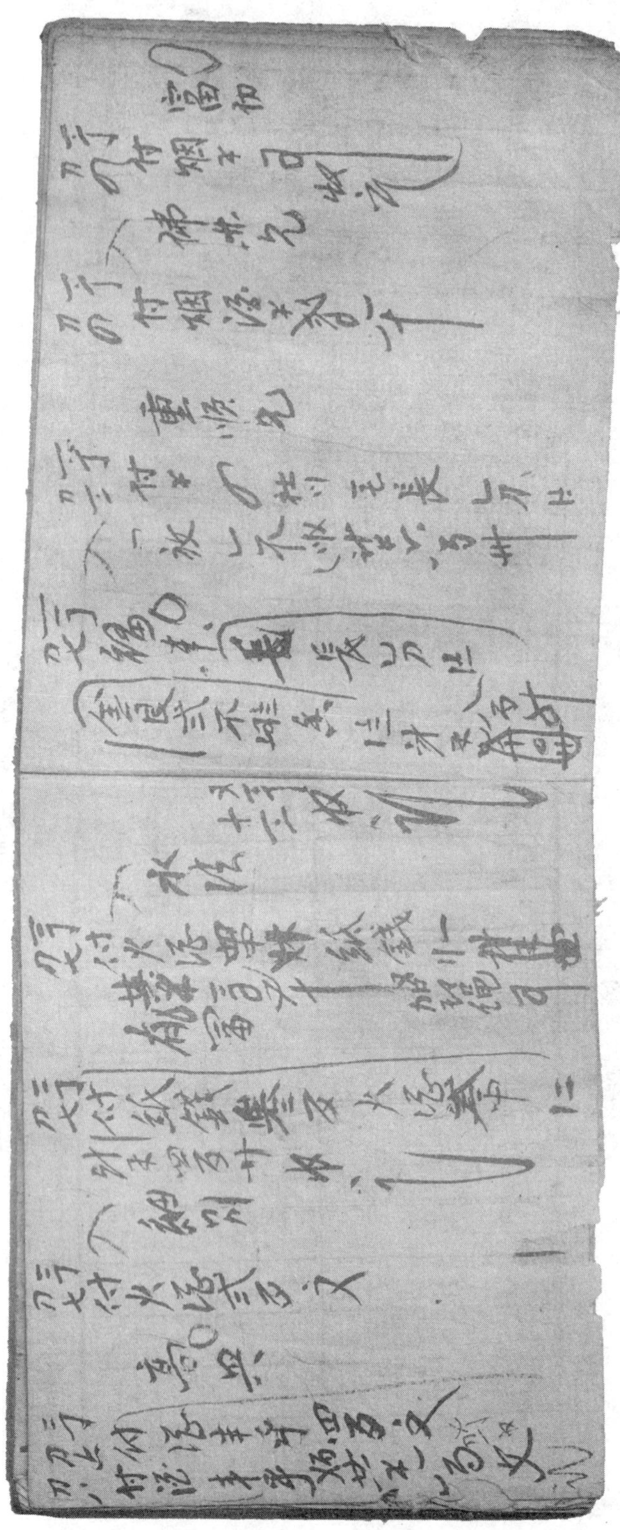

大鄣山乡江村 36-6 · 民国二十五年 · 流水账（一号流水）· 张豫丰

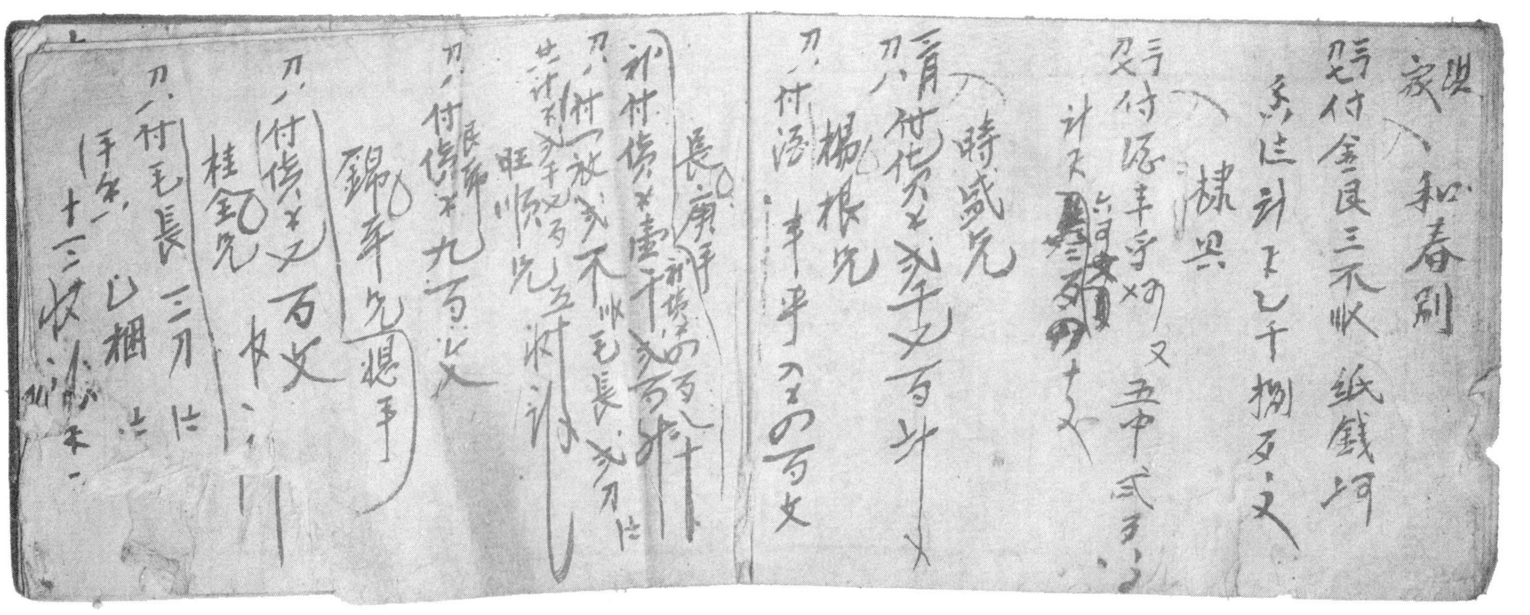

大鄣山乡江村 36-7 · 民国二十五年 · 流水账（一号流水）· 张豫丰

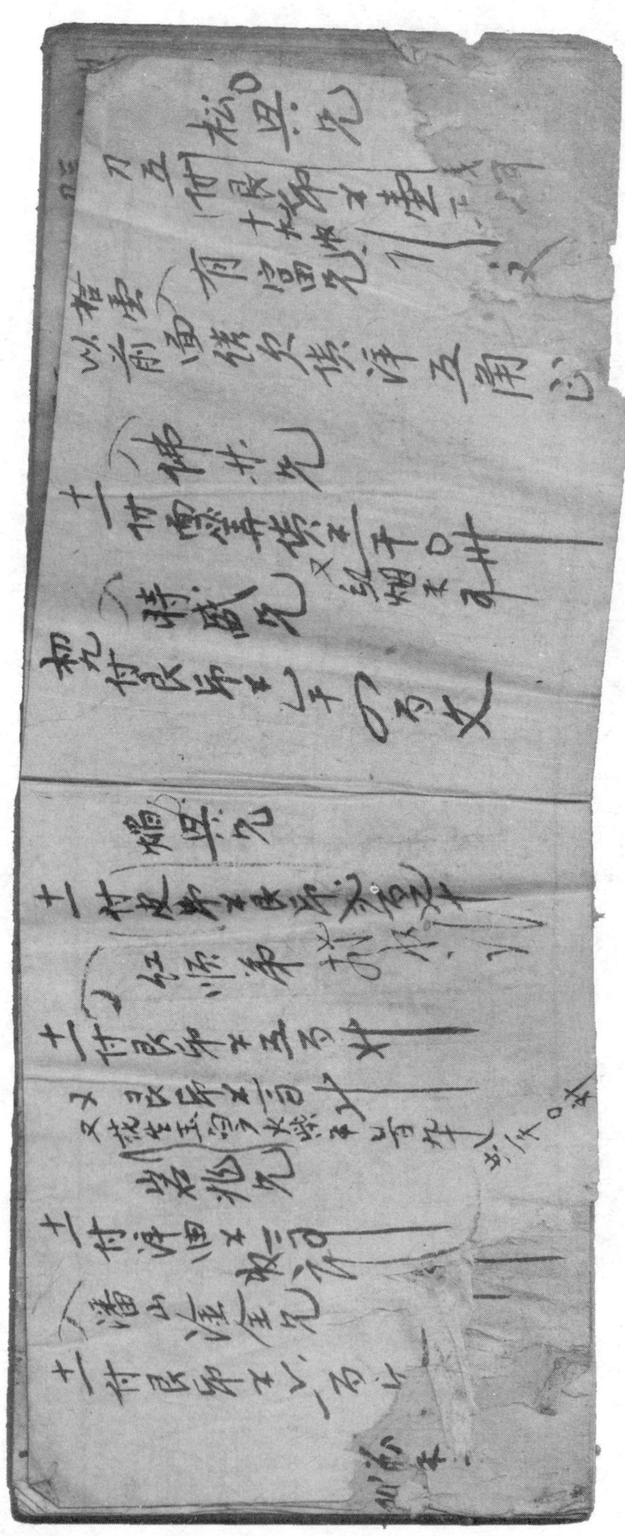

大鄣山乡江村 36-8 · 民国二十五年 · 流水账（一号流水）· 张豫丰

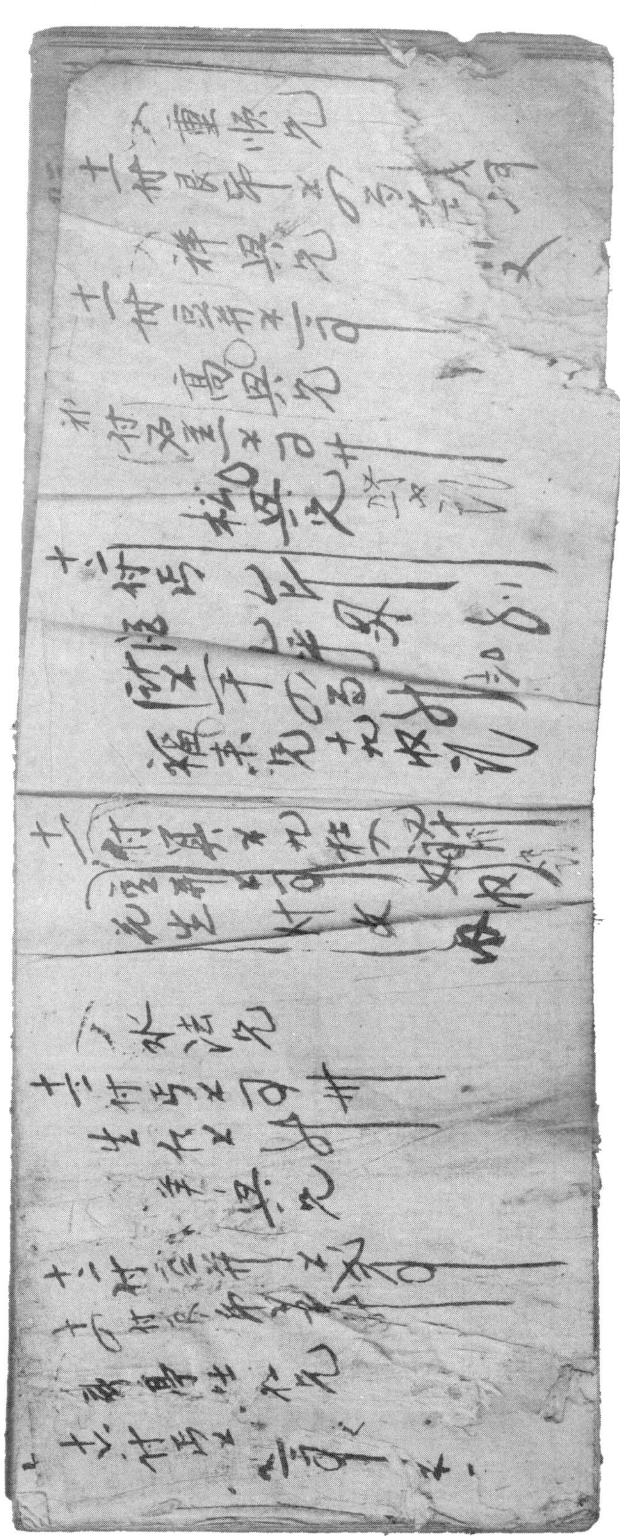

大鄣山乡江村 36-9 · 民国二十五年 · 流水账（一号流水）· 张豫丰

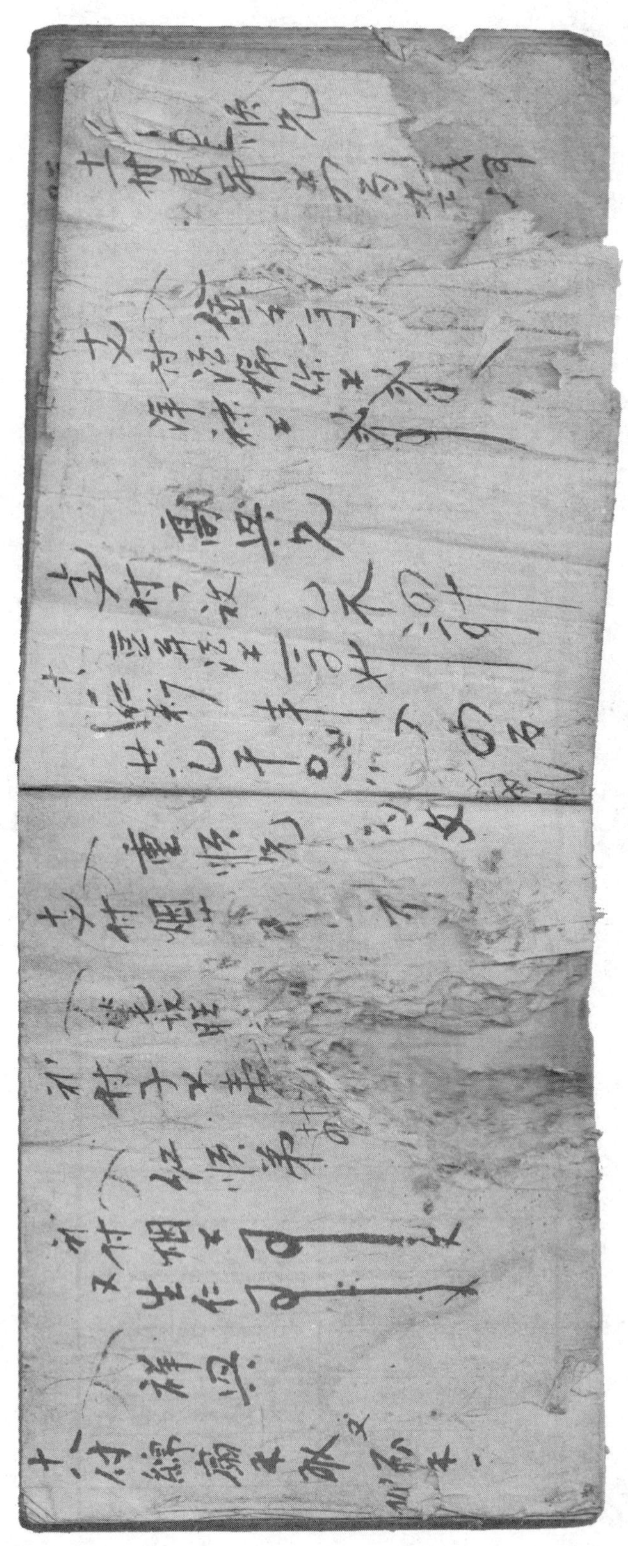

大鄣山乡江村 36-10 · 民国二十五年 · 流水账（一号流水）· 张豫丰

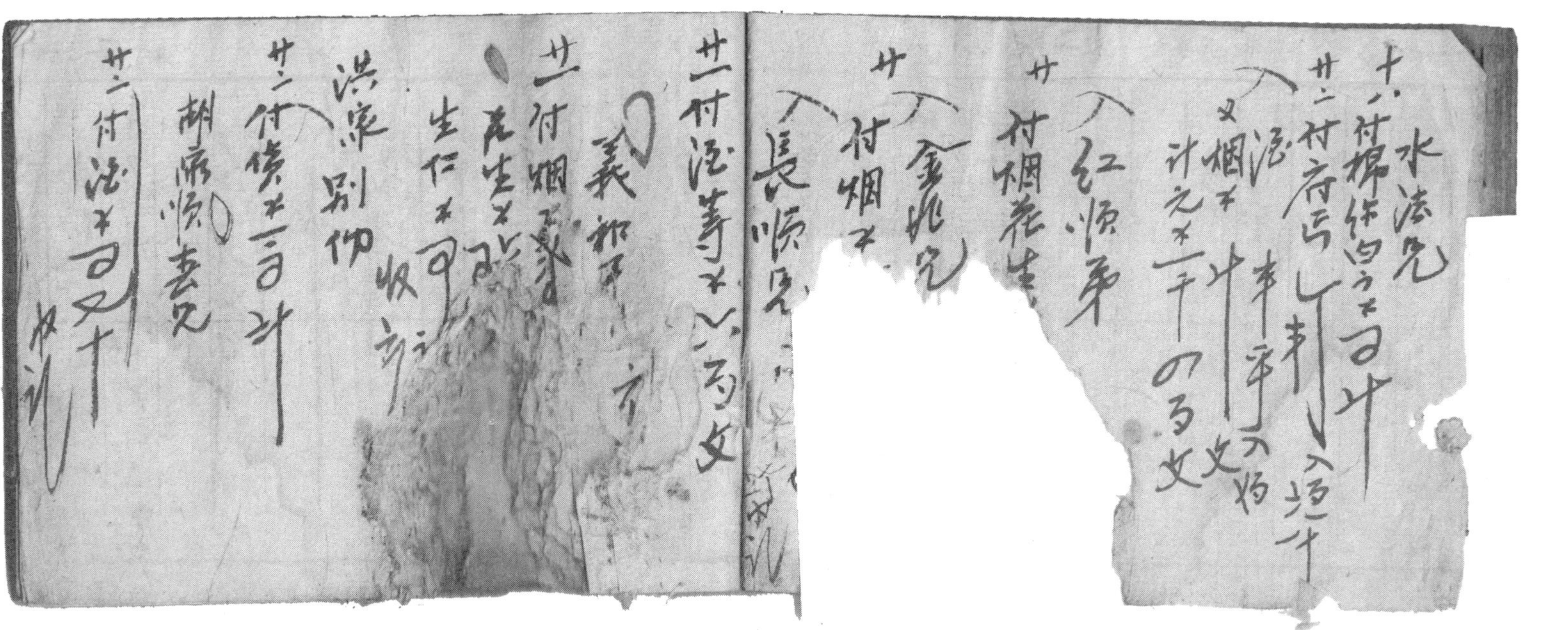

大鄣山乡江村 36-11 · 民国二十五年 · 流水账（一号流水）· 张豫丰

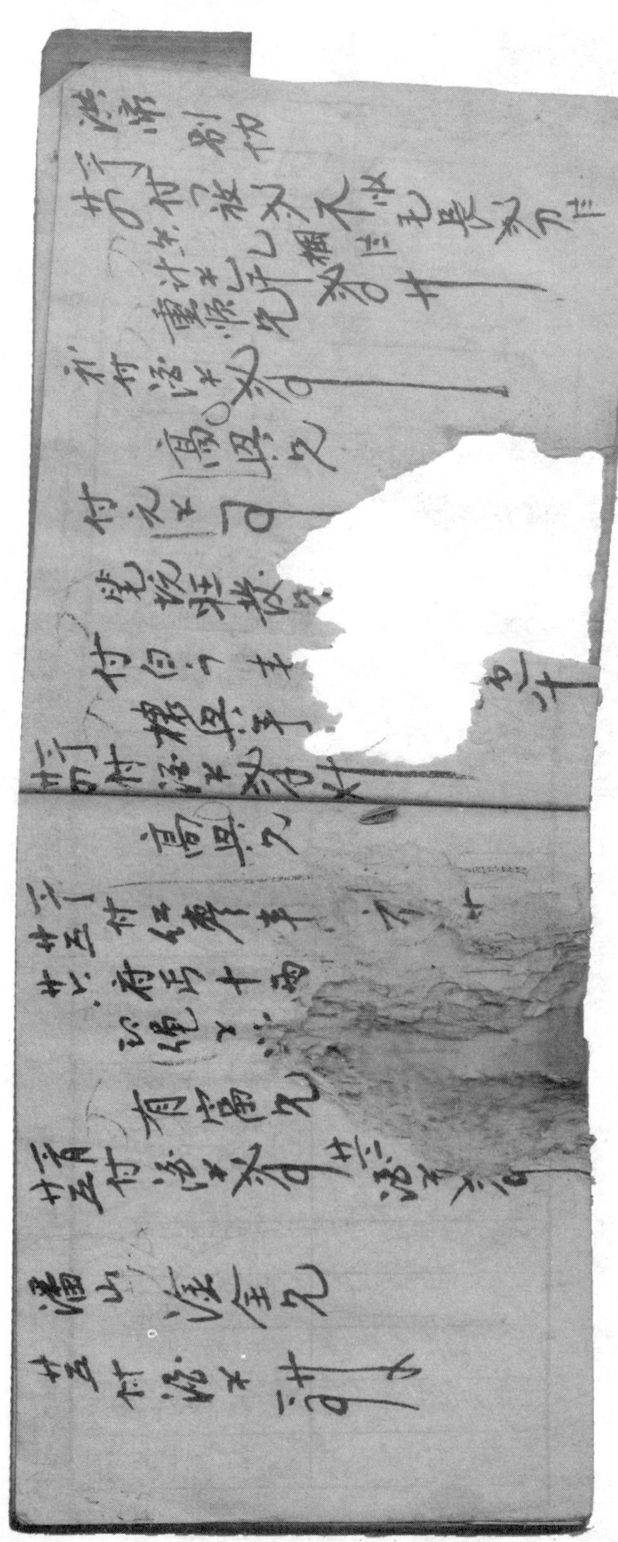

大鄣山乡江村 36-12 · 民国二十五年 · 流水账（一号流水） · 张豫丰

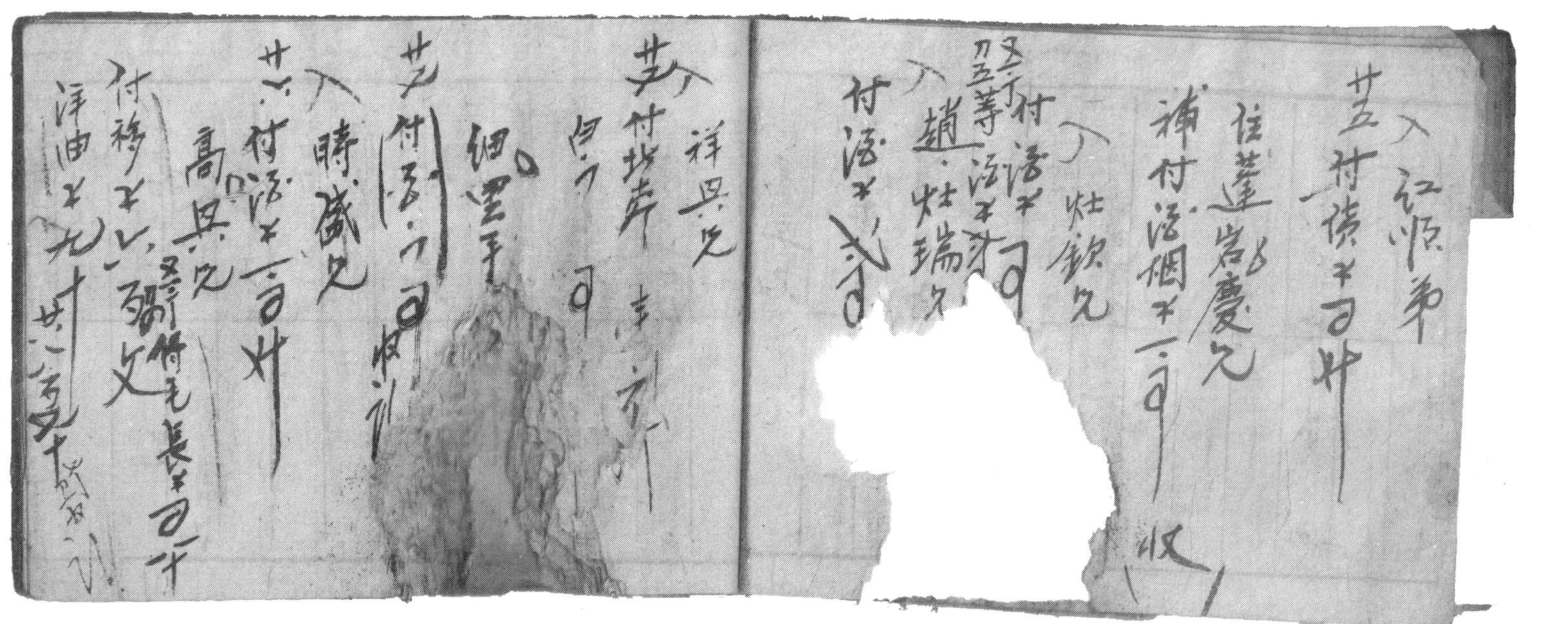

大郭山乡江村 36-13 · 民国二十五年 · 流水账（一号流水）· 张豫丰

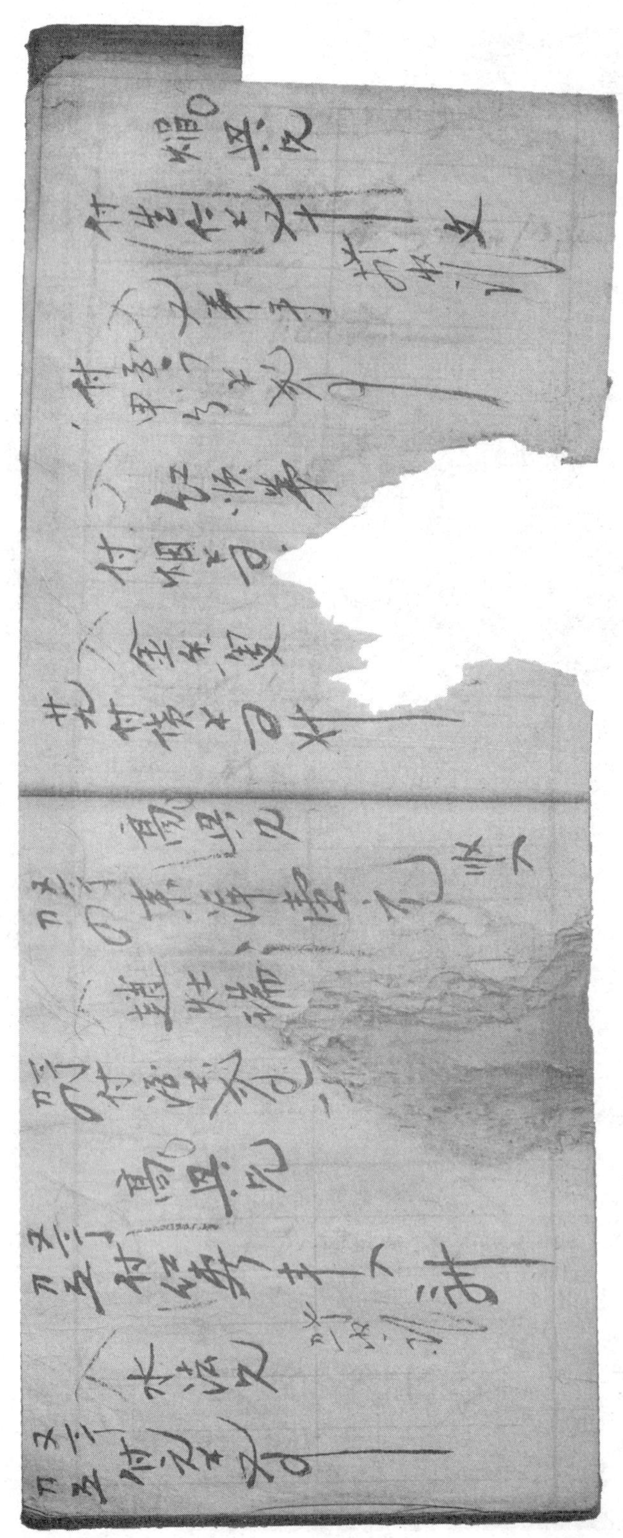

大鄣山乡江村 36-14 · 民国二十五年 · 流水账（一号流水） · 张豫丰

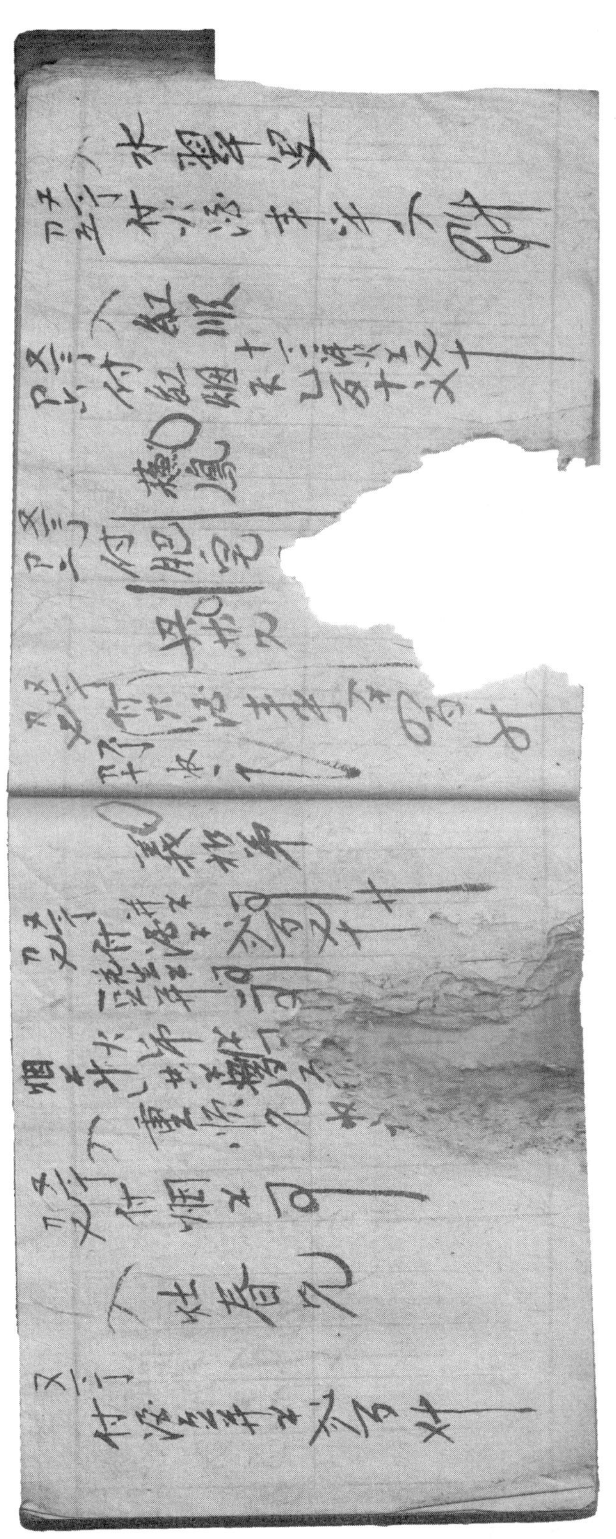

大鄣山乡江村 36-15 · 民国二十五年 · 流水账（一号流水）· 张豫丰

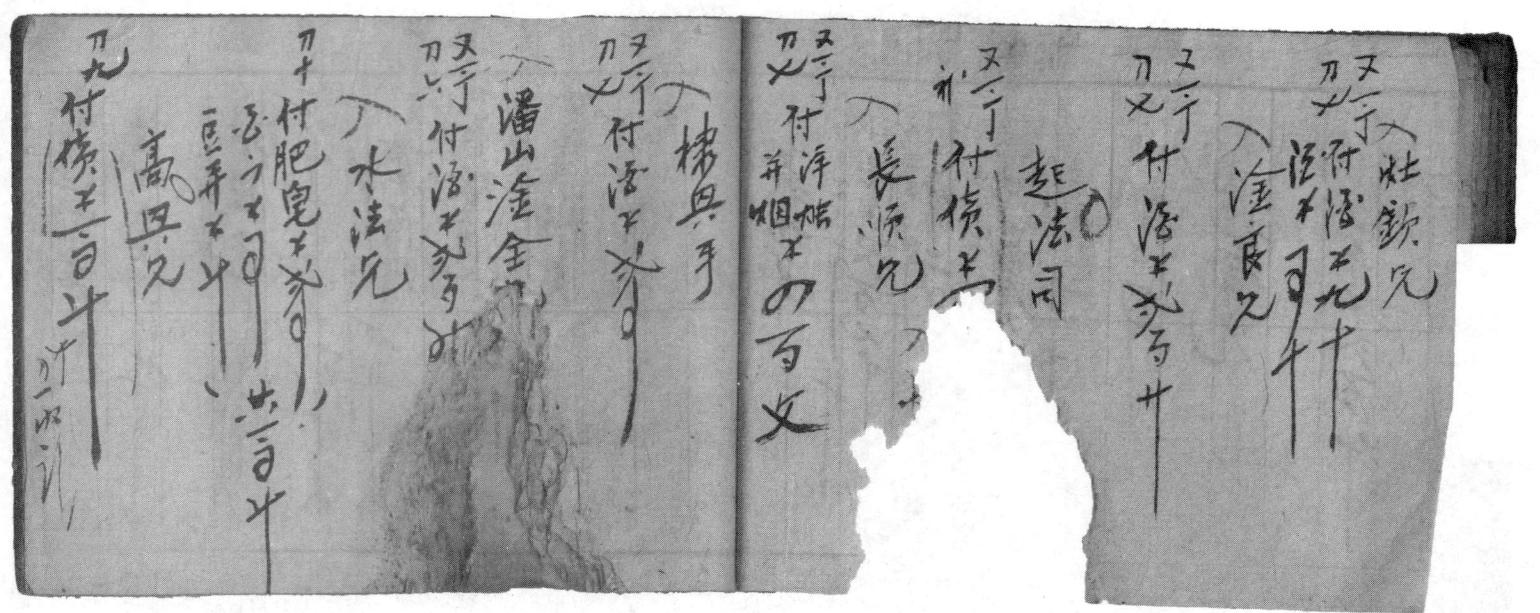

大鄣山乡江村 36-16・民国二十五年・流水账（一号流水）・张豫丰

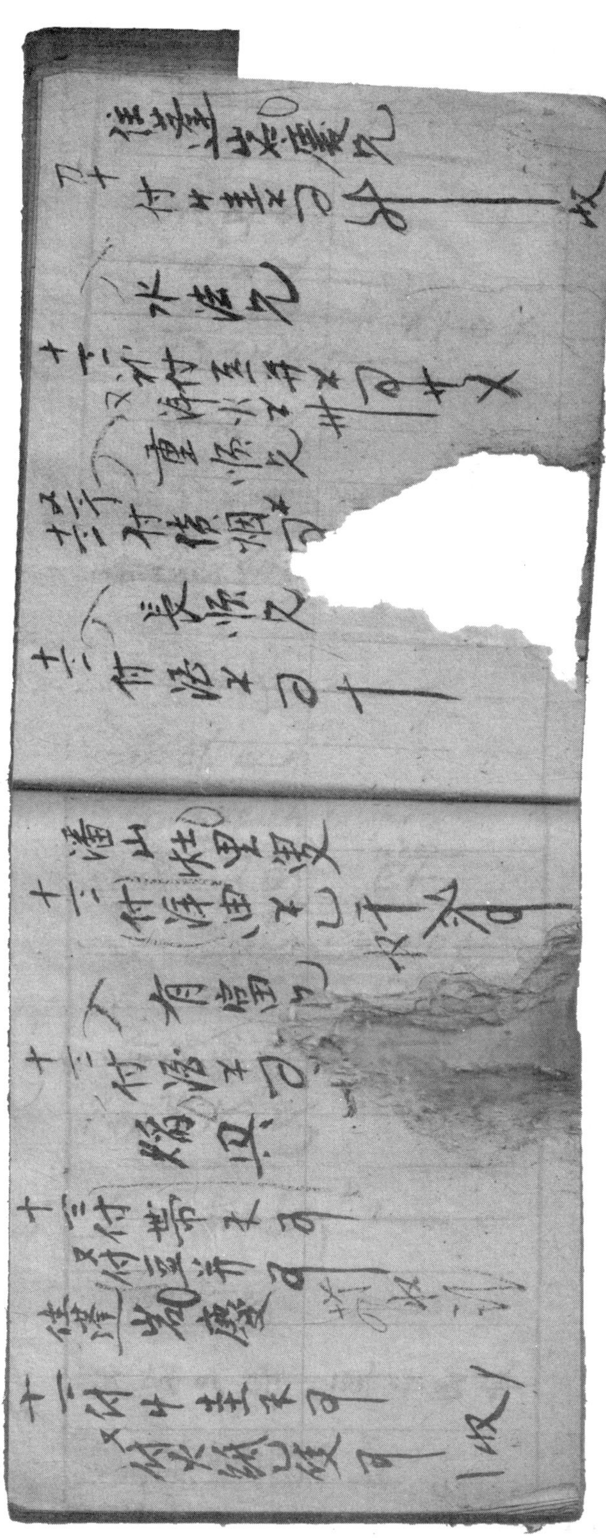

大鄣山乡江村 36-17 · 民国二十五年 · 流水账（一号流水）· 张豫丰

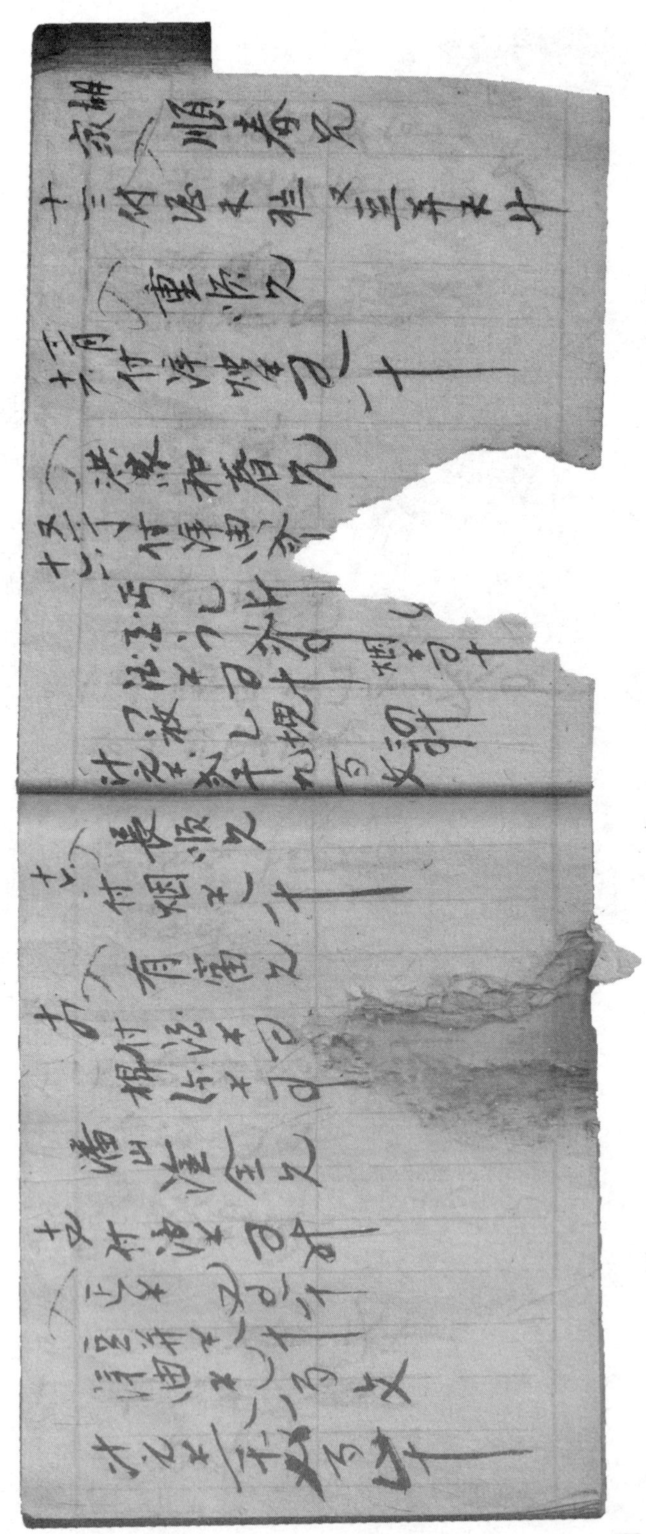

大鄣山乡江村 36-18 · 民国二十五年 · 流水账（一号流水）· 张豫丰

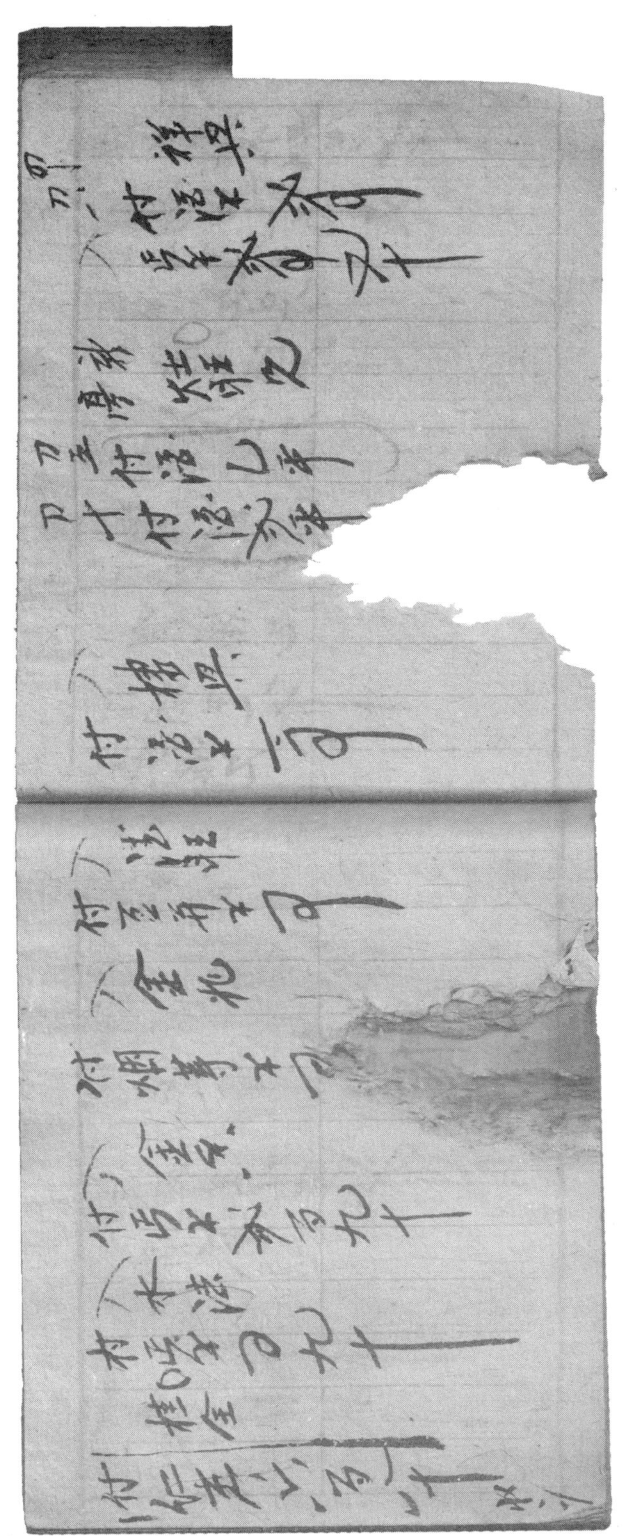

大鄣山乡江村 36-19 · 民国二十五年 · 流水账（一号流水）· 张豫丰

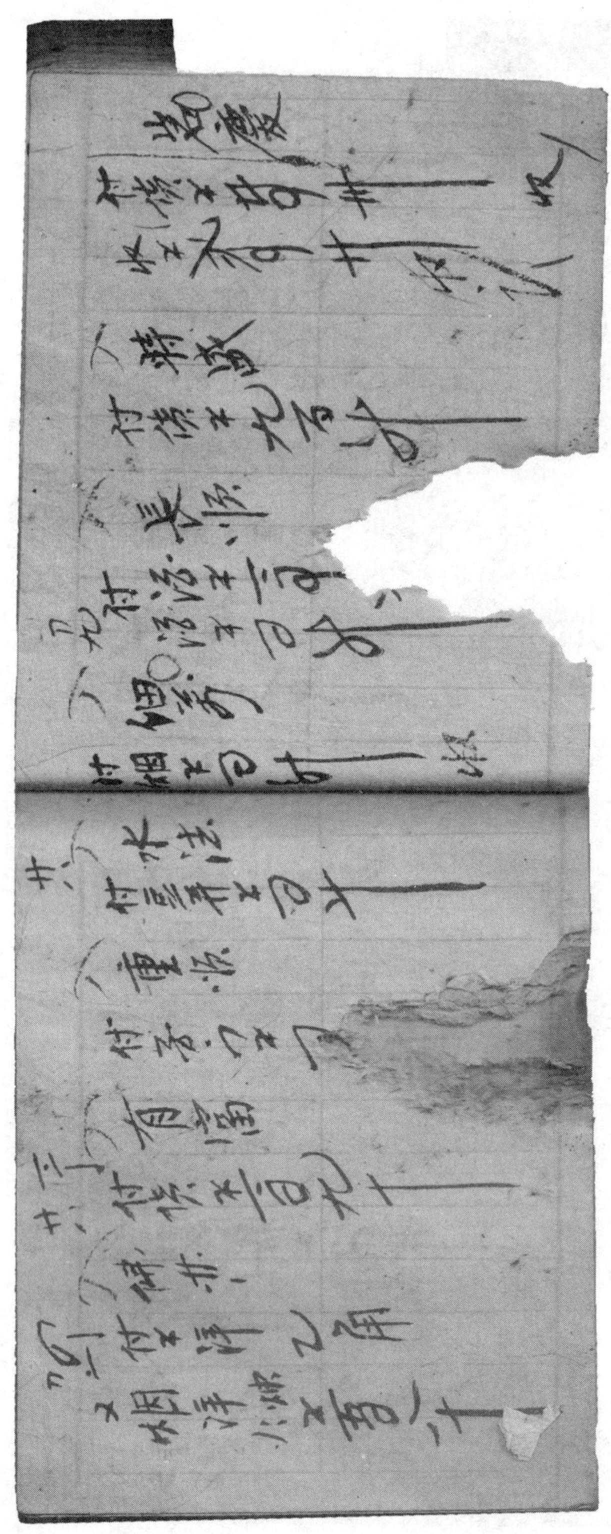

大鄣山乡江村 36-20 · 民国二十五年 · 流水账（一号流水）· 张豫丰

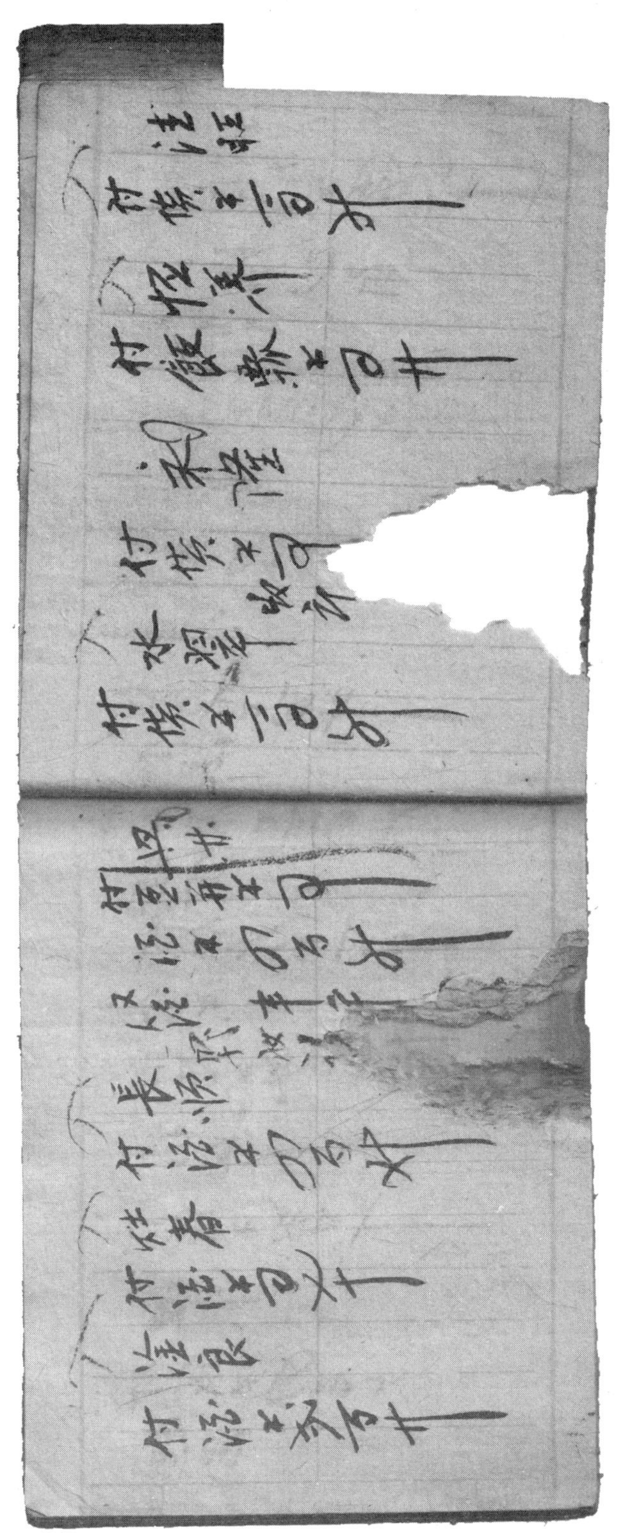

大鄣山乡江村 36-21 · 民国二十五年 · 流水账（一号流水）· 张豫丰

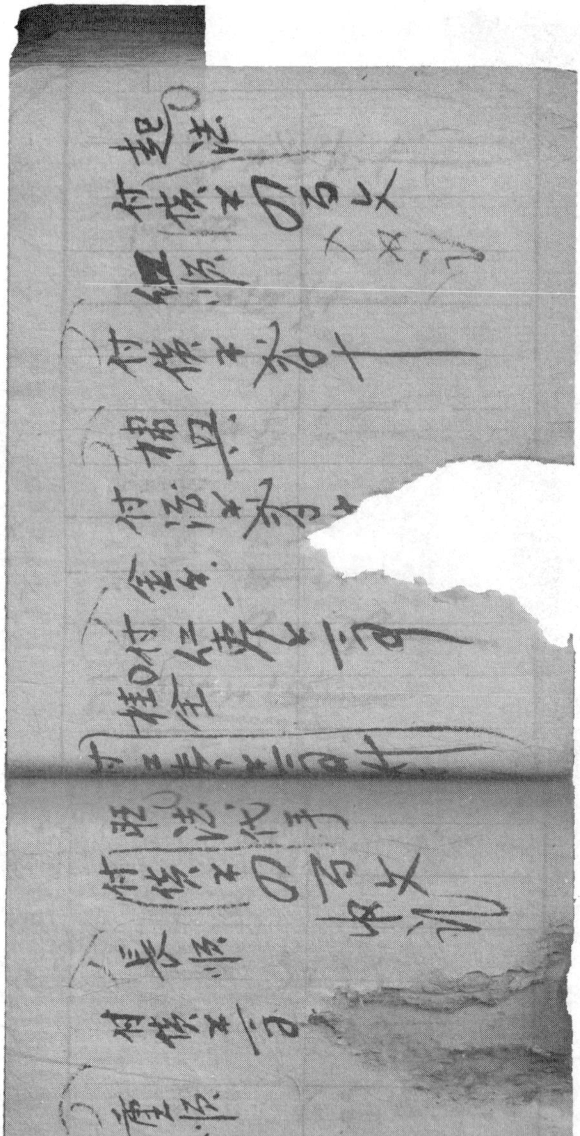

大鄣山乡江村 36-22 · 民国二十五年 · 流水账（一号流水） · 张豫丰

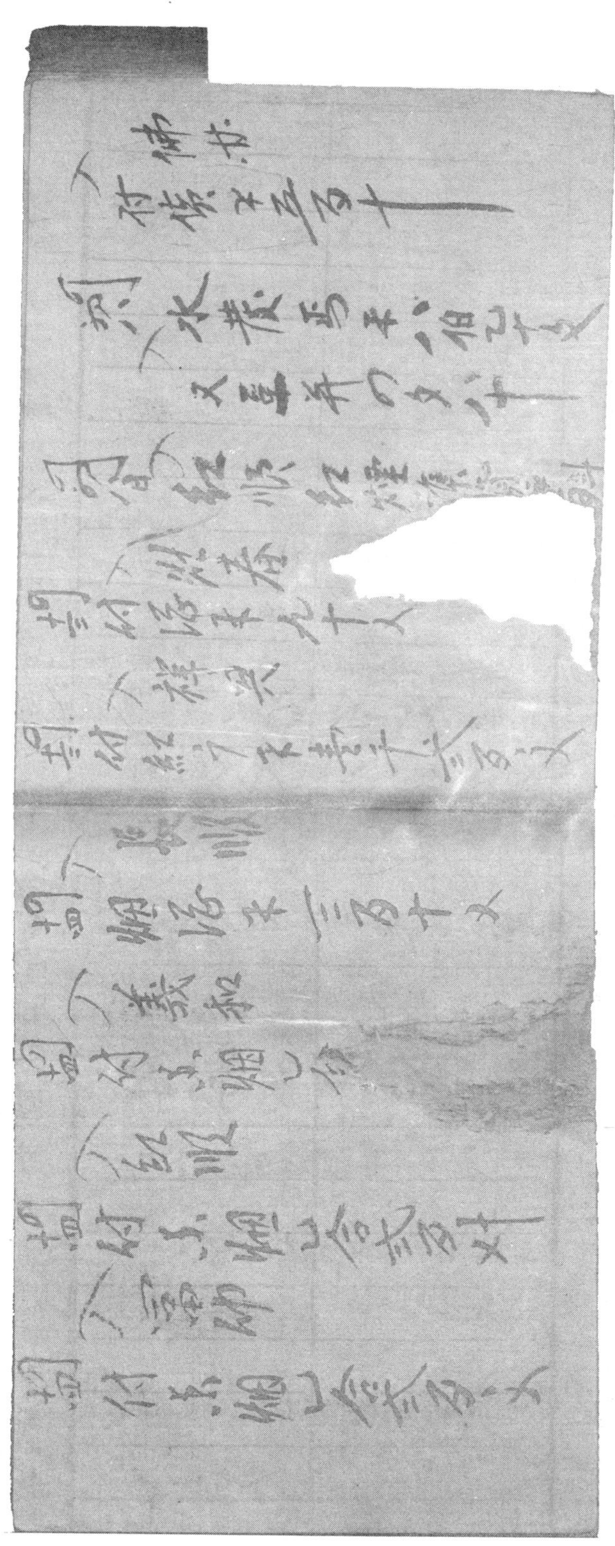

大鄣山乡江村 36-23 · 民国二十五年 · 流水账（一号流水）· 张豫丰

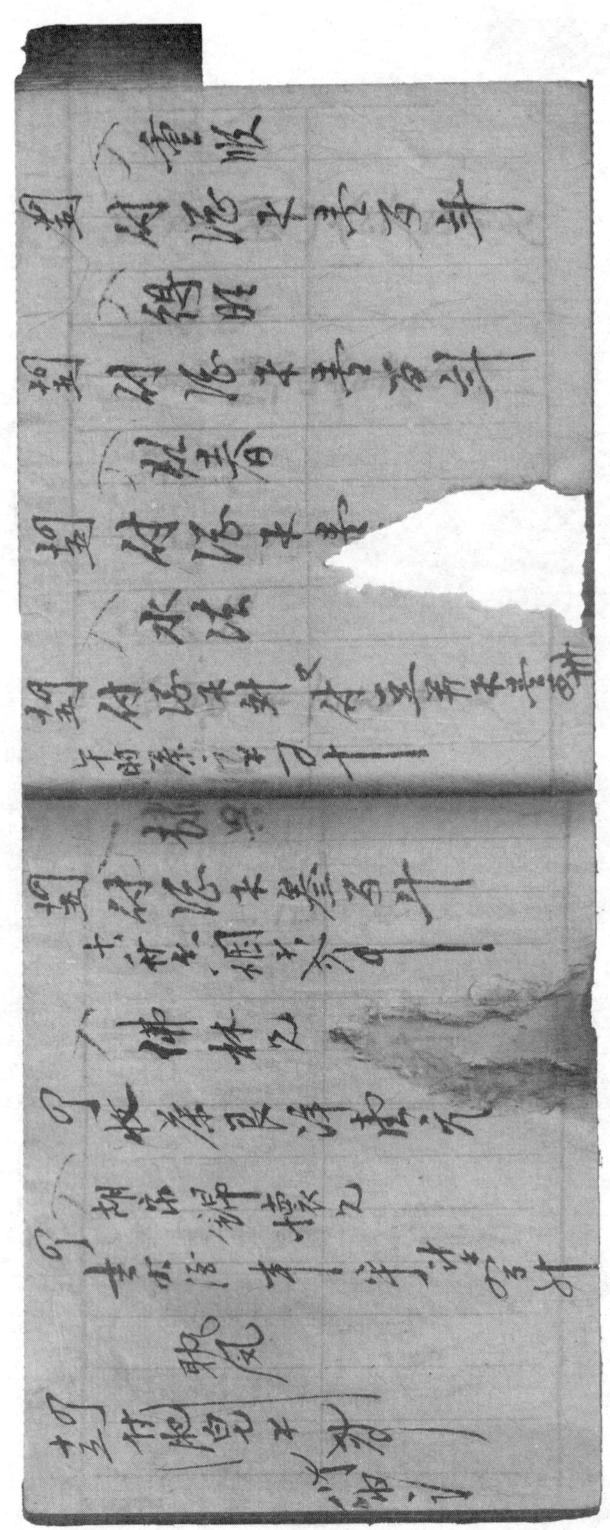

大鄣山乡江村 36-24・民国二十五年・流水账（一号流水）・张豫丰

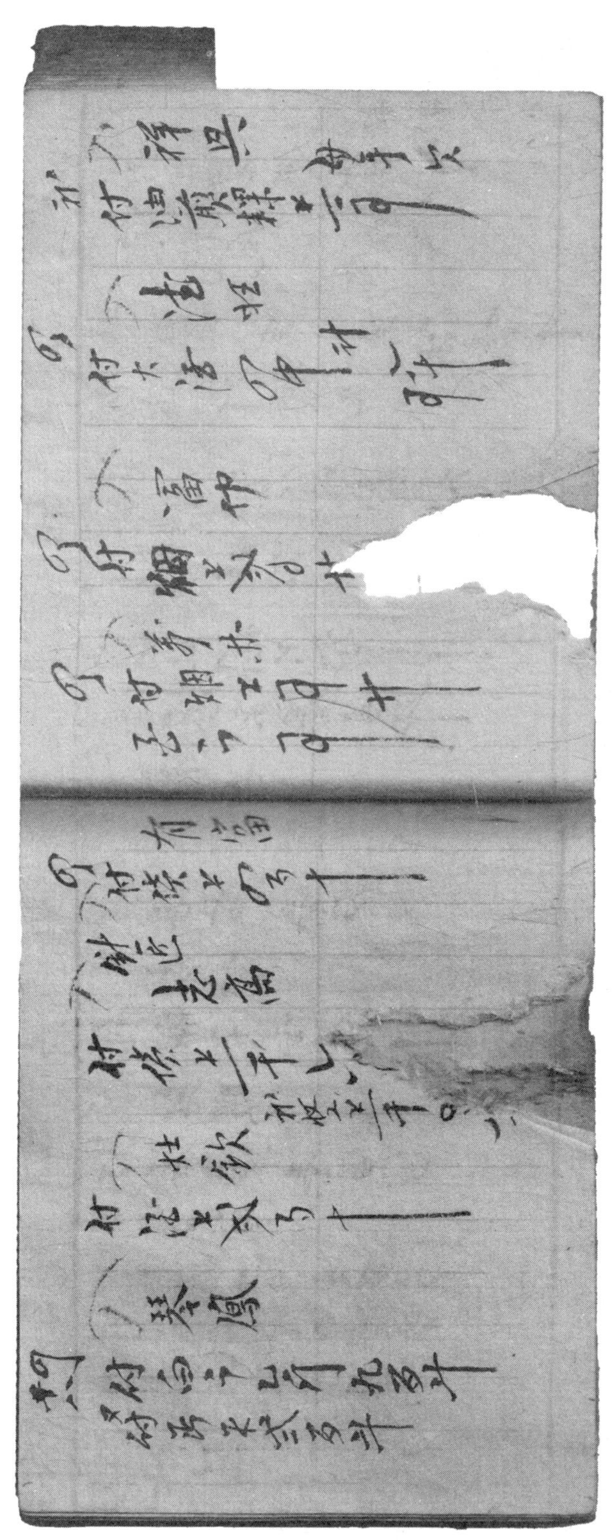

大鄣山乡江村 36-25 · 民国二十五年 · 流水账（一号流水）· 张豫丰

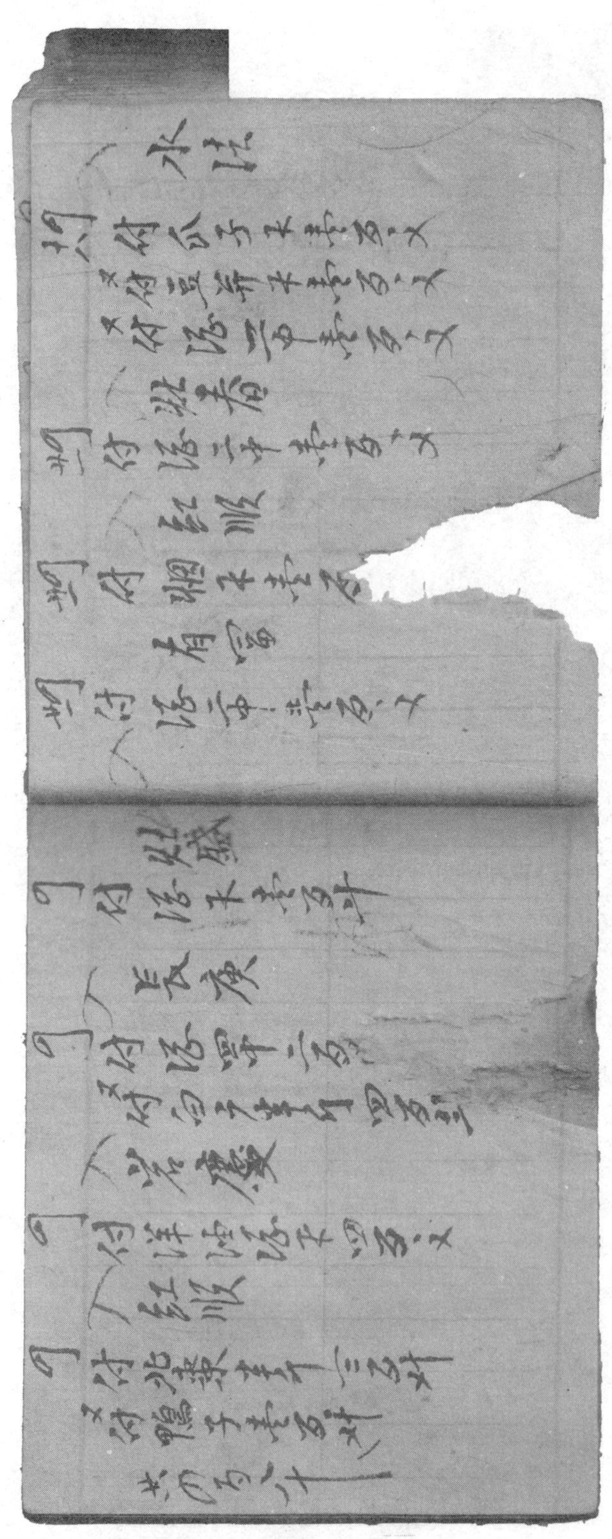

大鄣山乡江村 36-26 · 民国二十五年 · 流水账（一号流水）· 张豫丰

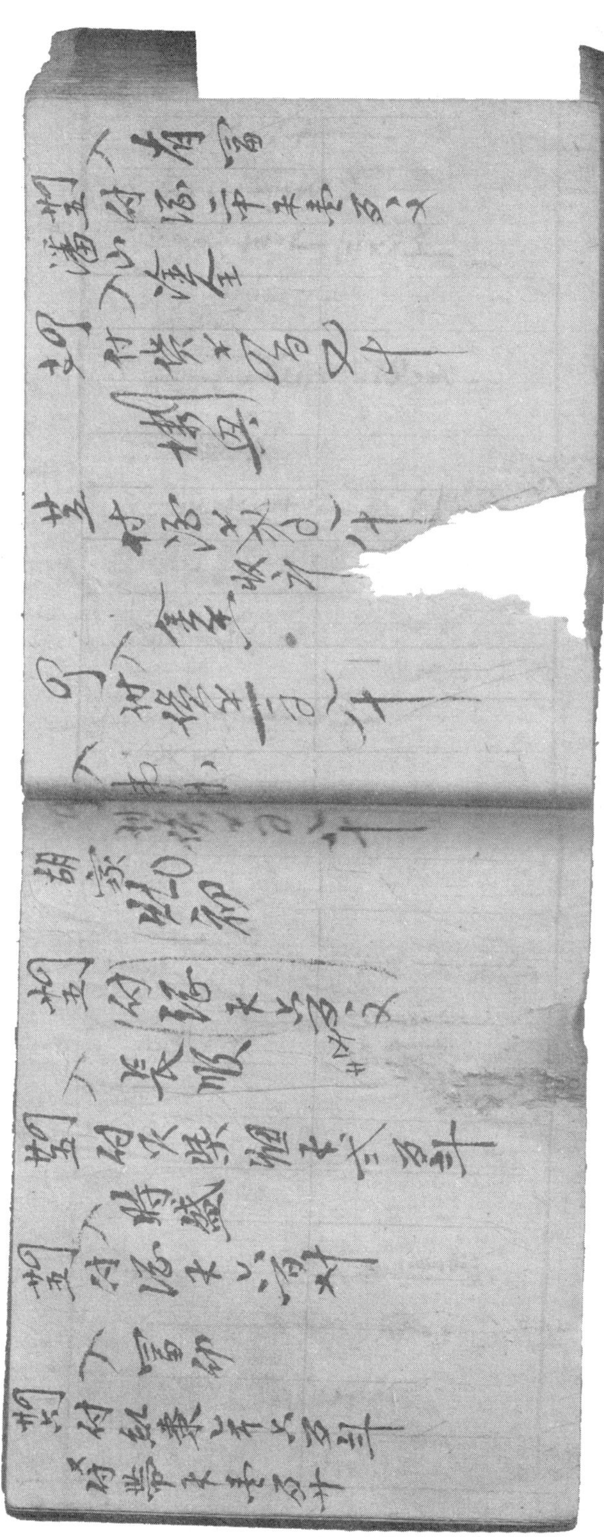

大鄣山乡江村 36-27・民国二十五年・流水账（一号流水）・张豫丰

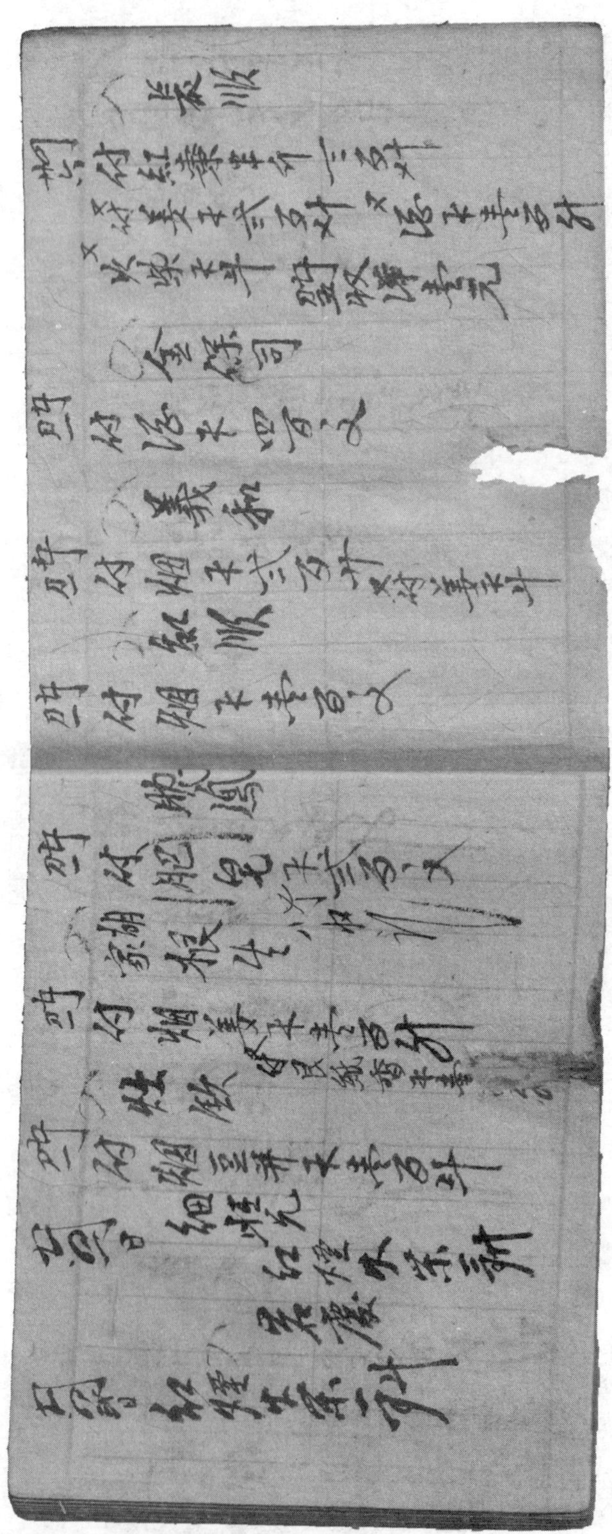

大鄣山乡江村 36-28 · 民国二十五年 · 流水账（一号流水） · 张豫丰

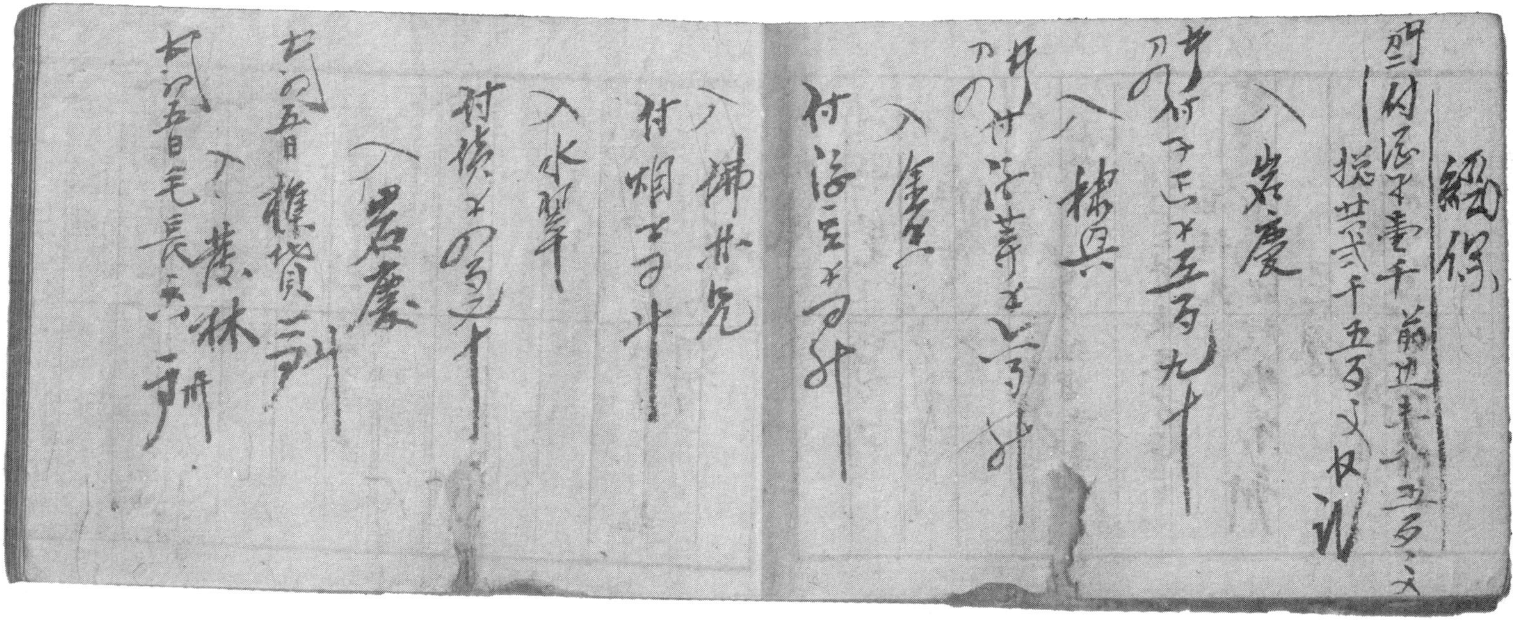

大鄣山乡江村 36-29 · 民国二十五年 · 流水账（一号流水）· 张豫丰

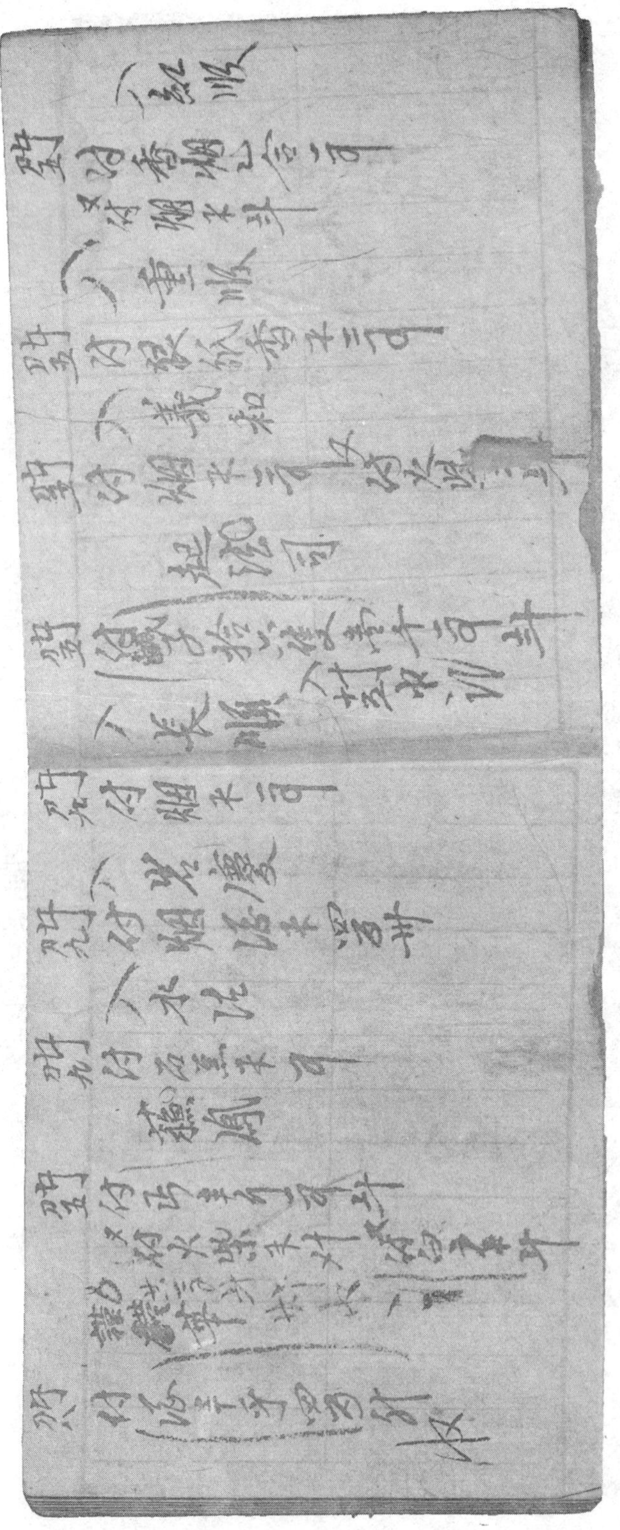

大鄣山乡江村 36-30 · 民国二十五年 · 流水账（一号流水）· 张豫丰

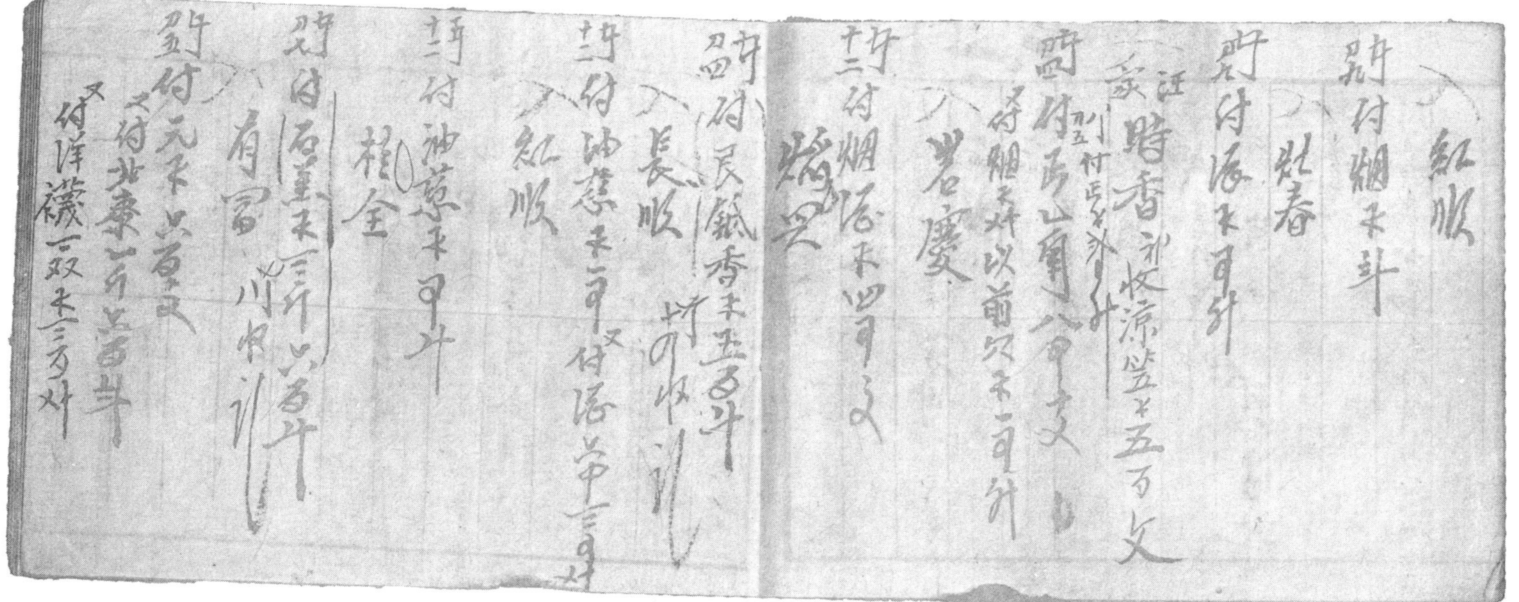

大鄣山乡江村 36-31 · 民国二十五年 · 流水账（一号流水） · 张豫丰

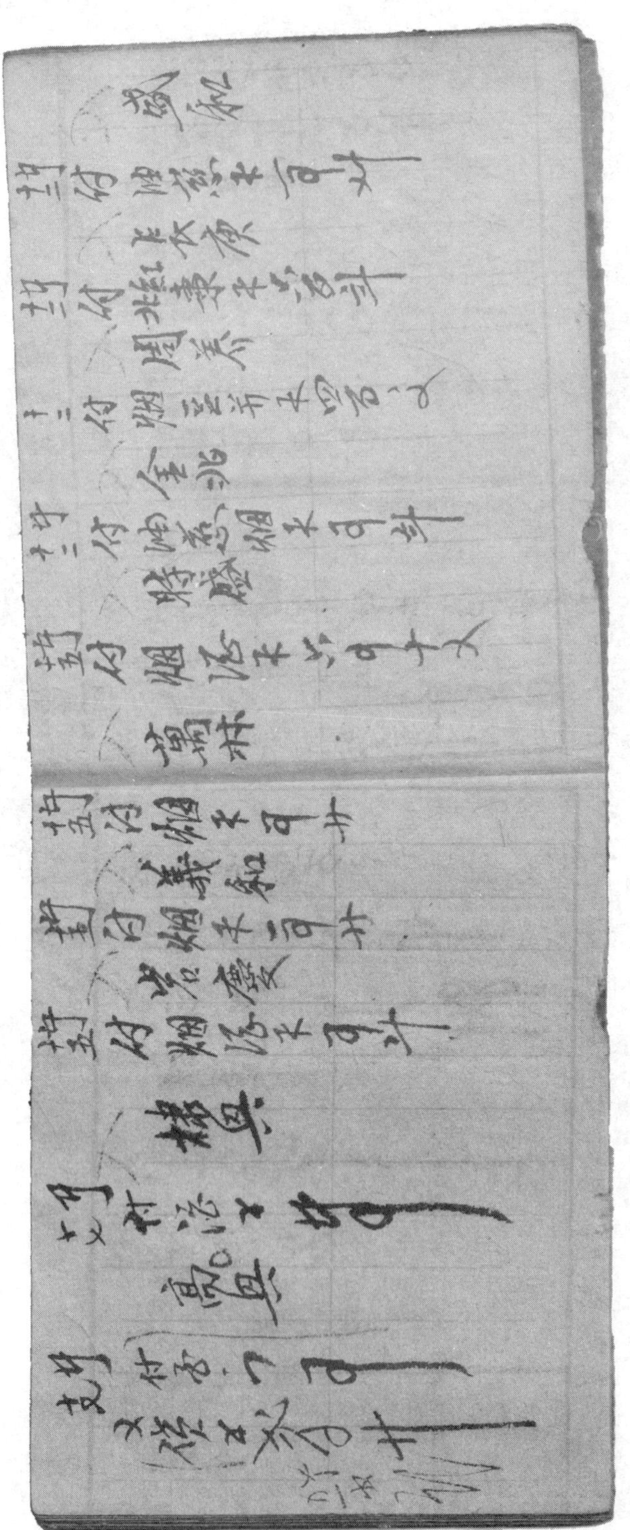

大鄣山乡江村 36-32 · 民国二十五年 · 流水账（一号流水）· 张豫丰

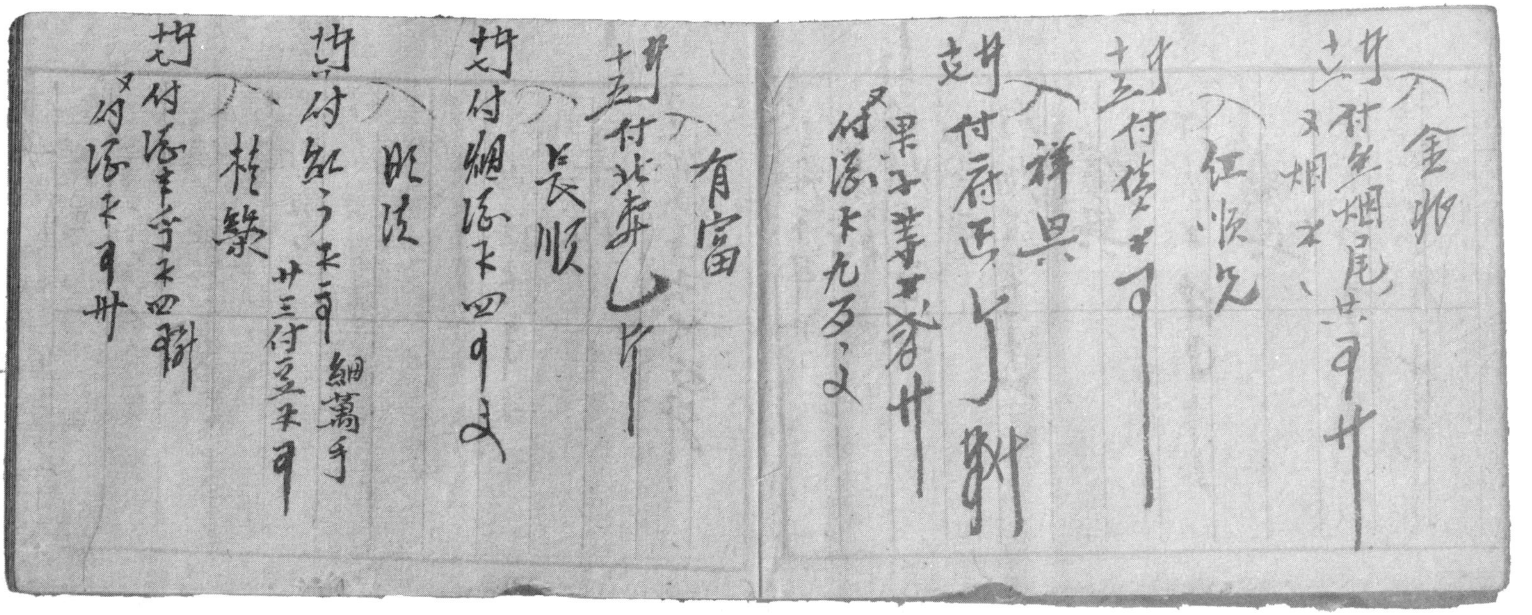

大鄣山乡江村 36-33 · 民国二十五年 · 流水账（一号流水）· 张豫丰

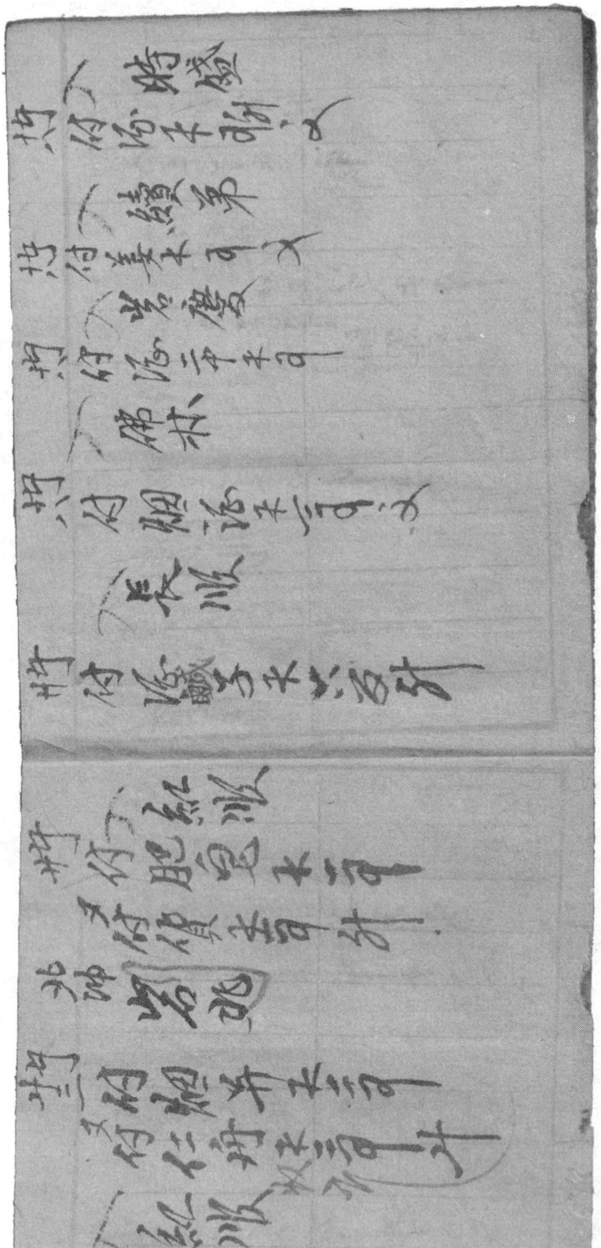

大鄣山乡江村 36-34 · 民国二十五年 · 流水账（一号流水）· 张豫丰

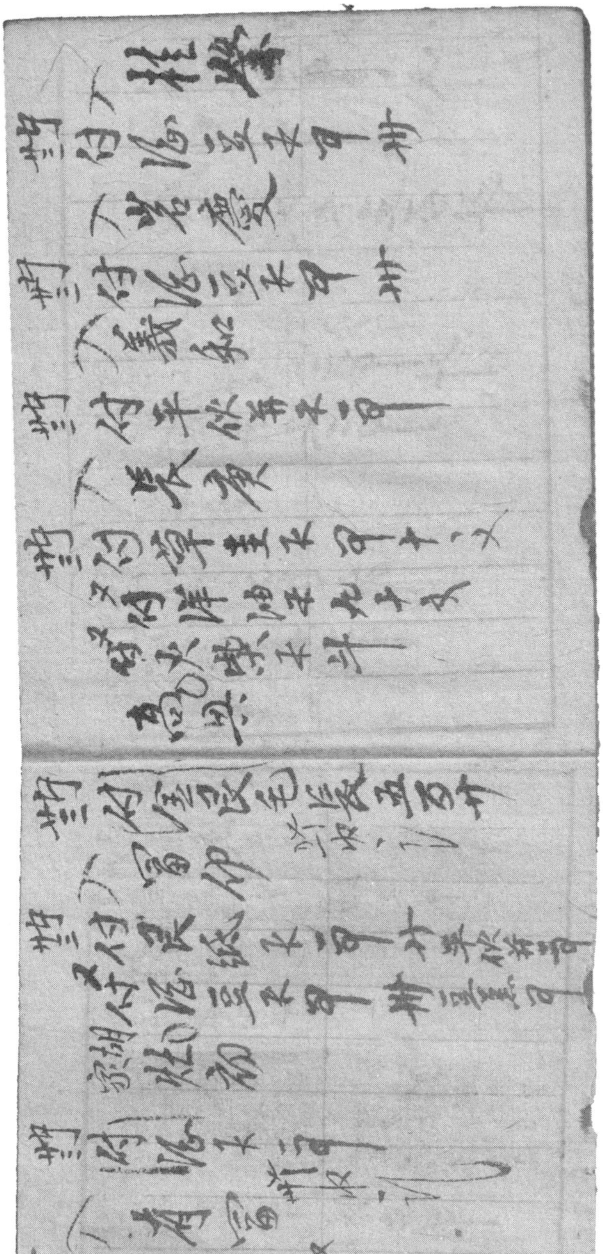

大鄣山乡江村 36-35 · 民国二十五年 · 流水账（一号流水）· 张豫丰

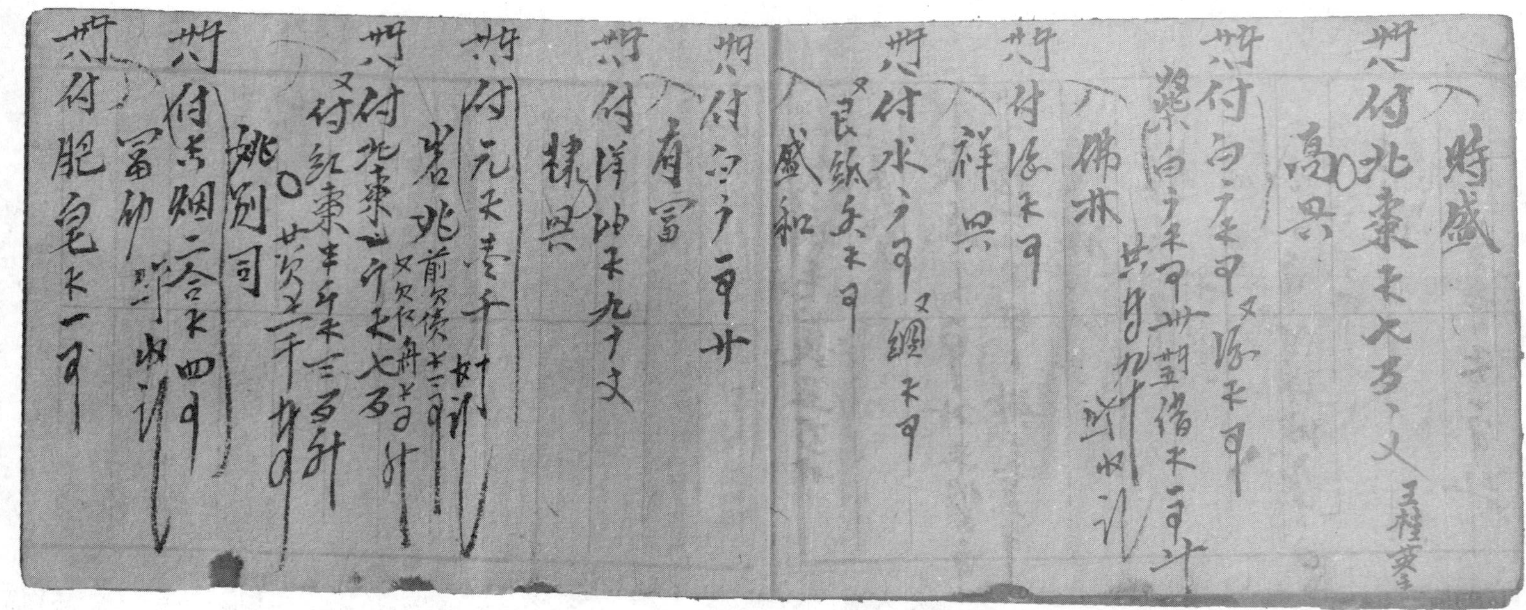

大鄣山乡江村 36-36 · 民国二十五年 · 流水账（一号流水）· 张豫丰

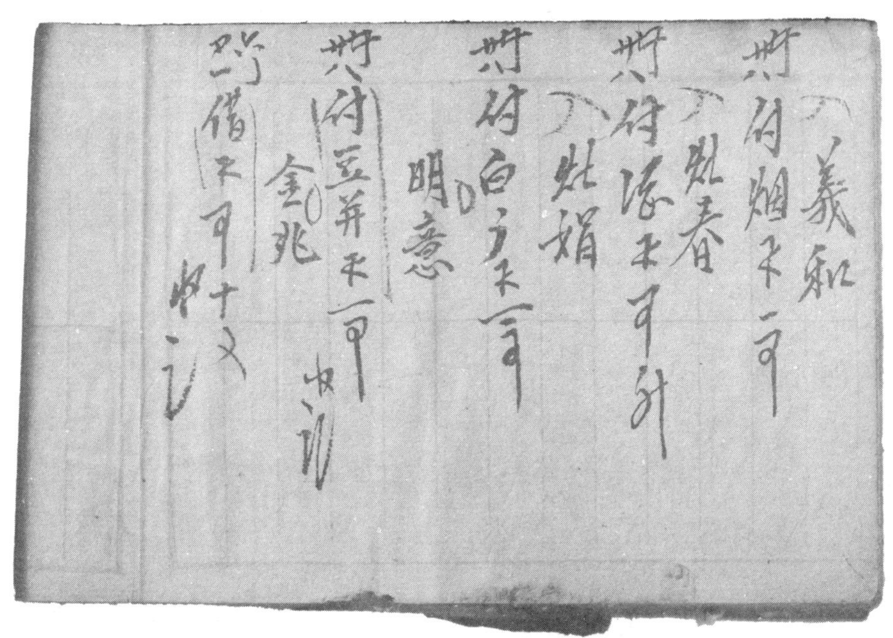

大鄣山乡江村 36-37 · 民国二十五年 · 流水账（一号流水）· 张豫丰

大郭山乡江村 36 附 1 · 民国二十五年 · 流水账（一号流水）· 张豫丰

大鄣山乡江村 36 附 2 · 民国二十五年 · 流水账（一号流水）· 张豫丰

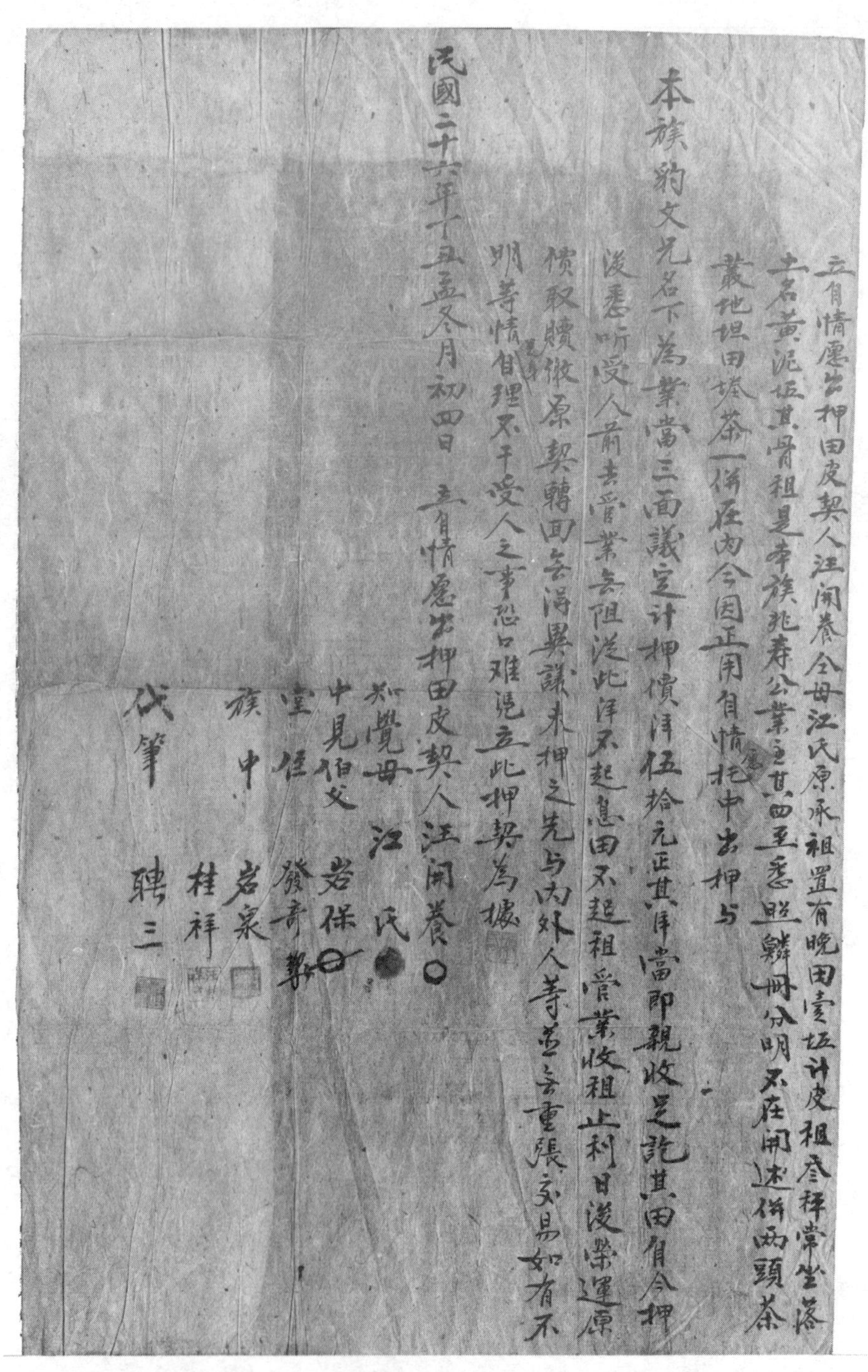

立自情愿出押田皮契人汪開養仝母江氏，原承祖置有晚田壹坵，計皮租叁秤，常坐落
土名黄泥坵，其骨租是本族兆寿公業，其四至悉照鳞册分明，不在開述，併兩頭茶
蓑地坦田塍茶一併在内。今因正用，自情愿托中出押与
本族豹文兄名下為業。當三面議定，計押價洋伍拾元正，其洋當即親收足訖，其田自今押
後悉听受人前去管業無阻。從此洋不起息，田不起租，管業收租止利。日後榮運原
價取贖，繳原契轉回，無得異議。未押之先，与内外人等並無重張交易。如有不
明等情，自理，不干受人之事。恐口难凭，立此押契為據。

民國二十六年丁丑孟冬月初四日　立自情愿出押田皮契人汪開養○

知覺母　江氏
中見伯父　岩保
堂侄　發奇
族中　岩泉
　　　桂祥
代筆　聘三

大鄣山乡江村 132 · 民国二十六年 · 出押田皮契 · 汪开养同母江氏押与本族豹文兄

大郭山乡江村 179 · 民国三十一年 · 合约 · 义和堂众裔洪岩枝等

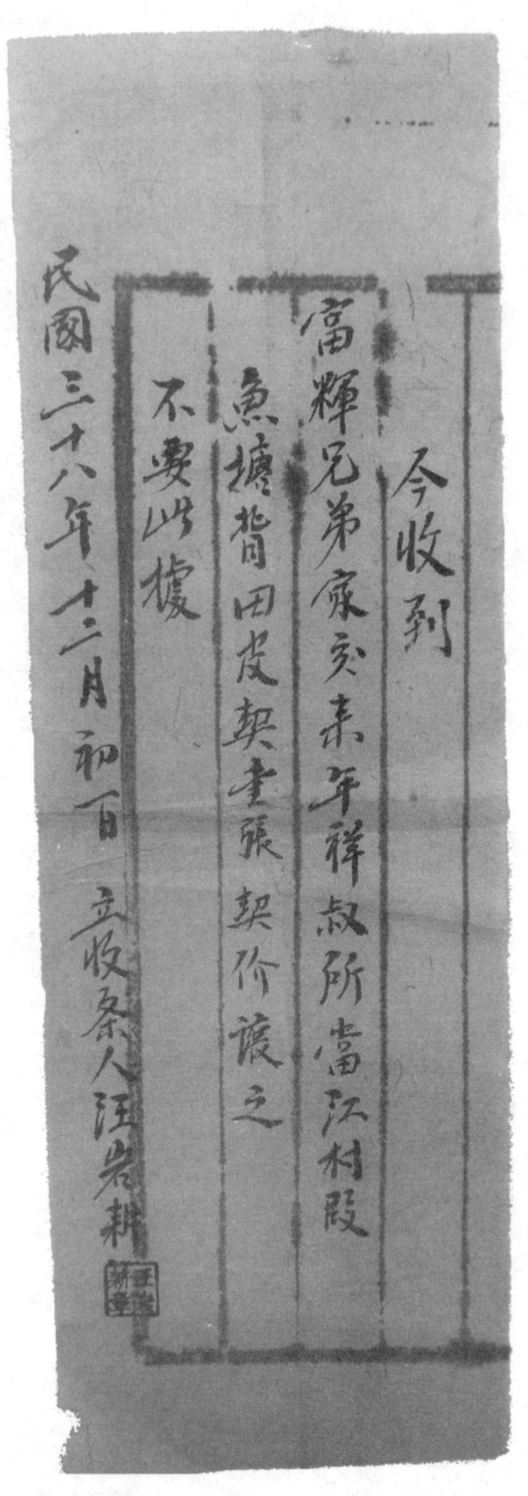

今收到
富輝兄弟康交来年祥叔所當江村殷
魚塘背田皮契壹張契价讓之
不要此據
民國三十八年十二月初一日　立收条人汪岩耕

大鄣山乡江村 83 · 民国三十八年 · 收条 · 汪岩耕收到富辉

大鄣山乡江村 1-1 · 一九二八年 · 分关阄书 · 洪培庆同侄宝根、宝金等

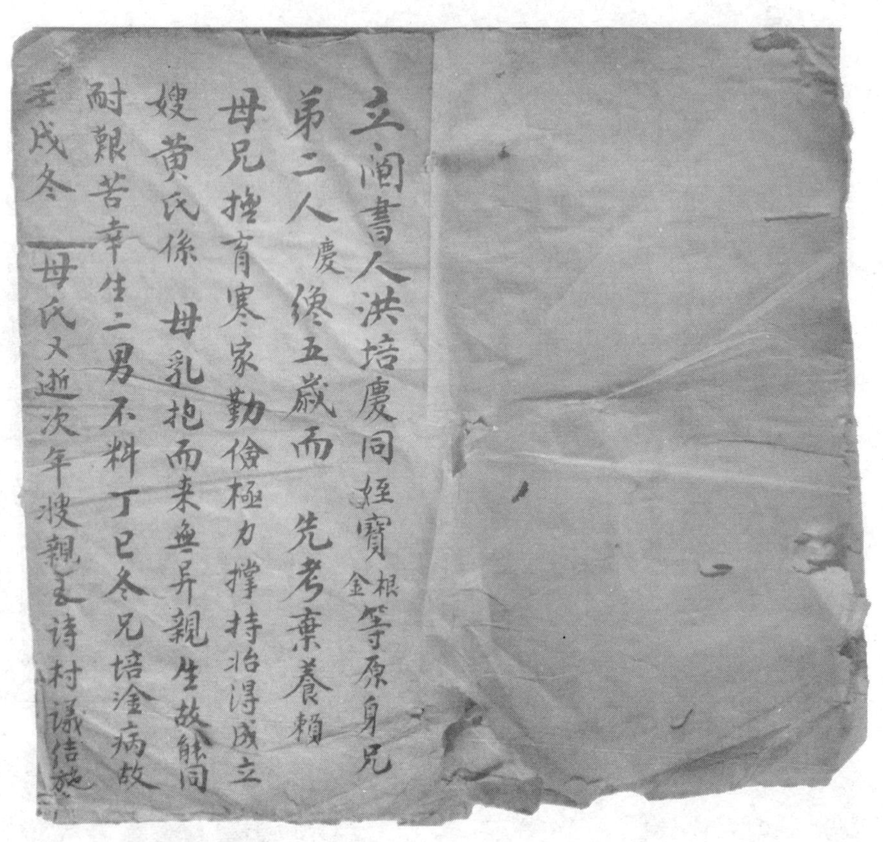
立阄書人洪培慶同姪寶根金等原身兄
弟二人慶惣五歲而　先考棄養賴
母兄撫育寒家勤儉極力撑持始得成立
嫂黄氏係　母乳抱而来無异親生故能同
耐艱苦幸生二男不料丁巳冬兄培淦病故
壬戌冬　母氏又逝次年嫂親至诗村議借施

大鄣山乡江村 1-2 · 一九二八年 · 分关阄书 · 洪培庆同侄宝根、宝金等

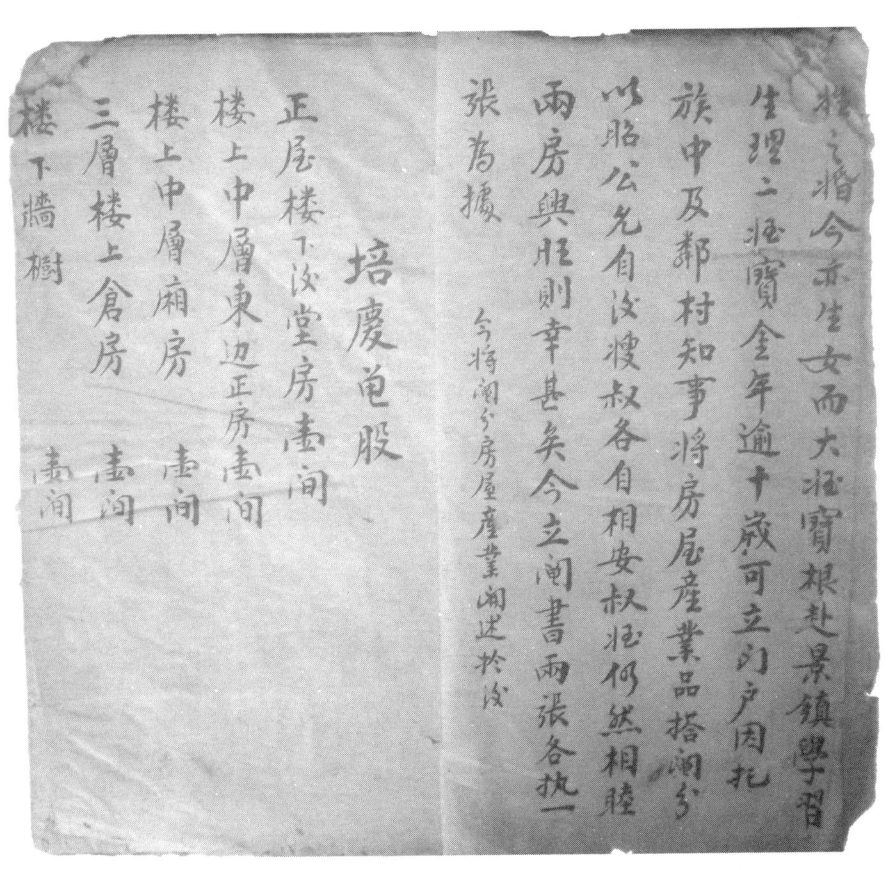

樣之婚今亦生女而大姪寶根赴景鎮學習生理二姪寶金年逾十歲可立门户因托族中及鄰村知事將房屋產業品搭阄分以昭公允自汝嫂叔各自相安叔姪仍然相睦兩房興旺則幸甚矣今立阄書兩張各執一張為據

今將阄分房屋產業開述於後

培慶阄股

正屋楼下汝堂房壹间

楼上中層東边正房壹间

楼上中層廂房　壹间

三層楼上倉房　壹间

楼下墻樹　壹间

大鄣山乡江村 1-3 · 一九二八年 · 分关阄书 · 洪培庆同侄宝根、宝金等

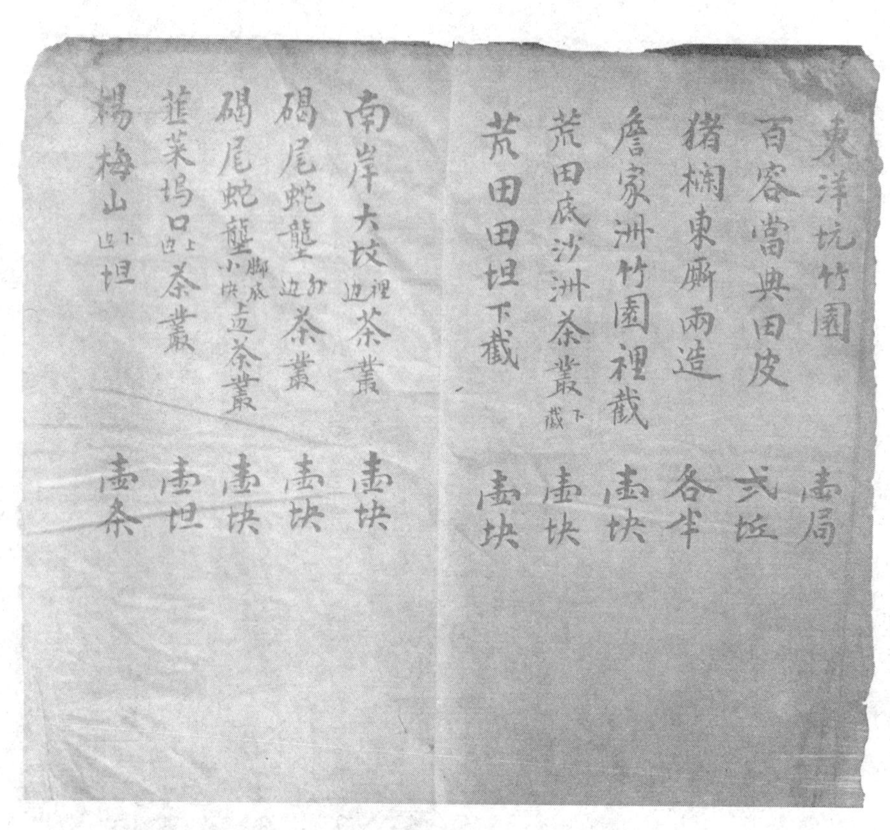
東洋坑竹園　壹局
百容當典田皮　弍坵
猪欄東廝兩造　各半
詹家洲竹園裡截　壹块
荒田底沙洲茶叢下截　壹块
荒田田坦下截　壹块
南岸大坟裡边茶叢　壹块
碣尾蛇壟外边茶叢　壹块
碣尾蛇壟脚底小块边茶叢　壹块
韮菜塢口上边茶叢　壹坦
楊梅山下边坦　壹条

大鄣山乡江村 1-4 · 一九二八年 · 分关阄书 · 洪培庆同侄宝根、宝金等

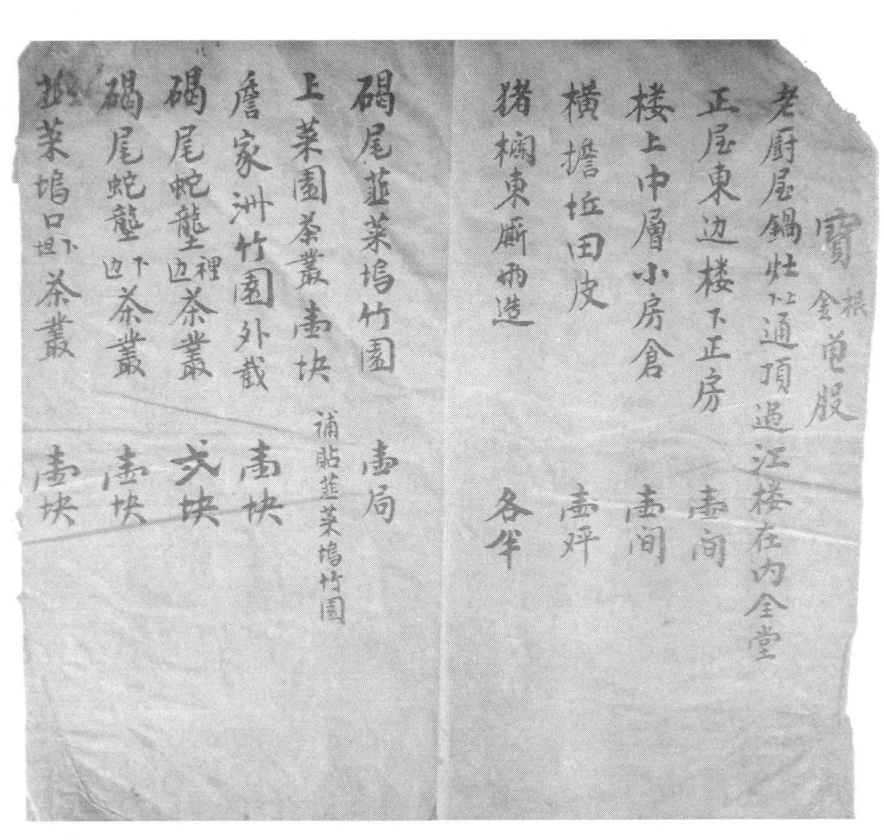

大鄣山乡江村 1-5 · 一九二八年 · 分关阄书 · 洪培庆同侄宝根、宝金等

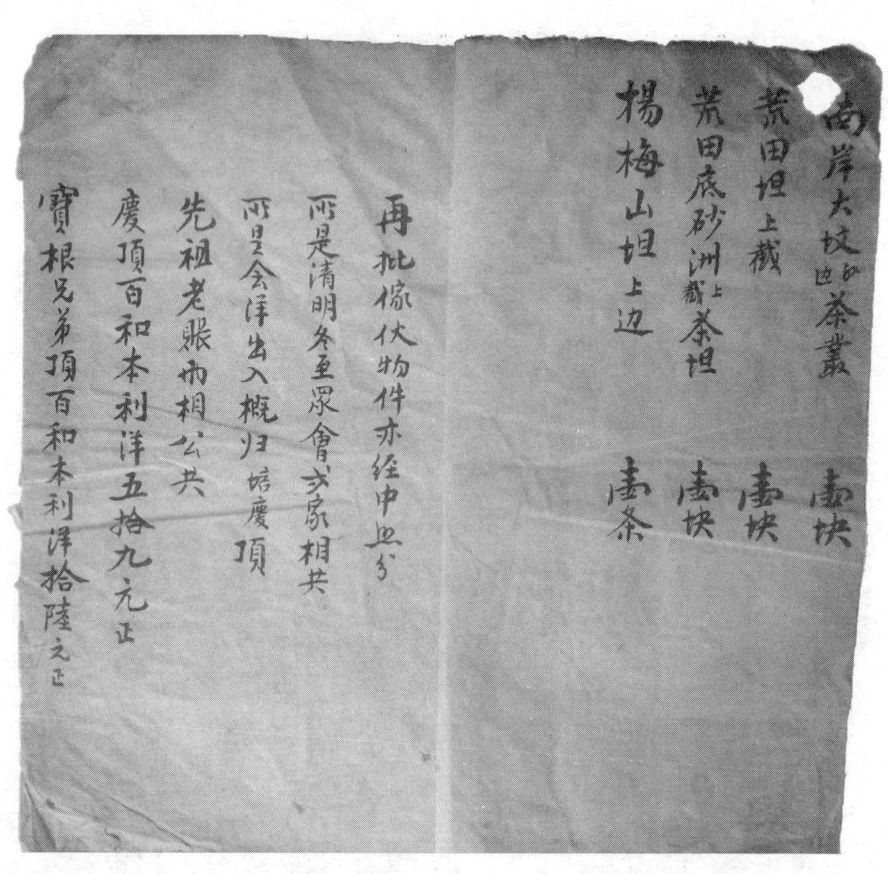

南岸大坟边如茶叢　壹块
荒田坦上截　壹块
荒田底砂洲上截茶坦　壹块
楊梅山坦上边　壹条

再批傢伙物件亦经中照分
所是清明冬至衆會二家相共
所是会洋出入概归培慶頂
先祖老賬两相公共
慶頂百和本利洋五拾九元正
寶根兄弟頂百和本利洋拾陸元正

大鄣山乡江村 1-6 · 一九二八年 · 分关阄书 · 洪培庆同侄宝根、宝金等

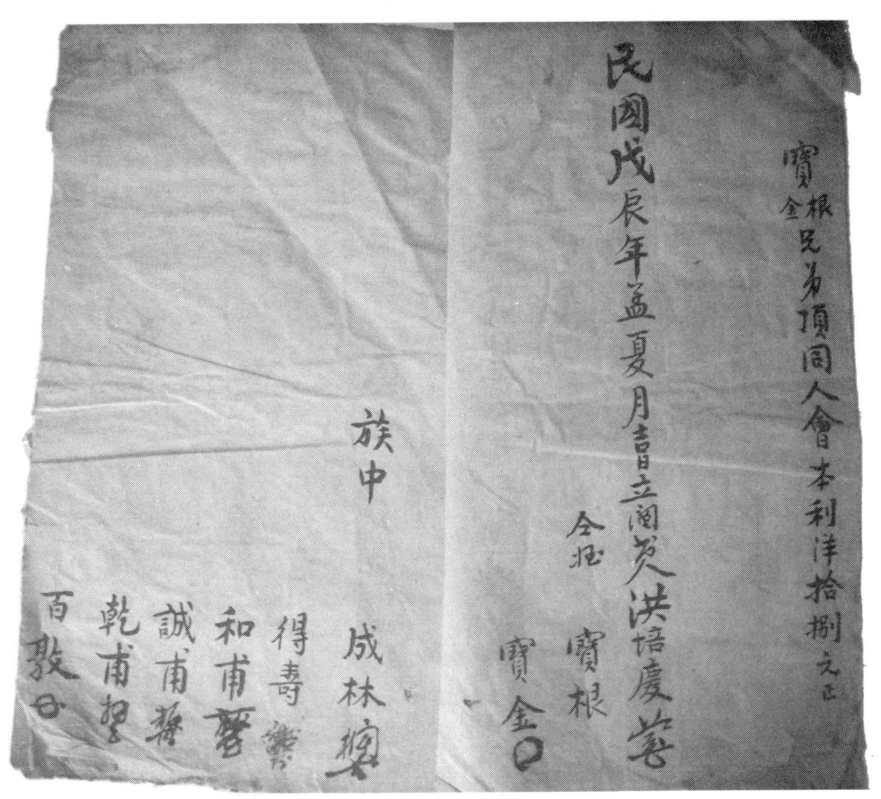

大鄣山乡江村 1-7 · 一九二八年 · 分关阄书 · 洪培庆同侄宝根、宝金等

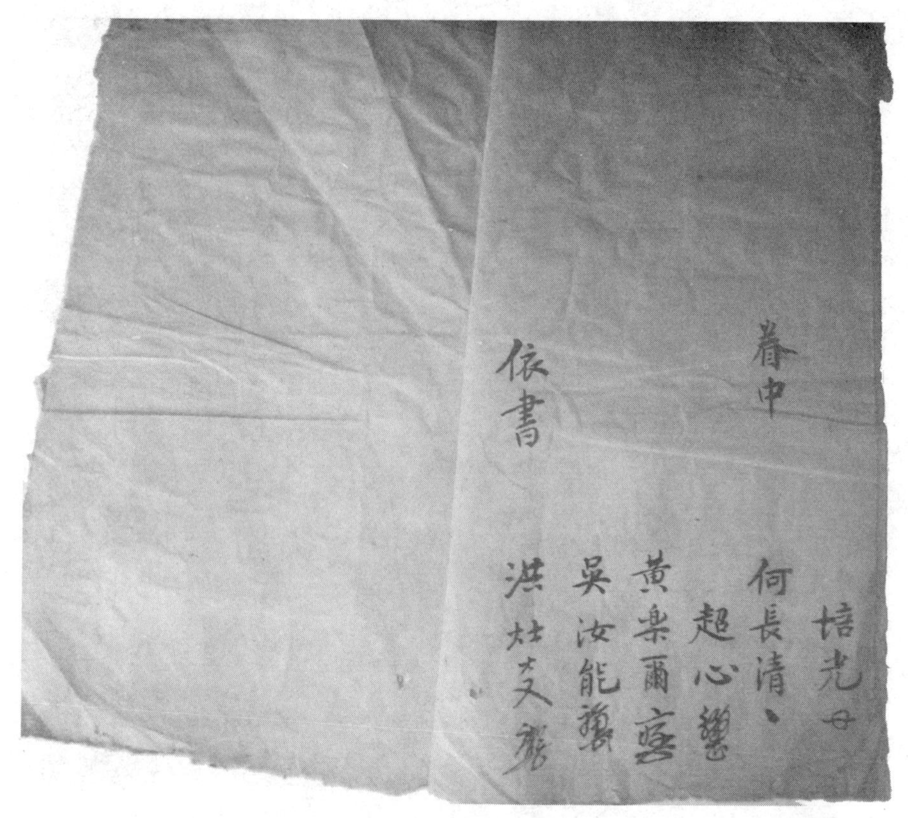
培光
眷中　何長清、
超心
黃楽爾
吳汝能
依書　洪灶支

大郭山乡江村 1-8 · 一九二八年 · 分关阄书 · 洪培庆同侄宝根、宝金等

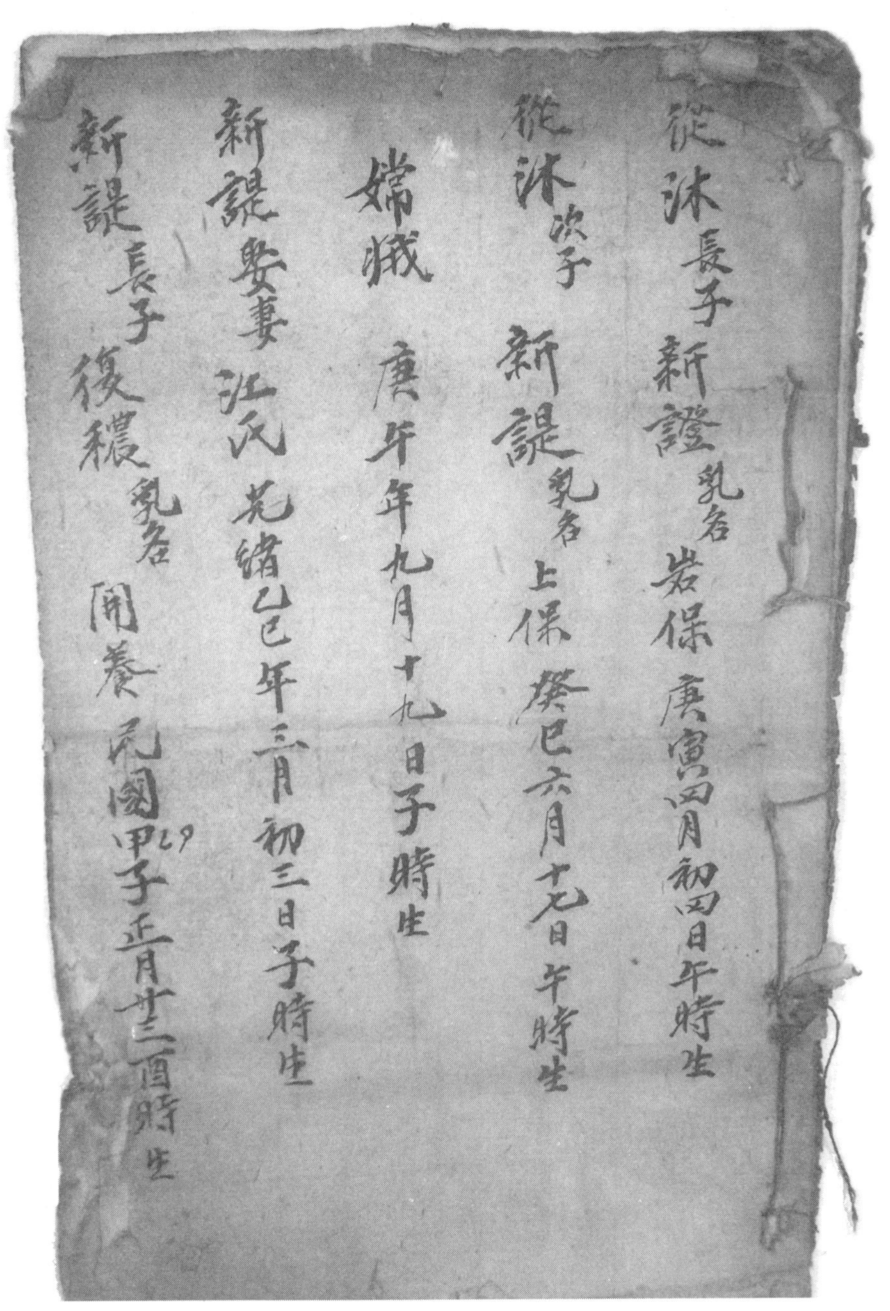

從沐長子新證乳名岩保庚寅四月初四日午時生

從沐次子新諟乳名上保癸巳六月十七日午時生

嫦娥 庚午年九月十九日子時生

新諟娶妻江氏光緒乙巳年三月初三日子時生

新諟長子復禮乳名開養 民國甲子29正月廿三酉時生

大鄣山乡江村 11-1 · 生辰时期清单 · 新证等

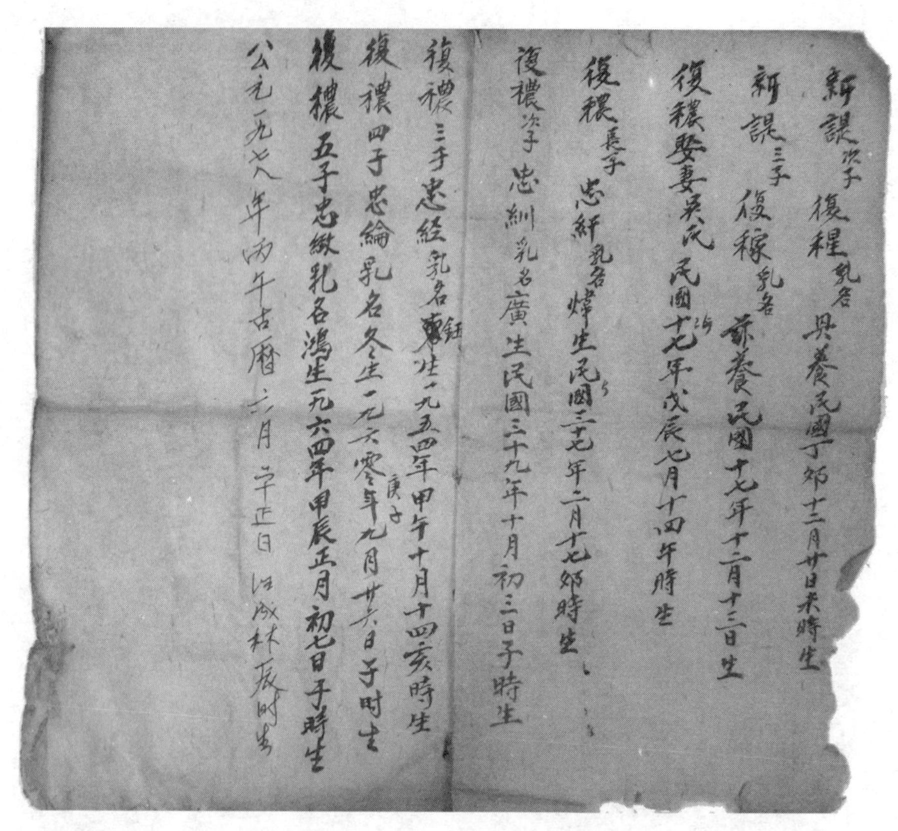
新課次子 復程乳名 興養 民國丁卯十二月廿日未時生
新課三子 復稼乳名 許養 民國十七年十二月十三日生
復穠娶妻吳氏 民國十七年戊辰七月十四午時生
復穠長子 忠紆乳名 烽生 民國三十七年二月十七卯時生
復穠次子 忠紃乳名 廣生 民國三十九年十月初三日子時生
復穠三子 忠経乳名 東鈺 生一九五四年甲午十月十四亥時生
復穠四子 忠綸乳名 冬生 一九六零年庚子九月廿六日子时生
復穠五子 忠繖乳名 鴻生 一九六四年甲辰正月初七日子時生
公元一九七八年丙午古曆六月 辛正日 汪成林辰时生

大鄣山乡江村 11-2 · 生辰时期清单 · 新证等

大鄣山乡江村 27-1 · 流水账本

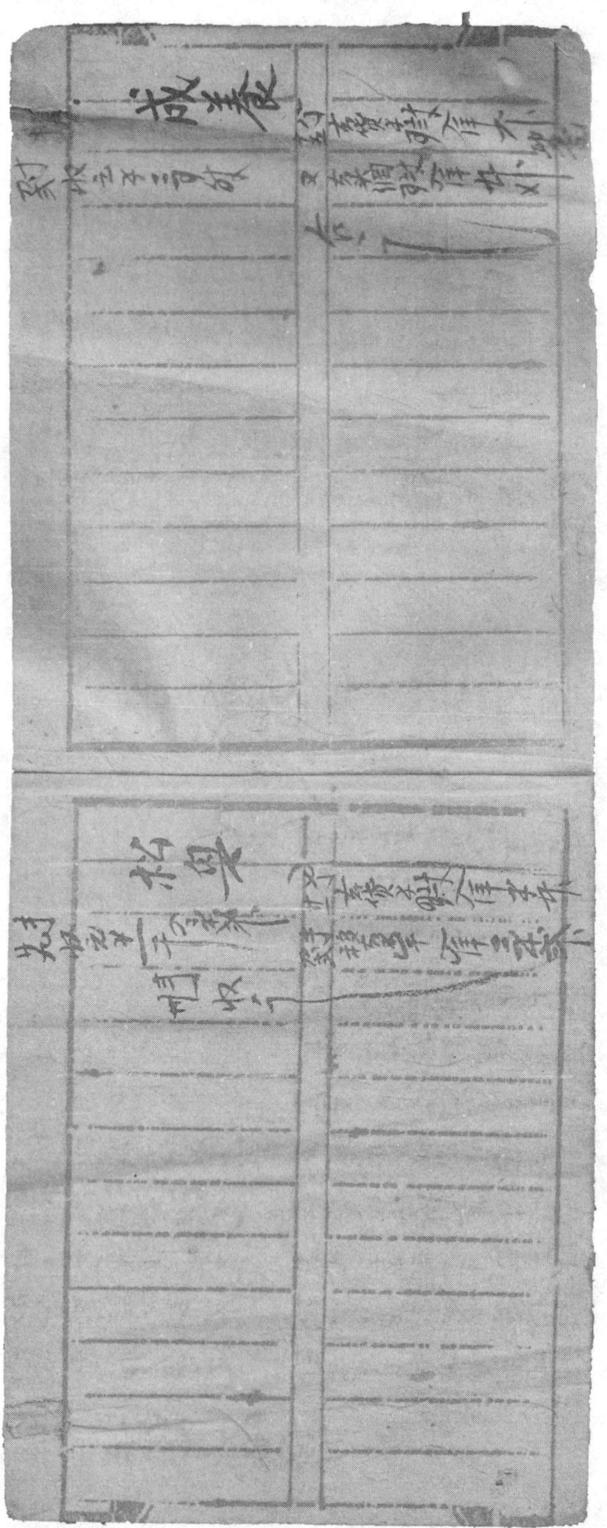

大鄣山乡江村 27-2 · 流水账本

大鄣山乡江村 27-3 · 流水账本

大部山乡江村 27-4 · 流水账本

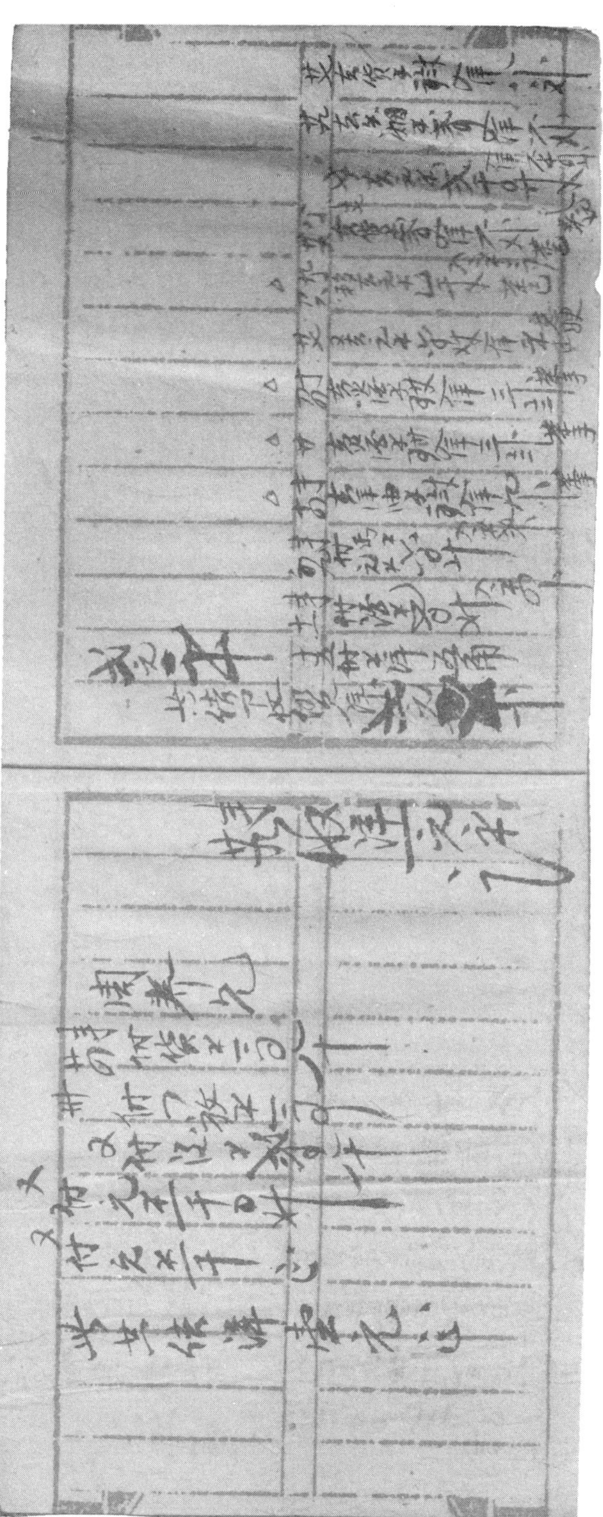

大鄣山乡江村 27-5 · 流水账本

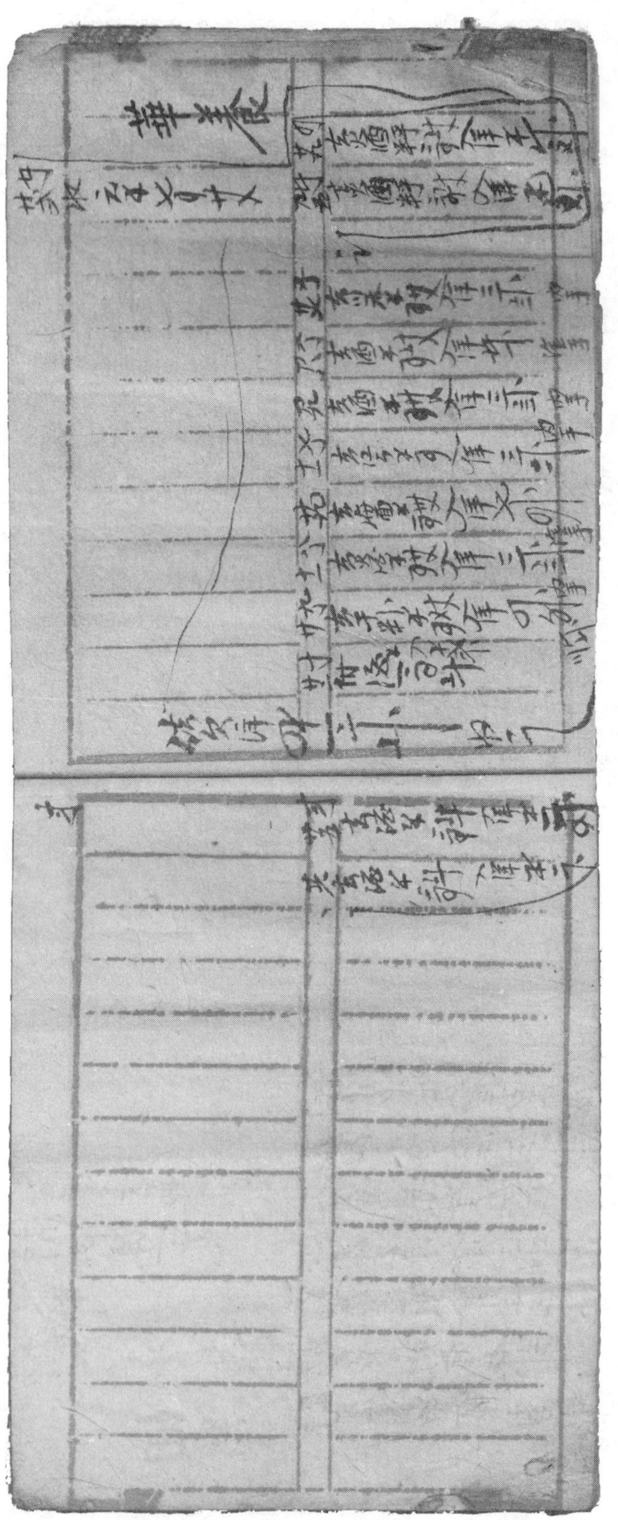

大鄣山乡江村 27-6 · 流水账本

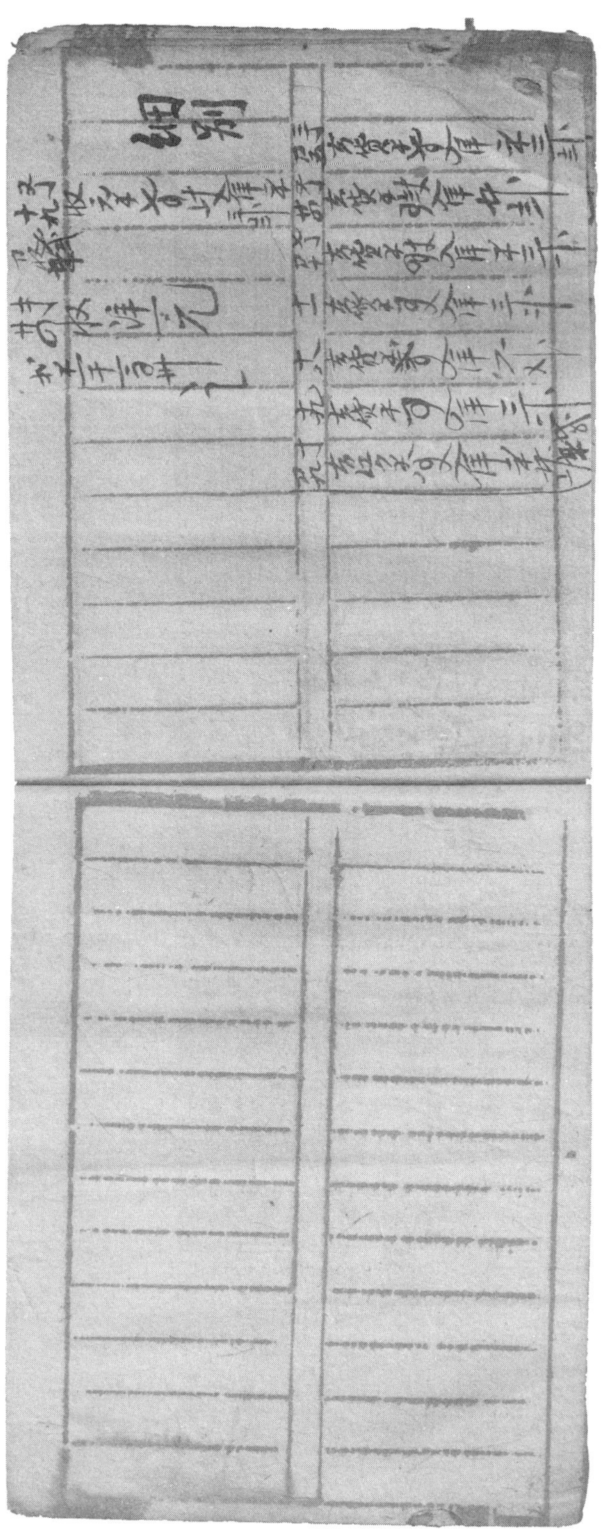

大鄣山乡江村 27-7 · 流水账本

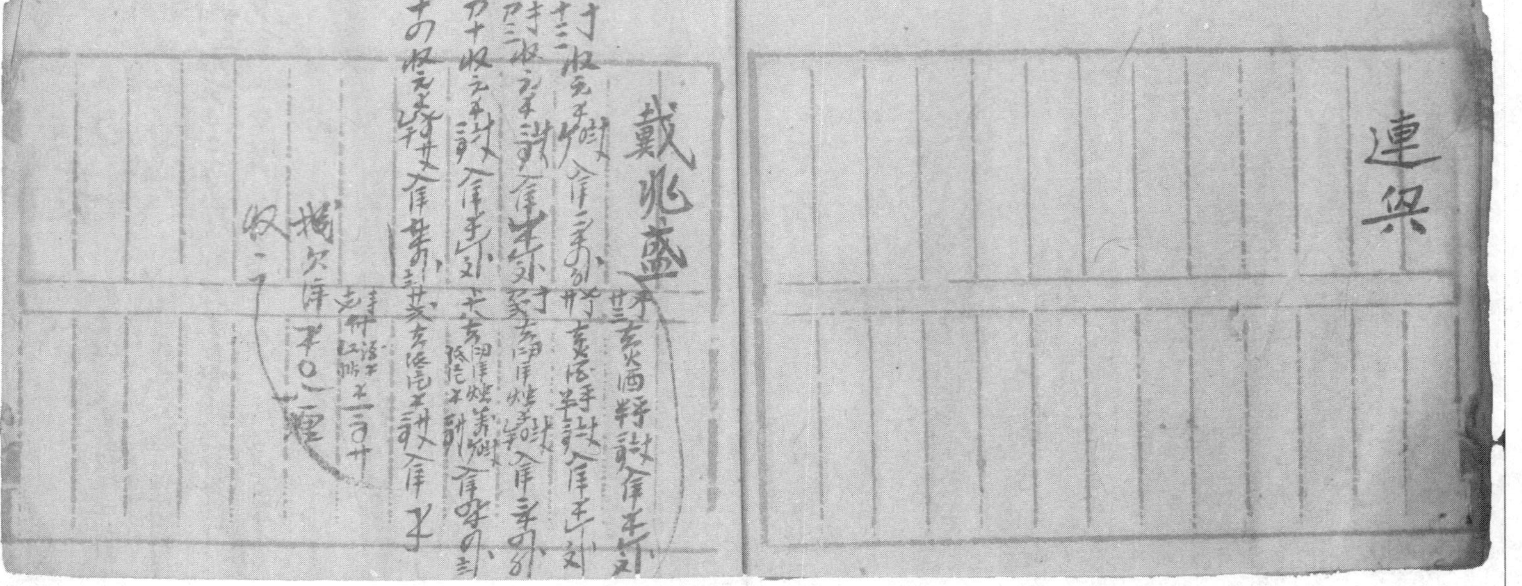

大鄣山乡江村 27-8 · 流水账本

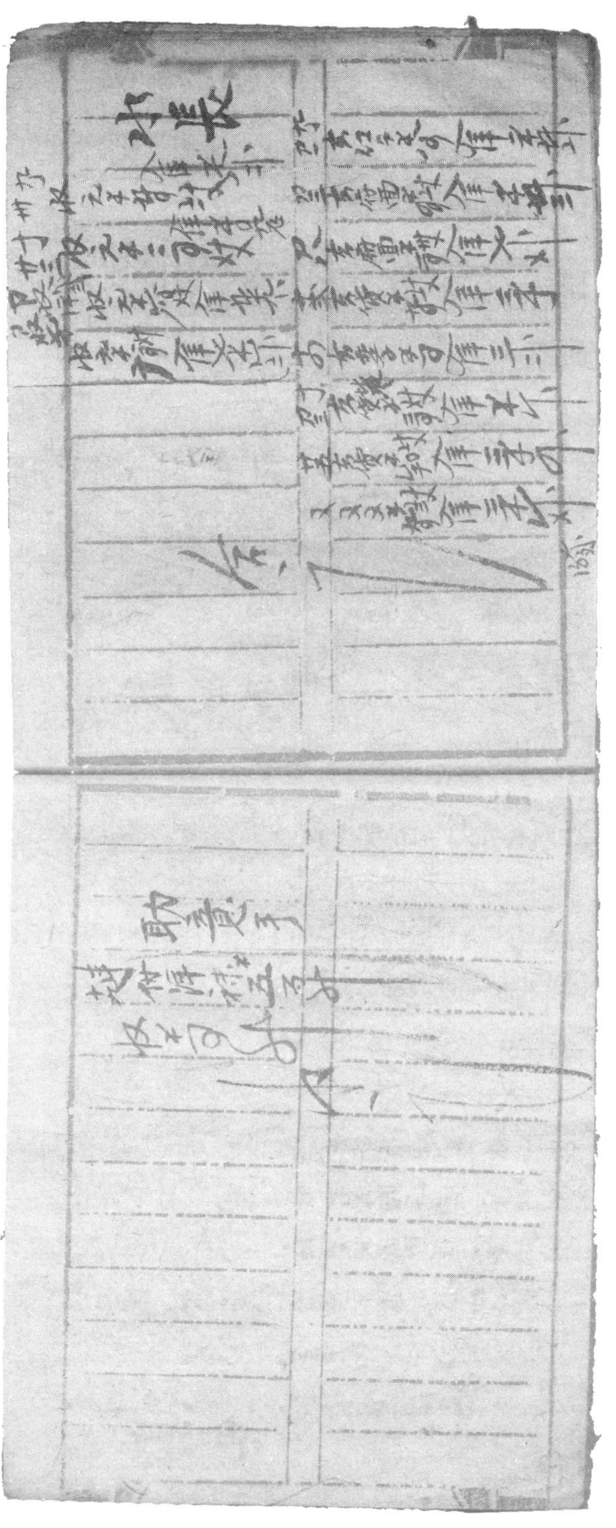

大鄣山乡江村 27-9 · 流水账本

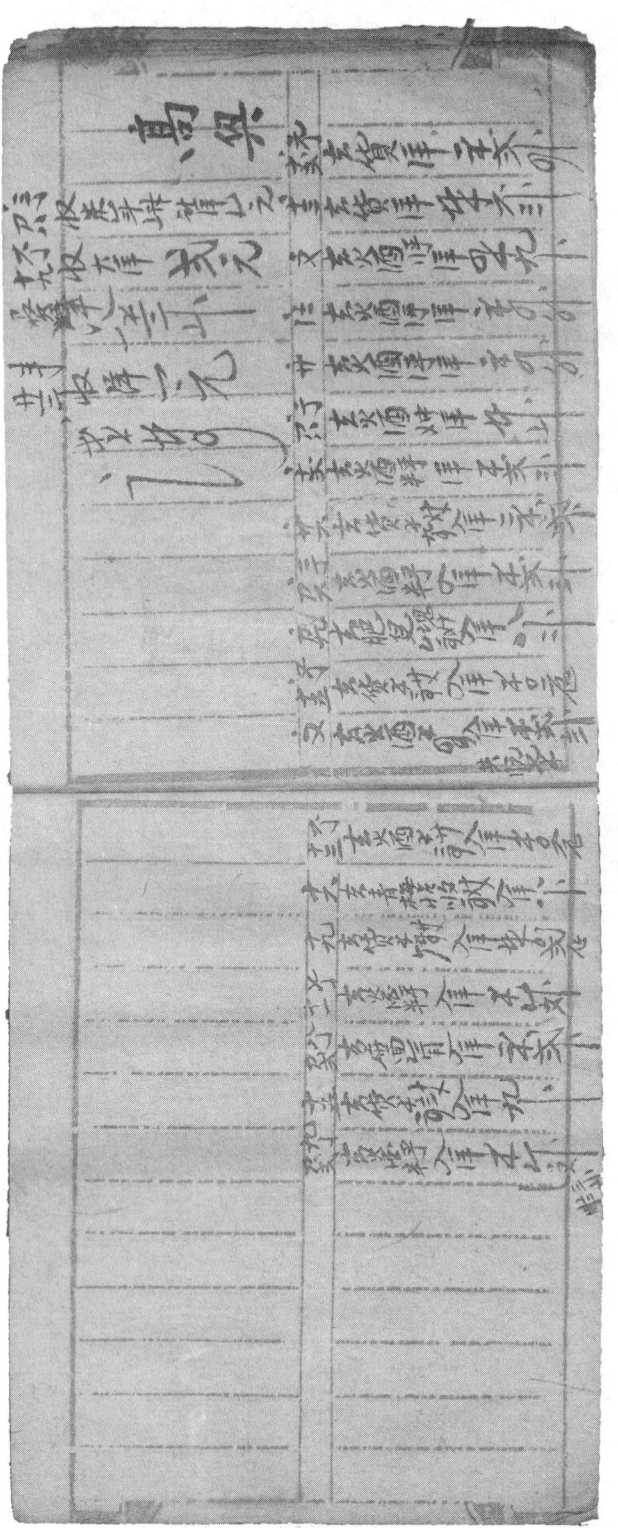

大郭山乡江村 27-10・流水账本

大鄣山乡江村 27-11 · 流水账本

大鄣山乡江村 27-12 · 流水账本

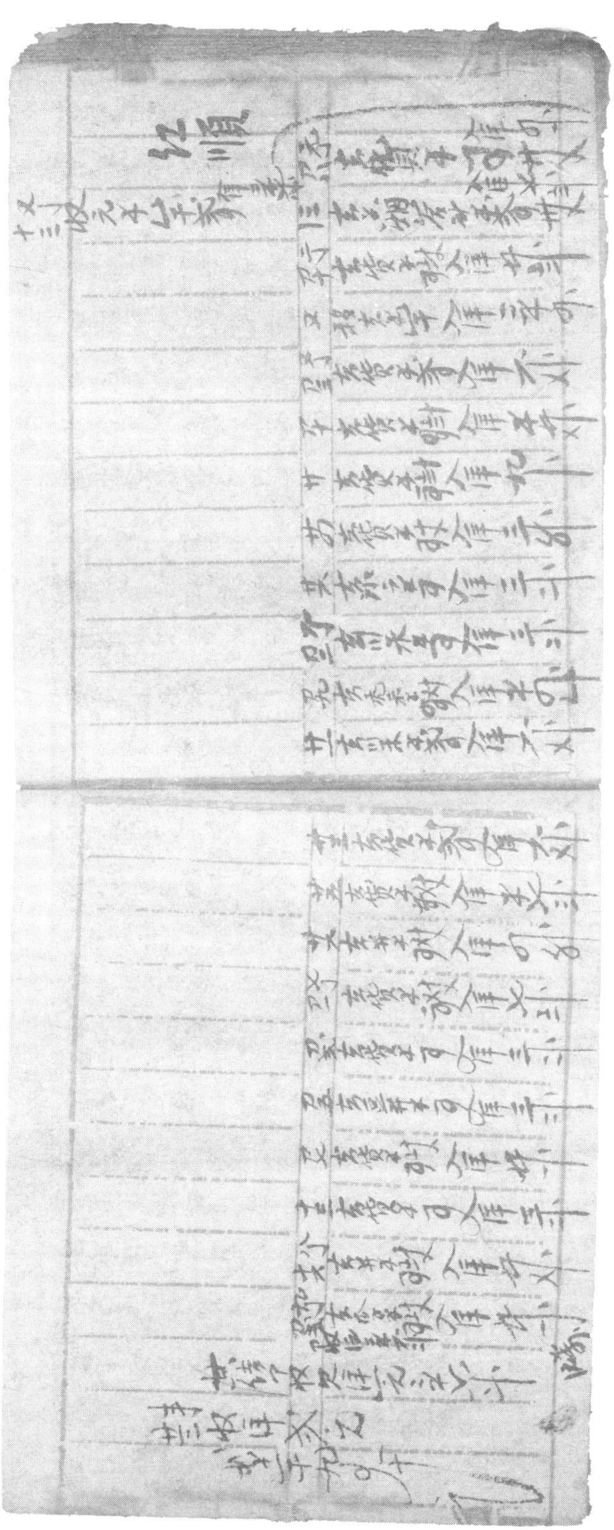

大鄣山乡江村 27-13 · 流水账本

大鄣山乡江村 27-14 · 流水账本

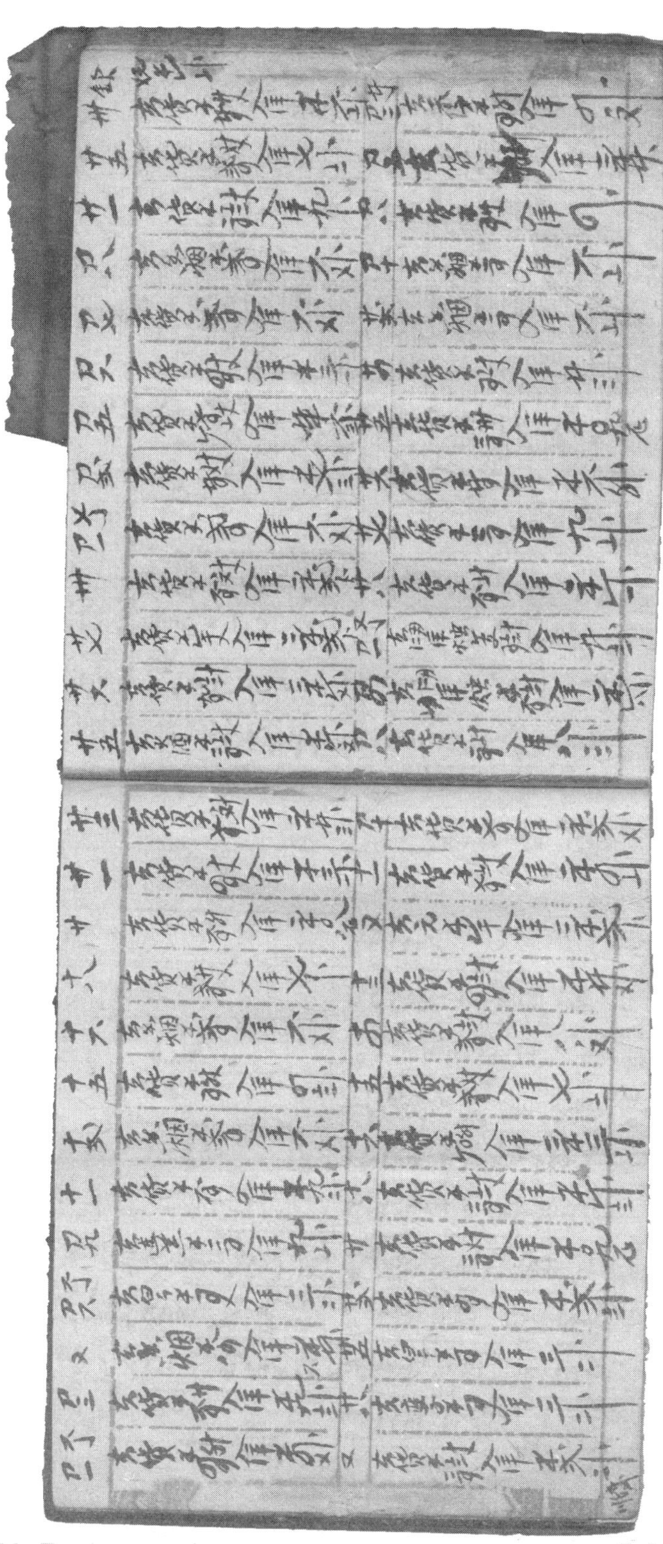

大鄣山乡江村 27-15 · 流水账本

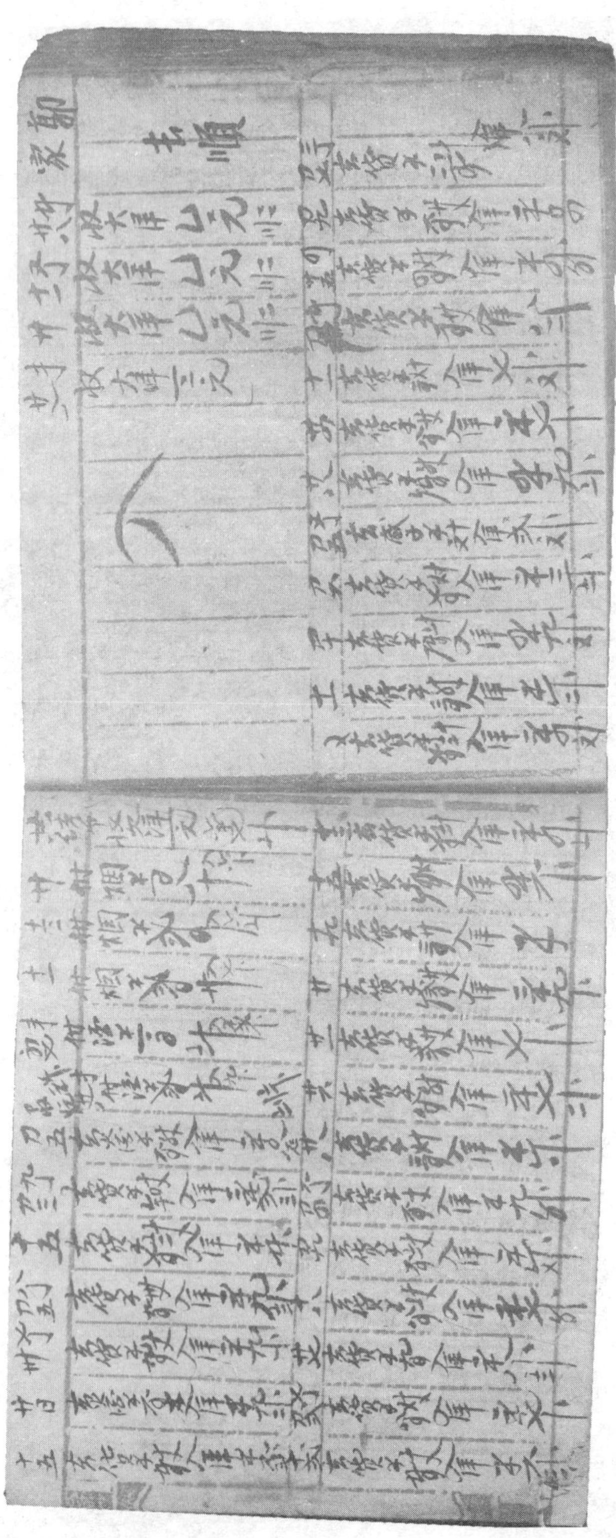

大鄣山乡江村 27-16 · 流水账本

吉溪

细旺

大鄣山乡江村 27-17 · 流水账本

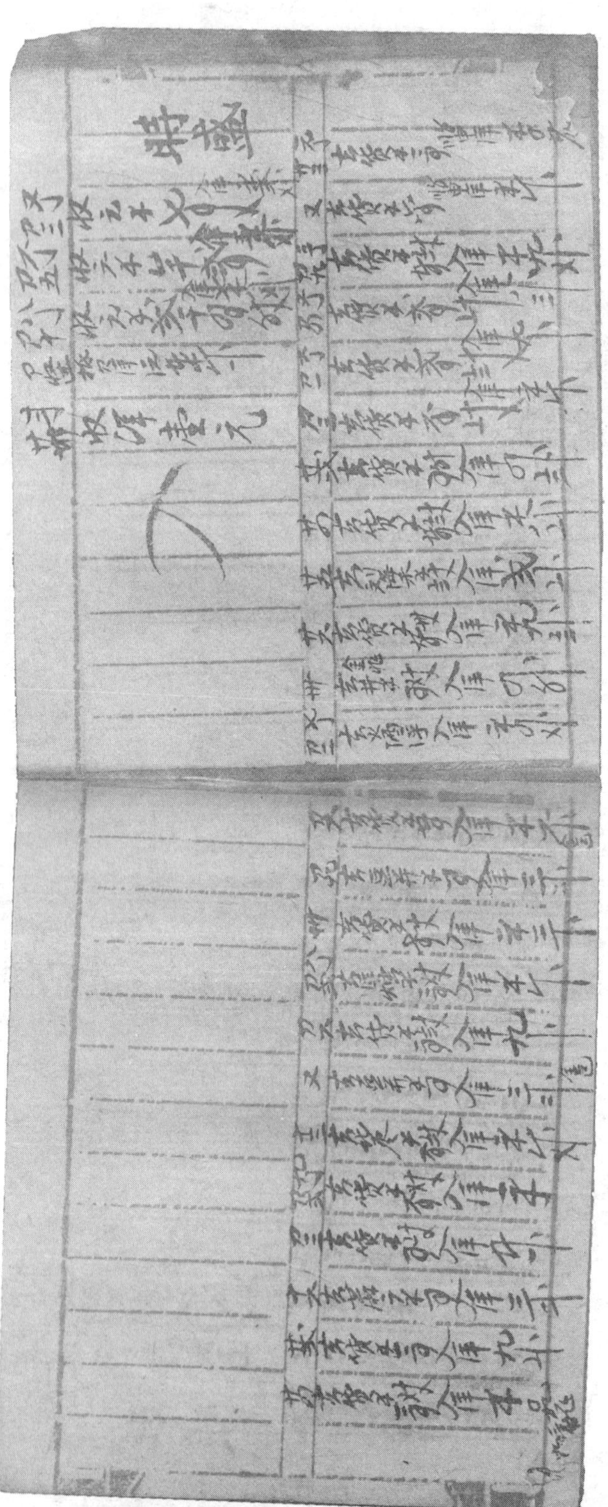

大鄣山乡江村 27-18 · 流水账本

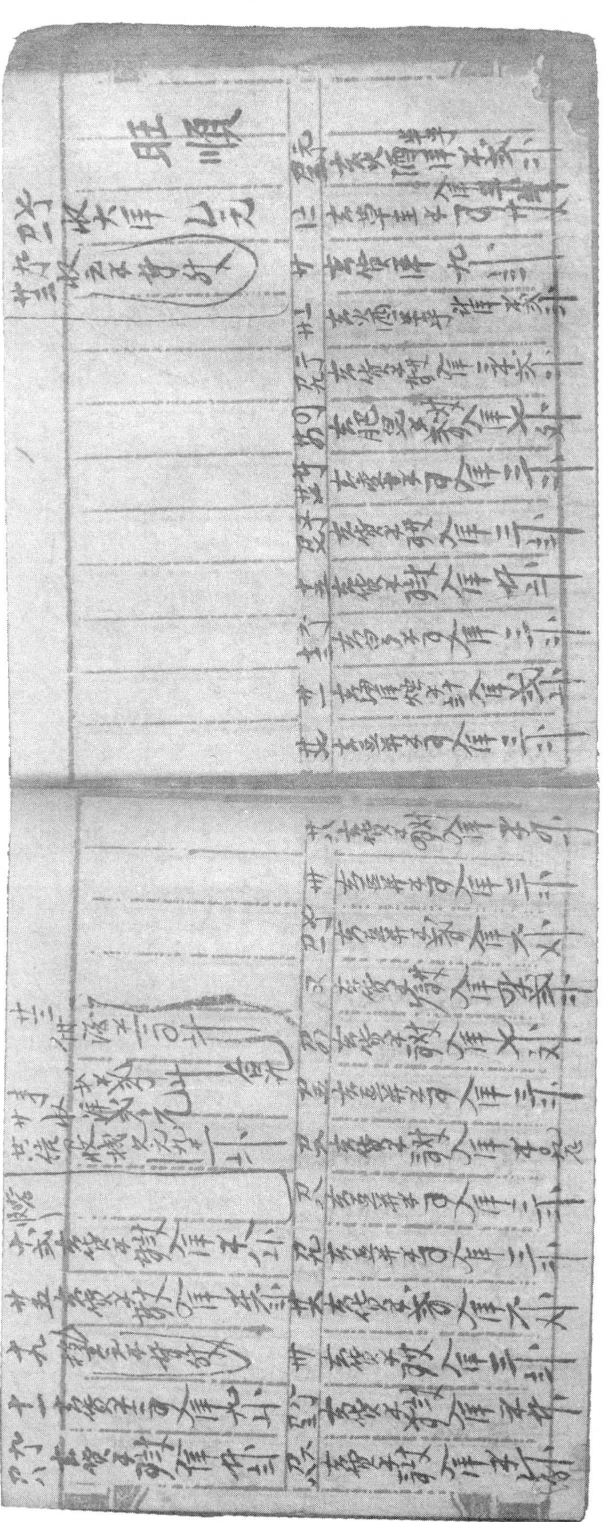

大鄣山乡江村 27-19 · 流水账本

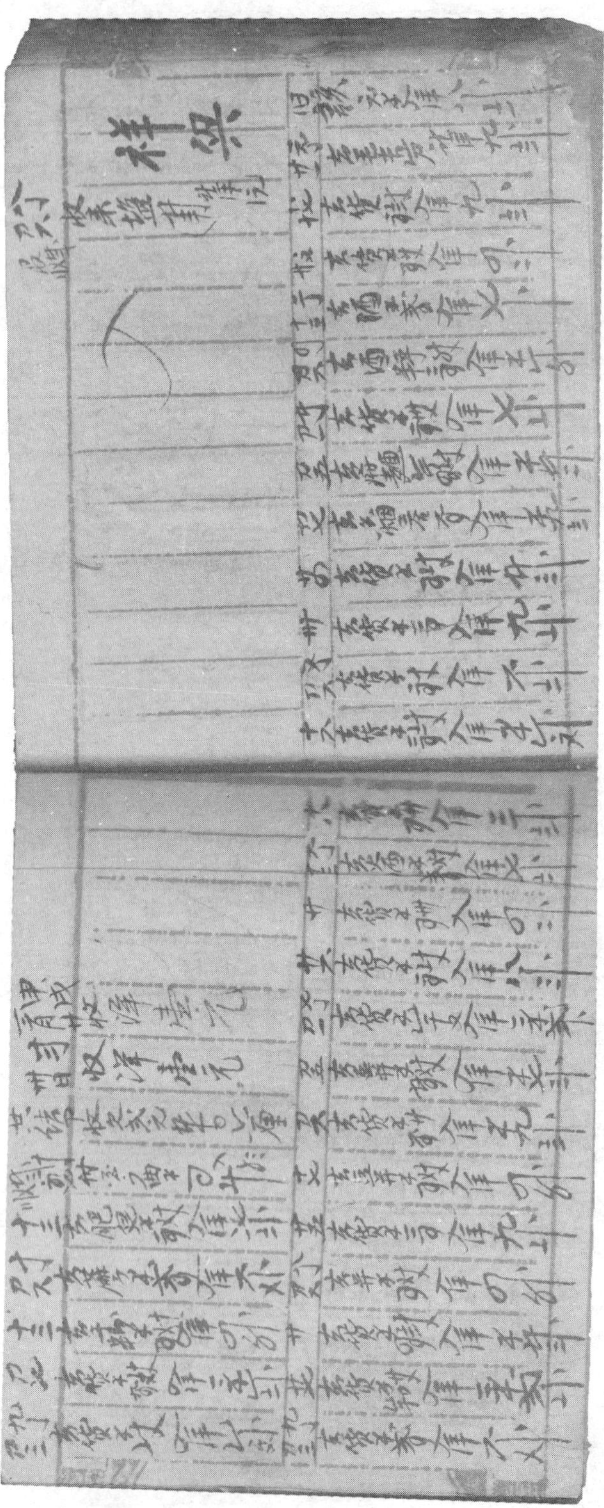

大鄣山乡江村 27-20・流水账本

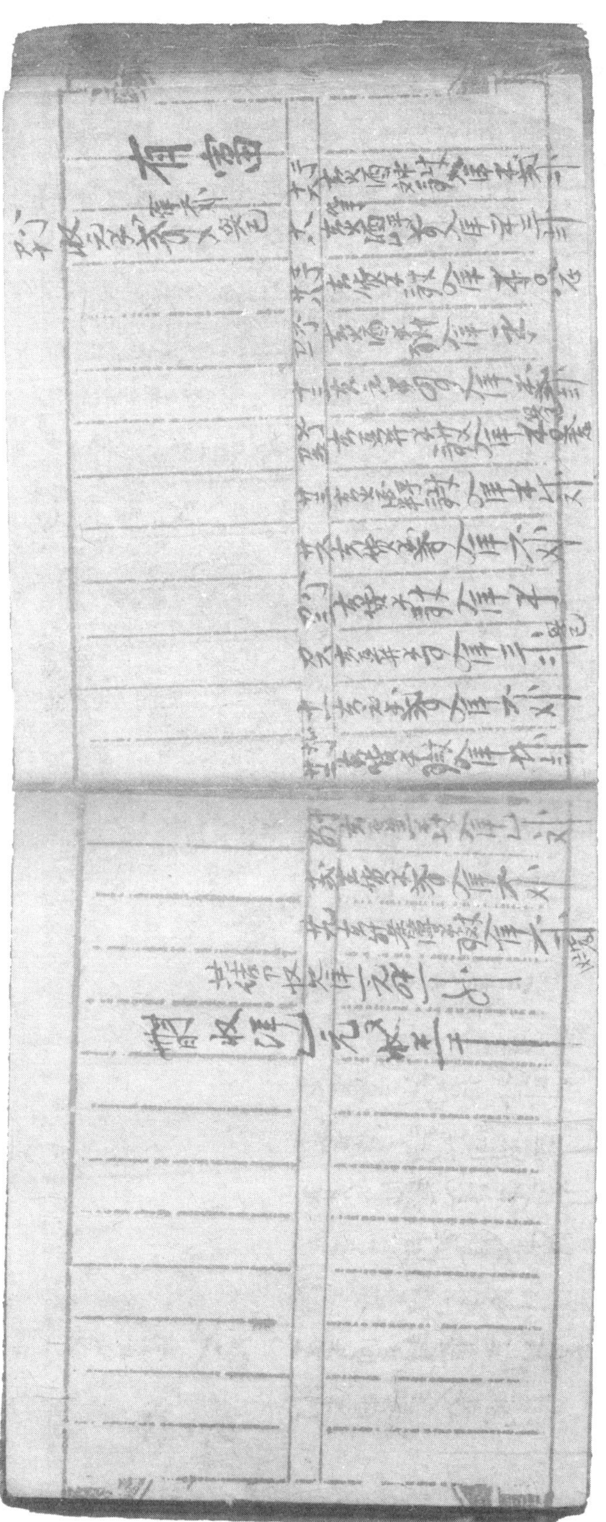

大鄣山乡江村 27-21 · 流水账本

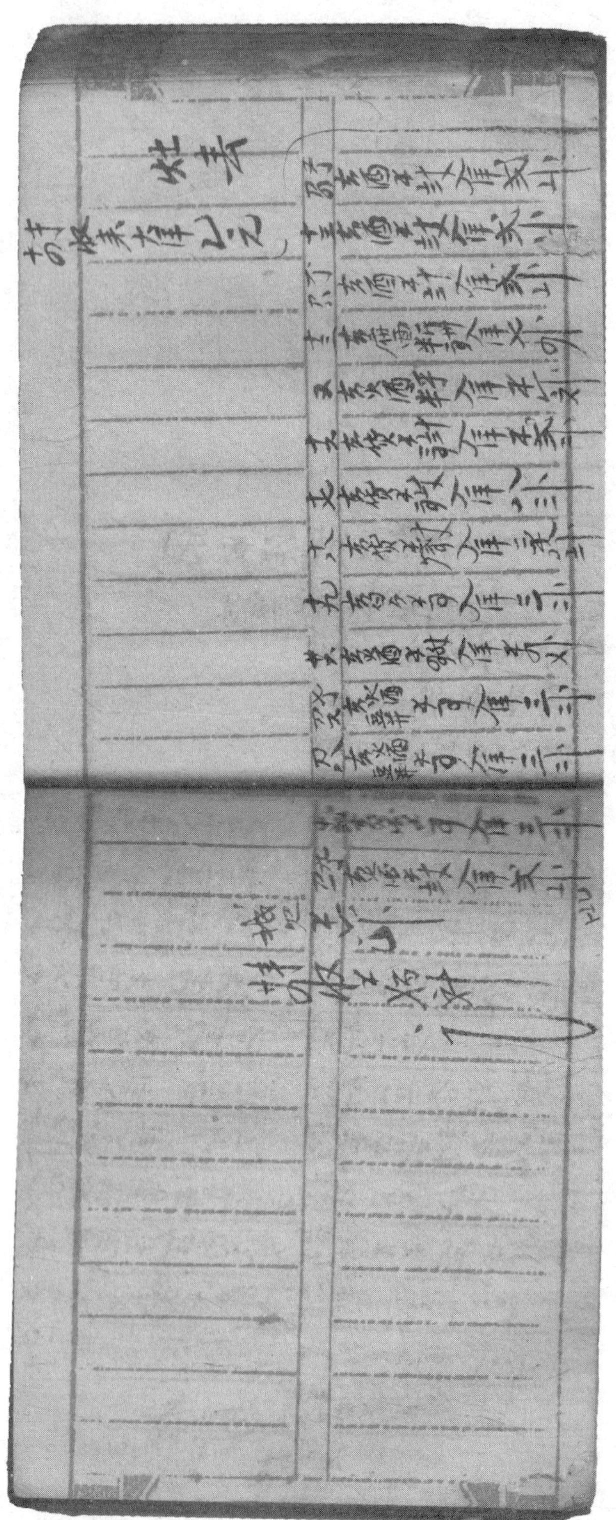

大鄣山乡江村 27-22・流水账本

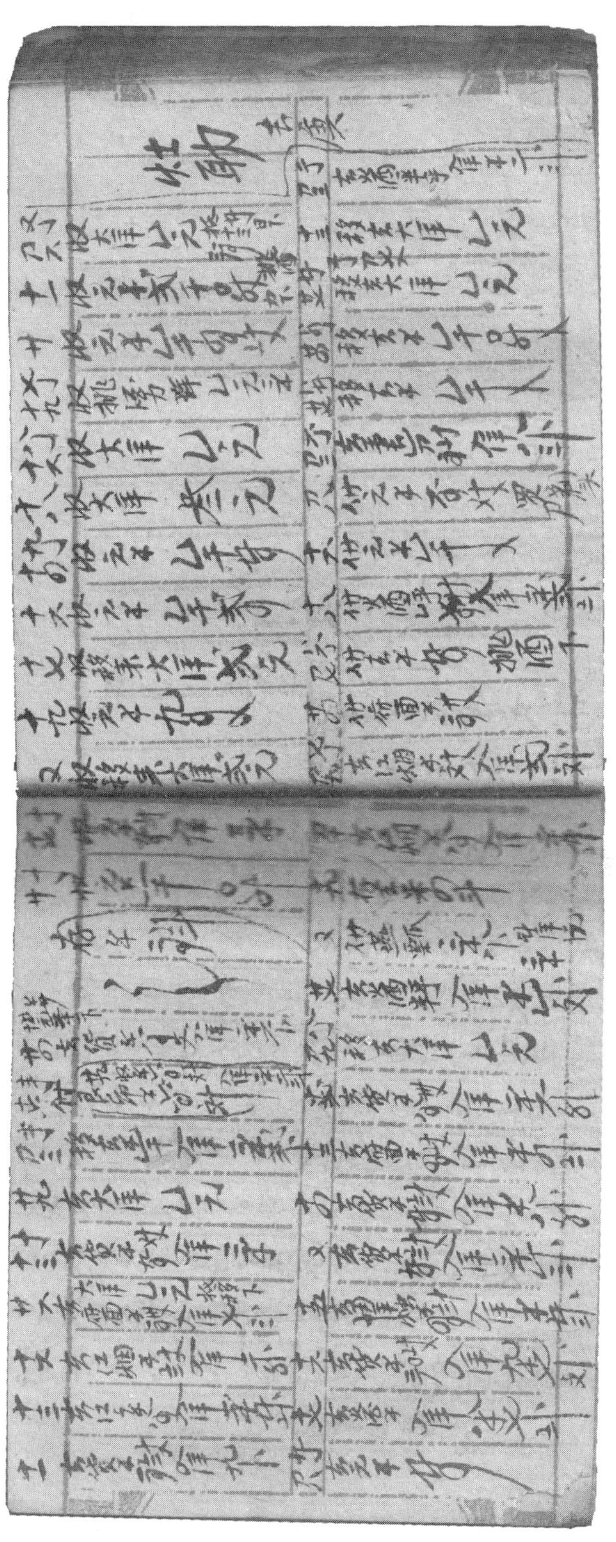

大鄣山乡江村 27-23 · 流水账本

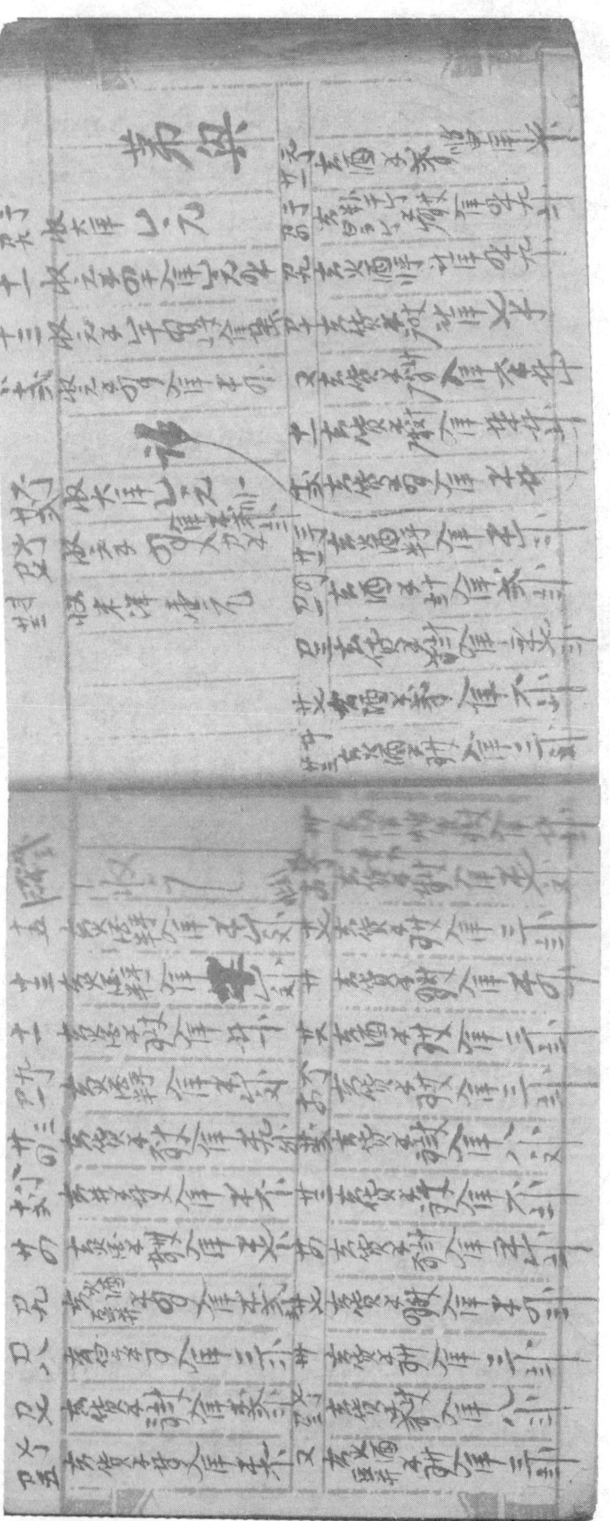

大鄣山乡江村 27-24 · 流水账本

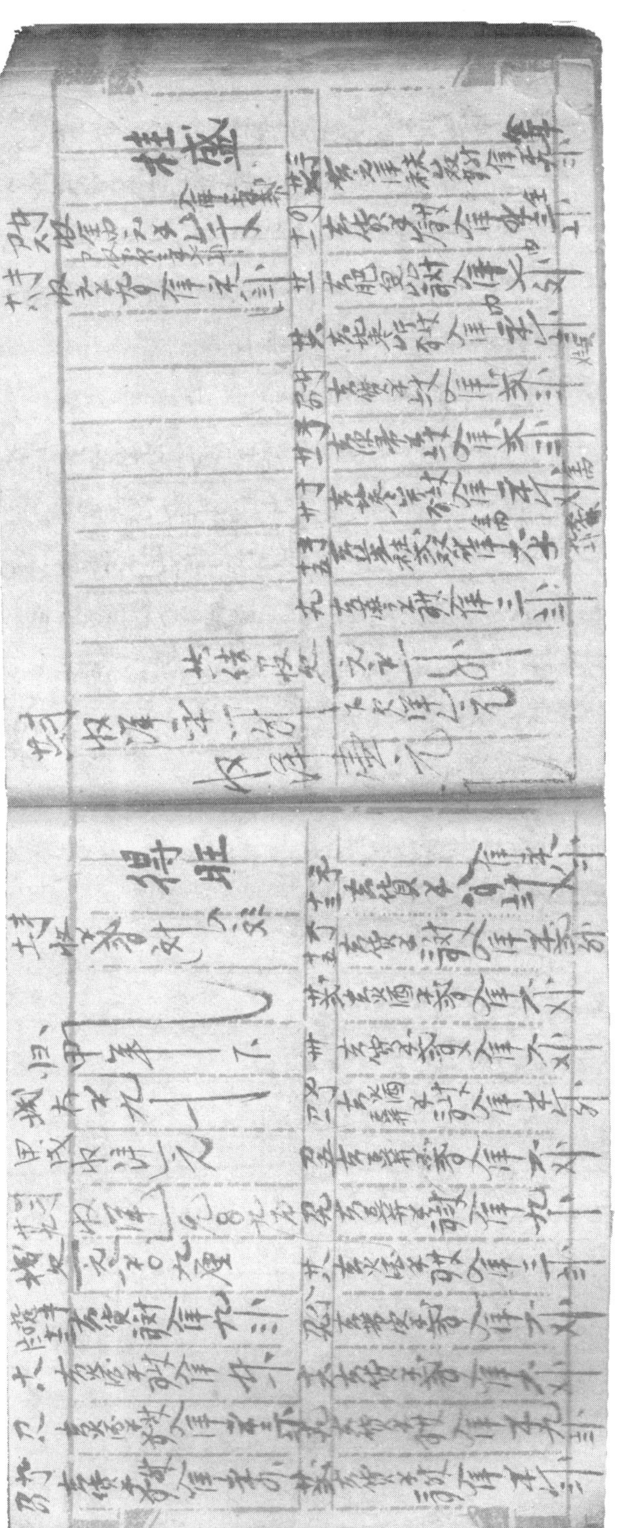

大鄣山乡江村 27-25 · 流水账本

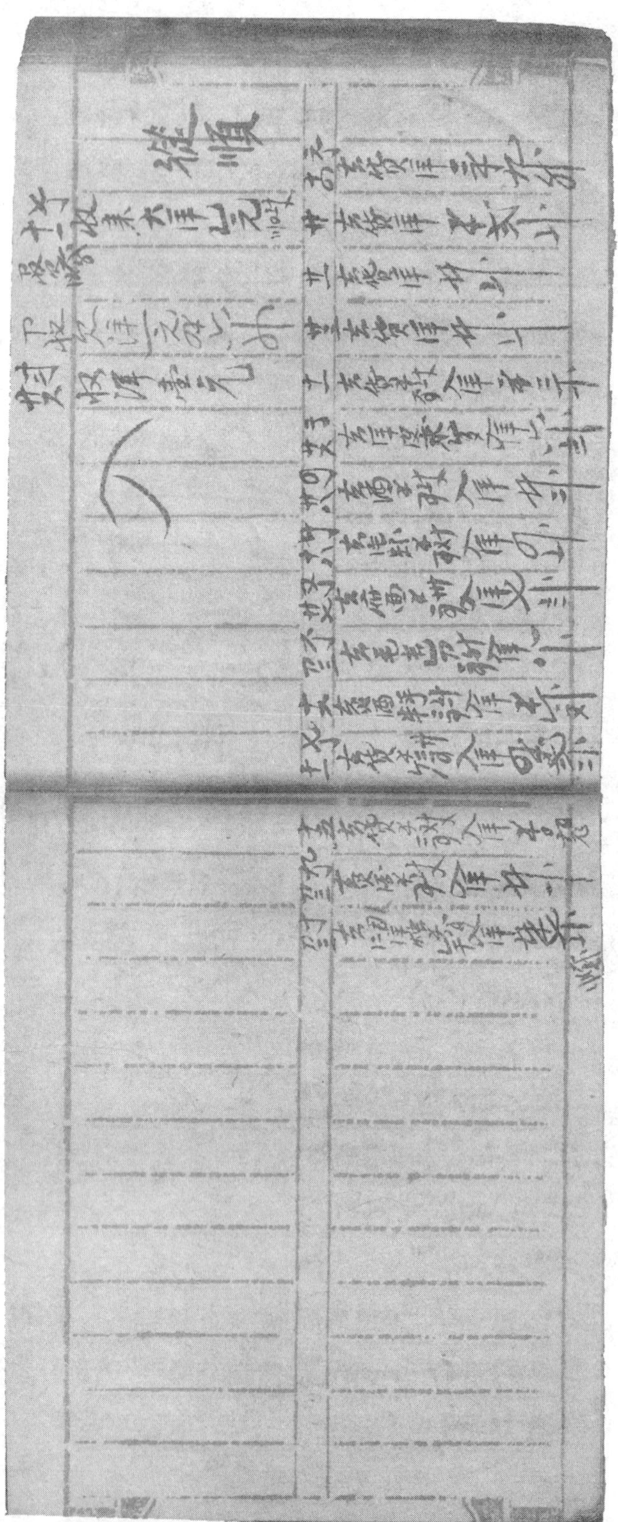

大鄣山乡江村 27-26 · 流水账本

大鄣山乡江村 27-27・流水账本

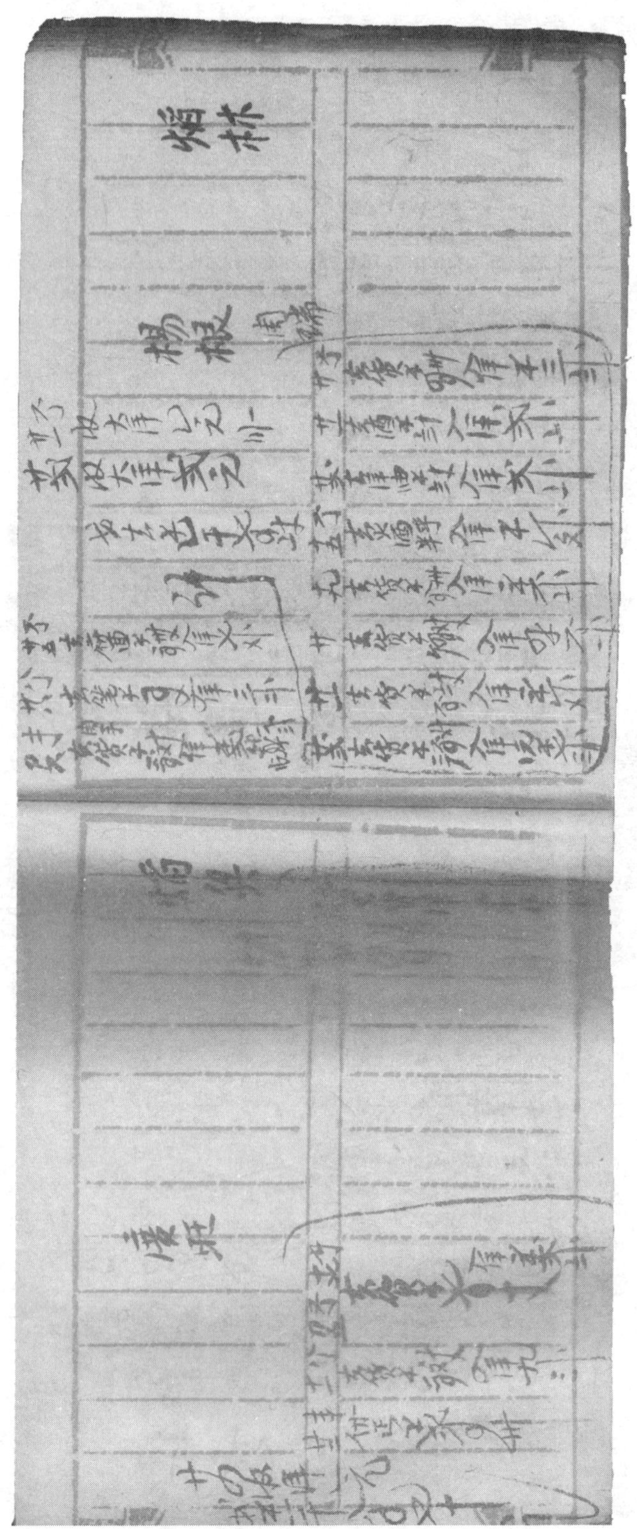

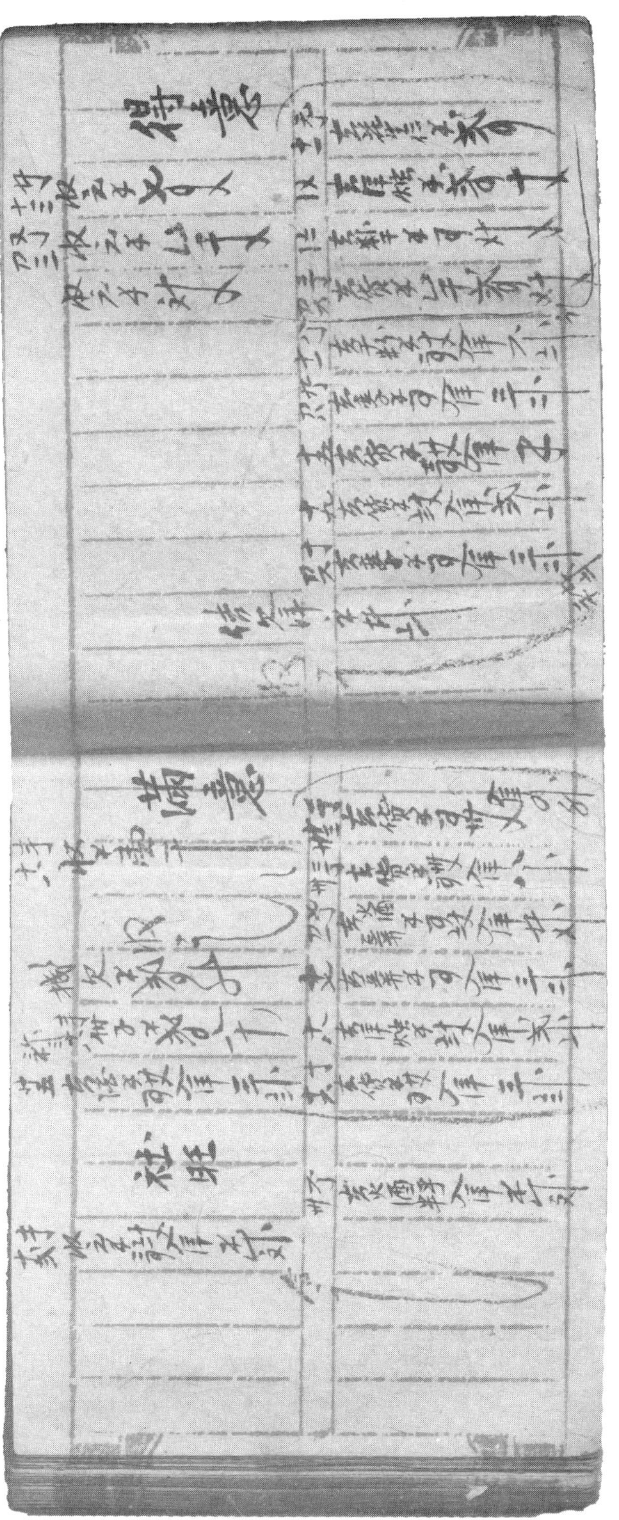

大鄣山乡江村 27-29 · 流水账本

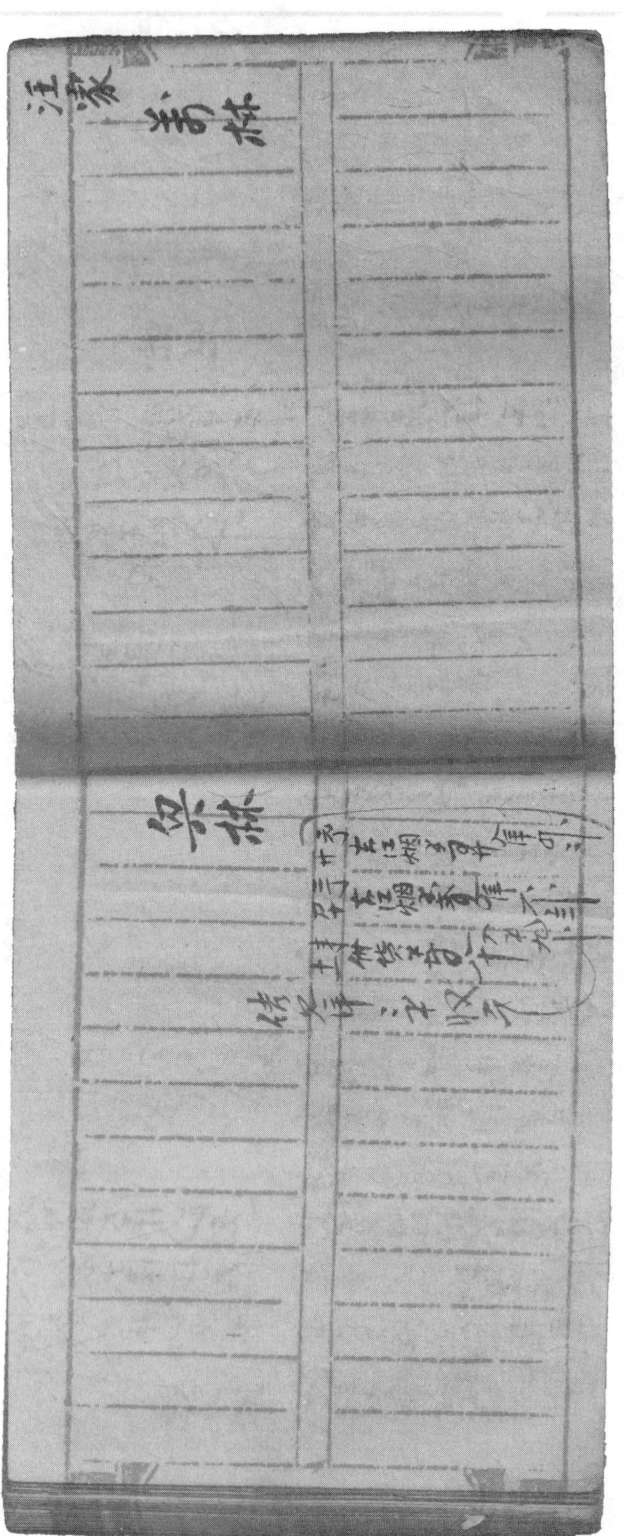

大鄣山乡江村 27-30 · 流水账本

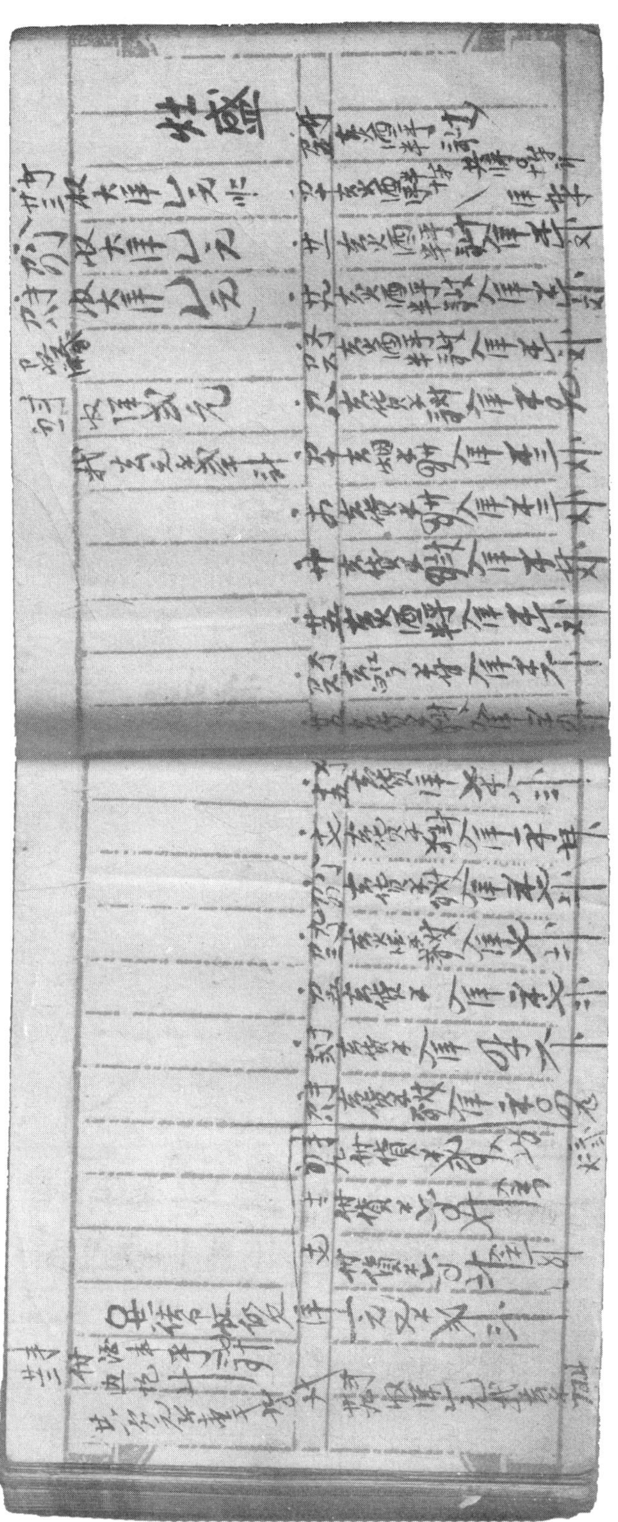

大鄣山乡江村 27-31 · 流水账本

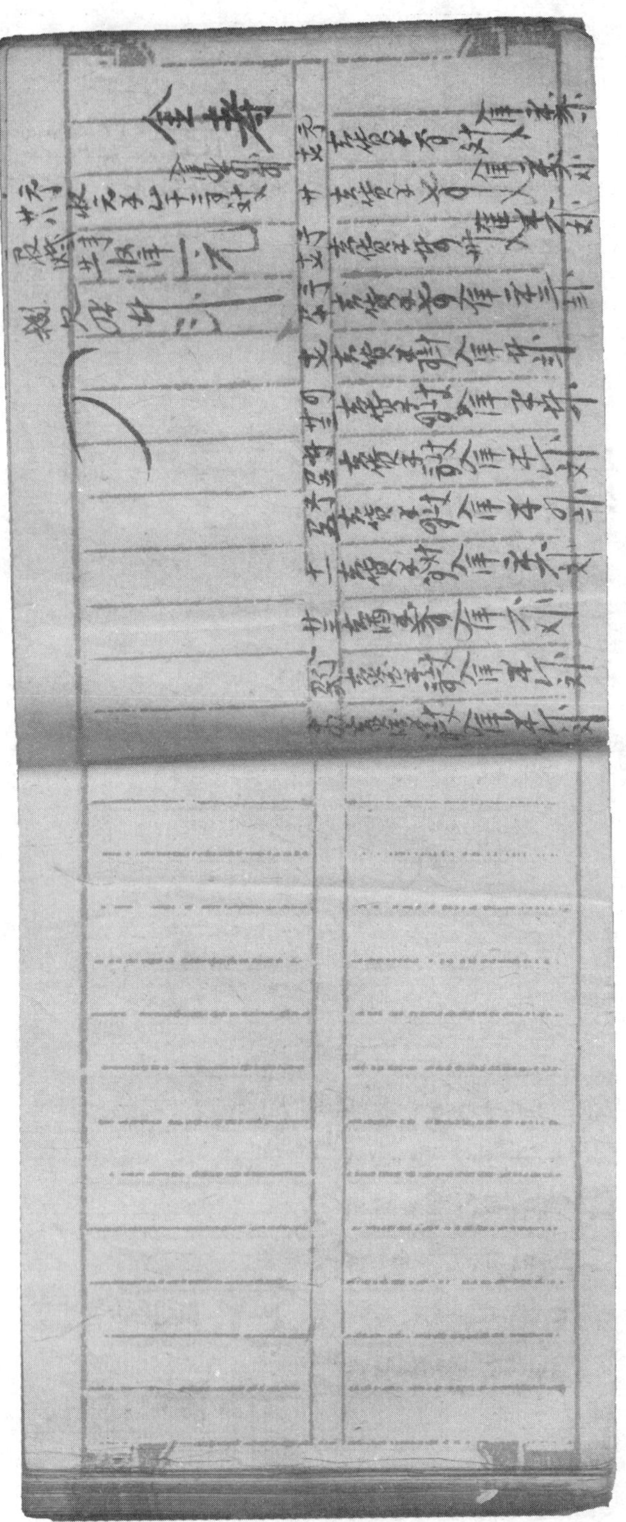

大鄣山乡江村 27-32 · 流水账本

大鄣山乡江村 27-33 · 流水账本

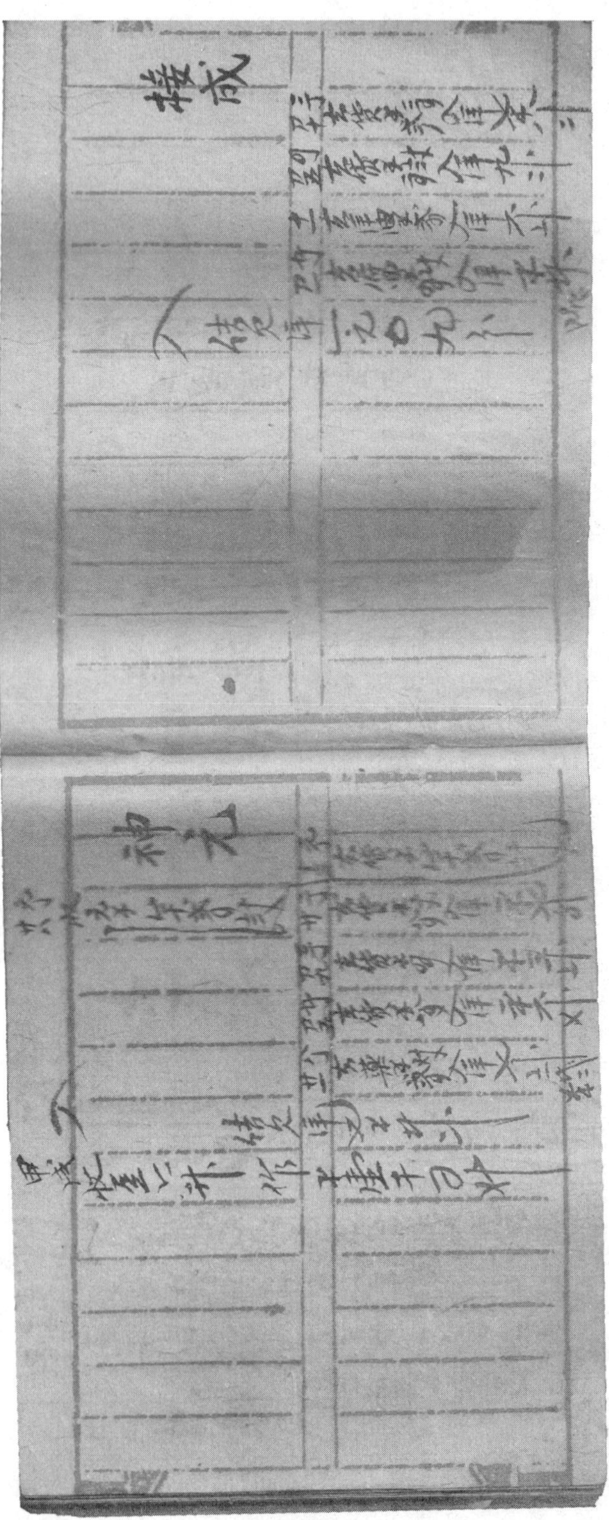

大鄣山乡江村 27-34 · 流水账本

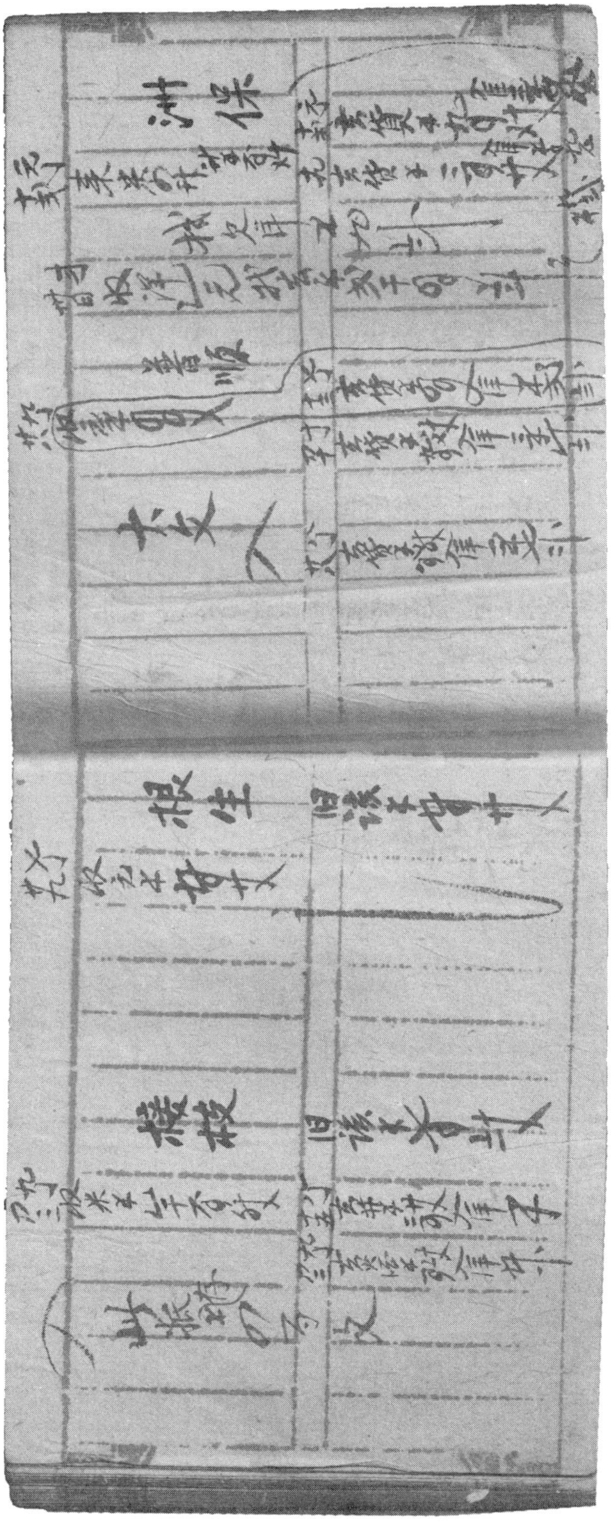

大鄣山乡江村 27-35 · 流水账本

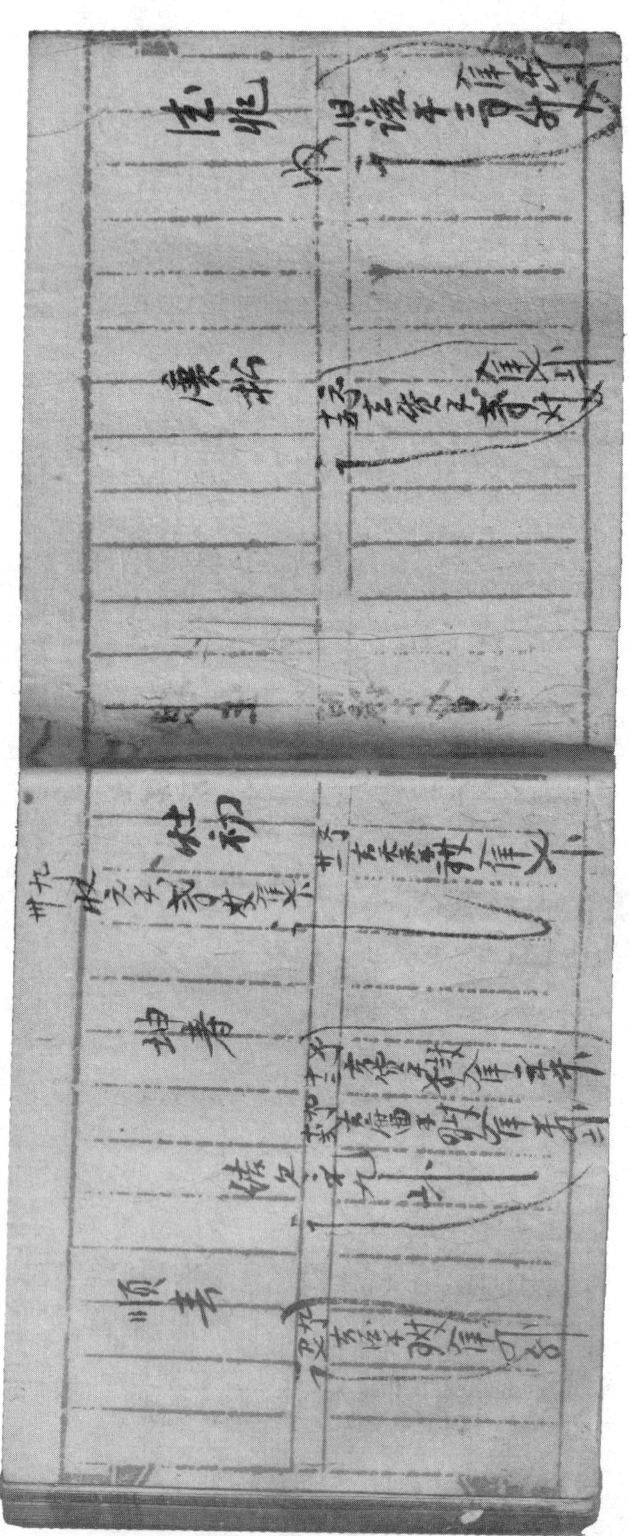

大鄣山乡江村 27-36 · 流水账本

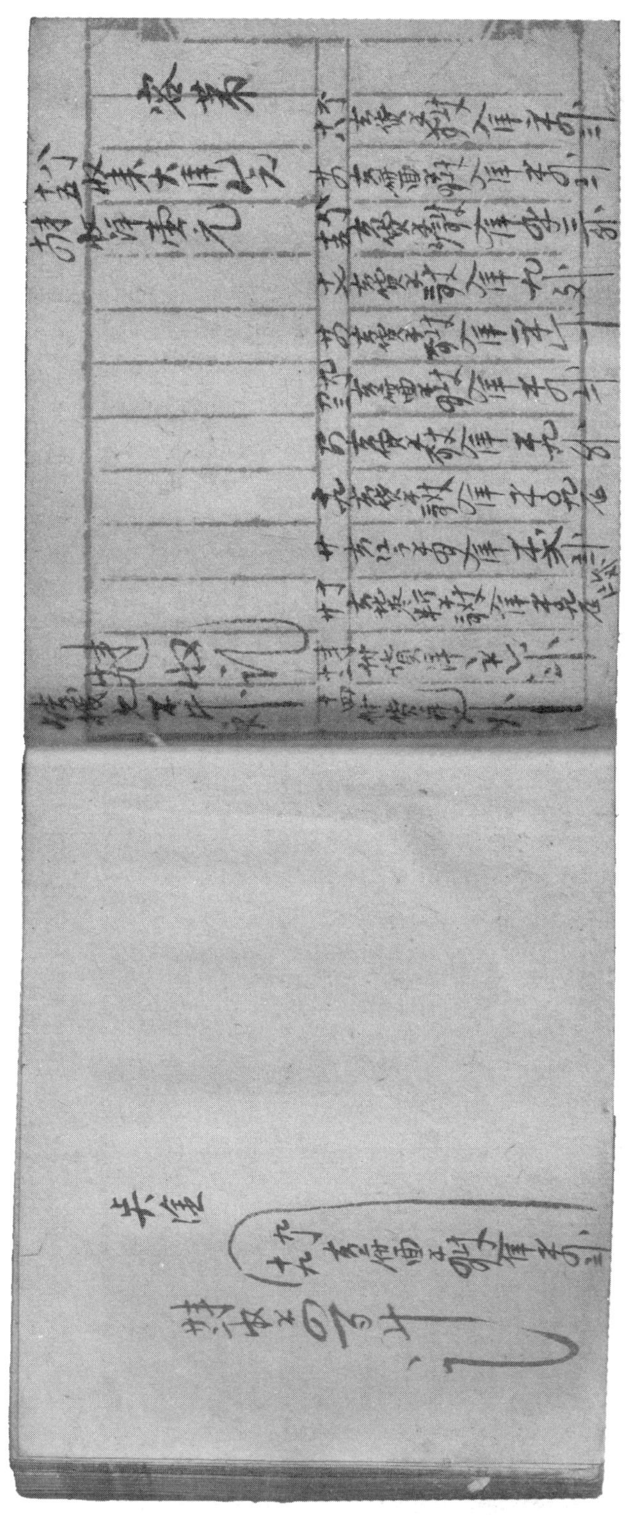

大鄣山乡江村 27-37 · 流水账本

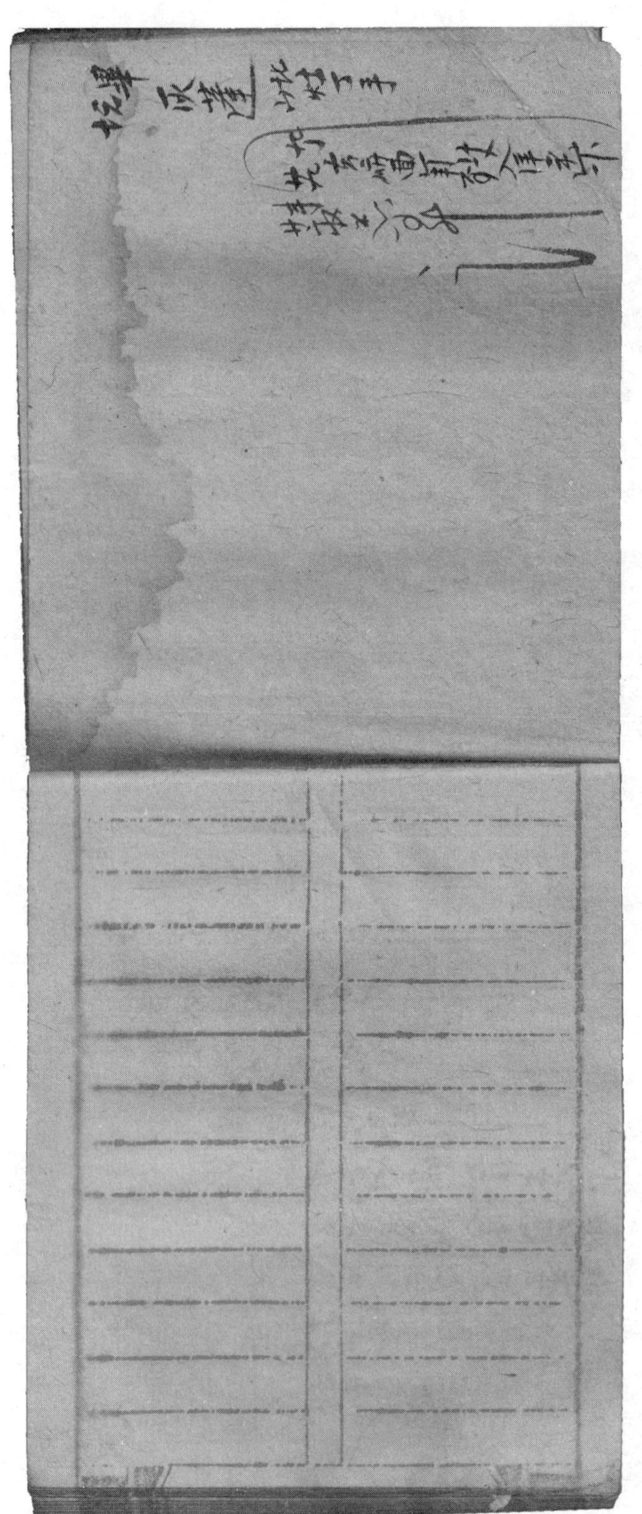

大鄣山乡江村 27-38 · 流水账本

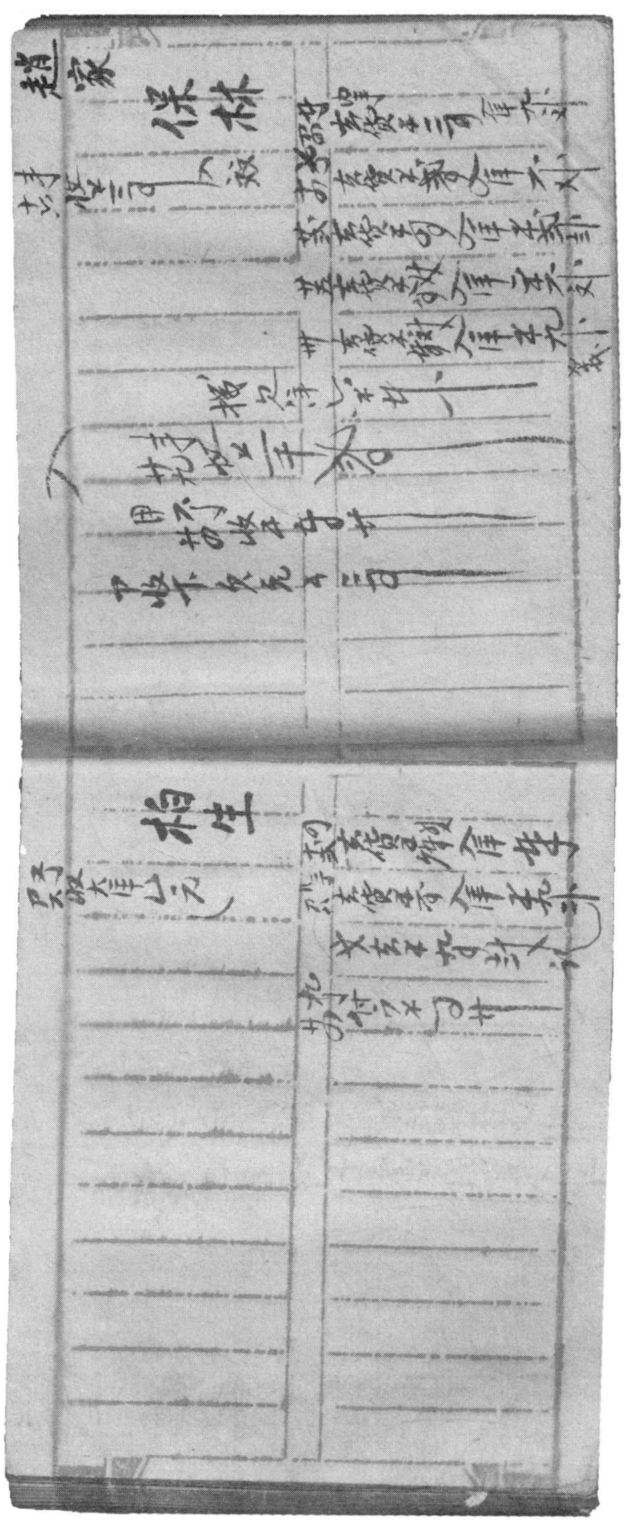

大鄣山乡江村 27-39 · 流水账本

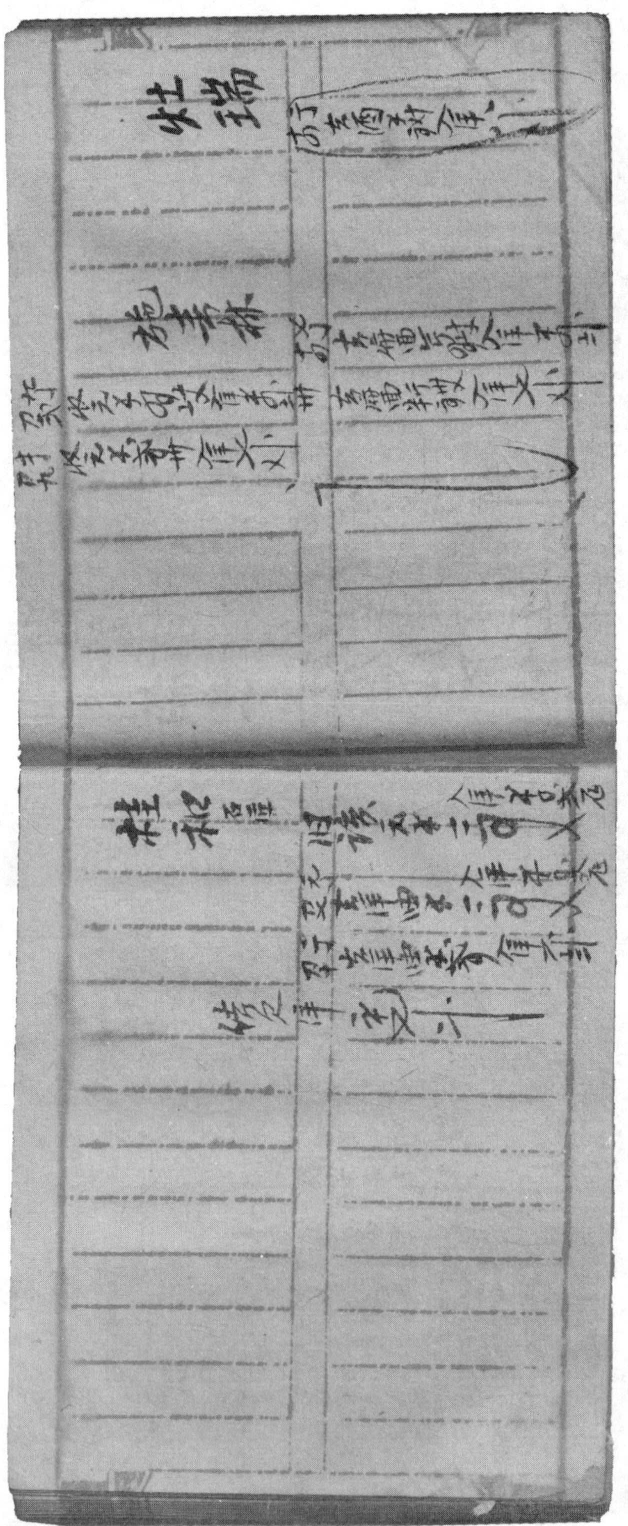

大鄣山乡江村 27-40 · 流水账本

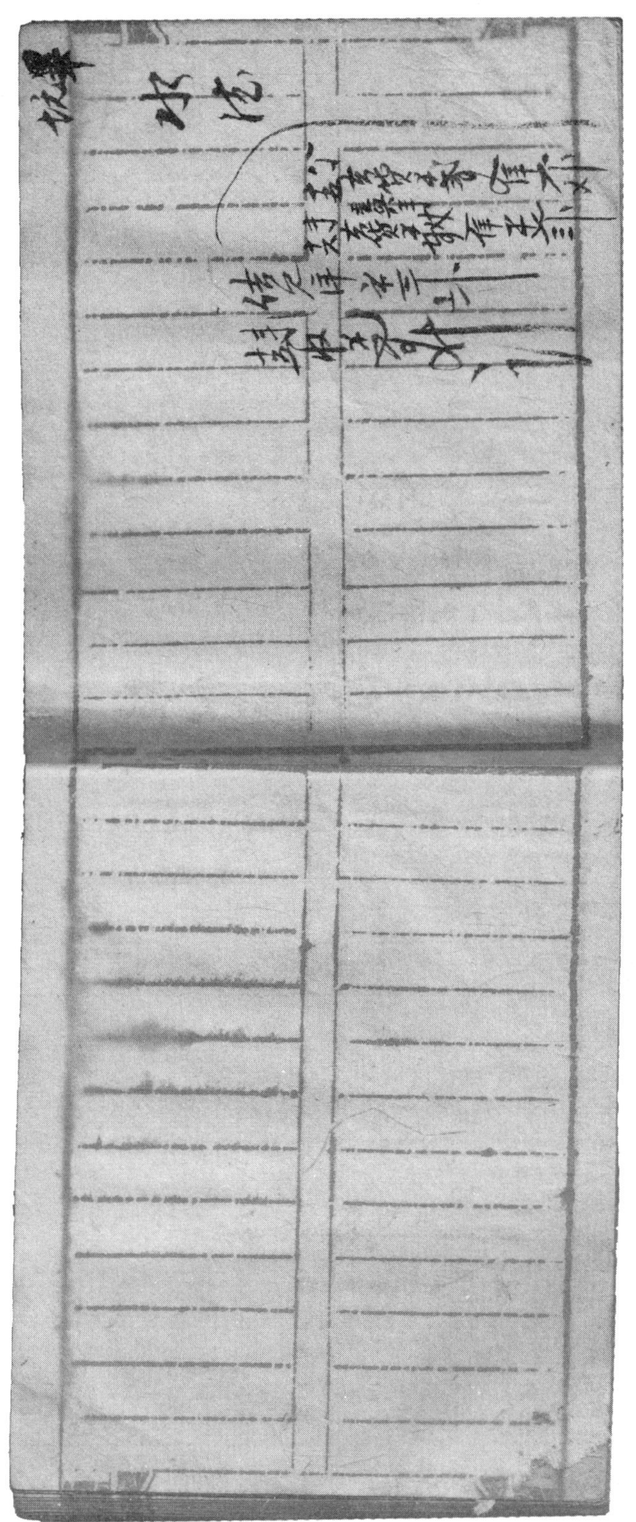

大鄣山乡江村 27-41 · 流水账本

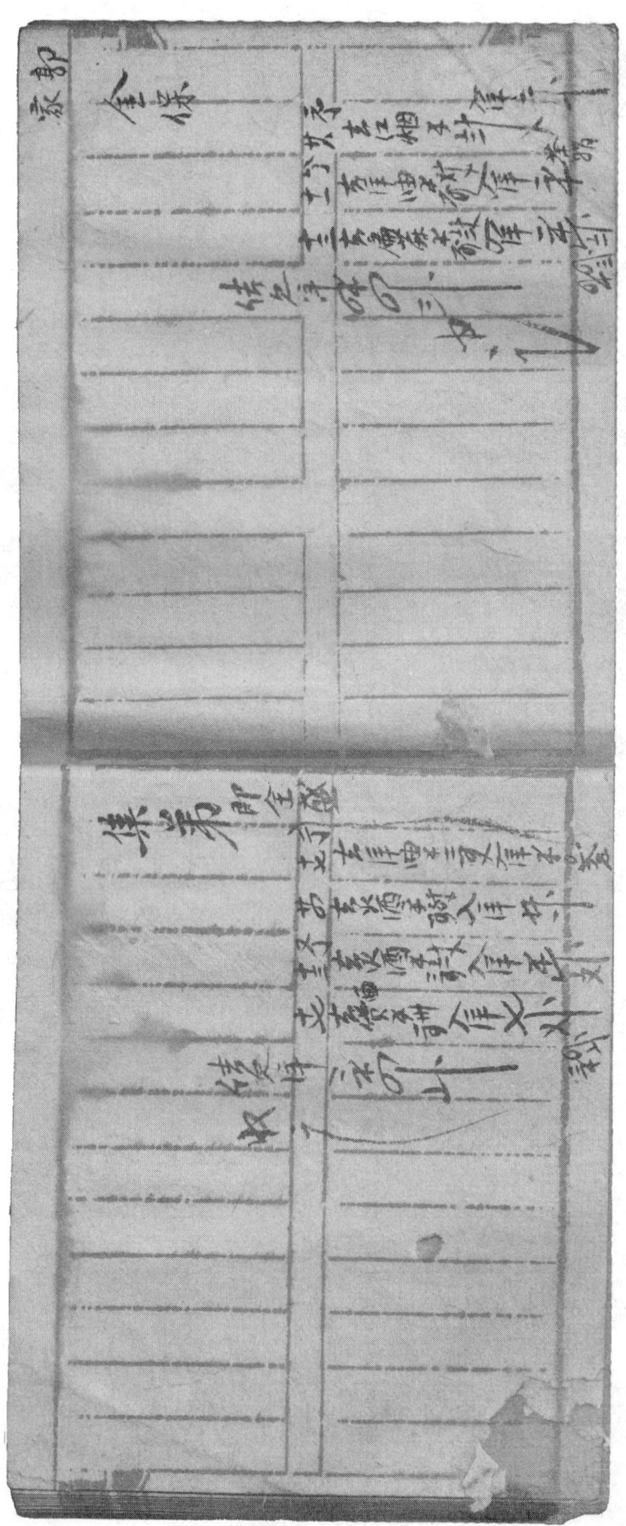

大鄣山乡江村 27-42・流水账本

大鄣山乡江村 27-43 · 流水账本

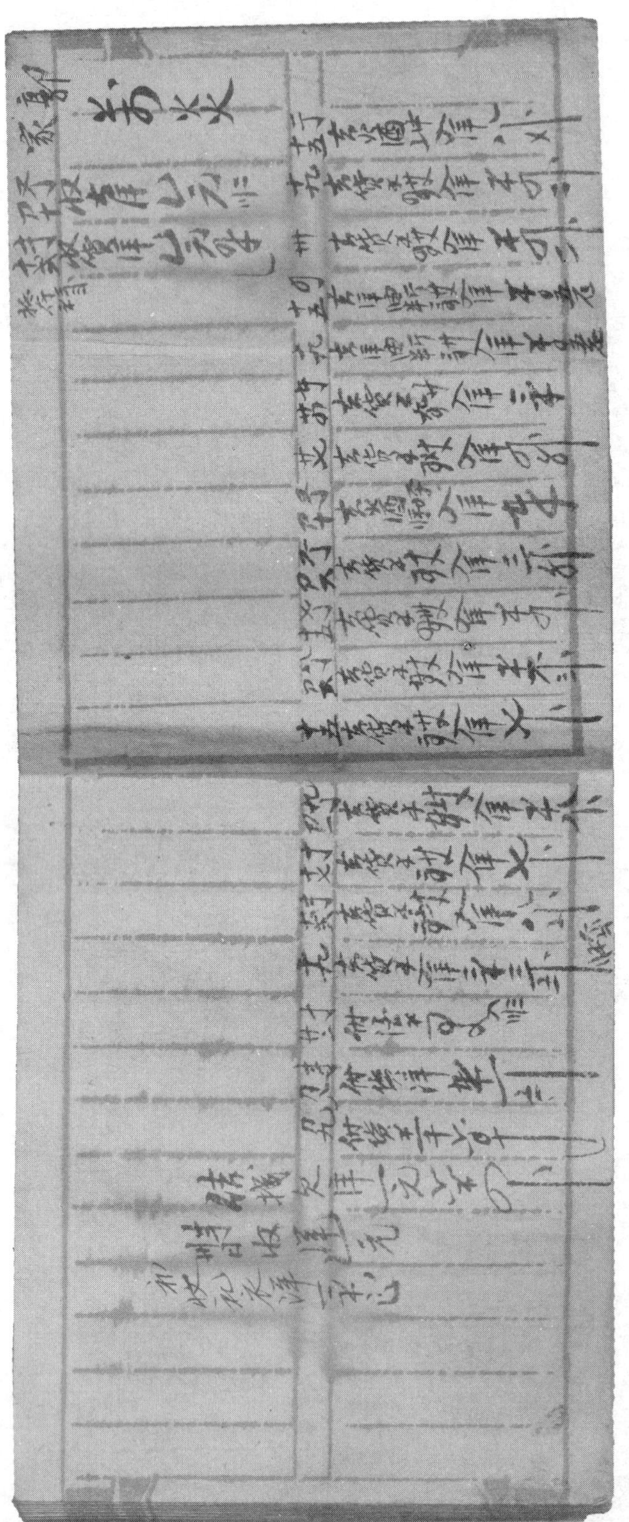

大鄣山乡江村 27-44・流水账本

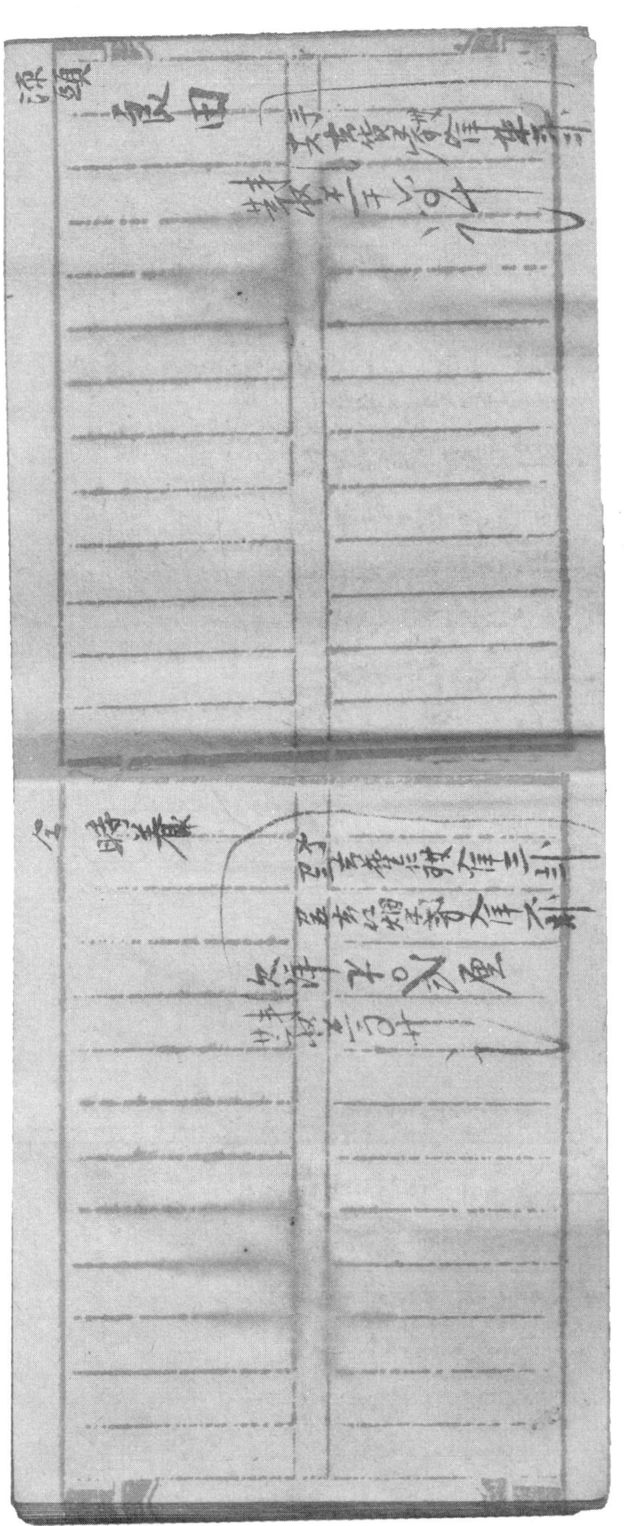

大鄣山乡江村 27-45 · 流水账本

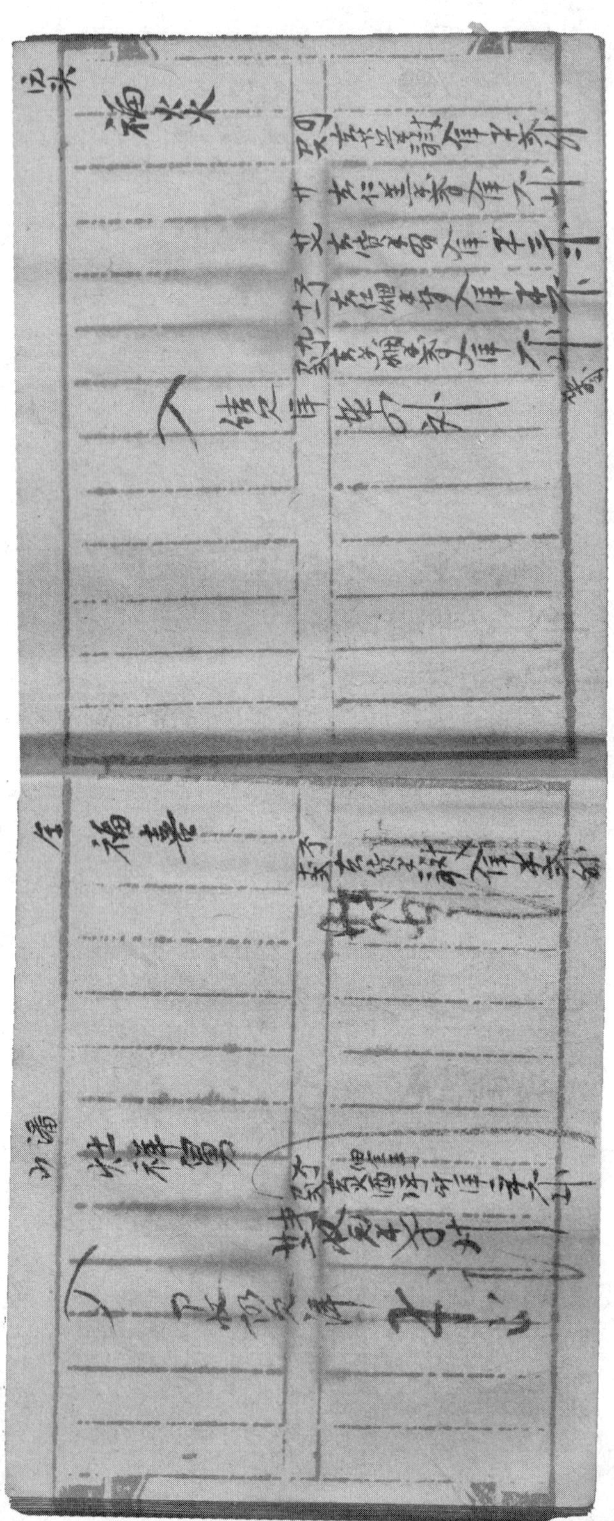

大鄣山乡江村 27-46 · 流水账本

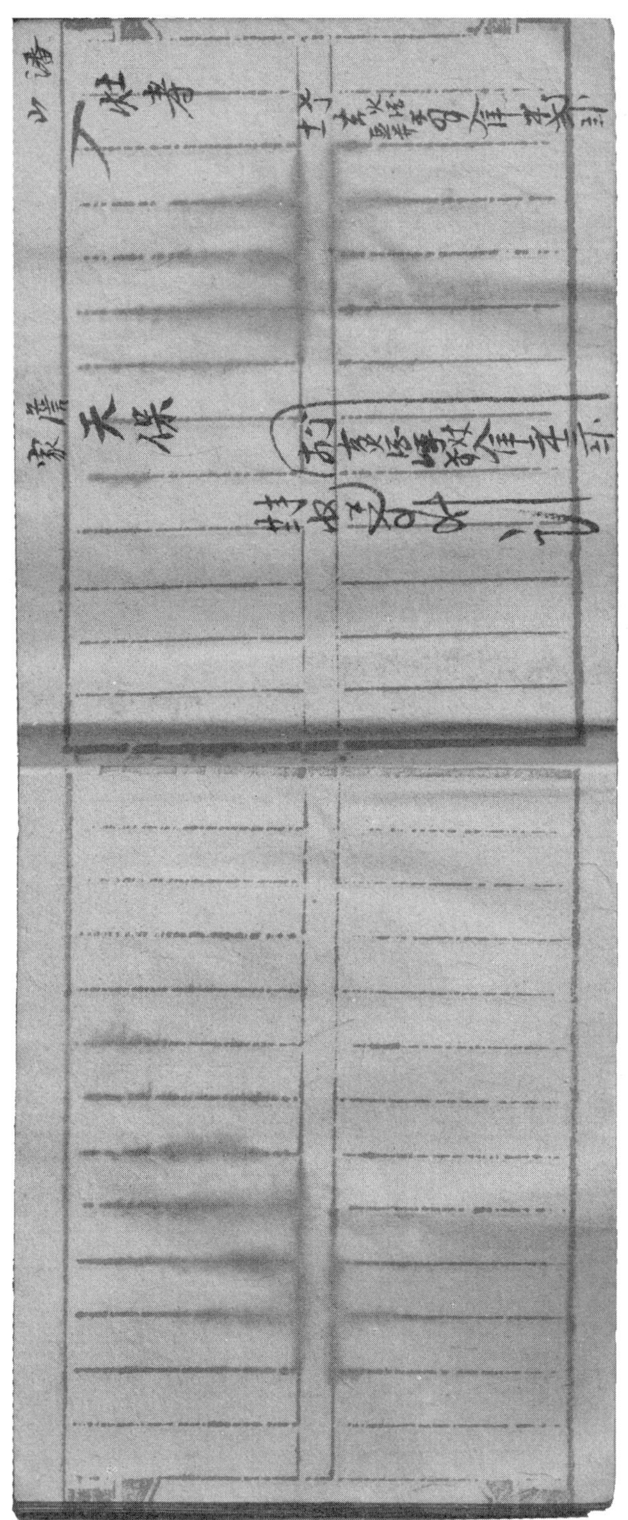

大鄣山乡江村 27-47 · 流水账本

大鄣山乡江村 27-48 · 流水账本

收米

廿 收米三斗
廿一收米半斗
廿四收米半斗
廿九收米半斗
[illegible]收米一斗
十三收米一斗半
十九收米一斗
廿二收米一斗
廿六收米一斗
[illegible]收米一斗
十七收米一斗二升一斗 [illegible]
十八收米二斗
廿二收米一斗

廿六收米二斗半
廿八收米一斗半
卅 收米四斗半 [illegible]
[illegible]收米三斗半 [illegible]
[illegible]

大鄣山乡江村 27-49 · 流水账本

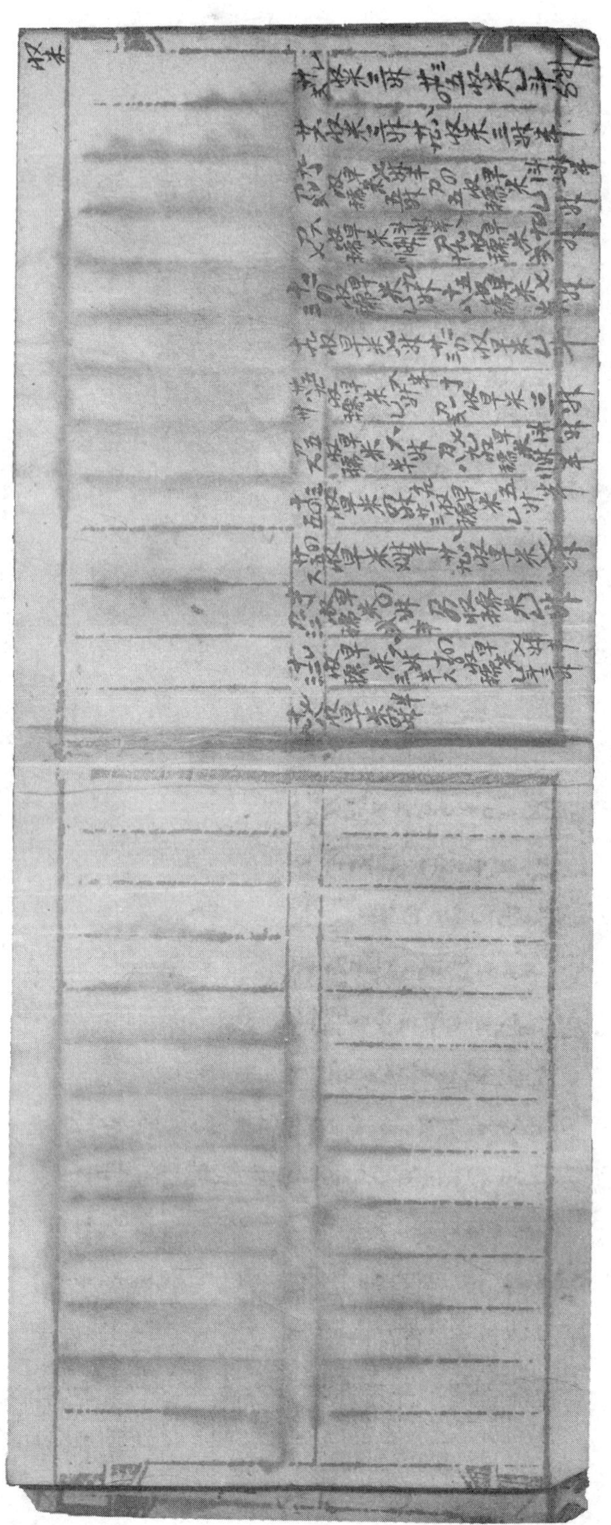

大鄣山乡江村 27-50 · 流水账本

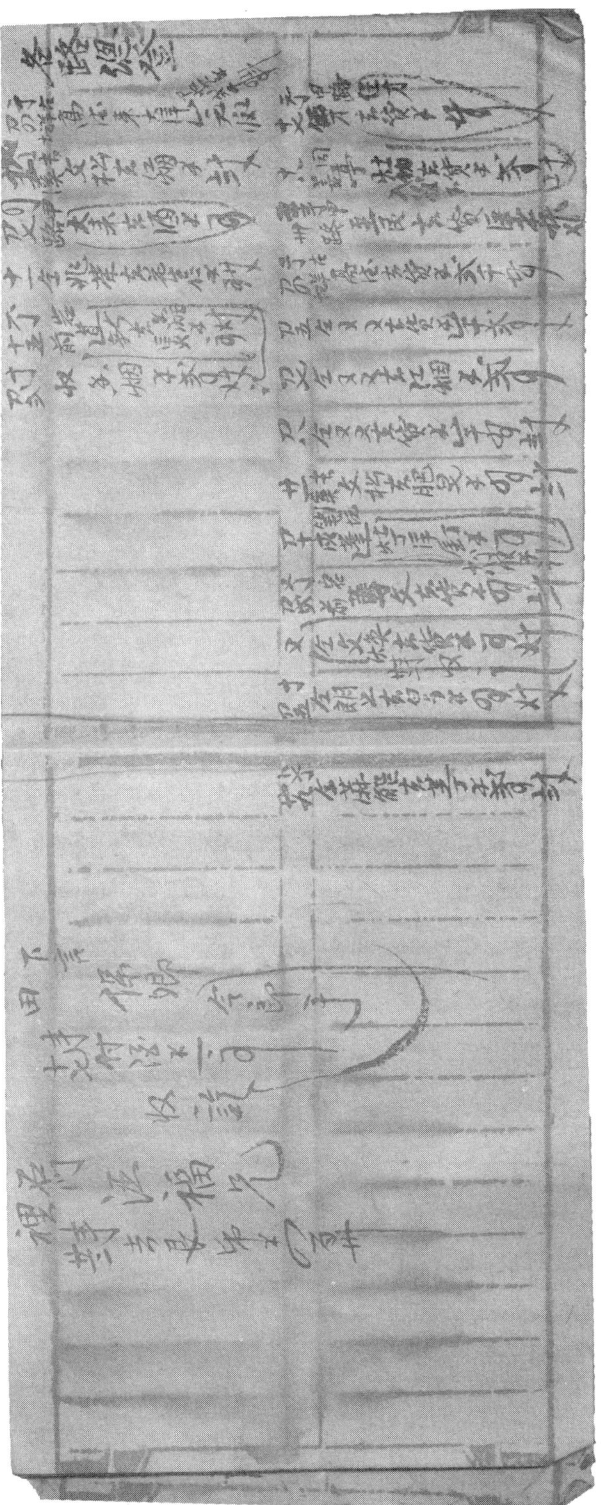

大鄣山乡江村 27-51 · 流水账本

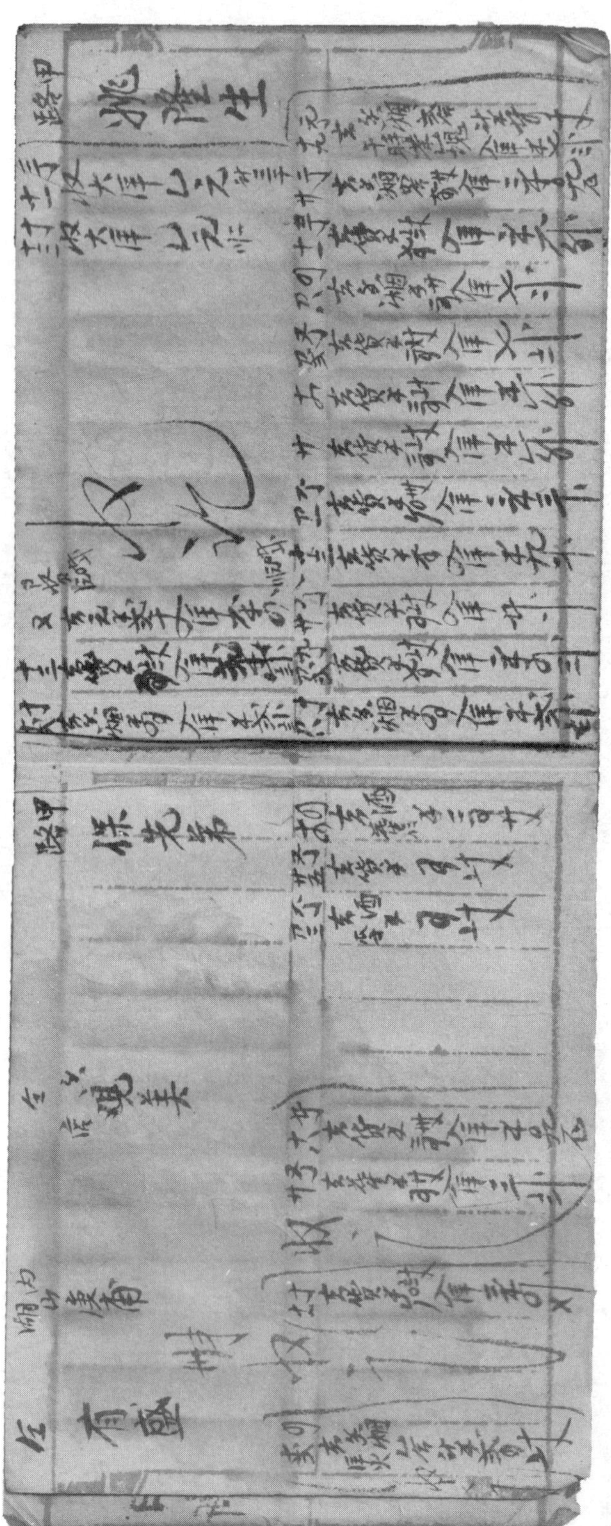

大鄣山乡江村 27-52 · 流水账本

大鄣山乡江村 27-53 · 流水账本

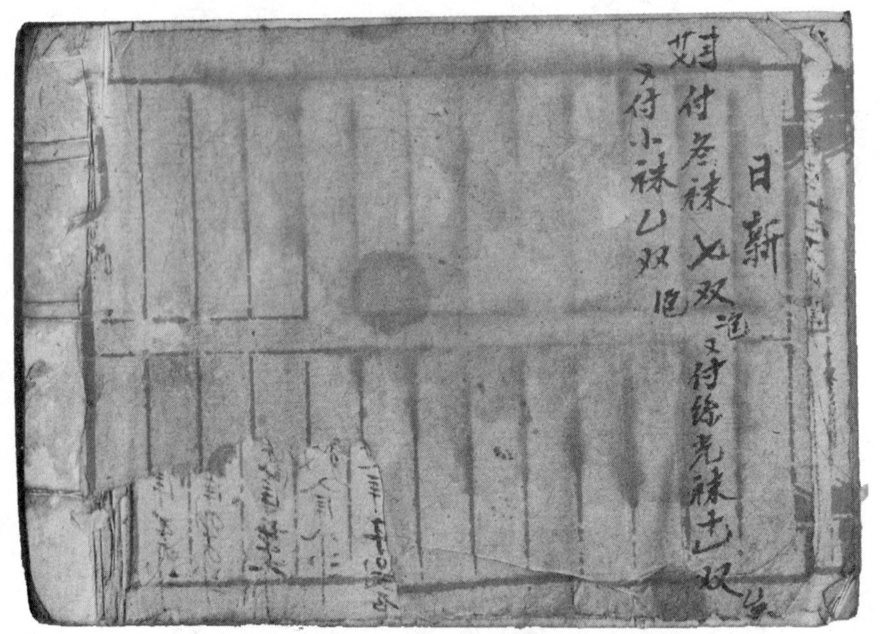

大鄣山乡江村 27-54 · 流水账本

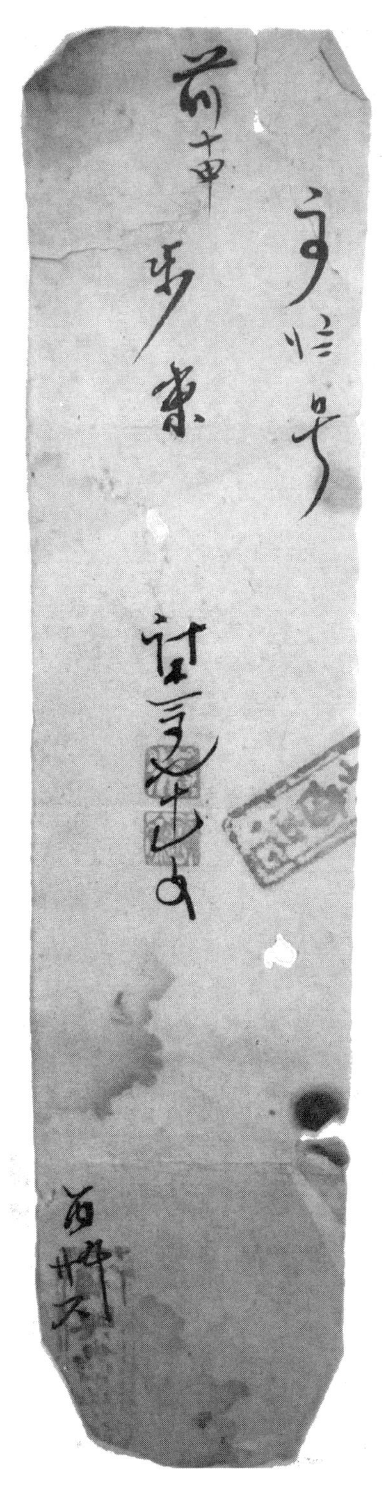

大鄣山乡江村 38 · 土地税单 · 步东

前十甲老屋点灯会

丙期

大鄣山乡江村 39 · 土地税单 · 老屋点灯会

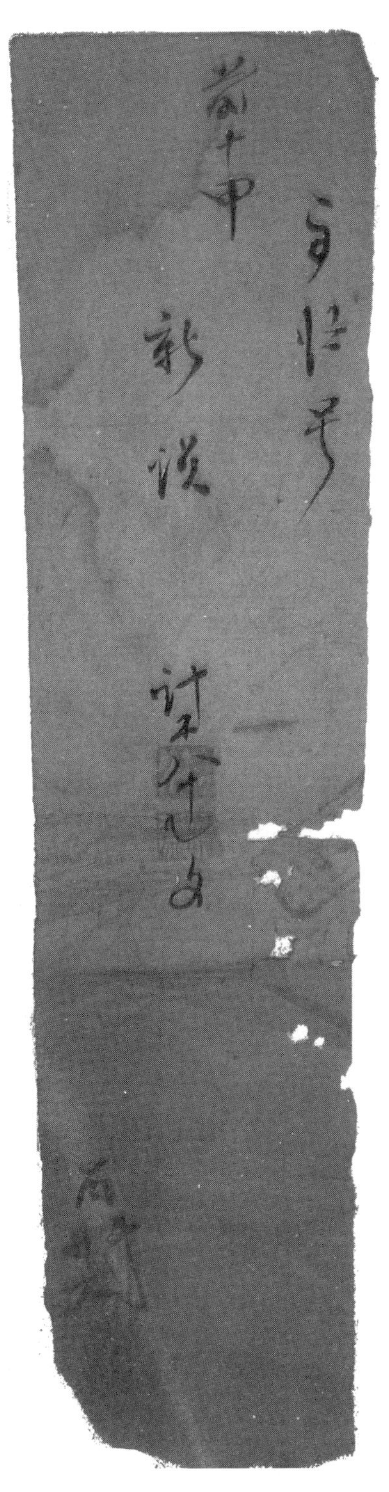

大郭山乡江村 40 · 土地税单 · 新说

大郭山乡江村 41 · 土地税单 · 点灯会

大郭山乡江村 42 · 土地税单 · 新说

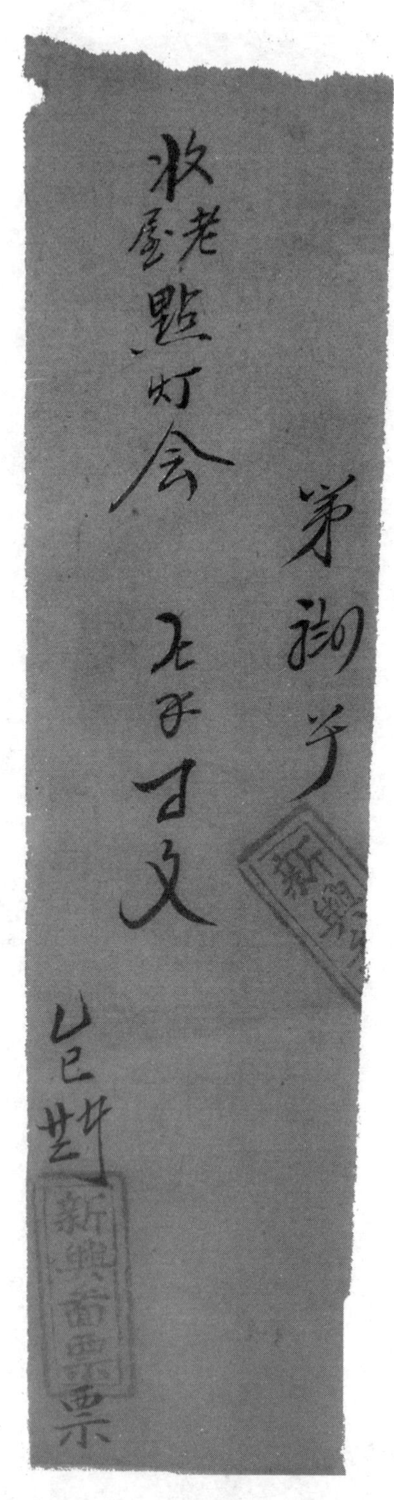

大鄣山乡江村 43 · 土地税单 · 老屋点灯会

大郭山乡江村 44 · 土地税单 · 新说、步东

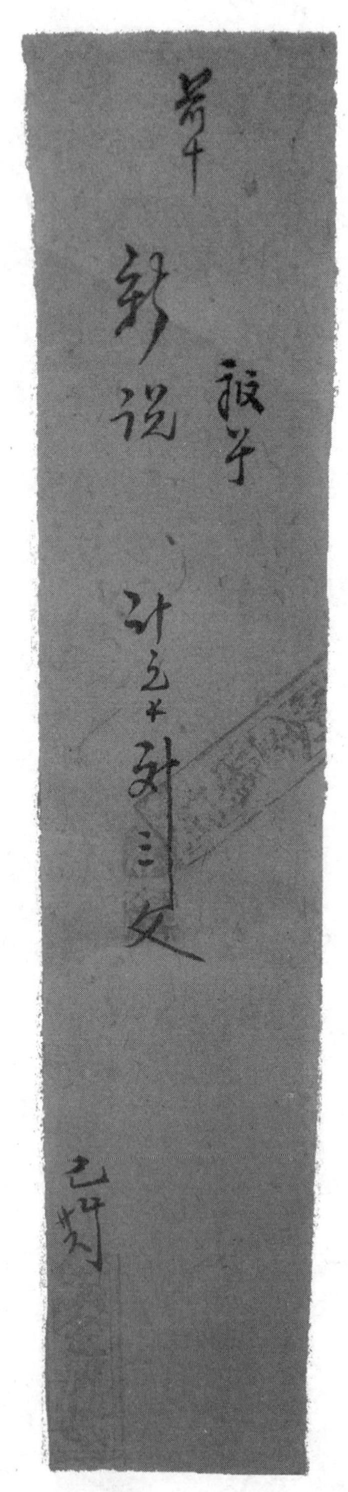

大郭山乡江村 45 · 土地税单 · 新说

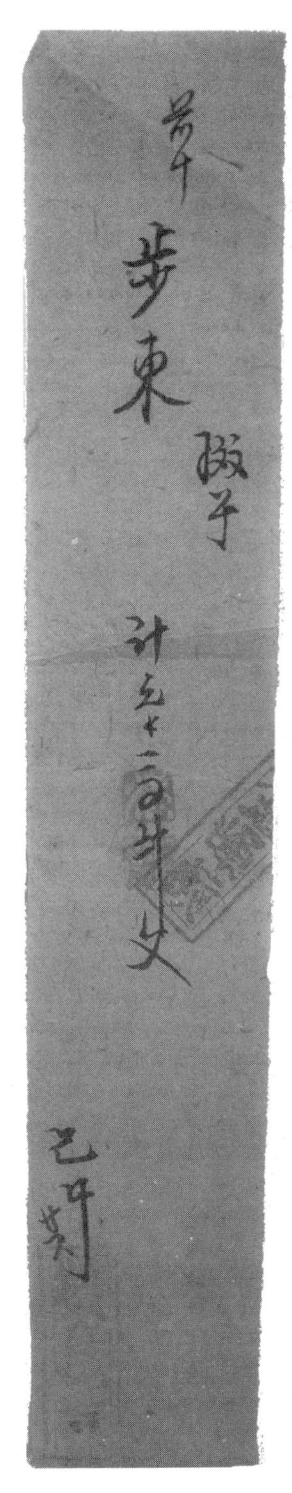

大郭山乡江村 46 · 土地税单 · 步东

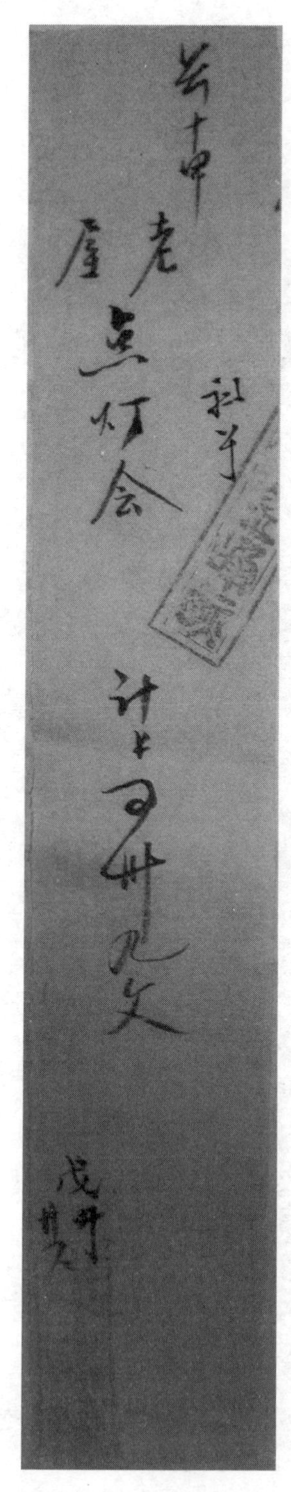

大郭山乡江村 47 · 土地税单 · 老屋点灯会

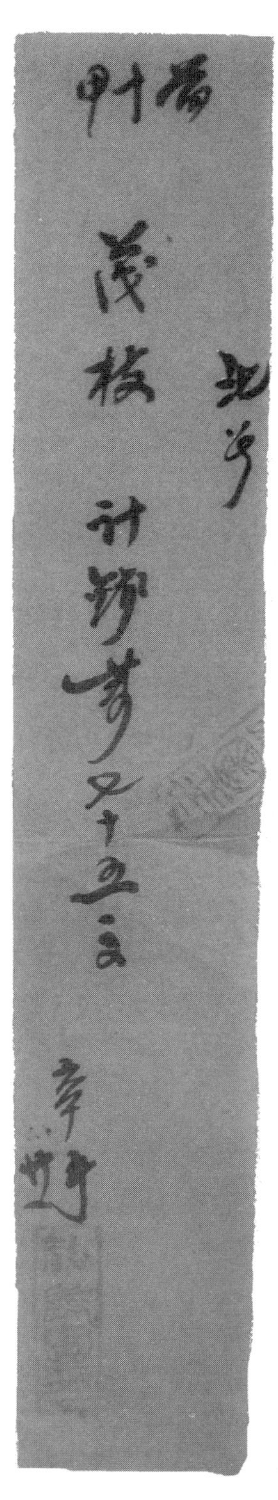

大郭山乡江村 48 · 土地税单 · 茂枝

大郭山乡江村 49 · 土地税单 · 步东

大郭山乡江村 50 · 土地税单 · 新说

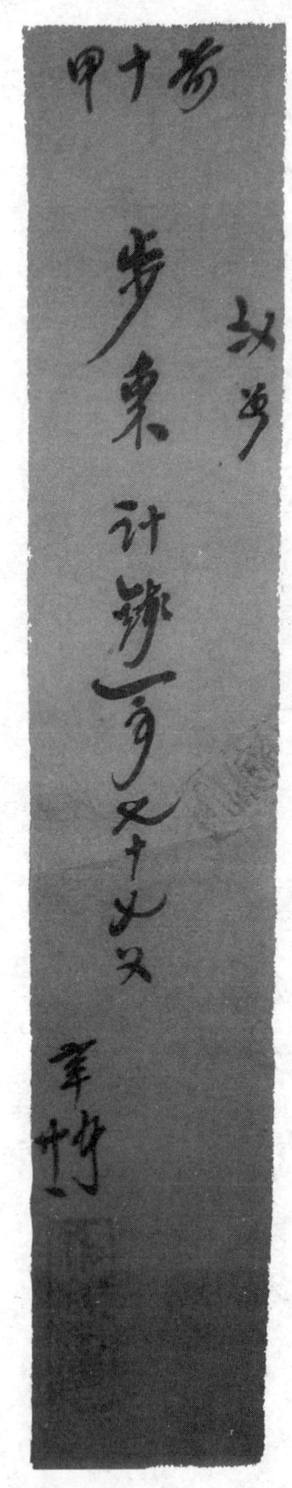

大郭山乡江村 51 · 土地税单 · 步东

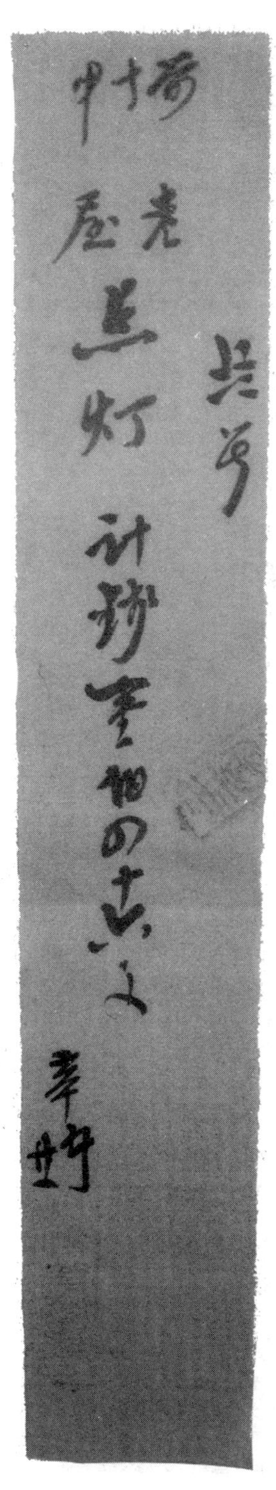

大郭山乡江村 52 · 土地税单 · 老屋点灯会

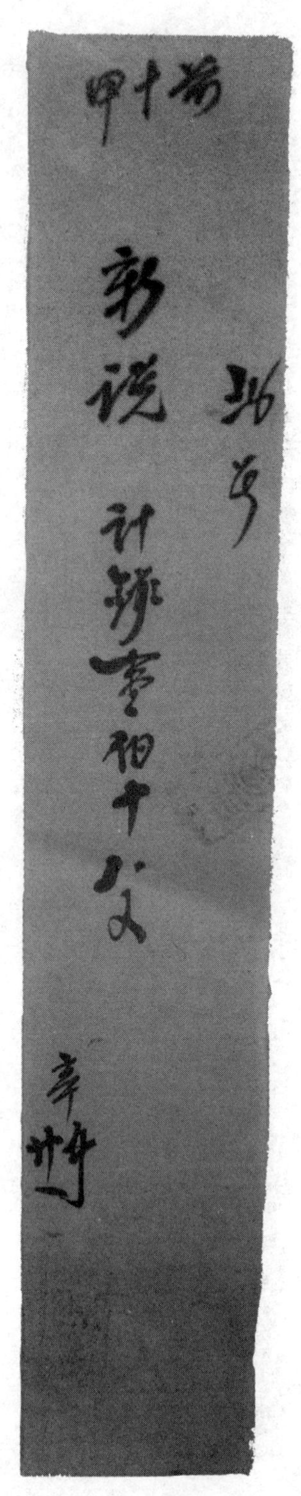

大郭山乡江村 53 · 土地税单 · 新说

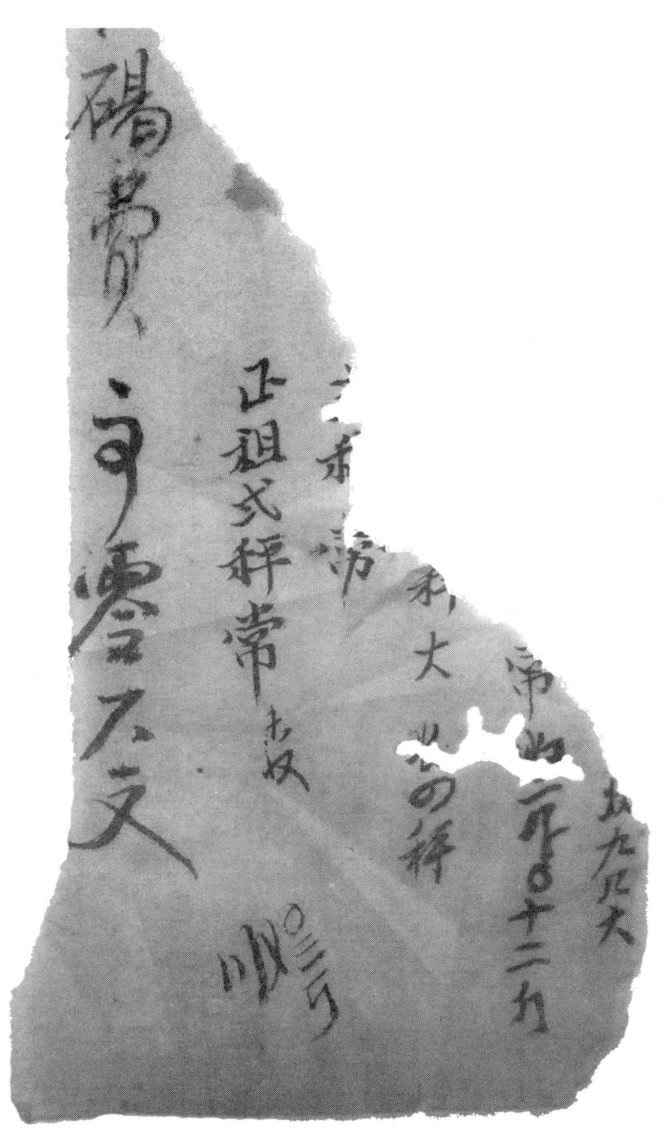

大郭山乡江村 54 · 账单

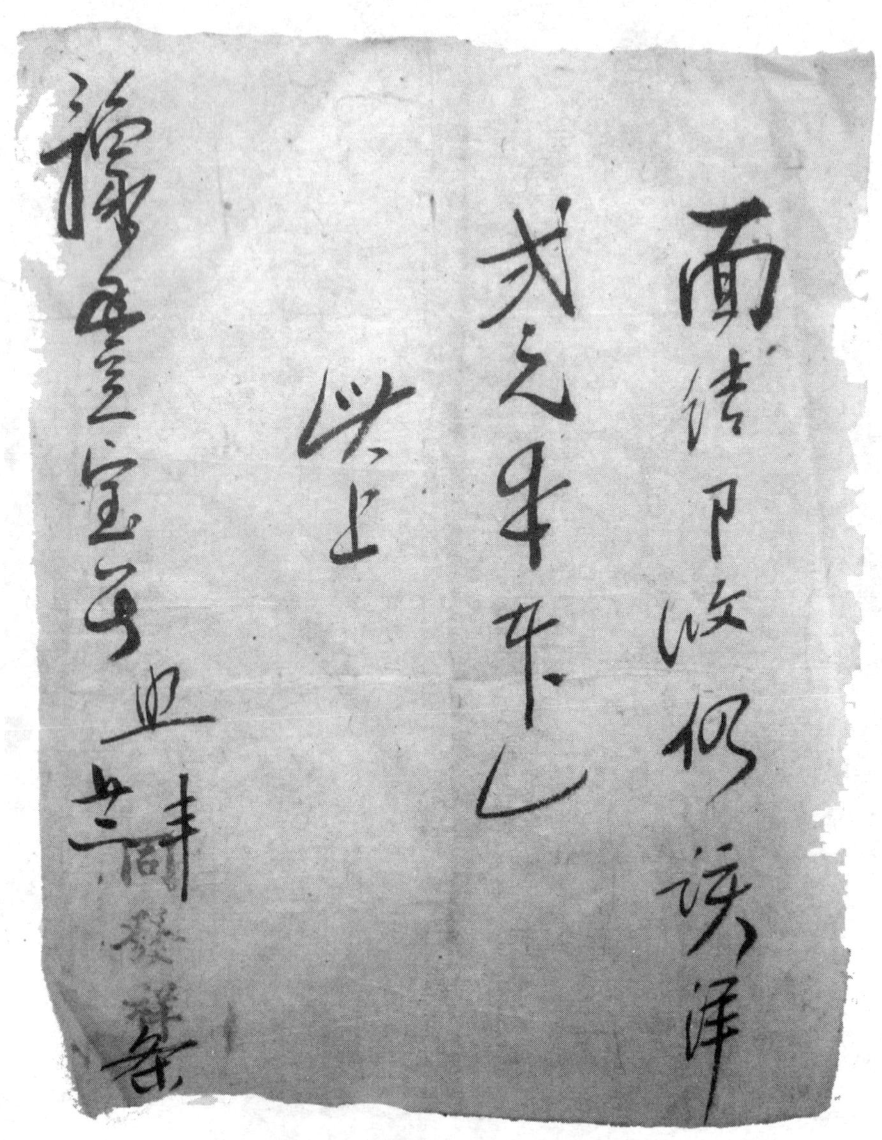

大鄣山乡江村 55 · 收条 · 豫丰宝号

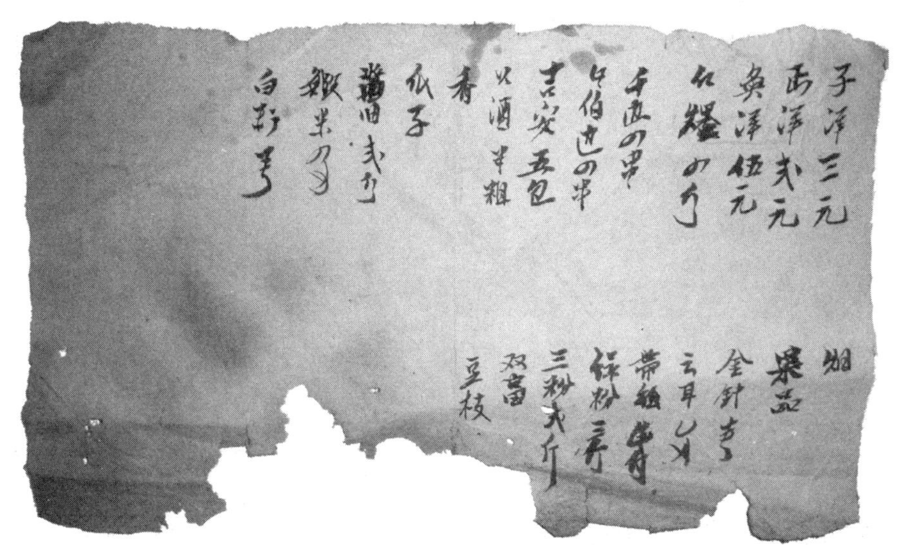
子洋三元
西洋弍元
[illegible]洋伍元
红蠟四斤
手巾四串
[illegible]伯边四串
吉安五包
火酒半粗
香
纸子
[illegible]田弍斤
蝦米[illegible]
白糖[illegible]
烟
果品
金针[illegible]
云耳[illegible]
带鱼[illegible]
绿粉三斤
三粉弍斤
双富
豆枝

大郭山乡江村 56 · 账单

九年八月良傑公清明秋收租單

丁　烏麥坑　正租六秤常　　　

田　麻榨段　佃分四秤常　　　

欣　江村段　廿文　正租壹秤半常

吾　黃村塢　佃分弍秤大

實　汭洲橋頭　廿四文正租四秤大

有　寒木下　廿廿文　正租柒佃拾

吉　宗三廟上　十二文　正租弍秤

水　大坼三橫坂　佃分

　　牛典租

閑　宗三廟下

大郭山乡江村 57 · 秋收租单 · 良杰公

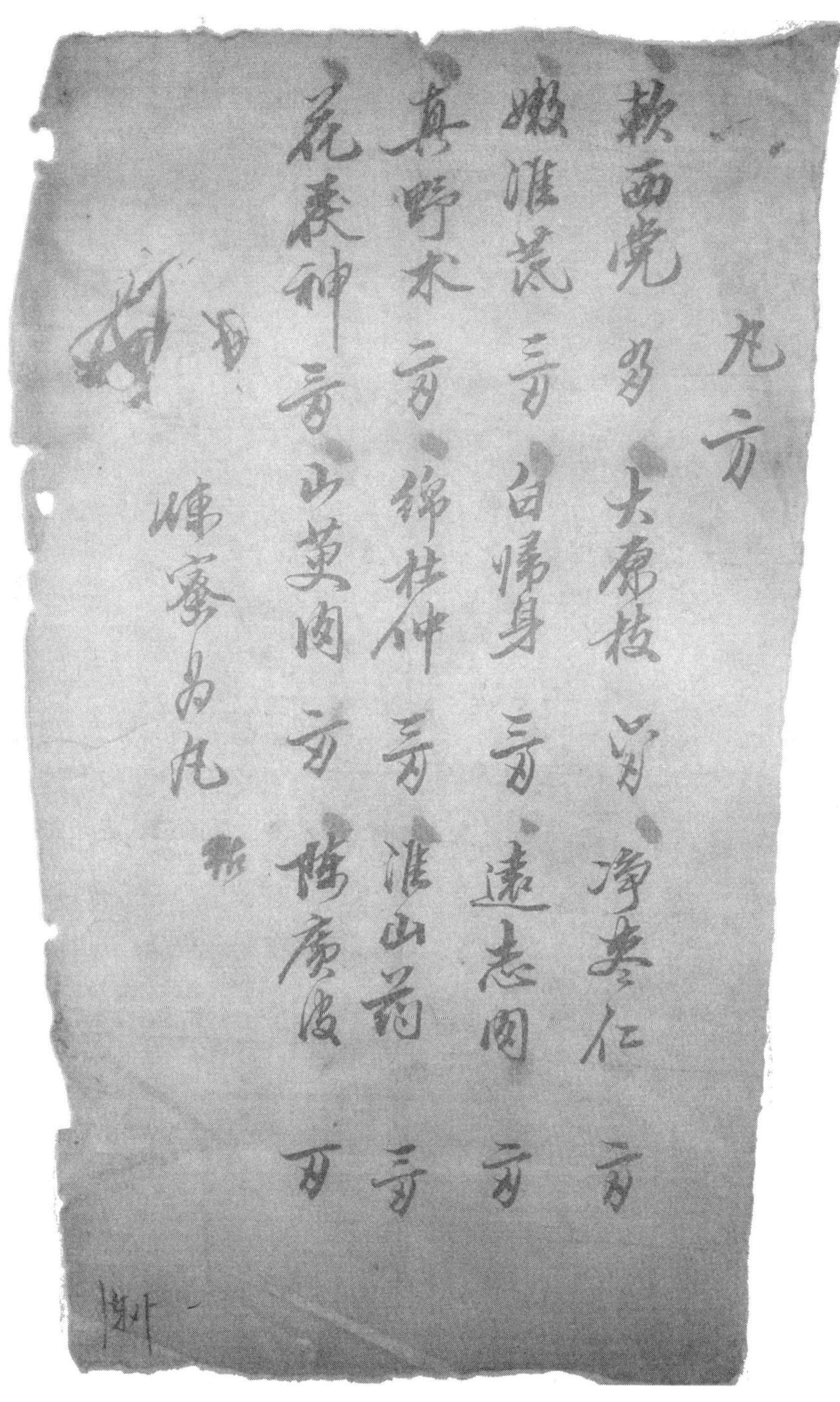
丸方
穀西党 四两 大熟枝 四两 净枣仁 一两
嫩淮芪 三两 白归身 三两 远志肉 一两
真野术 二两 绵杜仲 三两 淮山药 三两
花茯神 一两 山萸肉 二两 陈广皮 一两

大郭山乡江村 58 · 处方

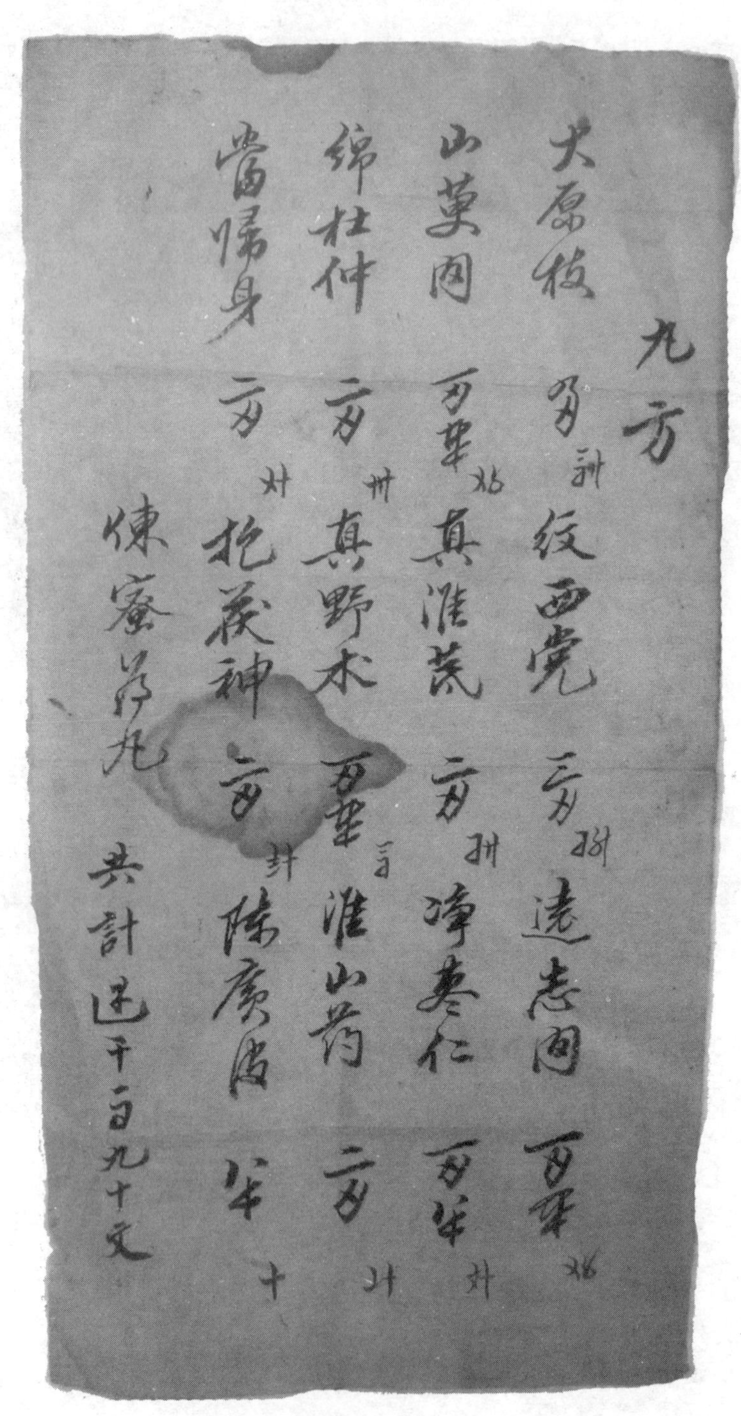
九方

大原枝 一分　紋西党 三分　遠志肉 五分半

山萸肉 五分半　真淮芪 二分　淨棗仁 五分半

綿杜仲 二分　真野术 五分半　淮山药 二分

當歸身 二分　抱茯神 二分　陳廣皮 八分

煉蜜為丸

共計錢千百九十文

大鄣山乡江村 59 · 处方

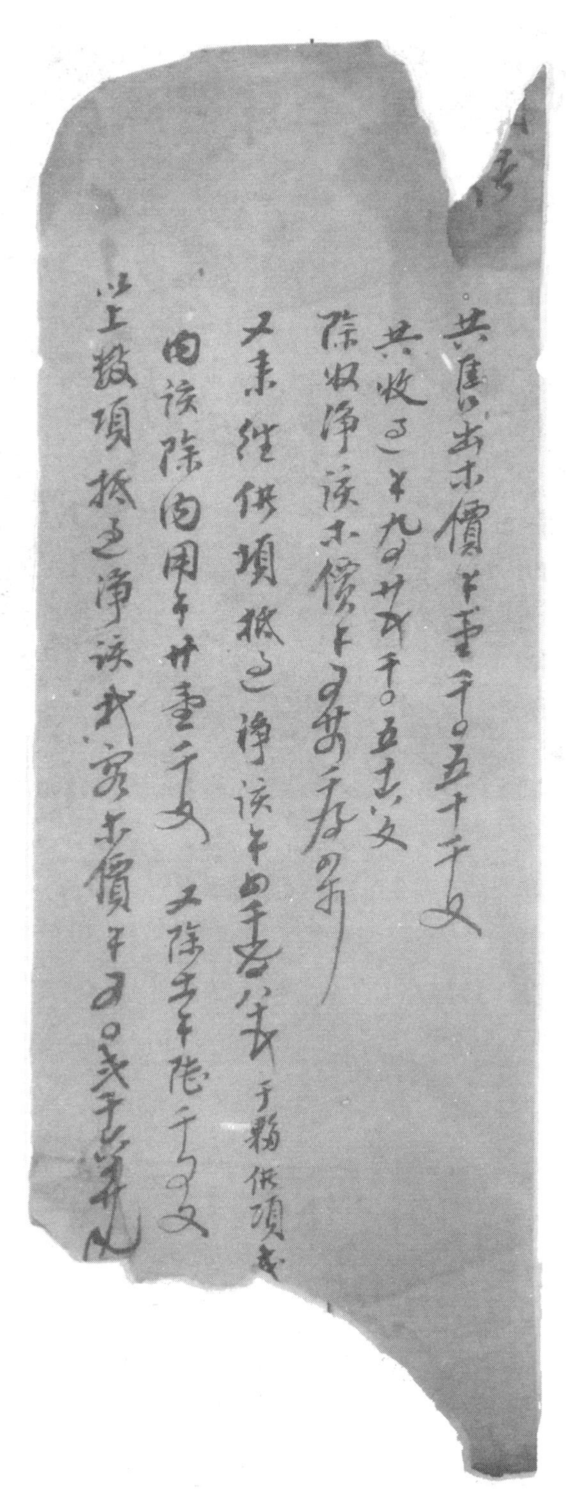

大郭山乡江村 60 · 账单

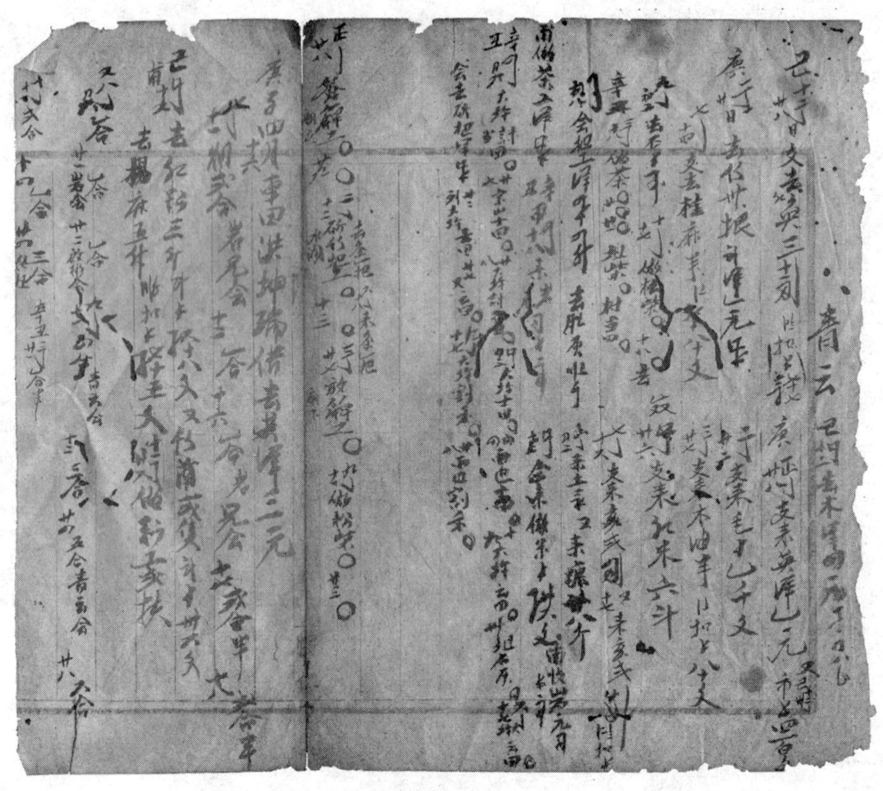

大鄣山乡江村 63 · 流水账

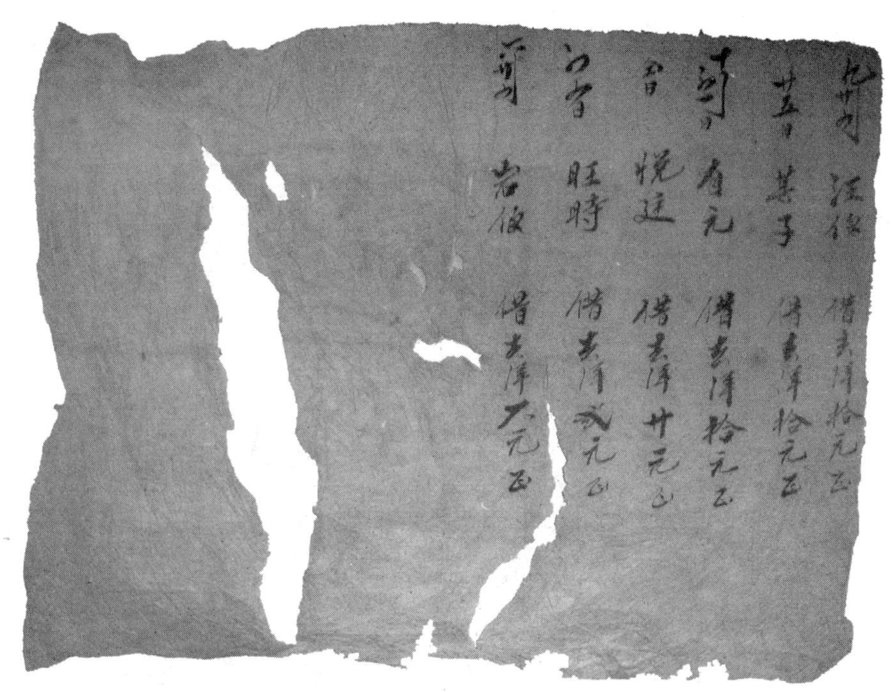

九月廿四 汪铭 借去洋拾元正
廿五日 甚子 借去洋拾元正
十月一日 有元 借去洋拾元正
四日 悦廷 借去洋廿元正
六日 旺時 借去洋贰元正
十一日 岩俊 借去洋六元正

大鄣山乡江村 64 · 账单

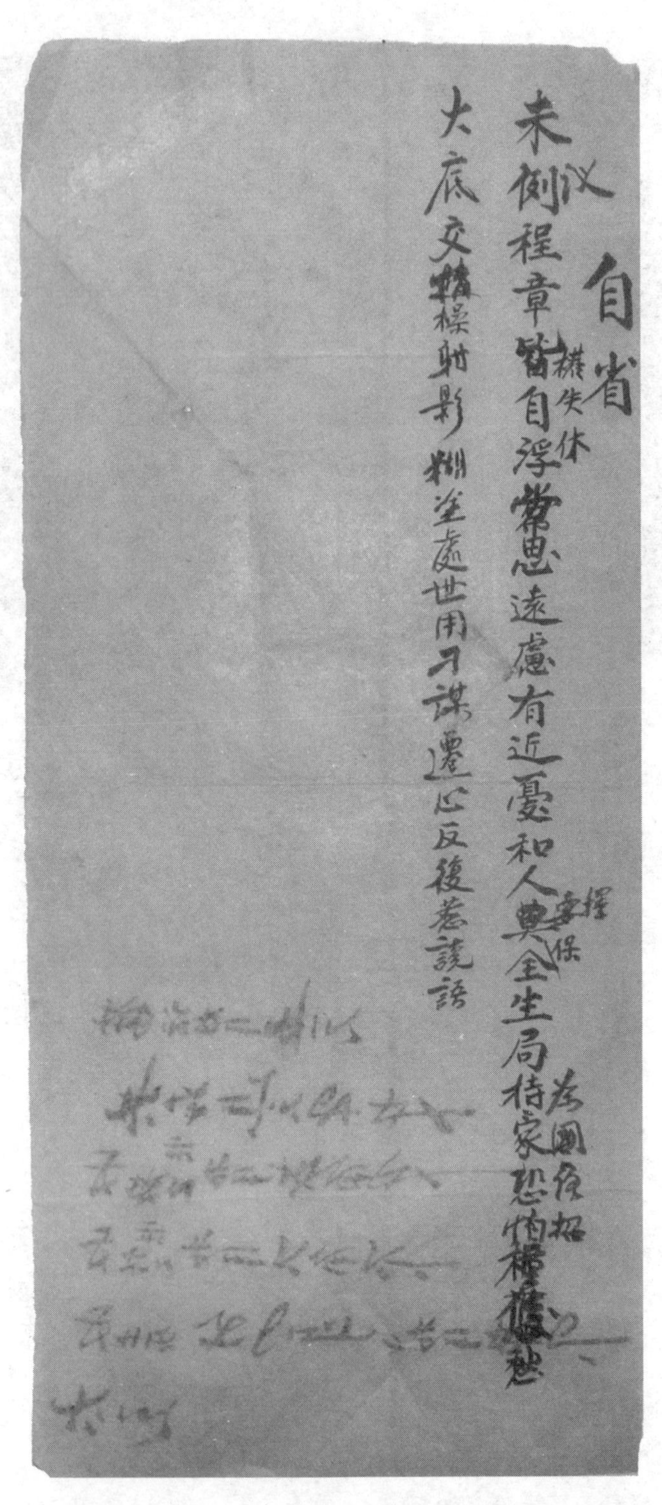

大鄣山乡江村 68-i · 杂文（第一面）

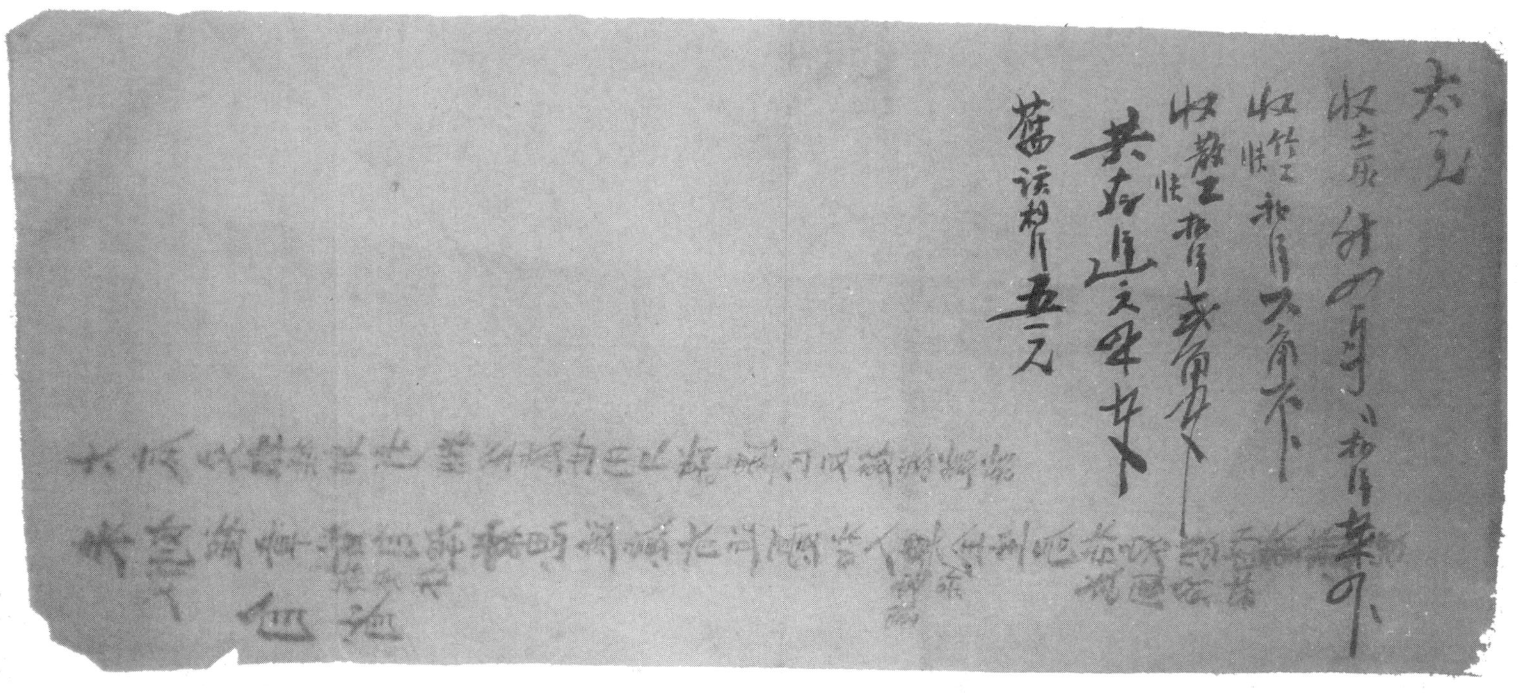

大鄣山乡江村 68-ii · 杂文（第二面）

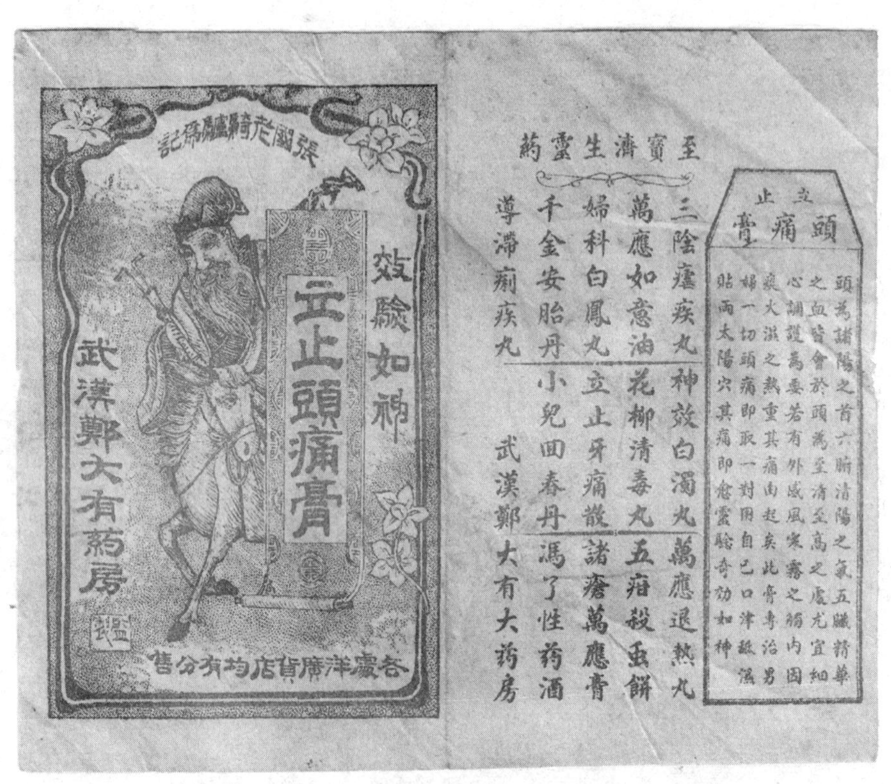

大鄣山乡江村 69 · 广告 · 武汉郑大有药房立止头痛膏

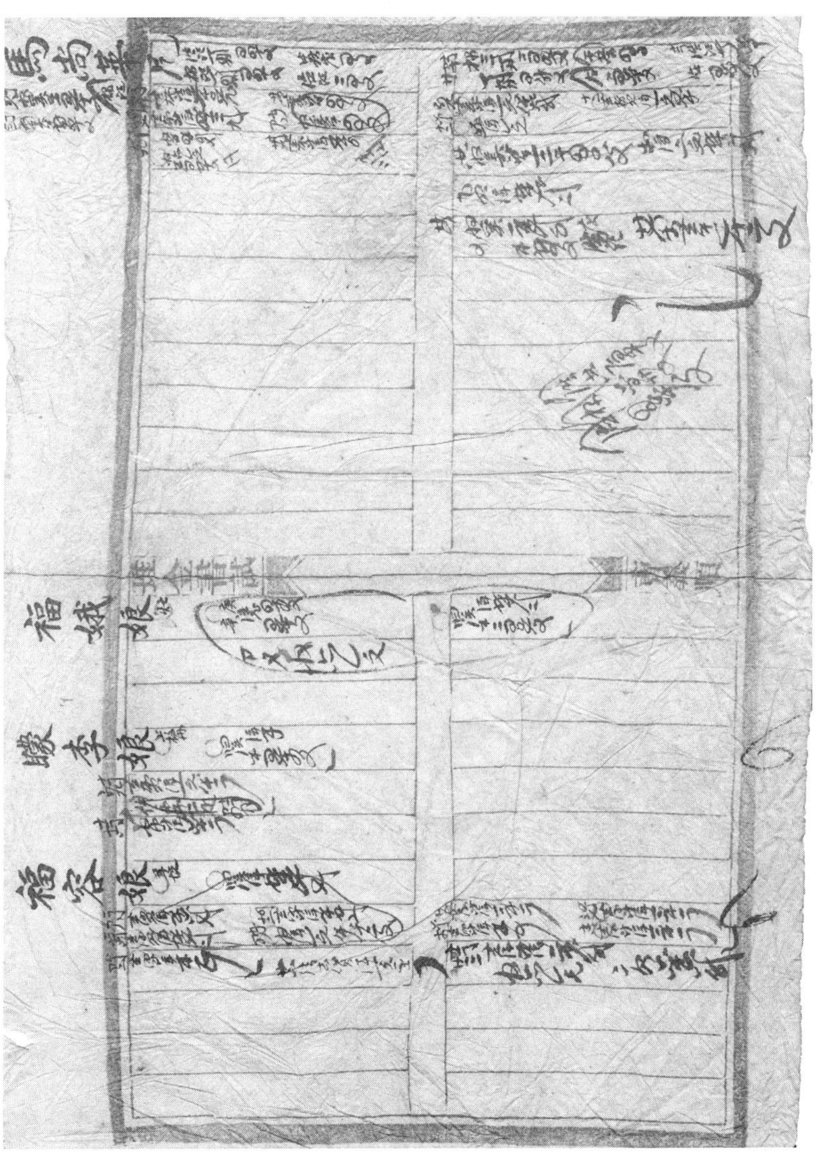

大鄣山乡江村 70・账单

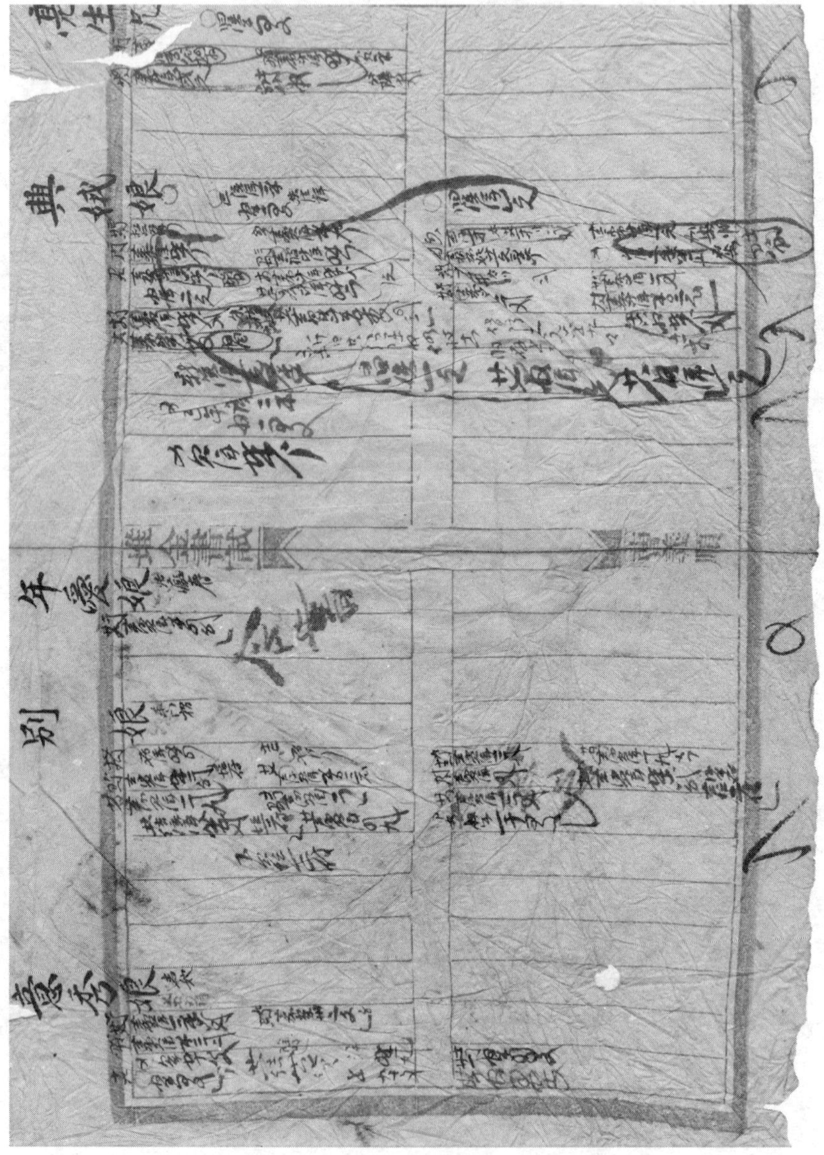

大鄣山乡江村 71 · 账单

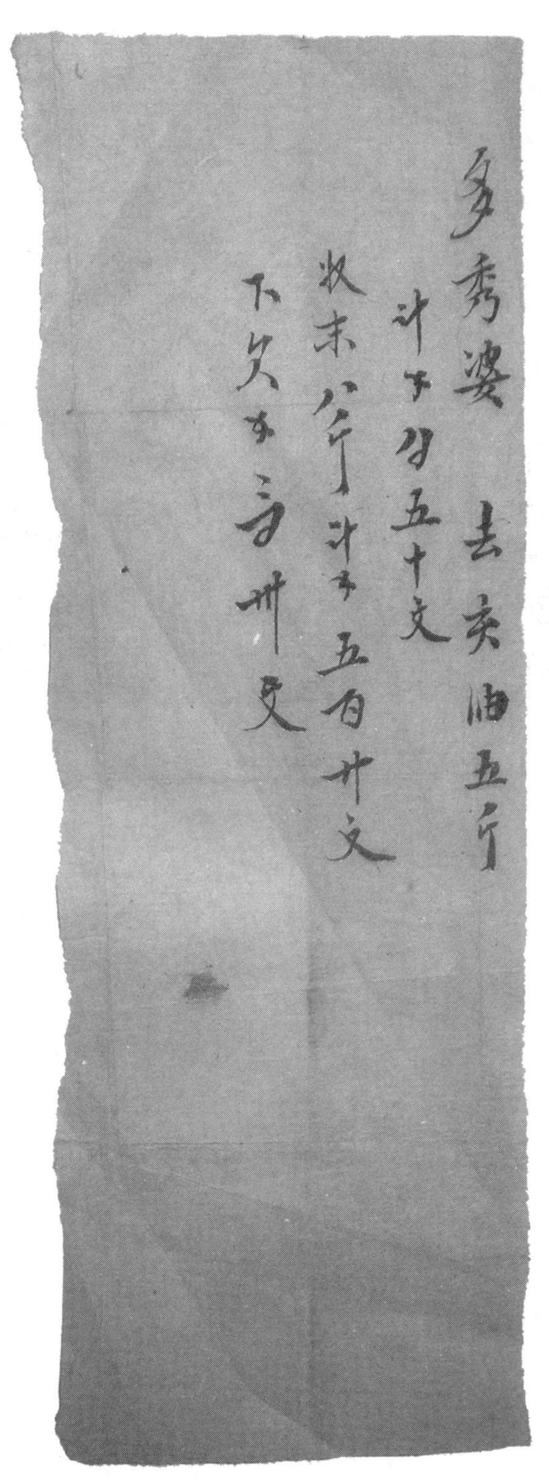

多秀婆　去卖油五斤
计钱百五十文
收米八斤计钱五百廿文
下欠钱三百卅文

大鄣山乡江村 78 · 账单 · 多秀婆

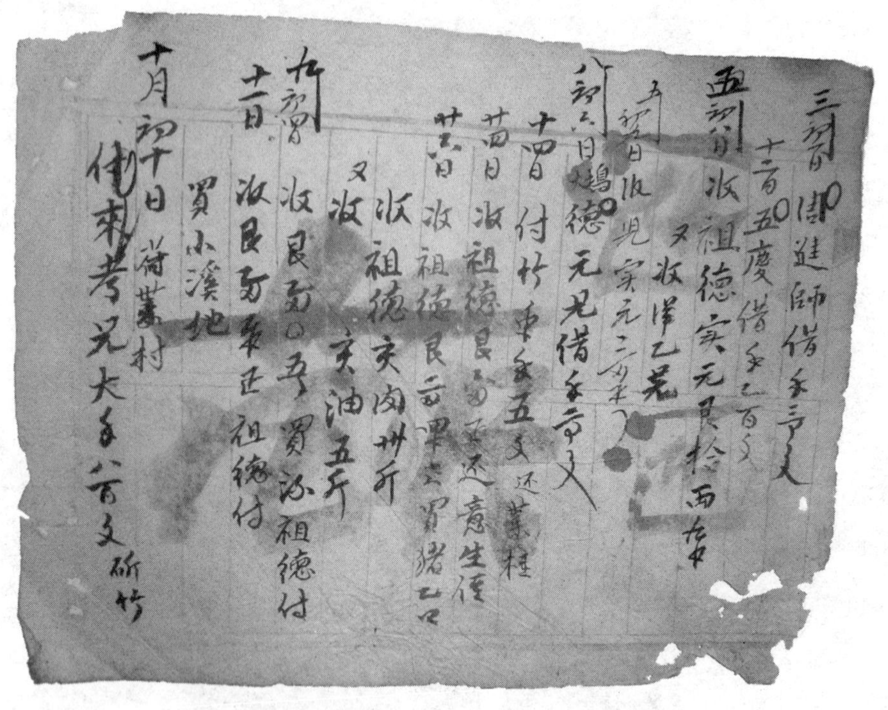

大鄣山乡江村 80 · 流水账

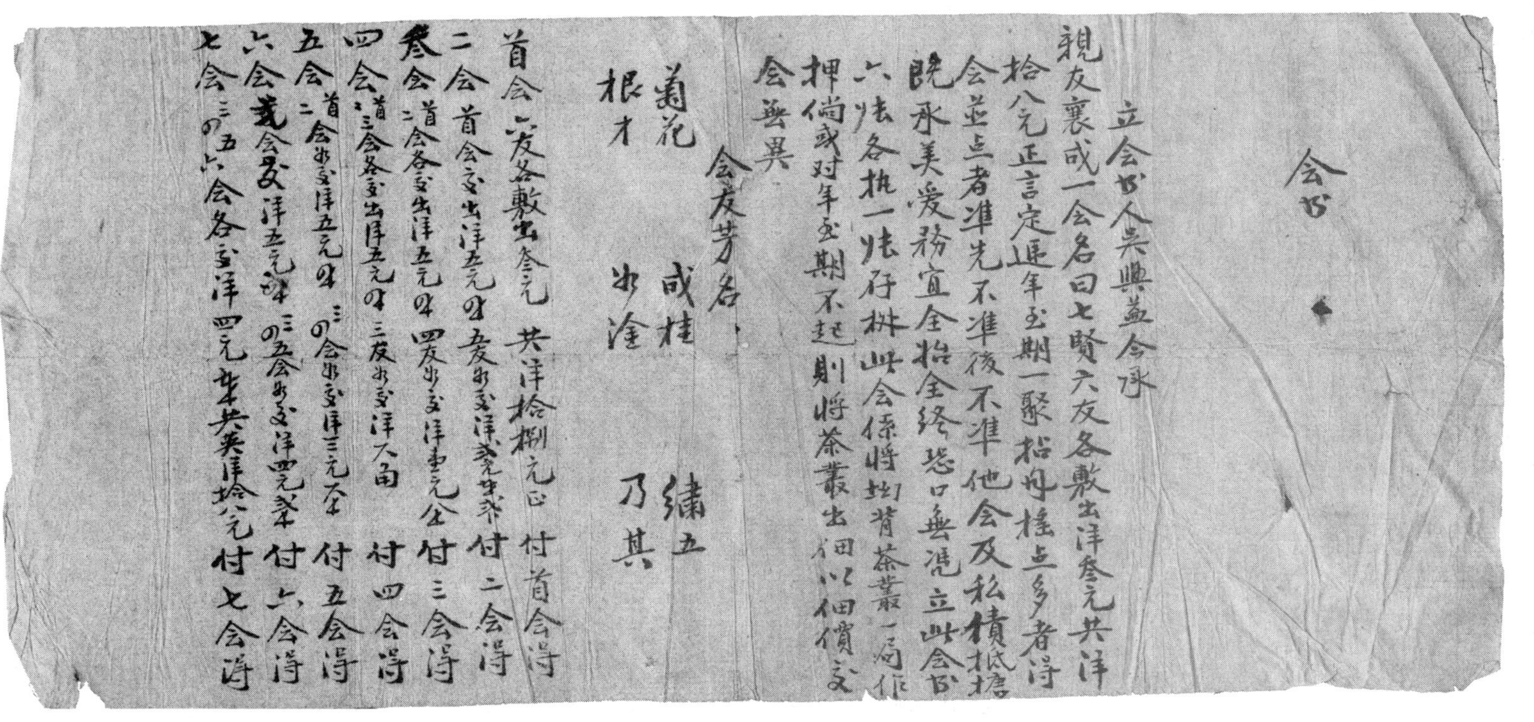

会书

立会书人吴兴益今承

親友襄成一会，名曰七贤，六友各敷出洋叁元，共洋拾八元正。言定遞年至期一聚，拈阄搖点，多者得会，並点者準先不準後，不準他会及私積抵搪。既承美爱，务宜全始全终，恐口無凭，立此会书六張，各执一張存挪。此会係將[illegible]背茶叢一局作押，倘或对年至期不起，則將茶叢出佃，以佃價交会無異。

会友芳名

菊花　成桂　繡五

根才　水淦　乃其

首会　六友各敷出叁元　共洋拾捌元正　付首会得

二会　首会交出洋五元，五友出交洋叁元　付二会得

叁会　首、二会各交出洋五元，四友出交洋　付三会得

四会　首、二、三会各交出洋五元，三友出交洋　付四会得

五会　首、二、三、四会出交洋五元，二友出交洋三元　付五会得

六会　首、二、三、四、五会出交洋五元　付六会得

七会　首、二、三、四、五、六会各交洋四元　共洋拾八元　付七会得

大鄣山乡江村 103 · 会书 · 吴兴益

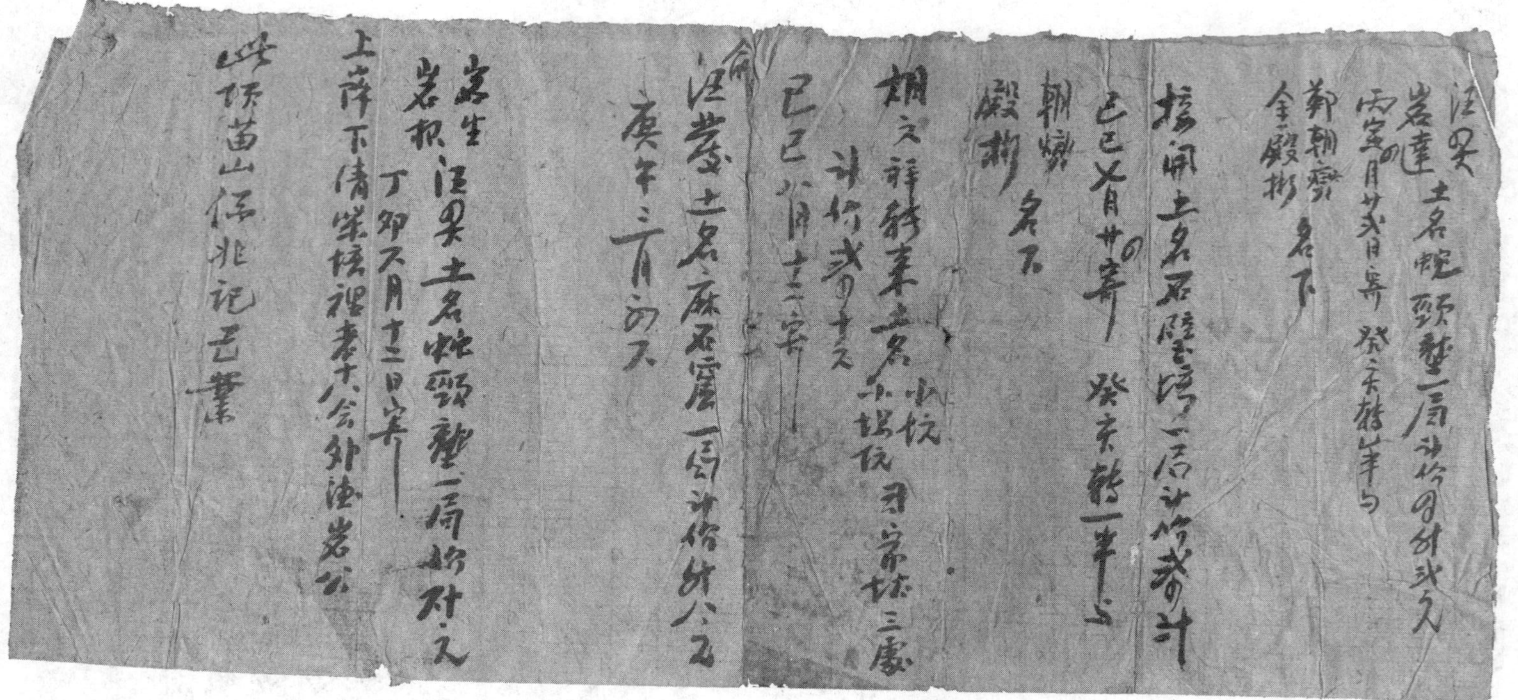

大郭山乡江村 113 · 租税单

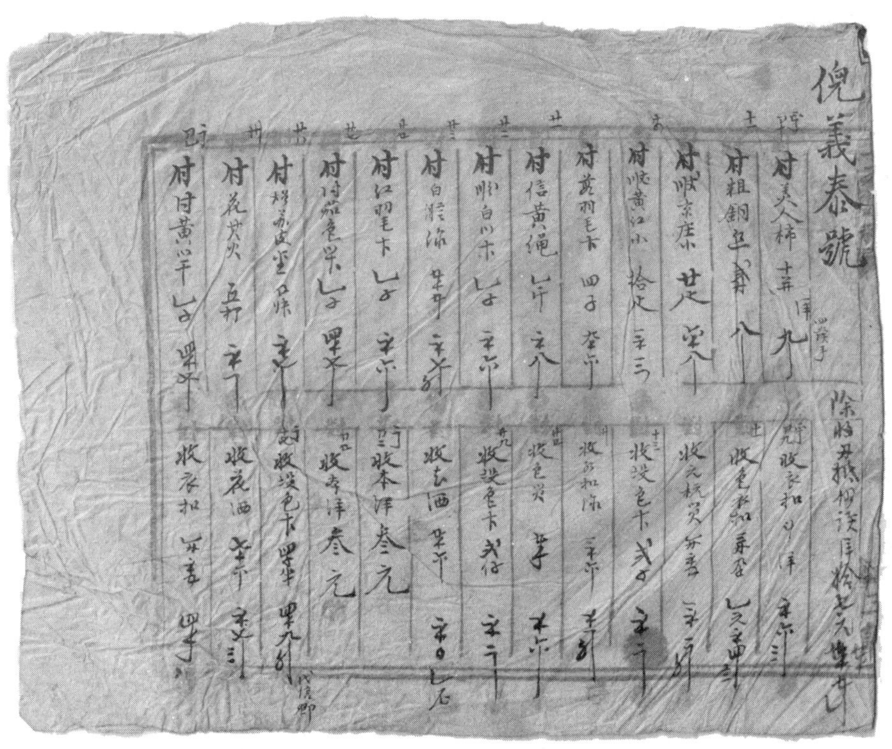

大鄣山乡江村 114-i · 流水账 · 倪义泰号（第一面）

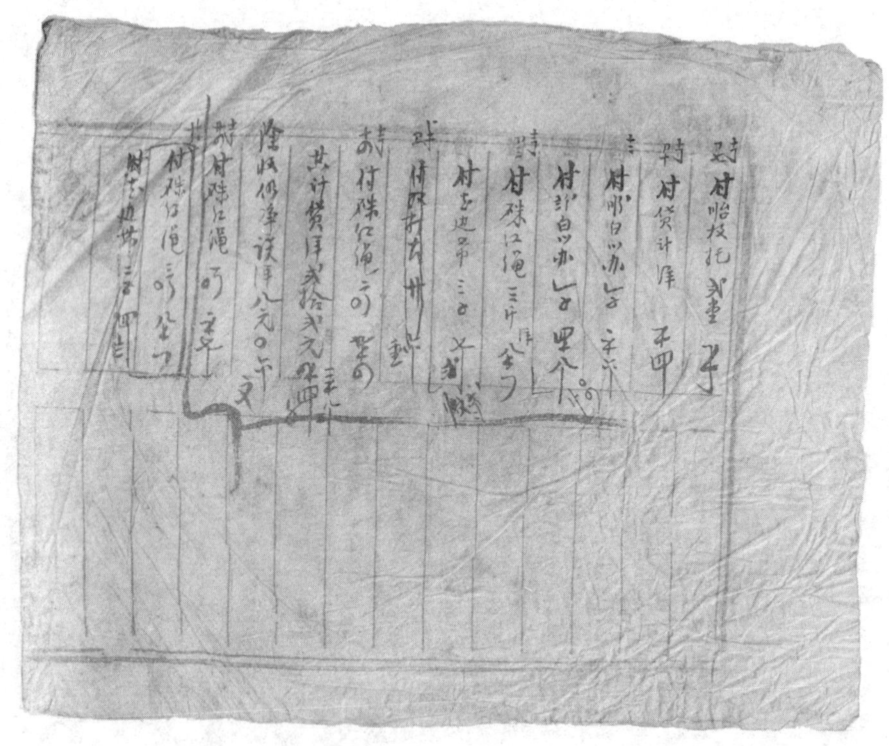

大鄣山乡江村 114-ii · 流水账 · 倪义泰号（第二面）

大鄣山乡江村 158 · 契尾

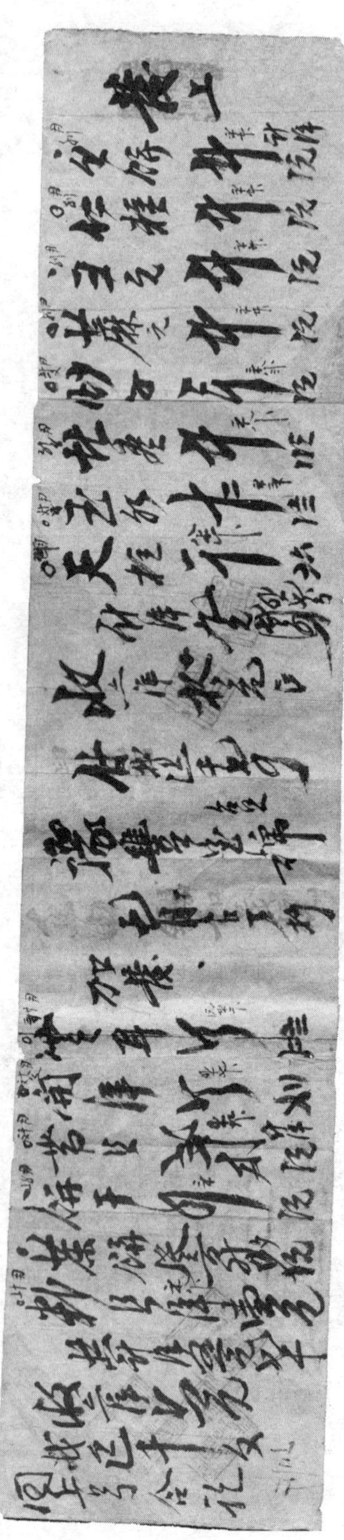

大鄣山乡江村 170 · 账单

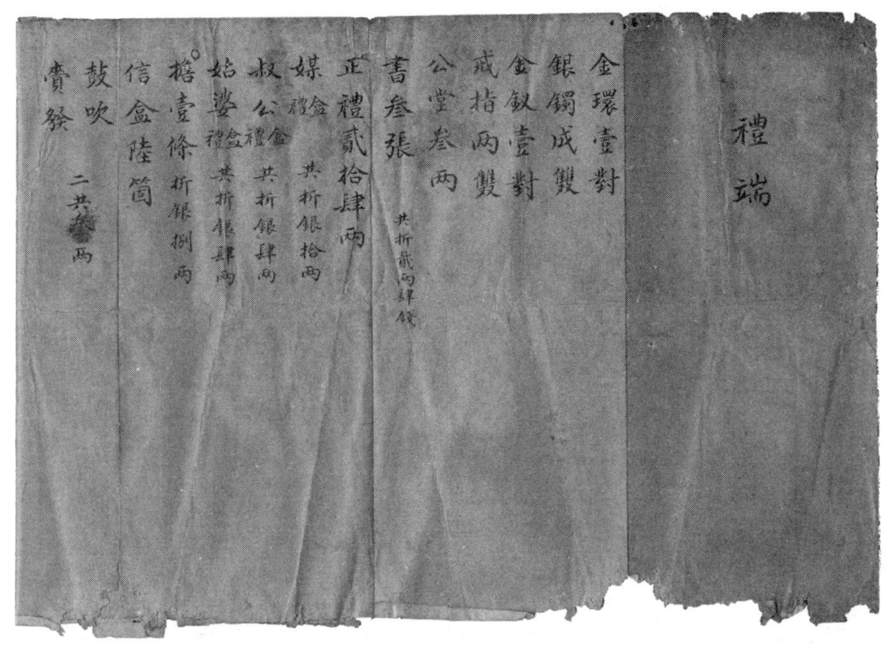

禮端

金環壹對
銀鐲成雙
金釵壹對
戒指兩雙
公堂叁兩
書叁張 共折貳兩肆錢
正禮貳拾肆兩
媒 盒禮 共折銀拾兩
叔公 盒禮 共折銀肆兩
姑婆 盒禮 共折銀肆兩
搭壹條 折銀捌兩
信盒陸筒
鼓吹
賷發 二共[illegible]兩

大鄣山乡江村 176 · 礼单

大鄣山乡车田村 1—59

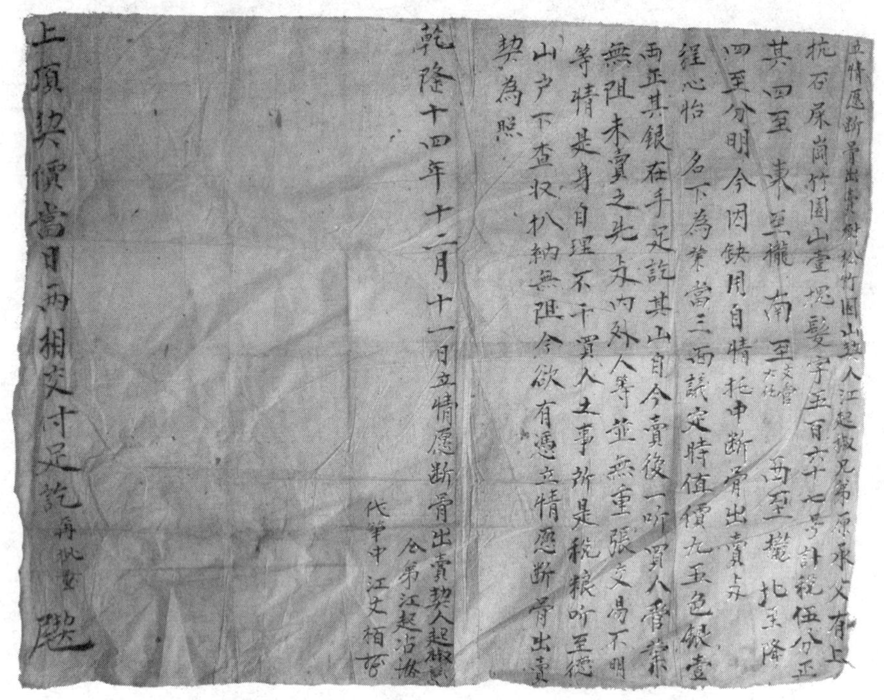

大鄣山乡车田村 46 · 乾隆十四年 · 断骨出卖树松竹园
山契 · 江起椒兄弟卖与程心怡

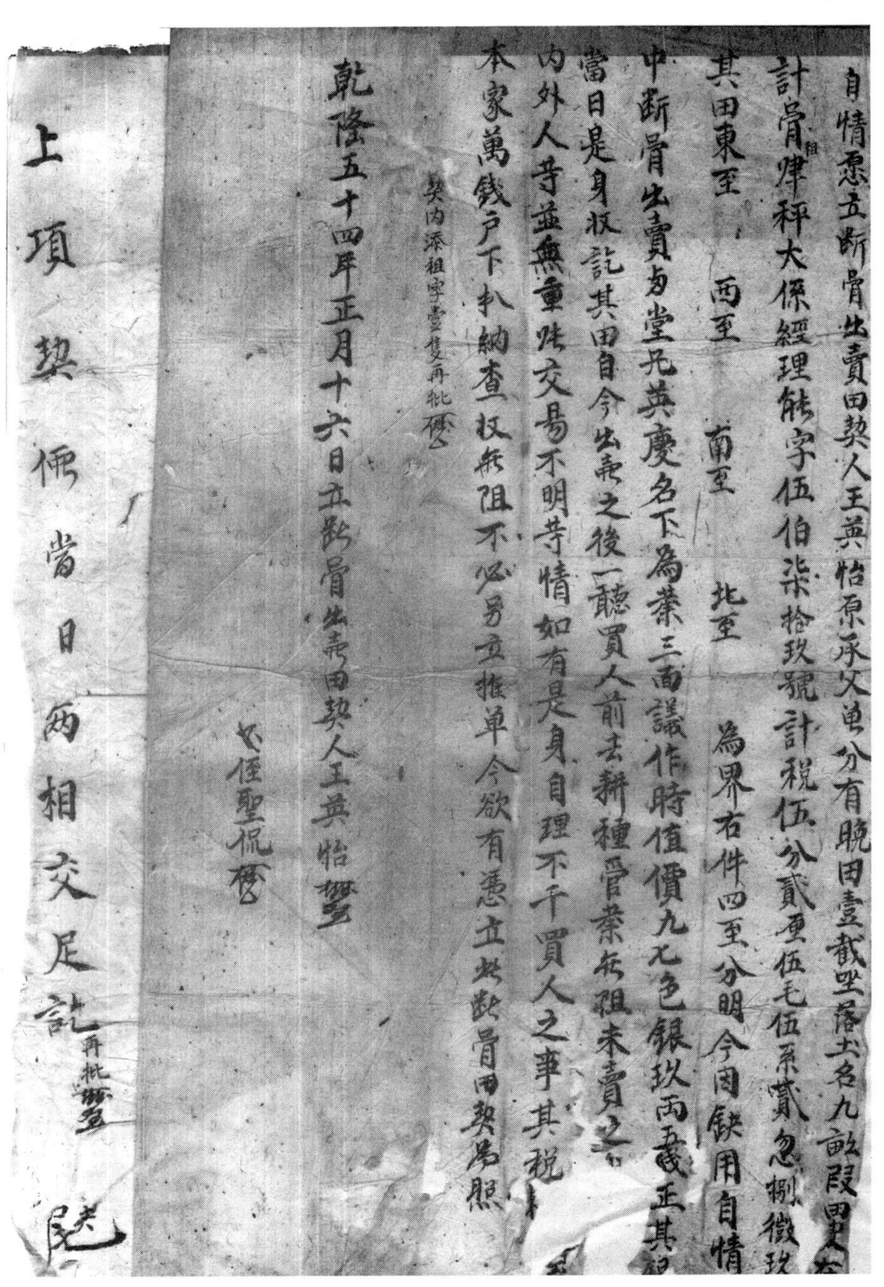

自情愿立断骨出賣田契人王英怡原承父𠔃分有晚田壹截坐落土名九畝段田人本
計骨租律秤大係經理熊字伍伯柒拾玖號計稅伍分貳厘伍毛伍系貳忽捌微玖
其田東至　西至　南至　北至　為界右件四至分明今因缺用自情
中斷骨出賣与堂兄英慶名下為業三面議作時值價九七色銀玖兩五錢正其銀
當日是身收訖其田自今出賣之後一聽買人前去耕種管業無阻未賣之先
內外人等並無重疊交易不明等情如有是身自理不干買人之事其稅
本家萬錢戶下扒納查收無阻不必另立推單今欲有憑立此斷骨田契為照
契內添租字壹隻再批　押
乾隆五十四年正月十六日立斷骨出賣田契人王英怡　押
代筆　侄聖侃　押

上項契價當日兩相交足訖　再批　押

大鄣山乡车田村 36 · 乾隆五十四年 · 断骨出卖田契 ·
王英怡卖与堂兄英庆

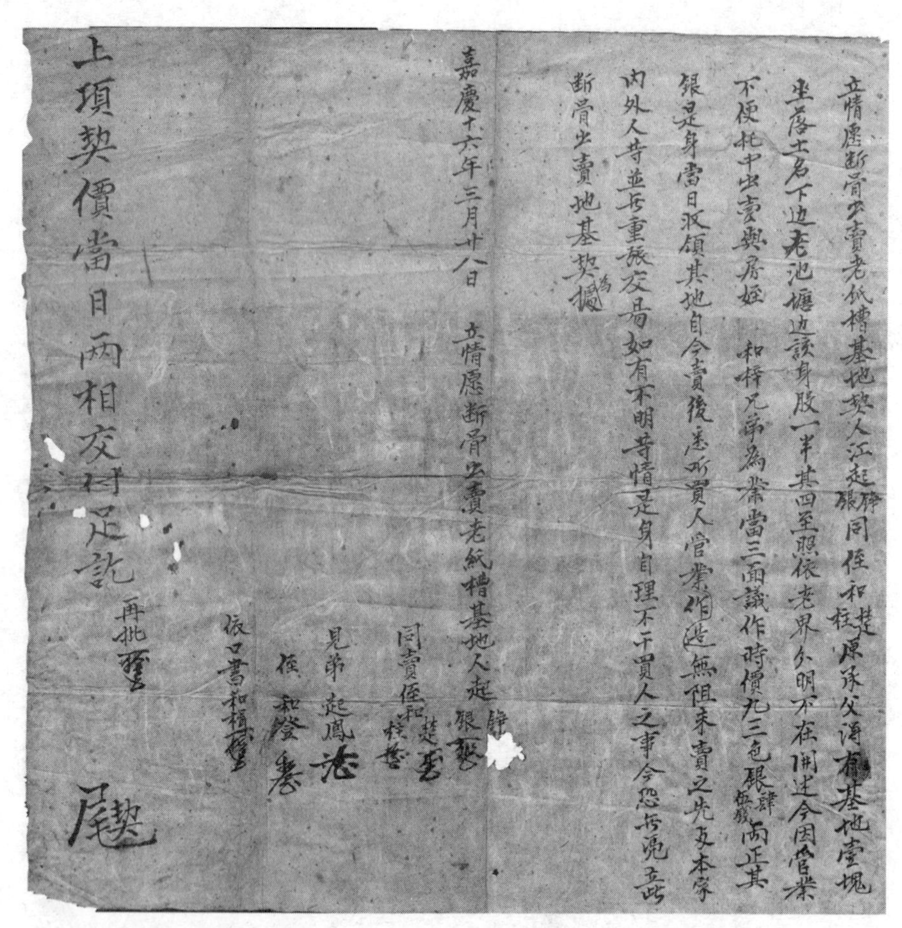

立情愿断骨出賣老紙槽基地契人江起錚、銀同侄和楚、柱，原承父遺有基地壹塊，坐落土名下边老池塘边，該身股一半，其四至照依老界分明，不在開述。今因管業不便，托中出賣與房侄　和梓兄弟為業，當三面議作時價九三色銀肆兩正。其銀是身當日收領，其地自今賣後，悉听買人管業作造無阻。未賣之先，與本家内外人等並無重張交易，如有不明等情，是身自理，不干買人之事。今恐無憑，立此断骨出賣地基契為據。

嘉慶十六年三月廿八日　立情愿断骨出賣老紙槽基地人起錚、銀

同賣侄和楚、柱

見弟　起鳳

侄　和燈

依口書　和楠

上項契價當日兩相交付足訖　再批

大鄣山乡车田村 52 · 嘉庆十六年 · 断骨出卖老纸槽基地契 ·
江起铮、江起银同侄和楚、和柱卖与房侄和梓

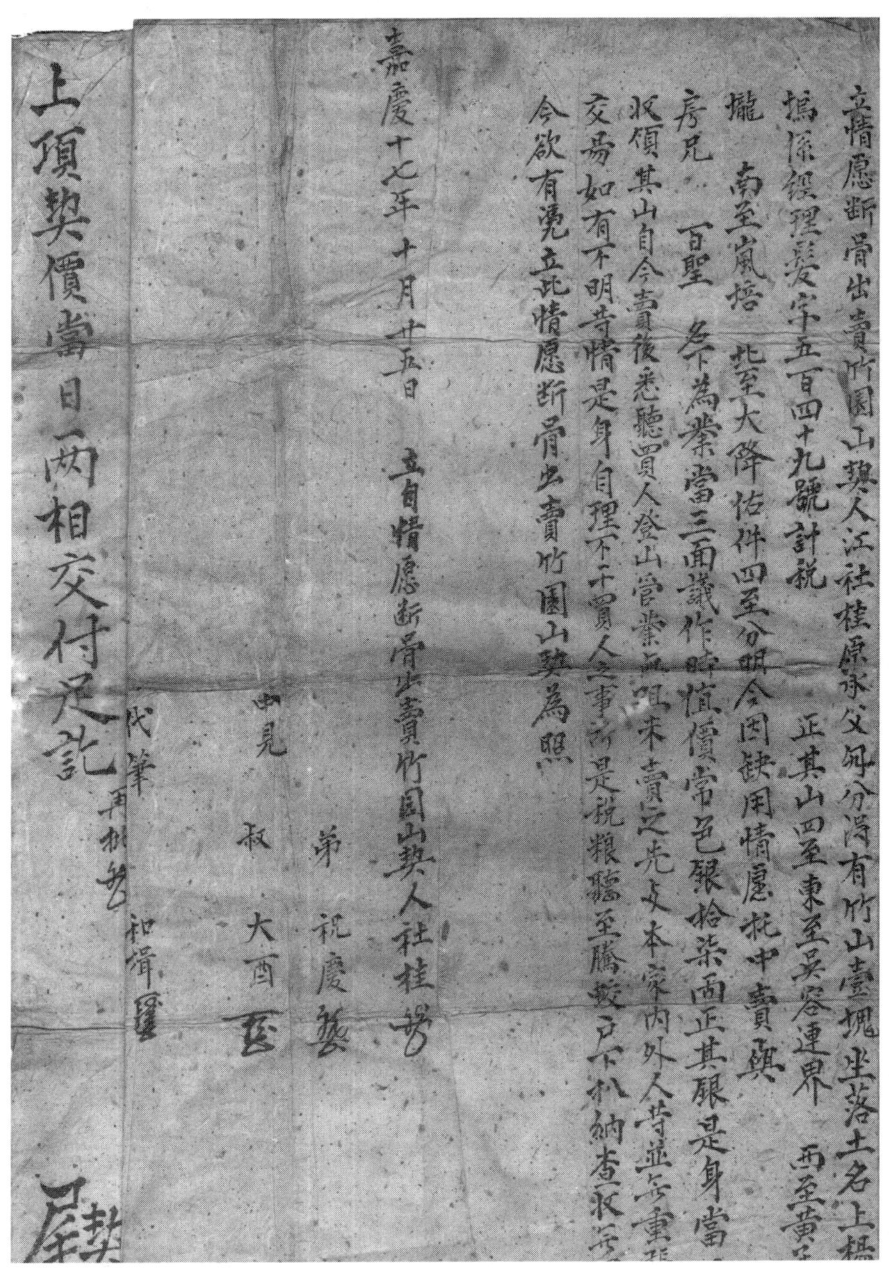

大鄣山乡车田村 30 · 嘉庆十七年 · 断骨出卖竹园山契 ·
江社桂卖与房兄百圣

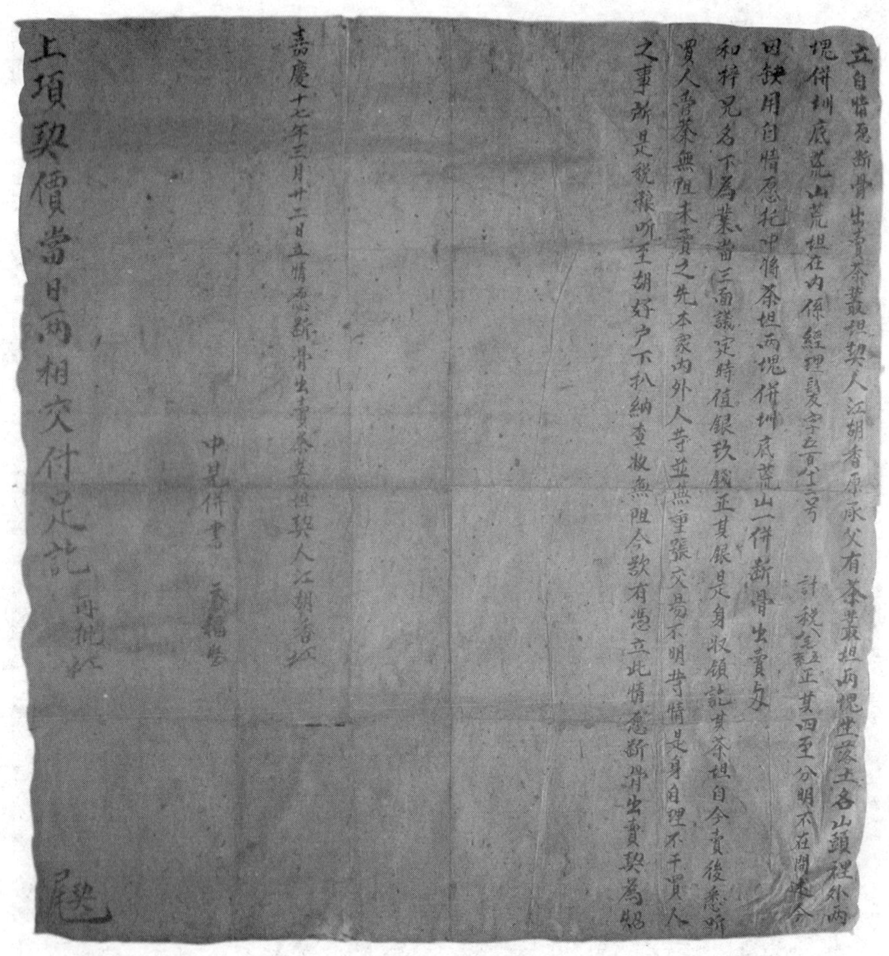

立自情愿断骨出賣茶叢坦契人江胡香原承父有茶叢坦兩塊坐落土名山頭裡外兩
塊併圳底荒山荒坦在內係經理髮字五百廿三号　計稅八分五釐正其四至分明不在開寫今
因缺用自情愿托中將茶坦兩塊併圳底荒山一併斷骨出賣与
和梓兄名下為業當三面議定時值銀玖錢正其銀是身收領訖其茶坦自今賣後悉听
買人管業無阻未賣之先本家內外人等並無重張交易不明等情是身自理不干買人
之事所是稅糧听至胡好户下扒納查收無阻今欲有憑立此情愿断骨出賣契為照

嘉慶十七年三月廿二日立情愿斷骨出賣茶叢坦契人江胡香（押）

中見併書　吾福（押）

上項契價當日兩相交付足訖　再批（押）

尾契

大鄣山乡车田村 44 · 嘉庆十七年 · 断骨出卖茶丛坦契 ·
江胡香卖与和梓

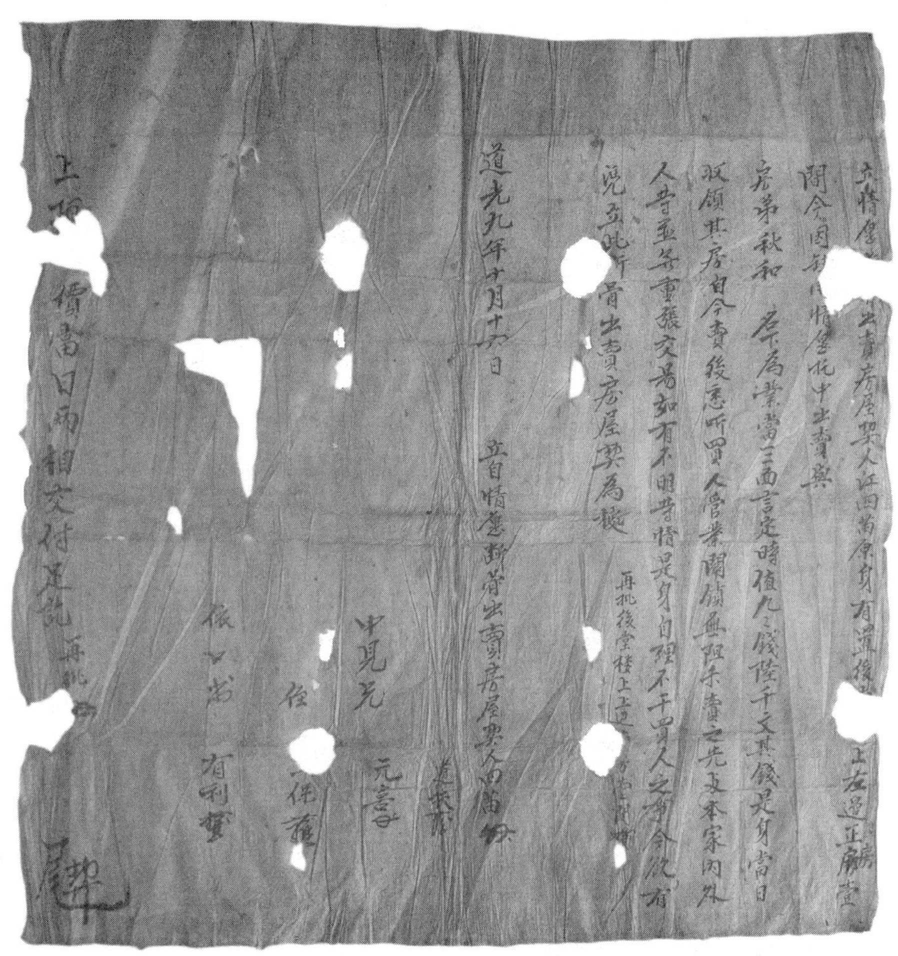

大鄣山乡车田村 48 · 道光九年 · 断骨出卖房屋契 · 江四苗卖与房弟秋和

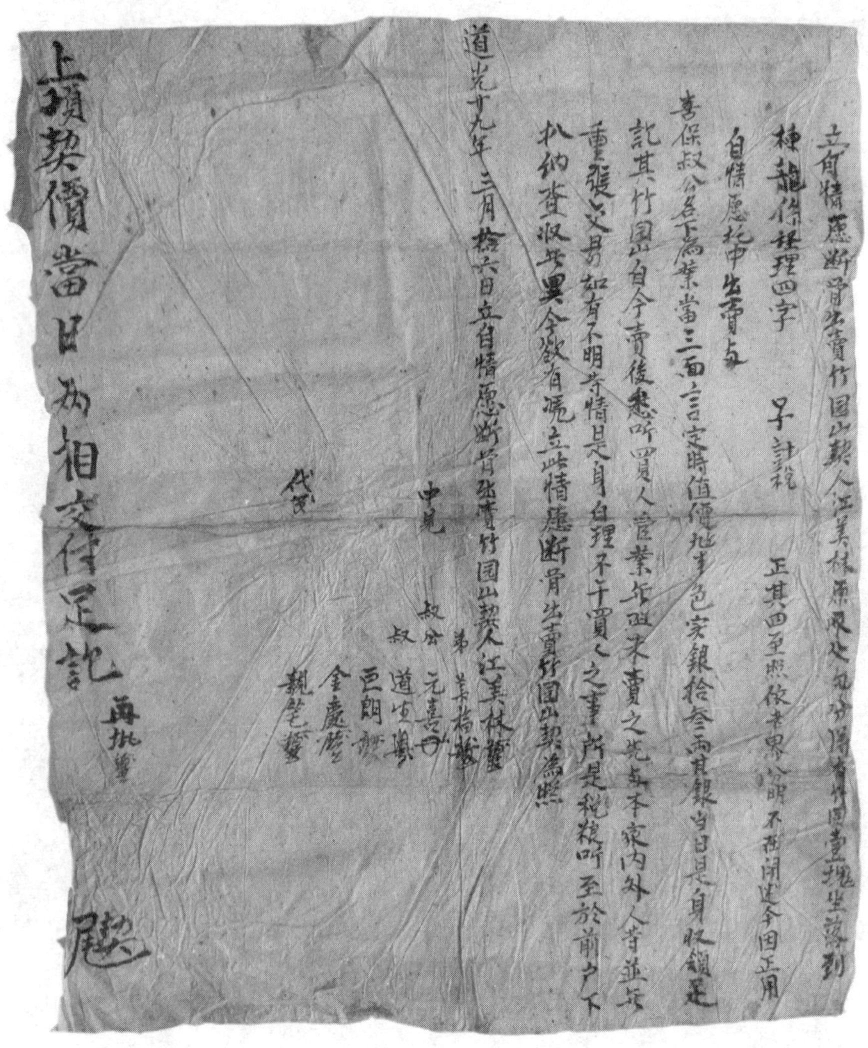

立自情愿断骨出賣竹园山契人江美林原承父分得有竹园壹塊坐落到
棟龍係坪理四字　号計税　正其四至照依老界分明不在開述今因正用
自情愿托中出賣与
喜保叔公名下為業當三面言定時值價九三色实銀拾叁兩其銀當日是身收領足
訖其竹园山自今賣後悉听買人管業無阻未賣之先与本家內外人等並無
重張交易如有不明等情是身自理不干買人之事所是稅粮听至於前户下
扒納查收無異今欲有憑立此情愿断骨出賣竹园山契為照

道光十九年三月拾六日立自情愿断骨出賣竹园山契人江美林（押）

弟　美椿（押）

中見　叔公　元喜（押）

叔　道生（押）

邑朗（押）

金慶（押）

代筆　親筆（押）

上領契價當日兩相交付足訖　再批（押）

契尾

大鄣山乡车田村 38 · 道光十九年 · 断骨出卖竹园山契 ·
江美林卖与喜保叔公

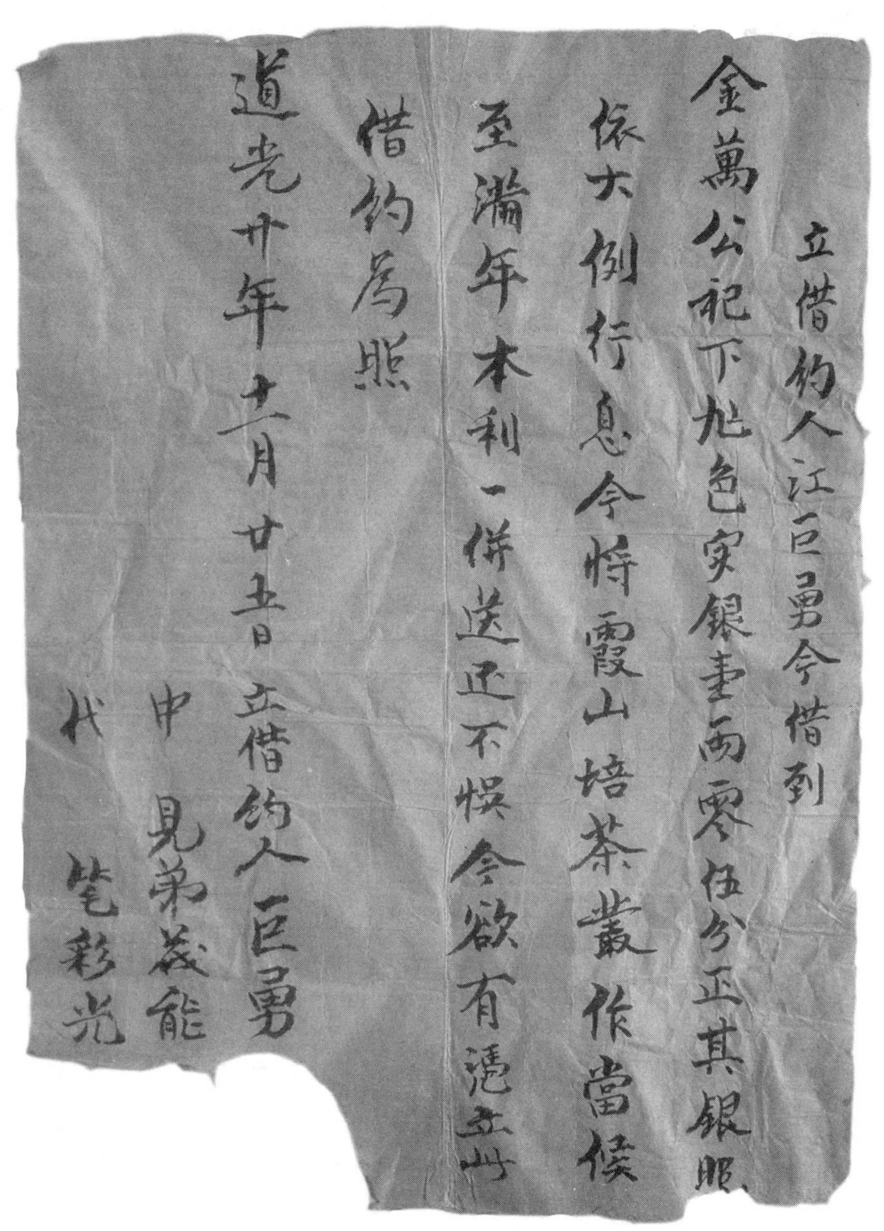

立借约人江巨勇今借到
金萬公祀下九色实銀壹两零伍分正其銀照
依大例行息今将霞山培茶叢作當候
至滿年本利一併送还不悮今欲有凭立此
借约為照
道光廿年十一月廿五日立借约人巨勇
中見弟發能
代筆彩光

大鄣山乡车田村 23 · 道光二十年 · 借约 · 江巨勇借到金万公祀

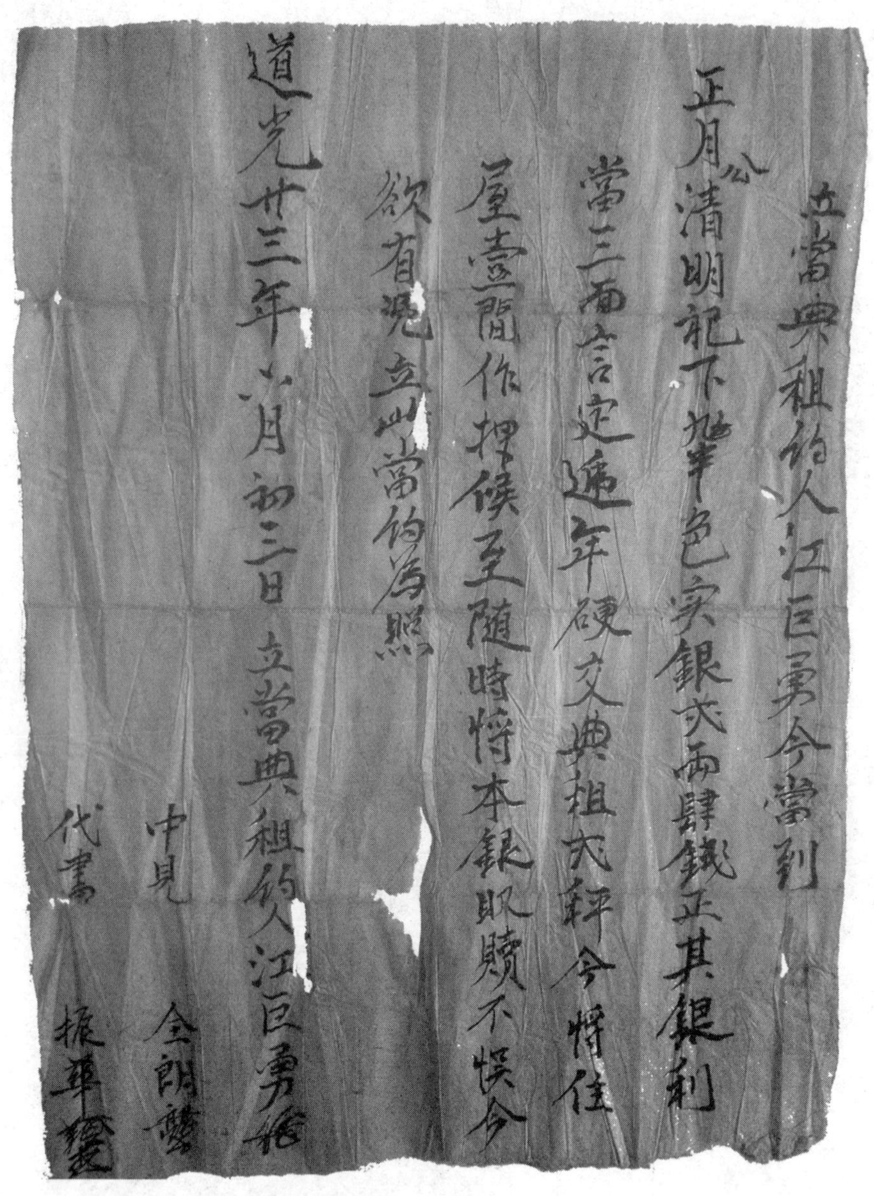

立當典租約人江巨勇今當到
正月公清明祀下九八色實銀弍兩肆錢正其銀利
當三面言定逐年硬交典租弍秤今將住
屋壹間作抵俟至隨時將本銀取贖不悮今
欲有憑立此當約為照

道光廿三年六月初三日 立當典租約人江巨勇（押）

中見 金朗（押）

代書 振華（押）

大鄣山乡车田村 21 · 道光二十三年 · 当典租约 ·
江巨勇当到正月公清明祀

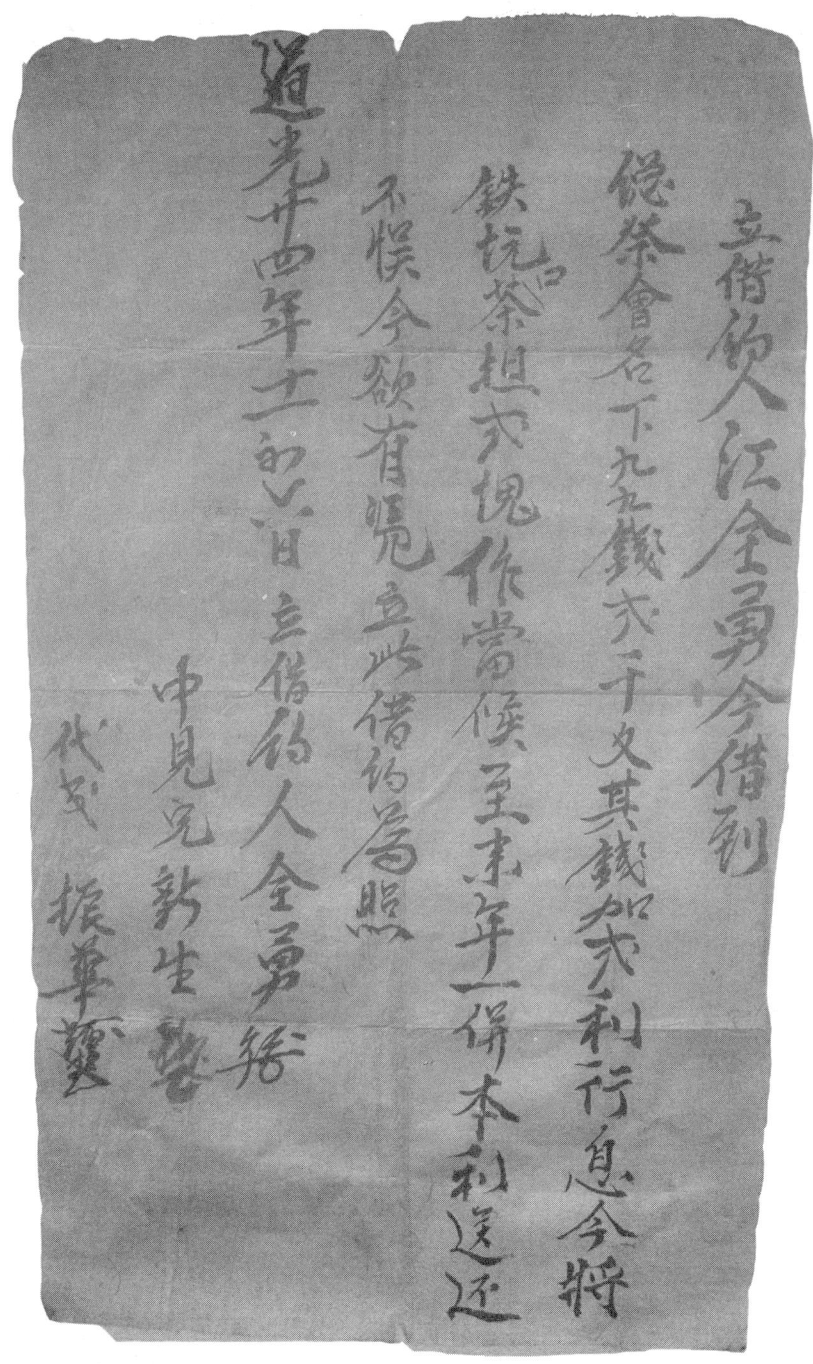

立借约人江全勇今借到
總祭會名下九九錢弍千文其錢加弍利行息今將
鉄坑口茶坦弍塊作當候至來年一併本利送還
不悮今欲有憑立此借約爲照
道光廿四年十二月初八日立借約人全勇（押）
中見兄新生（押）
代笔振華（押）

大鄣山乡车田村 13 · 道光二十四年 · 借约 · 江全勇借到总祭会

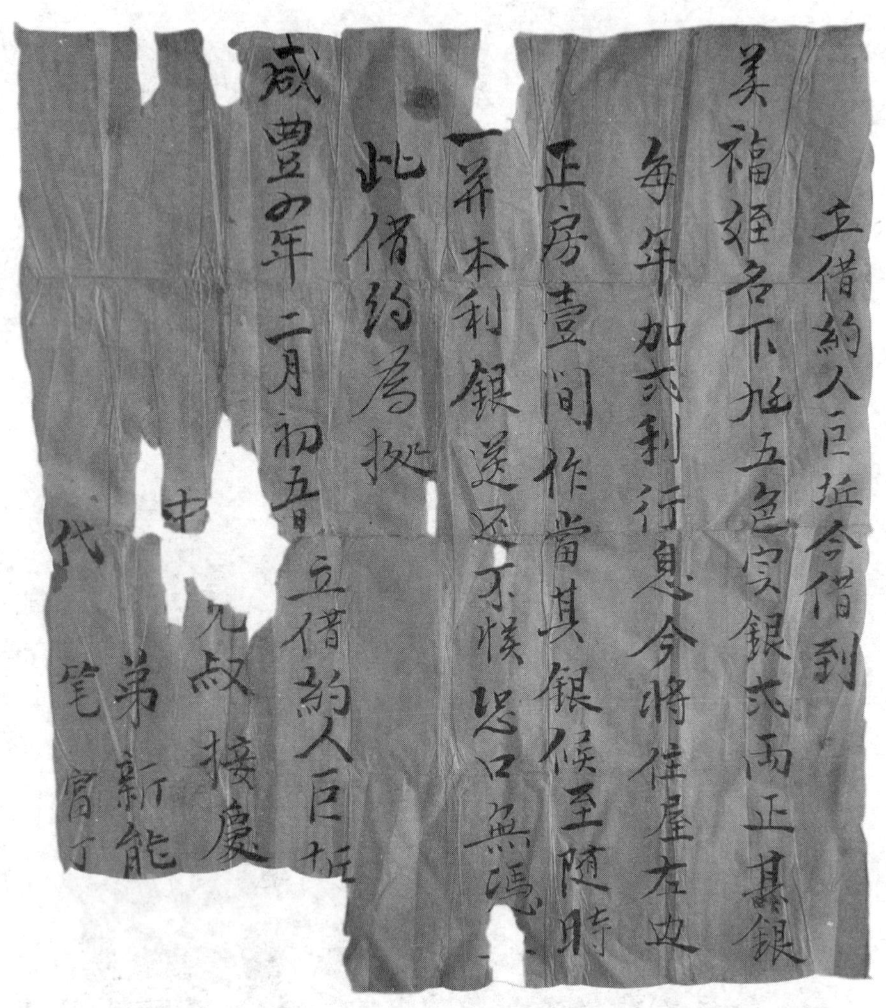

立借約人巨坵今借到
美福姪名下九五色実銀弍兩正其銀
每年加弍利行息今將住屋左边
正房壹間作當其銀候至隨時
一并本利銀送还不悮恐口無憑
此借約爲据
咸豐四年二月初五日 立借約人巨坵
中 兄叔 接慶
弟 新能
代笔 官丁

大郭山乡车田村 18 · 咸丰四年 · 借约 · 巨坵借到美福侄

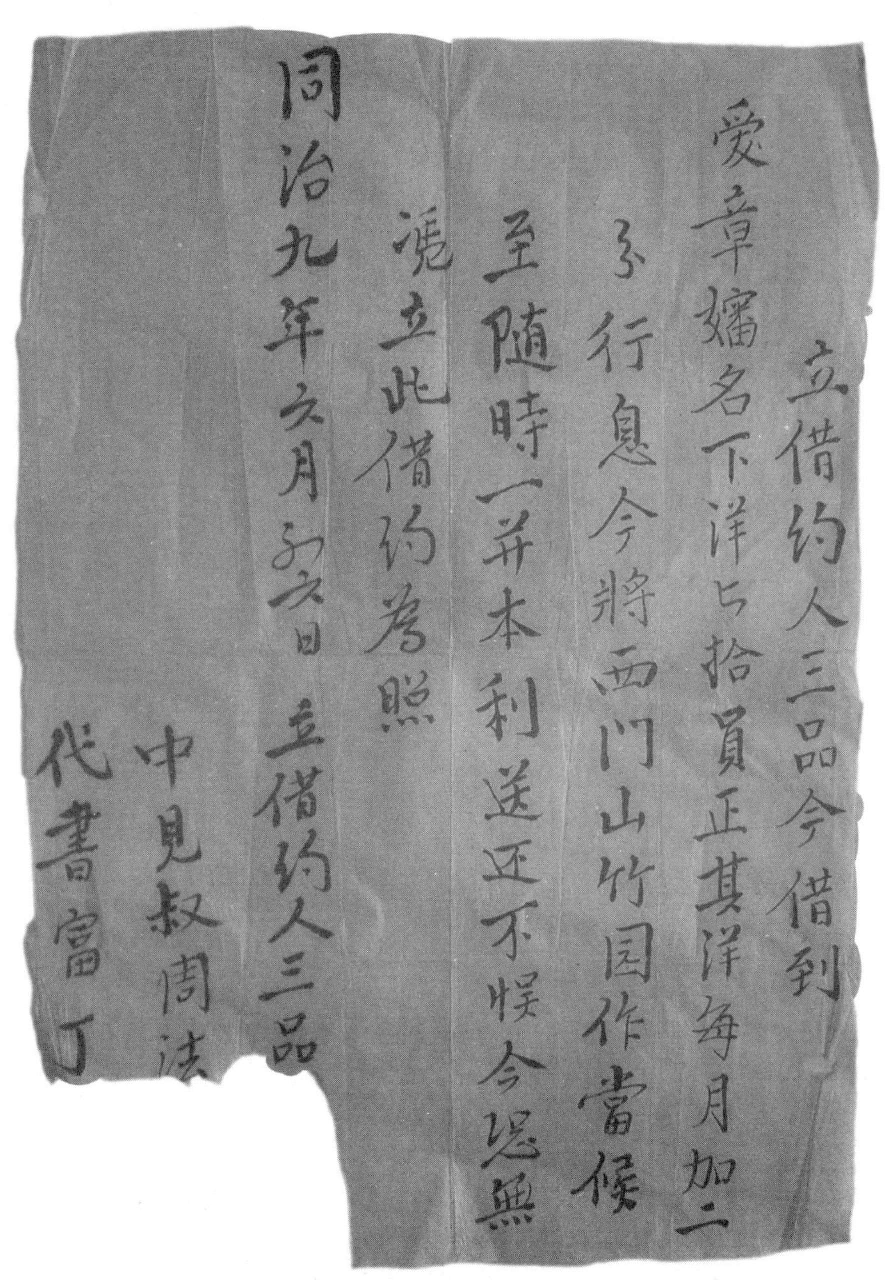

立借约人三品今借到
爱章嬸名下洋七拾員正其洋每月加二
分行息今將西门山竹园作當候
至隨時一并本利送还不悮今恐無
憑立此借约為照
同治九年六月廿六日 立借约人三品
中見叔周法
代書富丁

大鄣山乡车田村 3 · 同治九年 · 借约 · 三品借到爱章婶

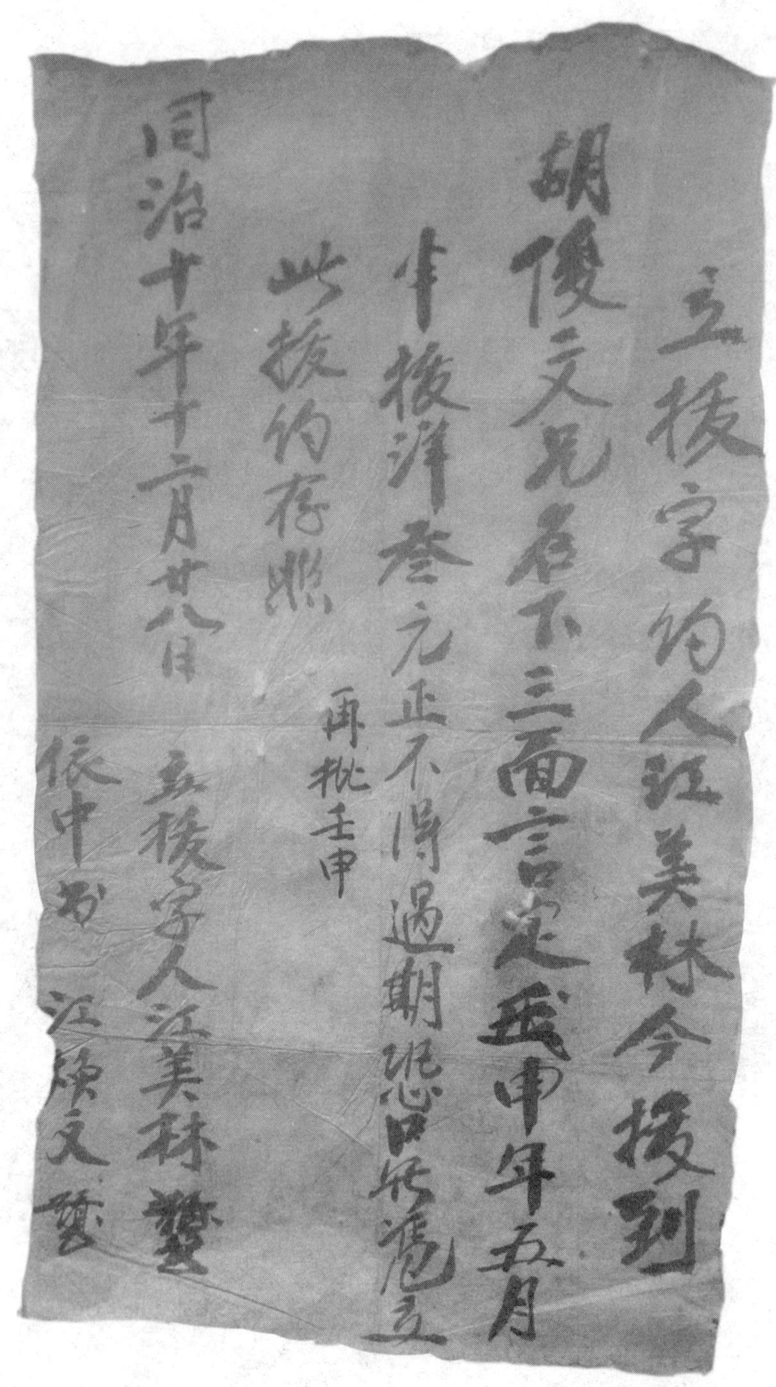
立揭字约人江美林今揭到
胡俊文兄名下三面言定戊申年五月
中揭洋叁元正不得過期,恐口无凭,立
此揭约存照
再批壬申
同治十年十二月廿八日　立揭字人江美林（押）
依中书　江缔文（押）

大鄣山乡车田村 8 · 同治十年 · 借约 · 江美林借到胡俊文

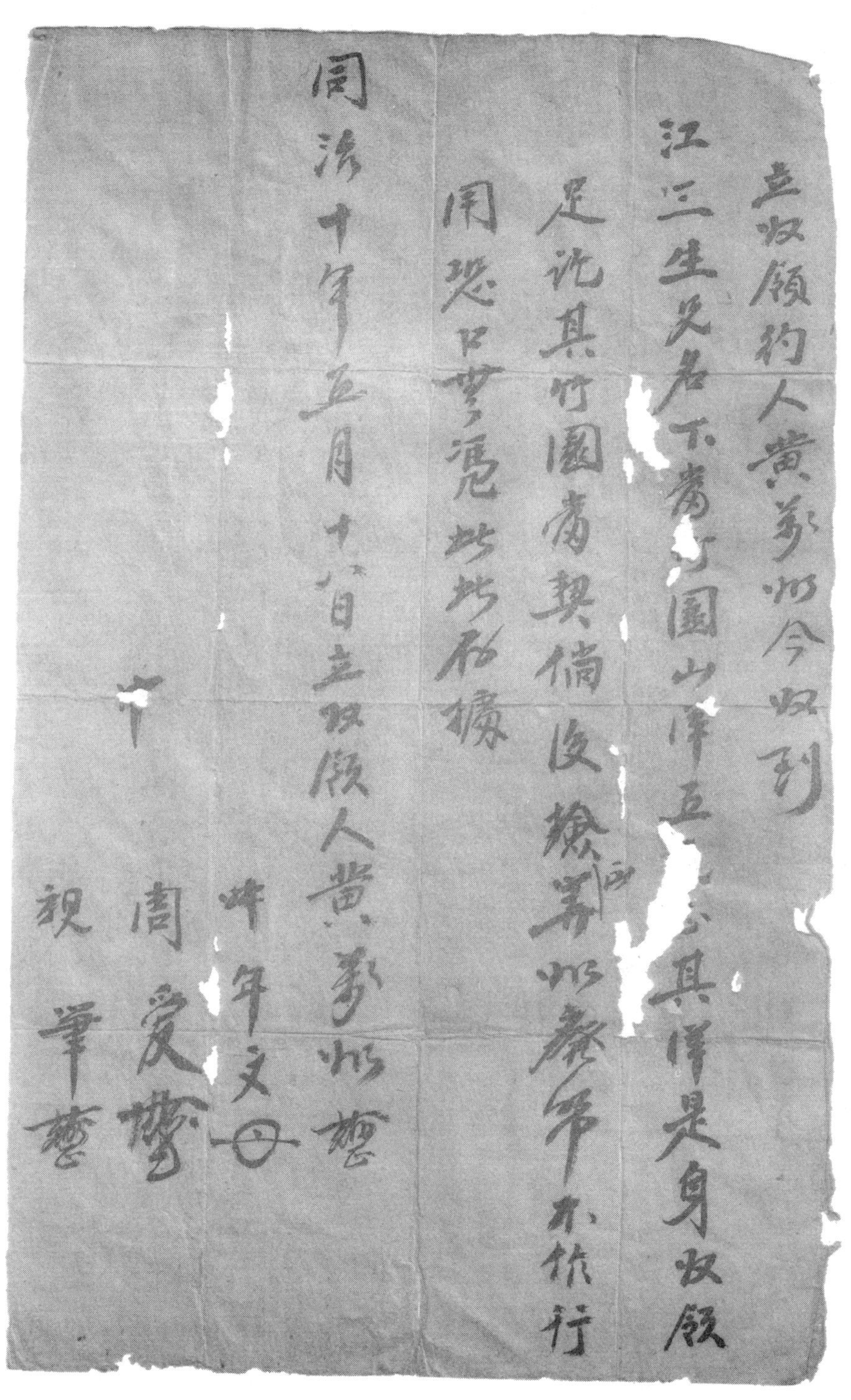

立收領約人黃步如今收到
江三生父名下崙竹園山垟五[illegible]其垟是身收領
足訖其竹園崙契備後檢出尋如廢紙不作行
用恐口無憑此此為據

同治十年五月十八日立收領人黃步如押
許年文（押）
中　周愛押
親筆押

大鄣山乡车田村 10 · 同治十年 · 收领约 · 黄步如收到江三生

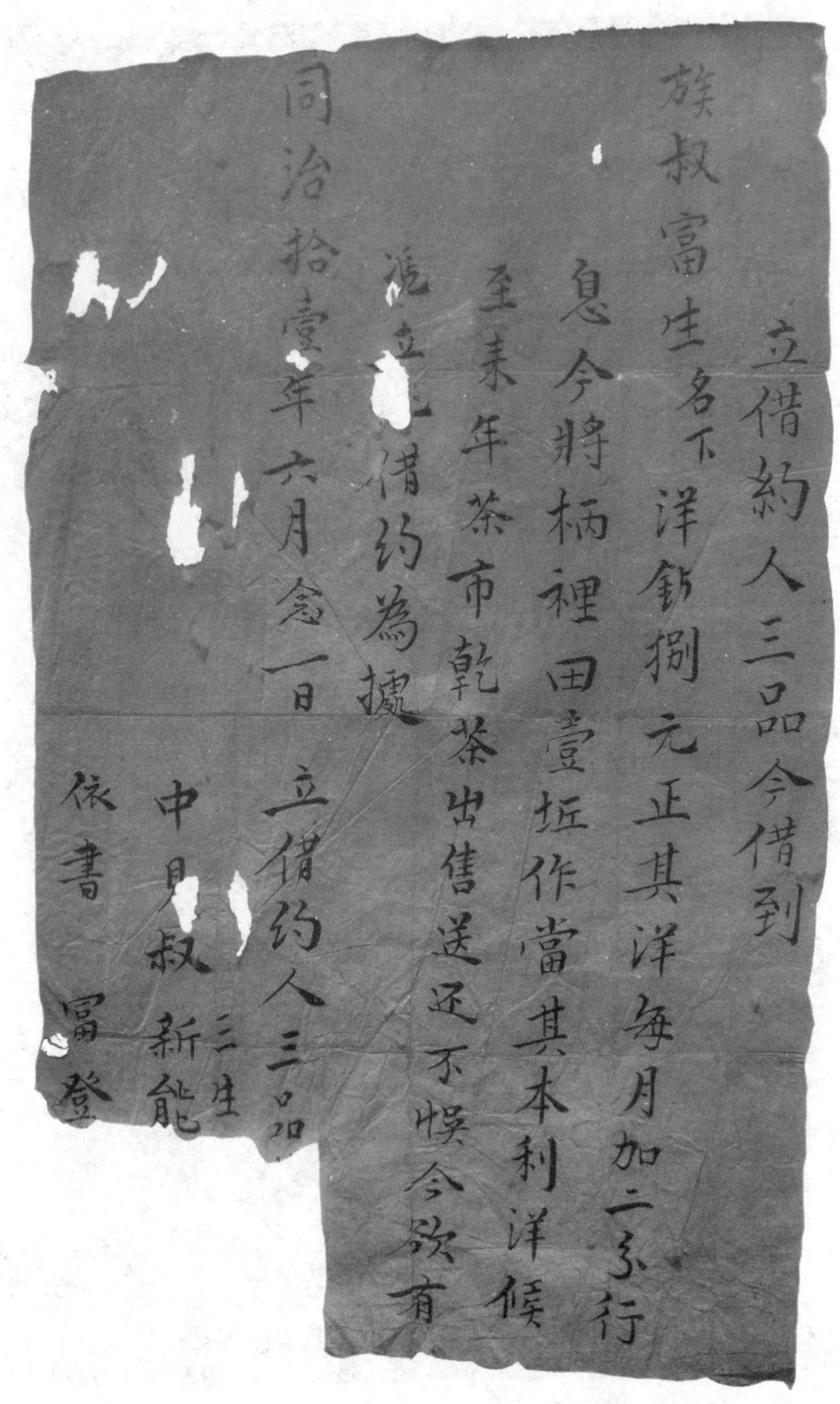

立借約人三品今借到
族叔富生名下洋銀捌元正其洋每月加二分行
息今將柄裡田壹坵作當其本利洋候
至来年茶市乾茶出售送还不悞今欲有
憑立此借约為據
同治拾壹年六月念一日 立借约人三品
中見叔新能 三生
依書 富登

大鄣山乡车田村 7 · 同治十一年 · 借约 · 三品借到族叔富生

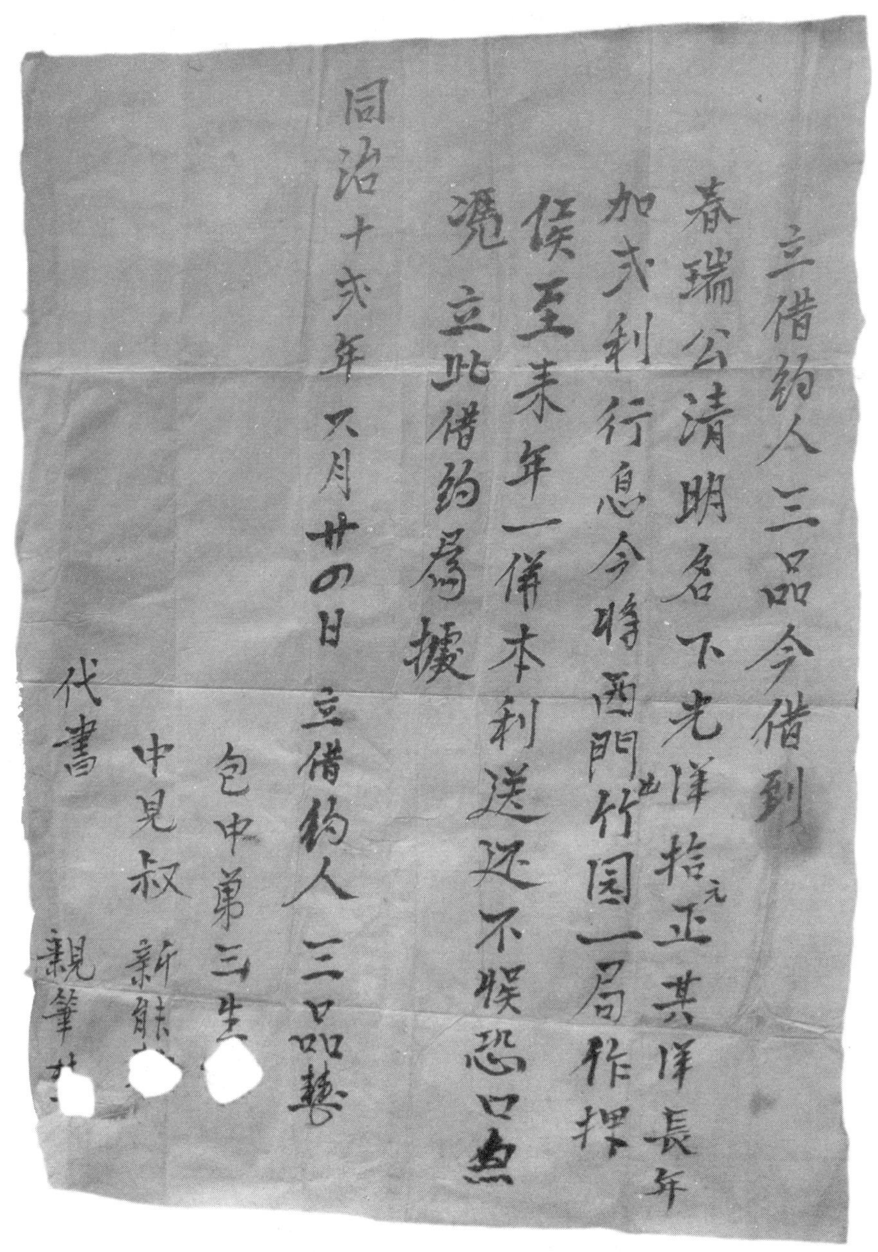

立借約人三品今借到
春瑞公清明名下光洋拾元正其洋長年
加弍利行息今將西門出竹园一局作押
俟至來年一併本利送還不悮恐口無
憑立此借約爲據

同治十弍年六月廿四日　立借約人　三品

包中弟三生

中見叔　新賦

代書　親筆

大鄣山乡车田村 9 · 同治十二年 · 借约 · 三品借到春瑞公清明

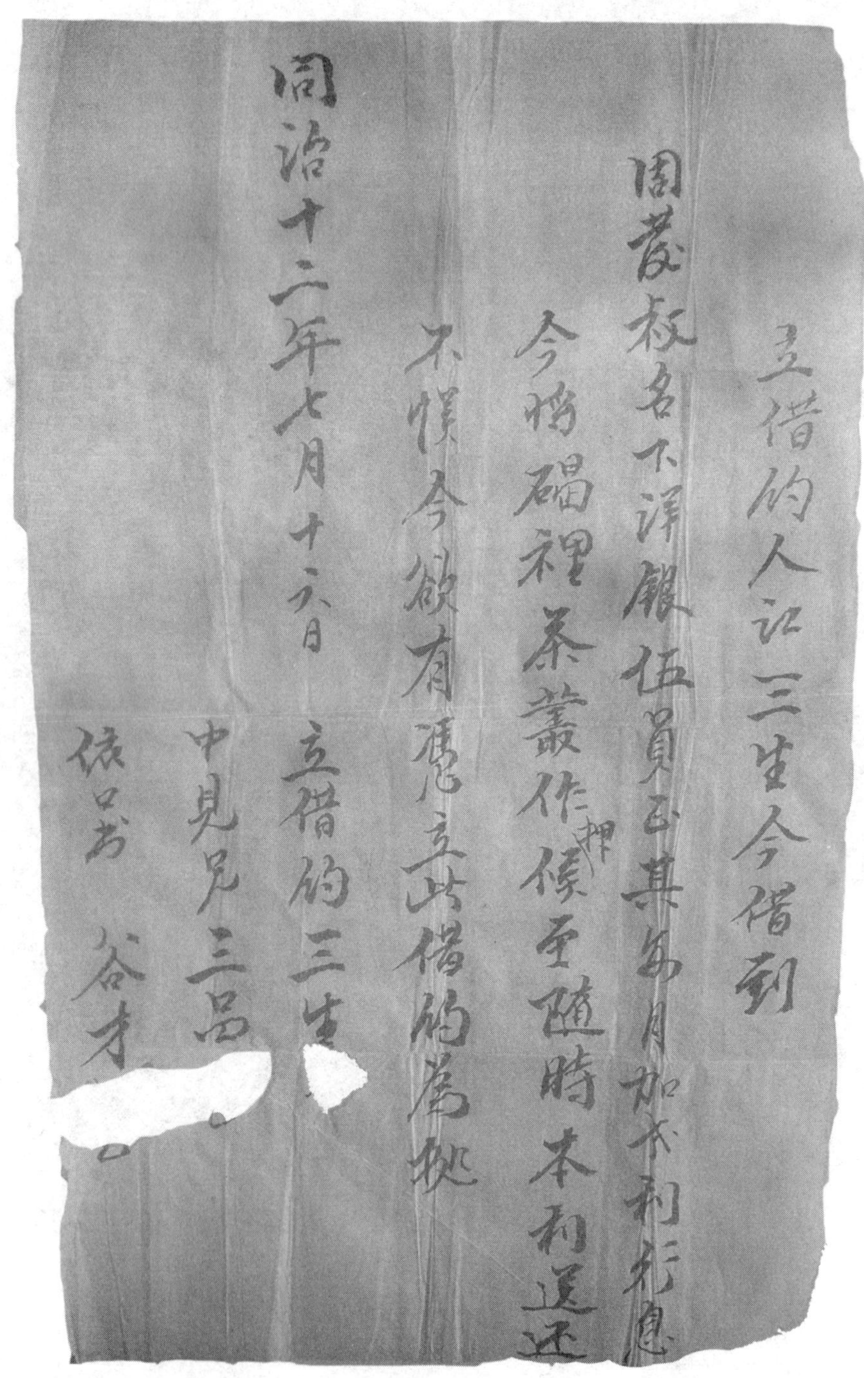
立借約人江三生今借到
周發叔名下洋銀伍員正其每月加弍利行息
今將磡裡茶叢作押候至隨時本利送还
不悮今欲有憑立此借約為據
同治十二年七月十六日　立借約三生
中見兄三品
依口书　谷才

大鄣山乡车田村 17 · 同治十二年 · 借约 · 江三生借到周发叔

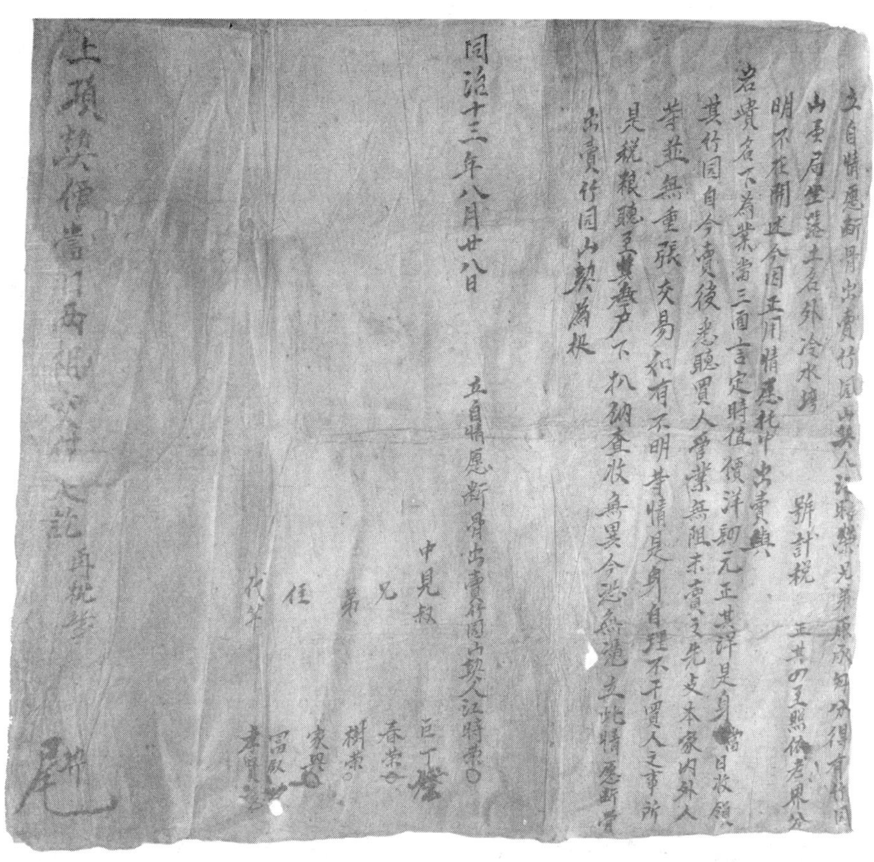

立自情愿断骨出賣竹園山契人江時榮兄弟原承父分得有竹園
山壹局坐落土名外冷水塆　其四至照依老界分
明不在開述今因正用情愿托中出賣與　辦計稅　正
岩貴名下為業當三面言定時值價洋[illegible]元正其洋是身當日收領
其竹園自今賣後悉聽買人管業無阻未賣之先支本家内外人
等並無重張交易如有不明等情是身自理不干買人之事所
是稅粮聽至貴[illegible]户下扒納查收無異今恐無憑立此情愿斷骨
出賣竹園山契為據

同治十三年八月廿八日

立自情愿斷骨出賣竹園山契人江時榮

中見叔　巨丁
兄　春榮
弟　樹榮
侄　家興
代筆　[illegible]

上項契價當日兩相交付人訖　再批

大郭山乡车田村 59 · 同治十三年 · 断骨出卖竹园山契 · 江时荣卖与岩贵

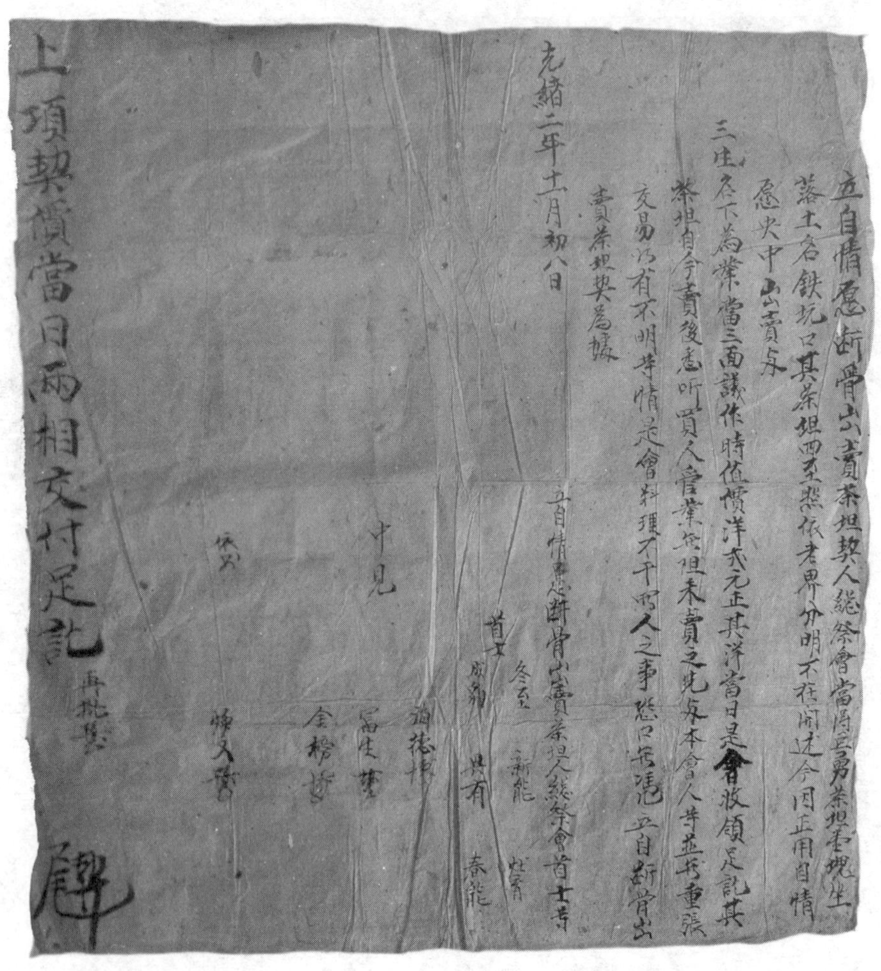

大鄣山乡车田村 47 · 光绪二年 · 断骨出卖茶坦契 · 总祭会卖与三生

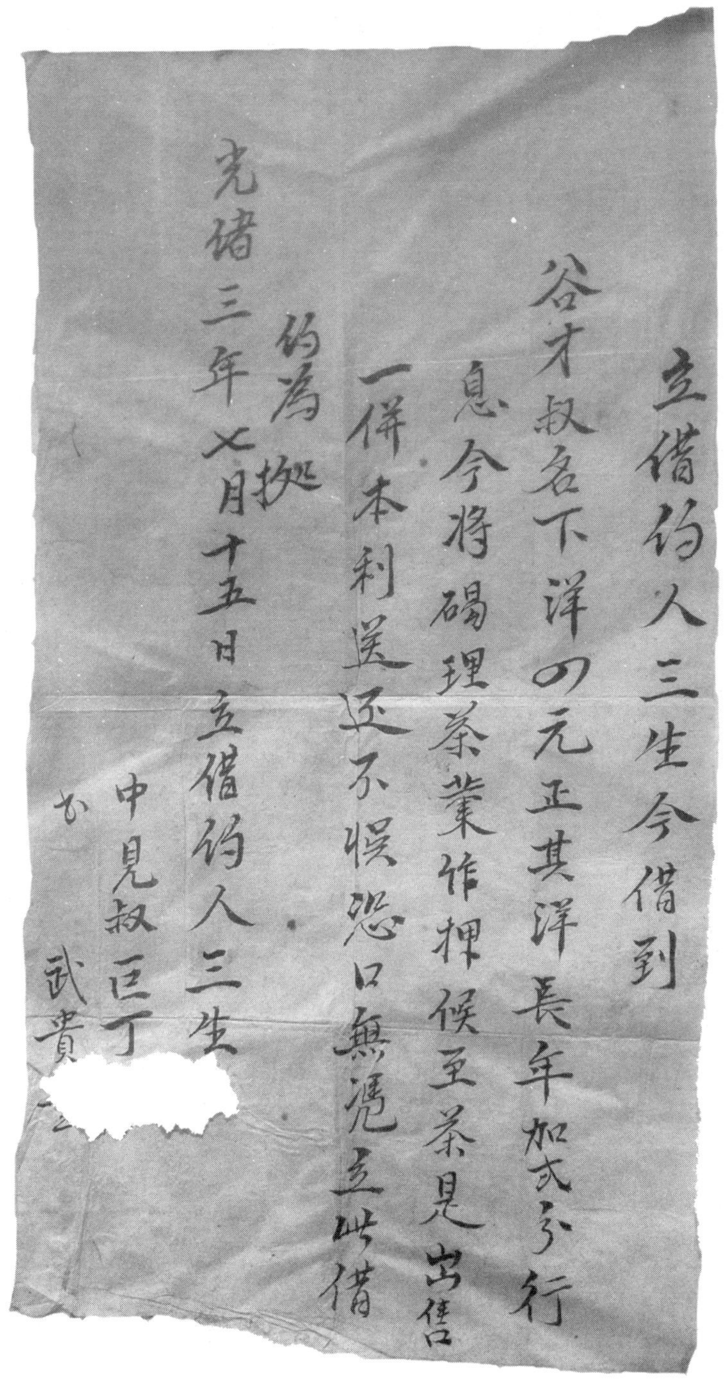
立借约人三生今借到
谷才叔名下洋四元正其洋長年加弍分行
息今将碣理茶業作押俟至茶是山售
一併本利送还不悞恐口無凴立此借
约為据
光绪三年七月十五日立借约人三生
中見叔巨丁
武貴

大鄣山乡车田村 5 · 光绪三年 · 借约 · 三生借到谷才叔

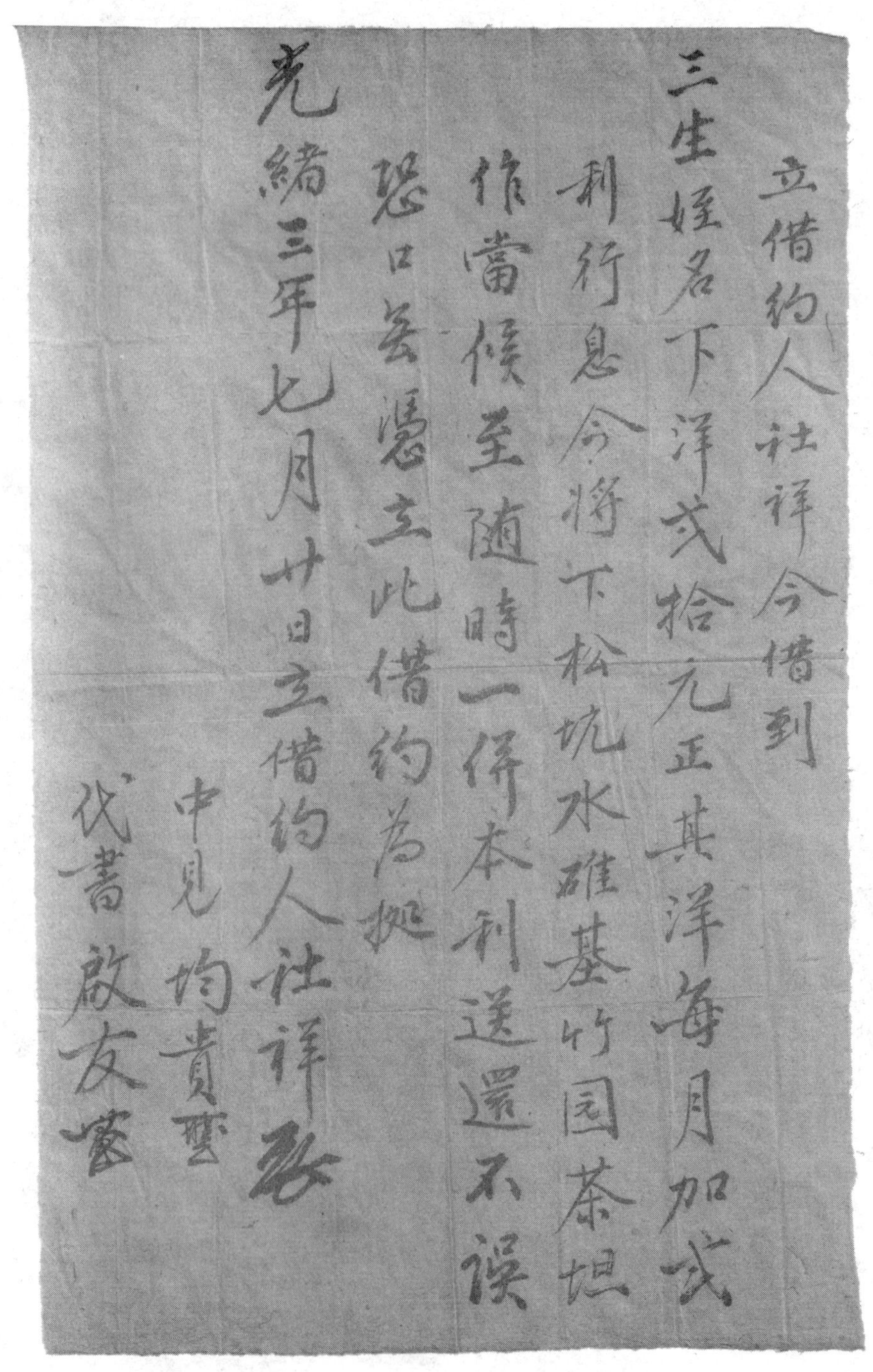

立借約人社祥今借到
三生姪名下洋弍拾元正其洋每月加弍
利行息今將下松坑水碓基竹园茶坦
作當候至隨時一併本利送還不誤
恐口無憑立此借約為據
光緒三年七月廿日立借約人社祥
中見 均貴
代書 啟友

大郭山乡车田村 6・光绪三年・借约・社祥借到三生侄

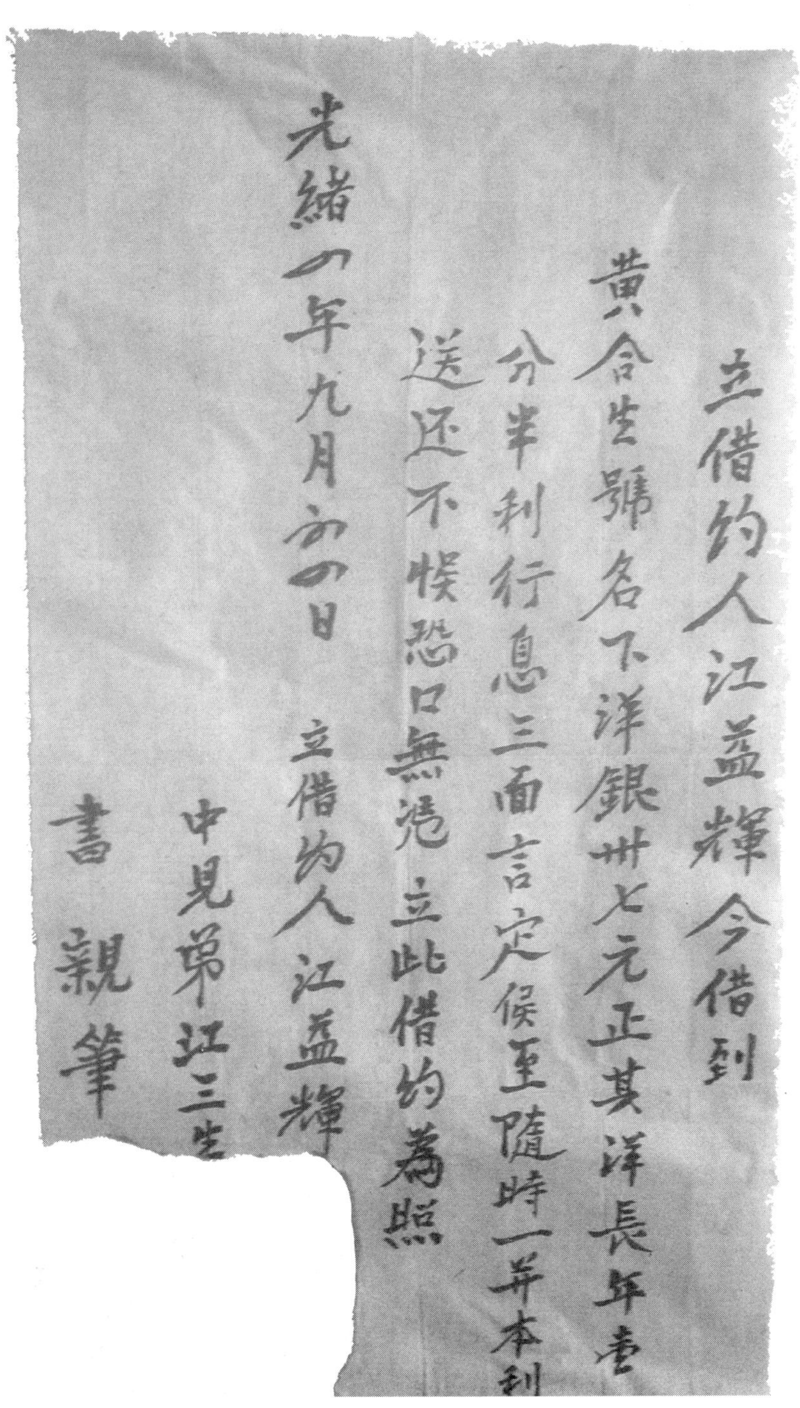
立借约人江益輝今借到
黄合生號名下洋銀卅七元正其洋長年壹
分半利行息三面言定候至隨時一并本利
送还不悞恐口無凭立此借约為照
光緒四年九月初四日 立借约人江益輝
中見弟江三生
書 親筆

大鄣山乡车田村 4 · 光绪四年 · 借约 · 汪益辉借到黄合生号

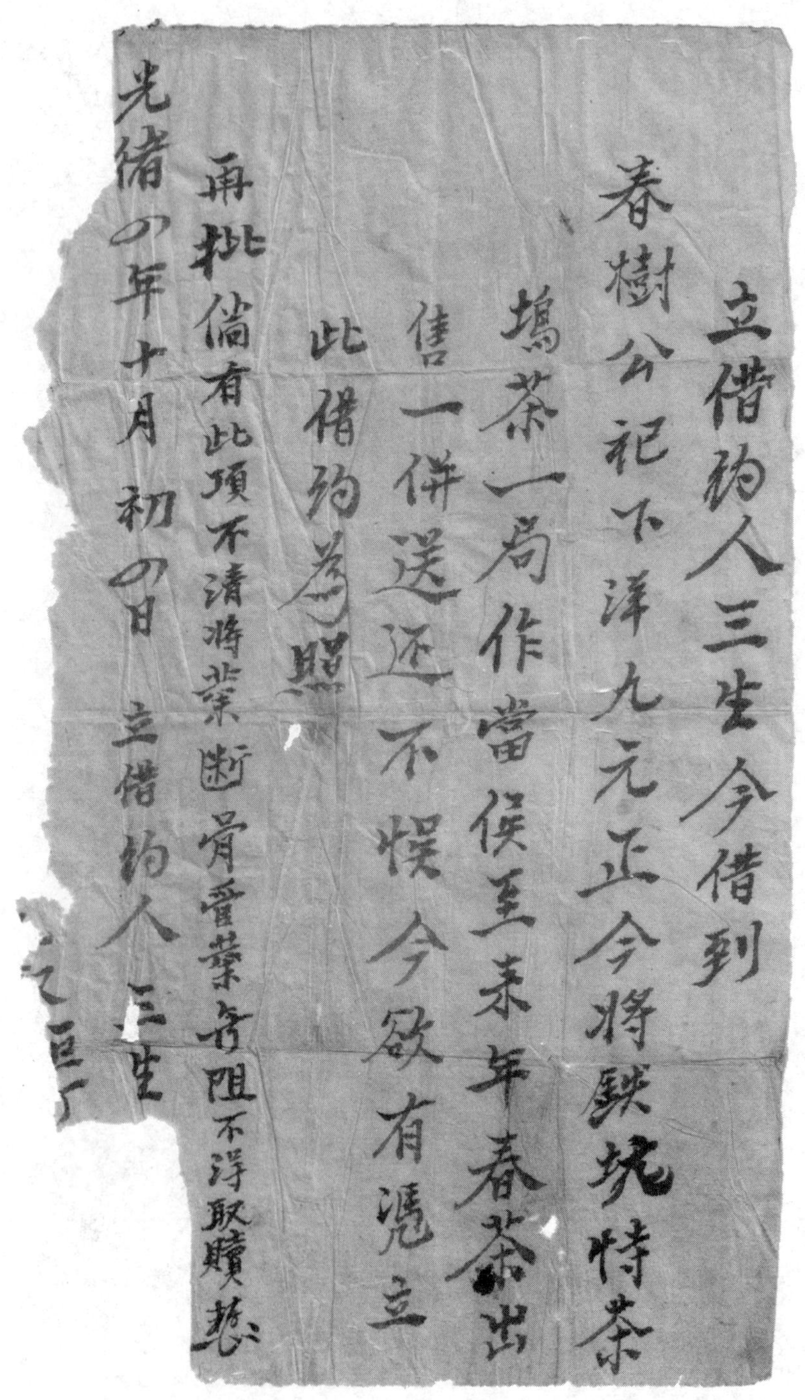
立借约人三生今借到
春树公祀下洋九元正今将鈇坑特茶
坞茶一局作当俟至来年春茶出
售一併送还不悮今欲有凭立
此借约为照
再批借有此项不清将叶断骨尽叶旨阻不得取赎照
光绪四年十月初四日立借约人三生

大郭山乡车田村 14 · 光绪四年 · 借约 · 三生借到春树公祀

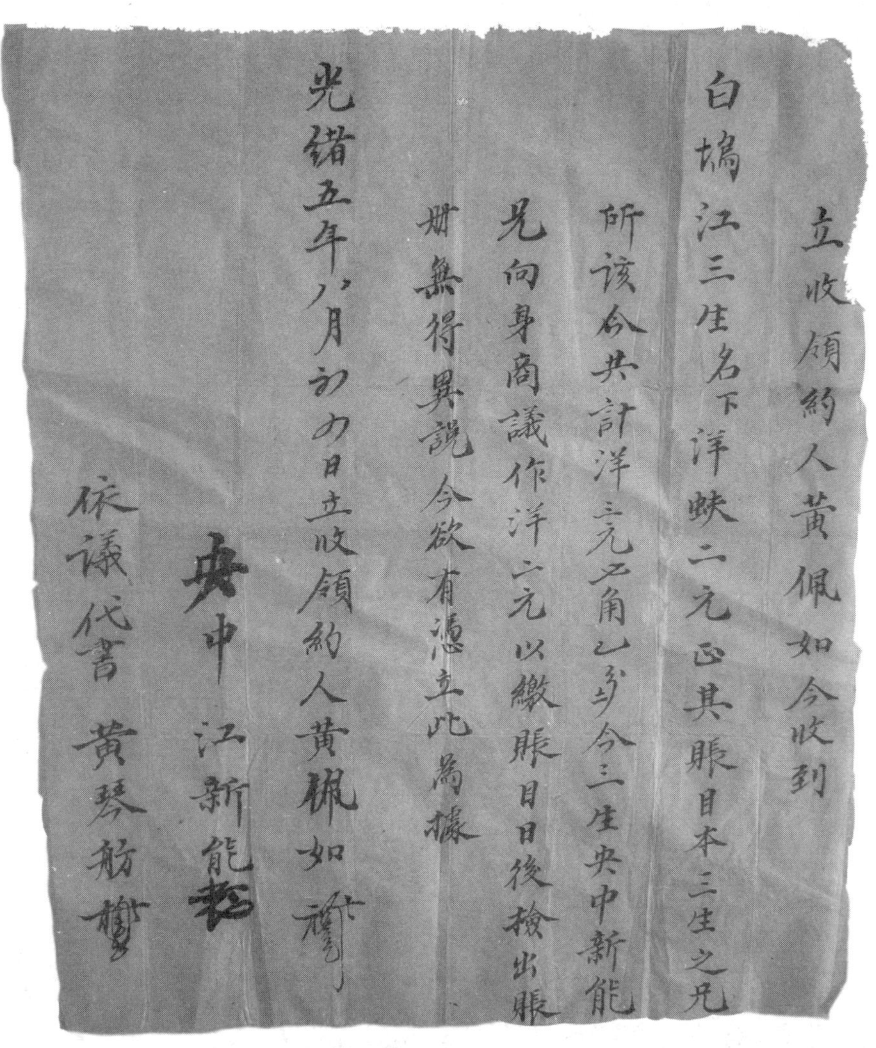

立收領約人黃佩如今收到
白塢江三生名下洋蚨二元正其賬目本三生之兄
所該公共計洋三元五角[illegible]今三生央中新能
兄向身商議作洋二元以繳賬目日後檢出賬
册無得異說今欲有憑立此爲據
光緒五年八月初四日立收領約人黃佩如（押）
在中 江新能（押）
依議代書 黃琴舫（押）

大鄣山乡车田村 24 · 光绪五年 · 收领约 · 黄佩如收到江三生

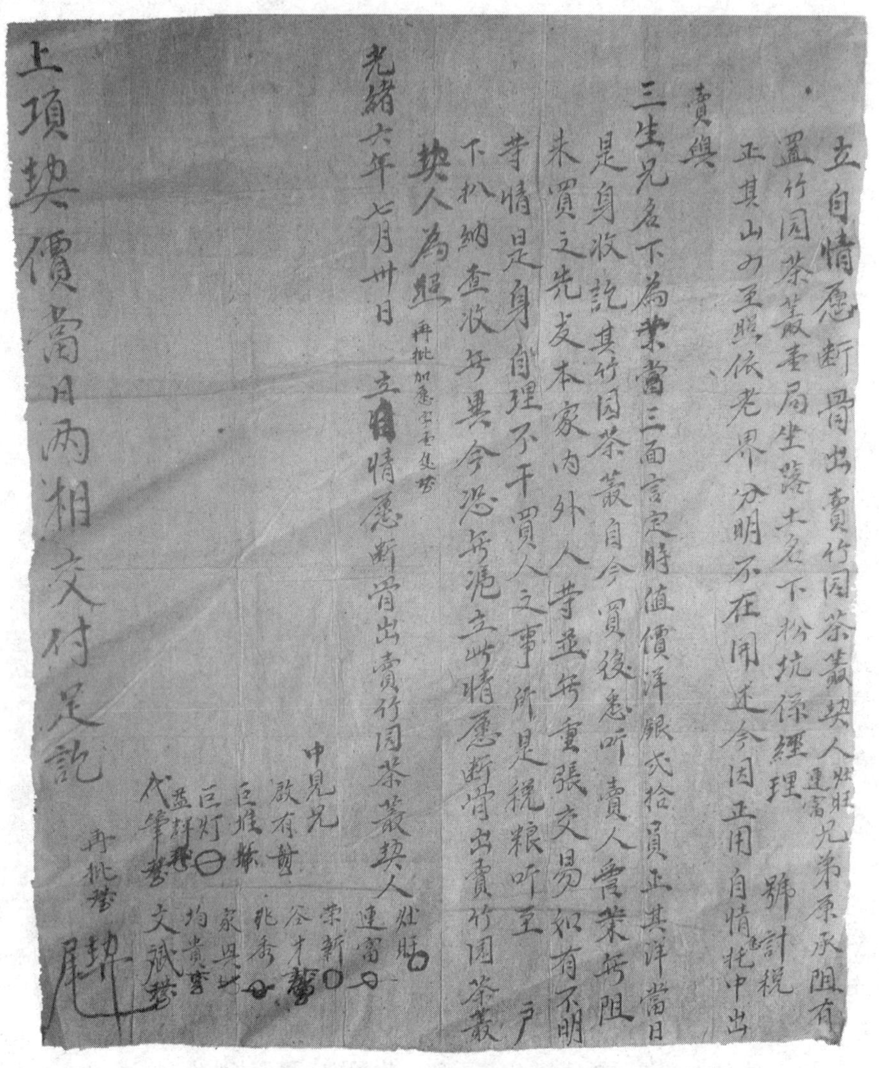

立自情愿断骨出賣竹园茶叢契人灶旺 連富兄弟原承祖有
置竹园茶叢壹局坐落土名下松坑係經理□號計税
正其山四至照依老界分明不在開述今因正用自情托中出
賣與
三生兄名下為業當三面言定時值價洋銀弍拾員正其洋當日
是身收訖其竹园茶叢自今買後悉听賣人管業無阻
未買之先支本家內外人等並無重張交易如有不明
等情是身自理不干買人之事所是税粮听至 户
下扒納查收無異今恐無憑立此情愿断骨出賣竹园茶叢
契人為照 再批加添字壹處訖
光緒六年七月卅日 立自情愿断骨出賣竹园茶叢契人 灶旺 連富
中見兄 啟有 荣新 谷才 北秀 巨堆 家興 巨灯 均貴 盈拜[illegible]
代筆 文祇
上項契價當日兩相交付足訖
再批

大鄣山乡车田村 50 · 光绪六年 · 断骨出卖竹园茶丛契 · 灶旺、连富与三生兄

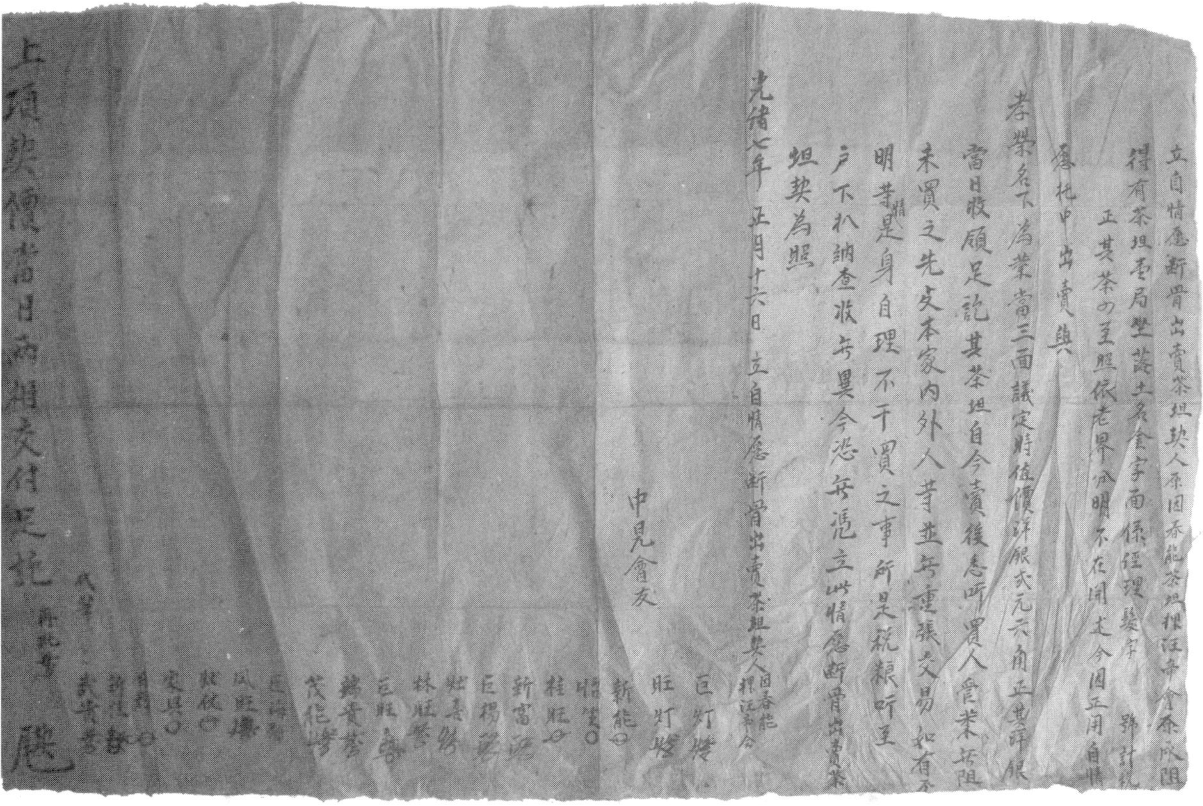

大鄣山乡车田村 54 · 光绪七年 · 断骨出卖茶坦契 · 春能押汪帝会卖与孝荣

大鄣山乡车田村 25 · 光绪十二年 · 会书 · 焕昭

大鄣山乡车田村 26 · 光绪二十二年 · 会书 · 江和荣

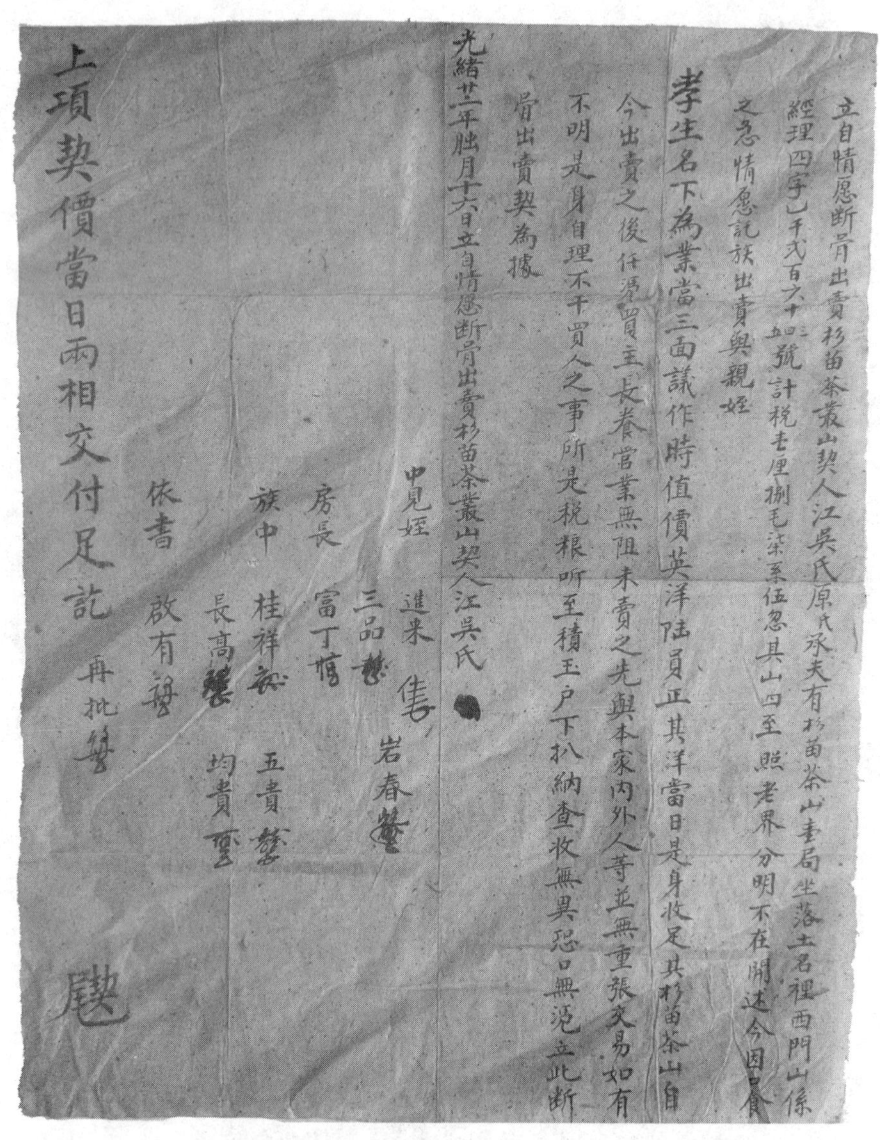

立自情愿断骨出卖杉苗茶丛山契人江吴氏，原承夫有杉苗茶山壹局，坐落土名裡西门山，係经理四字山千弍百六十四、三号，计税壹厘捌毛柒系伍忽，其山四至照老界分明，不在開述。今因日食之急，情愿託族出賣與親姪孝生名下為業，當三面議作時值價英洋陆員正，其洋當日是身收足，其杉苗茶山自今出賣之後，任憑買主長養管業無阻，未賣之先與本家内外人等並無重張交易，如有不明，是身自理，不干買人之事。所是稅粮听至積玉户下扒納查收無異，恐口無憑，立此断骨出賣契為據。

光緒廿二年腊月十六日立自情愿断骨出賣杉苗茶叢山契人江吴氏

中見姪　進来　岩春

房長　富丁

族中　桂祥　五貴　三品　長高　均貴

依書　啟有

上項契價當日兩相交付足訖　再批

大鄣山乡车田村 37 · 光绪二十二年 · 断骨出卖杉苗茶丛山契 · 江吴氏卖与亲侄孝生

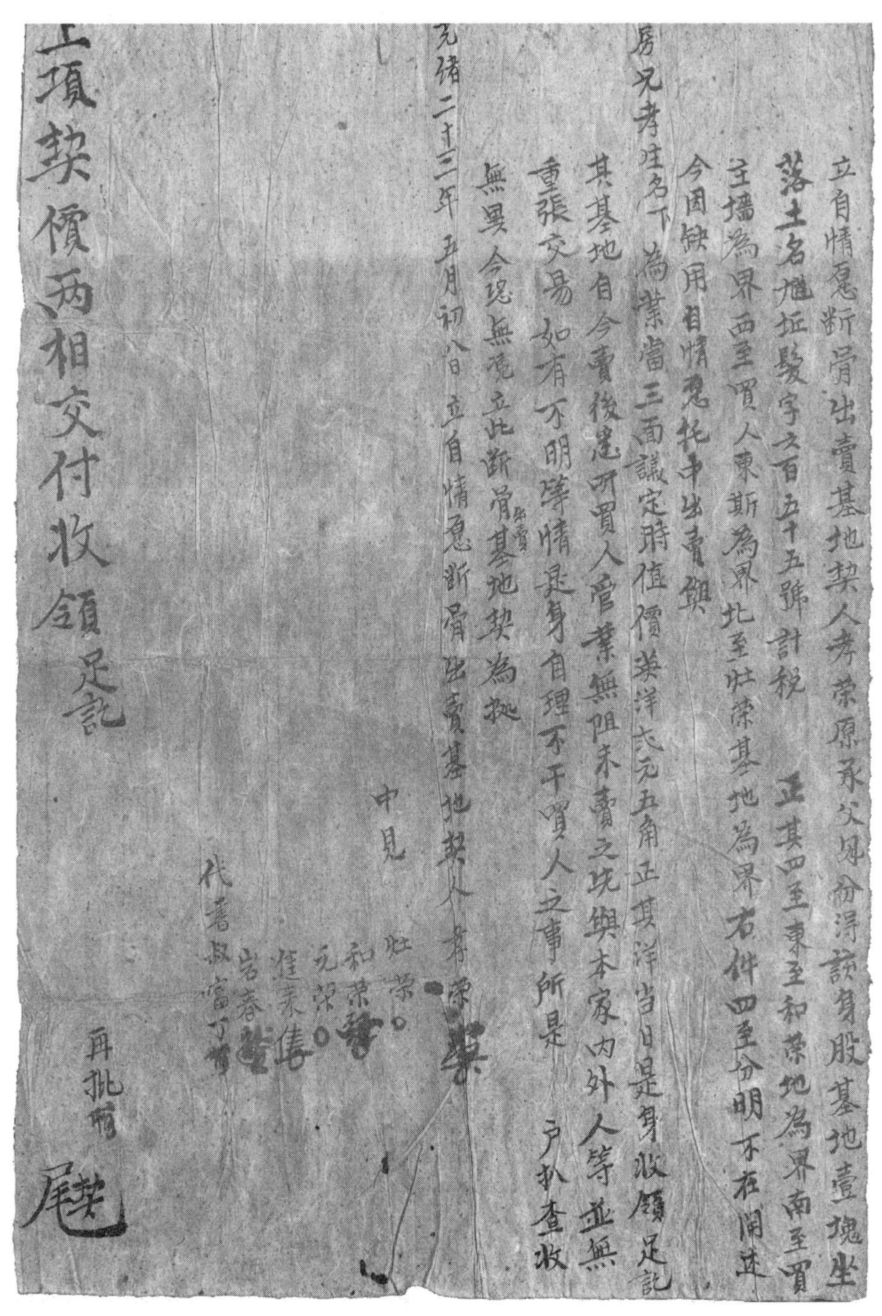
立自情愿断骨出賣基地契人孝荣原承父母分得該身股基地壹塊坐
落土名燈坵駁字六百五十五號計稅 正其四至東至和荣地為界南至買
主墻為界西至買人東斯為界北至灶荣基地為界 右件四至分明不在開述
今因缺用自情愿托中出賣與
房兄孝生名下為業當三面議定時值價英洋弍元五角正其洋当日是身收領足訖
其基地自今賣後聽听買人管業無阻未賣之先與本家內外人等並無
重張交易如有不明等情是身自理不干買人之事所是 户扒查收
無異今恐無憑立此斷骨出賣基地契為拠
光绪二十三年五月初八日立自情愿断骨出賣基地契人孝荣
中見 灶荣 和荣 元深 進泰 岩春
代書叔 富丁
再批 契尾
立項契價兩相交付收領足訖

大鄣山乡车田村 51 · 光绪二十三年 · 断骨出卖基地契 · 孝荣与房兄孝生

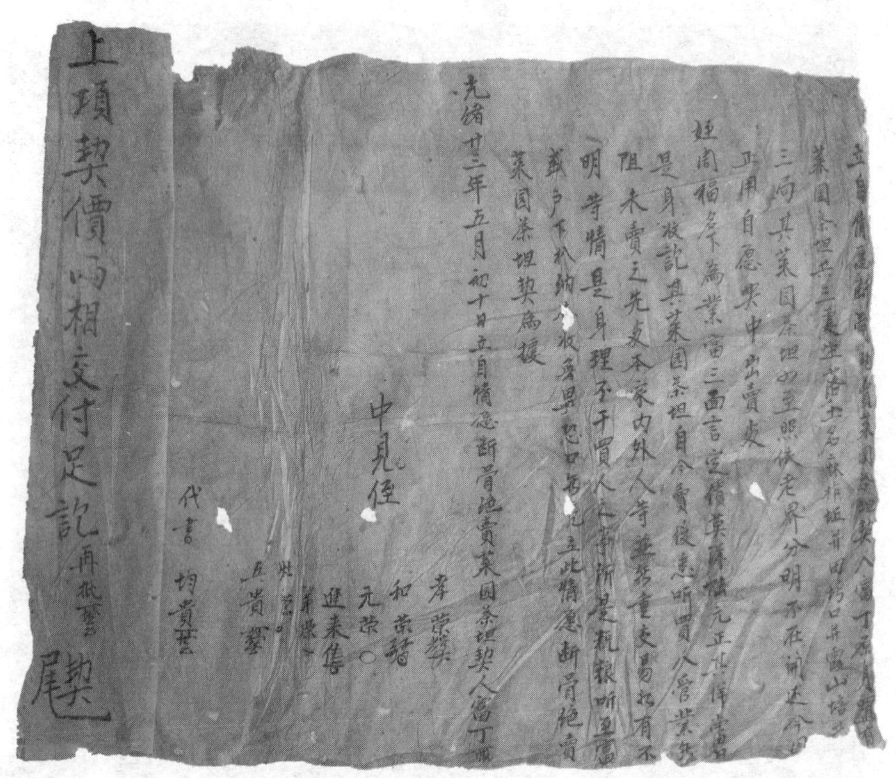

大鄣山乡车田村 58 · 光绪二十三年 · 断骨绝卖菜园茶坦契 · 富丁卖与侄周福

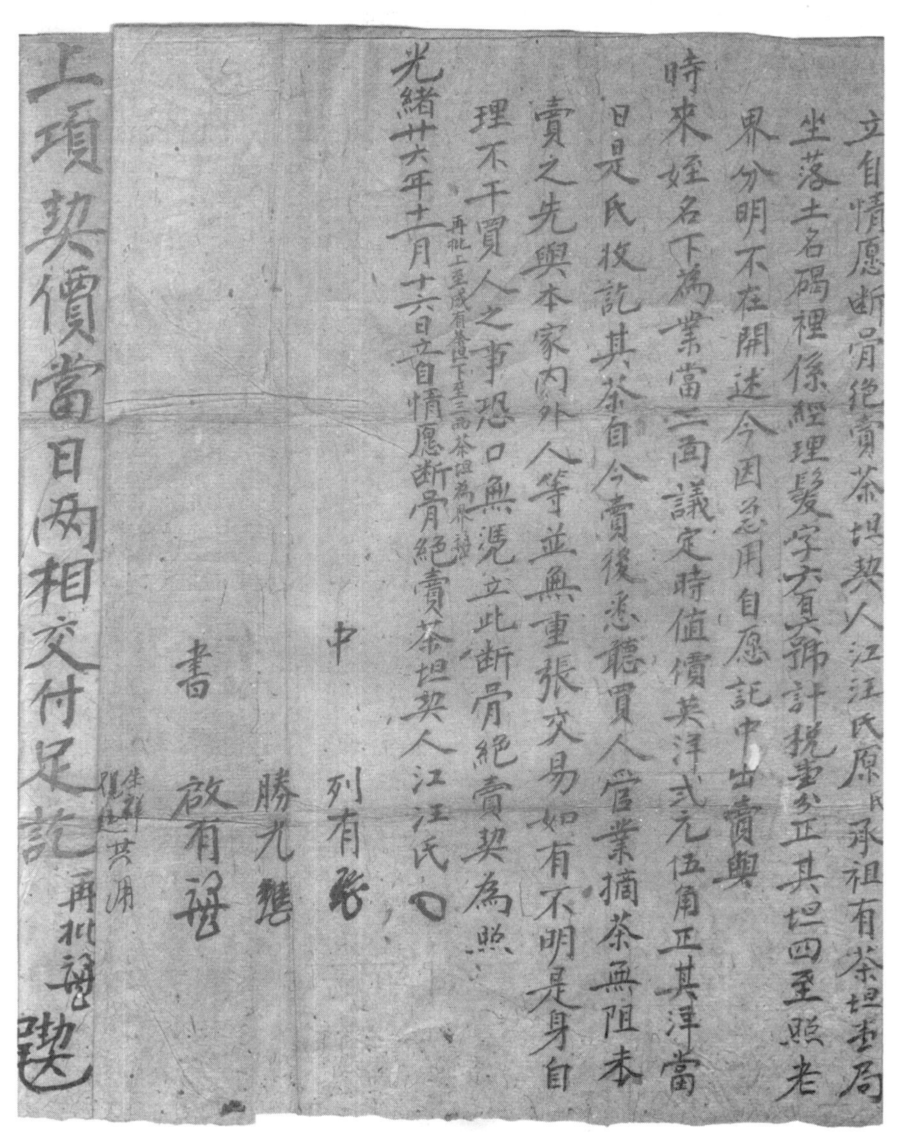

立自情愿断骨絕賣茶坦契人江汪氏原承祖有茶坦壹局
坐落土名碣裡係經理髮字六百六號計稅壹分正其坦四至照老
界分明不在開述今因急用自愿託中出賣與
時來姪名下為業當三面議定時值價英洋弍元伍角正其洋當
日是氏收訖其茶自今賣後悉聽買人管業摘茶無阻未
賣之先與本家內外人等並無重張交易如有不明是身自
理不干買人之事恐口無憑立此断骨絕賣契為照
再批上至成有茶坦下至三丙茶坦為界訖
光緒廿六年十二月十六日立自情愿断骨絕賣茶坦契人江汪氏〇
中　列有（押）
勝九（押）
書　啟有（押）

上項契價當日兩相交付足訖　再批（押）
朱祥 猬廷 共用
契

大鄣山乡车田村 34 · 光绪二十六年 · 断骨绝卖茶坦契 · 江汪氏卖与时来侄

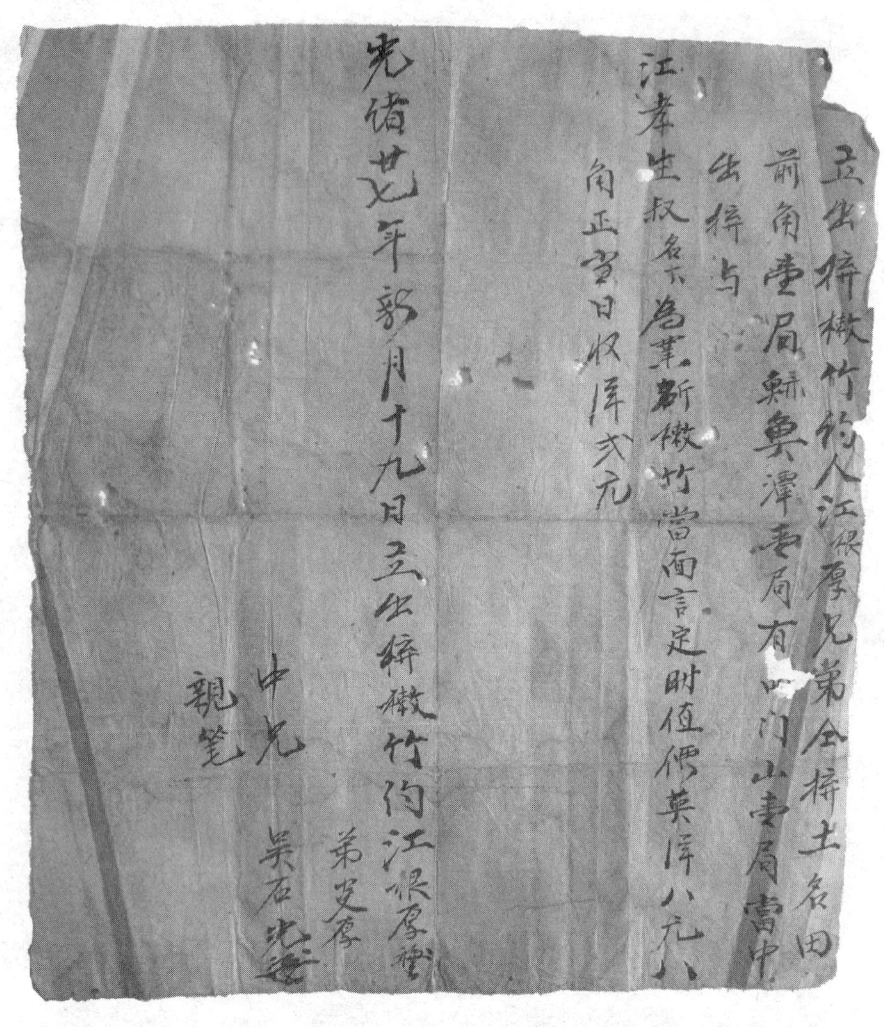

立出拚樕竹約人江根厚兄弟仝拚土名田
前角壹局、鯨魚潭壹局、有四門山壹局，當中
出拚与
江孝生叔名下為業，斫樕竹當面言定時值價英洋八元八
角正，當日收洋弍元
光绪廿七年新月十九日立出拚樕竹約江根厚（押）
弟安厚
中見 吴石光（押）
親筆

大鄣山乡车田村 22 · 光绪二十七年 · 出拼樕竹约 ·
江根厚兄弟拼与江孝生叔

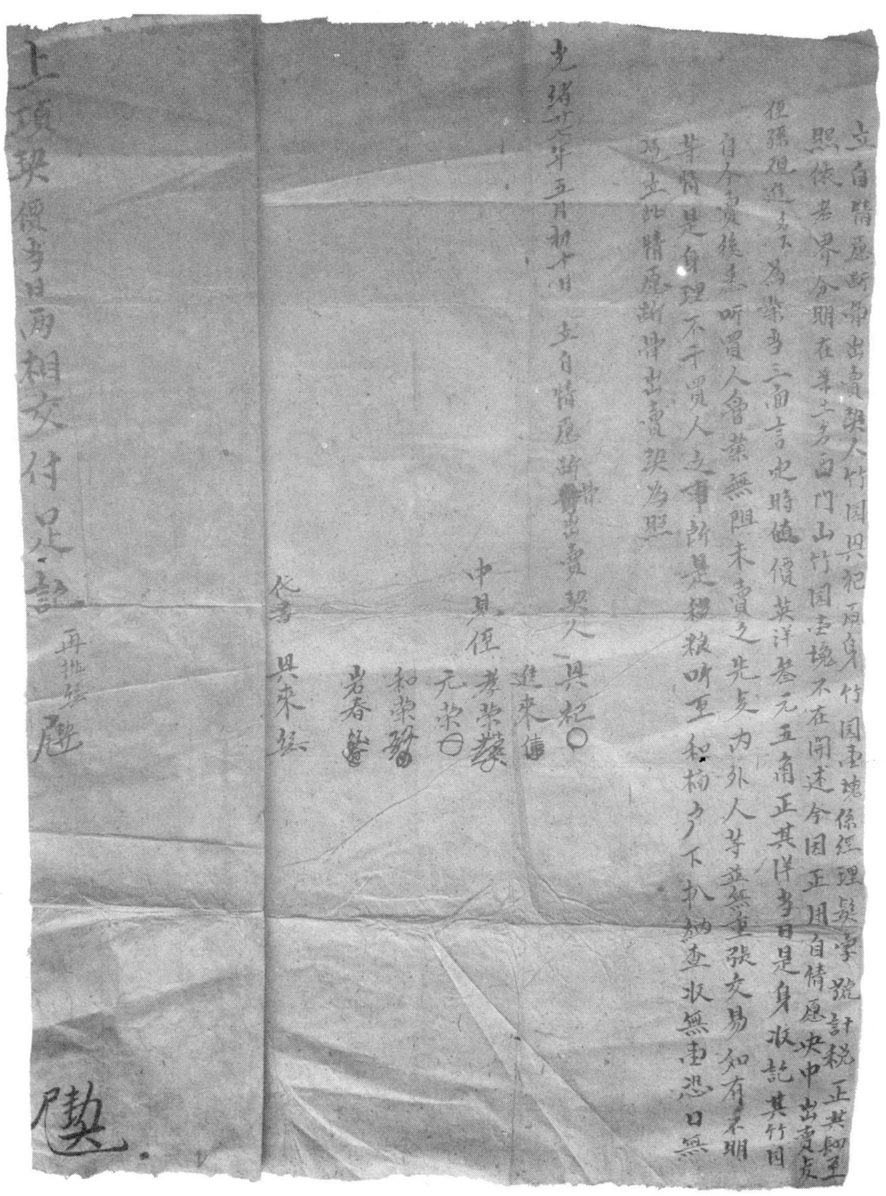

大郭山乡车田村 55 · 光绪二十七年 · 断骨出卖竹园契 ·
兴祀卖与观进

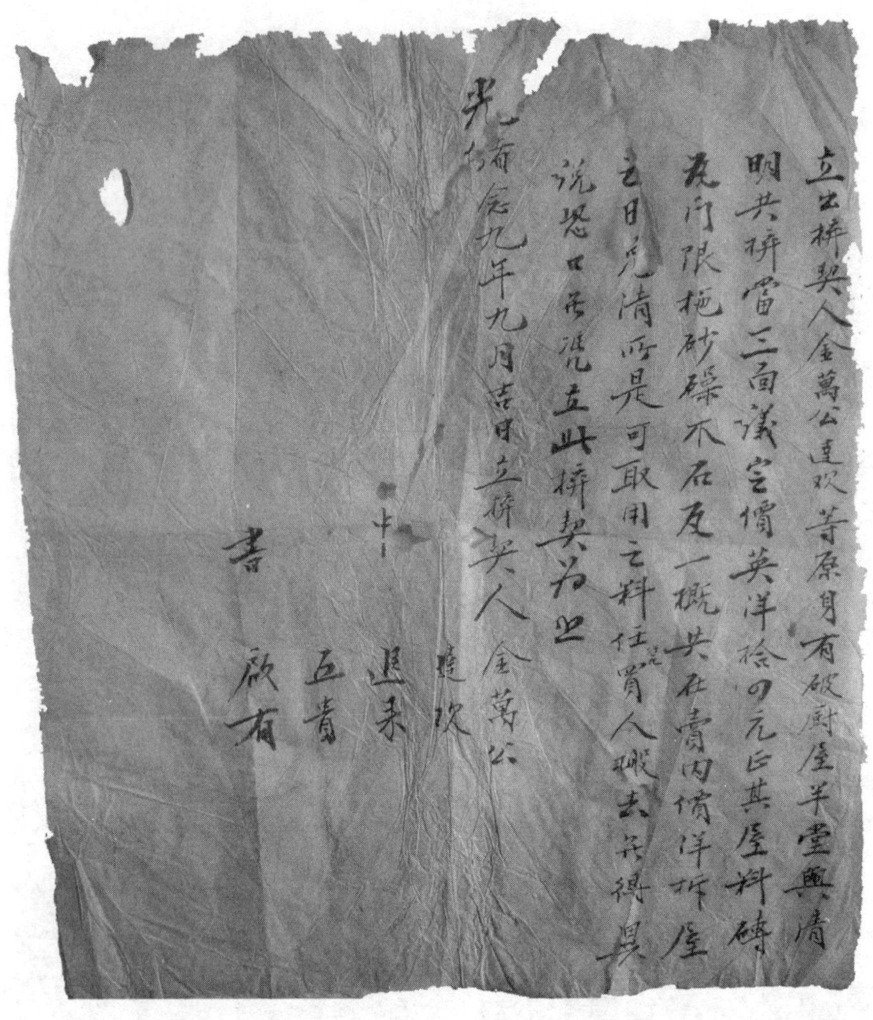

立出拚契人金萬公達欢等原有破厨屋半堂與清
明共拚當三面議定價英洋拾四元正其屋料磚
瓦行限拖砂礫不在及一概共在價內價洋拆屋
之日兑清所是可取用之料任憑買人搬去無得異
説恐口無憑立此拚契為照
光緒廿九年九月吉日立拚契人 金萬公
達欢
中 退来
立青
書 欣有

大鄣山乡车田村 15 · 光绪二十九年 · 出拼契 · 金万公达欢等拼与清明会

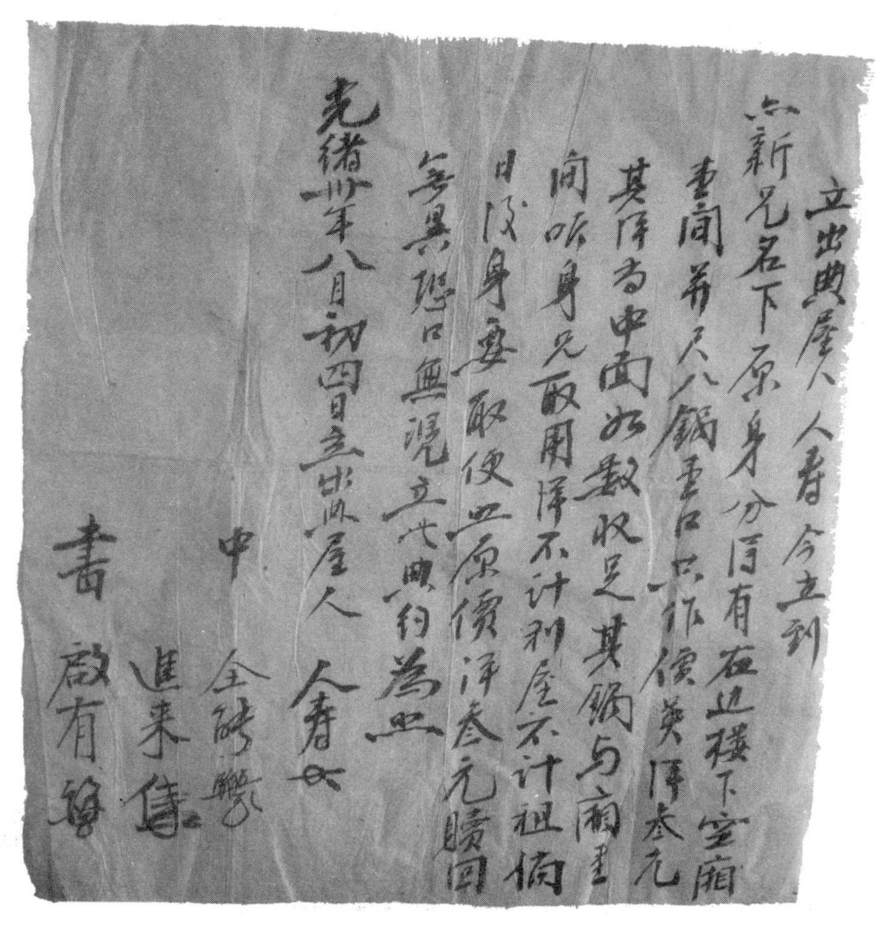

立出典屋人人寿今立到亦新兄名下原身分同有在边楼下室厢壹间并尺八镬壹口出作价英洋叁元其洋当中面如数收足其镬与厢壹间听身兄取用洋不计利屋不计租倘日后身要取便照原价洋叁元赎回无异恐口无凭立出典约为照

光绪卅年八月初四日立出典屋人人寿（押）

中 金鸣銮

进来（押）

书 启有（押）

大郭山乡车田村 2 · 光绪三十年 · 出典屋契 · 人寿立到亦新

立遗嘱孝生原身勤俭一世艰苦备尝娶妻无子因继
本房福祥之幼子为嗣代娶姜氏已经合卺工当后生可望
之时守业成家之候故託族人将所遗老业并置新
业及屋宇田地茶山并付[illegible]日食[illegible]此薄
产日后成人自无异说倘不幸事身后託族时时爱护
业或当或卖以作生养死葬之费恐口无凭立遗
嘱一样两张各执一为照

计开产业于左

屋 壹重 [illegible]

田 祥树田皮壹坵

茶 [illegible]

山 [illegible]

地 [illegible]

桐基 壹[illegible]

光绪卅二年仲冬月穀旦 立遗嘱人孝生

宇 汉金

[illegible] [illegible]

族中 孝荣 进来 桂祥 日宣 全能

代书 [illegible]

[illegible]

大鄣山乡车田村 29 · 光绪三十二年 · 遗嘱 · 孝生

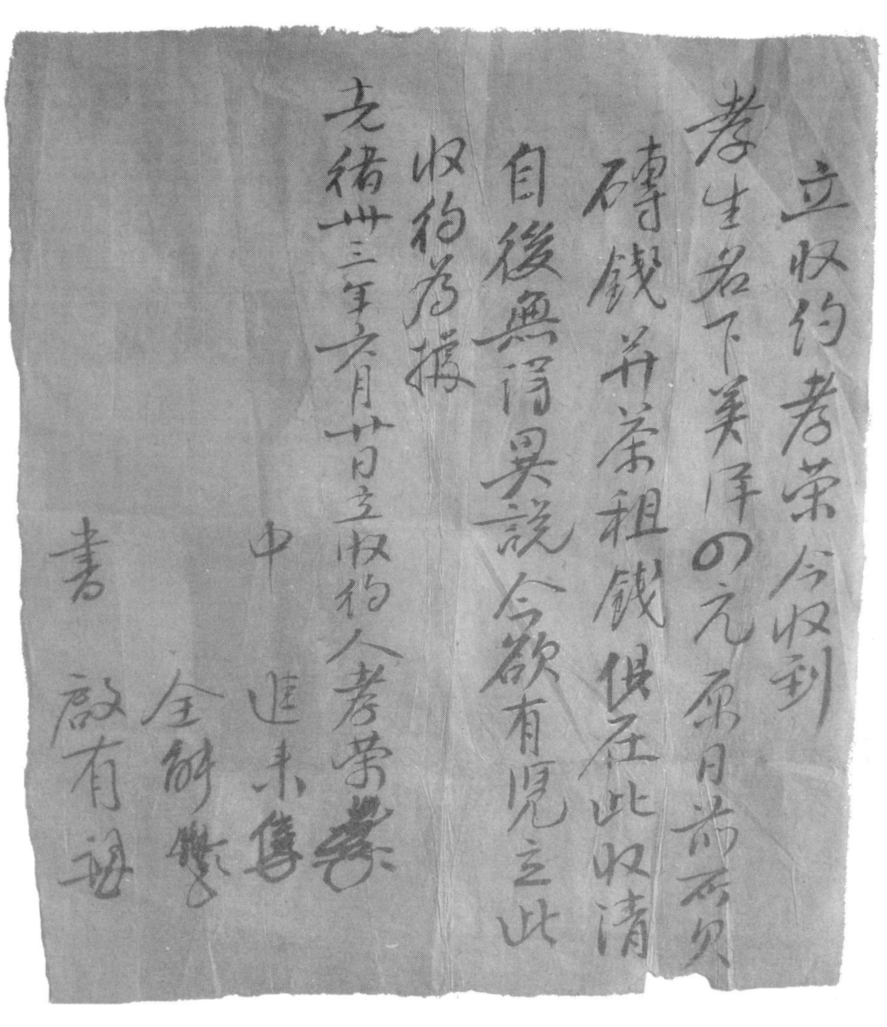

立收约孝荣今收到
孝生名下美洋四元原日前亦贝
磚錢并茶租錢俱在此收清
自後無得異説今欲有憑立此
收約爲據
光绪卅三年六月廿日立收約人孝荣
中 進來
全解
書 啟有

大鄣山乡车田村 11 · 光绪三十三年 · 收约 · 孝荣收到孝生

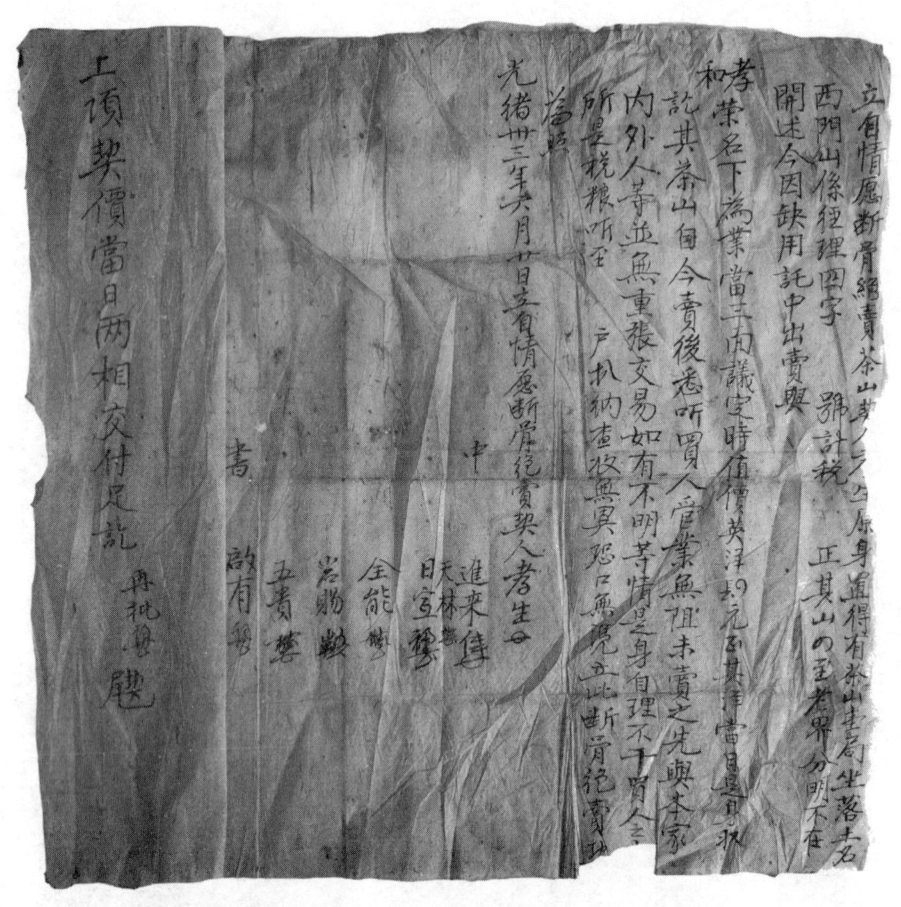

大鄣山乡车田村 56 · 光绪三十三年 · 断骨绝卖茶山契 ·
孝生卖与孝荣、和荣

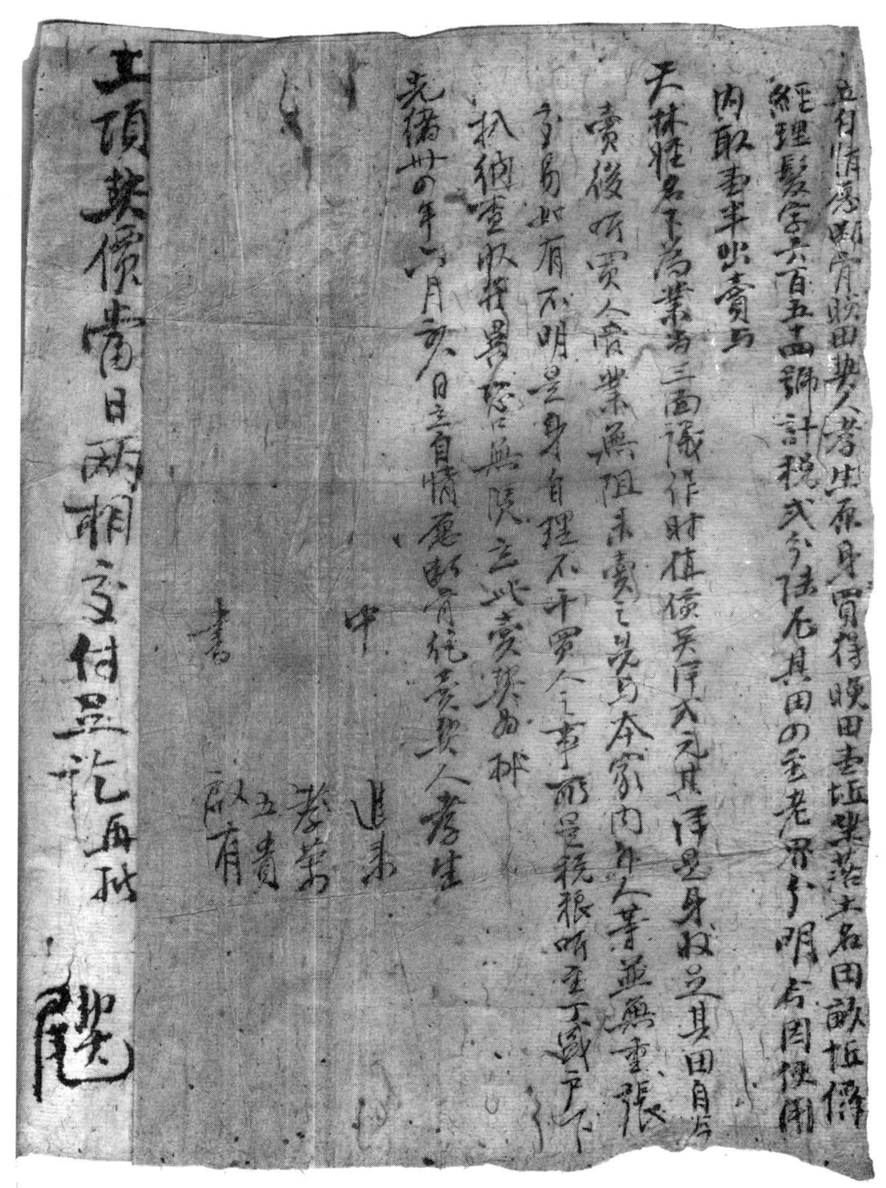

立付情愿断骨晚田契人孝生，原身買得晚田壹坵，坐落土名田畝坵僻，
經理髮字六百五十四號，計税弍分陆厘，其田四至老界分明，今因使用
內取壹半出賣與
天林侄名下爲業，當三面議作時值價英洋六元，其洋是身收足，其田自今
賣後聽買人管業，無阻。未賣之先與本家內外人等並無重張
交易，如有不明，是身自理，不干買人之事。所是税根聽至丁盛戶下
扒納查收推畀，恐口無憑，立此賣契爲據。
光緒卅四年六月初八日立自情愿断骨絶賣契人孝生
中 進來 孝翁 五貴
書 啟有
上項契價當日兩相交付足訖，再批。
契

大郭山乡车田村 45 · 光绪三十四年 · 断骨出卖晚田契 ·
孝生断骨绝卖与天林侄

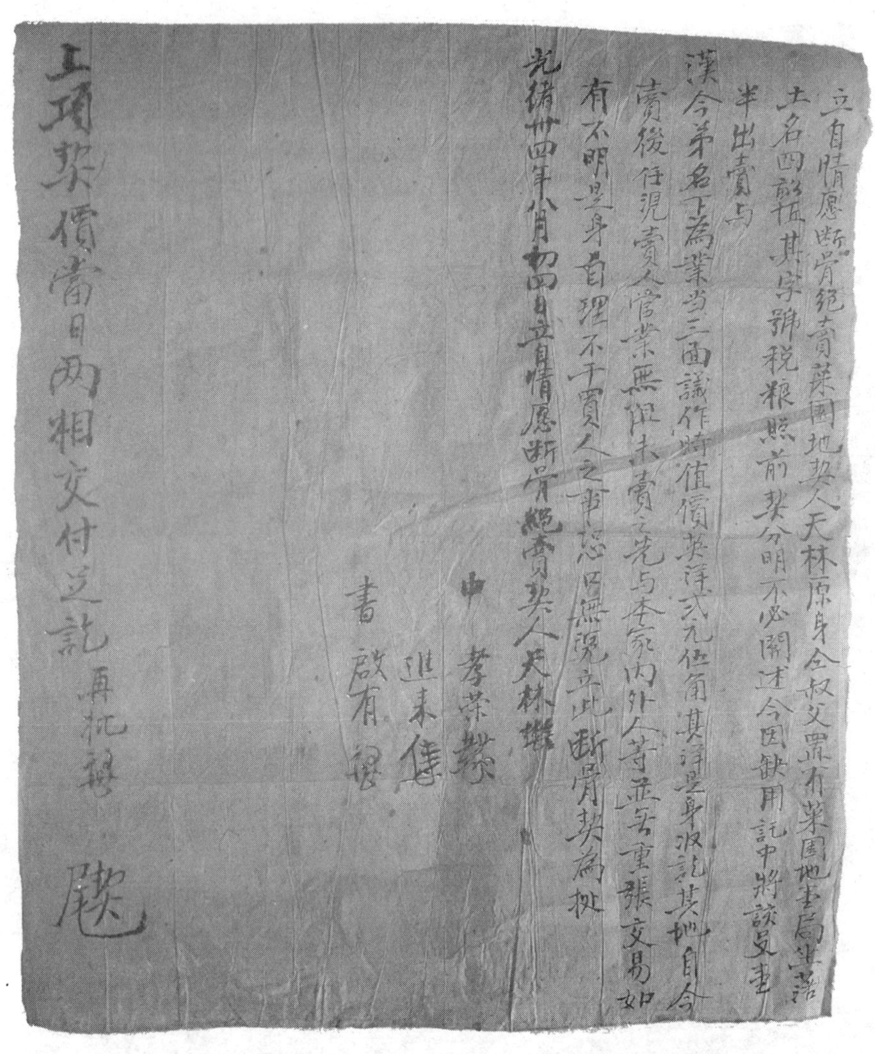
立自情愿断骨絶賣菜園地契人天林原身仝叔父眾有菜園地壹局坐落土名四彭伍其字號税粮照前契分明不必開述今因缺用託中將該受壹半出賣与
漢今弟名下為業当三面議作時值價英洋弍元伍角其洋是身收訖其地自今賣後任現賣人管業無阻未賣之先与本家内外人等並無重張交易如有不明是身自理不干買人之事恐口無憑立此断骨契為据
光緒卅四年八月初四日立自情愿断骨絶賣契人天林押
中　孝荣押
　　進来押
書　啟有押
上項契價當日两相交付立訖　再批押

大鄣山乡车田村 53 · 光绪三十四年 · 断骨绝卖菜园地契 ·
天林卖与汉今弟

大郭山乡车田村 1-1 · 宣统元年 · 税粮实征册 · 江金顺户

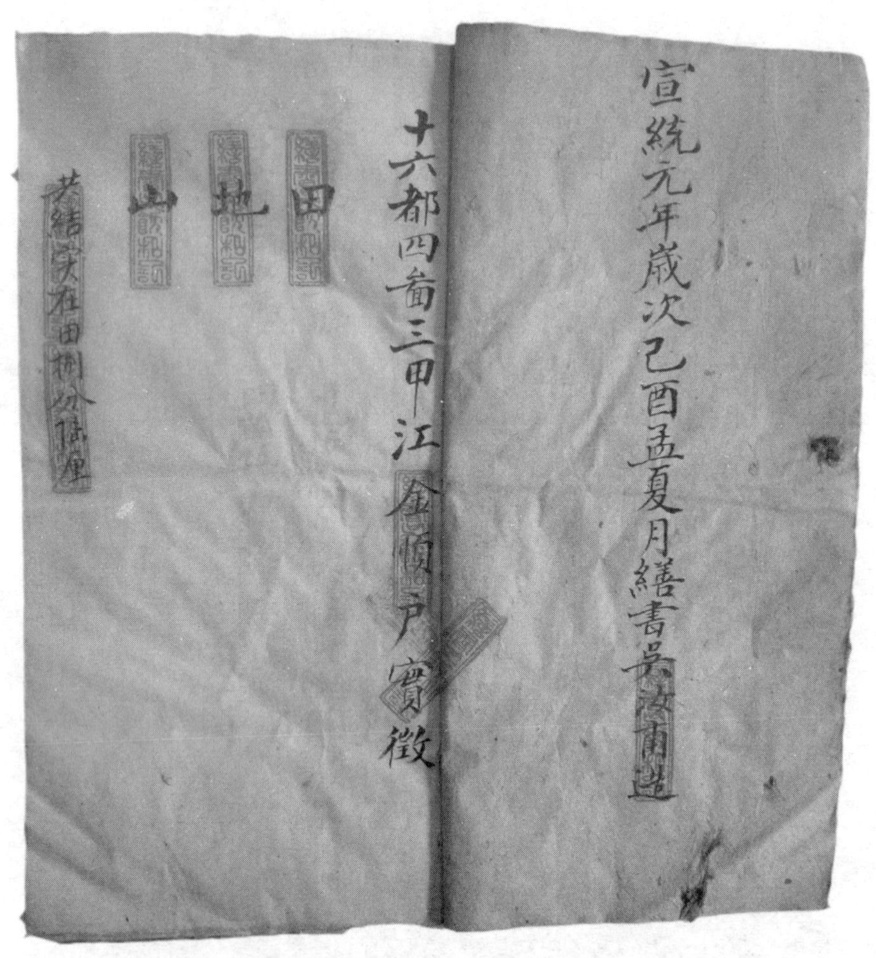

大鄣山乡车田村 1-2 · 宣统元年 · 税粮实征册 · 江金顺户

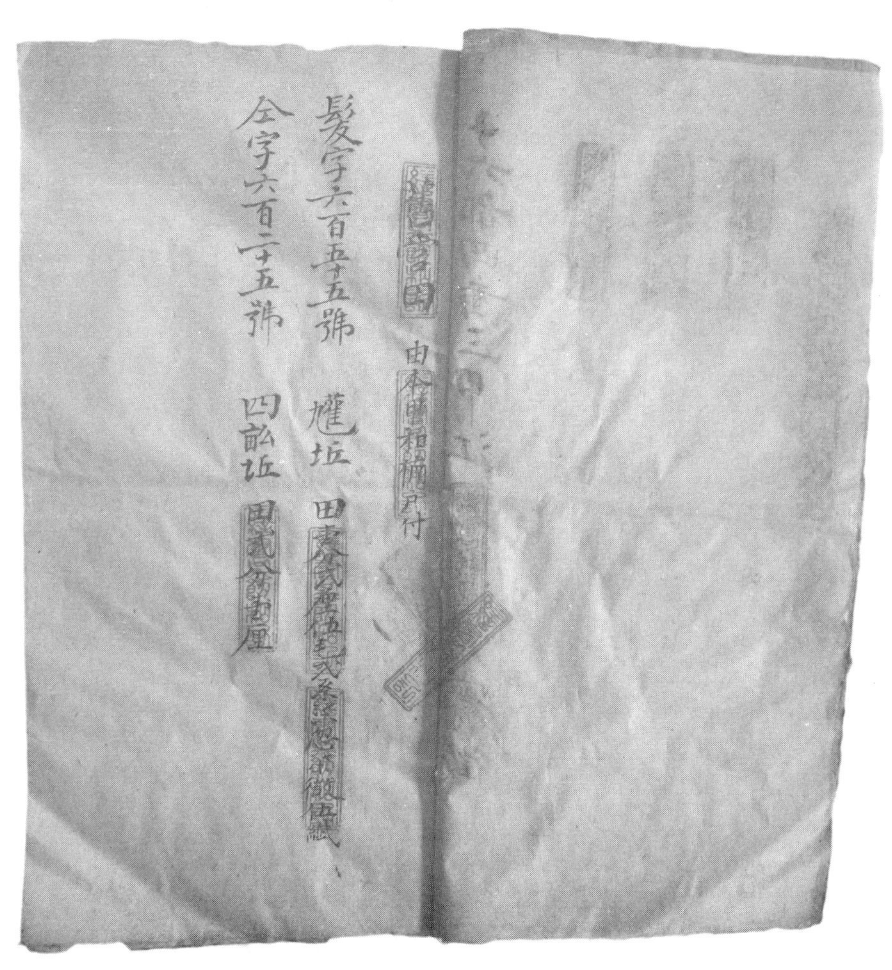

大鄣山乡车田村 1-3 · 宣统元年 · 税粮实征册 · 江金顺户

大鄣山乡车田村 1-4 · 宣统元年 · 税粮实征册 · 江金顺户

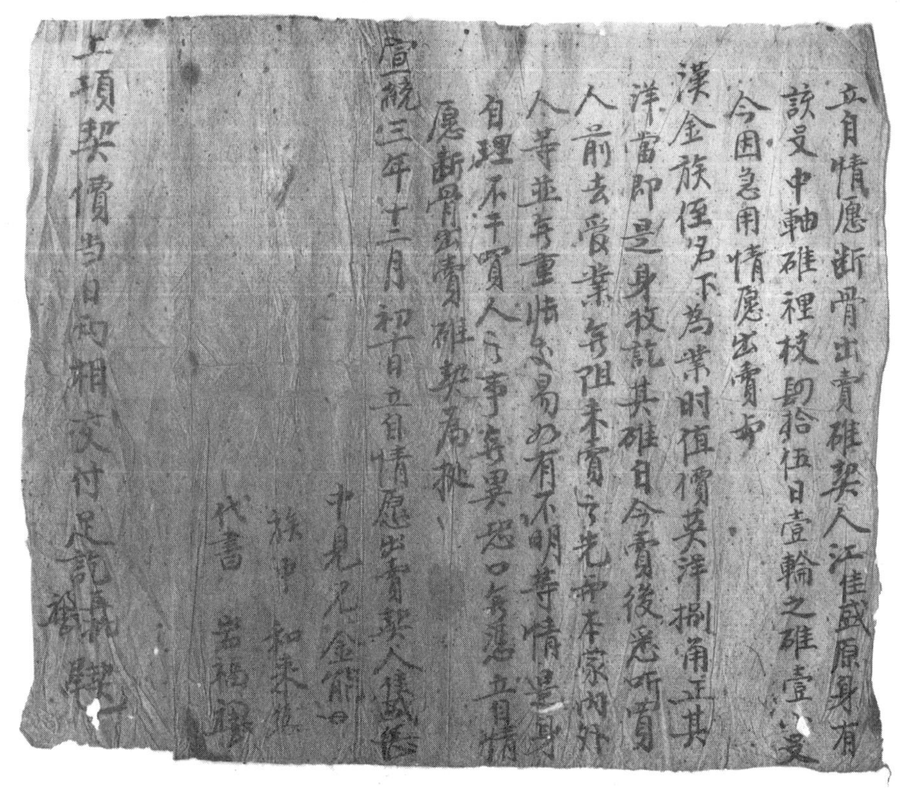

大鄣山乡车田村 27 · 宣统三年 · 断骨出卖碓契 · 江佳盛卖与汉金族侄

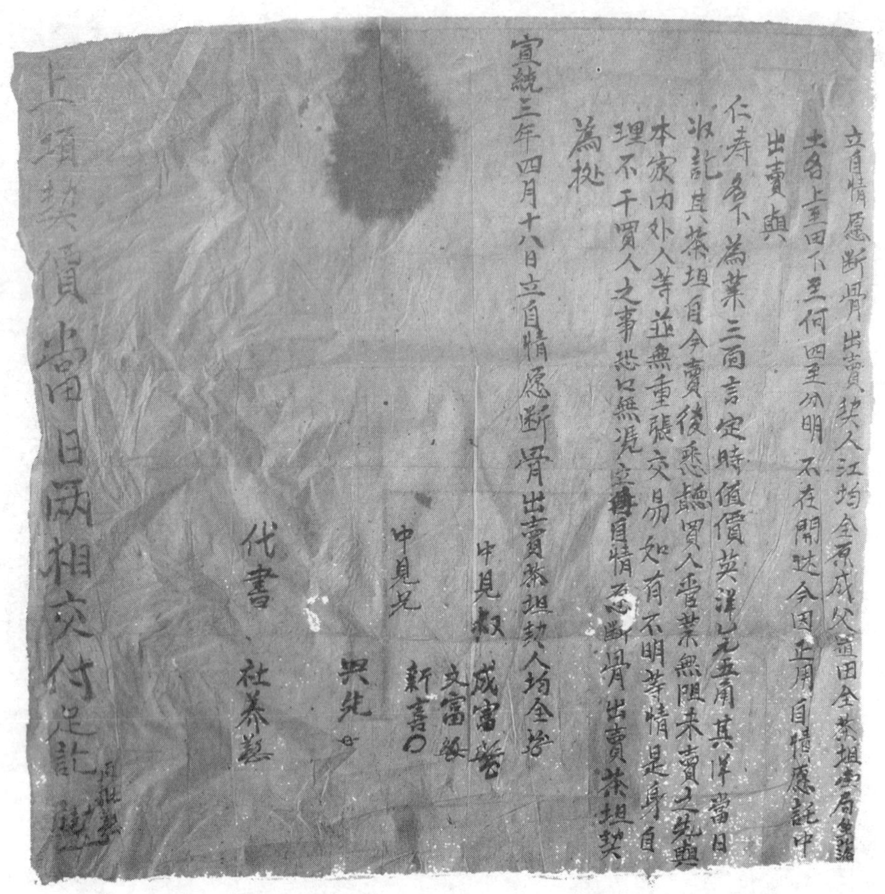

立自情愿断骨出賣契人江均全原成父置田全茶坦壹局坐落
土名上垄田下至何四至分明不在開述今因正用自情愿託中
出賣與
仁寿名下為業三面言定時值價英洋七元五角其洋當日
收訖其茶坦自今賣後悉聽買人晉業無阻未賣之先與
本家内外人等並無重張交易如有不明等情是身自
理不干買人之事恐口無憑立此自情愿断骨出賣茶坦契
為據

宣統三年四月十八日立自情愿断骨出賣茶坦契人均全押

中見叔 成富押
文富押
中見兄 新喜〇
興先〇
代書 社恭押

上項契價當日兩相交付足訖 再批押

大鄣山乡车田村 31 · 宣统三年 · 断骨出卖茶坦契 · 江均全卖与仁寿

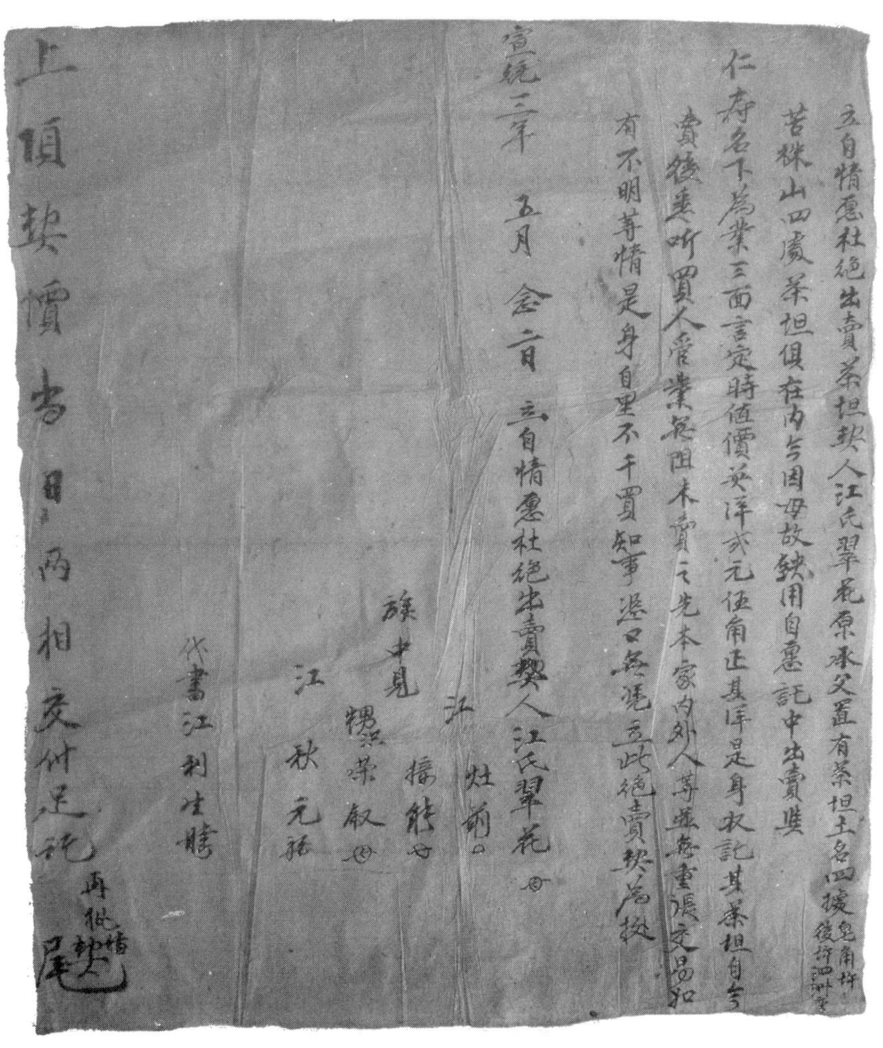

大鄣山乡车田村 39 · 宣统三年 · 杜绝出卖茶坦契 · 江氏翠花卖与仁寿

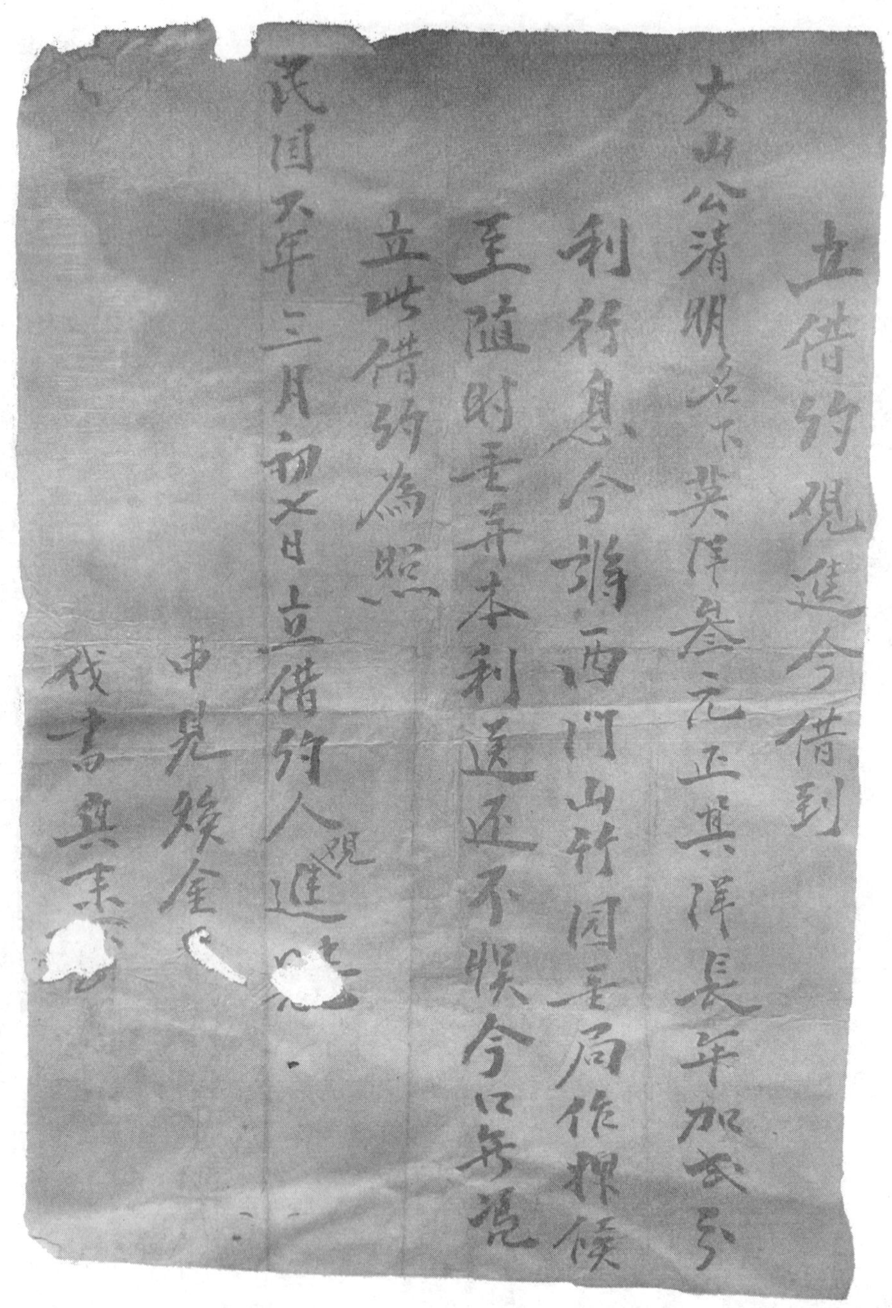
立借约觀進今借到
大山公清明名下英洋叁元正其洋長年加叁弍
利行息今将西门山竹园壹局作押俟
至随时壹并本利送还不误今口無憑
立此借约為照
民国六年三月初七日立借约人觀進（押）
中見煥全（押）
代書冀束（押）

大鄣山乡车田村 12 · 民国六年 · 借约 · 观进借到大山公清明

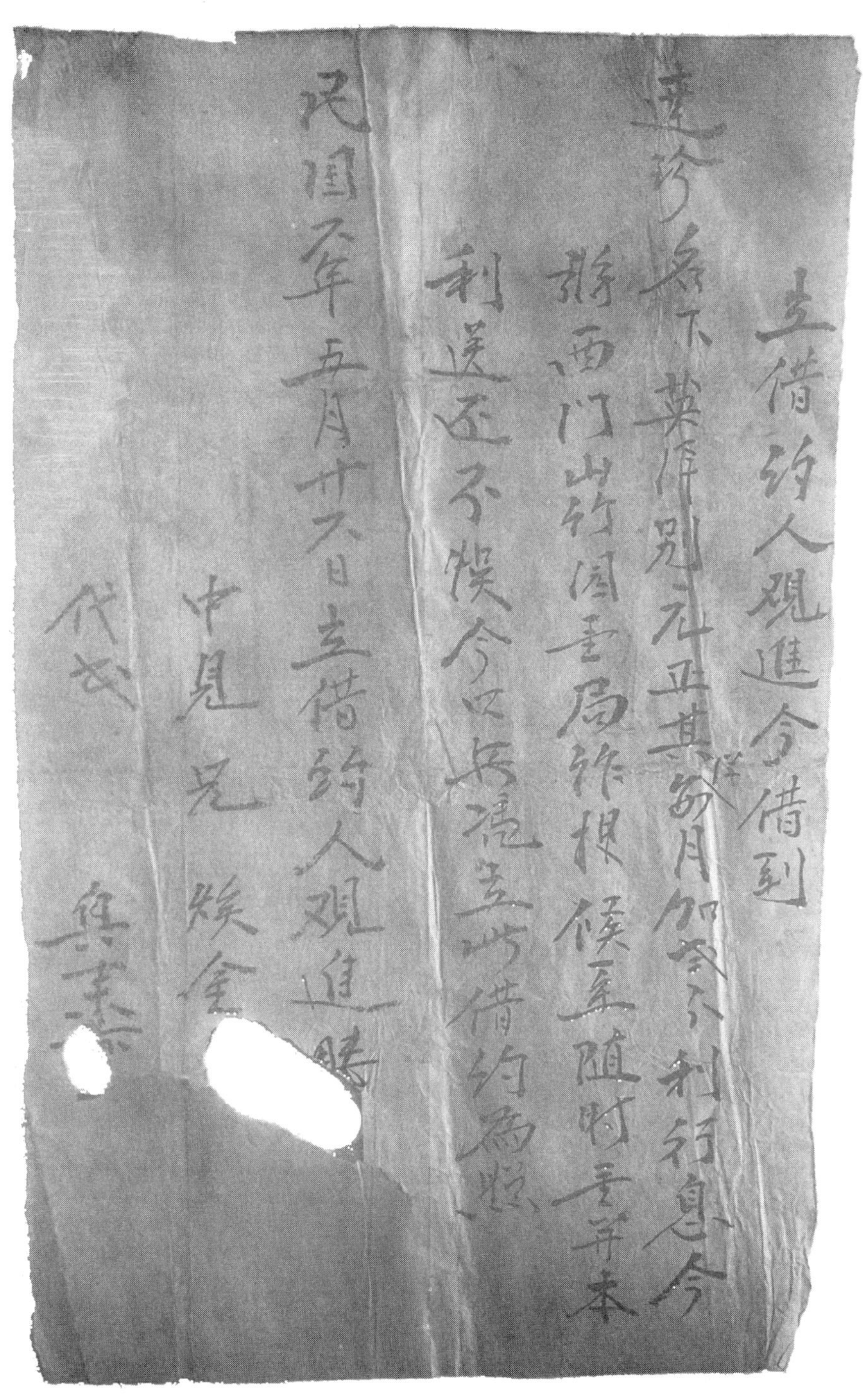

立借约人观進今借到
達珍爷下英洋兇元正其洋每月加叁分利行息今
將西门山竹园壹局作根俟至随时壹并本
利送还不误今口无凭立此借约为照
民国六年五月廿六日立借约人观進
中見兄 焕金
代书 [illegible]

大鄣山乡车田村 20 · 民国六年 · 借约 · 观进借到达珍

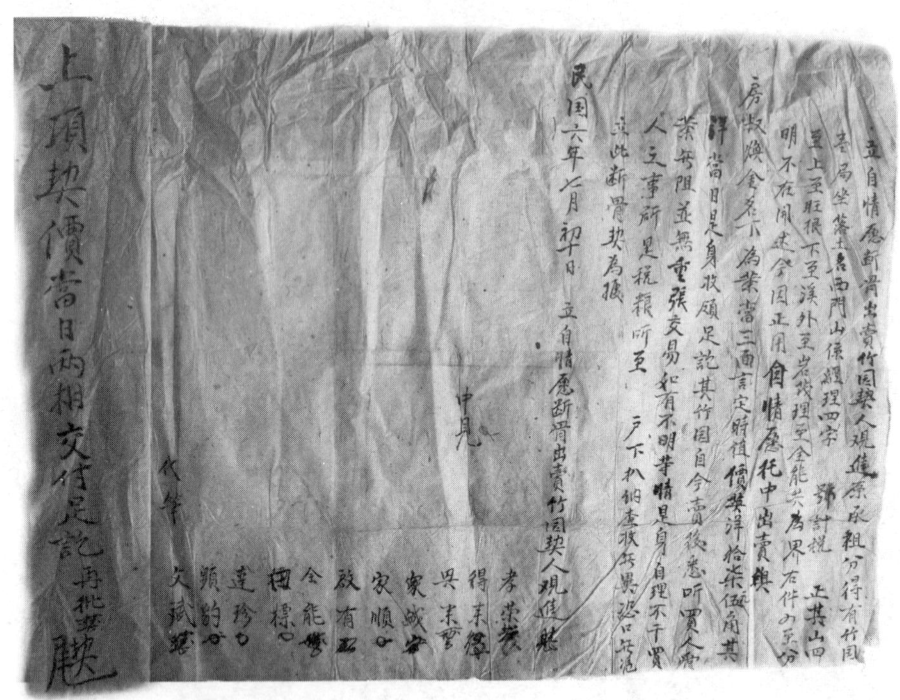

大鄣山乡车田村 57 · 民国六年 · 断骨出卖竹园契 · 观进卖与房叔焕金

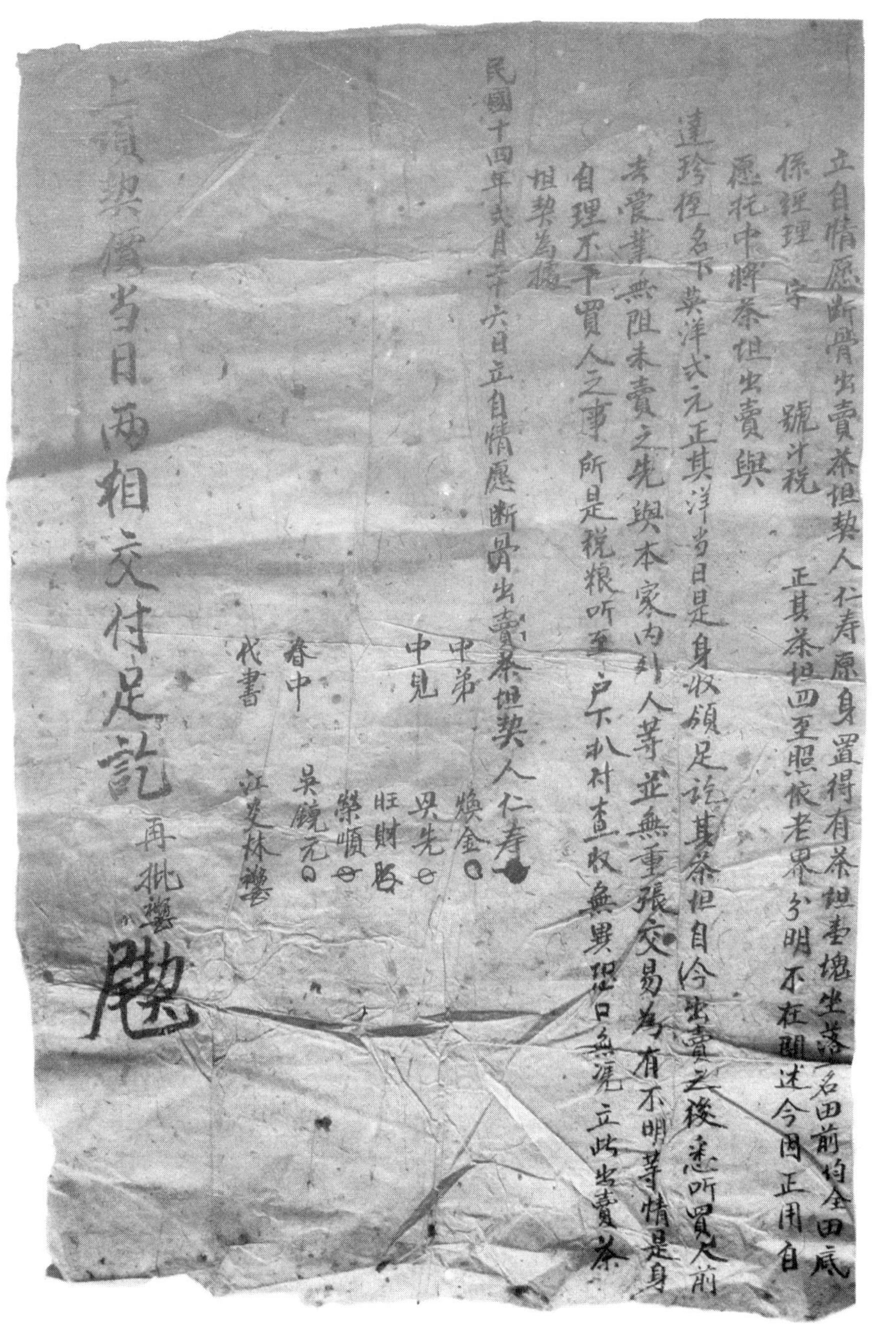

立自情愿断骨出卖茶坦契人仁寿，原身置得有茶坦壹塊，坐落土名田前，伯全田底，係經理　字　號，計税　，正其茶坦四至照依老界分明，不在開述。今因正用，自愿托中將茶坦出賣與達珍侄名下，英洋弍元正，其洋当日是身收領足訖。其茶坦自今出賣之後，悉听買人前去管業，無阻。未賣之先，與本家内外人等並無重張交易。如有不明等情，是身自理，不干買人之事。所是税粮听至户下扒付查收，無異。恐口無憑，立此出賣茶坦契為據。

民國十四年弍月二十六日立自情愿断骨出賣茶坦契人　仁寿（押）

中弟　焕金（押）

中見　吴先（押）

旺財（押）

榮順（押）

眷中　吴鏡元（押）

代書　江交林（押）

上項契價当日兩相交付足訖　再批（押）

大鄣山乡车田村 32 · 民国十四年 · 断骨出卖茶坦契 · 仁寿卖与达珍侄

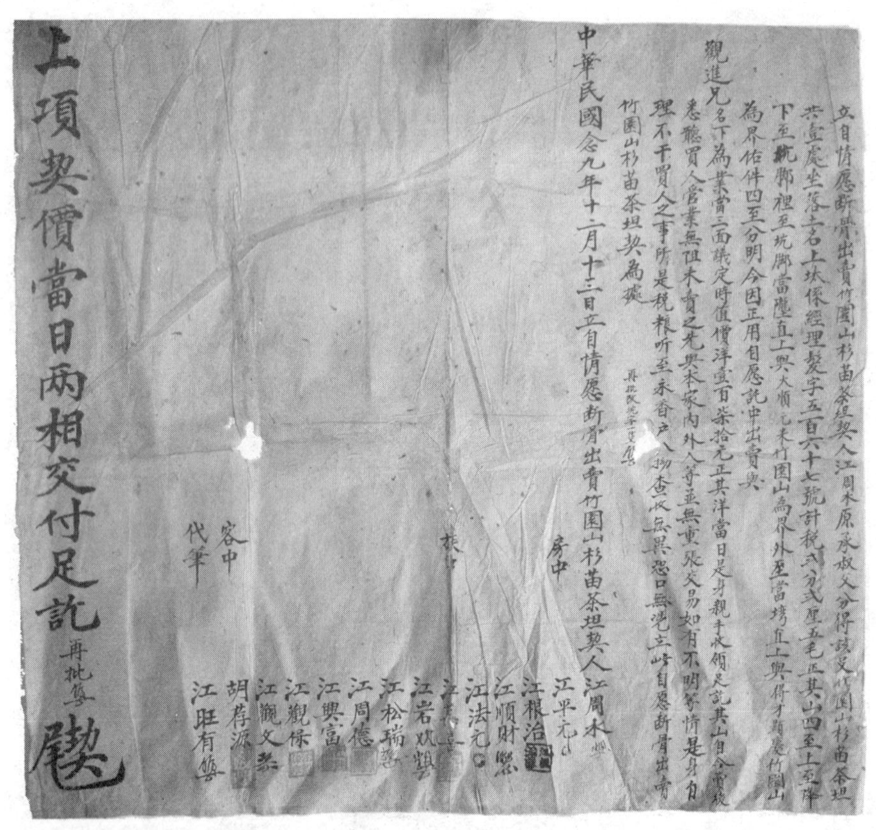

大鄣山乡车田村 41 · 民国二十九年 · 断骨出卖竹园山杉苗茶坦契 ·
江周水卖与观进兄

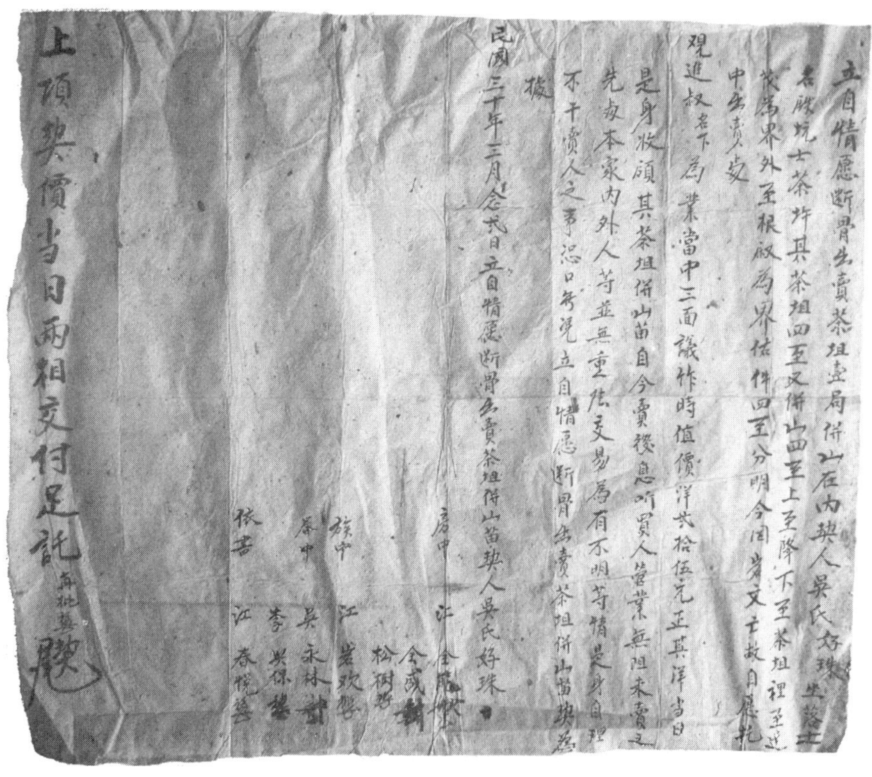

大鄣山乡车田村 35 · 民国三十年 · 断骨出卖茶坦并山苗契 ·
吴氏好珠卖与观进叔

大鄣山乡车田村 40 · 民国三十年 · 断骨出卖鱼塘茶契 ·
江洪氏月连卖与焕金叔

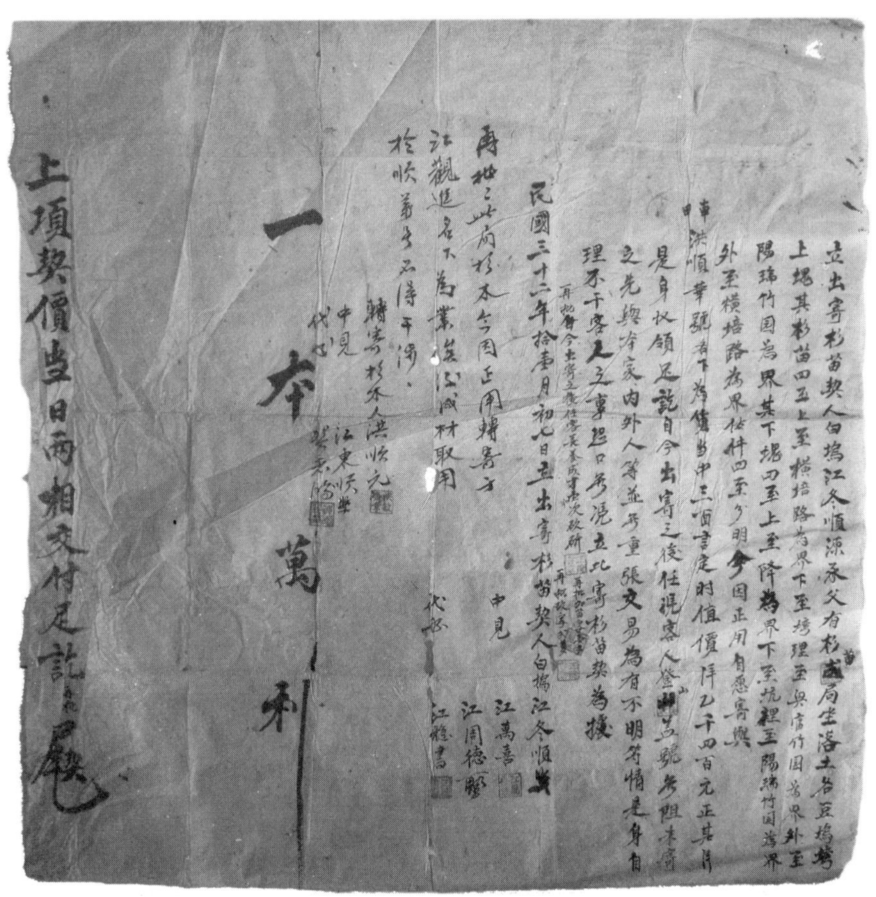

立出寄杉苗契人白塢江冬順源承父有杉苗局坐落土名豆塢塆
上塊其杉苗四至上至横培路為界下至塆理至與宙竹园為界外至
陽瑞竹园為界其下塊四至上至降為界下至坑裡至陽瑞竹园為界
外至横培路為界伏件四至分明今因正用自愿寄與
洪順華號名下為業當中三面言定時值價洋乙千四百元正其洋
是身收領足訖自今出寄之後任從客人登山蓄號無阻未寄
之先與家内外人等並無重張交易為有不明等情是身自
理不干客人之事恐口無憑立此寄杉苗契為據
再批會今出寄之後任客長養成材次砍所
民國三十二年拾壹月初七日立出寄杉苗契人白塢江冬順
中見 江萬喜
江周德
代筆 江雅書
再批此處杉木今因正用轉寄與
江觀進名下為業蓄成材取用
於眹弟子不得干涉
轉寄杉木人洪順元
中見 江東興
代筆
一本萬利
上項契價当日兩相交付足訖

大鄣山乡车田村 49 · 民国三十二年 · 出寄杉苗契 · 江冬顺寄与洪顺华

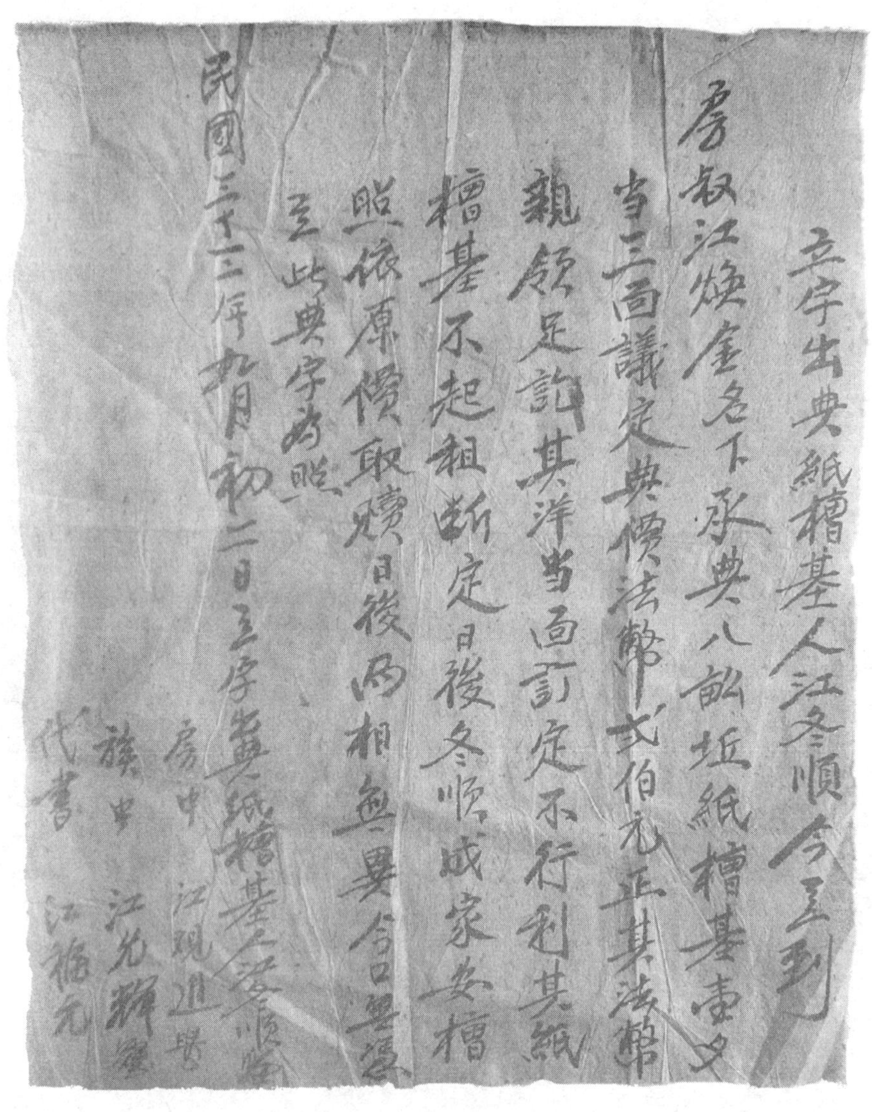
立字出典紙槽基人江冬順今立到
房叔江煥金名下承典八畝坵紙槽基壹只
当三面議定典價法幣弍伯元正其法幣
親領足訖其洋当面訂定不行利其紙
槽基不起租斷定日後冬順贖家安槽
照依原價取贖日後兩相無異今口無憑
立此典字為照
民國三十三年九月初二日立字出典紙槽基人冬順
房中 江觀進
族中 江允輝
代書 江福元

大鄣山乡车田村 19 · 民国三十三年 · 出典纸槽基契 · 江冬顺典与房叔江焕金

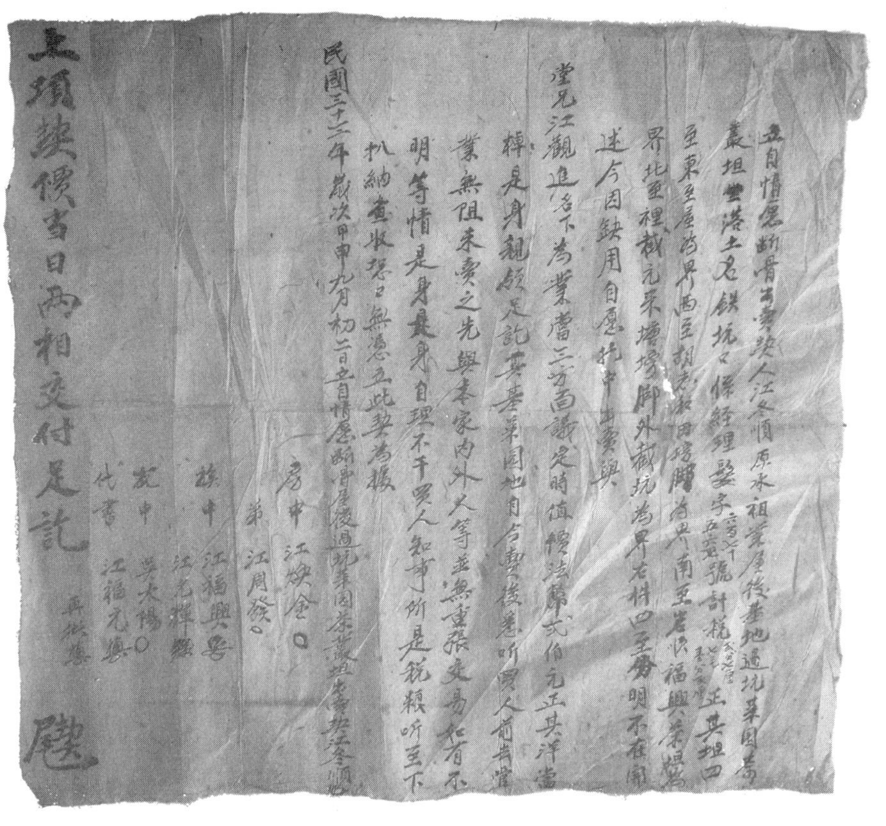

立自情愿断骨出賣契人江冬順，原承祖業屋後基地過坑菜园茶叢坦，坐落土名鉄坑口，保經理婺字[illegible]号，計税[illegible]正。其坦四至：東至屋為界，西至胡[illegible]田塍為界，南至[illegible]侯福興菜坦為界，北至裡截元來墻塝脚、外截坑為界。右件四至分明，不在開述。今因缺用，自愿托中出賣與

堂兄江觀進名下為業，當三面議定時值價洋式佰元正，其洋當即是身親領足訖。其基菜园地自今出賣之後，悉听買人前去管業無阻。未賣之先，與本家内外人等並無重張交易。如有不明等情，是身自理，不干買人之事。所是税粮听至下扒納查收。恐口無憑，立此契為據。

民國三十三年歲次甲申九月初二日立自情愿断骨屋後過坑菜园茶叢坦出賣契人江冬順(押)

房中　江焕金○

弟　江周發○

族中　江福興

　　　江元輝

憑中　吴大陽○

代書　江福元

上項契價當日兩相交付足訖　再批　據

大鄣山乡车田村 42 · 民国三十三年 · 断骨出卖屋坑菜园茶丛坦契 ·
江冬顺卖与堂兄江观进

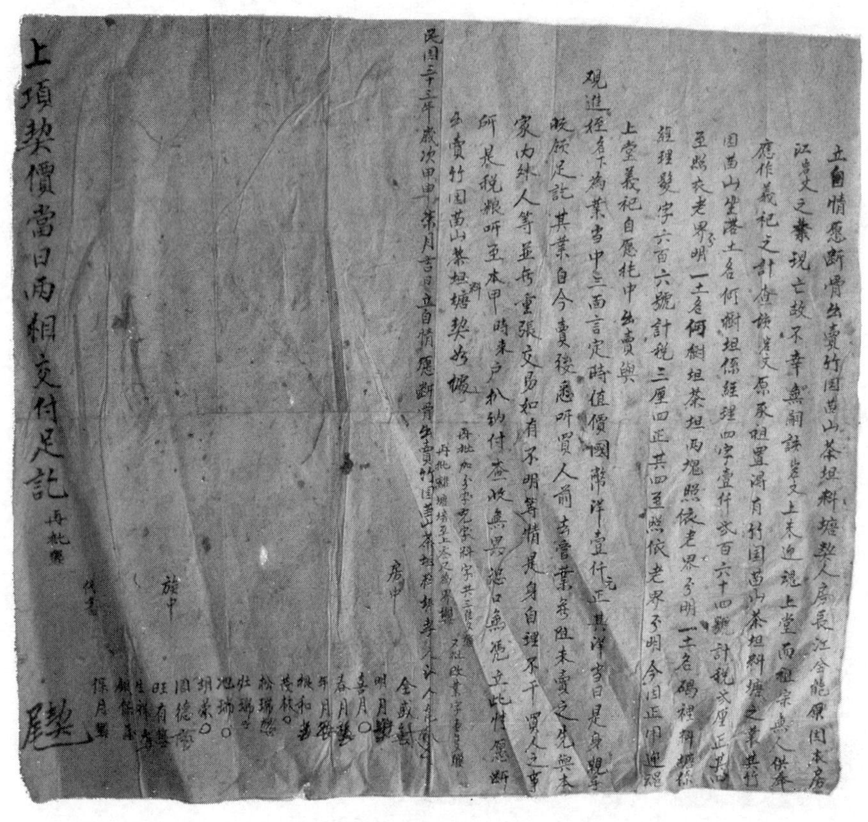

立自情愿断骨出賣竹园苗山茶坦料塘契人房長江全能，原因本房
江岩文之業，現亡故，不幸無嗣，該岩文上未追魂，上堂面祖宗無人供奉，
應作義祀之計。查該岩文原承祖置得有竹园苗山茶坦料塘之業，共竹
园苗山坐落土名何榭坦，係經理四字壹仟弍百六十四號，計税弍厘正，其
至照依老界分明；一土名何榭坦茶坦兩塊，照依老界分明；一土名碣裡料塘，係
經理發字六百六號，計税三厘四正，其四至照依老界分明。今因正用，憑
上堂義祀自愿托中出賣與
观進侄名下為業，当中三面言定時值價國幣洋壹仟元正，其洋当日是身親手
收領足訖。其業自今賣後，恁听買人前去管業，并無未賣之先與本
家内外人等並無重張交易。如有不明等情，是身自理，不干買人之事。
所是税粮听至本甲時来户扒納付查收，無異。恐口無憑，立此情愿断
出賣竹园苗山茶坦料塘契，存據。

再批：加多字光字料字共三個，又批改業字壹個。
再批：料塘係至上茶之為界據。

民国三十三年歲次甲申 月吉日 立自情愿断骨出賣竹园苗山茶坦料塘契人 江全能

房中 全盛 明月 喜月〇 春月 年月 根和 茂林〇 松瑞 壯瑞 旭瑞〇 朝榮〇 國德 旺有 生祥 根保 保月

族中

依書

上項契價當日兩相交付足訖

再批

契

大鄣山乡车田村 43 · 民国三十三年 · 断骨出卖竹园苗山茶坦料塘契 ·
江全能卖与观进

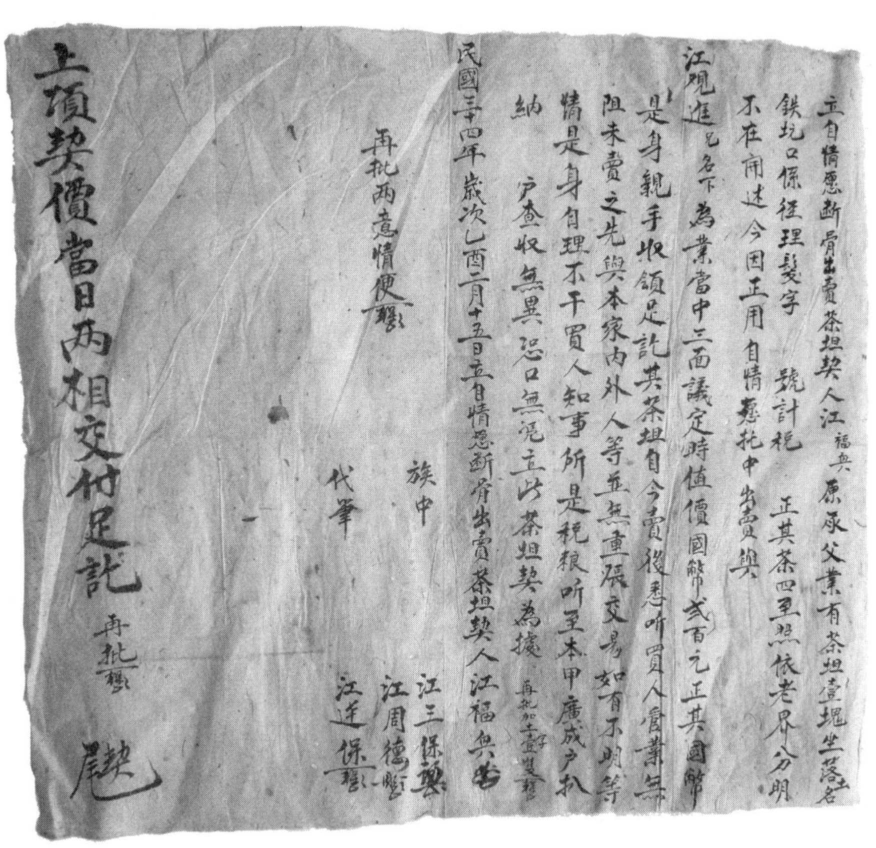

立自情愿断骨出賣茶坦契人江福興，原承父業有茶坦壹塊，坐落土名鐵坑口，係經理髮字　號，計稅　正，其茶四至照依老界，分明不在開述。今因正用，自情愿托中出賣與江觀進兄名下為業，當中三面議定時值價國幣弍百元正，其國幣是身親手收領足訖。其茶坦自今賣後，悉听買人管業，無阻。未賣之先，與本家內外人等並無重張交易，如有不明等情，是身自理，不干買人之事。所是稅粮，听至本甲廣成戶扒納　户查收無異。恐口無憑，立此茶坦契為據。

再批加上壹字照

民國三十四年歲次乙酉二月十五日立自情愿断骨出賣茶坦契人江福興（押）

族中　江三保（押）

江周德（押）

代筆　江進保（押）

再批兩意情愿（押）

立領契價當日兩相交付足訖

再批（押）

契尾

大鄣山乡车田村 33 · 民国三十四年 · 断骨出卖茶坦契 ·
江福兴卖与江观进

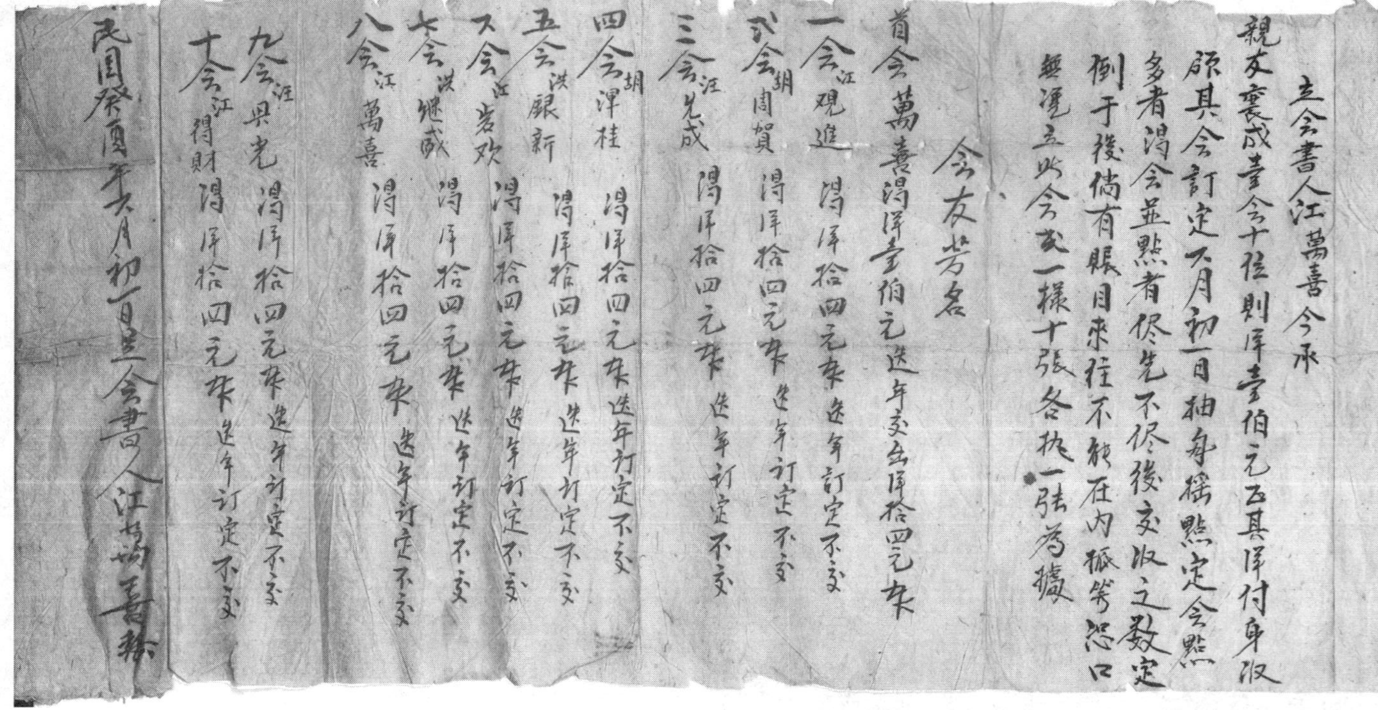

会書

立会書人江萬喜今承
親友襄成壹会十位則洋壹伯元正其洋付身收
領其会訂定六月初一日柚阄摇點定会點
多者得会並點者係先不係後交收之數定
例于後倘有賬目來往不能在内抵算恐口
無憑立此会書一樣十張各執一張為據

会友芳名
首会萬喜得洋壹伯元迭年交出洋拾四元正
一会江觀進 得洋拾四元正迭年訂定不変
弍会胡周賀 得洋拾四元正迭年訂定不変
三会江先成 得洋拾四元正迭年訂定不変
四会胡渾桂 得洋拾四元正迭年訂定不変
五会洪根新 得洋拾四元正迭年訂定不変
六会江岩欢 得洋拾四元正迭年訂定不変
七会洪継成 得洋拾四元正迭年訂定不変
八会江萬喜 得洋拾四元正迭年訂定不変
九会汪果光 得洋拾四元正迭年訂定不変
十会江得財 得洋拾四元正迭年訂定不変

民国癸酉年六月初一日立会書人江萬喜

大鄣山乡车田村 28 · 一九三三年 · 会书 · 江万喜

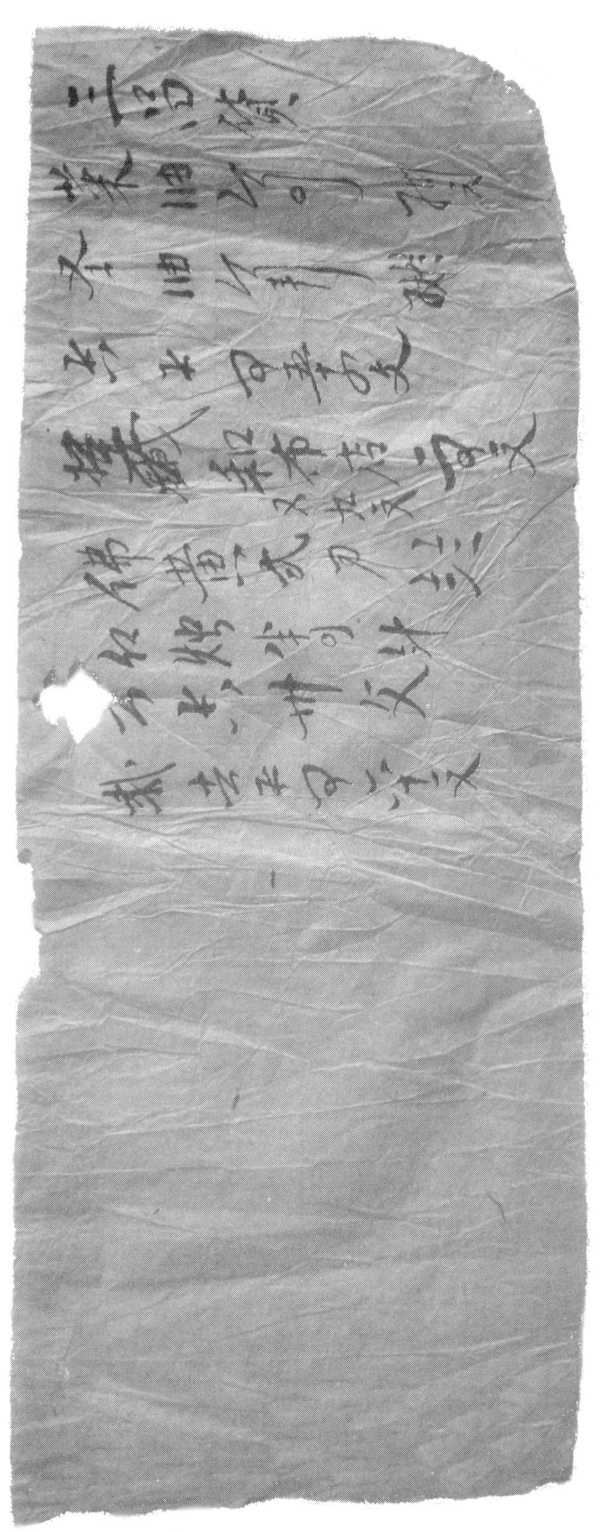

大部山乡车田村 16 · 账单